Rudolf Steiner

Holger Niederhausen

Rudolf Steiner

100 Jahre später / aktueller denn je

1. Auflage März 2025

© Holger Niederhausen · Alle Rechte vorbehalten
Umschlagabbildung: Shutterstock / muratart, verändert.
Verlag: BoD · Books on Demand GmbH, In de Tarpen 42, 22848 Norderstedt, bod@bod.de
Druck: Libri Plureos GmbH, Friedensallee 273, 22763 Hamburg
ISBN: 978-3-7693-6689-1

Inhalt ●

Zitierhinweise

Die Quellenangaben erfolgen nach der digitalen Gesamtausgabe auf HDD, Version 6.0. Wird aus einer Quelle mehrfach zitiert, ist diese in der Fußnote mit vorangestelltem ‚•' gesondert kenntlich gemacht, die Seitenangaben im Text erfolgen dann in hochgestellten eckigen Klammern. Ein senkrechter Strich (‚|') markiert einen Absatz im Original.

Einleitung

Rudolf Steiner – die Allgemeinheit kennt ihn allenfalls als Begründer der Waldorfschulen oder der anthroposophischen Medizin. Vielfach wird er verknüpft mit Vorwürfen von ‚Rassismus' und ‚Scharlatanerie', etwa in Bezug auf die angeblich ganz wirkungslose Homöopathie, dann wiederum mit ‚Indoktrination', etwa wenn Berichte auftauchten, dass an vereinzelten Waldorfschulen etwas über ‚Atlantis' oder ähnliches in Kinderheften landete.

Die Wenigsten wissen, dass es nie Rudolf Steiners Absicht war, dass ‚Atlantis' in Waldorfschulen gelehrt werden solle. Andererseits hat die Waldorfschule *überhaupt* keinen verbindlichen ‚Lehrplan' von Rudolf Steiner bekommen, weil er wusste, dass echte Pädagogik auf der *Freiheit* pädagogischer Intuitionen beruhen muss – was all jene übersehen, die mit Blick auf einzelne Negativbeispiele innerhalb der Waldorfschulbewegung die staatlichen Lehrpläne verherrlichen, ob sie sich dessen bewusst sind oder nicht. Denn dass das Staatsschulsystem in keinster Weise zukunftsfähig ist, das sollten gewissenhafte Seelen begreifen können.

Aber wie wird eine Seele gewissenhaft und zuinnerst wahrhaftig? Das eben ist bereits eine Frage, die ohne ein Eintauchen in die Anthroposophie fast gar nicht zu beantworten ist. Denn unsere Zeit ist so schnelllebig, schnell-urteilend und oberflächlich geworden, dass sie bereits nicht einmal mehr begreift, was eigentlich *die Seele* ist – geschweige denn, ein echtes Erleben dafür hat, was Wahrhaftigkeit für eine innerseelische Realität wäre. Ohne ein Eintauchen in die Realität der Seele, des Geistes, des *Wesens des Menschen*, kommt man hier nicht weiter.

Und um diese Realität ging es Rudolf Steiner vor allem. Hat doch die Anthropo-sophia ganz mit dem Menschen zu tun. Anthropos ist das griechische Wort für ‚Mensch', Sophia das für die Weisheit. Die Frage ist, ob wir es heute überhaupt noch ernst nehmen, dass *Weisheit* als eine Realität, vielleicht sogar als ein Wesen existiert... Wenn wir jedoch *nichts* dergleichen mehr ernst nehmen – wie könnten wir dann meinen, Rudolf Steiner und die Anthroposophie jemals verstehen zu können?

Es geht bei Rudolf Steiner um alles. Um die ganze, große Wahrheit des Menschen und des Geistes. Es geht um einen Kosmos. Und ohne den Mut, die Reise in diesen Kosmos zu beginnen, wird man Rudolf Steiner nicht verstehen. Man wird es allenfalls behaupten. Und das gerade ist *Unwahrhaftigkeit*. Hier beginnen die Lügen. Das Böswillige. Die Unredlichkeit. Die Seichtheit. Macht und Manipulation. Auch die Selbstlüge.

Lernen wir also Rudolf Steiner *wirklich* kennen. Und damit auch uns selbst – nämlich das Wesen des Menschen ... und das, was *möglich* wäre, wenn wir es nur ernst genug nähmen. Die Wahrheit des Menschen – und nicht nur das, was wir derzeit daraus machen, mit immer schlimmeren Folgen. Der Mensch ist noch gar nicht geboren.

Dieses Buch ist für alle Menschen geschrieben. Jeder Mensch sollte sich zumindest einmal in seinem Leben vertieft mit der Anthroposophie auseinandersetzen.

In diesem Buch ist zusammengetragen, was auf das unmittelbar Menschliche so zielt, dass es wirklich jeden Menschen angeht. Es geht um Steiners Grundwerke, die bereits auf das höhere Wesen des Menschen verweisen und Wege dazu bahnen, bevor er ‚esoterisch' wurde. Es geht um Steiners Christus-Erkenntnis – eine Erkenntnis jenseits aller Konfessionalität, die aber zentral für die gesamte Menschheitszukunft ist. Es geht um die soziale Frage, die bis heute nichts von ihrer brennenden Ungelöstheit verloren hat, und um das tiefere Verstehen dessen, was Rudolf Steiner unter dem ‚Dreigliederungsimpuls' verstand.

Es geht um die Waldorfpädagogik als wahre Erziehungskunst, als wahre Erkenntnis vom Wesen des Kindes und einer Entwicklung des ganzen Menschen. Und es geht um das tiefe Menschentum überhaupt, das Rudolf Steiner in verschiedenster Hinsicht entfaltete; um einen heilig-sozialen Impuls, das heilige Geheimnis des Menschen und der Begegnung, der Mitmenschlichkeit.

Bereits dies ist ein ganzer Kosmos. Und mit Hilfe von allein schon über fünfhundert textlich abgesetzten Zitaten (sowie vielen weiteren im Fließtext) wird man unmittelbar Rudolf Steiner selbst begegnen – auch für ‚Kenner' wird diese Fülle zentraler Passagen eine Entdeckung sein.

Dennoch wird unendlich vieles unerwähnt bleiben. Steiners tiefgründiger Gang durch die Philosophie-Geschichte etwa (GA 18). Das, was er über die Erden- und Menschheitsentwicklung schilderte. Über die Landwirtschaft. Die Medizin. Die Heilpädagogik. Das Wesen der Farben. Des Weiteren unerwähnt bleiben wird die Weihnachtstagung und vieles, vieles weitere. Wer Rudolf Steiner ‚entdecken' wird, mag an all diesen wesentlichen Stellen selbst weiter in die Tiefe dringen.

In diesem Buch geht es um das, was *so zentral* ist, dass es jede Seele interessieren *muss*, wenn sie ihr eigenes Menschentum halbwegs aufrichtig tief genug versteht und erahnt. Wer sich noch nie wirklich mit Rudolf Steiner ‚beschäftigt' hat, möge und wird in diesem Buch entdecken, dass alle Vorurteile gegenüber Steiner völlig in die Irre gehen, weil dieser Mensch *mehr* zu einem wahren Menschentum und dessen *Erkennen* beigetragen hat als alle seine Kritiker zusammen. Möge es viele Leser finden!

Einhundert Jahre nach Rudolf Steiners Tod wartet das heilig-tiefe Geheimnis des MENSCHEN noch immer auf seine Entdeckung – und ist sein Werk in allen zentralen Aspekten aktueller denn je.

Grundlegung   •

Bevor Rudolf Steiner die Anthroposophie begründete, veröffentlichte er einige philosophische Grundwerke, die erlebbar machen, was eigentlich *Geist* ist. Denn die Vorstellung, ‚Geist' sei nur ein seltsames Produkt menschlicher Synapsen, also eines Gehirns auf der Menschenstufe, ist bereits ein eklatantes Vorurteil, das auch nicht im Geringsten erklären kann, wie denn ‚Synapsen auf der Menschenstufe' auf einmal darauf kommen, ‚Geist' hervorzubringen. Ein reales Verständnis von Geist bekommt man erst, wenn man erlebt, wie das Geistige eigentlich alles durchdringt – wie alles, was der menschliche Geist *begreifen* kann, auch wirklich geistverwandt und tatsächlich ebenfalls Geist *ist*. Denn wie sonst könnte es begriffen werden?

‚Goethes Naturwissenschaftliche Schriften' (GA 1)   •

Rudolf Steiners erste Veröffentlichung 1883 bezog sich auf die Herausgabe von Goethes Naturwissenschaftlichen Schriften, mit der er beauftragt worden war.[1] Schon hier war ein Ansatzpunkt gegeben, das Wesentliche herauszuarbeiten. Goethe hatte die sogenannte ‚Urpflanze' entdeckt. Er meinte, sie in jeder Pflanze regelrecht zu *sehen* – bis in dem berühmten Gespräch mit Schiller dieser ihm entgegnete, dies sei eine *Idee*. Goethe aber erwiderte darauf, das sei ihm sehr lieb, dass er Ideen habe, ohne es zu wissen, und sie sogar mit Augen sehe.

Und Rudolf Steiner macht nun mit Hinweis auf Goethes eigene methodologische Aufsätze darauf aufmerksam, dass:[110]

> [...] jedes Objekt zwei Seiten hat: die eine unmittelbare seines Erscheinens (Erscheinungsform), die zweite, welche sein *Wesen* enthält. So gelangt Goethe zu der allein befriedigenden Naturanschauung, welche die eine wahrhaft objektive Methode begründet. Wenn eine Theorie die Idee als etwas dem Objekte selbst Fremdes, bloß Subjektives betrachtet, so kann sie nicht behaupten, wahrhaft objektiv zu sein, wenn sie sich nur überhaupt der Idee bedient. Goethe aber kann behaupten, nichts zu den Objekten hinzuzufügen, was nicht schon in ihnen selbst läge.

Wir erkennen zum Beispiel eine Kiefer *als solche*, egal, ob sie zu Boden gedrückt im Hochgebirge wächst oder prächtig und breitausladend in der Ebene. In beiden Individuen wirkt dieselbe Idee, dasselbe Wesen:[113]

> Mit dem Besonderen als solchem, wie es uns unmittelbar in der Erscheinung gegenübertritt, ist unser Erkenntnisbedürfnis nicht befriedigt. Da wir aber einem Wesen der Sinnenwelt mit keiner anderen Absicht gegenübertreten, als eben dieses Wesen zu erkennen, so ist nicht anzunehmen, daß der Grund, warum wir uns mit dem Besonderen als solchem nicht befriedigt er-

---

[1] • GA 1, J. W. Goethe: Naturwissenschaftliche Schriften. Mit Einleitung, Fußnoten und Erläuterungen im Text herausgegeben von Rudolf Steiner.

klären, in unserem Erkenntnisvermögen liege. Er muß vielmehr im Objekte selbst liegen. Das Wesen des Besonderen selbst ist in dieser seiner Besonderheit eben durchaus noch nicht erschöpft; es drängt, um verstanden zu werden, zu einem solchen hin, welches kein Besonderes, sondern ein Allgemeines ist.

Dann geht Steiner ins Grundsätzliche – und stellt fest, dass das *Denken* bereits in seiner Zeit überhaupt nicht mehr ernst genommen wurde:[122]

Es ist ja richtig: Wir haben auf allen Gebieten der Kultur Fortschritte zu verzeichnen. Daß das aber Fortschritte *in die Tiefe* sind, kann kaum behauptet werden. [...] Wir sind mutlos auf allen Gebieten geworden, besonders aber auf jenem des Denkens und des Wollens. Was das Denken betrifft: Man beobachtet endlos, speichert die Beobachtungen auf und hat nicht den Mut, sie zu einer wissenschaftlichen Gesamtauffassung der Wirklichkeit zu gestalten. Die deutsche idealistische Philosophie aber zeiht man der Unwissenschaftlichkeit, weil sie diesen Mut hatte. Man will heute nur sinnlich *schauen*, nicht *denken*. Man hat alles Vertrauen in das Denken verloren.

Und nun folgt die zentrale Formulierung:[125f]

Wer dem Denken seine über die Sinnesauffassung hinausgehende Wahrnehmungsfähigkeit zuerkennt, der muß ihm notgedrungen auch Objekte zuerkennen, die über die bloße sinnenfällige Wirklichkeit hinaus liegen. Die Objekte des Denkens sind aber die Ideen. Indem sich das Denken der Idee bemächtigt, verschmilzt es mit dem Urgrunde des Weltendaseins; das, was außen wirkt, tritt in den Geist des Menschen ein: er wird mit der objektiven Wirklichkeit auf ihrer höchsten Potenz eins. Das Gewahrwerden der Idee in der Wirklichkeit ist die wahre Kommunion des Menschen. | Das Denken hat den Ideen gegenüber dieselbe Bedeutung wie das Auge dem Lichte, das Ohr dem Ton gegenüber. Es ist Organ der Auffassung.

Die Idee ist nichts Subjektives – sie ist der *in der Wirklichkeit selbst wirkende Geist*, und als Idee ist es der *erkannte* Geist. Indem der Mensch erlebt, was ‚seine' Ideen wirklich sind, steht er in einer heiligen *Vereinigung* (Kommunion) mit der Wirklichkeit selbst, er ist von ihr überhaupt nicht mehr getrennt, er ist *in* ihr ... und sie in ihm.

Das bedeutet: Die Sinne liefern mit der bloßen ‚Wahrnehmung' überhaupt nur die *Hälfte* der Wirklichkeit – denn ohne das Denken, das dann die Wahrnehmung durchdringt, wird nicht das Geringste erkannt. Erst mit dem Denken wird die Wirklichkeit vollständig:[126]

Wenn man freilich die Sinne für die einzigen Auffassungsorgane einer objektiven Wirklichkeit hält, so muß man zu dieser Ansicht kommen. Denn die Sinne liefern bloß solche Zusammenhänge der Dinge, die sich auf mechanische Gesetze zurückführen lassen. [...] Das objektiv Gegebene deckt sich durchaus nicht mit dem sinnlich Gegebenen, wie die mechanische Weltauffassung glaubt. Das letztere ist nur die Hälfte des Gegebenen. Die andere Hälfte desselben sind die Ideen, die ebenso Gegenstand der Erfahrung sind, freilich einer höheren, deren Organ das Denken ist.

Und noch einmal ganz deutlich:[149f]

Das Erkennen wäre schlechterdings ein nutzloser Prozeß, wenn in der Sinnenerfahrung uns ein Vollendetes überliefert würde. Jedes Zusammenfassen, Ordnen, Gruppieren der sinnenfälligen Tatsachen hätte keinerlei objektiven Wert. Das Erkennen hat nur einen Sinn, wenn wir die den Sinnen gegebene Gestalt nicht als eine vollendete gelten lassen, wenn sie uns eine Halbheit ist, die noch Höheres in sich birgt, was aber nicht mehr sinnlich wahrnehmbar ist. Da tritt der Geist ein. Er nimmt jenes Höhere wahr. Deshalb darf das Denken auch nicht so gefaßt werden, als wenn es zu dem Inhalte der Wirklichkeit etwas hinzubrächte. Es ist nicht mehr und nicht weniger Organ des Wahrnehmens wie Auge und Ohr. So wie jenes Farben, dieses Töne, so nimmt das Denken Ideen wahr. Der Idealismus ist deshalb mit dem Prinzipe des empirischen Forschens ganz gut vereinbar. Die Idee ist nicht Inhalt des subjektiven Denkens, sondern Forschungsresultat. *Die Wirklichkeit tritt uns, indem wir uns ihr mit offenen Sinnen entgegenstellen, gegenüber. Sie tritt uns in einer Gestalt gegenüber, die wir nicht als ihre wahre ansehen können; die letztere erreichen wir erst, wenn wir unser Denken in Fluß bringen.* Erkennen heißt: zu der halben Wirklichkeit der Sinnenerfahrung die Wahrnehmung des Denkens hinzufügen, auf daß ihr Bild vollständig werde.

Das Wesen der *Wahrnehmung* liegt demgegenüber gerade darin, das jeweils Besondere von etwas zu erfassen: ‚Der Grund der Besonderung kann nicht aus dem Begriffe abgeleitet, sondern muß innerhalb der Anschauung selbst gesucht werden. Das, was die Besonderheit eines Objektes ausmacht, läßt sich nicht *begreifen*, sondern nur *anschauen*.‘[153f]

Schon jede Zusammenfassung der unzähligen Wahrnehmungseinzelnheiten zu einem Sinnhaften, Bedeutungshaften, ist Tätigkeit des Geistes, die das in der Wirklichkeit wirksame Geistige erfasst:[156]

So objektiv die Sinnenwelt, so objektiv sind diese Prinzipien. Daß sie für die Sinne *nicht*, sondern nur für die Vernunft zur Erscheinung kommen, ist für ihren Inhalt gleichgültig. Gäbe es keine denkenden Wesen, so kämen diese Prinzipien zwar niemals zur Erscheinung; sie wären deshalb aber nicht minder die Essenz der Erscheinungswelt.

Die gedankenlose Wahrnehmung weiß *gar* nichts: ‚Die Sinne sagen uns nicht, daß die Dinge in irgendeinem Verhältnisse zueinander stehen, wie etwa, daß *dieses* Ursache, *jenes* Wirkung ist. Für die Sinne sind alle Dinge gleich wesentlich für den Weltenbau. Das *gedankenlose* Betrachten weiß nicht, daß das Samenkorn auf einer höheren Stufe der Vollkommenheit steht als das Staubkorn auf der Straße.‘[157] Erst in der Idee kommt man zu dem klaren, lichten, unmittelbaren *Wesen* der Dinge:[163]

Das liegt nicht etwa darinnen, daß wir sie in unserem Bewußtsein unmittelbar gegenwärtig haben. Das liegt an ihr selbst. Wenn sie ihr Wesen nicht selbst ausspräche, dann würde sie uns eben auch so erscheinen wie die übrige Wirklichkeit: aufklärungsbedürftig. [...] Wäre die Idee nicht eine auf sich selbst gebaute Wesenheit, so könnten wir ein solches Bewußtsein gar nicht haben. Wenn etwas das Zentrum, aus dem es entspringt, nicht *in* sich, sondern *außer* sich hat, so kann ich, wenn es mir gegenübertritt, mich mit ihm nicht befriedigt erklären, ich muß über dasselbe hinausgehen, eben zu jenem Zentrum. Nur wenn ich auf etwas stoße, das nicht über sich hinausweist, dann erlange ich das Bewußtsein: jetzt stehst du innerhalb des Zentrums; hier kannst du stehen bleiben. *Mein Bewußtsein, daß ich innerhalb eines Dinges stehe, ist nur die Folge von der objektiven Beschaffenheit dieses Dinges, daß es sein Prinzip mit sich bringe.* Wir gelangen, indem wir uns der Idee bemächtigen, in den Kern der Welt. Was wir hier erfassen, ist dasjenige, aus dem alles hervorgeht. Wir werden mit diesem Prinzipe eine Einheit; deshalb erscheint uns die Idee, die das Objektivste ist, zugleich als das Subjektivste.

Die sinnenfällige Wirklichkeit ist uns ja gerade deshalb so rätselhaft, weil wir ihr Zentrum nicht in ihr selbst finden. Sie hört es auf zu sein, wenn wir erkennen, daß sie mit der Gedankenwelt, die *in uns* zur Erscheinung kommt, *dasselbe* Zentrum hat.

Der Ideengehalt der Welt ,ist auf sich selbst gebaut, in sich vollkommen. Wir erzeugen ihn nicht, wir suchen ihn nur zu erfassen. Das Denken erzeugt ihn nicht, sondern nimmt ihn wahr. Es ist nicht Produzent, sondern Organ der Auffassung.'[164]

So ,ist die Erkenntnistheorie zugleich die Lehre von der Bedeutung und Bestimmung des Menschen'.[166] Die wahre Aufgabe des Menschen ist es, sich in den *Zusammenhang* des Weltganzen zu stellen, indem er wieder vereinigt, was sein eigenes Wesen mit der Trennung in Wahrnehmung und Denken zunächst in zwei Teile spalten musste:[167,170]

> *Unser Geist hat die Aufgabe, sich so auszubilden, daß er imstande ist, alle ihm gegebene Wirklichkeit in der Art zu durchschauen, wie sie von der Idee ausgehend erscheint. [...]*
> *Und darinnen besteht die wissenschaftliche Methode, daß wir den Begriff einer einzelnen Erscheinung in seinem Zusammenhange mit der übrigen Ideenwelt aufzeigen.*

Mit dieser Geistanschauung kommt Rudolf Steiner schon in dieser ersten Veröffentlichung auch auf wesentliche Erkenntnisse in der Sphäre des *Moralischen*. Denn auch hier geht es um das Erkennen der *einzelnen* Individualität. Was im Bereich des übrigen Erkennens nicht selbst geleistet wird, ist bloßes Dogma – und in der Sphäre des Moralischen bloßes Gebot. Beides aber ist noch nicht wirklich menschlich:[202]

> [...] und wir müssen demzufolge nur ein solches Handeln als ethisch gelten lassen, bei dem die Tat nur aus der in uns liegenden Idee derselben fließt. Der Mensch vollbringt von diesem Gesichtspunkte aus nur deshalb eine Handlung, weil deren Wirklichkeit für ihn Bedürfnis ist. Er handelt, weil ein innerer (eigener) Drang, nicht eine äußere Macht, ihn treibt.

Rudolf Steiner geht es um den innersten Kern der *Freiheit*. Diese wird da verwirklicht, wo nichts anderes das Handeln bestimmt als die Idee selbst – und die Liebe zu dieser, zu ihrer Verwirklichung. Damit wird auch jede Handlung unfrei, die nur der Verwirklichung eines *anderen* Zweckes dient – wie es etwa bei egoistischen Handlungen der Fall ist:[202f]

> Da nehmen wir an der Handlung selbst kein Interesse; sie ist uns nicht Bedürfnis, wohl aber der Nutzen, den sie uns bringt. Dann aber empfinden wir es auch zugleich als Zwang, daß wir

jene Handlung, nur dieses Zweckes willen, vollbringen müssen. Sie selbst ist uns nicht Bedürfnis; denn wir unterließen sie, wenn sie den Nutzen nicht im Gefolge hätte. Eine Handlung aber, die wir nicht um ihrer selbst willen vollbringen, ist eine unfreie. *Der Egoismus handelt unfrei.*

Wenn wir all diese Schlüsselstellen intensiv durchdenken und empfinden – und natürlich, wenn möglich, auch in ihrem größeren Zusammenhang selbst nachlesen –, wird deutlich, wie edel und tief hier ein *ethischer Individualismus* vertreten wird, dem es um das Heiligste überhaupt geht: um die Verwirklichung einer wahren Individualität, die aus Liebe zum individuell als wahr und gut Erkannten handelt...

Das Wesen der Idee und wie sie sich jeweils auslebt, macht auch den Unterschied der Naturreiche aus. Denn in der ‚toten Natur' (unorganische Welt) wirkt das Geistige gleichsam ganz von außen auf die Dinge – etwa in den Fall- oder Wurfgesetzen. In der lebendigen Natur wirkt es bereits von innen heraus. Ein lebendiger Organismus ist nicht von *außen* zu erklären. Im Reich des Menschen wiederum tritt der Geist *als solcher* in die Offenbarung. In den Worten Rudolf Steiners:[282-284]

Die Art nun, *wie* der Begriff (die Idee) in der Sinnenwelt sich auslebt, macht den Unterschied der Naturreiche. Gelangt das sinnenfällig wirkliche Wesen nur zu einem solchen Dasein, daß es völlig außerhalb des Begriffes steht, nur von ihm als einem *Gesetze* in seinen Veränderungen beherrscht wird, dann nennen wir dieses Wesen *unorganisch*. Alles, was mit einem solchen vorgeht, ist auf die Einflüsse eines anderen Wesens zurückzuführen; und wie die beiden aufeinander wirken, das läßt sich durch ein außer ihnen stehendes Gesetz erklären. In dieser Sphäre haben wir es mit Phänomenen und Gesetzen zu tun, die, wenn sie ursprünglich sind, *Urphänomene* heißen können. [...]
Es kann aber eine sinnenfällige Einheit selbst schon über sich hinausweisen; sie kann, wenn wir sie erfassen wollen, uns nötigen, zu weiteren Bestimmungen als zu den uns wahrnehmbaren fortzugehen. Dann erscheint das begrifflich Erfaßbare als sinnenfällige Einheit. Die beiden, Begriff und Wahrnehmung, sind zwar nicht identisch, aber der Begriff erscheint nicht *außer* der sinnlichen Mannigfaltigkeit als Gesetz, sondern *in* derselben als Prinzip. Er liegt ihr als das sie Durchsetzende, nicht mehr sinnlich Wahrnehmbare zugrunde, das wir *Typus* nennen. Damit hat es die *organische* Naturwissenschaft zu tun.
Aber auch hier erscheint der Begriff noch nicht in seiner ihm eigenen Form als Begriff, sondern erst als *Typus*. Wo nun derselbe nicht mehr bloß als [...] durchsetzendes Prinzip, sondern in seiner Begriffsform selbst auftritt, da erscheint er als *Bewußtsein*, da kommt endlich das zur Erscheinung, was auf den unteren Stufen nur dem Wesen nach vorhanden ist. Der Begriff wird hier selbst zur Wahrnehmung. Wir haben es mit dem selbstbewußten Menschen zu tun.
Naturgesetz, Typus, Begriff sind die drei Formen, in denen sich das Ideelle auslebt. Das Naturgesetz ist abstrakt, über der sinnenfälligen Mannigfaltigkeit stehend, es beherrscht die unorganische Naturwissenschaft. Hier fallen Idee und Wirklichkeit ganz auseinander. Der Typus vereinigt schon beide in einem Wesen. Das Geistige wird wirkendes Wesen, aber es wirkt noch nicht als solches, es ist nicht als solches da, sondern muß, wenn es seinem Dasein nach betrachtet werden will, als sinnenfälliges *angeschaut* werden. So ist es im Reiche der organischen Natur. [...] Im menschlichen Bewußtsein ist der Begriff selbst das Wahrnehmbare. Anschauung und Idee decken sich. Es ist eben das Ideelle, welches angeschaut wird.

Im Weiteren setzt sich Steiner auch hier bereits mit der materialistischen Anschauung auseinander, dass sämtliche Qualitäten, zum Beispiel Farben, auf bloße ‚Wellenlängen' oder atomare Bewegungsvorgänge zu *reduzieren* seien. Das Mechanistische ist eben *nicht* ‚Ursache' und das ‚Primäre', sondern steht in völliger Einheit mit dem Übrigen, was nicht weniger entscheidend ist:[322,324]

> Die Qualität „Rot" und ein bestimmter Bewegungsvorgang sind in Wirklichkeit eine untrennbare Einheit. Die Trennung der beiden Geschehnisse kann nur eine begriffliche, im Verstande vollzogene sein. Der dem „Rot" entsprechende Bewegungsvorgang hat an sich keine Wirklichkeit; er ist ein Abstraktum. Die Tatsache: „ich sehe Rot" aus einem Bewegungsvorgang herleiten zu wollen, ist genau so absurd, wie die Ableitung der wirklichen Eigenschaften eines in Würfelform kristallisierten Steinsalzkörpers aus dem mathematischen Würfel. [...] | [...] Wer in diesem Vorurteil der Physiker nicht befangen ist, der muß einsehen, daß die Bewegungsvorgänge Zustände sind, die an die sinnenfälligen Qualitäten gebunden sind. Der Inhalt der wellenförmigen Bewegungen, die den Tonvorkommnissen entsprechen, sind die Tonqualitäten selbst.

Und am Ende kommt Steiner noch einmal zu einer Zusammenfassung der wesentlichen Erkenntnis – zu dem Begriff der *Wahrheit* im Sinne des zuvor Entwickelten:[332f]

> Der Gedankeninhalt, der aus dem menschlichen Geiste entspringt, wenn dieser sich der Außenwelt gegenüberstellt, ist die Wahrheit. Der Mensch kann keine andere Erkenntnis verlangen als eine solche, die er selbst hervorbringt. [...] Die Dinge sprechen zu uns, und unser Inneres spricht, wenn wir die Dinge beobachten. Diese zwei Sprachen stammen aus demselben Urwesen, und der Mensch ist berufen, deren gegenseitiges Verständnis zu bewirken. Darin besteht das, was man Erkenntnis nennt. [...] Für den Menschen besteht nur so lange der Gegensatz von objektiver äußerer Wahrnehmung und subjektiver innerer Gedankenwelt, als er die Zusammengehörigkeit dieser Welten nicht erkennt. Die menschliche Innenwelt ist das Innere der Natur.

Die Wahrheit kommt also im Menschengeist zur Erscheinung. Auf diese Weise haftet allem Erkennen immer auch die *Gefahr* des Subjektiven an – entscheidend aber ist, dass der menschliche Geist selbst diese Gefahr *erkennen* kann und dass er, unabhängig von dieser Gefahr, immer schon im Element der Wahrheit lebt: ‚Es handelt sich aber gar nicht darum, daß alle Menschen das gleiche über die Dinge denken, sondern nur darum, daß sie, wenn sie über die Dinge denken, im Elemente der Wahrheit leben.'[338]

Auch jeder Streit über zum Beispiel gesellschaftliche Fragen kann nicht darüber hinwegtäuschen, dass es hier nur um *Bewertungen* geht: Welche Bedeutung sollen Gerechtigkeit, Gleichheit, Leistung, Konkurrenz etc. spielen? Demgegenüber wäre es von entscheidender Bedeutung, zunächst einmal zu erkennen, was die zugrundeliegenden Wahrheiten für sich sind. Was ist Gerechtigkeit? Was ist Gleichheit? Was ist Konkurrenz? Leistung? Indem man sich aufrichtig in die reinen Begriffe und Ideen vertieft, verliert sich jeder Streit, denn hier geht es nur um die *Wahrheit*.

Und dann kann man auf ganz neue Weise noch einmal an die andere Frage herangehen: Welche Art von Gesellschaft wäre *wahrhaft* menschlich? Welche Bedeutung sollte dem, was wir als *Wesen* von Gerechtigkeit, von Gleichheit, von Empathie, von Mitleid, von Zusammenwirken und so weiter, und so weiter aufrichtig *erkannt* haben, in einem Zusammenleben zukommen, das wir erst als wahrhaft menschlich zu bezeichnen wagen würden? Und mit derselben Aufrichtigkeit würde man dann auch erkennen, wie sehr bisher noch nicht-menschliche Ideen wie Egoismus, Profit, Eng-Sichtigkeit und Verantwortungslosigkeit dieses sogenannte ‚Zusammenleben' prägen – vollkommen gewollt, als sogenannte Dogmen, deren Gesamtheit sich ‚Kapitalismus' nennt.

Wir sehen also, wie weitreichend die Erkenntnisse Rudolf Steiners vom Wesen des menschlichen Geistes bereits an diesem Punkt sind. Als er all dies formulierte, ist er gerade einmal zweiundzwanzig Jahre alt – und hat das Wesen des Erkennens bereits tiefer erfasst als selbst der ‚große' Kant, der stets davor zurückscheute, die Bedeutung des Denkens in ihrer ganzen Tiefe zu erkennen. Kant war nicht *mutig* genug. Zwar sprach er von den Kategorien – aber das war es dann auch. Wie sehr das Denken im innersten Zentrum des Weltgeschehens steht und unmittelbar mit diesem verbunden ist, das wagte Kant nie anzuerkennen. Erst Rudolf Steiner formulierte wieder, dass der Geist nichts *Sekundäres* ist – im Gegenteil...

‚Grundlinien einer Erkenntnistheorie...' (GA 2)   ●

In den ‚Grundlinien einer Erkenntnistheorie der Goetheschen Weltanschauung' setzt Steiner seine Ausführungen 1886 fort.[2]

Eine ‚Erfahrungwissenschaft', die bei den bloß sinnlichen Tatsachen stehenbleibt, verkennt, dass *jede* Art von Gesetzmäßigkeit und Erkenntnis nur über das Denken möglich ist. Indem aber die Bedeutung des *Denkens selbst* erkannt wird, kann das Denken mitsamt seiner inneren Bestimmungen auch selbst Erfahrung werden. Die wahre Erkenntnistheorie wird also zu einer Erfahrungswissenschaft höherer Art – nirgendwo wird die Erfahrung verlassen. Nur hört man auf, die Bedeutung des Denkens zu verkennen. Man taucht vielmehr in sein Wesen ein.[44]

Die Welt des Denkens, der Ideen, beruht dabei vollkommen auf sich selbst. Der Denkende kann an ihrer Eigengesetzlichkeit gar nichts ändern. Er kann sie aber *erkennen*. Damit ist das Denken an sich *im Kern* in keiner Weise subjektiv – auch wenn es das jeweilige ‚Subjekt' ist, das denkt, also am Wesen der Ideen-Welt Anteil hat:[52]

> Wir müssen uns zweierlei vorstellen: einmal, daß wir die ideelle Welt *tätig* zur Erscheinung bringen, und zugleich, daß das, was wir tätig ins Dasein rufen, *auf seinen eigenen Gesetzen beruht*. [...] | Man braucht einfach die gewöhnliche Meinung aufzugeben, daß es so viele Gedankenwelten gibt als menschliche Individuen. [...] Man denke sich an Stelle *dieser* Meinung einmal die folgende gesetzt: Es gibt überhaupt nur *einen einzigen* Gedankeninhalt, und unser indi-

---

[2] ● GA 2, Grundlinien einer Erkenntnistheorie der Goetheschen Weltanschauung.

viduelles Denken sei weiter nichts als ein Hineinarbeiten unseres Selbstes, unserer individuellen Persönlichkeit in das *Gedankenzentrum* der Welt.

Das ist genau das, was Steiner in GA 1 als ‚Element der Wahrheit' bezeichnet hatte.

Diese Welt der Ideen ist ein in sich zusammenhängendes *Ganzes* – keine Idee ist ohne Zusammenhang mit allen anderen. Die Idee des Organismus etwa steht in innigem Zusammenhang mit denen der gesetzmäßigen Entwicklung, des Wachstums.[56f] Im Folgenden unterscheidet Steiner zwischen ‚Begriffen' und ‚Ideen', um den Unterschied zwischen dem die Begriffe *trennenden Verstand* und der die Ideen überall *verbindenden Vernunft* erlebbar zu machen. Der Verstand trennt und analysiert – doch hat der Mensch auch das andere Vermögen: die synthetisierende, alles wieder in die höhere Einheit führende Vernunft. Und auf diese Weise kann er die reale *Einheit* der Ideen-Welt erleben.[71]

Und auch hier wieder kommt Steiner zu der Formulierung, dass man auf dem Wege der Erkenntnistheorie zu der Erkenntnis komme, ‚daß das Denken der Kern der Welt ist' – denn wo immer es darum geht, ‚das Wesen einer Sache zu finden, so besteht dieses Auffinden immer in dem Zurückgehen auf den Ideengehalt der Welt'.[80] Damit ist ‚das Wesen der Dinge innerhalb unseres Bewußtseins in der Ideenwahrnehmung anzutreffen'.[81] Und es braucht auch nichts weiter – etwa so etwas wie ‚Kraft' oder ‚Wille', wie es in damaligen Philosophien vielfach vertreten wurde. Denn all diese Faktoren sind letztlich nur ‚Abstraktionen aus der Wahrnehmungswelt, die selbst erst der Erklärung durch das Denken harren'.[81]

Diese geist-reale Erkenntnistheorie hat nun auch unmittelbare Konsequenzen für die Frage religiöser Ansichten. Sie ist nicht verträglich mit jeder Art *jenseitiger* Gottheiten – denn das innerste Wesen der Dinge ist in keiner Weise rätselhaft, es ist dem Denken zugänglich. Und so formuliert Steiner bis ins Spirituelle hinein:[84]

> Der gesamte Seinsgrund hat sich in die Welt ausgegossen, er ist in sie aufgegangen. Im Denken zeigt er sich in seiner vollendetsten Form, so wie er an und für sich selbst ist. Vollzieht daher das Denken eine Verbindung, fällt es ein Urteil, so ist es der in dasselbe eingeflossene Inhalt des Weltgrundes selbst, der verbunden wird. Im Denken sind uns nicht Behauptungen gegeben über irgendeinen jenseitigen Weltengrund, sondern derselbe ist substantiell in dasselbe eingeflossen. Wir haben eine unmittelbare Einsicht in die sachlichen, nicht bloß in die formellen Gründe, warum sich ein Urteil vollzieht. Nicht über irgend etwas Fremdes, sondern über seinen eigenen Inhalt bestimmt das Urteil. Unsere Ansicht begründet daher ein wahrhaftes *Wissen*. Unsere Erkenntnistheorie ist wirklich kritisch. Unserer Ansicht gemäß darf nicht nur der Offenbarung gegenüber nichts zugelassen werden, wofür nicht innerhalb des Denkens sachliche Gründe da sind; sondern auch die Erfahrung muß innerhalb des Denkens nicht nur nach der Seite ihrer Erscheinung, sondern als Wirkendes erkannt werden. Durch unser Denken erheben wir uns von der Anschauung der Wirklichkeit als einem *Produkte* zu der als einem *Produzierenden*.

Diese Anschauung klingt auch da an, wo etwa die jüdische Esoterik beschreibt, wie eine göttliche Welt dem Urmenschen die Fähigkeit gab, allen Dingen und Wesen ihren *Namen* zu geben. Wenn dieser Name im Sinne des Realismus noch das *Wesen* bedeutet, so ist damit nichts anderes ausgedrückt, als dass es der Mensch selbst ist, der eine unmittelbare Verbindung zu diesem Wesen der Dinge hat – indem nämlich sein eigenes Geistwesen, das sich im Denken offenbart, mit diesem Wesen der Dinge *vollkommen vereint* ist bzw. sich erkennend vereinigen kann.

Noch einmal wird deutlich, dass erst mit dem menschlichen Geist die erste Schöpfung vollendet wird, da nun erst das *Erkennen* in die reale Wirklichkeit tritt:[115]

> Was ohne den Geist da war, war nur die Hälfte der Wirklichkeit, war unvollendet, in jedem Punkte Stückwerk. [...] Wäre der Mensch ein bloßes Sinnenwesen, ohne geistige Auffassung, so wäre die unorganische Natur wohl nicht minder von Naturgesetzen abhängig, aber sie träten nie als solche ins Dasein ein. Es gäbe zwar Wesen, welche das Bewirkte (die Sinnenwelt), nicht aber das Wirkende (die innere Gesetzlichkeit) wahrnähmen. Es ist wirklich die echte, und zwar die wahrste Gestalt der Natur, welche im Menschengeiste zur Erscheinung kommt, während für ein bloßes Sinnenwesen nur ihre Außenseite da ist. Die Wissenschaft hat hier eine weltbedeutsame Rolle. Sie ist der Abschluß des Schöpfungswerkes. Es ist die Auseinandersetzung der Natur mit sich selbst, die sich im Bewußtsein des Menschen abspielt. Das Denken ist das letzte Glied in der Reihenfolge der Prozesse, die die Natur bilden.

Aber über diese Natur-Erkenntnis hinaus gibt es noch etwas Höheres: Jene Sphäre, wo der Geist nur noch mit sich selbst zu tun hat, was also nicht mehr Natur-Wissenschaften, sondern Geistes-Wissenschaften sind:[115f]

> Hier hat es unser Bewußtsein mit geistigem Inhalte selbst zutun: mit dem einzelnen Menschengeist, mit den Schöpfungen der Kultur, der Literatur, mit den aufeinanderfolgenden wissenschaftlichen Überzeugungen, mit den Schöpfungen der Kunst. Geistiges wird durch den Geist erfaßt. Die Wirklichkeit hat hier schon das Ideelle, die Gesetzmäßigkeit in sich, die sonst erst in der geistigen Auffassung hervortritt. Was bei den Naturwissenschaften erst Produkt des Nachdenkens über die Gegenstände ist, das ist hier denselben eingeboren.

Diese Tatsache aber verleiht den Geistes-Wissenschaften einen völlig anderen Charakter. Denn der Mensch soll weder ‚nach einer ihn *beherrschenden* Gesetzlichkeit wirken' (wie die unorganische Natur dieser unterworfen ist), auch nicht nur ‚Einzelform eines allgemeinen Typus sein' (wie die Wesen der organischen Natur, Pflanzen und Tiere), sondern ‚er soll sich den Zweck, das Ziel seines Daseins, seiner Tätigkeit selbst vorsetzen'.[116] Das Wesen des Menschen ist zur *Freiheit* bestimmt – deswegen können die Geisteswissenschaften ihrem innersten Wesen nach auch nur Freiheitswissenschaft sein:[117]

> Das ist das Wesen der *Natur*, daß Gesetz und Tätigkeit auseinanderfallen, diese von jenem beherrscht erscheint; das hingegen ist das Wesen der *Freiheit*, daß beide zusammenfallen, daß sich das Wirkende in der Wirkung unmittelbar darlebt und daß das Bewirkte sich selbst regelt.

Die Geisteswissenschaften sind im eminenten Sinne daher Freiheitswissenschaften. Die Idee der Freiheit muß ihr Mittelpunkt, die sie beherrschende Idee sein. Deshalb stehen Schillers ästhetische Briefe so hoch,[3] weil sie das Wesen der Schönheit in der Idee der Freiheit finden wollen, weil die Freiheit das Prinzip ist, das sie durchdringt.

Der Geist nimmt nur jene Stelle in der Allgemeinheit, im Weltganzen ein, die er sich als individueller gibt. Während in der Organik stets das Allgemeine, die Typusidee im Auge behalten werden muß, ist in den Geisteswissenschaften die Idee der Persönlichkeit festzuhalten. Nicht die Idee, wie sie sich in der Allgemeinheit (Typus) darlebt, sondern wie sie im Einzelwesen (Individuum) auftritt, ist es, worauf es ankommt. Natürlich ist nicht die zufällige Einzelpersönlichkeit [...] maßgebend, sondern die *Persönlichkeit überhaupt* [...].

Die erste Wissenschaft nun, in der der Geist nur mit sich selbst zu tun hat, ist die Psychologie. Und dies wäre ganz ernst zu nehmen – im Sinne einer Freiheitswissenschaft:[119]

Fichte sprach dem Menschen nur insofern eine Existenz zu, als er sie selbst in sich setzt. Mit andern Worten: Die menschliche Persönlichkeit hat nur jene Merkmale, Eigenschaften, Fähigkeiten usw., die sie sich vermöge der Einsicht in ihr Wesen selbst zuschreibt. [...] Sie [diese Wahrheit, H.N.] ist dazu bestimmt, das oberste Prinzip der Psychologie zu werden. Sie bestimmt die Methode derselben. Wenn der Geist eine Eigenschaft nur insofern besitzt, als er sich sie selbst beilegt, so ist die psychologische Methode das Vertiefen des Geistes in seine eigene Tätigkeit. Selbsterfassung ist also hier die Methode.

Immer wieder geht es darum, zu erkennen, dass der Mensch dazu bestimmt ist, ein *sich selbst Bestimmender* zu sein – dieses Möglichkeit wahrzumachen und zu verwirklichen. Das ist das Wesen von Individualität. Und – dies muss in einem Zeitalter des Konsums und der Werbebotschaften eines ‚Verwirkliche dich selbst' hinzugefügt werden – es geht selbstverständlich *nicht* um erneute Äußerlichkeiten (Hobbys, Accessoires, Kleidung etc.), sondern um die Entwicklung des inneren, seelisch-geistigen Wesens.

Deswegen hätte eine sich selbst verstehende Psychologie die Aufgabe, unmittelbar *Geistes-Wissenschaft* zu sein – während die heutige Psychologie nur ‚die Erscheinungen, in denen sich der Geist darlebt, nicht *diesen selbst*, zum Gegenstande [...] macht'.[121] 4

---

[3] Zu Schiller wie auch Fichte (siehe das nächste Zitat) und dem Deutschen Idealismus insgesamt vergleiche mein umfassendes Werk ‚Der Deutsche Idealismus ... und wir?' (2024).

[4] Ansätze zu einer solchen wahrhaften Psychologie gäben jene Strömungen, die im Sinne des humanistischen Impulses ganz auf das innere *Wachstum* des Individuums gerichtet sind. Was aber Rudolf Steiner wirklich meinte, wird immer wieder erst aus seinen *eigenen* Ausführungen ganz radikal deutlich.

1892, Rudolf Steiner ist jetzt Anfang dreißig, erscheint sein Büchlein ‚Wahrheit und Wissenschaft'.[5] Dieses beginnt bereits mit einem Paukenschlag – der Feststellung, dass keine einzige jüngere Philosophie die *entscheidende* Frage gestellt habe, erst recht nicht der so verherrlichte Kant:[9f]

> Die Philosophie der Gegenwart leidet an einem ungesunden Kant-Glauben. [...] Aber wir müssen endlich einsehen, daß wir nur dann den Grund zu einer wahrhaft befriedigenden Welt- und Lebensanschauung legen können, wenn wir uns in entschiedenen Gegensatz zu diesem Geiste stellen. [...] | [...] Die Annahme von außerhalb unserer Welt liegenden Prinzipien derselben zeigt sich als das Vorurteil einer abgestorbenen, in eitlem Dogmenwahn lebenden Philosophie. Zu diesem Ergebnisse hätte Kant kommen müssen, wenn er wirklich untersucht hätte, wozu unser Denken veranlagt ist. Statt dessen bewies er in der umständlichsten Art, daß wir zu den letzten Prinzipien, die jenseits unserer Erfahrung liegen, wegen der Einrichtung unseres Erkenntnisvermögens nicht gelangen können. Vernünftigerweise dürfen wir sie aber gar nicht in ein solches Jenseits verlegen. Kant hat wohl die „dogmatische" Philosophie widerlegt, aber er hat nichts an deren Stelle gesetzt. Die zeitlich an ihn anknüpfende deutsche Philosophie entwickelte sich daher überall im Gegensatz zu Kant. Fichte, Schelling, Hegel kümmerten sich nicht weiter um die von ihrem Vorgänger abgesteckten Grenzen unseres Erkennens und suchten die Urprinzipien der Dinge innerhalb des Diesseits der menschlichen Vernunft. [...] Das Verhängnis dieser Denker war, daß sie Erkenntnisse der höchsten Wahrheiten suchten, ohne für solches Beginnen durch eine Untersuchung der Natur des Erkennens selbst den Grund gelegt zu haben. Die stolzen Gedankengebäude Fichtes, Schellings und Hegels stehen daher ohne Fundament da.

Und erneut führt Steiner aus, was er auch mit dieser Schrift wieder zeigen wird:[11f]

> Das Resultat dieser Untersuchungen ist, daß die Wahrheit nicht, wie man gewöhnlich annimmt, die ideelle Abspiegelung von irgendeinem Realen ist, sondern ein *freies* Erzeugnis des Menschengeistes, das überhaupt nirgends existierte, wenn wir es nicht selbst hervorbrächten. Die Aufgabe der Erkenntnis ist nicht: etwas schon anderwärts Vorhandenes in begrifflicher Form zu *wiederholen*, sondern die: ein ganz neues Gebiet zu *schaffen*, das mit der sinnenfällig gegebenen Welt zusammen erst die volle Wirklichkeit ergibt. Damit ist die höchste Tätigkeit des Menschen, sein geistiges Schaffen, organisch dem allgemeinen Weltgeschehen eingegliedert. Ohne diese Tätigkeit wäre das Weltgeschehen gar nicht als in sich abgeschlossene Ganzheit zu denken. Der Mensch ist dem Weltlauf gegenüber nicht ein müßiger Zuschauer [...], sondern der tätige Mitschöpfer des Weltprozesses; und das Erkennen ist das vollendetste Glied im Organismus des Universums.

Auch die Konsequenz für das Moralische wird erneut dezidiert formuliert: ‚Für die Gesetze unseres Handelns, für unsere sittlichen Ideale hat diese Anschauung die wichtige Konsequenz,

---

[5] • GA 3, Wahrheit und Wissenschaft.

daß auch diese nicht als das Abbild von etwas außer uns Befindlichem angesehen werden können, sondern als ein nur in uns Vorhandenes. Eine Macht, als deren Gebote wir unsere Sittengesetze ansehen müßten, ist damit ebenfalls abgewiesen. [...] Unsere sittlichen Ideale sind unser eigenes freies Erzeugnis. Wir haben nur auszuführen, was wir uns selbst als Norm unseres Handelns vorschreiben. Die Anschauung von der Wahrheit als Freiheitstat begründet somit auch eine Sittenlehre, deren Grundlage die vollkommen *freie Persönlichkeit* ist.'[11f]

Im Folgenden zeigt Steiner, dass bereits Kants *Grundfrage* (,Wie sind synthetische Urteile a priori möglich') völlig falsch gestellt ist, nämlich in keiner Weise voraussetzungslos. Kant sucht nach Erkenntnissen, die unabhängig von der Erfahrung sind. Aber damit hat er bereits implizit die Trennung in Sinne und Denken vorausgesetzt und gewertet: Die ,Erfahrung' könne trügen, sichere Erkenntnis sei zunächst nur jene *vor* aller Erfahrung (a priori). Steiner entgegnet dem, dass überhaupt nicht vorausgesetzt werden darf, ob Urteile *überhaupt* ohne Erfahrung möglich seien – ja, mehr noch, selbst rein mathematische Urteile, die Kant zum Bereich des ,a priori' zählt, können nur gewonnen werden, indem sie denkend eine *Erfahrung* werden.[30]

So übernimmt Kant gleich zwei Vorurteile der dogmatischen Philosophie: ,erstens, daß wir außer der Erfahrung noch einen Weg haben müssen, um zu Erkenntnissen zu gelangen, und zweitens, daß alles Erfahrungswissen nur bedingte Gültigkeit haben könne'.[31]

Was ist nun der wirkliche Ausgangspunkt jeder Erkenntnistheorie? Steiner nimmt hier als solchen Anfang das ,unmittelbar gegebene Weltbild', bevor *irgendeine* kleinste gedankliche Bestimmung vorgenommen wurde, was in Wirklichkeit nur existieren würde, wenn ,ein Wesen mit vollentwickelter, menschlicher Intelligenz plötzlich aus dem Nichts geschaffen würde und der Welt gegenüberträte'.[51] Es geht sozusagen um die saubere gedankliche Trennung zwischen allem, was erst durch das *Erkennen* hinzutreten würde, und allem übrigen, was zunächst das *Gegebene* sein kann: ,Empfindungen, Wahrnehmungen, Anschauungen, Gefühle, Willensakte, Traum- und Phantasiegebilde, Vorstellungen, Begriffe und Ideen'.[55]

Der nächste Punkt ist nun, dass innerhalb dieses Gegebenen ein Gebiet liegt, das nicht *nur* gegeben ist – das wirklich hervorgebracht werden muss, wenn es ,gegeben' sein soll – das Gebiet der Begriffe und Ideen.[59f] Indem nun diese und alles Übrige voneinander getrennt werden, ,um das Erkennen begreifen zu können', ist ,die Einheit des Weltbildes künstlich zerrissen', die doch bis dahin eine Einheit *war*.[62] Es erweist sich nun aber gerade, dass es auch wieder eine Einheit *wird*, indem alles Übrige mit Begriffen und Ideen durchdrungen wird – die *denkende* Betrachtung der Dinge ist die Synthese, in der *Erkenntnis* ist die Einheit wiederhergestellt.[62]

Mit anderen Worten: Das Denken hebt zunächst gewisse Einzelheiten aus dem Weltganzen heraus und bezieht diese nach den den Ideen innewohnenden Gesetzmäßigkeiten aufeinander, bis sich eine Erkenntnis ergibt, in der alles wieder miteinander zusammenhängt.[64]

Um auf das Beispiel der Wurfgesetze zurückzukommen: In der sinnlichen Erfahrung des geworfenen Steines ist uns zunächst nur *dieser* gegeben – seine ‚Bahn', deren mögliche Gesetzmäßigkeit überhaupt nicht sichtbar ist. Indem nun aber das *Denken* hinzutritt und das sinnlich Gegebene durchdringt, kann diese Gesetzmäßigkeit offenbar werden – und sie ist tatsächlich das *Wesen* der Flugbahn geworfener Dinge. Was bedeutet dies? Steiner formuliert:[70]

Wäre in dem Weltinhalte von vornherein der Gedankeninhalt mit dem Gegebenen vereinigt; dann gäbe es kein Erkennen. Denn es könnte nirgends das Bedürfnis entstehen, über das Gegebene hinauszugehen. Würden wir aber mit dem Denken und in demselben allen Inhalt der Welt erzeugen, dann gäbe es ebensowenig ein Erkennen. Denn was wir selbst produzieren, brauchen wir nicht zu erkennen. Das Erkennen beruht also darauf, daß uns der Weltinhalt ursprünglich in einer Form gegeben ist, die unvollständig ist, die ihn nicht ganz enthält, sondern die außer dem, was sie unmittelbar darbietet, noch eine zweite wesentliche Seite hat. Diese zweite, ursprünglich nicht gegebene Seite des Weltinhaltes wird durch die Erkenntnis enthüllt. [...] *Erst die durch die Erkenntnis gewonnene Gestalt des Weltinhaltes, in der beide aufgezeigte Seiten desselben vereinigt sind, kann Wirklichkeit genannt werden.*

Hier ist nun auch der Zusammenhang mit Fichte. In der gesamten übrigen Welt ist das Wesen der Dinge in Wirklichkeit mit diesen *vereint* – das Wurfgesetz *bestimmt* die Bahn des Steines, ob dies erkannt wird oder nicht. Nur der Mensch ist nicht von vornherein wahrhaft ein Erkennender – darin gerade liegt die Einzigartigkeit seines Freiheitswesens: Er muss das Wesen der Erkenntnis selbst *verwirklichen*, wenn es da sein soll. *Wäre* er von Natur aus fertig ein Erkennender, so wäre es gar keine Erkenntnis, da er sich dessen nie bewusst werden könnte. Er kann es nur, *weil* es seine eigene Tat sein muss und ist. Er selbst verwirklicht die Idee des Erkennens:[71f]

Bei jedem andern Teil des Weltbildes müssen wir uns vorstellen, daß die Verbindung das Ursprüngliche, von vornherein Notwendige ist, und daß nur am Beginne des Erkennens *für die Erkenntnis* eine künstliche Trennung eingetreten ist, die aber zuletzt durch das Erkennen, der ursprünglichen Wesenheit des Objektiven gemäß, wieder aufgehoben wird. [...] Begriff und gegebene Wirklichkeit des Bewußtseins aber sind ursprünglich getrennt [...], und deswegen ist das Erkennen so beschaffen, wie wir es geschildert haben. Weil im Bewußtsein notwendig Idee und Gegebenes getrennt auftreten, deswegen spaltet sich für dasselbe die gesamte Wirklichkeit in diese zwei Teile, und weil das Bewußtsein nur durch eigene Tätigkeit die Verbindung der beiden genannten Elemente bewirken kann, deshalb gelangt es nur durch Verwirklichung des Erkenntnisaktes zur *vollen Wirklichkeit*. Die übrigen Kategorien (Ideen) wären auch dann notwendig mit den entsprechenden Formen des Gegebenen verknüpft, wenn sie nicht in die Erkenntnis aufgenommen würden; die Idee des Erkennens kann mit dem ihr entsprechenden Gegebenen nur durch die Tätigkeit des Bewußtseins vereinigt werden. Ein *wirkliches* Bewußtsein existiert nur, wenn es sich selbst verwirklicht.

Fichtes Fehler war, dass er für die berühmte ‚Tathandlung' des Ich gar keinen echten Inhalt fand – die bloße Selbstsetzung bleibt letztlich leer, weil sie überhaupt zu keiner Welt findet. Die wahrhaft freie Handlung des Ich aber ist eben die hier beschriebene Verwirklichung des Erkennens. Dies ist wirklich ur-eigene Tat des Ich.[74f] Schon da, wo Fichte formuliert ‚Das Ich setzt ursprünglich schlechthin sein eigenes Sein', kommt er ohne die Kategorie ‚Sein' gar nicht aus – das Ich müsste also erst einmal erkennen, was ‚Sein' ist, wie könnte es dies sonst ‚setzen'? In Wahrheit aber setzt es sein Sein, indem es das *Erkennen* verwirklicht – denn dadurch tritt es ganz real, *bewusst*, in die Wirklichkeit![78] Anders formuliert:[79]

> Nur dadurch, daß Fichte unbewußt darauf ausgeht, das Ich als „Seiendes" nachzuweisen, kommt er zu seinem Resultate. Hätte er den Begriff des Erkennens entwickelt, so wäre er zu dem wahren Ausgangspunkte der Erkenntnistheorie gekommen: *Das Ich setzt das Erkennen.* Da Fichte sich nicht klarmachte, wodurch die Tätigkeit des Ich bestimmt wird, bezeichnete er einfach das Setzen des Seins als Charakter dieser Tätigkeit. Damit hatte er aber auch die absolute Tätigkeit des Ich beschränkt.

Und etwas später findet sich folgende Schlüsselpassage, durch deren zentrale Erkenntnis auch Fichte ‚sofort Hand und Fuß' gewonnen hätte:[83]

> Der Umstand, daß das Ich durch Freiheit sich in Tätigkeit versetzen kann, macht es ihm möglich, aus sich heraus durch Selbstbestimmung die Kategorie des Erkennens zu realisieren, während in der übrigen Welt die Kategorien sich durch objektive Notwendigkeit mit dem ihnen korrespondierenden Gegebenen verknüpft erweisen.

Überall wird durch das Denken ‚das Verhältnis der Teile des Weltinhaltes' gefunden – ‚ob es nun das Verhältnis der Sonnenwärme zum erwärmten Stein oder des Ich zur Außenwelt ist'.[86] So erkennt der denkende Mensch also auch, dass es seine Bestimmung ist, das *Wesen* und den *Zusammenhang* aller Dinge zu erkennen – durch die freie Tat, das Erkenntnisvermögen zu *realisieren* ... das ebenso grundsätzlich mit der ‚Idee' des Menschen verbunden ist, wie sein Wesen als moralisch Handelnder (das aber ebenfalls nur in Zusammenhang mit seinem Erkenntnisvermögen verwirklicht werden kann). Und wenn Steiner am Ende schreibt:[90]

> Es gehört somit zum Berufe des Menschen, die Grundgesetze der Welt, die sonst zwar alles Dasein beherrschen, aber nie selbst zum Dasein kommen würden, in das Gebiet der *erscheinenden* Wirklichkeit zu versetzen. Das ist das Wesen des Wissens, daß sich in ihm der in der objektiven Realität nie aufzufindende Weltengrund darstellt. Unser Erkennen ist – bildlich gesprochen – ein stetiges Hineinleben in den Weltengrund.

– so bezieht sich dies auf beide Sphären: die Erkenntnis aller Welt um ihn herum und die Verwirklichung des frei und individuell erkannten Moralischen.

‚Die Philosophie der Freiheit' (GA 4) ●

Das zentrale Grundwerk Rudolf Steiner ist dann die ‚Die Philosophie der Freiheit' (1893).[6] Nach außen hin ‚nur' philosophisch, ist es in Wirklichkeit ein *Gedankenkunstwerk*, das bereits

---

6 ● GA 4, Die Philosophie der Freiheit. Grundzüge einer modernen Weltanschauung. Seelische Beobachtungsresultate nach naturwissenschaftlicher Methode.

in seiner ganzen Komposition grandios ist, diese Geheimnisse aber nur bei vertieftem Studium offenbart.[7]

Philosophisch aber lenkt Steiner auch hier den Leser auf die *Verbindung* zwischen dem sich als einzeln und getrennt wahrnehmenden Ich und der Welt. Dabei führt er hier ganz zentral auf das Bewusstwerden dessen, was eigentlich Denken ist, und das Bewusstwerden des eigenen Denkens hin – ganz konkret auf die *Beobachtung des Denkens*:[40,42]

> Nur unterscheidet sich das Denken als Beobachtungsobjekt doch wesentlich von allen andern Dingen. [...] Während das Beobachten der Gegenstände und Vorgänge und das Denken darüber ganz alltägliche, mein fortlaufendes Leben ausfüllende Zustände sind, ist die Beobachtung des Denkens eine Art Ausnahmezustand. [...]
> Die erste Beobachtung, die wir über das Denken machen, ist also die, daß es das unbeobachtete Element unseres gewöhnlichen Geisteslebens ist.

Wieder verweist Steiner darauf, das das Denken in sich völlig klar ist – und erst im Denken der *Begriff* von allem gefunden wird. Dies gilt sogar für die Begriffe ‚Subjekt' und ‚Objekt' selbst – das Denken steht aber noch jenseits von diesen, hat selbst mit ihnen noch gar nichts zu tun:[60]

> Nun darf aber nicht übersehen werden, daß wir uns nur mit Hilfe des Denkens als Subjekt bestimmen und uns den Objekten entgegensetzen können. Deshalb darf das Denken niemals als eine bloß subjektive Tätigkeit aufgefaßt werden. Das Denken ist *jenseits* von Subjekt und Objekt. Es bildet diese beiden Begriffe ebenso wie alle anderen. Wenn wir als denkendes Subjekt also den Begriff auf ein Objekt beziehen, so dürfen wir diese Beziehung nicht als etwas bloß Subjektives auffassen. Nicht das Subjekt ist es, welches die Beziehung herbeiführt, sondern das Denken. Das Subjekt denkt nicht deshalb, weil es Subjekt ist; sondern es erscheint sich als ein Subjekt, weil es zu denken vermag. Die Tätigkeit, die der Mensch als *denkendes* Wesen ausübt, ist also keine bloß subjektive, sondern eine solche, die weder subjektiv noch objektiv ist, eine über diese beiden Begriffe hinausgehende. Ich darf niemals sagen, daß mein individuelles Subjekt denkt; dieses lebt vielmehr selbst von des Denkens Gnaden. Das Denken ist somit ein Element, das mich über mein Selbst hinausführt und mit den Objekten verbindet. Aber es trennt mich zugleich von ihnen, indem es mich ihnen als Subjekt gegenüberstellt.

Auch hier wieder stellt er sich der materialistischen Sinnesphysiologie entgegen: ‚Es ist richtig: für mich ist keine Wahrnehmung ohne das entsprechende Sinnesorgan gegeben. Aber ebensowenig ein Sinnesorgan ohne Wahrnehmung. [...] Ich kann meine Farbenwahrnehmung nicht dadurch vernichten, daß ich den Prozeß im Auge aufzeige, der sich während dieser Wahrnehmung darin abspielt. Ebensowenig finde ich in den Nerven- und Gehirnprozessen die Farbe wieder [...].'[76]

---

[7] Siehe zum Beispiel Herbert Witzenmann: Die Philosophie der Freiheit als Grundlage künstlerischen Schaffens. Dornach ²1988 • Florin Lowndes: Das Erwecken des Herz-Denkens. Wesen und Leben des sinnlichkeitsfreien Denkens in der Darstellung Rudolf Steiners. Stuttgart 1998.

Worauf Steiner hinauswill, ist: Wenn der Materialist leugnet, dass die Wahrnehmung des Rot etwas *Reales* ist, und behauptet, dies seien nur Energiewellen, die von einem Nerven in die bloße ‚Vorstellung' Rot verwandelt würden, so ist der ‚Nerv' ja nicht realer, denn auch er wird – was der Materialist verdrängt – nur durch eine *Wahrnehmung* gefunden.

Dem naiven Bewusstsein, das die ‚wahrgenommene' Welt für fertig hält und sich selbst nur für hinzukommend – aber das Gleiche trifft auch auf den Materialisten zu –, entgegnet Steiner:[86f]

> [...] mit welchem Rechte erklärt ihr die Welt für fertig, ohne das Denken? Bringt nicht mit der gleichen Notwendigkeit die Welt das Denken im Kopfe des Menschen hervor, wie die Blüte an der Pflanze? [...] | Es ist ganz willkürlich, die Summe dessen, was wir von einem Dinge durch die bloße Wahrnehmung erfahren, für eine Totalität, für ein Ganzes zu halten, und dasjenige, was sich durch die *denkende* Betrachtung ergibt, als ein solches Hinzugekommenes, das mit der Sache selbst nichts zu tun habe.

Die volle Wirklichkeit strömt dem Menschen eben von *zwei* Seiten her zu: von ‚außen' über die Wahrnehmung, von ‚innen' über das Denken. ‚Es hat mit der Natur der Dinge nichts zu tun, wie ich organisiert bin, sie zu erfassen.'[88]

Subjektive Persönlichkeit ist der Mensch durch sein einzelnes Empfinden und Wahrnehmen, während das Denken selbst und an sich etwas völlig anderes ist:[91]

> Indem wir empfinden und fühlen (auch wahrnehmen), sind wir einzelne, indem wir denken, sind wir das all-eine Wesen, das alles durchdringt.[8] Dies ist der tiefere Grund unserer Doppelnatur: Wir sehen in uns eine schlechthin absolute Kraft zum Dasein kommen, eine Kraft, die universell ist, aber wir lernen sie nicht bei ihrem Ausströmen aus dem Zentrum der Welt kennen, sondern in einem Punkte der Peripherie. Wäre das erstere der Fall, dann wüßten wir in dem Augenblicke, in dem wir zum Bewußtsein kommen, das ganze Welträtsel. Da wir aber in einem Punkte der Peripherie stehen und unser eigenes Dasein in bestimmte Grenzen eingeschlossen finden, müssen wir das außerhalb unseres eigenen Wesens gelegene Gebiet mit Hilfe des aus dem allgemeinen Weltensein in uns hereinragenden Denkens kennen lernen.

Während die Wahrnehmung Beobachtungen macht, findet das Denken durch *Intuition* den jeweiligen *Begriff* von allem. Die Begriffswelt hängt aber überall miteinander zusammen, sie ist ein *Ganzes*, ebenso wie in Wirklichkeit die Welt insgesamt:[96]

> Ein von dem Weltganzen abgetrenntes Ding gibt es nicht. Alle Sonderung hat bloß subjektive Geltung für unsere Organisation. Für uns legt sich das Weltganze auseinander in: oben und unten, vor und nach, Ursache und Wirkung, Gegenstand und Vorstellung, Stoff und Kraft, Objekt

---

8 Im Abschlusskapitel, gleichsam einem Epilog, heißt es, in direkter Anknüpfung an die ähnlichen Ausführungen aus ‚Wahrheit und Wissenschaft': ‚Das gemeinsame Urwesen, das alle Menschen durchdringt, ergreift somit der Mensch in seinem Denken. Das mit dem Gedankeninhalt erfüllte Leben in der Wirklichkeit ist zugleich das Leben in Gott.'[250]

und Subjekt usw. Was uns in der Beobachtung an Einzelheiten gegenübertritt, das verbindet sich durch die zusammenhängende, einheitliche Welt unserer Intuitionen Glied für Glied; und wir fügen durch das Denken alles wieder in eins zusammen, was wir durch das Wahrnehmen getrennt haben.

Das Erkennen könnte ein völlig ‚gleichgültiger‘ Vorgang sein, während das Subjekt sich erst im Fühlen und Wollen wirklich erlebt – aber das Denken kann unendlich *intensiviert* werden, und das bedeutet, die *Essenz* von Fühlen und Wollen kann mitten im Denken eine wahre Auferstehung erleben. Dann lebt die volle Individualität *in* dieser Wesenheit des Denkens, Steiner macht dies in einem Zusatz zur Neuauflage 1918 deutlich:[142f]

Die Schwierigkeit, das Denken in seinem Wesen beobachtend zu erfassen, liegt darin, daß dieses Wesen der betrachtenden Seele nur allzu leicht schon entschlüpft ist, wenn diese es in die Richtung ihrer Aufmerksamkeit bringen will. Dann bleibt ihr nur das tote Abstrakte, die Leichname des lebendigen Denkens. | [...] Aber wer sich dazu bringt, das *Leben im Denken* wahrhaft zu haben, der gelangt zur Einsicht, daß dem inneren Reichtum und der in sich ruhenden, aber zugleich in sich bewegten *Erfahrung* innerhalb dieses Lebens das Weben in bloßen Gefühlen [...] nicht einmal verglichen werden kann [...]. [...] Das Wollen, das Fühlen, sie erwärmen die Menschenseele auch noch im Nacherleben ihres Ursprungszustandes. Das Denken läßt nur allzuleicht in diesem Nacherleben kalt; es scheint das Seelenleben auszutrocknen. Doch dies ist eben nur der stark sich geltend machende Schatten seiner lichtdurchwobenen, warm in die Welterscheinungen untertauchenden Wirklichkeit. Dieses Untertauchen geschieht mit einer in der Denkbetätigung selbst dahinfließenden Kraft, welche Kraft der Liebe in geistiger Art ist. [...] Wer nämlich zum *wesenhaften* Denken sich *hin*wendet, der findet in demselben sowohl Gefühl wie Willen, die letztern auch in den Tiefen ihrer Wirklichkeit [...].

Im neunten Kapitel ‚Die Idee der Freiheit‘ formuliert Steiner dann ganz direkt das bewusste Sich-Erheben in das völlig eigenständige, auf sich selbst beruhende Reich des Geistigen, der Welt der Begriffe:[145f]

[...] kommt zu der Einsicht, daß das Denken als eine in sich beschlossene Wesenheit unmittelbar angeschaut werden kann. [...] Wer das Denken beobachtet, lebt während der Beobachtung unmittelbar in einem geistigen, sich selbst tragenden Wesensweben darinnen. [...] Im Betrachten des Denkens selbst fallen in eines zusammen, was sonst immer getrennt auftreten *muß*: Begriff und Wahrnehmung. [...] Wer aber durchschaut, was bezüglich des Denkens vorliegt, der wird [...] in demjenigen, das als Denken im Bewußtsein auftritt, nicht ein schattenhaftes Nachbild einer Wirklichkeit sehen, sondern eine auf sich ruhende geistige Wesenhaftigkeit. Und von dieser kann er sagen, daß sie ihm durch *Intuition* im Bewußtsein gegenwärtig wird. *Intuition* ist das im rein Geistigen verlaufende bewußte Erleben eines rein geistigen Inhaltes. Nur durch eine Intuition kann die Wesenheit des Denkens erfaßt werden.

Und nun konfrontiert Steiner den Materialismus, der das Denken nur auf Gehirnvorgänge zurückführen will, mit einer ganz *umgekehrten* Kausalität: Es ist das (all-eine) *Geistige*, das die Leibesorganisation so ‚zubereitet‘, dass es zur Erscheinung kommen kann:[147]

Dem Wesenhaften, das im Denken wirkt, obliegt ein Doppeltes: Erstens drängt es die menschliche Organisation in deren eigener Tätigkeit zurück, und zweitens setzt es sich selbst an deren Stelle. Denn auch das erste, die Zurückdrängung der Leibesorganisation, ist Folge der Denktätigkeit. Und zwar desjenigen Teiles derselben, der das *Erscheinen* des Denkens vorbereitet.

Dann wendet sich der Gedankengang der Frage der *Freiheit* menschlicher Handlungen zu.

Steiner beschreibt die möglichen Stufen. Wo die Wahrnehmung unmittelbar ein Wollen impulsiert, ist der reine Trieb die Triebfeder der Handlung.[151] Auf der zweiten Stufe können Gefühle Triebfedern werden: Mitgefühl, Stolz, Dankbarkeit, Pflichtgefühl etc. Schließlich bestimmte Vorstellungen.[152] Die höchste Stufe jedoch ist ein *reines* ‚Denken ohne Rücksicht auf einen bestimmten Wahrnehmungsgehalt. Wir bestimmen den Inhalt eines Begriffes durch reine Intuition aus der ideellen Sphäre heraus.‘[153] Eine gleiche Stufenfolge ergibt sich für die Motive, so die Vorstellung des eigenen oder auch fremden Wohls,[155] wobei aber selbst die Vorstellung vom ‚größten Wohl aller‘ noch immer eine *Vorstellung* beinhaltet, wie dieses denn auszusehen habe.[157] Die höchste Stufe aber ist auch hier ein reines Denken, das in einer reinen Intuition ein Motiv fasst.[158]

Auf dieser höchsten Stufe also fallen Triebfeder und Motiv in *einen* Punkt zusammen – und weder eine bloße innere vorherbestimmte charakterologische Anlage noch ein äußeres normativ-sittliches Prinzip wirken mehr auf das Handeln.[158] Damit weist Steiner essenziell auf einen *ethischen Individualismus*, wie er auch selbst formuliert.[160]

Eine Handlung ist nur dann wirklich die eigene, wenn ich selbst sie *liebe* – und ich weder dem Zwang der Natur noch dem sittlicher Gebote unterliege.[162]

Die Menschen könnten unterschiedliche Intuitionen haben, aber die geistige Welt *insgesamt* ist eine Einheitliche. Deswegen kommt Steiner in einer wunderbaren Passage zu der Beschreibung einer Welt freier Geister, die sich niemals wahrhaft widersprechen können, sofern sie sich nur bis hin zu geistigen Intuitionen erheben:[166]

Der Unterschied zwischen mir und meinem Mitmenschen liegt durchaus nicht darin, daß wir in zwei ganz verschiedenen Geisteswelten leben, sondern daß er aus der uns gemeinsamen Ideenwelt andere Intuitionen empfängt als ich. Er will *seine* Intuitionen ausleben, ich die *meinigen*. Wenn wir beide wirklich aus der Idee schöpfen und keinen äußeren (physischen oder geistigen) Antrieben folgen, so können wir uns nur in dem gleichen Streben, in denselben Intentionen begegnen. Ein sittliches Mißverstehen, ein Aufeinanderprallen ist bei sittlich *freien* Menschen ausgeschlossen. Nur der sittlich Unfreie, der dem Naturtrieb oder einem angenommenen Pflichtgebot folgt, stößt den Nebenmenschen zurück, wenn er nicht dem gleichen Instinkt und dem gleichen Gebot folgt. *Leben* in der Liebe zum Handeln und *Lebenlassen* im Verständnisse des fremden Wollens ist die Grundmaxime der *freien Menschen*. Sie kennen kein anderes *Sollen* als dasjenige, mit dem sich ihr Wollen in intuitiven Einklang versetzt; wie sie in einem besonderen Falle *wollen* werden, das wird ihnen ihr Ideenvermögen sagen.

Läge nicht in der menschlichen Wesenheit der Urgrund zur Verträglichkeit, man würde sie ihr durch keine äußeren Gesetze einimpfen! Nur weil die menschlichen Individuen eines Geistes *sind,* können sie sich auch nebeneinander ausleben. Der Freie lebt in dem Vertrauen darauf, daß der andere Freie mit ihm einer geistigen Welt angehört und sich in seinen Intentionen mit ihm begegnen wird. Der Freie verlangt von seinen Mitmenschen keine Übereinstimmung, aber er erwartet sie, weil sie in der menschlichen Natur liegt.

Steiner leugnet nicht die Notwendigkeit von Gesetzen etc. – aber diese sind nur insofern notwendig, als der Mensch noch *kein* freies Wesen ist. Aber der *Impuls,* zu dieser Freiheit zu kommen, ist jedem Menschen eingeboren – es ist sein *Wesen.* Nur muss er dieses Wesen aktiv mit sich selbst in Übereinstimmung bringen – gerade darin liegt die einzigartige Freiheit des Menschen. Er allein ist etwas, was er noch nicht ist, sondern erst aus sich machen darf:[167f]

Aber mitten aus der Zwangsordnung heraus erheben sich die Menschen, die *freien Geister,* die *sich* selbst finden in dem Wust von Sitte, Gesetzeszwang, Religionsübung und so weiter. *Frei* sind sie, insofern sie nur sich folgen, *unfrei,* insofern sie sich unterwerfen. Wer von uns kann sagen, daß er in allen seinen Handlungen wirklich frei ist? Aber in jedem von uns wohnt eine tiefere Wesenheit, in der sich der freie Mensch ausspricht. [...]
Das ist ein Ideal, werden viele sagen. Ohne Zweifel, aber ein solches, das sich in unserer Wesenheit als reales Element an die Oberfläche arbeitet. [...] An dem Dinge der Außenwelt ist die Idee durch die Wahrnehmung bestimmt; wir haben das unserige getan. wenn wir den Zusammenhang von Idee und Wahrnehmung erkannt haben. Beim Menschen ist das nicht so. Die Summe seines Daseins ist nicht ohne ihn selbst bestimmt; sein wahrer Begriff als *sittlicher* Mensch (freier Geist) ist mit dem Wahrnehmungsbilde „Mensch" nicht im voraus objektiv vereinigt, um bloß nachher durch die Erkenntnis festgestellt zu werden. Der Mensch muß selbsttätig seinen Begriff mit der Wahrnehmung Mensch vereinigen. Begriff und Wahrnehmung decken sich hier nur, wenn sie der Mensch selbst zur Deckung bringt. Er kann es aber nur, wenn er den Begriff des freien Geistes, das ist seinen eigenen Begriff gefunden hat.

Auch hier wieder zeigt sich die Doppelnatur des Menschen. Der Mensch überwindet die Spaltung zwischen Wahrnehmung und Begriff in Bezug auf die übrige Welt als *Erkennender* – und in Bezug auf sich selbst in der Verwirklichung des freien Geistes, das heißt, des aus *Liebe Handelnden.* Dieses Menschenbild ist das Bekenntnis Rudolf Steiners. Im nächsten Kapitel formuliert er noch einmal:[179]

Jeder von uns ist berufen *zum freien Geiste,* wie jeder Rosenkeim berufen ist, Rose zu werden.

Im zwölften Kapitel geht Steiner dann näher auf die moralische Intuition und ihre Verwirklichung ein. Der freie Geist fasst stets ‚einen schlechthin *ersten* Entschluß. Es kümmert ihn dabei ebensowenig, was andere in diesem Falle getan, noch was sie dafür befohlen haben. Er hat rein ideelle Gründe, die ihn bewegen, aus der Summe seiner Begriffe gerade einen bestimmten herauszuheben und ihn in Handlung umzusetzen.'[191]

Und *erst dann* folgen als nächste Stufe konkretere Vorstellungen. Deshalb spricht Steiner für diese Stufe von ‚moralischer Phantasie'. Und weil letztlich in das konkrete Leben eingegriffen werden soll, muss auch diesbezüglich eine entsprechende Fähigkeit hinzukommen, Steiner nennt diese ‚moralische Technik'.[193f]

Für den freien Geist kann es wie angedeutet keine Ethik als ‚Normwissenschaft' geben, denn er gibt sich *selbst* sein Gesetz.[195f] Der Mensch ist dazu berufen, stets *Neues* hervorzubringen, auch moralisch. Der ethische Individualismus ist also die direkte Fortsetzung dessen, was Darwin und Haeckel für die Natur entdeckt haben – er ‚ist vergeistigte Entwicklungslehre auf das sittliche Leben übertragen'.[200]

Damit löst der freie Geist auch jeden Widerspruch zwischen Genussstreben und Moralität auf, denn ihm ist die Verwirklichung *moralischer Intuitionen* gerade Glück und Lust:[232f]

> Wer nach Idealen von hehrer Größe strebt, der tut es, weil sie der Inhalt seines Wesens sind, und die Verwirklichung wird ihm ein Genuß sein, gegen den die Lust, welche die Armseligkeit aus der Befriedigung der alltäglichen Triebe zieht, eine Kleinigkeit ist. [...] Was man *das Gute* nennt, ist nicht das, was der Mensch *soll*, sondern das, was er *will*, wenn er die volle wahre Menschennatur zur Entfaltung bringt.

Im letzten Kapitel formuliert Steiner noch einmal paradigmatisch, dass sich der Mensch von allem Gattungsmäßigen *frei* mache – um wahrhaft Individuum zu werden.[237] Dazu gehören sämtliche äußere Bestimmungen wie Volk, Familie, Geschlecht, Staat, Kirche etc. Hier kritisiert er auch, dass die ‚Frauenfrage' nicht eher gelöst werden könne, als bis man der *Frau* überlässt, zu beurteilen, was sie wollen kann, welche Berufe sie ergreifen kann usw.:[239]

> Wer eine Erschütterung unserer sozialen Zustände davon befürchtet, daß die Frauen nicht als Gattungsmenschen, sondern als Individuen genommen werden, dem muß entgegnet werden, daß soziale Zustände, innerhalb welcher die Hälfte der Menschheit ein menschenunwürdiges Dasein hat, eben der Verbesserung gar sehr bedürftig sind.

Und noch allgemeiner:[240f]

> Da, wo das Gebiet der Freiheit (des Denkens und Handelns) beginnt, hört das Bestimmen des Individuums nach Gesetzen der Gattung auf. [...] Wie der einzelne zu denken hat, läßt sich nicht aus irgendeinem Gattungsbegriffe ableiten. Dafür ist einzig und allein das Individuum maßgebend. [...] Wo wir die Empfindung haben: hier haben wir es mit demjenigen an einem Menschen zu tun, das frei ist von typischer Denkungsart und gattungsmäßigem Wollen, da müssen wir aufhören, irgendwelche Begriffe aus unserem Geiste zu Hilfe zu nehmen, wenn wir sein Wesen verstehen wollen. Das Erkennen besteht in der Verbindung des Begriffes mit der Wahrnehmung durch das Denken. Bei allen anderen Objekten muß der Beobachter die Begriffe durch seine Intuition gewinnen; beim Verstehen einer freien Individualität handelt es sich nur darum, deren Begriffe, nach denen sie sich ja selbst bestimmt, rein (ohne Vermischung mit eigenem Begriffsinhalt) herüberzunehmen in unseren Geist.

Dies ist das leuchtende Vermächtnis der ‚Philosophie der Freiheit'. Man erkenne den revolutionären Charakter dieser Zeilen. Denn nach wie vor werden nicht nur Frauen weltweit in bestimmte *Rollenmuster* gedrängt – sondern der Mensch schlechthin.

Der Kapitalismus mit seinem gewaltigen *Druck*, seiner Ungerechtigkeit, der Bereicherung einiger Weniger, während die Zwänge für die überwältigende Mehrheit immer weiter zunehmen, ist gewissermaßen eine allergrößte *Verhinderung* des Erwachens des freien Geistes. Überall wird der Mensch in etwas anderes regelrecht hineingezwungen: In ein Dasein als Arbeitnehmer, Weisungsempfänger, Konsument, Humanressource, und wie die Rollenmuster alle heißen. Längst sind in jeder neuen jungen Generation Impulse vorhanden, die innig auf die Verwirklichung freier Moralität und Geistigkeit zielen – aber immer wieder neu werden sie *erstickt* von den Zwängen, die nicht die menschliche Gesellschaft setzt ... sondern die noch *gar* nicht menschliche, die von perversen Dogmen beherrschte, fremdbestimmte, unfreie.

Steiners ‚Philosophie der Freiheit' ist *bis heute* wahrhaft revolutionär.

‚Goethes Weltanschauung' (GA 6)   ●

Wie erst im Menschen die *Wahrheit der Dinge* sich offenbart, betont Steiner auch in seinem Werk ‚Goethes Weltanschauung' (1897), wo es heißt:[64f] [9]

> Die der bloßen Anschauung zugängliche Wirklichkeit ist nur die eine Hälfte der ganzen Wirklichkeit; der Inhalt des menschlichen Geistes ist die andere Hälfte. Träte nie ein Mensch der Welt gegenüber, so käme diese zweite Hälfte nie zur lebendigen Erscheinung, zum vollen Dasein. [...] Man möchte sagen, ohne den Menschen würde die Welt ein unwahres Antlitz zeigen. Sie wäre so, wie sie ist, durch ihre tieferen Kräfte, aber diese tieferen Kräfte blieben selbst verhüllt durch das, was sie wirken. Im Menschengeiste werden sie aus ihrer Verzauberung erlöst. Der Mensch ist nicht bloß dazu da, um sich von der fertigen Welt ein Bild zu machen; nein, er wirkt selbst mit an dem Zustandekommen dieser Welt.

Dabei zeigt sich die Wahrheit dennoch in verschiedenen Geistern verschieden, gleichsam individualisiert:[65f]

> Verschieden gestalten sich die subjektiven Erlebnisse bei verschiedenen Menschen. Für diejenigen, welche nicht an die objektive Natur der Innenwelt glauben, ist das ein Grund mehr, dem Menschen das Vermögen abzusprechen, in das Wesen der Dinge zu dringen. Denn wie kann Wesen der Dinge sein, was dem einen so, dem andern anders erscheint. Für denjenigen, der die wahre Natur der Innenwelt durchschaut, folgt aus der Verschiedenheit der Innenerlebnisse nur, daß die Natur ihren reichen Inhalt auf verschiedene Weise aussprechen kann. Dem einzelnen Menschen erscheint die Wahrheit in einem individuellen Kleide. Sie paßt sich der Eigenart seiner Persönlichkeit an. Besonders für die höchsten, dem Menschen wichtigsten Wahrheiten gilt

---

[9] ● GA 6, Goethes Weltanschauung.

dies. Um sie zu gewinnen, überträgt der Mensch seine geistigen, intimsten Erlebnisse auf die angeschaute Welt und mit ihnen zugleich das Eigenartigste seiner Persönlichkeit. Es gibt auch allgemeingültige Wahrheiten, die jeder Mensch aufnimmt, ohne ihnen eine individuelle Färbung zu geben. Dies sind aber die oberflächlichsten, die trivialsten. [...] Nicht ein starres, totes Begriffssystem ist die Wahrheit, das nur einer einzigen Gestalt fähig ist; sie ist ein lebendiges Meer, in welchem der Geist des Menschen lebt, und das Wellen der verschiedensten Gestalt an seiner Oberfläche zeigen kann.

Ja die Wahrheit lässt sich nur finden, *wenn* die Seele innerlich wirklich eintaucht: ‚Und in der Wahrheit leben ist nichts anderes, als bei der Betrachtung jedes einzelnen Dinges hinzusehen, welches innere Erlebnis sich einstellt, wenn man diesem Dinge gegenübersteht.'[67]

Selbst das bloße Messen, Zählen, Wiegen beruht auf mathematischen *Vorstellungen*, also einer geistigen Realität – erfasst aber eben nur die basalste Ebene der Naturvorgänge[70] und führt natürlich zu einem Subjekt-Objekt-Dualismus, während die wahre Erkenntnis diesen Dualismus gerade *überwindet*. Goethe dagegen war von der Natur nicht derart getrennt, sondern sein lebendiger Geist tauchte lebendig in sie ein – und konnte so etwa die lebendige Idee der ‚Urpflanze' regelrecht *schauen*.

Dieses Leben in der Welt des Geistes, der Ideen, ist nichts Abstraktes, wie Steiner in seinem Nachtrag von 1918 in ‚Die Philosophie der Freiheit' formulierte. Und hier heißt es bereits 1897, indem Steiner Goethes Ansatz mit dem der Mystiker vergleicht, die ebenfalls in eine Wirklichkeit eintauchen, allerdings oft unter Verachtung des Denkens:[77]

> Sie ahnen nicht, was Menschen empfinden, welche die Gabe haben, sich in die belebte Welt der Ideen zu vertiefen. Es friert einen solchen Mystiker, wenn er sich der Ideenwelt hingibt. Er sucht einen Weltinhalt, der Wärme ausströmt. Aber der, welchen er findet, klärt über die Welt nicht auf. [...] Wer von der Kälte der Ideenwelt spricht, der kann Ideen nur *denken*, nicht *erleben*. Wer das wahrhafte Leben in der Ideenwelt lebt, der fühlt in sich das Wesen der Welt in einer Wärme wirken, die mit nichts zu vergleichen ist. Er fühlt das Feuer des Weltgeheimnisses in sich auflodern.

Und kurz darauf formuliert Steiner in diesem Werk, dass der Mensch, der wirklich das *Wesen des Denkens* ergreift, gleichzeitig im Mittelpunkt der *Freiheit* steht, das Geheimnis der Freiheit erfasst:[85f]

> Aber so wie die schöpferischen Naturkräfte „nach tausendfältigen Pflanzen" noch eine machen, worin „alle übrigen enthalten" sind, so bringen sie auch nach tausendfältigen Ideen noch eine hervor, worin die ganze Ideenwelt enthalten ist. Und diese Idee erfaßt der Mensch, wenn er zu der Anschauung der andern Dinge und Vorgänge auch diejenige des Denkens fügt. [...] Die eigene Natur der Ideenwelt kann also der Mensch nur erkennen, wenn er seine Tätigkeit anschaut. Bei jeder anderen Anschauung durchdringt er nur die wirkende Idee; das Ding, in dem gewirkt wird, bleibt als Wahrnehmung außerhalb seines Geistes. In der Anschauung der Idee ist Wirkendes und Bewirktes ganz in seinem Innern enthalten. Er hat den ganzen Prozeß restlos

in seinem Innern gegenwärtig. Die Anschauung erscheint nicht mehr von der Idee hervorgebracht; denn die Anschauung ist jetzt selbst Idee. Diese Anschauung des sich selbst Hervorbringenden ist aber die Anschauung der Freiheit. Bei der Beobachtung des Denkens durchschaut der Mensch das Weltgeschehen. Er hat hier nicht nach einer Idee dieses Geschehens zu forschen, denn dieses Geschehen ist die Idee selbst.

Das Hervorbringen der Idee führt in den Mittelpunkt des Weltgeschehens. Indem der Mensch begreift, was das Hervorbringen von Ideen seinem Wesen nach ist, erfasst er die *Idee der Idee* – und gleichzeitig damit das Wesen der Freiheit, indem er sie unmittelbar *anschaut*.

‚Die Mystik...' (GA 7)   ●

Konsequent vertieft Steiner diesen wesentlichen Punkt in seinem nächsten Werk über ‚Die Mystik' (1901).[10] Hier wird das zentrale Erlebnis formuliert:[20]

Die Wahrnehmung seiner selbst ist also zugleich *Erweckung* seines Selbst.

Dies aber hat tiefste Auswirkungen auch auf alles andere, auf den ganzen Zusammenhang mit den Dingen – *alles* erwacht zu einem ganz neuen inneren Leben:[20-22]

In unserer Erkenntnis verbinden wir das Wesen der Dinge mit unserem eigenen Wesen. Die Mitteilungen, die uns die Dinge in unserer Sprache machen, werden zu Gliedern unseres eigenen Selbst. Ein Ding, das mir gegenübersteht, ist nicht mehr getrennt von mir, wenn ich es erkannt habe. Das, was ich von ihm aufnehmen kann, gliedert sich meinem eigenen Wesen ein. Erwecke ich nun mein eigenes Selbst, nehme ich den Inhalt meines Innern wahr, dann erwecke ich auch zu einem höheren Dasein, was ich von außen in mein Wesen eingegliedert habe. Das Licht, das auf mich selbst fällt bei meiner Erweckung, fällt auch auf das, was ich von den Dingen der Welt mir angeeignet habe. Ein Licht blitzt in mir auf und beleuchtet mich, und mit mir alles, was ich von der Welt erkenne. Was immer ich erkenne, es bliebe blindes Wissen, wenn nicht dieses Licht darauf fiele. Ich könnte die ganze Welt erkennend durchdringen: sie wäre nicht, was sie in mir werden muß, wenn die Erkenntnis nicht in mir zu einem höheren Dasein erweckt würde.
Was ich durch diese Erweckung zu den Dingen hinzubringe, ist nicht eine neue Idee, ist nicht eine inhaltliche Bereicherung meines Wissens; es ist ein Hinaufheben des Wissens, der Erkenntnis, auf eine höhere Stufe, auf der allen Dingen ein neuer Glanz verliehen wird. So lange ich die Erkenntnis nicht zu dieser Stufe erhebe, bleibt mir alles Wissen im höheren Sinne wertlos. [...] Mit der Erweckung meines Selbst vollzieht sich eine geistige *Wiedergeburt* der Dinge der Welt. Was die Dinge in dieser Wiedergeburt zeigen, das ist ihnen vorher nicht eigen. Da draußen steht der Baum. Ich fasse ihn in meinen Geist auf. Ich werfe mein inneres Licht auf das, was ich erfaßt habe. Der Baum wird in mir zu mehr, als er draußen ist. Was von ihm durch das Tor der Sinne einzieht, wird in einen geistigen Inhalt aufgenommen. Ein ideelles Gegenstück

---

[10] ● GA 7, Die Mystik im Aufgange des neuzeitlichen Geisteslebens und ihr Verhältnis zur modernen Weltanschauung.

zu dem Baume ist in mir. Das sagt über den Baum unendlich viel aus, was mir der Baum draußen nicht sagen kann. Aus mir heraus leuchtet dem Baume erst entgegen, was er ist. Der Baum ist nun nicht mehr das einzelne Wesen, das er draußen im Raume ist. Er wird ein Glied der ganzen geistigen Welt, die in mir lebt. Er verbindet seinen Inhalt mit anderen Ideen, die in mir sind. Er wird ein Glied der ganzen Ideenwelt, die das Pflanzenreich umfaßt; er gliedert sich weiter in die Stufenfolge alles Lebendigen ein.

Steiner beschreibt hier die Erfahrung, dass das *Leben im Geiste* erst das eigentliche Leben ist – dem alles andere Leben nicht einmal verglichen werden kann. ‚Der innere Sinn läßt in sich das äußere Sinnendasein als geistige Wesenheit auf einer höheren Stufe erstehen.'[24]

Im Denken, das sich nur im Menschen offenbart, kommt das innerste Wesen der Welt zu sich selbst:[28f]

> Begreife ich etwas, so ist es in seiner ganzen Fülle meinem Begriffe präsent; im innersten Heiligtum seines Wesens bin ich zu Hause, nicht deshalb, weil es kein eigenes Ansich hätte, sondern weil es mich *durch die über uns beiden schwebende Notwendigkeit* des Begriffes, der in mir subjektiv, in ihm objektiv erscheint, zwingt, seinen Begriff *nach*zudenken. [...] | [...] Im Erkennen vollzieht sich [...], was sich in der Außenwelt nirgends vollzieht: Das Weltgeschehen stellt sich selbst sein geistiges Wesen gegenüber. Ewig wäre dieses Weltgeschehen nur eine Halbheit, wenn es zu dieser Gegenüberstellung nicht käme. Damit gliedert sich das innere Erleben des Menschen dem objektiven Weltprozesse ein; dieser wäre ohne es unvollständig.

Das sinnliche Leben geht dadurch selbstverständlich nicht verloren, es wird nur von einem *höheren* Leben durchdrungen: ‚Wer aber im rein Geistigen eine Beobachtungsgabe hat wie im Sinnlichen, für den wird natürlich das Leben nicht ärmer, wenn er es durch den geistigen Inhalt bereichert. Sehe ich hinaus auf eine Blume: warum sollten ihre saftigen Farben auch nur irgend etwas an Frische verlieren, wenn nicht nur mein Auge die Farben, sondern auch mein innerer Sinn noch das geistige Wesen der Blume sieht.'[38]

Steiner verbindet all diese Gedanken in diesem Buch mit den zentralen Gedanken der großen Mystiker wie Meister Eckhart, Angelus Silesius, Johannes Tauler. Und in der Tat ist das Erkennen in dem von Steiner beschriebenen Sinne eine völlige *Vereinigung* mit dem Wesen der Welt und ihrer Einzelwesen:[90]

> Nun kann aber der Punkt kommen, wo dem Menschen durch eine unwiderlegliche innere Erfahrung klar wird, daß er in dem, was er in seinem Inneren wahrnimmt, erlebt, nicht die Äußerung, die Wirkung einer verborgenen Kraft oder Wesenheit, sondern diese Wesenheit selbst in ihrer ureigensten Gestalt hat. Er darf sich dann sagen, alle anderen Dinge finde ich in einer gewissen Weise fertig vor; und ich, der ich außer ihnen stehe, füge zu ihnen hinzu, was der Geist über sie zu sagen hat. Was ich so aber selbst zu den Dingen in mir hinzu schaffe, darin lebe ich selbst, das bin ich; das ist mein eigenes Wesen. Was aber spricht da auf dem Grunde meines Geistes? Es spricht das Wissen, das ich mir über die Dinge der Welt erworben habe. Aber in diesem Wissen spricht nicht mehr irgendeine Wirkung, eine Äußerung; es spricht etwas, was

nichts zurückbehält von dem, was es in sich hat. Es spricht in *diesem* Wissen die Welt in aller ihrer Unmittelbarkeit. [...] Ich spreche also, in Wahrheit, gar nicht mehr bloß mein Wesen aus; ich spreche das Wesen der Dinge aus. Mein „Ich" ist die Form, das Organ, in dem sich die Dinge über sich selbst aussprechen. Ich habe die Erfahrung gewonnen, daß ich in mir meine eigene Wesenheit erlebe; und diese Erfahrung erweitert sich mir zu der anderen, daß sich in mir und durch mich die All-Wesenheit selbst ausspricht, oder, mit anderen Worten, erkennt.

*

Mit diesen hier berührten Werken schuf Rudolf Steiner im Laufe von fast zwei Jahrzehnten eine Grundlage, aus der heraus auch seine Geistesforschung der folgenden gut zwei Jahrzehnte verstanden werden muss.

Der Mensch ist kein Wesen, das der Welt nur gegenübersteht und allenfalls ‚Sinnesdaten' verarbeitet, heute sogar mehr und mehr *virtuelle* Sinnesdaten – und im übrigen nur sein Leben hinbringt in Konsum, Arbeit und allenfalls noch ‚Spaß'. Er ist dazu berufen mit dem innersten Kern der Welt innig mitzuleben, sich zu erheben zu einem *geistigen Leben*, das *sein* wahres Wesen ist und das auch erst das wahre Wesen der Welt zu erfassen vermag.

In Bezug auf diese essenzielle Wahrheit arbeitete Steiner stetig weiter...

Der höhere Mensch

‚Das Christentum als mystische Tatsache...' (GA 8)

Anknüpfend an ‚Die Mystik...' erscheint ein Jahr später Steiners Werk ‚Das Christentum als mystische Tatsache und die Mysterien des Altertums' (1902).[11] Ende 1901 trat Steiner der Theosophischen Gesellschaft bei, nachdem Mitglieder dieser Gesellschaft ihn aufgefordert hatten, die Leitung der Arbeit in Deutschland zu übernehmen. Das Werk beruht jedoch auf Vorträgen, die Steiner bereits zuvor begonnen hatte.

Steiner beschreibt, wie in den alten Mysterien alles auf die Verborgenheit ankam – und die heilige Seelenstimmung, wie sie nur *in* dieser Verborgenheit reifen konnte:[26f]

> Es kommt für den Mysten zuerst auf die Stimmung an, in der er sich dem naht, was er als das Höchste, als die Antworten auf die Rätselfragen des Daseins empfindet. Gerade in unserer Zeit, in der man als Erkenntnis nur das Grob-Wissenschaftliche anerkennen will, wird es schwer, zu glauben, daß es in den höchsten Dingen auf eine Stimmung ankomme. Die Erkenntnis wird ja dadurch zu einer intimen Angelegenheit der Persönlichkeit gemacht. Für den Mysten ist sie aber eine solche. Man sage jemand die Lösung des Welträtsels! Man gebe sie ihm fertig in die Hand! | Der Myste wird finden, daß alles leerer Schall ist, wenn nicht die Persönlichkeit in der rechten Art dieser Lösung gegenübertritt. Diese Lösung ist nichts; sie zerflattert, wenn nicht das Gefühl das besondere Feuer fängt, das notwendig ist. Eine Gottheit trete dir entgegen! Sie ist entweder nichts oder alles. Nichts ist sie, wenn du ihr entgegentrittst in der Stimmung, in der du den Dingen des Alltags begegnest. Sie ist alles, wenn du für sie vorbereitet, gestimmt bist. Was sie für sich ist, das ist eine Sache, die dich nicht berührt: ob sie dich läßt, wie du bist, oder ob sie aus dir einen anderen Menschen macht: darauf kommt es an. Aber das hängt lediglich von dir ab. Eine Erziehung, eine Entwicklung intimster Kräfte der Persönlichkeit muß dich vorbereitet haben, damit in dir entzündet, ausgelöst werde, was eine Gottheit vermag. Es kommt auf den Empfang an, den du dem bereitest, was dir entgegengebracht wird.

Und im Weiteren schildert Steiner dann, wie die lebendige Geist-Erkenntnis, die sich dem Mysterienschüler offenbarte, die Geburt des Göttlichen in ihm selbst war, im Sinne eines ‚Sohnes':[36f]

> In einem höheren Sinne faßt der Myste die Worte: Gott ist die Liebe. Denn Gott hat diese Liebe bis zum äußersten gebracht. Er hat *sich* selbst in unendlicher Liebe hingegeben; er hat sich ausgegossen; er hat sich in die Mannigfaltigkeit der Naturdinge zerstückelt; sie leben, und er lebt nicht in ihnen. Er ruht in ihnen. Er lebt im Menschen. Und der Mensch kann das Leben des Gottes in sich erfahren. Soll er ihn zur Erkenntnis kommen lassen, muß er diese Erkenntnis schaffend erlösen. – Der Mensch blickt nun in sich. Als verborgene Schöpferkraft, noch Da-

---

[11] • GA 8, Das Christentum als mystische Tatsache und die Mysterien des Altertums.

seinlos, wirkt das Göttliche in seiner Seele. In dieser Seele ist eine Stätte, in der das verzauberte Göttliche wieder aufleben kann. Die Seele ist die Mutter, die das Göttliche aus der Natur empfangen kann. Lasse die Seele von der Natur sich befruchten, so wird sie ein Göttliches gebären. [...] Es ist der entzauberte Geist im Menschen, der Sproß des verzauberten Göttlichen. Der große Gott, der war, ist und sein wird, der ist er wohl nicht; aber er kann doch in gewissem Sinne als dessen Offenbarung genommen werden. Der *Vater* bleibt ruhig im Verborgenen; dem Menschen ist der *Sohn* aus der eigenen Seele geboren.

In diesem Zusammenhang schildert Steiner auch, wie die großen Mythen eigentlich die Mysterien der *Seele selbst* in Bilder fassen – etwa die ‚Sage‘ vom Goldenen Vlies:[86f]

Das Vlies ist etwas, das zum Menschen gehört, das ihm unendlich wertvoll ist; das in der Vorzeit von ihm getrennt worden ist, und dessen Wiedererlangung an die Überwindung furchtbarer Mächte geknüpft ist. So ist es mit dem Ewigen in der Menschenseele. Es gehört zum Menschen. Aber dieser findet sich getrennt von ihm. Seine niedere Natur trennt ihn davon. Nur wenn er diese überwindet, einschläfert, dann kann er es wieder erlangen. Es ist ihm möglich, wenn ihm das eigene Bewußtsein (Medea) mit seiner Zauberkraft zu Hilfe kommt. [...] Man könnte für alles dieses noch tiefer in die Schilderung der hinter den Bildern liegenden geistigen Vorgänge eingehen; doch sollte hier nur das Prinzip der Mythenbildung angedeutet werden.

Im weiteren geht er auf die tiefen Parallelen der Lebensschilderungen von Buddha und Jesus ein, auf die schon damals von Forschern wie Rudolf Seydel hingewiesen worden war. Der Unterschied aber ist, dass in Buddha sich gleichsam die ganze Mysterienweisheit offenbarte, in dem Mysterium der *Auferstehung* diese aber zugleich mitten in die Geschichte eintrat – zumindest für den Christen:[106f]

Buddha schließt mit der Verklärung. Das Bedeutungsvollste im Jesus-Leben beginnt nach der Verklärung. Man übersetze das in die Sprache der Eingeweihten: Buddha ist bis zu dem Punkte gelangt, wo in dem Menschen das göttliche Licht anfängt zu glänzen. Er steht vor dem Tode des Irdischen. Er wird das Weltlicht. Jesus geht weiter. Er stirbt nicht physisch in dem Augenblicke, in dem ihn das Weltlicht durchklärt. Er ist in diesem Augenblicke ein Buddha. Aber er betritt auch in diesem Augenblicke eine Stufe, die in einem höheren Grade der Initiation ihren Ausdruck findet. Er leidet und stirbt. Das Irdische verschwindet. Aber das Geistige, das Weltlicht verschwindet nicht. Seine Auferstehung erfolgt. Er enthüllt sich als Christus für seine Gemeinde. Buddha zerfließt im Augenblicke seiner Verklärung in das selige Leben des Allgeistes. Christus Jesus erweckt diesen Allgeist noch einmal in menschlicher Gestalt in das gegenwärtige Dasein. Solches ward mit dem Initiierten bei den höheren Weihen in einem Sinne vollzogen, der *bildhaft* ist. Die im Sinne des Osiris-Mythos Initiierten waren zu solcher Auferstehung in ihrem Bewußtsein als in einem Bild-Erlebnis gelangt. Diese „große" Initiation, aber nicht als Bild-Erlebnis, sondern als Wirklichkeit, wurde also im Jesus-Leben zu der Buddha-Initiation hinzugefügt. Buddha hat mit seinem Leben das erwiesen, daß der Mensch der Logos ist, und daß er in diesen Logos, in das Licht zurückkehrt, wenn sein Irdisches stirbt. In Jesus ist der Logos selbst persönlich geworden. In ihm ist das Wort Fleisch geworden.

Was sich also für die alten Mysterienkulte im Innern der Mysterientempel abgespielt hat, das ist durch das Christentum als eine weltgeschichtliche Tatsache aufgefaßt worden. Zu dem

Christus Jesus, dem Initiierten, dem in einziggroßer Weise Initiierten, hat sich die Gemeinde bekannt. Ihr hat er bewiesen, daß die Welt eine göttliche ist. Die Mysterienweisheit wurde für die christliche Gemeinde unlösbar verknüpft mit der Persönlichkeit des Christus Jesus. Daß er gelebt hat, und daß seine Bekenner zu ihm gehörten: dieser Glaube trat an die Stelle dessen, was man vorher mit den Mysterien hatte erreichen wollen.

Der Kreuzestod, das ‚Mysterium von Golgatha‘, ist in höherem Sinne eine Auferstehung, denn es ist eine höchste Einweihung – und der christliche Myste *verbindet* sich mit dieser:[109f]

> In dem Christus-Erlebnis hat man zu sehen eine ganz bestimmte Stufe der Initiation. Wenn der Myste der vorchristlichen Zeit dieses Christus-Erlebnis durchmachte, dann war er durch seine Einweihung in einem Zustande, der ihn befähigte, etwas geistig – in höheren Welten – wahrzunehmen, wofür es keine entsprechende Tatsache in der sinnlichen Welt gab. Er erlebte das, was das Mysterium von Golgatha umschließt, in der höheren Welt. Wenn nun der christliche Myste dieses Erlebnis durch Initiation durchmacht, dann schaut er zugleich das geschichtliche Ereignis auf Golgatha und weiß, daß in diesem Ereignis, das sich innerhalb der Sinnenwelt abgespielt hat, der gleiche Inhalt ist wie vorher nur in den übersinnlichen Tatsachen der Mysterien. Es hat sich also mit dem „Mysterium von Golgatha“ auf die christliche Gemeinde das ausgegossen, was sich früher innerhalb des Mysterientempels über die Mysten ausgegossen hat. Und die Initiation gibt den christlichen Mysten die Möglichkeit, sich dieses Inhaltes des „Mysteriums von Golgatha“ bewußt zu werden, während der Glaube den Menschen unbewußt teilhaftig werden läßt der mystischen Strömung, die von den im Neuen Testamente geschilderten Ereignissen ausgegangen ist und seitdem das Geistesleben der Menschheit durchzieht.

Die im Johannes-Evangelium beschriebene ‚Auferweckung des Lazarus‘ beschreibt Rudolf Steiner als eine *Einweihung* – einen dreitägigen todesähnlichen Schlaf, dem die geistige Einweihung folgt, die bis dahin nur in den Mysterien stattfand.[119-130] Dieses ‚Wunder‘ sollte gerade das Verständnis des Mysteriums von Golgatha vorbereiten.[130]

Der ‚gewöhnlichen‘ Mysterieneinweihung entsprach bereits die Jordantaufe – auch diese etwas, was vorher nur im Geheimen erlebt wurde:[148f]

> Die Persönlichkeit des Jesus wurde fähig, in die eigene Seele aufzunehmen Christus, den Logos, so daß dieser in ihr Fleisch wurde. Seit dieser Aufnahme ist das „Ich“ des Jesus von Nazareth der Christus, und die äußere Persönlichkeit ist der Träger des Logos. Dieses Ereignis, daß das „Ich“ des Jesus der Christus wird, das ist durch die Johannes-Taufe dargestellt. Während der Mysterien-Epoche war die „Vereinigung mit dem Geiste“ für wenige Menschen die Angelegenheit der Einzuweihenden. [...] durch das Christus-Ereignis sollte vor die ganze Menschheit etwas – eben die Taten des Christus – hingestellt werden, so daß die „Vereinigung“ eine Erkenntnis-Angelegenheit der ganzen Menschheit sein konnte.

Gleichzeitig aber ist für den Christen hier noch mehr – Christus ist der übermenschliche Gott. Dennoch ist dieser nicht jenseits, denn der christliche Myste kann ihn erfahren:[156f]

Der [alte, H.N.] Myste hatte mit einem Grade der Göttlichkeit in sich und mit seiner irdisch-sinnlichen Persönlichkeit zu tun. Der Christ hatte mit dieser und mit einem vollendeten, über alles menschlich Erreichbare erhabenen Gott zu tun. Wird diese Anschauung streng festgehalten, so ist eine mystische Grundstimmung der Seele nur möglich, wenn dieser Seele, indem sie das höhere Geistige in sich findet, das geistige Auge so geöffnet wird, daß in dieses das Licht fällt, welches von dem Christus in dem Jesus ausgeht. Vereinigung der Seele mit ihren höchsten Kräften ist zugleich Vereinigung mit dem geschichtlichen Christus. [...] Der christliche Mystiker will in sich selbst die Gottheit schauen, aber er muß zu dem geschichtlichen Christus hinblicken wie das physische Auge zur Sonne; wie dieses sich sagt: durch diese Sonne werde ich erblicken, was ich durch meine Kräfte sehen kann, so sagt der christliche Myste: ich steigere mein Inneres zu göttlichem Schauen; das Licht, das mir solches Schauen ermöglicht, ist in dem erschienenen Christus gegeben. Er *ist*, wodurch ich in mir zum Höchsten steigen kann.

Sehr bald wurden jedoch all diese *Mysterienwahrheiten* auf bloße ‚Glaubenswahrheiten' reduziert, die immer weniger zu einer echten Verwandlung des ganzen Menschenwesens im Sinne der Einweihung führten...

*

Die Spaltung in ‚Wissen' und ‚Glauben' ist gerade für die heutige Zeit der Bewusstseinsseele[12] überhaupt zutiefst fatal. Denn einerseits wird dem, was angeblich nur noch ‚geglaubt' werden könne, immer weniger Bedeutung beigemessen – und andererseits wird einer materialistischen Wissenschaft so extrem *geglaubt* wie nie zuvor, was eben gerade ein Hauptgrund auch für das andere ist:[13]

Man sagt: über die Dinge, über die sich die Wissenschaft verbreitet, könne man etwas wissen, über die anderen Dinge könne man nur etwas glauben, das sei dann eine persönliche Sache. Nur weil diejenigen, die das sagen, nicht einsehen, wie man die Bedingungen herstellt, damit ein jeglicher Glaube zu einem Wissen werden kann, nur deshalb können sie so sprechen. Wer nicht imstande ist, den mathematischen Beweis zu führen, daß die drei Winkel des Dreiecks 180 Grad betragen, der muß es glauben. Wer nicht imstande ist, den Beweis zu führen, der in der Geheimwissenschaft geführt ist für das Leben des Menschen zwischen Tod und neuer Geburt, der wird diese Dinge glauben müssen. Aber er wird auch die Möglichkeit finden, für sich diesen Beweis zu führen [...].

Stets hat Steiner auf die Grundwahrheit verwiesen, dass man auch für nicht sinnliche Gebiete zu einem *Wissen* kommen kann – und dass jede andere Behauptung bereits unwissenschaftlich wäre, nämlich bloßes Dogma. Die Wege zu diesem Wissen hat er immer wieder sorgfältig beschrieben, aber auch unermüdlich darauf hingewiesen, dass das Sich-Vertiefen in die Schilderungen des Geistesforschers bereits der erste Schritt ist, weil bereits durch sie die Seele regsam zu werden beginnt.

---

[12] Ein Terminus technicus für den heutigen Bewusstseinszustand, siehe dazu auch die folgende Seite.
[13] Vortrag vom 10.10.1907, GA 56, S. 9-36, hier 20.

Mit seinem Werk ‚Theosophie' (1904) stellt sich Steiner ganz auf den Boden dessen, was er nun ‚Geisteswissenschaft' nennt.[14]

Hier beschreibt er unter anderem das Wesen des Menschen nach Leib, Seele und Geist, aber auch diese wiederum gegliedert: Denn außer dem eigentlichen physischen Leib gibt es schon bei Pflanze und Tier die ‚lebenerfüllte Geistgestalt', den Lebens-, Bilde-Kräfte- oder, mit einer alten Bezeichnung, Ätherleib.[36f]

In Bezug auf die Seele kann man zunächst von der Empfindungsseele sprechen – durch die der Mensch Empfindungen wie etwa die einer Farbe hat.[39f] Dieser liegt auch ein Seelenleib zugrunde, die Einheit beider nennt Steiner später auch ‚Astralleib'.[58] Indem der Mensch aber auch das Denken hat, wird die Empfindungsseele von etwas durchdrungen, was auch das Tier nicht mehr hat und was Verstandes- und Gemütsseele genannt werden kann.[43f] Und dann gibt es einen Teil der Seele, in dem der Mensch das Wahre, Schöne und Gute in sich aufleben lassen kann: ‚Was die Seele als Wahres und Gutes in sich trägt, ist unsterblich in ihr. – Das, was in der Seele als Ewiges aufleuchtet, sei hier *Bewußtseinsseele* genannt.'[46]

Im Weiteren beschreibt Steiner das ‚Ich' als den Mittelpunkt der Seele und sein wahres Wesen.[49] Und nun folgen *geistige* Wesensglieder, die der Mensch zunächst nur keimhaft hat und in Freiheit entwickeln muss. Der im Ich lebendige und das Ich zugleich erst wahrhaft bildende Geist wird ‚Geistselbst' genannt. Im Unterschied zur Bewusstseinsseele berührt er die Wahrheit nicht nur, sondern trägt sie in sich, aufgenommen und individualisiert durch das Ich, das so selbst Ewigkeit erlangt.[51] Auch der Geist baut sich einen ‚Körper' auf, den Steiner ‚Geistesmensch' nennt, und den geistigen Lebenskräfte-Zusammenhang nennt er ‚Lebensgeist'.[54f]

Indem das *Geistige* im Menschen zur Wirksamkeit kommt, das Ich sich also mit dem Geistselbst durchdringt, werden Triebe, Begierden und Leidenschaften von dem Geistigen durchleuchtet und verwandelt – und so wird der verwandelte Astralleib *selbst* Teil des Geistselbst. Und in gleicher Weise kann der Ätherleib zunehmend vergeistigt werden und wird selbst Lebensgeist, und was am physischen Leib sich vergeistigt, ist selbst Geistesmensch.[59f]

Diese Unterscheidungen können nur solange abstrakt wirken, bis begriffen wird, dass diese spirituelle Menschenkunde *höchst konkret* ist. Denn es ist eine Tatsache, dass bis ins Einzelne jeder Trieb, jede niedere Begierde verwandelt werden kann – und dass sich auf diese Weise die gesamte ‚spirituelle Konstitution' des ganzen Menschenwesens verwandelt – und dass dies auch *wahrgenommen* werden kann, jedoch nicht mit den äußeren Sinnen, sondern wiederum nur seelisch-geistig. Aber es ist unmittelbar einsichtig und auch erlebbar, dass ein Mensch, der sich innerlich geläutert hat, eine völlig andere *Ausstrahlung* hat als ein anderer – und was

---

[14] • GA 9, Theosophie. Einführung in übersinnliche Welterkenntnis und Menschenbestimmung.

hier mehr oder weniger unbewusst wahrgenommen wird, kann der ‚Geistesforscher' bis ins Einzelne *bewusst* wahrnehmen und unterscheiden.

In einem weiteren Kapitel geht Rudolf Steiner auf die Wiederverkörperung des Geistes und das Schicksal ein. Er weist erneut darauf hin, dass die Erlebnisse der Seele weit über das hinausgehen können, was mit dem Leiblichen zu tun hat – und dass das, was man durch den Geist erkennt, in einem Element des Seelenlebens gegründet ist, wodurch die Seele mit einem von dem vergänglichen Leib ganz unabhängigen Weltinhalt zusammenhängt.[61]

Die Seele bewahrt das Vergangene in Erinnerungen, der Geist die Früchte des Erlebten, etwa als Fähigkeiten, Erworbenes, alles, was ihn reicher und weiter macht und wachsen lässt.[66f] Nun geht Steiner über die Grenze zwischen Geburt und Tod hinaus. Der Leib ist zunächst vererbt, aber wo kommt der stets ganz individuelle Geist her, dessen Besonderes auch über die Einflüsse der Umgebung hinausgeht, der bereits *mit* dieser Besonderheit ins Leben tritt?[69] Dies ist nur erklärlich, wenn auch *ihm* etwas vorausgeht:[74]

> So wie also die physische Menschengestalt immer wieder und wieder eine Wiederholung, eine Wiederverkörperung der menschlichen Gattungswesenheit ist, so muß der geistige Mensch eine Wiederverkörperung *desselben* geistigen Menschen sein. Denn als geistiger Mensch ist eben jeder eine eigene Gattung.

Da dies zu den über-sinnlichen Tatsachen gehört, kann es dafür keinen ‚äußeren' Beweis geben, sondern nur einen solchen über die Kraft des *Denkens*: ‚Für denjenigen, dessen geistiges Auge erschlossen ist, wirken die obigen Gedankengänge genau mit derselben Kraft, wie ein Vorgang wirkt, der sich vor seinem physischen Auge abspielt.'[74] Wer also den Augen mehr vertraut als dem reinen Denken, der ist von geistigen Erkenntnissen noch sehr entfernt.[75] Geistige Anlagen und Begabungen eines Menschen können nur Fähigkeiten sein, die er sich bereits *früher* angeeignet hat.[79]

Nun hat die Seele bzw. das Ich aber nicht nur Erinnerungen nach ‚innen', sie verbinden sich auch fortwährend durch Taten mit der Außenwelt. Und wie der Mensch nach dem Schlaf sich in seinem *Leib* wieder vorfindet, so kann es auch sein, dass er in einem neuen Leben den Folgen seiner Taten wiederbegegnet.[81ff] Und der Gedankengang mündet in den Worten:[87f]

> Der sich verkörpernde Geist bringt [..] aus seinen vorigen Verkörperungen sein Schicksal mit. Und dieses Schicksal bestimmt das Leben. Welche Eindrücke die Seele wird haben können, welche Wünsche ihr werden befriedigt werden können, welche Freuden und Leiden ihr erwachsen, mit welchen Menschen sie zusammenkommen wird: das hängt davon ab, wie die Taten in den vorhergehenden Verkörperungen des Geistes waren. Menschen, mit welchen die Seele in einem Leben verbunden war, wird sie in einem folgenden wiederfinden müssen, weil die Taten, welche zwischen ihnen gewesen sind, ihre Folgen haben müssen. [...] Der Leib unterliegt dem Gesetz der *Vererbung*; die Seele unterliegt dem selbstgeschaffenen Schicksal. Man nennt dieses von dem Menschen geschaffene Schicksal mit einem alten Ausdrucke sein *Karma*. Und der Geist steht unter dem Gesetze der *Wiederverkörperung*, der wiederholten Erdenleben.

Nur im *Denken* kann dies immer mehr zu einer sicheren Überzeugung werden. Wer aber über diese Fragen gar nicht erst zu denken beginnt, der verbleibt ganz in der materialistischen Auffassung, die letztlich eben wirklich ein *Nicht*-Denken ist, weil das Geistige des Menschen und der Welt nicht einmal im Ansatz ernstgenommen wird. Auch so schafft sich die Seele ihr eigenes Schicksal: Sie vergisst sich immer mehr...

Steiner beschreibt dann verschiede ‚Regionen' der Seelenwelt, die einer zunehmenden Läuterung entsprechen (Begierdenglut, fließende Reizbarkeit, Wünsche, Lust und Unlust, Seelenlicht, tätige Seelenkraft, Seelenleben).[104] Das folgende Kapitel handelt von der ‚Seele in der Seelenwelt nach dem Tode'. Zunächst ist nach dem Tode der Geist an die Seele gebunden, die aber ihrerseits in das Leibliche verstrickt war: Es folgt nun eine Zeit, in der die Seele ihre Neigungen zum physischen Dasein abstreift.[109f] In der Seelenwelt wird die Seele durch die beschriebenen Regionen hindurch so sehr geläutert, bis:[112]

[...] alles Antipathische in der Seele allmählich von den Kräften der Sympathie überwunden und [..] diese Sympathie selbst bis zu ihrem höchsten Gipfel geführt wird. Denn durch diesen höchsten Grad von Sympathie mit der ganzen übrigen Seelenwelt wird die Seele gleichsam in dieser zerfließen, eins mit ihr werden; dann ist ihre Eigensucht völlig erschöpft. Sie hört auf, als ein Wesen zu existieren, das dem physisch-sinnlichen Dasein zugeneigt ist: der Geist ist durch sie befreit.

Dann beschreibt Steiner das ‚Geisterland', die Welt der Urbilder und der noch über diesen stehenden Wesenheiten. Schon in der ersten Region:[132]

[...] ist der Mensch umgeben von den geistigen Urbildern der irdischen Dinge. Während des Erdenlebens lernt er ja nur die Schatten dieser Urbilder kennen, die er in seinen Gedanken erfaßt. Was auf der Erde bloß *gedacht* wird, das wird in dieser Region *erlebt*. Der Mensch wandelt unter Gedanken, aber diese Gedanken sind *wirkliche Wesenheiten*. Was er während des Erdenlebens mit seinen Sinnen wahrgenommen hat, das wirkt auf ihn jetzt in seiner Gedankenform. Aber der Gedanke erscheint nicht als der Schatten, der sich hinter den Dingen verbirgt, sondern er ist lebensvolle Wirklichkeit, welche die Dinge erzeugt.

Die zweite Region[15] ist die, ‚in welcher das gemeinsame Leben der irdischen Welt als Gedankenwesenheit, gleichsam als das flüssige Element [...] strömt', Einheit und Harmonie, denen schon im Erdenleben die edelsten religiösen und moralischen Impulse galten, aber nun nicht als Abglanz, sondern ‚die wirkliche Gestalt als lebendige Gedankenwesenheit'.[136]

Die dritte Region enthält die Urbilder der seelischen Welt, die vierte die Urbilder zu den rein menschlichen Schöpfungen.[138f] Und dann steigt der Geist auf in das reine Geisterland, das

---

[15] Steiner weist darauf hin, dass dies nicht räumlich vorzustellen ist, sondern dass sich, schon wie in der ‚Seelenwelt', alles gegenseitig *durchdringt*: ‚[...] und der Mensch erlebt sich in einer neuen Region nicht deswegen, weil er sie in irgendeiner Form äußerlich „betreten" hat, sondern weil er in sich die inneren Fähigkeiten erlangt hat, das wahrzunehmen, innerhalb dessen er vorher unwahrnehmend war.'[137]

Reich der Absichten und Ziele. Was der Geist in der fünften Region ist, ‚das ist wirklich er selbst', Träger der Früchte früherer Verkörperungen, die er in die folgenden hinüberträgt.[141] Dies ist eigentlich die Region des Geistselbst – und dieses kann seine wahre Heimat immer mehr hier finden.[143] Die sechste Region entspricht einer völligen Selbstlosigkeit der Absichten und Ziele, die siebte Region führt an die Grenze zu noch höheren Welten, aus denen die ‚Lebenskerne' in die drei beschriebenen Welten versetzt werden.[144]

Dass der Kristall Gestalt, die Pflanze Leben, das Tier Triebe haben kann, dem liegen formlose Geistwesen zugrunde, die Steiner ‚Elementarreiche' nennt.[151] Für den Kristall steigt das erste Elementarreich gleichsam eine Stufe hinunter, für die Pflanze das zweite bereits eine weitere, für das Tier kleiden sich die Wesenheiten des dritten bereits in seelische Hüllen. Beim Menschen aber zieht die Geistwesenheit in die Sinneswelt *selbst* ein.[151f] So nimmt die formlose Geistwesenheit im Kristall Form, in der Pflanze auch Gestalt, im Tier auch Seele, im Menschen auch die Form des Gedankens ein.[152]

Später beschreibt Steiner den ‚Pfad der Erkenntnis' und betont noch einmal, dass das Mitvollziehen höherer Erkenntnisse in zunächst ‚bloßer' Gedankenform schon der erste Schritt ist:[172]

> Die Erkenntnis der in diesem Buche gemeinten Geisteswissenschaft kann *jeder* Mensch sich selbst erwerben. Ausführungen von der Art, wie sie in dieser Schrift gegeben werden, liefern ein Gedankenbild der höheren Welten. Und sie sind in einer gewissen Beziehung der *erste Schritt* zur eigenen Anschauung. Denn der Mensch ist ein Gedankenwesen. Und er kann seinen Erkenntnispfad nur finden, wenn er vom Denken ausgeht. Wird seinem Verstande ein Bild der höheren Welten gegeben, so ist dieses für ihn nicht unfruchtbar, auch wenn es vorläufig gleichsam nur eine Erzählung von höheren Tatsachen ist [...]. Denn die Gedanken, die ihm gegeben werden, stellen selbst eine Kraft dar, welche in seiner Gedankenwelt weiter wirkt. Diese Kraft wird in ihm tätig sein; sie wird schlummernde Anlagen wecken. Wer der Meinung ist, die Hingabe an ein solches Gedankenbild sei überflüssig, der ist im Irrtum. Denn er sieht in dem Gedanken nur das Wesenlose, Abstrakte. Dem Gedanken liegt aber eine lebendige Kraft zugrunde. Und wie er bei demjenigen, der Erkenntnis hat, als ein unmittelbarer Ausdruck vorhanden ist dessen, was im Geiste geschaut wird, so wirkt die Mitteilung dieses Ausdrucks in dem, welchem er mitgeteilt wird, als *Keim*, der die Erkenntnisfrucht aus sich erzeugt.

Für eigene höhere Erkenntnisse aber ist und bleibt die wichtigste Grundlage die Ausbildung eines klaren, starken eigenen Denkens: ‚Man kann gar nicht stark genug betonen, wie notwendig es ist, daß derjenige die ernste Gedankenarbeit auf sich nehme, der seine höheren Erkenntnisfähigkeiten ausbilden will.'[174] Daneben bedarf es der vorbehaltlosen *Hingabe* an die Gedanken, denn der unbegründete *Unglaube* stellt gerade ein Hindernis für jede innere Entwicklung dar und ist das Gegenteil von Unbefangenheit. Diese Fähigkeit, alle Antipathie und alles fertige Urteil in sich auszulöschen, muss mit einem großen Ernst geschult werden:[177f]

> Will einer den Pfad der höheren Erkenntnis betreten, so muß er sich darin üben, sich selbst mit allen seinen Vorurteilen in jedem Augenblicke auslöschen zu können. Solange er sich auslöscht, fließt das andere in ihn hinein. Nur hohe Grade von solch selbstloser Hingabe befähigen

zur Aufnahme der höheren geistigen Tatsachen, die den Menschen überall umgeben. [...] Man unterdrücke *in sich* dasjenige, was diesen oder jenen Gedanken bildet, und lasse lediglich das, was draußen ist, die Gedanken bewirken. – Nur wenn mit heiligstem Ernst und Beharrlichkeit solche Übungen angestellt werden, führen sie zum höheren Erkenntnisziele.

‚Wie erlangt man...?' (GA 10)   ●

Diese Hinweise setzte Steiner in vertiefter Weise in einem weiteren Werk fort, das im gleichen Jahr erschien: ‚Wie erlangt man Erkenntnisse der höheren Welten?'[16] In diesem Werk lebt eine tiefe moralische *Reinheit*, die die lesende Seele innig berühren und ergreifen kann.

Wir können hier nur einige Passagen miterleben. Zentral ist bereits die folgende:[19f]

Eine gewisse Grundstimmung der Seele muß den Anfang bilden. Der Geheimforscher nennt diese Grundstimmung den *Pfad der Verehrung*, der Devotion gegenüber der Wahrheit und Erkenntnis. Nur wer diese Grundstimmung hat, kann Geheimschüler werden. Wer Erlebnisse auf diesem Gebiete hat, der weiß, welche Anlagen bei denen schon in der Kindheit zu bemerken sind, welche später Geheimschüler werden. Es gibt Kinder, die mit heiliger Scheu zu gewissen von ihnen verehrten Personen emporblicken. Sie haben eine Ehrfurcht vor ihnen, die ihnen im tiefsten Herzensgrunde verbietet, irgendeinen Gedanken aufkommen zu lassen von Kritik, von Opposition. Solche Kinder wachsen zu Jünglingen und Jungfrauen heran, denen es wohltut, wenn sie zu irgend etwas Verehrungsvollem aufsehen können. Aus den Reihen dieser Menschenkinder gehen viele Geheimschüler hervor. Hast du einmal vor der Türe eines verehrten Mannes gestanden und hast du bei diesem deinem ersten Besuche eine heilige Scheu empfunden, auf die Klinke zu drücken, um in das Zimmer zu treten, das für dich ein „Heiligtum" ist, so hat sich in dir ein Gefühl geäußert, das der Keim sein kann für deine spätere Geheimschülerschaft. Es ist ein Glück für jeden heranwachsenden Menschen, solche Gefühle als Anlagen in sich zu tragen. Man glaube nur ja nicht, daß solche Anlagen den Keim zur Unterwürfigkeit und Sklaverei bilden. Es wird später die erst kindliche Verehrung gegenüber Menschen zur Verehrung gegenüber *Wahrheit* und *Erkenntnis*. Die Erfahrung lehrt, daß diejenigen Menschen auch am besten verstehen, das Haupt frei zu tragen, die verehren gelernt haben da, wo Verehrung am Platze ist. Und am Platze ist sie überall da, wo sie aus den Tiefen des Herzens entspringt.
Wenn wir nicht das tiefgründige Gefühl in uns entwickeln, daß es etwas Höheres gibt, als wir sind, werden wir auch nicht in uns die Kraft finden, uns zu einem Höheren hinaufzuentwickeln. Der Eingeweihte hat sich nur dadurch die Kraft errungen, sein Haupt zu den Höhen der Erkenntnis zu erheben, daß er sein Herz in die Tiefen der Ehrfurcht, der Devotion geführt hat. Höhe des Geistes kann nur erklommen werden, wenn durch das Tor der Demut geschritten wird. Ein rechtes Wissen kannst du nur erlangen, wenn du gelernt hast, dieses Wissen zu achten. Der Mensch hat gewiß das Recht, sein Auge dem Lichte entgegenzuhalten; aber er muß dieses Recht erwerben.

---

[16] ● GA 10, Wie erlangt man Erkenntnisse der höheren Welten?

Solche Ausführungen können gerade in unserer Zeit eben vielfach *unmittelbar* Widerstand und Opposition auslösen. Dies aber ist nur ein Beweis für ihre Wahrheit. Denn die Fähigkeit zur Ehrfurcht ist in den heutigen Seelen bereits sehr radikal verlorengegangen. Jeder will *selbst* etwas ‚sein‘, schon die Kleinsten. Und so wird die heilige Kraft der Ehrfurcht niemals gefunden – die Seele geht meilenweit an ihr vorbei. So aber wird auch ihr *Segen* niemals gefunden. Denn es ist wahr: Am Ende ‚ist‘ jeder etwas ... aber was?! Etwas sehr Gewöhnliches, was sich hervorragend in der sinnlichen Welt zurechtfinden mag, was Hobbys und eigene Ansichten etc. pp. hat – aber innere *Entwicklung*? Welche innere Entwicklung soll denn möglich sein, die nicht einmal Ehrfurcht kennt, ja an genau diesem Punkt *beginnt*?

Es ist, wie Steiner beschreibt: Auch vor hohen, heiligen Wahrheiten wird man dann keinerlei Ehrfurcht haben, weil man diese Empfindung gar nicht *kennt* – und so wird man auch nie zu diesen heiligen Wahrheiten kommen, man wird immer nur bei dem bleiben, was man ohnehin schon kennt. Seine ‚eigenen‘ Überzeugungen, die man so liebt und über die man sich definiert. Diese können durchaus auch moralisch sein, aber sie bleiben *gewöhnlich*. Die Seele entwickelt sich nicht. Sie wird sich nicht läutern, nicht verwandeln, sie wird *gar* nichts. Sie wird sehr weitgehend bleiben, wie sie ist und war. Wer das möchte, mag das tun. Jene Seele aber, die eine innere Entwicklung sucht ... braucht das Tor der Demut. Gerade dieses wird die Seele reich beschenken – wie die Goldmarie im Märchen.[17]

Da in unserer und schon in Steiners Zeit Ideale und Empfindungen der Ehrfurcht, Verehrung, Bewunderung, Anbetung zurückgedrängt wurden, muss der Geistesschüler sich zu diesen Stimmungen energisch erziehen: ‚Er muß überall in seiner Umgebung, in seinen Erlebnissen dasjenige aufsuchen, was ihm Bewunderung und Ehrerbietung abzwingen kann. Begegne ich einem Menschen und tadle ich seine Schwächen, so raube ich mir höhere Erkenntniskraft; suche ich liebevoll mich in seine Vorzüge zu vertiefen, so sammle ich solche Kraft. [...] Aber dies darf nicht eine äußerliche Lebensregel bleiben. Sondern es muß von dem Innersten unsrer Seele Besitz ergreifen.‘[22f]

---

[17] Aus einer anderen Perspektive beschreibt Steiner es 1911 einmal in folgender Passage: ‚Nehmen wir an, ein Mensch tritt in der Jugend einem Älteren gegenüber mit einer heiligen Scheu, von der er vielleicht gar nicht sagen kann, warum sie sich einstellt. Bemerken wir eine derartige breite Gemütsanlage bei einem Menschen, so finden wir, daß solche Menschen lange jung bleiben, überhaupt jung bleiben, daß in ihnen ein junges Herz schlägt, auch wenn die Haare längst grau geworden sind. Sie behalten eine gewisse Beweglichkeit im Leben. Namentlich behalten sie das ganze Leben hindurch die Fähigkeit, rasch sich hineinzufinden in Situationen, geschickt zu sein in allen Verhältnissen. Wer sich in der Jugend so dem Leben aufschließt, vor dem schließt sich in späteren Epochen das Leben immer mehr auf. Er ist immer mehr imstande, in die Dinge hineinzuschauen, erreicht auf leichtere Weise die Möglichkeit, das Geistige zu fühlen hinter den Dingen; er wird immer spiritueller. Anders ein Mensch, der die Verstandesseite in der Jugend besonders entwickelt hat. Solche Menschen neigen sehr zu frühzeitiger Greisenhaftigkeit. Das ist nicht Schuld des Einzelnen, sondern das Karma der Gemeinschaft. Derjenige, der ein Verstandesmensch ist, sondert sich immer mehr von der Welt ab, sie wird ihm immer unverständlicher. Daher das Kritisieren vieler Menschen über alles, was in ihrer Umgebung ist. In meiner Jugend – sagen sie – war alles schön, jetzt ist alles verdorben. – Dieses Mürrische, dieses mit nichts Zufriedensein, dieses Sich-Zurückziehen, nur in den Kindheitserinnerungen leben, ist etwas, was zusammenhängt mit der Verstandeshaftigkeit der Seele in der Jugend.‘ Vortrag vom 7.1.1911, GA 127, S. 40.

Die *Kraft*, die diese Empfindung der Seele schenkt, ist die einer immer größeren Offenheit und Hingabefähigkeit gegenüber allem – und dies ist ja die zentrale Voraussetzung für jegliche wahre Erkenntnis überhaupt. Still geht mit der Seele eine Verwandlung vor sich, die man äußerlich überhaupt nicht bemerken muss. Aber ihre Fähigkeit des *Erkennens* wächst immer weiter, während sie vorher durch Antipathien, Missachtung, Eigenurteile usw. verschüttet war.[24f]

Noch mehr geschieht, wenn der Geistesschüler überhaupt ein *reiches Innenleben* entwickelt, im Gegensatz zu äußerer Zerstreuung. Auch hier geht es wieder um eine innige Hingabefähigkeit:[26f]

> Wenn ein gefühlsreicher und gemütstiefer Mensch durch eine schöne Gebirgslandschaft geht, erlebt er anderes als ein gefühlsarmer. [...] Der eine fährt über das Meer, und nur wenig innere Erlebnisse ziehen durch seine Seele; der andere empfindet dabei die ewige Sprache des Weltgeistes; ihm enthüllen sich geheime Rätsel der Schöpfung. Man muß gelernt haben, mit seinen eigenen Gefühlen, Vorstellungen umzugehen, wenn man ein inhaltvolles Verhältnis zur Außenwelt entwickeln will. Die Außenwelt ist in allen ihren Erscheinungen erfüllt von göttlicher Herrlichkeit; aber man muß das Göttliche erst in seiner Seele selbst erlebt haben, wenn man es in der Umgebung finden will. – Der Geheimschüler wird darauf verwiesen, sich Augenblicke in seinem Leben zu schaffen, in denen er still und einsam sich in sich selbst versenkt. Nicht den Angelegenheiten seines eigenen Ich aber soll er sich in solchen Augenblicken hingeben. Das würde das Gegenteil von dem bewirken, was beabsichtigt ist. Er soll vielmehr in solchen Augenblicken in aller Stille nachklingen lassen, was er erlebt hat, was ihm die äußere Welt gesagt hat. Jede Blume, jedes Tier, jede Handlung wird ihm in solchen stillen Augenblicken ungeahnte Geheimnisse enthüllen. Und er wird vorbereitet dadurch, neue Eindrücke der Außenwelt mit ganz anderen Augen zu sehen als vorher.

Die *innere Ruhe* ist dann überhaupt die nächste Regel für den inneren Weg: ,Schaffe dir Augenblicke innerer Ruhe und lerne in diesen Augenblicken *das Wesentliche von dem Unwesentlichen unterscheiden.*'[29] Worum es hier geht, das ist das Lernen eines immer weitergehenden Zusammenlebens mit dem *Wesentlichen*, ein Sich-Lösen von jeder Art bloßer Oberflächlichkeit, ein Tiefwerden der Seele, die sich mehr und mehr mit dem Ewigen verbindet.

In dieser stillen Stunde – und seien es nur fünf Minuten, wenn wirklich nicht mehr Zeit zur Verfügung stünde – kann man sich auch von sich selbst so sehr lösen, dass man die eigenen Erlebnisse und Taten so anschaut und beurteilt, als ob sie ein anderer erlebt oder getan hätte, dass man sich selbst also wie ein Fremder gegenübersteht. Auch so sondert sich Wesentliches von Unwesentlichem.[31f] Auch in dieser ruhigen Selbstschau wächst eine *Kraft*:[32f]

> Denn jeder Mensch trägt neben seinem [...] Alltagsmenschen in seinem Innern noch einen *höheren Menschen*. [...] Und jeder kann diesen höheren Menschen nur *selbst* in sich erwecken. Solange aber dieser höhere Mensch nicht erweckt ist, so lange bleiben auch die in jedem Menschen schlummernden höheren Fähigkeiten verborgen, die zu übersinnlichen Erkenntnissen führen. | Solange jemand die Frucht der inneren Ruhe nicht fühlt, muß er sich eben sagen, daß er in der ernsten strengen Befolgung der angeführten Regel fortfahren muß. Für jeden, der so ver-

fährt, kommt der Tag, wo es um ihn herum geistig hell wird, wo sich einem Auge, das er bis dahin in sich nicht gekannt hat, eine ganz neue Welt erschließen wird.

Immer weniger wird man sich über Dinge ärgern, immer weniger durch dies und jenes aus der Bahn geworfen werden, sich verzetteln etc. Die ganze Seele *durchdringt* sich mit Ruhe und Kraft. Und mehr und mehr kommt es zu einer völligen Selbstbeherrschung, die mit der Geburt des höheren Menschen gerade zu tun hat: ,Hängt es von etwas anderem als von mir ab, ob ich mich ärgere oder nicht, so bin ich nicht Herr meiner selbst, oder – noch besser gesagt –: ich habe den „Herrscher in mir" noch nicht gefunden. Ich muß in mir die Fähigkeit entwickeln, die Eindrücke der Außenwelt nur in einer durch mich selbst bestimmten Weise an mich herankommen zu lassen; dann kann ich erst Geheimschüler werden.'[36]

Weiter erhebt sich der Geistesschüler auch zu etwas wirklich Überpersönlichem:[37f]

Er muß sich erheben zu einem *rein* Menschlichen, das nichts mehr mit seiner besonderen Lage zu tun hat. Er muß zu einer Betrachtung derjenigen Dinge übergehen, die ihn als Mensch etwas angingen, auch wenn er unter ganz anderen Verhältnissen, in einer ganz anderen Lage lebte. Dadurch lebt in ihm etwas auf, was über das Persönliche hinausragt. Er richtet damit den Blick *in höhere Welten*, als diejenigen sind, mit denen ihn der Alltag zusammenführt. Und damit beginnt der Mensch zu fühlen, zu erleben, daß er solchen höheren Welten angehört. Es sind das Welten, über die ihm seine Sinne, seine alltägliche Beschäftigung nichts sagen können. So erst verlegt er den Mittelpunkt seines Wesens in sein Inneres. Er hört auf die Stimmen in seinem Innern, die in den Augenblicken der Ruhe zu ihm sprechen; er pflegt im Innern Umgang mit der geistigen Welt. [...] Die *ruhige Beschaulichkeit* im Innern, die Zwiesprache mit der rein geistigen Welt füllt seine ganze Seele aus. – Ein natürliches Lebensbedürfnis muß dem Geheimschüler solche stille Beschaulichkeit werden. Er ist zunächst ganz in eine Gedanken-Welt versenkt. Er muß für diese stille Gedankentätigkeit ein *lebendiges Gefühl* entwickeln. Er muß *lieben* lernen, was ihm der Geist da zuströmt. Bald hört er dann auch auf, diese Gedankenwelt als etwas zu empfinden, was unwirklicher sei als die Dinge des Alltags, die ihn umgeben. Er fängt an, mit seinen Gedanken umzugehen wie mit den Dingen im Raume. Und dann naht für ihn auch der Augenblick, in dem er das, was sich ihm in der Stille innerer Gedankenarbeit offenbart, als viel höher, wirklicher zu fühlen beginnt als die Dinge im Raume. Er erfährt, daß sich *Leben* in dieser Gedankenwelt ausspricht. Er sieht ein, daß sich in Gedanken nicht bloße Schattenbilder ausleben, sondern, daß durch sie verborgene *Wesenheiten* zu ihm sprechen. Es fängt an, aus der Stille heraus zu ihm zu sprechen.

Dies ist bereits Meditation.

In einem weiteren Abschnitt schildert Steiner einen Stufenweg von Vorbereitung, Erleuchtung und Einweihung. In der Vorbereitung vertieft sich die Seele intensiv in den Eindruck des Blühens und Gedeihens und auf der anderen Seite des Welkens und Absterbens. Sie wird dadurch allmählich ganz neue Empfindungen und Gedanken haben, aus denen sich die übersinnlichen Schauungsorgane aufbauen, denen die Seelenwelt in geistigen Linien und Figuren wahrnehmbar wird.[44f] Indem sich der Geistesschüler auch in die Töne vertieft, lernt er mehr und mehr, auch die Sprache der Natur verstehen.[49] Erneut kommt es hier darauf an, völlig selbstlos hören zu lernen. Dann erwacht allmächlich die Wahrnehmung des ‚inneren Wortes‘. Die Geisteswelt beginnt geistig zu sprechen.[51f]

In Bezug auf die Erleuchtung beschreibt Steiner unter anderem die Samenkorn-Übung: Gegenüber einem Samenkorn soll sich die Seele innig klarmachen, dass in diesem, im Gegensatz zu einer künstlichen Nachahmung, als Kraft der ganzen Pflanze verborgen bereits das ruht, was später herauswächst. Intensiv tauche man *erlebend* in den Gedanken ein: das Unsichtbare wird sichtbar werden – und *fühle* dies zugleich intensiv. Dies wird in der Seele eine Kraft schaffen, aus der schließlich eine übersinnlich-geistige Anschauung hervorgehen wird, in der das Samenkorn wie in einer kleinen ‚Flammenwolke‘ eingeschlossen erscheint, der eine Empfindung wie gegenüber der Farbe violett-blau entspricht.[61f] Und ein wiederum anderes Erleben wird die Seele dann gegenüber einer Pflanze in ihrer vollen Entwicklung haben, gegenüber der man sich vorstellt, wie auch in ihr etwas verborgen ist, was bleiben wird.[64]

Bevor Steiner dann zum Menschen kommt, formuliert er die Notwendigkeit voller moralischer Lauterkeit, die keine Erkenntnis für den Eigennutz missbrauchen wird. Deshalb gebe es eine goldene Regel für jede geistige Schulung:[67]

> Und diese goldene Regel ist: wenn du *einen* Schritt vorwärts zu machen versuchst in der Erkenntnis geheimer Wahrheiten, so mache zugleich *drei* vorwärts in der Vervollkommnung deines Charakters zum Guten.

So kann man sich nun auch in menschliche Empfindungen vertiefen – aber ohne irgendeinen Menschen nur als Beobachtungsobjekt zu behandeln, sondern: ‚[...] die volle Selbstgeltung eines jeden Menschen uneingeschränkt zu schätzen und das als etwas Heiliges, von uns Unantastbares – auch in Gedanken und Gefühlen – zu betrachten, was in dem Menschen wohnt. Ein Gefühl von heiliger Scheu vor allem Menschlichen, selbst wenn es nur als Erinnerung gedacht wird, muß uns erfüllen.‘[70]

Die geistigen Erfahrungen sind so zart, dass man sie nur allzuleicht mit Phantasmen durchdringen oder sonstwie (zer-)stören kann. Deshalb ist eine weitere Regel: ‚Verstehe über deine geistigen Gesichte zu *schweigen*. Ja, schweige sogar vor dir selber darüber. Versuche nicht, was du im Geiste erschaust, in Worte zu kleiden oder mit dem ungeschickten Verstande zu ergrübeln.‘[68] Auch dies dient einer immer reineren *Hingabe*.

Im Weiteren beschreibt Steiner innere Proben, die der Geheimschüler auf dem Weg zur Einweihung zu bestehen hat. Ich möchte hier jedoch nur noch einige grundlegendere Passagen berühren, die das bisher Ausgeführte ergänzen und ein weiteres Mal tief erlebbar machen, wie es hier um eine Läuterung und Veredelung der Seele im Sinne eines wahren Menschentums geht. Das tiefe Selbstloswerden der ganzen inneren Haltung schildert Steiner noch einmal wie folgt:[96f]

Einen Stein in den Weg der Geheimerziehung wirft dem Menschen auch alles, was er sagt, ohne daß er es gründlich in seinen Gedanken geläutert hat. [...] Wenn mir jemand zum Beispiel etwas sagt und ich habe darauf zu erwidern, so muß ich bemüht sein, des anderen Meinung, Gefühl, ja Vorurteil mehr zu beachten, als was ich im Augenblicke selbst zu der in Rede stehenden Sache zu sagen habe. Hiermit ist eine feine Taktausbildung angedeutet, welcher sich der Geheimschüler sorgfältig zu widmen hat. Er muß sich ein Urteil darüber aneignen, wie weit es für den anderen eine Bedeutung hat, wenn er der seinigen die eigene Meinung entgegenhält. Nicht zurückhalten soll man deshalb mit seiner Meinung. [...] Aber man soll so genau als nur irgend möglich auf den anderen hinhören und aus dem, was man gehört hat, die Gestalt seiner eigenen Erwiderung formen. Immer wieder steigt in einem solchen Falle in dem Geheimschüler *ein* Gedanke auf; und er ist auf dem rechten Wege, wenn dieser Gedanke in ihm so lebt, daß er Charakteranlage geworden ist. Dies ist der Gedanke: „Nicht darauf kommt es an, daß ich etwas anderes meine als der andere, sondern darauf, daß der andere das Richtige aus Eigenem finden wird, wenn ich etwas dazu beitrage.“

Auf diese Weise durchdringt sich die Seele mit Milde – und ebenso wird sich bald auch ein Zweites ausbilden: ‚das ruhige *Achten* auf alle Feinheiten des seelischen Lebens in der Umgebung bei völliger *Schweigsamkeit* der eigenen Seelenregungen‘. Und dann wirkt die ganze Umgebung so auf die Seele ein, dass sie wie eine Pflanze im Sonnenlicht wächst und sich gliedert; dass die Seele der Seelenwelt, der Geist der Geisteswelt geöffnet wird.[97]

Es dürfte deutlich sein, dass das moderne Stadtleben ein großes Hindernis für jede innere Schulung ist – während die Natur diese in jeder Hinsicht unterstützt:[99f]

Aber gut ist es unter allen Umständen, wenn der Geheimschüler ab und zu den stillen Frieden und die innere Würde und Anmut der Natur zu seiner Umgebung macht. Besonders günstig liegt die Sache bei dem, der seine Geheimschulung ganz in der grünen Pflanzenwelt oder zwischen sonnigen Bergen und dem lieben Weben der Einfalt vornehmen kann.[18] Das treibt die inneren Organe in einer Harmonie heraus, die niemals in der modernen Stadt entstehen kann. Etwas besser als der bloße Stadtmensch ist auch schon derjenige gestellt, welcher wenigstens während seiner Kindheit Tannenluft atmen, Schneegipfel schauen und das stille Treiben der Waldtiere und Insekten beobachten durfte.

In einem weiteren Kapitel nennt Steiner noch einmal ausdrücklich ‚Die Bedingungen zur Geheimschulung‘. Wer diese nicht erfüllen wolle, gliche einem Menschen, der Maler werden wolle, ohne einen Pinsel in die Hand nehmen zu wollen.[102]

Die erste Bedingung sei, sein Augenmerk darauf zu richten, die körperliche und geistige Gesundheit zu fördern und etwa alles Überspannte, Einseitige, Phantastische oder Fanatische zu vermeiden.[103,105]

---

[18] Wer sich an solchen Formulierungen ‚stößt‘, beweist nur ein weiteres Mal, wie wenig er fähig ist, sich einzulassen und auf alle Vorurteile einmal zu verzichten, um zum *Wesen* des Gesagten vorzudringen, auch im Übrigen seine eigene Person einmal völlig schweigen zu lassen...

Die zweite ist, ‚sich als *ein Glied* des ganzen Lebens zu fühlen‘. Als Erzieher etwa soll man die Ursache für irgendeinen Mangel vor allem bei sich suchen. Aber mehr noch:[106]

> Aus solcher Gesinnungsart heraus ändert sich allmählich die ganze Denkungsart des Menschen. Das gilt für das Kleinste wie für das Größte. Ich sehe aus solcher Gesinnung heraus zum Beispiel einen Verbrecher anders an als ohne dieselbe. Ich halte zurück mit meinem Urteile und sage mir: „Ich bin nur ein Mensch wie dieser. Die Erziehung, die durch die Verhältnisse mir geworden ist, hat mich *vielleicht* allein vor seinem Schicksale bewahrt." Ich komme dann wohl auch zu dem Gedanken, daß dieser Menschenbruder ein anderer geworden wäre, wenn die Lehrer, die ihre Mühe auf mich verwendet haben, sie hätten ihm angedeihen lassen. Ich werde bedenken, daß mir etwas zuteil geworden ist, was ihm entzogen war, daß ich mein Gutes gerade dem Umstand verdanke, daß es ihm entzogen worden ist. Und dann wird mir die Vorstellung auch nicht mehr ferne liegen, daß ich nur ein Glied in der ganzen Menschheit bin und *mitverantwortlich* für alles, was geschieht.

Dieses still innerlich Glühende, was nur noch aus dem *reinsten Moralischen*, einem ganz und gar *guten Willen* besteht, ist es, was dem ganzen Werk sein Gepräge gibt. All dies sollten sich jene Menschen bewusst machen, die meinen, Rudolf Steiner billig kritisieren zu können wegen dieser oder jener Passage aus einem Gesamtwerk von mehreren hundert Bänden. Sie sollten sich fragen, ob sie auch nur den *Hauch* jener Moralität besitzen, wie sie solche Passagen atmen, die sich bei Steiner wieder und wieder finden – oder ob sie nicht vielmehr jenen ‚Wutbürgern‘ gleichen, die sich nur dann besser fühlen, wenn sie jemanden einmal so richtig ‚zerlegen‘ konnten. Ist damit irgendetwas gewonnen? Nur für ihr eigenes Selbstgefühl.

Die dritte Bedingung für den Geistesschüler ist die Anschauung, dass:[107f]

> [...] seine Gedanken und Gefühle ebenso Bedeutung für die Welt haben wie seine Handlungen. Es muß erkannt werden, daß es ebenso verderblich ist, wenn ich meinen Mitmenschen hasse, wie wenn ich ihn schlage. Dann komme ich auch zu der Erkenntnis, daß ich nicht nur für mich etwas tue, wenn ich mich selbst vervollkommne, sondern auch für die Welt. Aus meinen reinen Gefühlen und Gedanken zieht die Welt ebensolchen Nutzen wie aus meinem Wohlverhalten. Solange ich nicht glauben kann an diese Weltbedeutung meines Innern, so lange tauge ich nicht zum Geheimschüler. Erst dann bin ich von dem rechten Glauben an die Bedeutung meines Inneren, meiner Seele erfüllt, wenn ich an diesem Seelischen in der Art arbeite, als wenn es zum mindesten ebenso wirklich wäre wie alles Äußere.

Die vierte Bedingung hängt innig damit zusammen: Es ist die Ansicht, ‚daß des Menschen eigentliche Wesenheit nicht im Äußerlichen, sondern im Inneren liegt‘.[108]

Fünfte Bedingung ist die ‚Standhaftigkeit in der Befolgung eines einmal gefaßten Entschlusses‘, die sowohl an die vorherige anknüpft als auch an die *Liebe* zu einer Handlung, die wir als entscheidende Triebfeder schon aus der ‚Philosophie der Freiheit‘ kennen.[109]

Eine sechste Bedingung ist:[109f]

[...] die Entwickelung des Gefühles der *Dankbarkeit* gegenüber allem, was dem Menschen zukommt. Man muß wissen, daß das eigene Dasein ein Geschenk des ganzen Weltalls ist. Was ist alles notwendig, damit jeder von uns sein Dasein empfangen und fristen kann! Was verdanken wir der Natur und anderen Menschen! Zu solchen Gedanken müssen diejenigen geneigt sein, die Geheimschulung wollen. Wer sich ihnen nicht hingeben kann, der vermag nicht in sich jene *Allliebe* zu entwickeln, die notwendig ist, um zu höherer Erkenntnis zu kommen. Etwas, das ich nicht liebe, kann sich mir nicht offenbaren. Und eine jede Offenbarung muß mich mit Dank erfüllen, denn ich werde durch sie reicher.

Auch diese Dankbarkeit widerspricht als Stimmung der Hingabe tief der modernen Seelenhaltung, die alles *sich* selbst verdanken will – oder aber erwerben und konsumieren, ohne dankbar sein zu müssen. Es muss kaum erwähnt werden, dass auch die gesamte virtuelle Welt dieser Stimmung entgegensteht, da fortwährend durch wenige ‚Klicks‘ alles zur Verfügung steht, was man nur möchte...

‚Alle die genannten Bedingungen müssen sich in einer siebenten vereinigen: das Leben unablässig in dem Sinne aufzufassen, wie es die Bedingungen fordern. Dadurch schafft sich der Zögling die Möglichkeit, seinem Leben ein einheitliches Gepräge zu geben. Seine einzelnen Lebensäußerungen werden miteinander im Einklang, nicht im Widerspruche stehen.‘[110] Ohne die Erfüllung dieser Bedingungen werden der Seele immer wieder die Kraft und auch das Vertrauen fehlen:[111]

Und auf Vertrauen und wahre Menschenliebe muß alles Wahrheitsstreben gebaut sein. Es muß darauf *gebaut* sein, obgleich es *nicht* daraus entspringen, sondern nur aus der eigenen Seelenkraft quellen kann. Und die Menschenliebe muß sich allmählich erweitern zur Liebe zu allen Wesen, ja zu allem Dasein. Wer die genannten Bedingungen nicht erfüllt, wird auch nicht die volle Liebe zu allem Aufbauen, zu allem Schaffen haben, und die Neigung, alle Zerstörung, alles Vernichten als solche zu unterlassen. Der Geheimschüler muß so werden, daß er nie etwas vernichtet um des Vernichtens willen, nicht in Handlungen, aber auch nicht in Worten, Gefühlen und Gedanken. Für ihn soll es Freude am Entstehen, am Werden geben; und nur dann darf er die Hand bieten zu einer Vernichtung, wenn er auch imstande ist, aus und durch die Vernichtung neues Leben zu fördern. Damit ist nicht gemeint, daß der Geheimschüler zusehen darf, wie das Schlechte überwuchert; aber er soll sogar am Schlechten diejenigen Seiten suchen, durch die er es in ein Gutes wandeln kann. Er wird sich immer klarer darüber, daß die richtigste Bekämpfung des Schlechten und Unvollkommenen das Schaffen des Guten und Vollkommenen ist.

Kritisieren ist leicht, sogar kriegerische Zerstörung ist leicht – es braucht nur ein Wort oder ein Kommando, um etwas zu zerstören, was vielleicht nie wieder aufgebaut werden kann. Die Welt ist voll von vernichtenden Impulsen und Kräften. Doch im Sinne der *Wahrheit* und der wahren Menschwerdung ist nur das *Aufbauende*, das Liebende...

Steiner beschreibt dann die Entwicklung der sogenannten ‚Lotusblumen' (oder Chakren) auf jeweils spezifische Weise, wobei die ‚zwölfblättrige Lotusblume' in der Nähe des Herzens durch die sogenannten ‚Nebenübungen' gefördert wird:[127-129] [19]

> Gedankenkontrolle
> Kontrolle der Handlungen
> Erziehung zur Ausdauer
> Duldsamkeit, Toleranz (Positivität)
> Unbefangenheit
> Lebensgleichgewicht, Gleichmut

Im Weiteren schildert Rudolf Steiner die Veränderungen im Traumleben des Geistesschülers, die schließlich zu einer Bewusstseinskontinuität führen; die sogenannte ‚Spaltung der Persönlichkeit', indem die Seelenkräfte des Denkens, Fühlens und Wollens sich voneinander loslösen; die Erfahrungen mit dem kleinen und dem großen ‚Hüter der Schwelle' – aber auf all dies kann in diesem Rahmen nicht weiter eingegangen werden, so wesentlich es auch ist.

Mit dem Werk ‚Wie erlangt man...?' hat Rudolf Steiner endgültig mit der Beschreibung übersinnlicher Erfahrungen begonnen. Es kann sich die Frage ergeben, wie dies mit den ‚Grundwerken' zusammenhängt, aber auch dies beantwortet er in einer Neuauflage 1918:[220]

> Für die hier gemeinte übersinnliche Seelenbetätigung ist es außerordentlich bedeutsam, in voller Klarheit das Erleben des reinen Denkens zu durchschauen. Denn im Grunde ist dieses Erleben selbst schon eine übersinnliche Seelenbetätigung. Nur eine solche, durch die man noch nichts Übersinnliches schaut. Man lebt mit dem reinen Denken im Übersinnlichen; aber man erlebt nur *dieses* auf eine übersinnliche Art; man erlebt noch nichts anderes Übersinnliches. Und das übersinnliche Erleben muß sein eine Fortsetzung desjenigen Seelen-Erlebens, das schon im Vereinigen mit dem reinen Denken erreicht werden kann. Deshalb ist es so bedeutungsvoll, diese Vereinigung richtig erfahren zu können.

Beide Male geht es um die Erweckung des höheren, des wahren Menschen. Der Mensch ist eben noch *nicht* das, was gerne seinen Cappuccino trinkt, ins Fitnessstudio geht oder das nächste YouTube-Video anklickt – hier schlummert der wahre Mensch noch wie ein Keim. Und tragisch ist es, wenn das Leben nach und nach zu Ende geht, ohne dass dieser Keim sich zu entwickeln beginnt, weil gar keine Sehnsucht mehr gespürt wird...

---

[19] Andere Darstellungen (zum Beispiel GA 266a, S. 238) weichen etwas ab, die ‚Erziehung zur Ausdauer' kommt nicht vor, während ‚Gelassenheit' bzw. ‚Erhabensein über Lust und Leid' eine eigene Übung ist und die letzte dann die Harmonie der fünf übrigen Übungen bildet.

Bevor wir mit den Schriften Steiners fortfahren, wollen wir uns zwei Vorträgen zuwenden, die innig mit der ganzen Stimmung von ‚Wie erlangt man...?' zusammenpassen.

In dem Vortrag ‚Die Mission der Wahrheit'[20] führt Steiner aus, dass wir Wahrheit zwar im Innersten erleben, aber in der Liebe zur Wahrheit gerade vom eigenen Selbst loskommen.[88] Die Wahrheit ist ein hohes Ziel, denn die verfälschenden, sich hineinmischenden Leidenschaften schweigen in der Regel nur auf dem Gebiet der Mathematik, wo jeder die Wahrheit anerkennt.[89] Wird die Wahrheit nicht um ihrer selbst willen geliebt, sondern liebt man *sich* selbst stärker, rächt sich das sofort. Aufrichtige Liebe zur Wahrheit führt aber auch zu Liebe überhaupt, zu immer größerer Toleranz:[90-92]

> Die Wahrheit ist eine strenge Göttin, die deshalb auch fordert, daß sie in den Mittelpunkt einer alleinigen Liebe in unserem Selbst gestellt wird. In dem Moment, wo man nicht loskommt von sich selber und etwas anderes ihr gegenüberstellt, etwas anderes höher stellt als sie, rächt sie sich sofort. [...] | [...] Und in dem Augenblick, wo man ihr etwas vorzieht, wird man in gleichem Maße finden, daß man der Selbstsucht verfällt. [...] Die Wahrheit richtet sich nach niemand, und finden kann sie nur derjenige, der sich ihr ergibt. Das können wir daran ersehen, daß in dem Augenblick, wo der Mensch nicht um der Wahrheit willen liebt, sondern um seiner selbst willen, weil er sich an seine Meinungen hängt, daß der Mensch in diesem Augenblicke als ein anti-soziales Wesen wirkt, das immer fort und fort herausstrebt aus der menschlichen Gemeinsamkeit. Sehen wir einmal hin auf diejenigen, die nicht danach streben, die Wahrheit um der Wahrheit willen zu lieben, die eine bestimmte Anzahl von Ansichten zu ihrer Wahrheit gemacht haben: sie lieben nichts als den Besitz ihrer Seele. Diese Menschen werden die intolerantesten sein. Diejenigen Menschen, die die Wahrheit ihrer eigenen Anschauungen und Meinungen wegen lieben, das sind jene, welche nicht dulden wollen, daß ein anderer zum Wahrheitsuchen auf ganz anderem Wege geht. [...]
> Führt ehrliches Wahrheitsstreben zu allgemeinem Menschenverständnis, so führt das Umgekehrte, die Liebe zur Wahrheit um der eigenen Persönlichkeit willen, zur Zerstörung der Freiheit, zur Intoleranz der andern Persönlichkeit gegenüber.

Und am Ende formuliert es Steiner noch einmal wie in einer Essenz: ‚Durch nichts werden die Menschen mehr entfremdet und entfernen sich voneinander, als wenn sie fremd werden dem Wahrheitsstreben und dem Wahrheitssinn.'[100] Die *Liebe zur Wahrheit* wäre das (immer wieder) unendlich Vereinende – das bloße Rechthaben-Wollen ist das regelrecht Zersplitternde, alles Auflösende...

In dem sechs Tage später gehaltenen Vortrag ‚Die Mission der Andacht'[21] knüpft Steiner noch einmal an den früheren an, mit dem Hinweis, dass die Wahrheit die Erzieherin der Verstan-

---

[20] ● Die Mission der Wahrheit. Vortrag vom 22.10.1909, GA 58, S. 77-116.
[21] ● Die Mission der Andacht. Vortrag vom 28.10.1909, GA 58, S. 117-142.

desseele ist, und wendet sich dann der Bewusstseinsseele zu. Diese kann sich mit einem Wissen vom Übersinnlichen durchdringen – aber das Denken muss diesem Unsichtbaren entgegenstreben. Diesen Impuls wird es aber nie haben, wenn es sich nicht anregen lässt von Gefühl und Wille, die auf diesem Weg sogar *Führer* sein müssen.[122]

Das Gefühl ist selbst für die strenge Logik und damit für das Denken überhaupt die Grundlage, weil jede Wahrheit *empfunden* wird (Wahrheitsgefühl, Evidenz).[123] Führer zum noch ganz Unbekannten kann das Gefühl werden, wenn es zur *Liebe* wird, begleitet vom Willen, der zur *Ergebenheit* wird – und die Vereinigung dieser beiden kann *Andacht* genannt werden.[124f] Und diese Wahrheit gilt schon in der äußeren Welt:[125]

> Niemals wird die Bewußtseinsseele zu einem Wissen kommen auch über ein äußeres Ding, wenn sie sich diesem Ding nicht mit Liebe und Ergebenheit nähert, denn unsere Seele geht vorüber an den Dingen, denen sie sich nicht nähert mit Liebe und Ergebenheit oder, mit anderen Worten, in Andacht.

Dass das Ich sich in dieser Andacht und Ergebenheit nicht selbst verliert, wird dadurch möglich, dass es inmitten dessen nun auch das *Denken* entfaltet; mit dessen Licht dasjenige zu durchdringen strebt, dem die Seele ergeben ist.[128f] Und allein dieses selbsttätige, selbstschöpferische Denken kann dann auch verhindern, dass man Irrtümern, Schwärmerei und ähnlichem verfällt.[131f]

Weiter führt Steiner dann aus, dass und warum gerade die Andacht kräftigend auf die Seele wirkt. Weil eine Seele, die Andacht und Ergebung nicht kennt, innerlich *leer* bleibt:[134f]

> Denn in dem Kniebeugen liegt die Aufnahme einer Kraft, die wie in unsern Organismus hineinstrebt. Diejenigen Knie, die sich strecken, ohne jemals gelernt zu haben, sich in Andacht in die Kniebeuge zu begeben, die spreizen nur dasjenige, was sie immer gehabt, die spreizen die eigene Nichtigkeit, zu der sie nichts hinzugefügt haben. Die Beine aber, die sich bequemt haben zum Kniebeugen, nehmen mit dem Strecken der Knie eine neue Kraft auf, und jetzt spreizt sich nicht die Nichtigkeit, sondern das, was neu aufgenommen wurde. Diejenigen Hände, die segnen wollen, die trösten wollen, ohne daß sie vorher in Ehrfurcht und Andacht sich gefaltet haben, die können nicht viel hingeben von Liebe und Segen als ihre eigene Nichtigkeit. Die Hand aber, welche gelernt hat sich zu falten, die hat mit dem Falten zur Andacht eine Kraft aufgenommen, die jetzt die Hand durchströmen kann; und sie ist eine mächtig vom Selbste durchzogene Hand geworden. Denn der Weg jener Kraft, die durch gefaltete Hände aufgenommen wird, der Weg geht, bevor er sich in die Hände ergießt, durch das menschliche Herz und entzündet die Liebe; und die Andacht der gefalteten Hände wird, indem sie geht durch das Herz und in die Hände fließt, zum Segen. Der Kopf, der die ganze Welt beschaut, der überall seine Augen hinrichtet und seine Ohren hineinspreizt, mag noch so viel durchmessen mit Augen und Ohren, er kann überall den Dingen nur seine eigene Leerheit gegenüberstellen. Jener Kopf aber, der sich in Andacht zu den Dingen hingeneigt hat, der wird wiederum aus der Andacht eine Kraft schöpfen, die ihn durchströmt; der wird nicht seine eigene Leerheit, sondern die Gefühle, die er durch die Andacht aufgenommen hat, den Dingen entgegenbringen.

Gleichzeitig erzieht die Andacht die ungeläuterten Sympathien und Antipathien zu einem immer reineren Gefühl für das Schöne und das Gute – und die ungeläuterten Triebe zu moralischen Idealen.[136f] ‚Andacht ist etwas, was wir wie einen Keim in die Seele hineinsäen: und er geht auf.'[137]

‚Aus der Akasha-Chronik' (GA 11)   •

In einem weiteren Werk, ‚Aus der Akasha-Chronik' (1905-1908),[22] schildert Steiner frühere Erdenzustände und Zustände des Menschen, sogar noch vor der Trennung in zwei Geschlechter etc. Da hier von ‚Atlantis' und auch noch von ‚Wurzelrassen' gesprochen wird, wird dies heute massiv kritisiert bzw. nicht ansatzweise ernstgenommen. Ich gebe an dieser Stelle nur eine Passage wieder, in der Steiner sich ganz am Ende an die etablierte Wissenschaft wendet:[246f]

> Der Geistesforscher ist gegenüber solchen Persönlichkeiten, welche auf dem „festen Boden wissenschaftlicher Tatsachen" zu stehen behaupten, in der folgenden Lage. Er sagt ihnen: was ihr an solchen Tatsachen vorbringt, aus Geologie, Paläontologie, Biologie, Physiologie und so weiter, nichts wird von mir geleugnet. [...] Nun aber sind eure Tatsachen nur ein Teil der Wirklichkeit. Der andere Teil sind die *geistigen* Tatsachen, welche den Verlauf der sinnlichen erst erklärlich machen. Und diese Tatsachen sind nicht Hypothesen, nicht etwas, was „man" sich nicht vorstellen kann, sondern das *Erlebnis*, die *Erfahrung* der Geistesforschung. Was ihr vorbringt über die von euch beobachteten Tatsachen hinaus, ist, ohne daß dies von euch bemerkt wird, nichts weiter als die Meinung, daß es solche geistige Tatsachen nicht geben könne. In Wahrheit bringt ihr zum Beweis für diese eure Behauptung nichts vor, als daß euch solche geistige Tatsachen unbekannt sind. Daraus folgert ihr, daß sie nicht existieren und daß diejenigen Träumer und Phantasten seien, welche vorgeben, von ihnen etwas zu wissen. Der Geistesforscher nimmt euch nichts, aber auch gar nichts von eurer Welt; er fügt zu dieser nur noch die seine hinzu. Ihr aber seid damit nicht zufrieden, daß er so verfährt; ihr sagt – wenn auch nicht immer klar –, „man" darf von nichts anderem sprechen, als wovon wir sprechen [...].

‚Die Stufen der höheren Erkenntnis' (GA 12)   •

Zeitgleich erschienen, ebenfalls zunächst in Fortsetzung in der Zeitschrift ‚Lucifer-Gnosis', weitere Ausführungen zu den ‚Stufen der höheren Erkenntnis', in denen Steiner erstmals ausführlich die Stufen der Imagination, Inspiration und Intuition beschreibt.[23]

Erneut weist er hier darauf hin, dass das veränderte Erleben zunächst nachts bemerkbar wird und überhaupt zunächst sehr zart und flüchtig ist:[26f]

---

[22] • GA 11, Aus der Akasha-Chronik.
[23] • GA 12, Die Stufen der höheren Erkenntnis.

Und was sie bei der Versenkung in das Innere geleistet hat, das trägt seine Früchte zunächst im Zustande des Schlafes. Ist die Seele des Nachts vom Leibe befreit, so wirkt das in ihr fort, was durch die Übungen am Tage angeregt worden ist. Es bilden sich in ihr Organe, durch welche sie mit einer höheren Umgebung gerade so in Verbindung kommt wie vorher durch die äußeren Sinnesorgane mit der körperlichen Umwelt. Aus dem Dunkel der nächtlichen Umgebung treten die Lichterscheinungen der höheren Welt heraus. Zart und intim ist dieser Verkehr zunächst. Und der Mensch muß durchaus damit rechnen, daß für eine lange Zeit beim Aufwachen das Licht des Tages sofort wieder einen dichten Vorhang zieht vor die Erlebnisse der Nacht. [...] Denn der Schüler lernt nicht leicht auf die zarten Gebilde seiner Seele achten, die sich im Laufe seiner Entwickelung hineinmischen in die groben Erlebnisse des alltäglichen Sinneslebens. Anfangs erscheinen ihm solche Gebilde wie das, was man zufällige Eindrücke der Seele nennt. Alles kommt darauf an, daß er *unterscheiden* lernt, was er der gewöhnlichen Welt verdankt von dem, was durch seine eigene Wesenheit als Kundgebung höherer Welten sich darstellt. In einem stillen, in sich gekehrten Gemütsleben muß er sich diese Unterscheidung aneignen.

Im Weiteren führt Steiner aus, dass etwa die Flammengestalt aus der Samenkorn-Übung eine Imagination ist – *scheinbar* eine bloße Illusion, dennoch aber bereits eine Vorstufe für höhere Wahrnehmungen. Tatsächlich hat man diese Wahrnehmungen, die sich dann sogar von den äußeren Dingen lösen, selbst hervorgebracht.[42] Aber *durch* sie hindurch können sich nun Wesenheiten aussprechen und offenbaren, die sonst dazu keine Gelegenheit hätten.[43] Der Geistesschüler muss sich hier eine große Sicherheit aneignen und zudem die bereits geschilderte innere Schulung durchmachen, denn extrem leicht mischen sich seine eigenen Seeleninhalte, Gefühle, Begierden etc. in die imaginative Welt hinein, in der zudem vieles ganz umgekehrt-spiegelbildlich, die Eitelkeit etwa als liebreizende Gestalt erscheinen kann.[46f]

Auf der Stufe der Inspiration fällt sogar jede äußere Anregung für die seelische Tätigkeit weg. Diese muss nun *allen* Inhalt selbst schaffen, damit sich in das so Geschaffene dann die Offenbarungen der höheren wirklichen Welt hineinprägen können.[52] Der Mensch muss also selbstlos schaffen lernen, ohne dass sein Ich dabei eine eigenmächtige Rolle spielt.[53] Dafür braucht er eine strengste Schulung seines Denkens, Fühlens und Wollens:[56]

Ganz systematisch muß der Geheimschüler die Aufmerksamkeit auf sein Seelenleben lenken: und er muß es dahin bringen, daß ihm das logisch Unrichtige eine Quelle des *Schmerzes* wird, der durchaus nicht hinter einem physischen Schmerze zurückbleibt; und in umgekehrter Art muß ihm das „Richtige" wirkliche Freude oder Lust bereiten. Wo also ein anderer nur seinen Verstand, seine Urteilskraft in Bewegung bringt, muß der Geheimschüler lernen, die ganze Stufenfolge von Gefühlen, vom Schmerz bis zum Enthusiasmus, von der wehevollen Spannung bis zur entzückenden Lösung im Besitz der Wahrheit zu durchleben. Ja, er muß etwas wie Haß empfinden lernen gegen dasjenige, was beim „normalen" Menschen nur als ein nüchternkaltes „Unrichtiges" erlebt wird; er muß eine *Liebe* zur Wahrheit in sich entwickeln, welche einen ganz persönlichen Charakter trägt; so persönlich, so warm wie der Liebende der Geliebten gegenüber empfindet. [...] Er muß sich geduldig immer wieder probeweise dieses oder jenes „Wahre", dieses oder jenes „Falsche" vorlegen; und sich der Sache hingeben, um nicht bloß seine Urteilskraft zu schulen, die nüchtern *unterscheidet* zwischen „wahr" und „falsch"; sondern er muß zu dem allen ein ganz persönliches Verhältnis gewinnen.

Nicht um Subjektivität geht es hierbei, sondern um eine unendliche *Vertiefung* des Erlebens an sich, um ein existenzielles Verhältnis zum Wahren und Falschen, das es nicht mehr erlaubt, dem mehr oder weniger gleichgültig gegenüberzustehen. Nicht aus bloßer Emotionalität, sondern aus einer bis ins Innerste *Substanz* gewordenen Wahrhaftigkeit.

Und dennoch muss dem weiter die aufrichtigste Toleranz, ja Liebe gegenüber dem anderen Menschen gepaart bleiben: ‚Er muß *zugleich* in sich den lebendigsten Schmerz empfinden können, wenn z. B. ein Mensch ein unrichtiges Urteil abgibt, und vollkommen tolerant sein können gegen diesen Menschen, weil der Gedanke in der Seele ebenso lebhaft da ist: dieser Mensch *muß* so urteilen, und es ist mit seinem Urteile wie mit einer *Tatsache* zu rechnen.'[57f]

Zugleich muss sich die eigene Selbstbeherrschung und innere ‚Schweigefähigkeit' durch andere Übungen weiter steigern: ‚Man muß sich z. B. einem Ereignisse gegenüberstellen, welches „normalerweise" die Seele erregt, und sich diese Erregung ganz und gar verbieten.'[60f]

Die Erkenntnis durch Inspiration führt dann zum ‚Erleben der *Vorgänge* in den unsichtbaren Welten, also zum Beispiel der Entwickelung des Menschen, derjenigen der Erde und ihrer planetarischen Verkörperungen',[67] und diese Kraft der Inspiration wird in der eigenen Seele bereits angeregt, wenn sie sich in die der Inspiration entstammenden Schilderungen des Geistesforschers mit der oben beschriebenen ‚Stufenfolge von Gefühlen', also in größter Intensität, vertieft – anstatt sie nur als nüchterne Mitteilungen zu nehmen.[65]

In der Inspiration wird man eins mit den Taten höherer Wesen, den Offenbarungen ihres Willens, in der Intuition verschmilzt man mit diesen Wesen *selbst*. Daher muss das Ich in einem hohen Grade gefestigt sein, um sich dennoch nicht selbst zu verlieren.[79f] Zuletzt erweist sich *alles* als Wesen: ‚Man hat erst dann etwas intuitiv erfaßt, wenn man diesem „Etwas" gegenüber zu der Empfindung gekommen ist: es äußert sich in ihm ein Wesen, das von derselben Art und inneren Geschlossenheit wie das eigene Ich ist.'[80]

‚Die Schwelle der geistigen Welt' (GA 17)   ●

Rudolf Steiner hat diese Ausführungen an vielen anderen Stellen weiter ergänzt.[24] Wir wollen jedoch weitergehen. In ‚Die Schwelle der geistigen Welt' (1913)[25] beschreibt er das Erleben der geistigen Welt in einer Passage dann folgendermaßen:[75-77]

> [...] die Seele erfühlt in der geistigen Welt, daß dort *Wesen* vorhanden sind, welche mit ihrem ganzen Innensein *so* sind, wie innerhalb ihrer selbst nur die Gedanken sind. [...] Wenn das Gefühl der Hingabe, wie es für die Verwandlungsfähigkeit in der elementarischen Welt entwickelt werden muß, so verschärft wird, daß in dieser Hingabe das fremde Wesen, in das man sich verwandelt, nicht nur sympathisch oder antipathisch erfüllt wird, sondern so, daß es mit seiner Ei-

---

[24] Etwa: GA 16, Ein Weg zur Selbsterkenntnis des Menschen: In acht Meditationen. • GA 17, siehe unten.
[25] ● GA 17, Die Schwelle der geistigen Welt: Aphoristische Ausführungen.

genart in der Seele, die sich hingibt, aufleben kann, dann tritt die Wahrnehmungsfähigkeit für die geistige Welt ein. Es spricht dann gewissermaßen das eine geistige Wesen in dieser, das andere in einer anderen Weise zur Seele. [...] Man erlebt Gedanken; aber man weiß, *daß man in den Gedanken Wesen erlebt.* In Wesen zu leben, die in Gedanken sich nicht bloß ausdrücken, sondern die mit ihrem Eigensein in den Gedanken anwesend sind, heißt mit der Seele in der geistigen Welt leben.

Gegenüber den Wesenheiten der elementarischen Welt hat die Seele das Gefühl, daß diese Wesenheiten die Weltgedanken in ihr Eigensein hereinstrahlend haben, und daß sie sich *wollen* in Gemäßheit dieses in sie einstrahlenden Weltendenkens.

Gegenüber den Wesenheiten, welche nicht zur elementarischen Welt herabzusteigen brauchen, um das zu erreichen, was der Mensch erst in der Sinneswelt erreicht, sondern welche zu dieser Stufe des Daseins schon in der geistigen Welt gelangen, hat die Menschenseele das Gefühl, daß diese Wesenheiten ganz aus Gedankensubstanz bestehen, daß die Weltengedanken in sie nicht nur einstrahlen, sondern daß die Wesen selbst mit ihrem Eigensein in diesem Gedankenweben leben. Sie lassen völlig die Weltgedanken in sich lebend denken. Ihr *Leben* verläuft in dem Wahrnehmen der Weltgedankensprache. Und ihr *Wollen* besteht darin, daß sie *sich* gedankenhaft zum Ausdrucke bringen können. Und dieses ihr Gedankensein wirkt wesenhaft auf die Welt zurück. Gedanken, welche Wesen sind, sprechen mit anderen Gedanken, welche auch Wesen sind.

Das menschliche Gedankenleben ist das Spiegelbild dieses geistigen Gedankenwesenlebens. In der Zeit, welche für die menschliche Seele zwischen dem Tode und einer neuen Geburt verläuft, ist sie in dieses Gedankenwesenleben so einverwoben, wie sie in der Sinneswelt in das physische Dasein einverwoben ist. Tritt die Seele durch die Geburt (beziehungsweise durch die Empfängnis) in das Sinnessein, so wirkt die Gedanken-Dauer-Wesenheit der Seele so, daß sie das Schicksal dieser Seele ausgestaltet, inspiriert. In dem menschlichen Schicksale wirkt dasjenige, was aus den der Gegenwart vorangegangenen Erdenleben von der Seele verblieben ist, so, wie die reinen Gedankenlebewesen in der Welt wirken.

In demselben Werk schildert Steiner auch die von ihm so genannten ‚ahrimanischen' Wesenheiten, die einerseits das Verhärtende sowie auch Tod und Vergehen bewirken, andererseits den Menschen vom Geistigen dauerhaft abbringen wollen:[35f]

Im Mineralreiche herrschen diese Wesenheiten so, daß sie in diesem Reiche voll zur Offenbarung bringen, was sie ihrer Natur nach sind. – Im Pflanzenreiche und in den höheren Naturreichen vollbringen sie etwas anderes. [...] Man kann geradezu sagen, daß für die höheren Naturreiche die ahrimanischen Wesenheiten die Aufgabe haben, den Tod herbeizuführen. [...] Man erfährt aber, wenn man die Wirksamkeit der ahrimanischen Wesenheiten vom Geistgebiet aus beobachtet, daß mit ihrem Wirken in der unteren Welt noch etwas anderes zusammenhängt. [...] Sie streben in der unteren Welt nach einer Selbständigkeit, welche sie in der oberen niemals haben könnten. [...] Sie streben das menschliche Seelenleben, soweit dieses an das Sinnessein des Menschen gebunden ist, zu verselbständigen, es loszureißen von der oberen Welt und es ganz ihrer eigenen Welt einzuverleiben. [...] Das in der Sinneswelt zur Entfaltung kommende und an diese gebundene Denken hat in sich dasjenige, was als Einfluß der ahrimanischen Wesenheiten zu bezeichnen ist. Diese Wesenheiten wollen gewissermaßen dem Sinnesdenken innerhalb der Sinneswelt eine Art dauernden Daseins geben. [...] Die Menschendenkkraft [...]

soll, nach ihren Intentionen, im Sinnesbereich zurückbleiben und ein Sein annehmen, das der Natur des Ahrimanischen immer ähnlicher werden soll.

Umgekehrt wollen die ‚luziferischen' Wesenheiten die fühlende Seele ganz von der Sinneswelt herausziehen, sie aber darüber hinaus einem eigenen Weltgebiet einverleiben, das ihrer Natur ähnlich ist.[37] Einerseits impulsieren sie jegliche Kultur, andererseits aber auch eigensinnige Schwärmereien und Phantastereien.[38f]

Was ist der Unterschied einer solchen Geist-Erkenntnis und einer Weltanschauung ohne alle ‚Wesenheiten'?[26]

Geht man davon aus, dass die Heimat der Seele und des Menschenwesens das Geistige ist, würde ohne jene Wesenheiten der *Abfall* des Menschen von dieser Heimat wie etwas Tragisches, aber auch Unerklärliches wirken. Man sähe sich hilflos dieser Tatsache gegenüber. Das Wissen dagegen, dass es *Verführer*-Wesenheiten gibt, erweckt in der Seele eine ganz neue Kraft – nämlich die Sehnsucht, jene innere Stärke zu entwickeln, nicht mehr willenloses *Objekt* und Opfer solcher Verführungen zu werden. Es entsteht nochmals ein ganz anderes Bewusstsein von der eigentlichen Würde des Menschen, die gar nicht nur selbstverschuldet aufgegeben wurde, sondern die in eine Abirrung *gedrängt* wird.

Das bloße Wissen, dass ihre eigentliche Heimat das Geistige sei, mag die Seele wenig interessieren, wenn sie sich in selbstbezogener Sinneszufriedenheit wunderbar wohlfühlt. Das Wissen aber, dass sie von anderen Wesenheiten *manipuliert* wurde, wodurch sie jetzt so empfindet, wird in ihr einen Stachel hinterlassen... Und eine Seele wiederum, die längst bereits die Sehnsucht nach innerer Entwicklung empfindet oder auch schon Schritte auf diesem Weg gegangen ist, wird in der Tatsache eine tiefe Hilfe empfinden, dass sie *weiß*, gegen welche Wirkungen verführender Wesenheiten sie sich wehren muss, neben allem übrigen. Sie wird das, wozu diese Wesenheiten drängen wollen, *erst recht* nicht mehr als ihr Eigenes empfinden. Sie wird sich umso leichter von dem lösen können, was sie von vornherein als *Fremdes* erkennen muss. Mit edlem Widerstand wird sie sich dagegen wehren, *Opfer* dieser Wesenheiten zu sein.

Der Mensch ist hineingestellt in etwas Allerhöchstes – seine Würde ist sogar regelrecht *umkämpft*. Dies ist das hohe, heilige Menschenbild, das Steiner vor die Menschheit hingestellt hat, gleichsam als lebendiges Gewissen.

Aber selbst wenn man dies *nicht* ernstnehmen würde, so gäbe selbst ein Werk ‚Wie erlangt man...?' schon tiefste Impulse für eine innere Entwicklung, sobald man sich von den Schilderungen *berühren* lässt – sobald man spürt, dass sie in der eigenen Seele auch eine in dieser *ureigen* lebende Sehnsucht auslösen, erwecken, verstärken...

---

[26] Beide Arten von Wesen beschreibt Steiner schon in seiner ‚Geheimwissenschaft' (1909) und, eindrücklich in ihrem Wesen erlebbar, auch in den vier in den darauffolgenden Jahren entstehenden ‚Mysteriendramen' (GA 14).

In seiner ‚Geheimwissenschaft' (1909) schildert Rudolf Steiner ausführlich die Menschheits-entwicklung, beginnend bei den frühesten Verkörperungen der späteren Erde in noch über-haupt nicht materiellen Zuständen.[27]

Dies ist in diesem Zusammenhang viel zu weitgehend, aber wir wollen uns einer längeren Passage zuwenden, in der Steiner zunächst wiederum beschreibt, was mit solchen geisteswis-senschaftlichen Schilderungen eigentlich gegeben ist – nämlich ein unbewusstes Eintauchen auch des *Lesers* in eine geistige Welt, in der er dann im Grunde schon ganz real darinnensteht und lebt, weshalb das Sich-Einleben in solche Schilderungen bereits der erste Schritt zu *eige-nen* geistigen Erfahrungen ist. Zunächst aber stellt Steiner dar, dass die Geisteswissenschaft die Fortsetzung der recht verstandenen Naturwissenschaft ins Übersinnliche hinein ist:[36f]

> Wer über die Bedeutung der Naturwissenschaft im menschlichen Leben Überlegungen anstellt, der wird finden, daß diese Bedeutung nicht erschöpft sein kann mit der Aneignung von Natur-erkenntnissen. Denn diese Erkenntnisse können nie und nimmer zu etwas anderem führen als zu einem Erleben desjenigen, was die Menschenseele selbst *nicht* ist. Nicht in dem lebt das Seelische, was der Mensch an der Natur erkennt, sondern in dem Vorgang des Erkennens. In ihrer Betätigung an der Natur erlebt sich die Seele. Was sie in dieser Betätigung *lebensvoll* sich erarbeitet, das ist noch etwas anderes als das Wissen über die Natur selbst. Das ist an der Na-turerkenntnis erfahrene Selbstentwickelung. Den Gewinn dieser Selbstentwickelung will die Geheimwissenschaft bestätigen auf Gebieten, die über die bloße Natur hinausliegen. Der Ge-heimwissenschafter will den Wert der Naturwissenschaft nicht verkennen, sondern ihn noch besser anerkennen als der Naturwissenschafter selbst. Er weiß daß er ohne die Strenge der Vor-stellungsart, die in der Naturwissenschaft waltet, keine Wissenschaft begründen kann. Er weiß aber auch, daß, wenn diese Strenge durch ein echtes Eindringen in den Geist des naturwissen-schaftlichen Denkens erworben ist, sie festgehalten werden kann durch die Kraft der Seele für andere Gebiete.

Sobald die Seele *sich selbst* nicht mehr vergisst, erkennt sie, dass sie in der *Tätigkeit* der Na-turerkenntnis eine Strenge entfaltet, eine innere Haltung der Objektivität und Wahrhaftigkeit, die ihr vollkommen bewahrt bleiben kann, wenn sie dann weiterschreitet. Nun aber geht Stei-ner über zu der Frage dessen, der die Schilderungen geistiger Tatsachen aufnimmt:[39-41]

> Man kann gegenüber geheimwissenschaftlichen Ausführungen oftmals den Einwand hören: die-se beweisen nicht, was sie vorbringen; sie stellen nur das eine oder das andere hin und sagen: die Geheimwissenschaft stelle dieses fest. [...] Was hier angestrebt wird, ist, das in der Seele am Naturwissen Entfaltete sich so weiter entwickeln zu lassen, wie es sich seiner eigenen We-senheit nach entwickeln kann, und dann darauf aufmerksam zu machen, daß bei solcher Entwi-ckelung die Seele auf übersinnliche Tatsachen stößt. Es wird dabei vorausgesetzt, daß jeder

---

[27] • GA 13, Die Geheimwissenschaft im Umriß.

Leser, der auf das Ausgeführte einzugehen vermag, ganz notwendig auf diese Tatsachen stößt. Ein Unterschied gegenüber der rein naturwissenschaftlichen Betrachtung liegt allerdings in dem Augenblicke vor, in dem man das geisteswissenschaftliche Gebiet betritt. In der Naturwissenschaft liegen die Tatsachen im Felde der Sinneswelt vor; der wissenschaftliche Darsteller betrachtet die Seelenbetätigung als etwas, das gegenüber dem Zusammenhang und Verlauf der Sinnes-Tatsachen zurücktritt. Der geisteswissenschaftliche Darsteller muß diese Seelenbetätigung in den Vordergrund stellen; denn der Leser gelangt nur zu den Tatsachen, wenn er diese Seelenbetätigung in rechtmäßiger Weise zu seiner eigenen macht. Diese Tatsachen sind nicht wie in der Naturwissenschaft – allerdings unbegriffen – auch *ohne* die Seelenbetätigung vor der menschlichen Wahrnehmung; sie treten vielmehr in diese nur *durch* die Seelenbetätigung. Der geisteswissenschaftliche Darsteller setzt also voraus, daß der Leser mit ihm gemeinsam die Tatsachen *sucht*. Seine Darstellung wird in der Art gehalten sein, daß er von dem Auffinden dieser Tatsachen *erzählt* und daß in der Art, wie er erzählt, nicht persönliche Willkür, sondern der an der Naturwissenschaft heranerzogene wissenschaftliche Sinn herrscht. Er wird daher auch genötigt sein, von den *Mitteln* zu sprechen, durch die man zu einer Betrachtung des Nichtsinnlichen – des Übersinnlichen – gelangt. – Wer sich in eine geheimwissenschaftliche Darstellung einläßt, der wird bald einsehen, daß durch sie Vorstellungen und Ideen erworben werden, die man vorher nicht gehabt hat. So kommt man zu neuen Gedanken auch über das, was man vorher über das Wesen des „Beweisens" gemeint hat. Man lernt erkennen, daß für die naturwissenschaftliche Darstellung das „Beweisen" etwas ist, was an diese gewissermaßen von außen herangebracht wird. Im geisteswissenschaftlichen Denken liegt aber die Betätigung, welche die Seele beim naturwissenschaftlichen Denken auf den Beweis wendet, schon in dem Suchen nach den Tatsachen.

Man kann diese nicht finden, wenn nicht der Weg zu ihnen schon ein *beweisender* ist. Wer diesen Weg wirklich durchschreitet, hat auch schon das Beweisende erlebt; es kann nichts durch einen von außen hinzugefügten Beweis geleistet werden. Daß man dieses im Charakter der Geheimwissenschaft verkennt, ruft viele Mißverständnisse hervor.

Geistige Tatsachen können nur gefunden werden, wenn die *Seele* tätig wird, ein Tätigsein entfaltet. Warum das so ist, wird bald noch klarer werden. Wesentlich aber ist auch der zweite Gedanke – nämlich dass im Geiste der Beweis nicht nachträglich ‚eintritt', sondern bereits *Teil* des Weges ist. Er beginnt bereits mit der ganzen Stimmung der Wahrhaftigkeit der Seele und einer systematisch erübten Klarheit und Selbstlosigkeit, die fortwährend Leitstern dieses Weges bleiben. Und im Weiteren beweisen sich geistige Wahrheiten dadurch, dass sie sich *gegenseitig* tragen. Der Beweis des Geistes kann niemals ein äußerlicher sein. Etwas später setzt Steiner diese Gedanken wie folgt fort:[48-50]

Was [...] von übersinnlichen Weltinhalten gewußt werden kann, das lebt in dem Darsteller als lebendiger Seeleninhalt; und lebt man sich in diesen Seeleninhalt ein, so entzündet dieses Einleben in der eigenen Seele die Impulse, welche nach den entsprechenden übersinnlichen Tatsachen hinführen. Man lebt im Lesen von geisteswissenschaftlichen Erkenntnissen auf andere Art, als in demjenigen der Mitteilungen sinnenfälliger Tatsachen. Liest man Mitteilungen aus der sinnenfälligen Welt, so liest man eben *über* sie. Liest man aber Mitteilungen über übersinnliche Tatsachen im rechten Sinne, so lebt man sich ein in den Strom geistigen Daseins. Im Aufnehmen der Ergebnisse nimmt man zugleich den eigenen Innenweg dazu auf. Es ist richtig, daß dies hier Gemeinte von dem Leser zunächst oft gar nicht bemerkt wird. Man stellt sich den Eintritt in die geistige Welt viel zu ähnlich einem sinnenfälligen Erlebnis vor, und so findet man, daß, was man beim Lesen von dieser Welt erlebt, viel zu gedankenmäßig ist. Aber in dem *wahren* gedankenmäßigen Aufnehmen steht man in dieser Welt schon drinnen und hat sich nur noch klar darüber zu werden, daß man schon unvermerkt erlebt hat, was man vermeinte, bloß als Gedankenmitteilung erhalten zu haben. – Man wird über die echte Natur dieses Erlebten dann volle Klarheit erhalten, wenn man praktisch durchführt, was im zweiten (letzten) Teile dieses Buches als „Weg" zu den übersinnlichen Erkenntnissen geschildert wird. Man könnte leicht glauben, das Umgekehrte sei richtig: dieser Weg müsse zuerst geschildert werden. Das ist aber nicht der Fall. Wer, ohne auf bestimmte Tatsachen der übersinnlichen Welt den Seelenblick zu richten, nur „Übungen" macht, um in die übersinnliche Welt einzutreten, für den bleibt diese Welt ein unbestimmtes, sich verwirrendes Chaos. Man lernt sich einleben in diese Welt gewissermaßen naiv, indem man sich über bestimmte Tatsachen derselben unterrichtet, und dann gibt man sich Rechenschaft, wie man – die Naivität verlassend – vollbewußt selbst zu den Erlebnissen gelangt, von denen man Mitteilung erlangt hat.

- *Imagination, Inspiration, Intuition* •

Steiner beschreibt dann den Weg zur ‚Einweihung' in den drei sich durchaus durchdringenden Stufen der Imagination, Inspiration und Intuition, und hier wird nun sehr deutlich, wie die Verbindung mit der geistigen Welt erst dadurch wirklich *bewusst* wird, dass die Seele zunächst *selbst Kraft* entfaltet. Erst mit Hilfe dieser Kraft kann sich dann die geistige Welt offenbaren. Allein schon um des Geheimnisses der Freiheit willen offenbart sie sich nicht einer *passiven* Seele.

Über die Imagination heißt es:[317]

In der Geisteswissenschaft soll [...] die „imaginative" Erkenntnis als eine solche aufgefaßt werden, welche durch einen übersinnlichen Bewußtseinszustand der Seele zustande kommt. [...] Weil dieser Zustand in der Seele erweckt wird durch die Versenkung in Sinnbilder oder „Imaginationen", so kann auch die Welt dieses höheren Bewußtseinszustandes [...] und die auf sie bezügliche Erkenntnis die „imaginative" genannt werden. [...] Auf den *Inhalt* der Vorstellungen, welche das imaginative Erleben erfüllen, kommt nichts an; dagegen alles auf die Seelenfähigkeit, die an diesem Erleben herangebildet wird.

Von Anfang an geht es um Meditation in einem strengen Sinne. In einem völligen Unterschied zu östlichen Strömungen, die einfach ‚den Geist leer machen' wollen, geht es auf dem anthroposophischen Weg um eine *Erkraftung* und Erweckung des Geistes. Sie beginnt mit esoterischen Sinnbildern, die keineswegs beliebig sind, und an denen die Seele, *indem* sie meditiert, mehr und mehr Kraft gewinnt:[318]

Es kommt darauf an, daß durch die Konzentration auf die entsprechende Vorstellung oder das Bild die Seele genötigt ist, viel stärkere Kräfte aus ihren eigenen Tiefen hervorzuholen, als sie im gewöhnlichen Leben oder dem gewöhnlichen Erkennen anwendet. Ihre innere Regsamkeit wird dadurch erhöht. Sie löst sich los von der Leiblichkeit, wie sie sich im Schlafe loslöst; aber sie geht nicht wie in diesem in die Bewußtlosigkeit über, sondern sie erlebt eine Welt, die sie vorher nicht erlebt hat. [...] Dadurch erlebt sich die Seele in ihrer wahren inneren, selbständigen Wesenheit, während sie sich im gewöhnlichen Tagwachen durch die in demselben vorhandene schwächere Entfaltung ihrer Kräfte nur mit Hilfe des Leibes zum Bewußtsein bringt, sich also nicht selbst erlebt, sondern nur in dem Bilde gewahr wird, das – wie eine Art Spiegelbild – der Leib (eigentlich dessen Vorgänge) vor ihr entwirft.

Diejenigen Sinnbilder, welche in der oben geschilderten Art aufgebaut werden, beziehen sich naturgemäß noch nicht auf etwas Wirkliches in der geistigen Welt. Sie dienen dazu, um die menschliche Seele loszureißen von der Sinneswahrnehmung und von dem Gehirninstrument, an welches zunächst der Verstand gebunden ist. Diese Losreißung kann nicht früher geschehen, als bis der Mensch fühlt: jetzt stelle ich etwas vor durch Kräfte, bei denen mir meine Sinne und das Gehirn nicht als Werkzeuge dienen. Das erste, was der Mensch auf diesem Wege erlebt, ist ein solches Freiwerden von den physischen Organen. [...] Das ist das erste rein geistige Erlebnis: die Beobachtung einer seelisch-geistigen Ich-Wesenheit.

Ein ganz entscheidender Punkt ist die vollkommen aufrechterhaltende Besonnenheit bei dieser *aktiven* inneren Arbeit. Schließlich tritt durch diese Arbeit eine Bilderwelt vor die Seele – die imaginative Welt. Aber die Seele muss erkennen, was der Charakter dieser Welt ist:[319-321]

Die Kraft, welche in der Versenkung aufgewendet worden ist, hat erst die seelisch-geistigen Organe aus der vorher unorganisierten seelisch-geistigen Wesenheit herausgeschaffen. Das, was man sich so anerschaffen hat, nimmt man auch zuerst wahr. Das erste Erlebnis ist daher in gewissem Sinne Selbstwahrnehmung. Es gehört zum Wesen der Geistesschulung, daß die Seele durch die an sich geübte Selbsterziehung an diesem Punkte ihrer Entwickelung ein volles Bewußtsein davon hat, daß sie zunächst *sich selbst* wahrnimmt in den Bilderwelten (Imaginationen), die infolge der geschilderten Übungen auftreten. Diese Bilder treten zwar als lebend in einer neuen Welt auf; die Seele muß aber erkennen, daß sie doch nichts anderes zunächst sind als die Widerspiegelung ihres eigenen durch die Übungen verstärkten Wesens. Und sie muß dieses nicht nur im richtigen Urteile erkennen, sondern auch zu einer solchen Ausbildung des Willens gekommen sein, daß sie jederzeit die Bilder wieder aus dem Bewußtsein entfernen, auslöschen kann. Die Seele muß innerhalb dieser Bilder völlig frei und vollbesonnen walten können. [...] Würde sie dieses nicht können, so wäre sie im Gebiete der geistigen Erlebnisse in demselben Falle, in dem eine Seele wäre in der physischen Welt, welche, wenn sie das Auge nach einem Gegenstande richtete, durch diesen gefesselt wäre, so daß sie von demselben nicht mehr wegschauen könnte. Eine Ausnahme von dieser Möglichkeit des Auslöschens macht nur eine Gruppe von inneren Bilderlebnissen, die auf der erlangten Stufe der Geistesschulung *nicht* auszulöschen ist. Diese entspricht dem eigenen Seelen-Wesenskerne; und der Geistesschüler erkennt in diesen Bildern dasjenige in ihm selber, welches sich als sein Grundwesen durch die wiederholten Erdenleben hindurchzieht. Auf diesem Punkte wird das Erfühlen von wiederholten Erdenleben zu einem wirklichen Erlebnis. In bezug auf alles übrige muß die erwähnte Freiheit der Erlebnisse herrschen. Und erst, nachdem man die Fähigkeit der Auslöschung erlangt hat, tritt man an die wirkliche geistige Außenwelt heran. An Stelle des Ausgelöschten kommt ein anderes, in dem man die geistige Wirklichkeit erkennt. Man fühlt, wie man seelisch aus einem Unbestimmten als ein Bestimmtes herauswächst. Von dieser Selbstwahrnehmung aus muß es dann weiter gehen zur Beobachtung einer seelisch-geistigen Außenwelt.

Die geistige Tatsache ist also, dass man auf der Stufe der Imagination jene Kraft erringt, als Seele in der geistigen Welt selbst etwas zu *sein*, mit Kraft und Bewusstsein, und dass, wenn man dann noch gelernt hat, das selbst Hervorgebrachte wieder auslöschen zu können, die *übrige* geistige Welt an das eigene Wesen herantreten kann.

Dieser geistige Schulungsweg muss auch deshalb ein moralischer sein, weil ein außerordentliches Maß an Selbstlosigkeit dazu gehört, *nicht* in der mit so viel Kraft herangeschaffenen imaginativen Welt zu leben, sondern diese wieder ganz und gar auslöschen zu können.[325f] Zugleich geht es immer weiter um die Notwendigkeit absoluter Besonnenheit, gerade jetzt, wo neben dem gewöhnlichen Ich ein höheres Ich erwacht ist, wie Steiner nun ausführlich beschreibt:[327f]

> Es ist nun von der größten Bedeutung, daß der Geistesschüler eine ganz bestimmte Seelenverfassung erlangt hat, wenn das Bewußtsein von einem neugeborenen Ich bei ihm eintritt. Denn es ist der Mensch durch sein Ich der Führer seiner Empfindungen, Gefühle, Vorstellungen, seiner Triebe, Begehrungen und Leidenschaften. [...] Wenn nun der Mensch aus seinem gewöhnlichen Ich ein höheres herauszieht, so wird das erstere in einer gewissen Beziehung selbständig. Es wird diesem so viel an lebendiger Kraft weggenommen, als dem höheren Ich zugewendet wird. [...] Ist das Maß des geordneten Denkens zu gering, dann wird in dem selbständig gewordenen gewöhnlichen Ich ein ungeordnetes, verworrenes, phantastisches Denken und Urteilen auftreten. Und weil bei einer solchen Persönlichkeit das neugeborene Ich auch nur schwach sein kann, wird für das übersinnliche Schauen das verworrene niedere Ich die Oberherrschaft erlangen und der Mensch das Gleichgewicht seiner Urteilskraft für die Beobachtung des Übersinnlichen nicht zeigen. [...] Und auf dem ethischen Gebiete ist es ebenso. Wenn der Mensch nicht Festigkeit im moralischen Urteil erlangt hat, wenn er nicht genügend Herr geworden ist über Neigungen, Triebe und Leidenschaften, dann wird er sein gewöhnliches Ich verselbständigen in einem Zustand, in dem die genannten Seelenkräfte wirken. Es kann der Fall eintreten, daß der Mensch in dem Feststellen der erlebten übersinnlichen Erkenntnisse nicht einen gleich hohen Wahrheitssinn walten läßt wie in dem, was er sich durch die physische Außenwelt zum Bewußtsein bringt. Er könnte bei so gelockertem Wahrheitssinn alles mögliche für geistige Wirklichkeit halten, was nur seine Phantasterei ist. In diesen Wahrheitssinn hinein müssen Festigkeit des ethischen Urteiles, Sicherheit des Charakters, Gründlichkeit des Gewissens wirken, die in dem zurückgelassenen Ich ausgebildet sind, bevor das höhere Ich zum Zwecke der übersinnlichen Erkenntnis tätig wird.

Das klare, *sinnlichkeitsfreie Denken*, das die imaginative Stufe begleiten können muss, beschreibt Steiner dann im Folgenden. Ein Weg, dieses *lebendige*, in sich selbst bewusste und kohärente Denken auszubilden, ist es, die geisteswissenschaftlichen Tatsachen zum Eigentum des eigenen Denkens zu machen. Ein noch sicherer Weg ist das eigenständige Durchdenken der ‚philosophischen' Grundwerke:[341-344]

Um in diesem Punkte Klarheit zu haben, muß man bedenken, daß das menschliche Denken, wenn es sich energisch innerlich aufrafft, mehr begreifen kann, als es in der Regel wähnt. In dem Gedanken selbst liegt nämlich schon eine innere Wesenheit, welche im Zusammenhang steht mit der übersinnlichen Welt. Die Seele ist sich gewöhnlich dieses Zusammenhanges nicht bewußt, weil sie *gewöhnt* ist, die Gedankenfähigkeit nur an der Sinnenwelt heranzuziehen. [...] Dadurch, daß man sich unablässig zum Eigentum macht, was die Geistesforschung sagt, gewöhnt man sich an ein Denken, das nicht aus den sinnlichen Beobachtungen schöpft. Man lernt erkennen, wie im Innern der Seele Gedanke sich an Gedanke webt, wie Gedanke den Gedanken sucht, auch wenn die Gedankenverbindungen nicht durch die Macht der Sinnenbeobachtung bewirkt werden. Das Wesentliche dabei ist, daß man so gewahr wird, wie die Gedankenwelt inneres Leben hat, wie man sich, indem man wirklich denkt, im Bereiche einer übersinnlichen lebendigen Welt schon befindet.

Man sagt sich: Es ist etwas in mir, was einen Gedanken-Organismus ausbildet; aber ich bin doch eines mit diesem „Etwas". Man erlebt so in der Hingabe an sinnlichkeitsfreies Denken, daß etwas Wesenhaftes besteht, was einfließt in unser Innenleben, wie die Eigenschaften der Sinnendinge durch unsere physischen Organe in uns einfließen, wenn wir sinnlich beobachten. [...] Man braucht nun nur genug vorurteilslos zu sein, um sich dann, wenn das sinnlichkeitsfreie Denken in einem arbeitet, ganz entsprechend zu sagen: es kündigt sich mir ein Wesenhaftes an, welches in mir Gedanken an Gedanke bindet, welches einen Gedankenorganismus formt. [...] Man muß unterscheiden lernen zwischen den Gedankenverbindungen, die man durch eigene Willkür schafft, und denjenigen, welche man in sich erlebt, wenn man solche eigene Willkür in sich schweigen läßt. [...]

(Es ist der Weg, welcher durch die Mitteilungen der Geisteswissenschaft in das sinnlichkeitsfreie Denken führt, ein durchaus sicherer. Es gibt aber noch einen andern, welcher sicherer und vor allem genauer, dafür aber auch für viele Menschen schwieriger ist. Er ist in meinen Büchern „Erkenntnistheorie der Goetheschen Weltanschauung" und „Philosophie der Freiheit" dargestellt. Diese Schriften geben wieder, was der menschliche Gedanke sich erarbeiten kann, wenn das Denken sich nicht den Eindrücken der physisch-sinnlichen Außenwelt hingibt, sondern *nur sich selbst*. [...] Es stehen diese Schriften auf einer sehr wichtigen Zwischenstufe zwischen dem Erkennen der Sinnenwelt und dem der geistigen Welt. Sie bieten dasjenige, was das Denken gewinnen kann, wenn es sich erhebt über die sinnliche Beobachtung, aber noch den Eingang vermeidet in die Geistesforschung. Wer diese Schriften auf seine ganze Seele wirken läßt, der steht schon in der geistigen Welt; nur daß sich diese ihm als Gedankenwelt gibt.

Hinter den Wahrnehmungen in der imaginativen Welt stehen seelich-geistige Ursachen, die aber noch nicht als solche erkannt werden.[350] Mit der nächsten Stufe der *Inspiration* beginnt dann eine geistige Wesenserkenntnis:[352]

Durch Imagination erkennt man die seelische Äußerung der Wesen; durch Inspiration dringt man in deren geistiges Innere. Man erkennt vor allem eine Vielheit von geistigen Wesenheiten und von Beziehungen des einen auf das andere.

Dies ist mit einer Art ‚Lesenlernen' vergleichbar, denn es geht um das Erkennen von inneren Beschaffenheiten, von Verhältnissen und Beziehungen.[353]

Die eigentliche Wesenserkenntnis geschieht dann aber erst auf der Stufe der *Intuition*: ‚Durch Inspiration gelangt man dazu, die Beziehungen zwischen den Wesenheiten der höheren Welt zu erkennen. Durch eine weitere Erkenntnisstufe wird es möglich, diese Wesenheiten in ihrem Innern selbst zu erkennen.'[357] Im Geistigen ist dies jeweils eine innere Einswerdung mit dem zu Erkennenden:[357]

Ein Geisteswesen durch Intuition erkennen, heißt völlig eins mit ihm geworden sein, sich mit seinem Innern vereinigt haben. Stufenweise steigt der Geistesschüler zu solcher Erkenntnis hinauf. Die Imagination führt ihn dazu, die Wahrnehmungen nicht mehr als äußere Eigenschaften von Wesen zu empfinden, sondern in ihnen Ausflüsse von Seelisch-Geistigem zu erkennen; die Inspiration führt ihn weiter in das Innere der Wesen: Er lernt durch sie verstehen, was diese Wesenheiten für einander sind; in der Intuition dringt er in die Wesen selbst ein.

Was aber *ist* Inspiration in Bezug auf die seelischen Kräfte? Steiner beschreibt, wie es hier ganz um einen Übergang von dem imaginativen Bild zu dem Bewusstsein der bildschaffenden *Kraft* geht. Es geht um ein Auslöschen des Bildes und das Leben in der Kraft *selbst*. Er nimmt dabei Bezug auf das meditative Bild des Rosenkreuzes:[360]

Man frage sich in seiner Seele etwa in folgender Art: Was habe ich innerlich getan, um Kreuz und Rose zu dem Sinnbild zusammenzufügen? Was ich getan habe (meinen eigenen Seelenvorgang) will ich festhalten; das Bild selber aber aus dem Bewußtsein verschwinden lassen. Dann will ich alles in mir *fühlen*, was meine Seele getan hat, um das Bild zustande zu bringen, das Bild selbst aber will ich mir nicht vorstellen. Ich will nunmehr ganz innerlich leben in meiner eigenen Tätigkeit, welche das Bild geschaffen hat. Ich will mich also in kein Bild, sondern in meine eigene bilderzeugende Seelentätigkeit versenken. Solche Versenkung muß in bezug auf viele Sinnbilder vorgenommen werden. Das führt dann zur Erkenntnis durch Inspiration.

Der Übergang zur Intuition geschieht dann dadurch, dass auf der nächsten Stufe sogar noch diese innere *Kraft* zum Schweigen gebracht wird:[368]

Die Übungen zur Intuition erfordern, daß der Geistesschüler aus seinem Bewußtsein nicht nur die Bilder verschwinden läßt, welchen er sich zur Erlangung der Imagination hingegeben hat, sondern auch das Leben in der eigenen Seelentätigkeit, in welche er sich für die Erwerbung der Inspiration versenkt hat. Er soll also dann buchstäblich *nichts* von vorher gekanntem äußeren oder inneren Erleben in seiner Seele haben.

Wenn dann noch etwas wahrgenommen wird, so geschieht dies durch Intuition. Noch der letzte Rest des Sinnlich-Physischen ist abgestreift – und *in* dieses absolute Schweigen hinein kann sich die eigentliche geistige Welt offenbaren. Dies ist möglich, weil durch alles Vorangegangene die Seele in sich geistige Organe entwickelt hat, die empfänglich geworden sind, weil mit ihnen etwas *geschieht* und dies wahrgenommen und erkannt wird.

Im Weiteren schildert Steiner dann, dass es zunächst aber zu einer Begegnung mit dem ‚Hüter der Schwelle' kommt, der der eigene Doppelgänger ist. Es geht um eine umfassende, schonungslose *Selbsterkenntnis* als erstes Erlebnis bei dem Eintritt in die eigentliche geistige Welt. Das in den Tiefen der Seele verborgene Gefühl der Scham, das einen Teil des eigenen Wesens verdrängt und verhüllt, verbirgt zugleich die ganze seelisch-geistige Welt, denn indem sich seine eigene Wesenheit vor ihm verhüllt, kann der Mensch ‚auch das nicht wahrnehmen, an dem er die Werkzeuge entwickeln sollte, um die seelisch-geistige Welt zu erkennen; er kann seine Wesenheit nicht umgestalten, so daß sie geistige Wahrnehmungsorgane erhielte.'[378] Und Steiner führt aus, wie gerade die Begegnung mit dem Doppelgänger die Gewähr dafür ist, dass die höheren Erkenntnisse keine Täuschung sein werden:[382f]

> Dadurch nun, daß durch die Begegnung mit dem „Hüter der Schwelle" der Geistesschüler alles kennenlernt, was in ihm ist, was er also in die seelisch-geistige Welt hineintragen kann, ist diese Quelle der Täuschung beseitigt. Und die Vorbereitung, welche der Geistesschüler vor dem Betreten der seelisch-geistigen Welt sich angedeihen läßt, wirkt ja dahin, daß er sich gewöhnt, schon bei der Beobachtung der sinnlich-physischen Welt sich selbst auszuschalten und die Dinge und Vorgänge rein durch ihre eigene Wesenheit auf sich einsprechen zu lassen. Wer diese Vorbereitung genügend durchgemacht hat, kann ruhig die Begegnung mit dem „Hüter der Schwelle" erwarten. Durch sie wird er sich endgültig prüfen, ob er sich nun wirklich in der Lage fühlt, seine eigene Wesenheit auch dann auszuschalten, wenn er der seelisch-geistigen Welt gegenübersteht.

Im Weiteren gibt es noch einen zweiten, einen großen ‚Hüter der Schwelle', und hier geht es noch einmal umfassend um die Frage der wahren Selbstlosigkeit im Gegensatz zur luziferischen Eigenliebe in all ihren Resten:[387-391]

> Wenn der Geistesschüler die Begegnung mit dem gekennzeichneten „Hüter der Schwelle" hinter sich hat, dann stehen ihm beim Aufstieg in übersinnliche Welten weitere Erlebnisse bevor. [...] Er hat das, was er in seinem gewöhnlichen Selbst ist und was ihm im Bilde erscheint, durch das neugeborene Selbst zu leiten und zu führen. Es wird sich eine Art von Kampf ergeben gegen den Doppelgänger. Derselbe wird fortwährend die Überhand anstreben. Sich in das rechte Verhältnis zu ihm setzen, ihn nichts tun lassen, was nicht unter dem Einflusse des neugeborenen „Ich" geschieht, das stärkt und festigt aber auch des Menschen Kräfte. [...] Man muß das betrachten, was als der Doppelgänger, der „Hüter der Schwelle", auftritt, und es vor das „höhere Selbst" stellen, damit man den Abstand bemerken kann zwischen dem, was man ist, und dem, was man werden soll. Bei dieser Betrachtung beginnt der „Hüter der Schwelle" aber eine ganz andere Gestalt anzunehmen. Er stellt sich dar als ein Bild aller der *Hindernisse*, welche sich der Entwickelung des „höheren Selbst" entgegenstellen. Man wird wahrnehmen, welche Last man an dem gewöhnlichen Selbst schleppt. Und ist man dann durch seine Vorbereitungen nicht stark genug, sich zu sagen: Ich werde hier nicht stehenbleiben, sondern unablässig mich zu dem „höheren Selbst" hinaufentwickeln, so wird man erlahmen und zurückschrecken vor dem, was bevorsteht. Man ist dann in die seelisch-geistige Welt hineingetaucht, gibt es aber auf, sich weiterzuarbeiten. Man wird ein Gefangener der Gestalt, die jetzt durch den „Hüter der Schwelle" vor der Seele steht. Das Bedeutsame ist, daß man bei diesem Erlebnis nicht die Empfindung hat, ein Gefangener zu sein. Man wird vielmehr etwas ganz anderes zu erleben glauben. Die Gestalt, welche der „Hüter der Schwelle" hervorruft, kann so sein, daß sie in der Seele des Beobachters den Eindruck hervorbringt, dieser habe nun in den Bildern,

welche auf dieser Entwickelungsstufe auftreten, schon den ganzen Umfang aller nur möglichen Welten vor sich; man sei auf dem Gipfel der Erkenntnis angekommen und brauche nicht weiter zu streben. Statt als Gefangener wird man sich so als der unermeßlich reiche Besitzer aller Weltengeheimnisse fühlen können. [...]

[...] Wer entsprechend vorbereitet an dieses Erlebnis herantritt, der wird ihm seine wahre Deutung geben; und dann wird sich bald eine andere Gestalt zeigen, diejenige, welche man den „großen Hüter der Schwelle" im Gegensatz zu dem gekennzeichneten „kleinen Hüter" nennen kann. Dieser teilt dem Geistesschüler mit, daß er nicht stehenzubleiben hat auf dieser Stufe, sondern energisch weiterzuarbeiten. [...] Wer aber durch eine unrichtige Geistesschulung unvorbereitet an dieses Erlebnis herantreten würde, dem würde sich dann, wenn er an den „großen Hüter der Schwelle" kommt, etwas in die Seele gießen, was nur mit dem „Gefühle eines unermeßlichen Schreckens", einer „grenzenlosen Furcht" verglichen werden kann.

Wie die Begegnung mit dem „kleinen Hüter der Schwelle" dem Geistesschüler die Möglichkeit gibt, sich zu prüfen, ob er gegen Täuschungen geschützt ist, welche durch Hineintragen seiner Wesenheit in die übersinnliche Welt entstehen können, so kann er sich an den Erlebnissen, die zuletzt zu dem „großen Hüter der Schwelle" führen, prüfen, ob er jenen Täuschungen gewachsen ist, welche oben auf die zweite[28] gekennzeichnete Quelle zurückgeführt wurden. Vermag er jener gewaltigen Illusion Widerstand zu bieten, welche ihm die errungene Bilderwelt als einen reichen Besitz vorgaukelt, während er doch nur ein Gefangener ist, so ist er im weiteren Verlauf seiner Entwickelung auch davor bewahrt, Schein für Wirklichkeit zu nehmen.

Der „Hüter der Schwelle" wird für jeden einzelnen Menschen eine individuelle Gestalt bis zu einem gewissen Grade annehmen. Die Begegnung mit ihm entspricht ja gerade demjenigen Erlebnis, durch welches der persönliche Charakter der übersinnlichen Beobachtungen überwunden und die Möglichkeit gegeben wird, in eine Region des Erlebens einzutreten, die von persönlicher Färbung frei und für jede Menschenwesenheit gültig ist.

Schließlich erweist sich dem Geistesschüler der große Hüter als das Christuswesen:[394f]

Dieser „große Hüter der Schwelle" wird nun sein Vorbild, dem er nachstreben will. Wenn diese Empfindung in dem Geistesschüler auftritt, dann hat er die Möglichkeit erlangt zu erkennen, wer da eigentlich als der „große Hüter der Schwelle" vor ihm steht. Es verwandelt sich nämlich nunmehr dieser Hüter in der Wahrnehmung des Geistesschülers in die Christusgestalt, deren Wesenheit und Eingreifen in die Erdenentwickelung aus den vorhergehenden Kapiteln dieses Buches ersichtlich ist. Der Geistesschüler wird dadurch in das erhabene Geheimnis selbst eingeweiht, das mit dem Christus-Namen verknüpft ist. Der Christus zeigt sich ihm als das „große menschliche Erdenvorbild". – Ist auf solche Art durch Intuition der Christus in der geistigen Welt erkannt, dann wird auch verständlich, was sich auf der Erde geschichtlich abgespielt hat [...]. Wie zu dieser Zeit das hohe Sonnenwesen, das Christus-Wesen, in die Erdenentwickelung eingegriffen hat, und wie es nun weiter wirkt innerhalb dieser Erdenentwickelung, das wird für den Geistesschüler eine selbsterlebte Erkenntnis. Es ist also ein Aufschluß über den Sinn und die Bedeutung der Erdenentwickelung, welchen der Geistesschüler erhält durch die Intuition.

---

[28] Steiner verwies hier auf die ahrimanischen Wesenheiten, die den Menschen in der Sinneswelt und auch in der geistigen Welt in Schein und Täuschung fesseln wollen.

In der ‚Geheimwissenschaft' schildert Steiner auch das Leben nach dem Tode. Schon im Schlaf lösen sich regelmäßig der Astralleib und das Ich von dem physischen und dem Äther-leib, wodurch das Bewusstsein schwindet. Im Tod aber löst sich auch der Ätherleib mit – und dies führt dann zur Lebensrückschau, wie sie auch in Nahtoderlebnissen geschieht. Für etwa drei Tage bleiben Astral- und Ätherleib noch miteinander verbunden, und Steiner schildert:[95]

> Während der Verbindung des Menschen mit seinem physischen Leibe tritt die äußere Welt in Abbildern ins Bewußtsein; nach der Ablegung dieses Leibes wird wahrnehmbar, was der Ast-ralleib erlebt, wenn er durch keine physische Sinnesorgane mit dieser Außenwelt verbunden ist. Neue Erlebnisse hat er zunächst nicht. Die Verbindung mit dem Ätherleibe hindert ihn da-ran, etwas Neues zu erleben. Was er aber besitzt, das ist die *Erinnerung* an das vergangene Le-ben. Diese läßt der noch vorhandene Ätherleib als ein umfassendes, lebensvolles Gemälde er-scheinen. Das ist das erste Erlebnis des Menschen nach dem Tode. Er nimmt das Leben zwi-schen Geburt und Tod als eine vor ihm ausgebreitete Reihe von *Bildern* wahr. [...] Der Seele geht nichts verloren von dem, was im Leben auf sie Eindruck macht.

Das Herauslösen des Astralleibes schon im Schlaf ist auch der Grund für das Erholsame des Schlafes, denn der Astralleib bringt neue Kräfte aus der geistigen Welt mit: ‚Im Schlaf kehrt sein Astralleib in diese Harmonie des Weltalls zurück. Er führt [...] aus dieser so viel Kraft in seine Leiber ein, daß er das Verweilen in der Harmonie wieder für einige Zeit entbehren kann. [...] Den äußeren Ausdruck findet [...] [dies] in der Erquickung, welche ein gesunder Schlaf verleiht.'[87f] Dass das Ich des Menschen im Schlaf kein Bewusstsein dieser geistigen Welt hat, liegt daran, dass der Astralleib gleichwohl dem physischen Leib und dessen Regeneration zugewandt bleibt: ‚Wenn es auch [...] mit dem Astralleibe sich außerhalb dieses physischen Leibes befindet, so bleibt es doch mit diesem eng verbunden. Denn die Tätigkeit seines Ast-ralleibes ist diesem physischen Leibe zugewandt. Dadurch ist das Ich mit seiner Wahrneh-mung an die äußere Sinnenwelt verwiesen, kann somit die Offenbarungen des Geistigen in seiner unmittelbaren Gestalt nicht empfangen.'[99]

Nach der Lebensrückschau, die sich durch den Ätherleib in *einem* großen Panorama enthüllt, bis dieser sich auflöst, beginnt für das Ich eine Zeit der Läuterung, in der der Astralleib geläu-tert und alles aufgelöst wird, was nicht der Ewigkeit angehören kann. In dieser Zeit der Läute-rung, erlebt der Mensch sein gesamtes Leben noch einmal, aber gewissermaßen rückwärts und in absoluter Objektivität:[104-106]

> Während der Läuterung lebt der Mensch gewissermaßen nach rückwärts. Er macht alles dasje-nige noch einmal durch, was er im Leben seit der Geburt erfahren hat. Von den Vorgängen, die dem Tode unmittelbar vorausgingen, beginnt er und erlebt alles nochmals bis zur Kindheit in rückwärtiger Reihenfolge. Und dabei tritt ihm alles geistig vor Augen, was nicht aus der geisti-gen Natur des Ich während des Lebens entsprungen ist. Nur erlebt er auch dieses alles jetzt in umgekehrter Art. Ein Mensch, der zum Beispiel im sechzigsten Jahre gestorben ist und der aus

einer zornigen Aufwallung heraus in seinem vierzigsten Jahre jemand körperlichen oder seelischen Schmerz zugefügt hat, wird dieses Ereignis noch einmal erleben, wenn er bei seiner rückgängigen Daseinswanderung nach dem Tod an der Stelle seines vierzigsten Jahres angelangt ist. Nur erlebt er da nicht die Befriedigung, die ihm im Leben geworden ist durch den Angriff auf den andern, sondern dafür den Schmerz, der durch ihn diesem andern zugefügt worden ist. [...] Nach dem Tode [...] wird diese ganze schädigende Begierdenwelt dem Ich sichtbar. Und zu jedem Wesen und jedem Dinge fühlt sich dann das Ich hingezogen, an dem solch eine Begierde entzündet worden ist, damit sie im „verzehrenden Feuer" ebenso wieder ausgetilgt werden kann, wie sie entstanden ist. Erst wenn der Mensch bei seiner Rückwärtswanderung in dem Zeitpunkte seiner Geburt angelangt ist, sind alle derartigen Begierden durch das Läuterungsfeuer hindurchgegangen, und nichts hindert ihn von jetzt ab an der vollen Hingabe an die geistige Welt. Er betritt eine neue Daseinsstufe. Wie er im Tode den physischen Leib, bald danach den Ätherleib abgelegt hat, so zerfällt jetzt derjenige Teil des astralischen Leibes, der nur im Bewußtsein der äußeren physischen Welt leben kann. [...] Der Zeitpunkt, in dem der letztere von dem Menschen abgeworfen wird, ist dadurch gekennzeichnet, daß die Zeit der Läuterung etwa das Drittel[29] von derjenigen beträgt, welche zwischen Geburt und Tod verflossen ist.

Nach dieser Zeit der Läuterung betrifft das Ich mit einem bleibenden ‚Extrakt' seines ganzen Lebens, der geistigen Frucht alles Erlebten, die Geisteswelt, in der es sich von anderen Wesen ‚umgeben' erlebt.[109f]

Hier aber *durchdringt* sich alles. Was also zunächst etwa wie ein ‚Ton' wahrgenommen werden würde, ist eine Wahrnehmung von innen: ‚[...] wie eine Macht, die durch sein Ich in die Welt hinausströmt. Er fühlt den Ton, wie in der Sinnenwelt sein eigenes Sprechen oder Singen; nur weiß er in der geistigen Welt, daß diese Töne, die aus ihm strömen, zugleich die Kundgebungen anderer Wesenheiten sind, die durch ihn sich in die Welt ergießen.'[111] Und dies geht über in die unmittelbare Wahrnehmung von Wesensdurchdringung.[112]

Der Mensch ist nun zusammen mit jenen Wesen, die auch seinen physischen, ätherischen und astralischen Leib aufgebaut haben. Für eine lange Zeit lebt das Ich nun *ganz* in der geistigen Welt, und was es als Frucht des vorherigen Lebens mitgebracht hat, wird jetzt zum Keim.

Schließlich aber geht das Ich einer neuen Inkarnation entgegen, und wenn es einen neuen Astralleib gestaltet bekommen hat, versinkt es wieder in Bewusstlosigkeit gegenüber der geistigen Welt, weil dieser wieder einen äußeren Ätherleib und physischen Leib verlangt und sich von den Offenbarungen des Innern und damit der geistigen Welt abwendet.[117] Das Bewusstsein würde erst dann erhalten bleiben, wenn das Ich ‚Lebensgeist' und ‚Geistesmensch' entwickelt hätte, jene Kräfte, die sich selbst am Aufbau der genannten Leiber beteiligten könnten.[118]

---

[29] Steiner erklärt dies später. Im Erdenleben ist der Astralleib ebenfalls nur ein Drittel der Zeit aus *sich* heraus tätig. Bis zum Erwachen des Ich entfaltet er das, was bereits als Anlage in ihm vorhanden war. Während der Entfaltung der Empfindungs-, Verstandes- und Bewusstseinsseele in drei folgenden Jahrsiebten bereichert er sich durch die Erlebnisse der Außenwelt, danach aber beginnt er, sich geistig von dem eigenen Ätherleib zu nähren.[426]

Unter Führung der höheren Wesen sucht sich das Ich nun nicht nur jene Eltern, die ihm den ihm entsprechenden Ätherleib und physischen Leib geben können, sondern in einem neuen Panorama sieht das Ich die Bilder seiner Taten, etwa der Anderen zugefügten Schmerzen, und dies wird zur Kraft und zu dem Impuls, diese wieder gutzumachen.[118f] Aber *alles* Sinnliche hat geistige Hintergründe, und in Wirklichkeit gestalten die Verstorbenen unter Führung der höheren Wesen sogar fortwährend das Antlitz der Erde um:[120]

> Man kann sagen, die Menschen gestalten während der Zeit vom Tode bis zu einer neuen Geburt die Erde so um, daß deren Verhältnisse zu dem passen, was sich in ihnen selbst entwickelt hat. [...] Für die physische Beobachtung wirkt auf die Umgestaltung der Erde das Licht der Sonne, die Wandelungen des Klimas usw. Für die übersinnliche Beobachtung waltet in dem Lichtstrahl, der von der Sonne auf die Pflanze fällt, die Kraft der toten Menschen.

Dies mag der materialistischen Weltanschauung als viel zu weitgehend erscheinen. Die spirituelle Anschauung aber beinhaltet die Perspektive, dass wir Menschen wirklich für *alles verantwortlich* sind. Und zwar als Gesamtmenschheit. Die Klimakatastrophe durch einen völlig übersteigerten, wahnwitzigen CO_2-Ausstoß ist selbstverständlich von den lebenden Menschen verursacht. Aber welch eine erhebende Empfindung stellt sich ein, wenn man denken kann, dass selbst das Antlitz der Erde, bis in den Pflanzenwuchs, und sogar noch weitergehend, durch die verstorbenen und sich wieder verkörpernden Seelen verwandelt wird? Denken kann nicht im Sinne irgendeines Hochmutes, sondern einer umso tieferen *Verbundenheit* mit dieser einen Erde?

Ich glaube, dieses *Erleben* auch nur als mögliches geht immer mehr verloren – und so beurteilt man auch eine solche Schilderung nur ganz abstrakt, urteilt sofort, dies sei ja ‚Quatsch', kann aber nicht einmal im Ansatz mehr empfinden, wozu der Mensch eigentlich *berufen* ist. Dann aber ist man ja zur Beurteilung geistiger Wahrheiten ohnehin ganz unfähig – denn man hat sich ganz verrannt in ein bequemes, passives Überzeugtsein von gewissen Gegebenheiten und setzt innerhalb derer sein auch selbstüberzeugtes Leben ohne alle tieferen Fragen einfach immer weiter fort... Wo aber *nicht*, so müsste man einmal fähig sein, sich zu einer solchen Anschauung, und sei es einmal nur ‚theoretisch', wirklich *aufzuschwingen*: dass wir mit dieser Erde und ihrem Antlitz *zutiefst* verbunden sind...

Und auch der Einwand, das sogenannte ‚Karma' sei ‚Quatsch', weil es ja nur bedeute, dem ungerechterweise in zutiefst widrigen Verhältnissen geborenen Menschen die ‚Schuld' an seinem ‚zufälligen Schicksal' selbst ‚zuzuschieben', ist allzu bequem – ist selbst reiner ‚Quatsch', geboren aus tiefster Denkfaulheit.

Denn auch der Karma-Gedanke müsste zunächst einmal zu einem edlen Denken *erheben*. Solange dies nicht geschieht, ist er noch völlig falsch aufgefasst, nämlich gar nicht. Es geht darum, dass der Mensch durch eine *richtige* Auffassung dieses Gedanken Kräfte in seinem Wesen entbindet, die nur da sein können, wenn er sich *nicht* mehr ständig versteckt, fortwährend Vorwürfe gegen die Außenwelt erhebt und *sich* passiv zurücklehnt – wie es *unzählige* Nörgler-Seelen tun, die lieber ihr ganzes Leben lang klagen und vorwerfen, als sich einmal zu erheben, einmal zu meditieren, einmal innere Kraft zu sammeln, einmal auf eigenen Füßen zu stehen, und zwar wahrhaft.

Erst an *diesem* Punkt dürfte man überhaupt weitersprechen. Denn zuvor bleibt alles abstrakt und theoretisch – und so abstrakt und theoretisch kann man ganz hervorragend und immer alles als ‚Quatsch' bezeichnen: es kostet ja nichts. Dass man selbst durch diese ‚Quatsch'-Haltung sein eigenes Wesen immer mehr zurückwirft, bemerkt man ja ebenfalls nicht, denn man nimmt all dies ja nicht ernst.

Es ist also eine *zutiefst* moralische und spirituelle Haltung, sich zu sagen: Ich habe mir diese Lebensumstände selbst gesucht, ich habe hier eine Aufgabe, ich kann hier Kraft sammeln, ich kann vergangene Taten ausgleichen, ich will versuchen, immer tiefer zu erkennen, wie dies alles mein eigenes Wesen ist. Eine zutiefst spirituelle Haltung! Eine Haltung, die grenzenlose Kraft geben kann und schon dadurch ihre eigene innere Wahrheit beweist.[30]

Etwas ganz anderes ist der Blick von *außen*. Denn *selbstverständlich* kann es nicht darum gehen, einem Menschen in widrigen Umständen nun als Außenstehender selbst die Schuld zuzuschieben. Dieser abstrakte Gedanke erweist sich schon dadurch als völliger ‚Quatsch', dass die spirituelle Wahrheit ja umgekehrt eine völlig andere ist: Indem man einen anderen Menschen in widriger Lage wahrnimmt, ist man ja durch das eigene *Karma* in genau diese Situation gestellt – und hätte als eigene Aufgabe vielleicht genau die, ihm zu helfen. Indem man nun aber

---

[30] ‚So ist es nun auch mit den Gedanken eines Menschen, der sich vorstellt, er habe die Kraft, mit einem Ereignis zusammenzukommen, durch ein früheres Leben selbst in sich gepflanzt. Diese bloße Vorstellung regt in ihm eine wirkliche Kraft an, durch die er in einer ganz andern Art dem Ereignis begegnen kann, als wenn er diese Vorstellung nicht hegt. Es geht ihm dadurch ein Licht auf über die notwendige Wesenheit dieses Ereignisses, das er sonst nur als einen Zufall anerkennen könnte. Und er wird unmittelbar einsehen: ich habe den rechten Gedanken gehabt, denn dieser Gedanke hatte die Kraft, die Tatsache mir zu enthüllen. Wiederholt jemand solche innere Vorgänge, so werden sie fortgesetzt zu einem Mittel innerer Kraftzufuhr, und sie erweisen so ihre Richtigkeit durch ihre Fruchtbarkeit. Und diese Richtigkeit zeigt sich, nach und nach, kräftig genug. In geistiger, seelischer und auch physischer Beziehung wirken solche Vorgänge gesundend, ja in jeder Beziehung fördernd auf das Leben ein. Der Mensch wird gewahr, daß er sich dadurch in einer richtigen Art in den Lebenszusammenhang hineinstellt, während er bei Beachtung nur des einen Lebens zwischen Geburt und Tod sich einem Irrwahn hingibt. Der Mensch wird seelisch stärker durch das gekennzeichnete Wissen. – Einen solchen rein inneren Beweis von der geistigen Verursachung kann sich ein jeder allerdings nur selbst in seinem Innenleben verschaffen. Aber es kann ihn auch ein jeder haben. Wer ihn sich nicht verschafft hat, kann seine Beweiskraft allerdings nicht beurteilen. Wer ihn sich verschafft hat, der kann ihn aber auch kaum mehr anzweifeln. Man braucht sich auch gar nicht zu verwundern, daß dies so ist. Denn was so ganz und gar mit demjenigen zusammenhängt, was des Menschen innerste Wesenheit, seine Persönlichkeit ausmacht, von dem ist es ja auch nur natürlich, daß es auch nur im innersten Erleben genügend bewiesen werden kann. – Vorbringen kann man dagegen allerdings nicht, daß eine solche Angelegenheit, weil sie solchem inneren Erlebnis entspricht, ein jeder mit sich selbst abmachen müsse, und daß sie nicht Sache einer Geisteswissenschaft sein könne. Gewiß ist, daß ein jeder selbst das Erlebnis haben muß, wie ein jeder selbst den Beweis eines mathematischen Satzes einsehen muß. Aber der Weg, auf dem das Erlebnis erreicht werden kann, ist für alle Menschen gültig, wie die Methode, einen mathematischen Satz zu beweisen, für alle gültig ist.'[131f]

nur auf ‚die böse Anthroposophie' schimpft, die ja angeblich jedem die ‚Schuld' an seiner Lage zuschiebe, macht man sich auf bequeme und wohlige Weise völlig blind dafür, dass man auch selbst schuld an seiner *eigenen* Lage ist – nämlich einen hilfebedürftigen Menschen wahrzunehmen und nicht zu bemerken, wie *man selbst* dazu berufen war bzw. ist, ihm zu helfen.

So ist man, obwohl man angeblich dem ‚Zufall' huldigt, doch in der Lage, dass man jenem anderen Menschen eigentlich ‚selbst die Schuld' zuweist, auch wenn man es ‚Zufall' nennt. In jedem Fall tut man ja nichts – also bleibt gerade man selbst in der Haltung ‚selbst schuld', die man anderen vorwirft, in diesem Fall Rudolf Steiner, dessen Geist-Erkenntnis aber zu etwas ganz anderem führen will als zu jener Bequemlichkeit, in der sich jener Kritiker badet, der *selbst* nicht hilft, während Steiner es jederzeit getan hätte.[31]

Karma-Erkenntnis ist nie eine Entschuldigung für bequeme, selbstbezogene Seelen – aber sie kann ein grenzenloser Kraftquell für jede einzelne Seele sein, ihr Leben aus dem heiligsten Inneren heraus immer neu, immer lebendiger und immer heilsamer zu ergreifen. Gleichzeitig ändert dies nichts daran, dass die Menschheit ein *Ganzes* ist und wir alle füreinander verantwortlich sind, wie Steiner es schon in ‚Wie erlangt man...?' so berührend beschrieb. Solange jemand diese innere Haltung nicht hat, kann sein Urteil über Reinkarnation und Karma auch nur ein völlig falsches sein, weil seine eigene bequeme Urteilshaltung *auch* bereits zutiefst unwahrhaftig und unmoralisch ist, nämlich billig und ohne *irgendeine* innere Anstrengung. Würde eine solche Seele sich wahrhaft moralisch aufschwingen, würde sie die richtigen Anschauungen auch selbst zweifellos gewinnen können. Bis dahin aber ist jede Wahrheit, um ein Christuswort heranzuziehen, ‚Perlen vor die Säue' (Mt 7,6).

Reines Denken und höherer Wille   ●

Das rein geistige Sich-Erheben zu einem höheren Menschen, der von dem Leiblichen nicht mehr abhängig ist, beschreibt Steiner immer wieder. So etwa 1916:[161] [32]

> Der Mensch kann in das gewöhnliche bewußte Denken eine stärkere Willensentfaltung einführen, als in diesem im gewöhnlichen Erleben der physischen Welt vorhanden ist. Er kann dadurch vom Denken zum *Erleben des Denkens* übergehen. Im gewöhnlichen Bewußtsein wird nicht das Denken erlebt, sondern durch das Denken dasjenige, was gedacht wird. Es gibt nun eine innere Seelenarbeit, welche es allmählich dazu bringt, nicht in dem, was gedacht wird, sondern in der Tätigkeit des Denkens selbst zu leben.

---

[31] ‚Es wäre nicht richtig, wenn jemand einen andern leiden sähe und sagte zu ihm: Du hast selbst dies Leiden verursacht – und er ihm deshalb nicht helfen wollte, weil das Karma sich auswirken soll. Das ist ein Mißverstehen des Karma. Das Karma sagt im Gegenteil: Hilf dem, der leidet, denn du bist ja da, um zu helfen.' Votrag vom 12.4.1906, GA 54, S. 451-462, hier 460f.
[32] ● Vom Menschenrätsel, GA 20.

Steiner geht hier auch auf die Qualität des notwendigen Willens ein, der ein *anderer* Wille ist als der gewöhnliche:[163f]

Im gewöhnlichen Leben fühlt man sich selbst im Mittelpunkte dessen, was man will, oder was man wünscht. [...] Der Wille strömt von dem Ich aus und taucht in das Begehren, in die Leibesbewegung, in die Handlung unter. Ein Wille in dieser Richtung ist unwirksam für das Erwachen der Seele aus dem gewöhnlichen Bewußtsein. Es gibt aber auch eine Willensrichtung, die in einem gewissen Sinne dieser entgegengesetzt ist. Es ist diejenige, welche wirksam ist, wenn man, ohne unmittelbaren Hinblick auf ein äußeres Ergebnis, das eigene Ich zu lenken sucht. In den Bemühungen, die man macht, um sein Denken zu einem sinngemäßen zu gestalten, sein Fühlen zu vervollkommnen, in allen Impulsen der Selbsterziehung äußert sich diese Willensrichtung. In einer allmählichen Steigerung der in dieser Richtung vorhandenen Willenskräfte liegt, was man braucht, um aus dem gewöhnlichen Bewußtsein heraus zu erwachen. Eine besondere Hilfe leistet man sich in der Verfolgung dieses Zieles dadurch, daß man mit innigerem Gemütsanteil das Leben in der Natur betrachtet. Man sucht zum Beispiel eine Pflanze so anzuschauen, daß man nicht nur ihre Form in den Gedanken aufnimmt, sondern gewissermaßen mitfühlt das innere Leben, das sich in dem Stengel nach oben streckt, in den Blättern nach der Breite entfaltet, in der Blüte das Innere dem Äußeren öffnet und so weiter. In solchem Denken schwingt der Wille leise mit; und er ist da ein in Hingabe entwickelter Wille, der die Seele lenkt; der nicht aus ihr den Ursprung nimmt, sondern auf sie seine Wirkung richtet.

Hier ist die selbstlose *Hingabe* am Ende ausdrücklich ausgesprochen. Es ist ein Wille, der von allem ‚Selbstwollen' geläutert wurde, aber dennoch Wille ist. Es ist dasselbe, was Steiner in der ‚Philosophie der Freiheit' ‚Kraft der Liebe in geistiger Art' genannt hatte. Dieser Wille ist nicht mehr seelisch, er ist geistig. Seine Hingabe ist das Gegenteil von eigenem Begehren: ‚Man wird naturgemäß zunächst glauben, daß er seinen Ursprung in der Seele habe. Im Erleben des Vorgangs selbst aber erkennt man, daß durch diese Umkehrung des Willens ein außerseelisches Geistiges von der Seele ergriffen wird.'[164] 33

Dieser Wille ist es, der dann mit vollem Bewusstsein in die geistige Wirklichkeit, eine geistige Welt vorzudringen vermag – wie es auch der Deutsche Idealismus anstrebte.[183] 34

*

---

33 Man kann auch sagen, dass Seele und Geist hier vollkommen ineinander übergehen, insofern als die Seele völlig geläutert ist. Ein Mädchen reinen Herzens etwa würde die hier beschriebene Hingabe bereits mit seiner *Seele* wahrmachen. Gerade deshalb wäre ihm das weitere Voranschreiten in die Erkenntnis geistiger Welten nicht möglich, aber die Qualität des *Willens* ist bereits ganz dieselbe. • Der gewöhnliche Mensch kann diese Qualität nur aus dem Geiste heraus entfalten, weil seine Seele von der Läuterung weit entfernt ist, die dann nur noch aus dem Geistigen hervorgehen kann. Das Mädchen mit dem reinen Herzen dagegen *lebt* in der Sphäre der Läuterung. Ihre Seele *ist* gleichsam diese Sphäre.

34 Steiner beschreibt im zitierten Werk die Impulse Fichtes, Schellings und Hegels und schreibt: ‚Der deutsche Weltanschauungs-Idealismus [...] sucht innerhalb dieses Bewußtseins nach den Wurzeln derjenigen Seelenkräfte, die stark genug sind, um mit vollem Ich-Erlebnis in die geistige Wirklichkeit einzudringen. In ihm hat die Geistesentwickelung der Menschheit das Streben in sich aufgenommen, durch Erstarkung der Bewußtseinskräfte zur Erkenntnis der Welträtsel zu kommen.'[183]

Von anderer Seite aus beschreibt Steiner das reine Denken in dem Aufsatz ‚Philosophie und Anthroposophie', der einen Vortrag von 1908 wiedergibt.[35]

Hier beschreibt er zunächst, wie die frühen Denker von Thales bis noch hin zu Platon in der Mysterienweisheit wurzeln, während Aristoteles dann eine reine Logik und Denktechnik begründet, die bis in die Scholastik des Mittelalters hinein, bis zu Thomas von Aquin im 13. Jahrhundert, in Blüte stand.[74-77] Im Weiteren verweist er auf die Universalien, also auf die bis zu Thomas von Aquin gültige Anschauung, dass den einzelnen Dingen das *Universelle* – was man später nur als abstrahierten Begriff ansah (‚Nominalismus') – ganz real zugrundeliegt (‚Realismus'). Dies entsprach im Wesentlichen der aristotelischen Unterscheidung von universeller ‚Form' und von dieser Form geformter ‚Materie'.

Die Scholastiker unterschieden nun die ‚Universalia ante rem' (‚vor dem Ding'), die *reinen* Ideen; die ‚Universalia in re' (‚im Ding') als die in den konkreten Einzeldingen wirkenden Universalien und drittens die ‚Universalia post rem' (‚nach dem Ding') als die Ideen, wie sie sich im menschlichen Denken offenbaren.[90f] Für die anthroposophische Erkenntnisart sind solche Universalien nun in der Tat etwa die Gruppenseelen der Tiere, zum Beispiel die Gattungswesenheit ‚Wolf', während beim Menschen jede Einzelseele eine eigene Universalie ist.[92] Im Folgenden beschreibt Steiner aber grundlegend, wie das *Denken* sich zu einer solchen realen Anschauung erheben kann.[93]

Die Philosophie seit Kant war nun der Ansicht, das Denken komme an die *wirklichen* Dinge nicht heran, es bleibe immer nur bei einer (subjektiven) Vorstellung, während das ‚Ding an sich' ganz unerreichbar sei. Dem entspricht die Auffassung, dass es etwas Objektives gebe – die ‚Welt an sich' – und dann das Denken, was nur ein Hinzugebrachtes sei.[100] Aber selbst wenn die Dinge die im Denken gefundenen Gesetze, etwa den Begriff des Kreises, in sich tragen, bleibt ein Rest, der im reinen Denken nicht erfasst werden kann, nämlich die Materie.[101]

Steiner kommt es nun auf einen Punkt an, wo der Gegensatz zwischen Form und Materie *überwunden* wird. Im Sinne von Aristoteles ist dies zunächst die Gottheit: Sie ist reine *Aktualität*. Was sie im Sinne eines ‚Gottesgedankens' denkt, hervorbringt, wird zugleich Wirklichkeit. Indem Steiner nun gleichzeitig auf Fichte und seine ‚Tathandlung', seinen Aufruf zu einem willenskräftigen *Denken*, verweist, kommt er auf den entscheidenden Punkt. Er führt Folgendes aus:[101-104]

Aristoteles kann hier durch Fichte ergänzt werden. Im Sinne des Aristoteles kann man zunächst zu der Formel kommen: Alles, was um uns herum ist, auch das, was unsichtbaren Welten angehört, macht es notwendig, daß wir dem Formalen der Wirklichkeit ein Materielles entgegensetzen. Für Aristoteles ist nun der Gottesbegriff eine reine Aktualität, ein reiner Akt, das heißt, ein solcher Akt, bei dem die Aktualität, also die Formgebung, zugleich die Kraft hat, ihre eigene Wirklichkeit hervorzubringen, nicht etwas zu sein, dem die Materie entgegensteht, sondern etwas, das in ihrer reinen Tätigkeit zugleich selbst die volle Wirklichkeit ist.

---

[35] ● Philosophie und Anthroposophie, GA 35, S. 66-110.

Das Abbild dieser reinen Aktualität findet sich nun im Menschen selbst, wenn er aus dem reinen Denken heraus zu dem Begriff des *„Ich"* kommt. Da ist er im Ich bei etwas, was Fichte als *Tathandlung* bezeichnet. Er kommt in seinem Innern zu etwas, das, indem es in Aktualität lebt, zugleich mit dieser Aktualität seine Materie mit hervorbringt. Wenn wir das Ich im reinen Gedanken fassen, dann sind wir in einem Zentrum, wo das reine Denken zugleich essentiell sein materielles Wesen hervorbringt. Wenn Sie das Ich im Denken fassen, so ist ein dreifaches Ich vorhanden: ein reines Ich, das zu den Universalien „ante rem" gehört, ein Ich, in dem Sie drinnen sind, das zu den Universalien „in re" gehört, und ein Ich, das Sie begreifen, das zu den Universalien „post rem" gehört. Aber noch etwas ganz Besonderes ist hier: für das Ich verhält es sich so, daß, wenn man sich zum wirklichen Erfassen des Ich aufschwingt, diese drei „Ichs" zusammenfallen. Das Ich lebt in sich, indem es seinen reinen Begriff hervorbringt und im Begriff als Realität leben kann. Für das Ich ist es nicht gleichgültig, was das reine Denken tut, denn das reine Denken ist der Schöpfer des Ich. Hier fällt der Begriff des Schöpferischen mit dem Materiellen zusammen, und man braucht nur einzusehen, daß wir in allen anderen Erkenntnisprozessen zunächst an eine Grenze stoßen, nur beim Ich nicht: dieses umfassen wir in seinem innersten Wesen, indem wir es im reinen Denken ergreifen.

So läßt sich erkenntnistheoretisch der Satz fundamentieren, „daß auch im reinen Denken ein Punkt erreichbar ist, in dem Realität und Subjektivität sich völlig berühren, wo der Mensch die Realität erlebt". Setzt er da ein und befruchtet er sein Denken so, daß dieses Denken von da aus wiederum aus sich herauskommt, dann ergreift er die Dinge von innen. Es ist also in dem durch einen reinen Denkakt erfaßten und damit zugleich geschaffenen Ich etwas vorhanden, durch das wir die Grenze durchdringen, die für alles andere zwischen Form und Materie gesetzt werden muß.

Damit wird eine solche Erkenntnistheorie, die gründlich vorgeht, zu etwas, das auch im reinen Denken den Weg zeigt, in die Realität hinein zu gelangen. Geht man diesen Weg, so wird man schon finden, daß man von da aus in die Anthroposophie hineinkommen muß. [...]

Um das „Ich" als dasjenige zu erkennen, vermittelst dessen das Untertauchen der menschlichen Seele in die volle Wirklichkeit durchschaut werden kann, muß man sich sorgfältig davor bewahren, in dem gewöhnlichen Bewußtsein, das man von diesem „Ich" hat, das wirkliche Ich zu sehen. [...] Aber ebenso gewiß ist, daß durch nichts anderes das wahre Ich erlebt werden kann als allein durch das reine Denken. Es ragt eben in das reine Denken, und für das gewöhnliche menschliche Bewußtsein *nur* in dieses, das wirkliche Ich herein. Wer bloß denkt, der kommt nur bis zu dem Gedanken des „Ich"; wer *erlebt*, was im reinen Denken *erlebt werden kann*, der macht, indem er das „Ich" durch das Denken erlebt, ein Wirkliches, das Form und Materie zugleich ist, zum Inhalte seines Bewußtseins. Aber außer diesem „Ich" gibt es zunächst für das gewöhnliche Bewußtsein nichts, was in das Denken Form und Materie zugleich hereinsenkt. Alle anderen Gedanken sind zunächst nicht Bilder einer vollen Wirklichkeit. Doch indem man im reinen Denken das wahre Ich als Erlebnis erfährt, lernt man kennen, was volle Wirklichkeit ist. Und man kann von diesem Erlebnis weiter vordringen zu anderen Gebieten der wahren Wirklichkeit.

Und dann beschreibt Steiner noch einmal von *diesem* Gesichtspunkt aus die Schulung dieses erwachenden übersinnlichen Selbstbewusstseins zu einem solchen, das auch übersinnliche Wahrnehmung haben kann:[106-108]

Um solche Erkraftung des Seelenlebens zu erreichen, ist zunächst notwendig, sich zu üben in bildhaftem Denken. Man stellt in das Bewußtsein herein so lebendig-anschauliche Vorstellungen, wie sie sonst nur unter dem Einfluß der äußeren Sinneswahrnehmung entstehen. Dadurch lebt man mit dem Bewußtsein in einer solch regen Tätigkeit, die sonst nur von äußerem Ton oder äußerer Farbe oder einer anderen Sinneswahrnehmung hervorgerufen wird, die jetzt aber durch Aufrufung rein innerer Kraftanstrengung vollbracht wird. Diese Tätigkeit ist zugleich ein Denken, aber ein solches, das nicht in abstrakten Begriffen die sinnliche Anschauung begleitet, sondern das selbst sich steigert bis zur Anschaulichkeit, die im gewöhnlichen Leben nur in Sinnesbildern lebt. – Nicht darauf kommt es an, was man so denkt, sondern darauf, daß man sich einer solchen, von dem gewöhnlichen Bewußtsein nie geübten Tätigkeit bewußt wird. Denn dadurch lernt man sich in dem übersinnlichen Wesen seines Ich erleben, das sich im gewöhnlichen Seelenleben hinter den Offenbarungen des körperlich-leiblichen Organismus verbirgt. Mit dem, was man auf diese Art als ein umgewandeltes Selbstbewußtsein erworben hat, läßt sich erst die übersinnliche Wirklichkeit wahrnehmen. Um dies zu können, sind noch andere Seelenverrichtungen notwendig, die sich auf Wollen und Fühlen beziehen, während die bisher gemeinten es mit umgewandelten Wahrnehmungs- und Vorstellungskräften zu tun haben. [...] Um die übersinnliche Wirklichkeit in den Erkenntnisbereich zu ziehen, muß die Seele dieselben Betätigungen entfalten, die sonst im Fühlen und Wollen auf Äußeres gehen; diese Betätigungen müssen aber lediglich das eigene, innere Leben ergreifen. Der Mensch muß, um im Übersinnlichen zu forschen, für die Dauer dieser Forschung Wollen und Fühlen ganz von der Außenwelt ablenken und von ihnen nur das ergreifen lassen, was nach den umgewandelten Wahrnehmungs- und Vorstellungskräften im Innern der Seele lebt. Man fühlt nur und durchsetzt nur mit Willensimpulsen, was man als umgewandeltes Selbstbewußtsein durch das zu innerer Anschaulichkeit gesteigerte Denken erlebt. [...] Dadurch aber geht mit dem Seelenleben eine völlige Umwandlung vor sich. Es erlebt sich als geistige Eigenwesenheit in einer wirklichen übersinnlich-geistigen Umwelt, wie sich für das gewöhnliche Bewußtsein der Mensch durch seine Sinne und das an diese gebundene Vorstellungsvermögen in einer sinnlich-physischen Umwelt erlebt.

*

Wieder anders beschreibt Steiner das übersinnliche Erkennen in einer Nachschrift eines Vortrages von 1916. Dort macht er deutlich, dass das *reine Denken* zu tun hat mit einer entsprechenden Befreiung des Ätherleibes vom Physischen, dass aber das höhere Ich vor allem mit dem Geheimnis des *Willens* zu tun:[36]

Durch die vorgenommenen Seelen-Übungen, die der Geistesforscher durchmacht, versetzt er sich in einen solchen Zustand, daß in ihm nicht nur eine gedachte Logik ist, sondern eine lebendige Logik, daß die Logik in ihm selber zu einem lebendigen Wesen wird. Dadurch aber hat er in sich statt der toten Begriffe lebendig Waltendes erfaßt. Er wird durchdrungen von lebendig Waltendem. Und wenn die Geistesforschung [...] noch einen Ätherleib annimmt, dann ist damit nicht irgend etwas Erträumtes gemeint, sondern es ist gemeint, daß der Mensch dadurch, daß er das logische Denken in sich zum Leben aufgerufen hat, innerlich einen zweiten Menschen erlebt. [...]

---

[36] Die Aufgabe der Geisteswissenschaft und deren Bau in Dornach, GA 35, S. 173-224, hier 187-190.

Gerade so, wie man das Denken umwandelt, daß es nicht mehr nur zu Bildern führt, sondern innerlich regsam und lebendig wird, so kann man auch den Willen in einer gewissen Weise entwickeln. [...] | [...] Das Denken kann man rege machen, so daß es ein inneres Lebendiges wird, eine Art Ätherleib. Den Willen kann man herausschälen, lostrennen von seinem Zusammenhange mit der Leiblichkeit, und dann erlebt man, daß man in einem noch viel höheren Sinne einen zweiten Menschen in sich hat als beim Denken. Durch die Entwickelung des Willens erlebt man, daß man einen zweiten Menschen in sich hat, der ein eigenes Bewußtsein hat. [...] [...] Während man im Schlafe unbewußt wird, nichts weiß von sich und der Umgebung, tritt man dadurch, daß man den Willen in der angedeuteten Art entwickelt hat, bewußt aus seinem Leibe heraus; man schaut den Leib außer sich, so wie man sonst einen äußeren Gegenstand außer sich wahrnimmt. Da merkt man: In dem Menschen lebt ein wesenhafter Zuschauer seines Denkens und Tuns. [...] Und wenn man diese zwei hat: den beweglichen Denkmenschen, den Äthermenschen, und diesen inneren Zuschauer, dann hat man sich in eine geistige Welt hineingestellt, die man wirklich erlebt, wie man mit den Sinnen die sinnliche Welt erlebt. [...] [...] Es wirken nun aufeinander: der Mensch, der bewegliche Logik ist, und der andere Mensch, der ein höheres Bewußtsein ist. Wenn man diese im Menschen kennen lernt, dann kennt man dasjenige, was vom Menschen vorhanden ist auch dann, wenn sein physischer Leib zerfällt, wenn der Mensch durch die Pforte des Todes geht.[37]

Und in einem weiteren Aufsatz desselben Jahres beschreibt Steiner wie im Denken schließlich ein *reiner Wille* leben kann, ohne allen Gedankeninhalt:[276] [38]

Eine Art dieser Seelenverrichtungen besteht in einer kraftvollen Hingabe an den Vorgang des Denkens. Man treibt diese Hingabe an die Denkvorgänge so weit, daß man die Fähigkeit erlangt, die Aufmerksamkeit nicht mehr auf die im Denken vorhandenen Gedanken zu lenken, sondern allein auf die Tätigkeit des Denkens. Für das Bewußtsein verschwindet dann jeglicher Gedankeninhalt, und die Seele erlebt sich wissend in der Verrichtung des Denkens. Das Denken verwandelt sich so in eine feine innerliche Willenshandlung, die ganz vom Bewußtsein durchleuchtet ist. – Im gewöhnlichen Denken leben Gedanken; die gekennzeichnete Verrichtung tilgt den Gedanken aus dem Denken aus. Das herbeigeführte Erlebnis ist ein Weben in einer inneren Willenstätigkeit, die ihre Wirklichkeit in sich selbst trägt. Es handelt sich darum, daß durch fortgesetztes inneres Erleben in dieser Richtung die Seele sich dahin bringe, mit der rein geistigen Wirklichkeit, in der sie webt, so vertraut zu werden, wie die Sinnesbeobachtung es mit der physischen Wirklichkeit ist.

Während so im Denken eine Willenswirklichkeit erfasst wird, führen andere Übungen dazu, dass umgekehrt im Willen ein verborgenes *Bewusstseinswesen* erfahren wird:[280f]

---

[37] Etwas später heißt es: ‚Das Geistig-Seelische muß man aus geistig-seelischen Tatsachen heraus kennen lernen. Dann weiß man: In dem lebendigen Denken, das von dem aus dem Willen gelösten Bewußtsein erfaßt wird, hat man einen Lebenskeim erkannt, der durch die Pforte des Todes schreitet, durch die geistige Welt nach dem Tode geht und dann wieder zum Erdenleben zurückkehrt.' Ebd., S. 191f.

[38] ● Die Erkenntnis vom Zustand zwischen dem Tode und einer neuen Geburt, GA 35, S. 269-306.

Im gewöhnlichen Leben wird eine Willensentfaltung der eigenen Seele nicht so wahrgenommen wie ein äußerer Vorgang. [...] Daß man dieses Wollen sich so gegenüber finden könne, wie man als Zuschauer eine äußere Tatsache gegenüber hat, dazu sind wieder kraftvolle, durch Willkür hervorgerufene Seelenvorgänge notwendig. Werden diese aber in der entsprechenden Art herbeigeführt, dann tritt etwas völlig anderes ein als etwa ein Anschauen des eigenen Wollens in derselben Weise, wie eine äußere Tatsache angeschaut wird. [...] Beim Beobachten des eigenen Wollens erlischt die gewohnte vorstellende Kraft. Man hört auf, in der nach außen gerichteten Art vorzustellen; dafür aber entbindet sich aus den Untergründen des Wollens ein wesenhaftes Vorstellen. Es bricht durch die Oberfläche der Willensbetätigung ein solches wesenhaftes Vorstellen hervor; ein Vorstellen, das mit sich lebendige geistige Wirklichkeit bringt. Zunächst tritt innerhalb dieser geistigen Wirklichkeit die eigene verborgene Geistwesenheit hervor. Man wird gewahr, wie man einen verborgenen Geist-Menschen in sich trägt. [...] Er stellt sich [...] durch sein Inneres dar, durch Entfaltung einer inneren Betätigung, die ähnlich ist dem Entfalten der Bewußtseinsvorgänge in der eigenen Seele. Nur ist das so entdeckte Bewußtseinswesen nicht wie die im Menschenleibe lebende Seele auf Sinnesdinge gerichtet, sondern auf geistige Vorgänge, zunächst auf die Vorgänge des eigenen bisher entwickelten Seelenlebens. Man entdeckt wahrhaftig in sich einen zweiten Menschen, der als Geistwesen ein bewußter Zuschauer des gewöhnlichen Seelen-Erlebens ist.

Während die Seele den Willen im Denken entwickelt, fühlt sie sich zunächst in einer vollkommenen Einsamkeit, was bis zu Zuständen banger Bedrückung geht. Das zweite Erleben jedoch führt zu der wirklichen Geburt des höheren Menschen, beide Erlebnisse erweisen sich als zusammengehörig – und stellen den Menschen gleichzeitig in eine reale Geisteswelt hinein:[282]

Wie im verwandelten Denken eine Willenswirklichkeit entdeckt wird, so im Willen ein im Geistigen webendes wesenhaftes Bewußtsein. – Und die beiden erweisen sich nun für das weitere Seelen-Erleben als zusammengehörig. Sie werden gewissermaßen auf nach entgegengesetzten Richtungen laufenden Wegen gefunden; ergeben sich aber als eine Einheit. Die Bangnis der Seele, die im Weben in der Willenswirklichkeit erlebt wird, hört auf, wenn sich diese aus dem entwickelten Denken geborene Willenswirklichkeit mit dem gekennzeichneten Bewußtseinswesen verbindet. Und durch diese Verbindung wird der Mensch erst vor die allseitig wirkliche Geistwelt gestellt. Indem diese Verbindung eintritt, hat der Mensch nicht nur das eigene Selbst sich geistig gegenüber, sondern auch Wesenheiten und Vorgänge der geistigen Welt, die außerhalb seines Selbst liegen. | [...] Wirkliche Wesenheiten und Vorgänge der geistigen Welt heben sich aus dem Bewußtseinswesen heraus, das aus der Entwickelung des Willens sich geoffenbart hat. Und durch die Wechselwirkung dieser Wesenheiten und Vorgänge mit dem aus der Entwickelung des Denkens entsprungenen Willenswirklichen werden sie geistig wahrgenommen.

Mit anderen Worten: Die geistige Welt offenbart sich *in* dem Willens-Bewusstseinswesen – und wird wahrgenommen *durch* den reinen Denkwillen und ihre Wechselwirkung mit diesem, indem dieser sich jenen Wirkungen hingibt.

Hier nun bekommt auch das Fühlen seine volle Bedeutung: ,Das dem Gefühl in der geistigen Welt Entsprechende tritt [...] von selbst auf, sobald die geistige Wahrnehmung in der geschilderten Art errungen ist. Nur stellt sich ein Gefühls-Erleben mit ganz anderem Charakter ein, als ihn das Fühlen in der physischen Welt trägt. Man fühlt nicht in sich, sondern in den Wesenheiten und Vorgängen, die man wahrnimmt. Man taucht mit seinem Fühlen in diese unter [...].'[283]

Der Mensch, der diese Erlebnisse hat, weiß zugleich um die Wirklichkeit der wiederholten Erdenleben. Diese wird:[284f]

[...] insoferne eine Tatsache, als der dadurch entdeckte geistig-seelische Kern des Menschen sich im Zusammenhange erschaut mit seinem Werden und Weben in der geistigen Welt. Er lernt in der eigenen Wesenheit erkennen, wie diese das Ergebnis früherer Erdenleben und dazwischen liegender geistiger Daseinsformen ist; und er findet, wie sich in seinem gegenwärtigen Erdenleben ein geistiger Keim veranlagt, der, nachdem er durch Zustände zwischen Tod und neuer Geburt hindurchgegangen ist, sich zu einem weiteren Erdenleben entfalten muß. Wie der Pflanzenkeim in der gegenwärtigen Pflanze die künftige vorbildet, so entwickelt sich, verborgen im menschlichen Innern, ein geistig-seelischer Keim, der sich durch seine eigene Wesenheit für die geistige Wahrnehmung als die Anlage des künftigen Erdenlebens erweist.

Dabei kann die *eigentlichen* nachtodlichen Erlebnisse auch der Geistesforscher nicht vorwegnehmen, kann aber um sie *wissen*, denn alles liegt bereits keimhaft in der Seele verborgen:[285f]

Es wäre unrichtig, wenn man die geistige Wahrnehmung des Lebens zwischen Tod und neuer Geburt so deuten wollte, als ob in ihr das Erleben der geistigen Welt, die mit dem physischen Tode betreten wird, schon vorweggenommen wäre durch diese geistige Wahrnehmung. Was man so wahrnimmt, gibt nicht ein vollkommenes leibfreies Erleben der geistigen Welt, wie es nach dem Tode eintritt, sondern ein erlebtes Wissen von dem tatsächlichen Erleben. Man kann, so lange man im Leibe ist, von dem leibfreien Erleben zwischen Tod und neuer Geburt alles dasjenige aufnehmen, was die oben geschilderten Erfahrungen der Seele in dem aus dem Denken gelösten Willenswirklichen mit Hilfe des aus dem Willen entbundenen Bewußtseins darbieten. Das von außen sich offenbarende Gefühlhafte der geistigen Welt kann erst erfahren werden durch den Eintritt in diese Welt selbst. – So sonderbar dies auch klingt; es stellt sich als ein Ergebnis des Erlebens in der geistigen Welt dar: die physische Welt ist für den Menschen zunächst als äußerer Tatsachenzusammenhang vorhanden; und ein Wissen von ihr erwirbt er, nachdem sie an ihn als solcher Tatsachenzusammenhang herangetreten ist; die geistige Welt schickt dagegen das Wissen von ihr voraus, und das von ihr in der Seele voraus entfachte Wissen ist die Leuchte, welche auf die geistige Welt hinstrahlen muß, auf daß diese selbst sich als Tatsache offenbaren kann. Wer dies in geistiger Anschauung erkennt, dem ist klar, daß während des Erden-Leibeslebens sich im Unbewußt-Verborgenen der Seele dieses Licht entwickelt, das dann nach dem Tode über die Gefilde der geistigen Welt hin leuchtet, und diese zu Erlebnissen der Menschenseele macht.
Man kann im Erden-Leibesleben das Wissen vom Zustande zwischen dem Tode und einer neuen Geburt beleben. [...] Man erschaut durch dieses Wissen, was die Seele vollbringen wird zwischen Tod und neuer Geburt, weil man den Keim dessen in geistiger Anschauung vor sich hat, was zu dieser Vollbringung treibt. In der Anschauung dieses Keimes offenbart es sich, daß nach dem Ableben des Leibes für die Seele ein Erleben eintritt, das schöpferisch verbunden mit

der geistigen Welt in einer Tätigkeit sich entfaltet, die auf das künftige Erdenleben als auf seinen Zielpunkt so gerichtet ist, wie das Wahrnehmen im physischen Leibe [...] auf die äußere Sinneswelt gerichtet ist.

Im Weiteren schildert Steiner, dass die Stufen der imaginativen, inspirativen und intuitiven Erkenntnis eigentlich einem erwachenden, bewussten Leben im Ätherleib, im Astralleib und im Ich entsprechen.[288-306] Und er fasst in Bezug auf die Erkenntnistiefe zusammen: ‚Der *imaginativen Erkenntnis* ist zugänglich der Zusammenhang von Bilde-Kräften, welche das Leibesleben des Menschen von der geistigen Welt aus ordnen. Der *inspirierten Erkenntnis* offenbaren sich die Kräfte, welche aus dem Leben zwischen dem Tode und einer neuen Geburt in das seelische Leben des Erdendaseins hereinwirken. Der *intuitiven Erkenntnis* sind Vorstellungen möglich über das Herüberwirken von Kräften aus verflossenen Erdenleben in den Schicksalsverlauf.‘[304f]

*

Es werden all diese zentralen Passagen hier zusammengestellt, um der lesenden Seele einen möglichst ausführlichen Eindruck der *Exaktheit* von Steiners Schilderungen zu geben, ebenso aber die Möglichkeit, von den verschiedensten Aspekten her zu verstehen, wovon Steiner spricht, und so mehr und mehr zu begreifen, dass es sich hier um Realitäten handelt.

In einem folgenden Aufsatz beschreibt Steiner, wie das reine, leibfreie Denken unbewusst bereits in jeder *Wahrnehmung* mit den Sinnen vorhanden ist.[39] Sobald wir wirklich *sehen*, das heißt, irgendetwas erkennen, hat jenes Denken die Wahrnehmung bereits durchdrungen, die sonst völlig zusammenhanglos sein müsste, wie Steiner bereits in seinen Grundwerken geschildert hatte:[397f]

Im Denken waltet etwas, das nicht aus der Erinnerungsfähigkeit in dasselbe eindringt. Etwas, das dem Menschen nicht deshalb die Richtigkeit eines gegenwärtigen Gedankens verbürgt, weil aus der Erinnerung ein ihn tragender früherer Gedanke auftaucht, sondern deshalb, weil diese Richtigkeit unmittelbar *erlebt* wird. Dieses Erlebnis verbirgt sich dem gewöhnlichen Bewußtsein aus dem Grunde, weil der Mensch die in Frage kommende Kraft innerhalb dieses Bewußtseins für das denkende Wahrnehmen vollständig verbraucht. Im denkenden Wahrnehmen ist diese Kraft wirksam, aber der Mensch glaubt, indem er wahrnimmt, daß ihm die Wahrnehmung *allein* die Richtigkeit dessen verbürgt, was er in einer Betätigung seelisch ergreift, die aus Wahrnehmen und Denken stets zusammenfließt. Und wenn er dann im bloßen Denken, das er von den Wahrnehmungen abgezogen hat, lebt, so hat er es wirklich nur mit einem solchen Denken zu tun, das seine Stützen in der Erinnerung findet. In diesem abgezogenen Denken ist der physische Organismus mittätig. Ein Denken, das dem Organismus nicht unterworfen ist, lebt für das gewöhnliche Bewußtsein nur, während der Mensch im sinnlichen Wahrnehmen begriffen ist. Dieses sinnliche Wahrnehmen selbst ist vom Organismus abhängig. Das in ihm enthaltene und in ihm mitwirkende Denken ist aber ein rein übersinnliches Element, an dem der Organismus keinen Anteil hat. In diesem Denken hebt sich die Menschenseele aus

---

39 ● Frühere Geheimhaltung und jetzige Veröffentlichung übersinnlicher Erkenntnisse, GA 35, S. 391-408.

dem Organismus heraus. Wer *dieses* Denken im Wahrnehmen sich zum abgesonderten Bewußtsein zu bringen vermag, der weiß durch unmittelbares Erleben, daß er als Seele sich unabhängig von seinem Leibe ergreift.

Und ebenso verweist Steiner dann auf einen reinen, *höheren Willen*, der unbemerkt stets in dem gewöhnlichen Willen mit tätig ist – und der dem entspricht, was er an anderer Stelle das in diesem Willen lebende ,Bewusstseinswesen' nannte, im Grunde das höhere Ich:[400f]

Die Art des meditativen Lebens, die bisher geschildert worden ist, ergibt das übersinnliche Selbstbewußtsein. Aber dieses müßte ohne alle übersinnliche Umgebung bleiben, wenn neben dieser Art von Meditation nicht eine andere einherginge. Zu deren Verständnis gelangt man, wenn man den selbstbeobachtenden Blick auf die Willenstätigkeit lenkt. Diese ist im gewöhnlichen Leben bewußt auf äußere Verrichtungen gerichtet. Neben dieser läuft aber eine andere Willensäußerung des Menschen, die vom Bewußtsein nur in ganz geringem Maße beachtet wird. Es ist diejenige, welche das menschliche Seelenwesen im Laufe des Lebens von einer Entwickelungsstufe zur andern trägt. Der Mensch ist nicht nur jeden Tag mit einem andern Seeleninhalt erfüllt als an dem vorangehenden; sein Seelenleben ist auch an jedem folgenden Tage aus demjenigen des vorangehenden Tages herausentwickelt. Und das treibende Element dieser Entwickelung ist der Wille, der auf diesem Felde seiner Betätigung zum weitaus größten Teile unbewußt bleibt. Dieser Wille kann aber durch entwickelte Selbstbeobachtung in seiner eigentümlichen Verfassung in das Bewußtsein hereingehoben werden. Und durch dieses Hereinheben gelangt man zur Empfindung eines Wollens, das mit Vorgängen einer sinnenfälligen Außenwelt gar nichts zu tun hat, das vielmehr ganz allein auf die von dieser Außenwelt unabhängige Innenentwickelung der Seele gerichtet ist. Kennt man diesen Willen einmal, dann lernt man allmählich sich in seine Wesenheit so einleben wie in dem oben geschilderten meditativen Erleben in den Zusammenfluß von denkender und wahrnehmender Seelentätigkeit. Aber das Erleben innerhalb dieses Willenselementes erweitert sich zu demjenigen einer übersinnlichen Außenwelt. Das auf die gekennzeichnete Art entwickelte übersinnliche Selbstbewußtsein erlebt sich durch das Versetztsein in dieses Willenselement in einer übersinnlichen Umgebung, die von geistigen Wesenheiten und Vorgängen erfüllt ist. So wie das übersinnliche Denken zu einem Selbstbewußtsein führt, das sich der an die menschliche Sinnesorganisation gebundenen Erinnerungsfähigkeit nicht bedient, so belebt sich das übersinnliche Wollen in solcher Art, daß es ganz durchsetzt ist von einer vergeistigten Liebefähigkeit. Und diese ist dasjenige, was des Menschen übersinnliches Selbstbewußtsein in den Stand setzt, die übersinnliche Außenwelt wahrnehmend zu erfassen. Die übersinnliche Erkenntnisfähigkeit wird bewirkt durch ein Selbstbewußtsein, das die gewöhnliche Erinnerung ausschaltet und das im intuitiven Erfassen der geistigen Außenwelt durch eine vergeistigte Liebekraft lebt.

Exakter und in seiner ganzen ,Nüchternheit' *eindrücklicher* kann man das Sich-Hineinleben in eine geistige Welt nicht schildern...

*

In einem weiteren Vortrag von 1916 beschreibt Steiner dieses ,Bewusstseinswesen' wie folgt. Im Zusammenhang mit Willensübungen, insbesondere solchen, die die innere Entwicklung und Verwandlung betreffen, wird schließlich versucht, den eigenen Willen wie von außen zu beobachten:[40]

Man strengt sich an [...], sein eigener Zuschauer zu werden [...]. Aber der Erfolg [...] besteht darin, daß gerade je mehr man auf diese Weise vorstellungsgemäß aus sich herausgeht, desto mehr einem in sich selber dasjenige verschwindet, was da herausgeht. In der Entwickelung des Denkens kommt man immer mehr und mehr in sich hinein. Das Selbst wird erweitert, das Selbst wird intensiver, kraftvoller. Bei diesem, was ich jetzt schilderte, kommt man nicht in sich hinein, sondern das eigene Selbst wird in gewisser Weise abgelegt; dafür aber bleibt ein Wollen im geistigen Gesichtsfeld, eine Willenshandlung. Und gleichsam aus der Fläche dieser Willenshandlungen von unten herauf, durch die Willenshandlungen hindurch steigt ein wirkliches Wesen, das ein höherer Mensch im Menschen ist. Dasjenige, was man in sich getragen hat immer durch das ganze Leben, aber nicht im Bewußtsein getragen hat, das steigt durch den Willen durch, das durchbricht ihn. Wie das Untere des Meeres etwa erscheinen würde, wenn es über die Oberfläche hervorbrechen würde, so erscheint jetzt ein Wesen, ein bewußtes Wesen, ein Wesen von höherem Bewußtsein, das ein objektiver Zuschauer aller unserer Willenshandlungen ist, ein wirkliches Wesen, das immer in uns lebt und das auf diese Weise den Willen durchbricht. Und dieses Wesen, das man also entdeckt in den Willensströmungen, dieses Wesen verbindet sich mit demjenigen, was man aus dem Denken gemacht hat. Diese zwei Wesen, die man in sich gefunden hat, verbinden sich miteinander. Und dadurch ist man jetzt nicht bloß in einem Wirken und Weben drinnen, sondern in einer wirklichen geistigen Welt mit wirklichen geistigen Wesenheiten und Tatsachen. In der steht nun das eigne Wesen drinnen, das auch aus dem Willen herausgeboren ist – aber in der Gesellschaft anderer geistigen Wesen – und das durch Geburt und Tod geht.

Also nicht jener *Zuschauer*, den so viele andere, östliche Wege schildern, ist bereits das wahre höhere Bewusstsein – sondern es geht um jenes Wesen, das sich aus den Tiefen des Willens heraus erhebt, erlebbar wird; das *hinter* jeder Entwicklung, insbesondere auch moralischer Entwicklung steht, immer schon die geheime *Quelle* dessen war – und erst dieses Wesen hat zugleich auch mit dem Geheimnis der sich wiederverkörpernden *Individualität* zu tun.

Das Ich ist nicht im Leib   ●

Bereits 1911 legte Steiner in seinem sogenannten Bologna-Vortrag auf dem IV. Internationalen Kongress für Philosophie dar, dass das wahre Ich des Menschen überhaupt nicht innerhalb der Leibesgrenzen ist – sondern, im Gegenteil, *mit den Dingen verbunden*.[41]

Hier beschreibt Steiner zunächst exakt den Weg der Entwicklung höherer Erkenntniskräfte: Das Erleben eines zunächst unbekannten Etwas, das sich während des Schlafes als außerhalb

---

[40] Die Unsterblichkeitsfrage und die Geistesforschung. Vortrag vom 24.3.1916, GA 65, S. 543-590, hier 561-563.

[41] ● Die psychologischen Grundlagen und die erkenntnistheoretische Stellung der Anthroposophie. Vortrag vom 8.4.1911, GA 35, S. 111-144.

des Körpers erweist und sich später als der ‚Astralleib' erweisen wird.[119f] Nachdem die Imagination erreicht wurde, folgt das Erleben der Inspiration. Nach und nach erfüllt sich das innere Erleben mit einem Inhalt, der ‚von außen' kommt:[125f]

> Nur ist die Erfüllung mit übersinnlichem Inhalt ein unmittelbares Leben in diesem Inhalt. [...] | [...] Zunächst erweist sich der Inhalt gar nicht als objektiv. Man *weiß* ihn als einen erlebten; aber man fühlt sich ihm nicht gegenübergestellt. Das Letztere tritt erst ein, wenn man ihn durch Seelenenergie gewissermaßen in sich selbst verdichtet. Dadurch wird er erst zu dem, was man objektiv anschauen kann.

Dabei aber erweist sich, dass zwischen physischem Leib und dem durch Übungen abgetrennten und organisierten Astralleib noch etwas liegt – der Ätherleib. Aus *diesem* ‚stammen nun die Kräfte, durch welche das Selbst in die Lage kommt, den subjektiven Inhalt der inspirierten Erkenntnis zur objektiven Anschauung zu machen'.[126]

Auf der dritten Stufe der Intuition schließlich erlebt sich das Bewusstsein ganz als *Schauplatz*, ‚auf dem ein wesenhafter übersinnlicher Inhalt nicht vorgestellt wird, sondern sich selbst vorstellt'.[130] In der Inspiration ‚erscheint nur das *Verhältnis* einer übersinnlichen Welt zum Selbst', in der Intuition aber diese selbst.[130] Zugleich wandelt sich auf dieser Stufe auch:[130f]

> [...] das ganze Verhältnis um, in dem sich der Mensch als „Seele" zu seiner Leibesorganisation empfindet. Es tritt gewissermaßen vor das geistige Anschauungsvermögen der Ätherleib als ein in sich differenzierter übersinnlicher Organismus. Und man erkennt seine differenzierten Glieder als [...] das Primäre und den physischen Leib als dessen Abbild, als ein Sekundäres. Der Horizont des Bewußtseins erscheint bestimmt durch das gesetzmäßige Wirken des Ätherleibes. Die Zusammenordnung der Erscheinungen auf diesem Horizont ergibt sich als die Wirkung der differenzierten Glieder des Ätherleibes nach einer Einheit hin. Es liegt dem Ätherleib die allumfassende kosmische Gesetzmäßigkeit zu Grunde; der Vereinheitlichung seines Wirkens liegt die Tendenz zu Grunde, sich auf etwas wie auf einen Mittelpunkt zu beziehen. Und das Bild dieser Einheitstendenz ist der physische Leib. So erweist sich der letztere als Ausdruck des Welt-Ich, wie sich der Ätherleib als Ausdruck der makrokosmischen Gesetzmäßigkeit erweist.

Im Weiteren kritisiert Steiner dann Erkenntnistheorien, die von Erkenntnisgrenzen sprechen, weil die ‚wahre' Außenwelt nie in das Seeleninnere dringen könne. Die hier zugrundeliegenden Vorstellungen seien viel zu materialistisch tingiert, stellten die Seele wie einen Siegellack vor, der nur die Eindrücke eines Stempels empfange, nie aber den Stempel selbst.[138] Der Grundirrtum sei eben, das Wahrzunehmende als ein Materielles und zudem auch noch die Seele als abgeschlossen in ihrem Körper zu denken.

Es wird schlicht außer acht gelassen, welche faktische Beziehung zwischen dem Erkenntnisinhalt und dem ‚Ich' besteht.[138f] Schon das gedachte mathematische Naturgesetz ist genau *dasselbe* wie das empirisch wirkende. Und nun kommt die Formulierung:[139f]

Das heißt aber doch nichts anderes als: das Ich steht mit seiner mathematischen Vorstellung nicht außerhalb der transzendent mathematischen Gesetzmäßigkeit der Dinge, sondern innerhalb. Und man wird deshalb zu einer besseren Vorstellung über das „Ich" erkenntnistheoretisch gelangen, wenn man es nicht innerhalb der Leibesorganisation befindlich vorstellt, und die Eindrücke ihm „von außen" geben läßt; sondern wenn man das „Ich" in die Gesetzmäßigkeit der Dinge selbst verlegt, und in der Leibesorganisation nur etwas wie einen Spiegel sieht, welcher das außer dem Leibe liegende Weben des Ich im Transzendenten dem Ich durch die organische Leibestätigkeit zurückspiegelt. Hat man sich einmal für das mathematische Denken mit dem Gedanken vertraut gemacht, daß das „Ich" nicht im Leibe ist, sondern außerhalb desselben und die organische Leibestätigkeit nur den lebendigen Spiegel vorstellt, aus dem das im Transzendenten liegende Leben des „Ich" gespiegelt wird, so kann man diesen Gedanken auch erkenntnistheoretisch begreiflich finden für alles, was im Bewußtseinshorizonte auftritt.

Das gewöhnliche empirische Bewusstsein verhält sich zum wirklichen Ich, zum menschlichen Wesenskern, wie Spiegelbild und sich spiegelndes Wesen.[140] Diese Erkenntnis löst auch den Streit zwischen Naturforschung und spirtueller Geisteswissenschaft – denn erstere kann in aller Ruhe die spiegelnde Leibesorganisation erforschen, und ‚Geistesforschung wäre dann als der Weg zu denken, sich in das Wesen dessen einzuleben, was sich spiegelt'.[141] Den wirklichen *Zusammenhang* beider anzuschauen, vermag dann erst die intuitive Erkenntnis.[142] Und noch einmal fasst Steiner die wesentliche Erkenntnis zusammen:[142]

Das Ich – mit dem ganzen menschlichen Wesenskern – kann angesehen werden als eine Wesenheit, welche ihre Beziehung zu der objektiven Welt innerhalb dieser selbst erlebt, und die ihre Erlebnisse als Spiegelbilder des Vorstellungslebens aus der Leibesorganisation empfängt.

Der übersinnliche Mensch – *eins* mit dem, was er erlebt und wahrnimmt, und nur das Bewusstsein ist dann das nachträgliche Ergebnis der Spiegelung dieses eigentlichen Geschehens.

Dreigliederung des Menschen ●

1917 beschreibt Steiner in ‚Von Seelenrätseln' erstmals, wie die drei Seelenglieder Denken, Fühlen und Wollen keineswegs einfach vom ‚Gehirn' abhängig sind, sondern wie sie ihre leibliche Grundlage auch in einer sich durchdringenden Dreigliederung des leiblichen Menschen haben.[42]

Die Vorstellung, so Steiner, ist tatsächlich vom Nervensystem bedingt. Aber bereits die Empfindung ist etwas ganz anderes, und der Impuls des Willensaktes verliert sich völlig im Unbewussten.[131f] Und skizzenhaft beschreibt Steiner später:[155f,158]

[...] daß das Wollen als solches nicht zu Nervenvorgängen, sondern zu Stoffwechselvorgängen in Beziehung gesetzt werden muß. [...] Vor allem ist scharf ins Auge zu fassen das Verhältnis

---

42 ● GA 21, Von Seelenrätseln.

von Nerventätigkeit, Atmungsrhythmus und Stoffwechseltätigkeit. Denn diese [...] durchdringen sich, gehen ineinander über. Stoffwechseltätigkeit ist im ganzen Organismus vorhanden; sie durchdringt die Organe des Rhythmus und diejenigen der Nerventätigkeit. Aber im Rhythmus ist sie nicht die leibliche Grundlage des Fühlens, in der Nerventätigkeit nicht diejenige des Vorstellens; sondern in beiden ist ihr die den Rhythmus und die Nerven durchdringende Willenswirksamkeit zuzueignen. [...] Der *Leib als Ganzes*, nicht bloß die in ihm eingeschlossene Nerventätigkeit ist physische Grundlage des Seelenlebens. Und wie das letztere für das gewöhnliche Bewußtsein sich umschreiben läßt durch Vorstellen, Fühlen und Wollen, so das leibliche Leben durch Nerventätigkeit, rhythmisches Geschehen und Stoffwechselvorgänge.

Grundlage des Willens ist also der Stoffwechsel, Grundlage des Fühlens das rhythmische Geschehen von Atem und Herzschlag und nur für das Vorstellen ist das Nervensystem die eigentliche Grundlage. Bereits diese Erkenntnis durchbricht das materialistische Dogma.

Das wahre Ich   ●

Das wahre, ewige Ich des Menschen ist ein tief heiliges Mysterium. Schon in GA 17 beschreibt Steiner den Weg zu dessen Erkenntnis so, dass man dies unmittelbar erleben kann:[43]

In der geistigen Welt sind die Gedanken vollends selbständige Lebewesen. Sollen sie im Bewußtsein verbleiben, so muß die Seele so erkraftet sein, daß sie selbst die Kraft in ihrem Innern entfaltet, die ihr in der Sinneswelt der physische Leib entfaltet, in der elementarischen die Sympathien und Antipathien des ätherischen Leibes. Auf alles dieses muß sie in der geistigen Welt verzichten. Da sind ihr die Erlebnisse der Sinneswelt und der elementarischen Welt nur wie Erinnerungen gegenwärtig. Und sie ist selbst außerhalb dieser beiden Welten. Um sie ist die geistige Welt. Diese macht auf den astralischen Leib zunächst keinen Eindruck. Die Seele muß lernen, für sich selbst von ihren Erinnerungen zu leben. Ihr Bewußtseinsinhalt ist zuerst nur der: ich bin gewesen, und ich stehe jetzt dem Nichts gegenüber. Aber wenn die Erinnerungen aus solchen Seelenerlebnissen kommen, die nicht bloß Abbilder sinnlicher oder elementarischer Vorgänge sind, sondern von diesen angeregte freie Gedankenerlebnisse darstellen, so beginnt in der Seele ein Gedankengespräch zwischen den Erinnerungen und dem vermeintlichen „Nichts" der geistigen Umwelt. Und was als Ergebnis dieses Gesprächs entsteht, wird Vorstellungswelt im Bewußtsein des astralischen Leibes. [...] Sie lernt sich in diesem Gespräch als astralische Wesenheit erfühlen. Mit einem Ausdrucke, der alten Traditionen entspricht, kann man sagen: Die Menschenseele erlebt sich als astralische Wesenheit innerhalb des Weltenwortes. Mit dem Weltenwort sind da gemeint die Gedankentaten der Gedankenlebewesen, welche wie lebendige Geistergespräche sich in der geistigen Welt abspielen. [...]
Will nun die Seele in die übergeistige Welt übertreten, so muß sie durch ihren eigenen Willen ihre Erinnerungen aus der physischen und der elementarischen Welt austilgen. Sie kann das nur, wenn sie aus dem Geistergespräch die Sicherheit gewonnen hat, daß sie ihr Dasein nicht völlig verlieren werde, wenn sie alles das in sich vertilgt, was ihr bisher das Bewußtsein dieses Daseins gegeben hat. Die Seele muß in der Tat sich vor einen geistigen Abgrund stellen, und an

---

[43] GA 17, S. 85-88.

demselben den Willensimpuls fassen, ihr Wollen, Fühlen und Denken zu vergessen. Sie muß auf ihre Vergangenheit in ihrem Bewußtsein verzichten. Man könnte diesen Entschluß, der hier notwendig ist, ein Herbeiführen des vollständigen Bewußtseinsschlafes durch den eigenen Willen [...] nennen. [...] Soll dieses Erinnerungsdasein innerhalb der geistigen Welt hinschwinden, so muß es von der Seele durch einen Willensentschluß selbst in die Vergessenheit versenkt werden. Das übersinnliche Bewußtsein kann zu diesem Willensentschluß kommen, wenn es sich die nötige Seelenstärke erobert hat. Kommt es dazu, dann taucht ihm aus dem selbst hervorgerufenen Vergessen die wahre Wesenheit des „Ich" auf. Die übergeistige Umwelt gibt der Menschenseele das Wissen von diesem „wahren Ich".

In einem Vortrag von 1923 beschreibt Steiner wie es dieses aus früheren Inkarnationen stammende Ich ist, das aus einer nun *überzeitlichen* Welt heraus bis in die Verbrennungsprozesse des Stoffwechsels eingreift und sich als das Geheimnis des *Willens* mit seinen moralischen Impulsen offenbart:[44]

Wir kommen aber auch hinter diejenigen Prozesse, die als Verbrennungsprozesse in unserem Organismus wirken, wenn wir dasjenige schauen können, was in unserem Organismus dahinter ist, wenn wir schauen können, wie eben in dem Zerstören, in dem Entwickeln der Verbrennungen in unserem Organismus der Weltenwille wirkt: So wie die Kraft des Logos hinter der Atmungskraft des äußerlich hörbaren Wortes, so sprüht hinter dieser Verbrennungskraft, die fortwährend an unserem Organismus wirkt, die schöpferische Kraft des Weltenwillens, der in uns hereinwirkt. [...]
[...] Und wenn wir eben vorher eine Welt kennengelernt haben, in der es die Dualität zwischen Geist und Materie nicht gibt, so lernen wir jetzt eine Welt kennen, in der die moralisch-geistigen Impulse selber das einzig Wirkliche sind. [...]
Und da lernen wir unsere eigene Wesenheit erkennen als diejenige, die jetzt gar nicht da sein kann, die aber durchgegangen ist durch diese ätherische Welt im vorirdischen Dasein, und die in einem vorigen Erdenleben da war. Da werden wir gewahr, wie dem zerstörenden Verbrennungsprozesse die moralischen Impulse aus unserem vorigen, oder aus unseren verschiedenen vorigen Erdenleben innewohnen, wie dieser vierte Mensch in uns lebt, der zu gleicher Zeit der Schöpfer unseres grundlegenden Schicksals ist. Da entdecken wir hinter dem Brand unseres Leibes die schöpferische Macht des Inhaltes unseres vorigen Erdenlebens, das jetzt zu dieser Region hat aufsteigen können, wo es der zerstörenden Macht der Verbrennung als die schöpferische Macht entgegenwirkt, weil es eben nicht gegenwärtiges Dasein ist, sondern lang vergangenes Erdenleben, das alles abgestreift hat, was mit der Dualität von Geist und Materie zusammenhängt, was durchgegangen ist durch die geistige Welt und in dieser geistigen Welt den Charakter des Geistig-Schöpferischen angenommen hat. [...] Und jetzt erscheint es in uns als das, was in unserem nur schattenhaften Ich der Gegenwart als der es erhärtende, mit Realität durchsetzende, schöpferische Kraftwille der vorangegangenen Erdenleben darinnen ist.

---

[44] Vortrag vom 21.4.1923, GA 84, S. 112-133, hier 125, 127-129.

Das wahre Ich ist etwas, was über dieses eine Erdenleben weit hinausgeht. Und darum heißt es im nächsten Vortrag schlicht, dass man nur durch ein Vergessen dieses Erden-Ichs, in größter Hingabe, also Liebe, jenes wahre Ich findet:[45]

> Dann tritt der Widerspruch auf, daß man gerade durch Selbstlosigkeit, durch höchste Liebefähigkeit an das eigene wahre Ich herandringt, das in der Ferne der Zeiten dann uns entgegenleuchtet. | Man muß schon sein Erden-Ich verlieren, um sein wirkliches wahres Ich in der Anschauung zu bekommen. Und derjenige, der nicht diese Hingabe entwickeln würde, der kann eben an dieses wahre Ich nicht herankommen. Man möchte sagen: Das wahre Ich will nicht gesucht sein, wenn es erscheinen soll, wenn es sich offenbaren soll; und es verbirgt sich, wenn es gesucht wird. Denn es wird nur in der Liebe gefunden. Und Liebe ist Hingabe des eigenen Wesens an das fremde Wesen. Daher muß das wahre Ich wie ein fremdes Wesen gefunden werden.

*

Das sich selbst ergreifende *Wesen des Menschen*, das in diesem Akt sein Wesen gerade *wahrmacht*, ist der Dreh- und Angelpunkt der Anthroposophie – ihre lebendige Quelle.

Das Sich-Erheben zu einem reinen Denken, das zugleich reiner Wille ist und *nichts* mehr mit dem Leib oder der Sinneswelt zu tun hat, ist jener Schritt, mit dem das seelisch-geistige Wesen des Menschen erkennt, was es in Wahrheit ist. Ein *über-sinnliches* Wesen, das mit dem Leib insofern zu tun hat, als es sich *inkarniert* hat – das aber über die Sinneswelt weit hinausgeht, nicht vergänglich ist wie diese, sondern gerade un-sterblich.

Auf diesen innersten Quellpunkt der Anthroposophie, das lebendige, sich spiritualisierende, leibfreie (Kraft-)Denken, immer wieder hinzuweisen und das Verständnis für diesen Quellgrund umfassend auszuarbeiten, ist das Verdienst der niederländischen Ärztin Mieke Mosmuller.[46]

---

[45] Vortrag vom 22.4.1923, GA 84, S. 134-153, hier 142.
[46] Siehe www.occidentverlag.de. • Sehr wesentlich etwa die Werke ‚Der Heilige Gral' (2007) und ‚Lebendiges Denken' (2015), um nur zwei zu nennen, die besonders tiefgehend zugleich die Verbindung zwischen dem lebendigen Denken und dem Christuswesen erlebbar machen.

Christus-Erkenntnis ●

Das Christentum wird heute weitgehend nicht mehr ernstgenommen. Die Kirchenaustritte nehmen rasant zu. Möglicherweise wird in zwei, drei Generationen überhaupt nur noch eine kleine Minderheit *ernsthaft* ‚gläubig' sein. Das Ganze spiegelt einerseits den Materialismus, andererseits aber auch die Unfähigkeit der christlichen Konfessionen, überhaupt noch irgendeine Vorstellung in Bezug auf die Grundwahrheiten des Christentums zu vermitteln, die anderen spirituellen Richtungen irgendetwas ‚voraushätte'.

Was soll man sich unter ‚Auferstehung' überhaupt noch vorstellen? Was unter ‚Himmelfahrt'? Was unter so ebenfalls alle Naturgesetze offenbar grob durchbrechenden ‚Wundern' wie dem ‚Wandeln auf dem Meer' oder der ‚Verwandlung von Wasser in Wein'? Hat dies alles für eine moderne, selbstständig denkende Seele noch *irgendeine* Anziehung? Mit Recht wird da doch etwa der Buddhismus oder aber eine vage Vorstellung einer letztlichen All-Einheit, über die man aber doch nicht weiter nachdenken muss, bevorzugt...

Ich selbst hatte schon als Teenager die *Sehnsucht*, all dies glauben zu können – aber ich vermochte es schon damals nicht wirklich. Wie mag es heutigen jungen und älteren Seelen gehen, nochmals fast fünf Jahrzehnte später?!

Als ich jedoch mit siebenundzwanzig Jahren Rudolf Steiner und der Anthroposophie begegnete, waren mir sehr schnell gerade auch Steiners christologische Vorträge eine regelrechte Offenbarung. Zum *ersten Mal* wurde so vieles verstehbar, woran bis dahin alles Verstehen scheiterte, weil überhaupt nicht die richtigen Schlüssel vorhanden waren. Später, als ich dann auch weitere Werke anderer anthroposophischer Autoren las,[47] wurde mir klar, wie in den ersten drei nachchristlichen Jahrhunderten insbesondere die griechischsprachige Welt noch tief um ein echtes, geistiges *Verständnis* des Christus-Mysteriums gerungen hatte ... und wie dann nach und nach alles erstarb, hinein in die Dogmen des Katholizismus und dann noch weiter in den bloßen Jesus-Glauben des Protestantismus.

Rudolf Steiner gewann um sein dreißigstes Lebensjahr eine zunehmende Christus-Erkenntnis. In seinem autobiografischen ‚Lebensgang' bekennt er in einer vielzitierten Passage:[48]

> Auf das geistige Gestanden-Haben vor dem Mysterium von Golgatha in innerster ernstester Erkenntnis-Feier kam es bei meiner Seelen-Entwickelung an.

---

[47] Etwa Wilhelm Kelber: Die Logos-Lehre. Stuttgart 1958.
[48] Mein Lebensgang, GA 28, S. 366.

Für Steiner ist ganz klar, dass das *Christuswesen* ein kosmisches ist – das für die ganze Menschheit eine Bedeutung hat, nicht nur für jene Menschen, die in irgendeiner Weise an ‚Christus' glauben. Und so spricht er 1908 jene ebenfalls vielzitierten Worte aus:[49]

> Das Christentum hat begonnen als Religion, aber es ist größer als alle Religionen. | Das, was das Christentum gibt, wird mitgenommen werden in alle Zeiten der Zukunft und wird noch einer der wichtigsten Impulse der Menschheit sein, wenn es keine Religion mehr geben wird.

Für die wenigsten Christen besteht erkenntnismäßig ein Unterschied zwischen ‚Jesus' und ‚Christus'. Dann aber kann das Christentum niemals auch nur ansatzweise erfasst werden. Eine nebelhafte Vorstellung von der ‚Menschwerdung Gottes' kann dem Mysterium niemals gerecht werden. Aber wenn man mit dem *Gotteswesen* nicht wirklich ernst macht, wie kann da jemals ein Verständnis möglich werden? Erst Rudolf Steiner schilderte wieder, wie sich in der Jordantaufe das Logos-Christus-Wesen mit dem Menschen Jesus vereinigte, um dann *drei Jahre lang* auf Erden zu wandeln und zu heilen.[50]

Und er beschreibt auch, wie dieses göttliche Wesen bereits lange vor seinem immer weiteren Herabkommen zur Erde in anderen Zeiten, Kulturen und Religionen als Sonnengeist verehrt wurde:[51]

> Das ist das Geheimnis der Jordan-Taufe. Und das ist das Wesen, das uns in den Evangelien geschildert wird: Vishva Karman, Ahura Mazdao oder der Christus, wie er später genannt worden ist, in dem Leibe des nathanischen Jesus.

*

Schon hier erweist sich, dass der Christus-Impuls nichts mit einem bloß spezifisch ‚westlichen Kulturkreis' zu tun hat. An anderen Stellen macht Steiner dies noch schärfer deutlich:[52]

> Das Christentum, das durch Jahrhunderte und Jahrtausende vorbereitet worden ist und das in die Welt gekommen ist, hat noch nirgends auf der Erde gesiegt. Und derjenige, der heute glauben würde, daß er in wahrem, echtem Sinn das Christus-Prinzip und den Christus-Impuls schon in der Gegenwart vertreten könnte, würde einem unbeschreiblichen Hochmut zum Opfer gefallen sein. Was ist denn bisher überhaupt geschehen? Nichts anderes, als daß die westlichen Völker

---

[49] Vortrag vom 13.5.1908, GA 102, S. 151-161, hier 161.
[50] So etwa im Vortrag vom 14.8.1908, S. 162-178, hier 174.
[51] Vortrag vom 21.9.1909, GA 114, S. 131-150, hier 145. • Damit kannten bereits die urindische und die urpersische Kultur das Gotteswesen, das zur Zeitenwende ‚Mensch wurde'. Ahura Mazdao ist nach Steiner die ‚Große Sonnenaura', in der auch der große Eingeweihte Zarathustra den herabkommenden Christus erkannte. Vortrag vom 24.6.1909, GA 112, S. 9-27, hier 21f.
[52] Ansprache vom 11.4.1912, GA 158, S. 193-207, hier 198.

gewisse alleräußerste Äußerlichkeiten von dem Christentum aufgenommen haben, den Christus-Namen okkupiert haben, und mit dem christlichen Namen ihre alten, vor dem Christentum in Europa seßhaft gewesenen Kulturen umkleidet haben, ihre nur in den modernen Industrialismus umgewandelten kriegerischen Kulturen.

Dies begann schon, als das Christentum vom Griechentum und dessen Sprache, die noch unglaublich *geistoffen* war, überging in das Römische Reich, wo es nicht nur als Staatsreligion dem *Machtimpuls* verfiel, sondern den abstrakten römischen Impulsen überhaupt:[53]

> Die Römer, ein Volk – als Volk – ohne Phantasie, ohne jene Ergriffenheit von unmittelbar kosmischem menschlichen Leben, in die alles griechische Seelenleben getaucht war. Das unerhört freie [...] griechische Leben unterjocht von dem Römertum, unterjocht von einer rein juristisch-phantasielosen, soldatisch-phantasielosen, politisch-phantasielosen Kultur!

Schon bei den Römern erstarb der freie Geist der Polis im bloßen *Bürger* (civis), der zuvor noch *ganze* Mensch wird in ein politisch-juristisches Korsett gezwängt. Und dieses abstrakt Juristische wirkt ja bis heute nach, wird sogar immer stärker![54]

*

Dass damit auch das Christentum viel zu *irdisch* werden musste, ist fast offensichtlich. Und was unter dem Machtimpuls des Papsttums begann, wurde unter dem Gegenimpuls der Reformation vollendet. Luther wollte ganz zurück zur Bibel – aber im Protestantismus verschwand der Christus völlig, und übrig blieb nur noch der schlichte Zimmermann aus Nazareth. Als würde allein schon das Johannes-Evangelium gar nicht existieren!

Und so muss Steiner auch das in seiner Zeit übliche ‚Christentum‘ als einen Glauben charakterisieren, der von dem Göttlichen überhaupt nur noch den *Engel* erfassen kann, also nur noch die allerunterste Ebene des mit dem *Einzelmenschen* verbundenen geistigen Wesens...:[55]

> Und suchen Sie sich alle Beschreibungen – wenn sie noch so erhaben klingen – solcher Menschen auf, so werden Sie finden: sie beschreiben nichts anderes als einen Engel, und dasjenige, was diese Menschen sagen, ist nichts anderes als die Forderung, man solle sich unter Gott nichts Höheres vorstellen als einen Engel. Das zum Beispiel, was man heute den modernen protestantischen Gott nennt und über den gerade von protestantischer Seite so viel geredet wird, ist ein Angelos, ist nichts anderes. Denn nicht darauf kommt es an, ob man sich einbildet,

---

[53] Vortrag vom 16.9.1916, GA 171, S. 9-27, hier 15.

[54] Steiner fügt hinzu: ‚Für denjenigen, der den ganzen politisch-judiziellen Hintergrund dessen schaut, was in dem Worte Zivilisation liegt, für den bewirkt das Aussprechen des Wortes Zivilisation, wie es heute geschieht, oftmals etwas wie eine Art von Gänsehaut, wie eine Art von geheimem Gruseln, Grauen. Solche Dinge muß man schon aussprechen, denn Geisteswissenschaft ist nicht für die Kinderstube, wie es vielfach die Welt meint, sondern Geisteswissenschaft ist für ernstes Welterkennen. Vor diesem ernsten Weltenerkennen werden wirklich viele Begriffe, welche die Menschheit heute als ihre Götzen anbetet, von ihren Altären fallen.‘ Ebd., S. 27.

[55] Vortrag vom 26.11.1916, GA 172, S. 177-197, hier 178f.

man finde den Weg zu dem höchsten Gotte, sondern darauf kommt es an, wozu man wirklich den Weg findet. Und man findet auf diese Weise nur den Weg zu seinem Angelos.

Auch dies hat wieder mit der fehlenden Selbstlosigkeit des Erkennens zu tun – man fühlt sich im Grunde höchst wohl mit einem viel zu *simplifizierten* Gottesbegriff, der im Grunde ganz der protestantisch-patriarchalen Kernfamilie entsprach und sich auch sonst gesellschaftlich hervorragend integrieren ließ, niemandem ‚auf die Füße trat', so also jegliche Lebenslüge deckte. Zu einem *echten* Gottesbegriff wird man sich nur erheben können, wenn man auch das reale Erleben oder zumindest den realen Begriff des Engels haben wird – mit dem man jede Nacht vom Einschlafen bis zum Aufwachen in Verbindung ist; aber es geht auch darum, dieses Leben zwischen Geburt und Tod als eine Fortsetzung eines rein geistig-seelischen Lebens *vor* der Geburt ansehen zu können – und den Kreis des Verständnisses immer noch weiter und weiter ziehen zu können. In diesem Sinne formuliert Steiner an anderer Stelle ein weiteres Mal:[56]

> Sie wissen, die gegenwärtigen Konfessionen reden viel von Gott und dem Göttlichen. Von was reden sie eigentlich? Sie reden natürlich nur von dem, wovon ein wenigstens ahnendes Bewußtsein in der Menschenseele vorhanden ist. [...] Die Menschen reden von Gott, sie reden von dem Christus, aber sie meinen immer nur den Engel. Denn das ist noch dasjenige, zu dem sich die Menschen wenden können, weil das noch einen verwandten Ton in ihren Seelen anschlägt. Gleichgültig, wovon heute die Konfessionen reden, ob von Gott oder Christus oder irgend etwas anderem, das Gedankenmaterial, aus dem heraus gesprochen wird, umfaßt nur die zu den Menschen gehörigen Engelwesen, die Angeloi. Höher kommt es heute nicht als bis in diese Hierarchie, weil die Menschen heute abgeneigt sind, in einer noch umfassenderen Weise als aus dem Egoismus heraus ihr Verhältnis zur geistigen Welt zu suchen.

Schon zur Hierarchie der Archangeloi (‚Erzengel') kann man sich nur erheben, indem man empfinden kann, wie *ein* Volk von einem ganz anderen Wesen geführt wird als ein anderes – und daher auch einen ganz anderen Charakter hat. Und der Begriff ‚Volksgeist' kann einmal diesen Charakter bezeichnen, er kann aber auch auf die reale Wesenheit deuten, die ganz besonders *dieses* Volk führt, in seinen jeweils besten Wesenszügen. Diese Realität verschwindet natürlich mehr und mehr im Rahmen der Individualisierung wie auch der Globalisierung, was aber nichts an der Frage ändert, bis zu welcher Bewusstseinshöhe man sich im Begreifen der geistigen Welt und der geistigen Wesen erheben kann.

Man kann zum Beispiel tief empfinden, wie das Römertum den Christus-Impuls durch sein juristisches Wesen regelrecht *ablähmt*, fast ein weiteres Mal kreuzigt – während die Germanen ‚zivilisatorisch' zwar für römische Augen wie ‚Barbaren' erscheinen, aber in ihren Seelen noch einen viel reineren Boden für die Aufnahme des Christentums hatten. Wie ja auch zum Beispiel die Frauen bei den Germanen einen viel höheren Rang hatten als bei den Römern. Und es ist diese germanische, später dann deutsche Volksseele, die dann solche Geister wie

---

[56] Vortrag vom 13.9.1919, S. 122-141, hier 128f.

Johannes Tauler, Meister Eckhart und Jakob Böhme hervorbrachte! Und dann einen Novalis, einen Schiller, einen Fichte ... einen Rudolf Steiner.[57]

Nur wenn man diese Zusammenhang ernst nehmen und wirklich in tiefer Aufrichtigkeit empfinden kann, wird man zur Sphäre der Wahrheit kommen – und sich dann zumindest bis in das Reich der Archangeloi erhoben haben.

*

Der Christus-Impuls und das Christus-Wesen sind also weit wie der *Kosmos*. Diese kosmische Dimension offenbart sich ganz unmittelbar in der Johannes-Offenbarung, etwa in dem Kapitel, wo es um den Kampf Michaels mit dem Drachen geht und wo es heißt: ‚Und ein großes Zeichen erschien im Himmel: Eine Frau, bekleidet mit der Sonne, und der Mond unter ihren Füßen und auf ihrem Haupt ein Kranz von zwölf Sternen.' (Off 12,7). Frühere Zeiten spürten noch sehr real die geistige Wirklichkeit hinter alledem. Doch der ‚auf die Erde geworfene Drache', die hinter dieser Imagination stehenden Wesen, haben über Jahrhunderte hinweg an einer *Auslöschung* dieses lebendigen Empfindens gearbeitet – und die Seele hat es gewissermaßen willig zugelassen:[58]

> Ich könnte Ihnen aus der katholischen Literatur Schriften bringen, die beweisen, daß jetzt noch katholische Theologen schreiben: Die Jungfrau Maria ist gleich dem Sonnenweibe, das den Mond unter den Füßen und die Sterne über dem Haupte hat. – Also hier besteht durchaus noch der Zusammenhang des Irdischen mit dem Geistigen, mit dem Kosmisch-Geistigen. Aber immer mehr und mehr schwindet das Kosmische durch Ahrimans Gewalt. Und wie schwindet es aus den Christus-Vorstellungen! Wie wenig ist heute Neigung vorhanden, den Christus als den großen kosmischen Geist zu erkennen, der aus kosmischen Höhen heruntergestiegen ist in den irdischen Menschenleib des Jesus von Nazareth, um darinnen zu wohnen! Der Anerkennung dessen sind heute viele Menschen abgeneigt, welche glauben, daß es gerade recht christlich ist, in den Christus-Begriff recht wenig Kosmisches hineinzubringen. Das wäre für einen Theologen des vierzehnten Jahrhunderts noch ganz unmöglich gewesen. [...] | Alles Interesse Ahrimans ist darauf gerichtet, die Menschen von dem Geistigen abzulenken und hinzulenken auf das Materielle, das zwar auch ein Geistiges ist, aber ein in der Erde verborgenes. Und gar mancherlei Finten und Listen gebraucht Ahriman, um die Menschen möglichst davon abzubringen, irgend etwas Kosmisches in die Christus-Persönlichkeit hineinzubringen.

Heute kennen die meisten Menschen das ‚Kosmische' nur in seiner toten äußeren Gestalt – als das scheinbar unermessliche ‚Weltall'. Und angesichts dessen scheint es irrwitzig, zu glauben, dass gerade die Erde und der auf ihr lebende Mensch so eine kosmische Bedeutung haben solle, dass das Gotteswesen selbst sich mit diesem winzigen Planeten verbindet. Aber die äußeren Verhältnisse, die die materialistische Naturwissenschaft erkennt, haben hier keinerlei Be-

---

[57] Und Steiner weist auch darauf hin, dass gerade der im Deutschen wirkende Sprachgenius oder Volksgeist das heilige Wort ‚I-CH' in tiefe Übereinstimmung mit dem Jesus Christus (griech. Iesous Christos) brachte. Vortrag vom 9.5.1915, GA 159, S. 192-218, hier 209.
[58] Vortrag vom 14.8.1917, GA 176, S. 245-263, hier 256.

deutung – und wie um dies zu offenbaren, geschah ja schon die Inkarnation des ‚Menschensohnes' Jesus an dem unscheinbarsten Ort überhaupt: in einem *Stall* in einem von den Römern besetzen, kleinen Land. Und Steiner sagt in einem Vortrag:[59]

> Für Menschen, die die Evangelien so zu lesen verstanden, waren eigentlich unendlich viele Fragen schon erledigt, die für die gescheiten, für die ganz klugen Leute des neunzehnten Jahrhunderts erst Fragen wurden. [...] Da wird in einer scheinbar recht einleuchtenden Weise gesagt: als der Mensch noch nicht wußte, daß die Erde ein ganz kleiner Weltenkörper ist, da konnte er glauben, daß mit dem Kreuz von Golgatha auf der Erde ein neues, besonderes Ereignis geschehen sei. Aber nachdem Kopernikus gelehrt hat, daß die Erde ein Planet ist wie andere, konnte man da noch annehmen, daß [...] die Erde eine solche Ausnahmestellung habe, wie man geglaubt hatte?! [...] Es schaut so gescheit aus, wenn so etwas gesagt wird, es ist aber nicht viel Gescheitheit da drinnen. Denn es hat ja niemals das Christentum das behauptet, was hier scheinbar widerlegt wird. Das Christentum hat nicht einmal in die glanzvollen Stätten des Erdendaseins das Aufgehen des Christus-Impulses verlegt, sondern immer ist ein gewisser großer Ernst darin gesehen worden, im Stall bei armen Hirten den Träger des Christus geboren werden zu lassen. Nicht nur die kleine Erde, sondern die Stätte, die eben ganz verborgen auf der Erde ist [...].

Man muss wieder lernen, mit *geistigen* Augen zu schauen. Es könnte sein, dass im Herz eines Kindes der ganze große Kosmos Platz hat... Die äußeren Verhältnisse sagen einfach überhaupt nichts aus, sie sind zunächst einmal, wie der Inder noch wusste, *Maja*...

Der Christus im Ätherischen   ●

Als dann Anfang 1910 innerhalb der Theosophischen Gesellschaft in Indien der junge Mann Krishnamurti als neuer Christusträger verkündet wurde, begann Rudolf Steiner, der sich bald darauf ganz von der Theosophischen Gesellschaft distanzierte und fortan in der neuen *Anthroposophischen Gesellschaft* wirkte, davon zu sprechen, dass der Christus keineswegs physisch wiederkehre, sondern dass ab etwa dem Jahr 1930 immer mehr Menschen, wie einst Paulus, den Christus im *Ätherischen* schauen werden:[60]

> Christus ist in der Erdenatmosphäre, er ist immer da! „Ich bin bei euch alle Tage bis an der Welt Ende!" – Wer sich durch die Methoden des Hellsehens hinaufentwickelt zum Schauen in der geistigen Welt, der findet das, was in der vorchristlichen Zeit nicht zu finden war in den geistigen Welten: den Christus in seinem Ätherleibe. Das ist der wichtige Fortschritt in der Menschheitsentwickelung, daß noch bevor die erste Hälfte unseres Jahrhunderts abgelaufen sein wird, bei vielen Menschen sich wie auf natürliche Art jene Fähigkeit entwickeln wird, durch die sie das Ereignis von Damaskus[61] zu einer persönlichen Erfahrung machen und den

---

[59] Vortrag vom 13.10.1911, S. 190-208, hier 206f.
[60] Vortrag vom 8.2.1910, GA 116, S. 79-100, hier 95f.
[61] Das Christuserlebnis des Paulus vor Damaskus, das ihn vom Christenverfolger (Saulus) zum Christus-Bekenner (Paulus) machte (Apg 9,3ff).

Christus schauen in seinem Ätherleibe. [...] | [...] Dazu muß aber der materialistische Sinn gründlich überwunden werden und die Menschheit Verständnis gewinnen für spirituelle Lehren, für spirituelles Leben.

Das in den folgenden Jahrzehnten, insbesondere auch in der Not des Weltkrieges, viele Menschen tatsächlich Christuserfahrungen hatten, ist eine Tatsache.[62]

Für Steiner aber war dies ‚das größte Geheimnis unseres Zeitalters: das Geheimnis von dem Wiederkommen des Christus', und der Geisteswissenschaft war damit ‚eine ungeheure Verantwortung auferlegt', nämlich, ein *Verständnis* dessen in den Menschen vorzubereiten, ‚damit das Unglück nicht eintritt, daß sie dieses große Ereignis übersehen'.[63] Dann wenn dieses Geschehen unbemerkt an der Menschheit vorüberginge, ‚so würde die Menschheit veröden und verdorren'.[64]

Zugleich wies Steiner darauf hin, dass in der Gegenwart so sehr die Zeit der individuellen Freiheit angebrochen ist, dass erstmals die Möglichkeit auftritt, dass Seelen durch eigene Schuld etwas versäumen können, was auch in späteren Inkarnationen nicht mehr nachzuholen wäre – weshalb gerade jetzt die Geisteswissenschaft beginne, in die Welt zu kommen.[65]

Die Bedeutung des Christus-Impulses für die ganze Menschheit ist so tiefgreifend und vielfältig, dass er über lange Zeiträume *überhaupt* immer tiefer verstanden werden wird – und dass schon dieses Begreifen eigentlich ein Beweis für die Tatsache der Reinkarnation ist:[66]

Welche Vermessenheit wäre es, heute zu sagen: Die Menschheit ist schon reif, das Christentum zu verstehen in seiner unendlichen Fülle und seiner unendlichen Größe! – Einzig und allein das ist die wahre christliche Demut, welche sagt: Der Umfang der christlichen Weisheit ist ein unendlicher, aber die Aufnahmefähigkeit der Menschen für diese Weisheit war zunächst eine beschränkte, aber sie wird immer vollkommener und reifer werden. [...] | [...] Man weiß nicht, daß heute der lebendige Christus aus den geistigen Welten heraus der lebendige Lehrer der Reinkarnation ist. Man glaubt, daß nur alte, konservierte Lehren der Menschheit mitgeteilt werden sollen. [...] | Aber mit dem Christus-Impuls selber, der nicht eine Lehre oder eine Doktrin ist, sondern eine Kraft, die im Innersten der Seele erlebt werden muß, mit diesem Impuls selber ist etwas gegeben. Gerade wenn wir den Christus-Impuls in Zusammenhang bringen mit der Lehre von der Reinkarnation, können wir verstehen, was in ihm gegeben ist. [...] | [...] Aber welche Vermessenheit wäre es für den Christen, zu denken, daß er in einer Inkarnation irgendwelche Kräfte haben kann, um den Keim zur Entwickelung zu bringen, der angefeuert werden kann durch den Christus-Impuls!

[62] Siehe etwa Gunnar Hillerdal & Berndt Gustafsson: Sie erlebten Christus. Berichte aus einer Untersuchung des Religionssoziologischen Instituts, Stockholm. Basel 1979. • Hans-Werner Schroeder: Von der Wiederkunft Christi heute. Verheissung und Erfüllung. Stuttgart 1991.
[63] Vortrag vom 25.1.1910, GA 118, S. 11-34, hier 28.
[64] Vortrag vom 30.1.1910, GA 118, S. 55-74, hier 73.
[65] Ebd., S. 64.
[66] Vortrag vom 15.5.1910, GA 118, S. 168-187, hier 180-183.

Und an anderer Stelle sagt Steiner, dass die ersten fast zwei Jahrtausende des Christentums kaum mehr vermochten, als zu verstehen, dass der Christus sich mit der Erde verbunden habe: ‚Erst jetzt im [...] Zeitraum der Bewußtseinsseelenentwickelung, wird die Menschheit reif, nicht nur zu verstehen, daß der Christus durch das Mysterium von Golgatha gegangen ist, sondern was eigentlich in diesem Mysterium von Golgatha lebt. Den Inhalt des Mysteriums von Golgatha wird die Menschheit erst aus denjenigen geistigen Grundlagen heraus verstehen können, die sich ihr innerhalb dieses fünften nachatlantischen Zeitraumes bilden können.'[67]

Das Christus-Ereignis, das Mysterium von Golgatha, ist der Mittelpunkt oder ‚der Schwerpunkt der gesamten Erdenevolution'.[68]

Die unbeantwortete Frage der Scholastik   ●

Und auch hier ist es wichtig zu betonen, dass Steiner aus einer Christus-*Erkenntnis* heraus spricht – und sich klarzumachen, was dies eigentlich bedeutet.

In einem Vortrag über Thomas von Aquin[69] beschreibt er die welthistorische Frage der gesamten Scholastik. Thomas von Aquin war ein herausragender Denker – wie auch während der Scholastik das Denken in einer Tiefe blühte wie kaum jemals zuvor. Dennoch lebten all diese Denker letztlich in den *Glaubens*wahrheiten, die vor der Vernunft nicht beweisbar waren – denn auch die Vernunft war vom Fall des Menschen betroffen, von dem, was man die ‚Erbsünde' nannte. In christlichem Sinne musste man also an Wahrheiten festhalten, die nur geoffenbart sein konnten, zu denen das Denken selbst niemals kommen konnte.

Andererseits war es für diese aufrichtigen Denker auch Erlebnis, dass, wenn man sich etwa zu den ‚Universalia' erhob, dies im Grunde nicht *ebenfalls* Sphäre der Erbsünde sein konnte. Die Frage war also: bis wohin *reicht* diese Erbsünde? Und dahinter stand eine noch tiefere Frage. Denn es war die innerste Überzeugung dieser Denker, dass sich Offenbarung und *wahre* Vernunft nicht bis zuletzt widersprechen konnten[69] – nur konnte der der Erbsünde unterliegende Mensch mit der Vernunft allein zur Wahrheit nicht kommen. Und Steiner fährt fort, die innere Dramatik in folgende Worte fassend:[70f]

> Diese Frage glimmt gewissermaßen in den Untergründen der Seele bis zu [...] Thomas hin. [...] Nehmen wir in unsere Vernunft den Christus auf, nehmen wir in unsere Vernunft etwas auf, was diese Vernunft also umwandelt [...], dann erst stellt sie sich in Einklang mit *der* Wahrheit, die der Glaubensinhalt ist. [...] Sie legten sich die Frage vor: Wie erlöst der Christus in uns die Wahrheit der Vernunft, die der geistig geoffenbarten Wahrheit widerspricht? Wie werden wir bis in das Innerste hinein Christen? [...] | Und was nicht gelöst werden konnte für die Hochscholastik, das war die Frage: Wie tritt der Christus in das menschliche Denken ein? Wie wird

---

[67] Vortrag vom 4.2.1919, GA 193, S. 9-22, hier 16.

[68] Vortrag vom 5.6.1911, GA 127, S. 170-181, hier 177.

[69] ● Das Wesen des Thomismus. Vortrag vom 23.5.1920, GA 74, S. 38-72.

das menschliche Denken durchchristet? Wie führt der Christus das eigene menschliche Denken hinauf in die Sphäre, wo es zusammenwachsen kann mit dem, was nur der geistige Glaubensinhalt ist? | [...] Wie entwickelt sich das menschliche Denken hinauf zu einer Anschauung der geistigen Welt? | [...] Wie wird das Denken christlich gemacht? – Diese Frage steht welthistorisch da in dem Augenblicke, als Thomas von Aquino 1274 stirbt.

Und erst die Anthroposophie gibt wiederum Jahrhunderte später die Antwort. Jetzt erst war das menschliche Wesen (aus Gründen, die Rudolf Steiner an anderer Stelle *ebenfalls* schildert) so weit gekommen, dass es *im Denken selbst* den Christus aufnehmen konnte – um zu *erkennen*. Nicht nur zu glauben, sondern zu wissen, aus einer ur-lebendigen Erkenntnis heraus und mit Kräften, die von den mit der Erbsünde zusammenhängenden Mächten *frei* werden konnten – und sogar das Wirken dieser Mächte genaustens schildern konnten. All dies ist bereits christliches Geschehen. Und nun konnte es zugleich auch *beschrieben* werden – *aus* diesem durchchristeten, befreiten Denken heraus, das nichts anderes mehr ist als eine heilige Geisteswissenschaft.

Die ersten drei Jahre   ●

Wie sehr das Christuswesen für alle Menschen Bedeutung hat, wird etwa an einer Tatsache der spirituellen Menschenkunde klar. In einem Vortrag von 1911 schildert Steiner,[12ff] [70] wie der Mensch in den ersten drei Jahren drei essenzielle Dinge lernt, die ihn zum Menschen machen: Gehen, Sprechen und Denken. Dann kommt der erste ‚Ich-Einschlag' und der Punkt, bis zu dem man sich später zurückerinnern kann. Zuvor aber umschwebt noch wie eine Aura und ‚wie eine wunderbare, menschlich-übermenschliche Macht' ‚der eigentlich höhere Teil des Menschen' das Kind, der überall noch mit der geistigen Welt zusammenhängt, sodass das Kind eigentlich noch ‚der Führung der ganzen geistigen Welt' untersteht.[15f]

Dieselben heiligen Kräfte könnte der Mensch, durch die später, im bewussten Leben, einsetzenden luziferischen und ahrimanischen Kräfte, die seine Gesamtwesenheit schwächen, gar nicht dauerhaft ertragen.[19] In Jesus aber wirkte ab der Taufe für drei Jahre dieses Allerhöchste. Und dann formuliert Steiner:[25]

Die am Menschen im Kindheitsalter wirksamen Kräfte erkennen, heißt den Christus im Menschen erkennen. Es entsteht nun die Frage: Führt *diese* Erkenntnis auch zur Anerkennung der Tatsache, daß dieser Christus wirklich einmal in einem Menschenleibe auf Erden gewohnt hat? Ohne daß irgendwelche Dokumente herangezogen werden, kann diese Frage bejaht werden. Denn eine wirkliche seherische Selbsterkenntnis führt *für den gegenwärtigen Menschen* dahin, einzusehen, daß *in* der Menschenseele Kräfte gefunden werden können, welche von diesem Christus ausgehen. In den ersten drei Kindheitsjahren wirken diese Kräfte, ohne daß der Mensch etwas dazu tut. Im späteren Leben *können* sie wirken, wenn der Mensch durch innere Versenkung den Christus in sich sucht.

---

[70] ● Vortrag vom 6.6.1911, GA 15, S. 9-32.

Vor diesem Hintergrund gewinnt auch das Christus-Wort ‚Wenn ihr nicht werdet wie die Kinder' (Mt 18,3) eine ganz neue Bedeutung. Denn dann ist es der Hinweis auf die höchsten göttlichen Kräfte selbst, die mit dem Christuswesen zusammenhängen!

Mit anderen Worten formuliert Steiner dieselbe Tatsache bereits drei Monate zuvor in einem anderen Vortrag:[71]

> Wir haben uns also eine Kluft zu denken zwischen dem Gottessohn und dem Menschensohn. Der Gottessohn, der vorzugsweise tätig ist bis zu dreieinhalb Jahren, enthält alle belebenden Kräfte, das was dem Menschen den Ansporn gibt, immer mehr und mehr Lebenskräfte in seinen Organismus hineinzugießen. Diese Kräfte enthalten auch etwas Aufbauendes, Gesundendes, Belebendes im Verhältnis zum späteren Menschen. Wenn wir [...] auch im späteren Leben in die geistige Welt hinauffragen wollen, dann müssen wir versuchen, auf eine künstliche Weise etwas von diesen Kräften in uns wachzurufen; wir müssen appellieren an die Kräfte, die in uns sind im ersten Kindesalter, nur mit dem Unterschied, daß wir sie jetzt bewußt wachrufen, während das Kind sie unbewußt wachruft. [...]
> Die besten Kräfte sind in diesen ersten drei bis dreieinhalb Jahren enthalten; wir zehren das ganze Leben davon. Sie werden verdunkelt, aber sie sind in den späteren Jahren doch in der verschiedensten Art vorhanden. Es ist so, wie wenn wir von diesen Kräften durchsetzt würden und sie nur nicht unmittelbar ausleben lassen könnten. Wenn wir durch die Geisteswissenschaft Begriffe von den höheren Welten aufnehmen wollen, so können wir dies um so besser, je mehr wir von dem in uns haben, was in den ersten drei Jahren in uns war, wo das Ich selbstlos in uns war. [...] Es ist der Menschheit bestes Teil, was wir in diesen drei Jahren um uns haben. [...]
> Das Ziel der Erdenentwickelung ist, diese besten Kräfte in uns nach und nach zur Geltung zu bringen.

Die reinen Kräfte der Seele   ●

Die Frage der *reinen* Kräfte der menschlichen Seele ist eine absolut entscheidende. Das gewöhnliche Denken etwa kann fortwährend irren, weil es fortwährend über die Wahrheit *hinausgeht*, viel zu eigen-sinnig in seinen Urteilen. Mit dem bloßen Verstand kann man auf diese Weise *alles* ‚beweisen' – und auch jeweils das Gegenteil, sodass ‚tatsächlich unser Denken zunächst gegenüber der Wirklichkeit absolut inkompetent, nicht ausschlaggebend ist, kein richtiger Richter ist'.[18] [72]

Die wirkliche Selbstlosigkeit tritt in das Denken erst mit der heiligen Kraft des *Staunens* ein, das in seinem Wesen verwandt ist mit der Ehrfurcht und in diese übergehen kann:[21]

---

[71] Vortrag vom 25.2.1911, GA 127, S. 86-100, hier 89-91. • Und noch einmal deutlich: ‚Wir müssen uns klarmachen, daß bei voll entwickeltem Menschenleib durch die Jordantaufe ein Wesen im Leibe des Jesus von Nazareth war, welches in jedem Menschenleib weset, aber nur unbewußt, in den drei ersten Jahren des Lebens.' Ebd., S. 93.
[72] • Vortrag vom 27.12.1911, GA 134, S. 9-27.

Und es kann einer ein noch so scharfsinniger Denker sein [...]: wenn er niemals durchgegangen ist durch das Stadium des Staunens – es wird nichts daraus; es wird scharfsinnige, kluge Verkettung von Ideen und nichts, was nicht richtig wäre, – aber das Richtige braucht nicht auf die Wirklichkeit zu gehen.

Es ist der Einfluss der ‚luziferischen' Mächte, die das Denken und das gewöhnliche Ich zu eigensinnig gemacht haben, was einerseits zur ‚Freiheit', andererseits aber eben auch zur Abschnürung von der Wirklichkeit geführt hat – von der materialistischen Illusion, die wiederum die ‚ahrimanischen' Mächte hervorrufen, noch ganz abgesehen:[57] [73]

Das heißt, daß das Ich sich nicht so zum astralischen Leib verhält, wie es eigentlich ursprünglich beabsichtigt war, bevor der luziferische Einfluß eintrat, sondern daß es egoistischer ist, ichlicher ist, als es hätte sein sollen.

Ursprünglich war das Ich von der göttlichen Welt so geschaffen, dass es sich dem Astralleib, damit aber auch den Gedanken, selbstlos *gegenübergestellt* hätte, um sie rein anzuschauen: ‚Zum Zuschauer seiner selbst war der Mensch bestimmt, nicht zum In-sich-Erleben.' Und gerade darin bestand der luziferische Einfluss, das er das Ich dazu verführte, in diesen Astralleib *unterzutauchen.* Dass es dabei nicht völlig ‚ertrank', verdankt es der ihm mitgegebenen luziferischen Kraft – ‚das ist der Überschuß des Ich über den Astralleib, das ist die größere Ichlichkeit, die eigentlich eine Luziferität ist.'[59]

Und das auf diese Weise *verlorene* Verhältnis des vom Astralleib unabhängigen, reinen Ich kann heute nur durch die spirituelle Schulung wiedergewonnen werden. Dann löst er sich wieder von seiner bloß ‚eigenen' Vernunft und erlebt in Reinheit die Ideenwelt selbst, als Realität. Ohne den luziferischen Einfluss wäre der Mensch nie zu der Vorstellung bzw. dem Erleben gekommen, dass er *selbst* eine ‚Vernunft' habe und selbst Gedanken bilde:[60]

[...] sondern er hätte gewußt, daß die Gedanken außer ihm sind, daß er also anschauen muß das Denken. Der Mensch würde immer betrachtet haben, bis der Gedanke gegeben ist, bis geoffenbart ist, was mit dem Denken gemeint ist. Das ist zum Beispiel in meiner „Philosophie der Freiheit" dargestellt. Der Mensch würde nicht auf die Idee gekommen sein: Du sollst allerlei Gedanken zusammenfügen, du sollst in dir urteilen. Das Urteilen in sich, unabhängig von aller Offenbarung, ist ein luziferisches Wesen in uns. So ist die ganze Vernunft, insofern der Mensch sie als seine Eigenheit betrachtet, eigentlich ein Irrtum, es ist bloß durch die luziferische Verführung in den Menschen die Idee hineingekommen, daß er Vernunft haben soll.

Deswegen ist auch das Christus-Geschehen mit dieser Eigen-Vernunft gar nicht begreifbar, denn es ist gerade etwas, was mit dem luziferischen Einfluss gar nichts zu tun hat – und von diesem vielmehr befreit:[61]

---

[73] ● Vortrag vom 29.12.1911, GA 134, S. 47-63.

Wäre das Mysterium von Golgatha mit der menschlichen Vernunft begreifbar, dann, meine lieben Freunde, hätte es gar nicht zu geschehen brauchen, dann wäre es ganz unnötig, dieses Mysterium von Golgatha. Denn es ist geradezu da, um die Verschiebung, welche durch den luziferischen Einfluß zustande gekommen ist, wieder auszugleichen, also gerade, um den Menschen zu kurieren von dieser sonderbaren Anmaßung, von diesem sonderbaren Hochmut der Vernunft, der sich dadurch äußert, daß der Mensch alles mit seiner Vernunft begreifen will. Hier ist die Stelle, zu begreifen, wie eigentlich die Vernunft als solche begrenzt ist. Daß die menschliche Erkenntnis begrenzt sei, dagegen ist von mir oft protestiert worden; aber die Vernunft als solche ist begrenzt.

Solange das luziferische Element Macht in der Seele besitzt, bleibt die Vernunft *persönlich gebunden*. Erst, wenn sie über die Kräfte des Staunens, der Ehrfurcht, der Hingabe aus diesem luziferischen Einfluss heraustritt, befreit sie sich von den bisherigen Grenzen – aber dann wird sie auch etwas anderes, nämlich Weisheit, die sich mit dem zu erfüllen vermag, was Heiliger Geist oder Sophia genannt wird.

*

Da, wo die Seele *reine* Regungen und Impulse hat, ist zugleich im Grunde überall auch der Beweis ihres eigenen übersinnlichen Wesens und einer geistigen Welt gegeben. Drei große Regungen nennt Rudolf Steiner in einem Vortrag:[74]

> Erstaunen und Verwunderung, Mitleid oder Mitgefühl und das Gewissen sind die drei Dinge, durch welche der Mensch schon im physischen Leben über sich hinausgeht, durch die in dieses physische Leben Dinge hereinleuchten, die nicht auf dem Wege des Verstandes und der Sinne in diese menschliche Seele hereinkommen können.

Es sind dies im Grunde die drei reinen Regungen des Denkens, des Fühlens und des Willens.

Weitere reine Kräfte der Seele sind die Ehrfurcht, das Vertrauen, der Glaube, die Wahrhaftigkeit. Und Wahrhaftigkeit besteht wiederum darin, nicht *selbst* urteilen zu wollen, sondern sich nur der Liebe zur *Wahrheit* hinzugeben. Dem steht jenes ‚moderne' Leben entgegen, dass den Menschen in sein gewöhnliches Selbst geradezu *hineinstaucht*:[75]

> Überall, wo es modernes Leben gibt, ist die Unwahrhaftigkeit eine Eigenschaft unserer gegenwärtigen Kulturepoche geworden [...]. [...] | [...] Die Schnelligkeit des Verkehrs, die Sensationslust der Menschen, überhaupt alles, was ein materialistisches Zeitalter im Gefolge hat, sind Gegner der Wahrhaftigkeit.

Die ‚moderne' Seele will *sich* fühlen – sie besitzt gar keine Bereitschaft mehr, sich auf viel selbstlosere Weise *hinzugeben* – und wo schon die Liebe zur Wahrhaftigkeit fehlt, sind die reinen Kräfte des Vertrauens, der Ehrfurcht, des Glaubens erst recht in weite Ferne gerückt...

---

[74] ● Vortrag vom 14.5.1912, GA 133, S. 99-116, hier 104.
[75] Vortrag vom 30.5.1912, GA 155, S. 107-137, hier 118.

Und doch könnte jeder *Moment* des Staunens, des Mitleids, des Gewissens die Seele wieder in ein Verständnis dessen führen, was diese völlig andere, *reine* Sphäre ist.

Es wird im Leben in diesen *reinen* Seelenkräften regelrecht ein höherer Mensch geboren – jener Mensch, von dem auch das Evangelium ganz deutlich spricht, etwa der Johannes-Prolog, wo es heißt, dass denjenigen, die den Christusgeist aufnehmen, die Vollmacht gegeben ist ‚Gotteskinder zu werden [...], die nicht aus Geblüt, auch nicht aus dem Willen des Fleisches [...], sondern aus Gott geboren sind' (Jh 1,13). Entgegen der so selbstüberzeugten gewöhnlichen Seele erfordert gerade *dieser* Weg innere Stärke und Mut – und im Grunde ist das ganze Evangelium ein Aufruf des Mutes, nicht weiter den Kräften der *Welt* zu erliegen, sondern aufrichtig und bedingungslos ernst zu machen mit den Kräften des höheren Menschen:[76]

> Zur Erfassung des Evangeliums im Sinne des Mysteriums von Golgatha gehört vor allen Dingen ein innerer Mut der Seele, den heute die Menschen sich aneignen müssen. Es gehört dazu, die Dinge ernst zu nehmen vor allen Dingen, bei denen von dem Christus Jesus im Gegensatz zu dem Reiche, das sich allmählich herausgebildet hatte unter der herabsteigenden Strömung, zu dem Reiche der Welt, die Reiche der Himmel hinzugefügt werden, ihm entgegengesetzt werden. [...] Denn das Evangelium spricht in jedem seiner Teile: Mut! – enthält in jedem seiner Teile den Aufruf, nichts anderem zu folgen als jenem Impuls, den der Christus Jesus wirklich einprägt der Erdenentwickelung.

Ideale und Individualität ●

Wir sahen bereits, wie das Christuswesen auf ganz besondere Weise mit den ersten drei Jahren des Menschen zu tun hat. Das Gleiche gilt aber überhaupt für das heilige Geheimnis der *Individualität*, des Ich. Einen Aspekt beschreibt Steiner in der folgenden Passage:[164-166] [77]

> Die Menschen haben eigentlich in diesem jetzigen Zeitalter solchen Idealen zu folgen, aber was der Mensch tut unter den abstrakten Begriffen von Freiheit, Brüderlichkeit und so weiter, hat eben den Charakter des Abstrakten für die meisten Menschen und läßt sich definieren. [...] Persönlich können wir diese Dinge noch nicht nennen, es sind abstrakte Ideen. Es ist noch nicht etwas, was das Vollblütige des persönlichen Lebens hat. [...] Wie nüchtern lassen die Menschen vielfach heute noch die Ideen, die wir als die größten sittlichen Ideale betrachten! Dennoch ist es der Anfang eines großen Werdens. Geradeso wie der Mensch mit seinem Ich in das Meer des Physisch-Materiellen hinuntergetaucht ist, da er sozusagen Persönlichkeit entwickelte, indem er etwas tut unter den Einflüssen von Leidenschaften, Trieben, Begierden, geradeso muß er nicht bloß mit den abstrakten Begriffen, sondern mit der Persönlichkeit hinaufrücken in diese abstrakten Ideen, die eben noch abstrakt sind. Mit der urelementaren Kraft, mit der wir heute sehen, daß dieses oder jenes aus dem Hasse oder der Liebe im gewöhnlichen Sinne entspringt, mit der wird dasjenige entspringen, was unter den geistigsten Idealen steht.

---

[76] Vortrag vom 12.4.1917, GA 175, S. 229-256, hier 254.
[77] ● Vortrag vom 3.5.1911, GA 127, S. 153-169.

Der Mensch wird hinaufrücken in höhere Sphären mit seiner Persönlichkeit. Dazu ist aber etwas notwendig. [...] Wie kommt er denn, wenn er hinaufgeht ins geistige[sic!], in etwas Persönliches hinein? Wie kann er denn diese Ideale so entwickeln, daß sie persönlichen Charakter haben? Dazu gibt es nur ein Mittel. Da muß der Mensch in den geistigen Höhen eine Persönlichkeit anziehen können, die innerlich persönlich ist, wie die Persönlichkeit unten im Fleische ist. [...] Das ist der Christus. [...] | [...] Durch nichts anderes kommt man darüber hinaus, die abstrakten Ideale mit einem persönlichen Charakter immer mehr und mehr auszugestalten, als dadurch, daß unser ganzes spirituelles Leben sich durchziehen wird mit dem Christus-Impuls.

Dass es dabei um eine noch viel existenziellere Erfahrung geht, als einfach nur ‚persönlich' bestimmte Ideale zu ‚vertreten' zeigt der wenig später folgende Abschnitt:[167f]

Und die Menschen werden gelehrt werden, daß dasjenige, was aus spirituellen Höhen herunterwirkt, nicht bloß Abstracta sind, sondern Lebendiges ist. Wenn sie anfangen werden, [...] nicht mehr zu denken: Wie bin ich gut! – sondern wenn ihnen vor Augen treten wird aus dem ätherischen Anschauen die lebendige Macht des Christus, den sie schauen werden im Ätherleibe [...], dann werden sie wissen, daß das, was sie eine Zeitlang in Form von abstrakten Ideen erschaut haben, lebendige Wesenheiten sind, die da leben innerhalb unserer Entwickelung, lebendige Wesenheiten. [...] Dann wird es keines Beweises bedürfen, daß er lebt, dann werden die Beweisenden da sein: diejenigen, welche selber erleben – auch ohne eine besondere Entwickelung, in einer Art von reifem Schauen –, daß die sittlichen Mächte der Weltordnung Lebendiges sind, nicht bloß abstrakte Ideale.
So sehen wir, daß unsere Gedanken uns nicht hinaufführen können in die wirklich geistigen Welten, weil sie ohne Leben sind. Erst wenn diese Gedanken uns nicht mehr erscheinen als unsere Gedanken, sondern als die Bezeugungen des lebendigen Christus, welcher den Menschen erscheinen wird, dann werden wir diese Gedanken in der richtigen Weise verstehen. Dann wird der Mensch ebenso wahr, wie er eine Persönlichkeit wurde, indem er mit dem Ich untergetaucht ist in niedere Sphären, ebenso eine Persönlichkeit sein, wenn er zu den geistigen Höhen hinaufsteigt. Das verkennt der Materialismus von heute. Dieser wird nur leicht verstehen, daß es abstrakte Ideale gibt des Guten, des Schönen und so weiter. Daß es lebendige Mächte gibt, die uns durch ihre Gnade hinaufziehen, das muß erst eingesehen werden.

Und Theosophie bzw. Anthroposophie wird zugleich die lebendige Kraft sein, in Verbindung mit dem Wissen um die Wirklichkeit von Reinkarnation und Karma, sogar das Christuswort ‚Liebet eure Feinde' wahrzumachen: [172][78]

Da stehen wir zum Beispiel einem Menschen gegenüber, der uns mit Hohn, vielleicht sogar beleidigend entgegentritt. Aber wenn wir lange schon die Lehre von Reinkarnation und Karma aufgenommen haben, werden wir sagen: Wer hat da das verletzende, das beleidigende Wort gesprochen, das in unser Ohr gedrungen ist und uns mit Hohn überschüttet hat? Wer hat vielleicht sogar die Hand zum Schlage erhoben? – Und wir werden uns dann sagen können: Wir haben es selber getan! Die Hand ist nur scheinbar die Hand des anderen, denn ich bin es selbst, der durch sein verflossenes Karma den anderen die Hand gegen mich erheben ließ.

---

[78] Vortrag vom 5.6.1911, GA 127, S. Ebd., S. 170-181, hier 172.

Warum ist das Christentum ‚größer als alle Religion'? Weil der Christus-Impuls so sehr mit der *Individualität* zu tun hat – und von jeder Seele selbst ergriffen und begriffen werden muss. Und weil alle *äußeren* Religionen demgegenüber immer mehr verdämmern, ja veröden werden – es wird nur noch die reale *Substanz* bleiben, der eigentliche, lebendige Impuls als solcher, und dieser muss mit vollem *Bewusstsein* erkannt werden:[79]

Ein Weiteres muß eintreten in diesem fünften nachatlantischen Zeitraum, wenn die Bewußtseinsseele sich wirklich entfalten soll. Das ist, daß in den Menschen, insofern sie individueller und immer individueller werden, ein gewisses Veröden, ein richtiges Veröden des religiösen Lebens eintreten muß, wenn dieses religiöse Leben sich nicht anpassen will dem fünften nachatlantischen Zeitraum, sondern so bleiben will, wie es richtig war für den vierten nachatlantischen Zeitraum. Für den vierten nachatlantischen Zeitraum mußten, weil die Menschen noch mehr auf die Gruppenhaftigkeit angelegt waren, Gruppenreligionen entstehen. [...] Weil aber der Drang nach Individualität durch die Bewußtseinsseele immer stärker und stärker werden wird [...], wird es so sein, daß dasjenige, was so spricht [...], nicht mehr zum Herzen, nicht mehr zur Individualität der einzelnen Seelen dringen wird. Und die Menschen werden einfach nicht verstehen dasjenige, was aus den Gruppenreligionen heraus kommt. Im vierten nachatlantischen Zeitraum konnte man noch die Menschen gruppenhaft über den Christus unterrichten, im fünften nachatlantischen Zeitraum zieht in Wirklichkeit der Christus in die einzelnen Seelen schon hinein. Wir tragen im Unbewußten oder Unterbewußten alle den Christus schon in uns. Aber er muß erst in uns selber wiederum zum Verständnis gebracht werden.

Zwei Geburtsgeschichten und die reine Menschheitsseele •

Widersprüchlich in den Evangelien sind bereits die beiden Geburtsgeschichten nach Matthäus und nach Lukas. Matthäus beschreibt die Huldigung durch die drei Weisen oder Priesterkönige aus dem Morgenland, Lukas die ärmliche Geburt mit der Hingabe der Hirten.[80]

Angesichts dieses Mysteriums beschrieb Steiner, dass es *zwei* Jesusknaben gegeben habe, wobei der des Matthäusevangeliums die Reinkarnation eines größten Eingeweihten, einer weit fortgeschrittenen Individualität gewesen sei, der des Lukasevangeliums dagegen gleichsam die reine Menschheitsseele selbst, die sich niemals zuvor verkörpert hatte. Die Vereinigung sei im zwölften Jahr geschehen – Lukas beschreibt hier, wie der Knabe Jesus plötzlich im Tempel lehrte und sich alle über seine Weisheit wunderten.

Diese Aussagen, die ebenfalls erstaunen lassen mögen, stimmen aber mit der Tatsache überein, dass es im Judentum sehr wohl eine *zweifache* Messias-Erwartung gab, wie etwa die erst

---

[79] Vortrag vom 10.10.1916, GA 168, S. 91-120, hier 102.

[80] Des Weiteren führt Matthäus das Geschlechtsregister über Davids Sohn Salomon (königliche Linie), Lukas über Davids Sohn Nathan (priesterliche Linie). Die letztere könnte jedoch den Stammbaum *Marias* wiedergeben. Siehe Widersprüche in den Geschlechtsregistern des Herrn Jesus? www.bibelkommentare.de • Warum ist Jesu Genealogie in Matthäus und Lukas so unterschiedlich? www.gotquestions.org.

nach dem Zweiten Weltkrieg gefundenen ‚Qumran-Handschriften' belegen.[81] Des Weiteren findet sich das Geheimnis zweier Jesusknaben teilweise bis in die bildende Kunst hinein.[82]

Richtig auffassen wird man all dies überhaupt nur, wenn man tatsächlich aufrichtig *selbst* mit diesen Fragen ringt – und in keinem Fall dann, wenn all dies für einen ohnehin ‚keine Relevanz' hat. *Hat* man sich aber den Fragen geöffnet, die mit dem ganzen Menschheitsschicksal zu tun haben, so kann es einen innerlich nicht unbeteiligt lassen. Und dann hat es auch größte Bedeutung, wenn Rudolf Steiner von jener unschuldigen Menschheitsseele spricht, die sich *einmal* zur Zeitenwende verkörperte.

Es ist genau dieses Geheimnis, was bis heute die lukanische Weihnachtsgeschichte überleuchtet. Und in einem Vortrag formuliert Steiner:[83]

> Zum Menschenursprung hinauf, zur Menschenseele, als diese noch nicht heruntergestiegen war, selbst noch nicht heruntergestiegen war in Adams Natur, erinnerte sich der Mensch zur Weihnachtszeit. Er wollte sagen, daß in Bethlehem [...] jene Seelensubstanz geboren wurde, die nicht mit teilgenommen hat an dem Abstieg der Menschheit, sondern zurückgeblieben war und zum ersten Male eigentlich in einen Menschenleib einzog, indem sie in den Lukas-Jesusknaben verkörpert wurde. | Man kann an die Menschheit glauben, man kann zur Menschheit Vertrauen haben, so kann die Menschenseele empfinden, wenn ihr Gedanke sich hinlenken darf zu der Tatsache: Wie auch Streit, wie auch Unglaube, wie auch Disharmonie Platz gegriffen haben innerhalb der Menschheitsentwickelung – und sie haben Platz gegriffen durch alles, was sich in die Menschheit hineinergossen hat von Adams Zeit bis in unsere Gegenwart –, blickt man zurück auf das, was die alten Zeiten „Adam Kadmon"[84] genannt haben, was dann zum Christus-Begriff geworden ist, dann entflammt sich in der Menschenseele Vertrauen zur Richtigkeit der Menschenkraft, entflammt sich das Vertrauen in die ursprüngliche Friedens- und Liebesnatur der Menschheit.

Und dieses *reine* Menschheitsseele zieht mit Christus auch wieder in die Seele des einzelnen Menschen ein, wenn diese sich mit diesem Wesen verbindet:[85]

> Unsere Seele aber kann [...] den Christus empfangen in der folgenden Weise. Sie kann sich sagen, diese Seele: Ja, da gab es einmal eine Zeit, in welcher der Mensch im Schoße des göttlichen Logos war. Aber der Mensch mußte der luziferischen Versuchung unterliegen. Er nahm den Tod in sich auf. [...] Zurückgeblieben ist dasjenige, was die Menschenseele vor der Versu-

---

[81] Siehe etwa Tyloch W (1965): Die messianische Erwartung der Qumran-Essener in ihrem geschichtlichen Hintergrund. Rocznik Orientalistyczny 29(1), 29-37. • Aus anthroposophischer Sicht Elsbeth Weymann: Zepter und Stern. Die Erwartung von zwei Messiasgestalten in den Schriftrollen von Qumran. Stuttgart 1993.

[82] Hella Krause-Zimmer: Die zwei Jesusknaben in der bildenden Kunst. Stuttgart 1969.

[83] Vortrag vom 21.12.1911, GA 127, S. 215-224, hier 219.

[84] Adam Kadmon ist nach der mystischen Tradition der Kabbala der noch geistig-kosmische Urmensch, das heilige Urbild des Menschen.

[85] Vortrag vom 16.7.1914, GA 155, S. 195-212, hier 202f.

chung für ihr Erdendasein hätte mit empfangen sollen. Mit dem Christus ist es wieder eingezogen in das menschliche Erdendasein. | Und wenn der Mensch nun aufnimmt den Christus in sich, so daß er sich durchdrungen fühlt mit diesem Christus, dann kann er sich sagen: Dasjenige, was [...] dadurch, daß die luziferische Versuchung eintrat, hat zurückbleiben müssen im kosmischen All, das zieht mit dem Christus in meine Seele ein. Die Seele wird erst dadurch wieder vollständig, daß sie den Christus in sich aufnimmt. [...] Das ist das wunderbare Heimatgefühl, das die Seelen haben können mit diesem Christus. Denn aus der uralten kosmischen Heimat der Seele ist der kosmische Christus herabgekommen, um der Menschenseele dasjenige wieder zu geben, was sie auf der Erde durch die luziferische Versuchung verlieren mußte.

Die Auferstehung ●

Was ist die Auferstehung? Wie kann man sie denken? Was ist da auferstanden? Welche Bedeutung hat dies? In einem zentralen Vortrag geht Rudolf Steiner 1911 auf diese Frage zu.[86]

Zunächst weist er auf das Paulus-Wort ‚Wenn aber Christus nicht auferweckt worden ist, so ist unsere Predigt nichtig, nichtig aber auch euer Glaube' (1 Kor 15,14) und fügt an:[137]

Und wenn wir uns einen Sinn dafür angeeignet haben, die Worte ernst zu nehmen, so dürfen wir nicht an den wichtigsten Worten des Paulus einfach vorübergehen und etwa sagen: Wir lassen die Frage der Auferstehung ungeklärt.

Steiner verweist darauf, dass Paulus den Zusammenhang der Seele mit Christus als das Anziehen eines unverweslichen Leibes beschreibt:[143]

Und den zweiten Adam, den Christus, betrachtet Paulus im Gegensatz dazu als innehabend den unverweslichen, den unsterblichen Leib. Und durch die christliche Entwickelung setzt Paulus voraus, daß die Menschen allmählich in die Lage kommen, an die Stelle des ersten Adam den zweiten Adam zu setzen, an die Stelle des verweslichen Leibes des ersten Adam den unverweslichen Leib des zweiten Adam, des Christus, anzuziehen.

Und nun beschreibt Steiner, wie am Ostermorgen aus dem Grab nicht ein üblich-materieller Leib auferstanden ist, sondern die *Geistgestalt* des physischen Leibes, seine geistige Grundlage – Steiner wählt hierfür dann den Terminus ‚Phantom': ‚Dieses Phantom ist die Formgestalt des Menschen, welche als ein Geistgewebe die physischen Stoffe und Kräfte verarbeitet, so daß sie in die Form hineinkommen, die uns als der Mensch auf dem physischen Plane entgegentritt.'[150] Der eigentliche physische Leib des Menschen ist ein übersinnlicher Kraftleib – übersinnlich und doch *physisch*.[152]

Der Leib wäre auch nie von Materie erfüllt worden, wenn nicht der Einfluss der luziferischen Wesenheiten eingetreten wäre – was die Genesis als den ‚Sündenfall' schildert. ‚Daher haben

---

[86] ● Vortrag vom 10.10.1911, GA 131, S. 135-155.

die Alchimisten immer betont, daß der menschliche Leib in Wahrheit besteht aus derselben Substanz, aus welcher der ganz durchsichtige, kristallhelle Stein der Weisen besteht.'[153] [87] Der Leib aber, der aus dem Grabe tritt, enthält diesen luziferischen Einfluss nicht mehr, es ist wieder der reine Geistleib des Menschen, wie ihn die Christus-Wesenheit gerettet hat.

Wie sehr dieses Wesen die Menschheit aber auch *seit jeher* begleitet hat, hat Steiner an anderer Stelle beschrieben.[88] Die Bedeutung dieses Wesens kann kaum erfasst werden. Durch sein ganzes Wirken ist der Christus Jesus:[89]

[...] diejenige Wesenheit, die dem Erdenleben Sinn und Bedeutung gibt [...], die zu vollbringen hat die Tat, ohne welche die Erdenmenschheit den Weg zum Göttlichen nicht wiederfinden kann. [...] Ausstreichen hätten die Menschen müssen von der Erdenentwickelung das Wort „Mensch", wenn sie hätten ausstreichen wollen das Christus-Ereignis.

In demselben Vortrag formuliert Steiner: ‚Den Christus in der Erdenentwickelung erst seit dem Mysterium von Golgatha zu suchen, das ist nicht christlich! Wahre Christen wissen, daß der Christus immer mit der Erdenentwickelung zu tun hatte.'[90]

Das Schauen der Evangelisten   •

Generell sind die Evangelien viel *geistiger* zu begreifen, als man denkt.

Wer hat sie verfasst? Markus etwa war ein Schüler des Petrus. Er hat die Geschehnisse also nicht selbst erlebt. Ist es also nur mündliche Überlieferung, die er festhält?

Aber nach dem Zeugnis etwa des Markus-Evangeliums hat die Kreuzigung überhaupt keiner der Jünger erlebt, da sie geflohen waren.[91] Viele zentrale Teile des Evangeliums wären also ohnehin nur Zeugnisse aus zweiter oder gar dritter Hand. Und schließlich: Woher kann *irgendjemand* gewusst haben, was Jesus tat, wenn er ganz allein war?[92]

---

[87] Es ist bekannt, dass es der wahren Alchemie nie um irgendein ‚Goldmachen' ging, sondern um esoterische Läuterungsprozesse, die mit dem wahren Wesen des Menschen zusammenhingen.

[88] GA 152, Vorstufen zum Mysterium von Golgatha (1913/14).

[89] Vortrag vom 12.7.1914, GA 155, S. 141-160, hier 145.

[90] Ebd., S. 147. • Steiner verweist hier auch auf Paulus, der ebenfalls schon im Alten Testament in Wirklichkeit *Christus* wirksam sah: ‚[...] dass unsre Väter alle unter der Wolke gewesen und alle durchs Meer gegangen sind; [...] sie tranken von dem geistlichen Felsen, der ihnen folgte; der Fels aber war Christus.' (1 Kor 10,1,4).

[91] Matthäus etwa erwähnt ausdrücklich nur *Frauen* als Zeuginnen: ‚Es sahen aber dort viele Frauen von Weitem zu, die Jesus von Galiläa nachgefolgt waren und ihm gedient hatten' (Mt 27,55, vgl. Mk 15,40f).

[92] So im Garten Gethsemane, während selbst seine nächsten Jünger eingeschlafen waren: ‚Und er ging ein wenig weiter und fiel auf die Erde; und er betete, dass, wenn es möglich sei, die Stunde an ihm vorübergehe. Und er sprach: Abba, Vater, alles ist dir möglich. Nimm diesen Kelch von mir weg! Doch nicht, was ich will, sondern was du willst!' (Mk 14,35f).

Auch Rudolf Steiner weist darauf hin – und formuliert in klaren, unmissverständlichen Worten, wie die ganze Leben-Jesu-Forschung vor einem *Nichts* steht:[93]

Ja, unsere „aufgeklärte" Zeit hat es eben sehr weit gebracht in bezug auf das Aufhäufen von Widersprüchen und weiß gar nicht, wie sehr sie gerade auf wissenschaftlichem Felde Anspruch erhebt auf Berücksichtigung des Spruches „Herr, vergib ihnen, denn sie wissen nicht, was sie tun". Das gilt eigentlich in bezug auf alle Jesus- und Christus-Forschung der Gegenwart, die sich nicht ernst und würdig auf den spirituellen Boden stellen will.
Das Evangelium selber aber deutet klar schon auf dasjenige hin, was in der eben geschilderten Weise in unserer Zeit herausgekommen ist. Die Menschen, die Materialisten sein wollen, die durchaus nur an das glauben wollen, was sich dem materialistischen Bewußtsein im Sinnensein ergibt, sie können keinen Weg finden zu dem Christus Jesus. Denn dieser Weg ist abgeschnitten worden dadurch, daß diejenigen, welche dem Christus am nächsten standen, ihn gerade, während sich das Mysterium von Golgatha vollzogen hat, verlassen haben und ihn erst später wiedergetroffen haben, also nicht mitgemacht haben, was sich dazumal auf dem physischen Plan in Palästina zugetragen hat. [...] Dennoch haben wir im Markus-Evangelium und in den anderen Evangelien Schilderungen gerade dieses Mysteriums von Golgatha.
Wie sind diese Schilderungen zustande gekommen?

Und nun beschreibt er, dass die Schilderungen der Evangelien *Schauungen* entsprechen, die durch die Erlebnisse mit dem Auferstandenen, letztlich durch das Christuswesen selbst möglich wurden:[94]

Es gibt nur einen hellseherischen Weg zu dem Mysterium von Golgatha, trotzdem es auf dem physischen Plan sich vollzogen hat. Das müssen wir festhalten. Das deutet das Evangelium ganz klar an, indem es schildert, daß die Berufensten im entscheidenden Augenblicke geflohen waren; so daß also in einer solchen Seele, wie es die Petrus-Seele war, nachdem sie den Impuls des Auferstandenen empfangen hatte, aufleuchtete die Erinnerung an das, was geschehen war nach der Flucht. [...] Bei einem solchen Hellsehen, das da bei den Jüngern auftrat, ist es gegenüber dem gewöhnlichen Erinnern so, daß man Ereignisse – physisch-sinnliche – wie im Gedächtnis hat, aber solche, bei denen man nicht dabeigewesen ist. [...] | [...] Aber der Impuls, der von dem Christus auf solche Jünger wie Petrus ausgegangen war, konnte sich mitteilen auch an die, welche wieder Schüler dieser Jünger waren.

Das *imaginative Schauen* in Bezug auf das Christus-Geschehen erklärt nun auch anderes. Wesentliche Szenen des Evangeliums müssen überhaupt nicht grob-sinnlich verstanden werden, sondern es sind eindrückliche *Bilder* des Christuswirkens – und gleichsam Erlebnisse der durchchristeten Seele, Urbilder mit einem tiefen Symbolgehalt. In dieser Weise kann man etwa die Speisungswunder oder das Wandeln auf dem Wasser begreifen lernen. Es sind Erlebnisse, die sich in der Seele der schauenden Jünger oder ihrer Schüler abspielten, übersinnliche Erlebnisse mit einem absoluten *inneren* Wahrheitsgehalt. Das Wesen des Christus *ist* spei-

---

[93] Vortrag vom 24.9.1912, GA 139, S. 182-206, hier 186f.
[94] Ebd., S. 188.

send. Es *ist* tragend gegenüber allem, was einen versinken lassen könnte. Das Geschaute ist eine absolute Wahrheit – aber es muss seelisch-geistig verstanden werden.[95]

*

Überhaupt kann der Christus-Impuls nur durch eine Spiritualisierung des Denkens wirklich erfasst und verstanden werden – selbstverständlich nicht durch ein in einem materialistischen Umfeld verharrenden Denken. Und hier liegt dann auch erneut die Verbindung zwischen Steiners Grundwerken und seiner Christus-Erkenntnis bzw. überhaupt der weiteren Geisteswissenschaft oder Anthroposophie. Steiner formuliert dies 1914 in folgenden Worten:[96]

> Die Geschichte des menschlichen Gedankenlebens zeigt uns, wenn die zum künftigen Christus-Verständnis notwendigen Kräfte da sein sollen, daß der Gedanke selbst eine andere Form annehmen muß, die Denktätigkeit eine Umwandlung erfahren muß. [...] | Es gilt, die Gedanken lebendig zu gestalten, gleich einem Pflanzensamen. [...] An Stelle des kategorischen Imperativs wird das Ich aus der Kraft des erwachten Denkens die „moralische Phantasie" betätigen. Dann aber wird auch möglich sein, aus den Erdenkräften heraus den kommenden Christus-Impuls zu verstehen. Das ist der Zusammenhang zwischen der Welt des Gedankens in der „Philosophie der Freiheit" und den in unserer Seele aufgehenden höheren Erkenntniskräften, durch die Wege, die die Geisteswissenschaft weist.

Durchchristung der Erinnerung   ●

Wird der Christus-Impuls von der Menschheit aber aufgenommen, so wird dieser Impuls auch nach und nach die Kräfte der *Erinnerung* durchdringen – wodurch etwas Vergleichbares stattfinden wird wie das, was den Jüngern das Schauen ermöglichte. Wir sahen auch bereits, wie der Christus-Impuls mit dem Gehen-, Sprechen- und Denkenlernen in den ersten drei Lebensjahren zu tun hat. Dies wird sich auf die Erinnerung erweitern, wie Steiner in einem Vortrag beschreibt:[97]

> Wo hinein der Christus-Impuls noch nicht geleitet werden kann, wo hineingeleitet zu werden er sich aber vorbereitet, das ist die menschliche Erinnerung, das Erinnern des Menschen. Denn außer dem Aufrechtgehen und -stehen, dem Reden oder Sprechen, dem Denken, tritt jetzt die Christus-Kraft in das Erinnern ein. Wir können verstehen den Christus, wenn er durch die Evangelien zu uns spricht. Aber wir werden als Menschen erst dazu vorbereitet, daß der Christus auch eintritt in die Gedanken, die dann als erinnerte Gedanken und Vorstellungen in uns [...] leben. [...] Zurückblicken wird der Mensch können auf sein Leben und sagen wird er sich: So wie ich mich erinnere, so wie die Kraft des Gedächtnisses in mir lebt, so lebt in diesem Gedächtnis

---

[95] Emil Bock, zentrale Persönlichkeit im Zusammenhang mit der Begründung der Christengemeinschaft, hat unendlich viel zu einem geistgemäßen Verständnis der Evangelien beigetragen. Siehe etwa Emil Bock: Die drei Jahre. Stuttgart 1981, hier S. 119 (für das Schauen der Jünger).

[96] Vortrag vom 5.3.1914, GA 152, S. 93-100, hier 99f.

[97] Vortrag vom 7.3.1914, GA 152, S. 101-119, hier 115f.

der hineingegossene Christus-Impuls. Der Weg, der den Menschen geboten wird, immer mehr und mehr wahr zu machen die Worte: Nicht ich, der Christus in mir, – der Weg wird dadurch geebnet, daß in die Erinnerungskraft allmählich der Christus-Impuls einziehen wird. Er ist jetzt noch nicht darinnen. Wenn er darinnen sein wird [...], dann wird der Mensch zum Beispiel nicht nur angewiesen sein darauf, aus äußeren Dokumenten Geschichte zu lernen, denn dann wird sich seine Erinnerungskraft erweitern. Der Christus wird in dieser Erinnerung leben. Und der Mensch wird dadurch, daß der Christus in seine Erinnerungskraft eingezogen ist, [...] wissen, wie bis zum Mysterium von Golgatha hin der Christus außerirdisch gewirkt hat, wie er es vorbereitet hat und durchgegangen ist durch dieses Mysterium von Golgatha, und wie er als Impuls weiterwirkt in der Geschichte. So wahr und wirklich wird der Mensch das überschauen, wie jetzt im gewöhnlichen Leben die Erinnerung da ist. Man wird die irdische Entwickelung der Menschheit nicht anders überschauen können innerlich als so, daß man dann den Christus-Impuls im Mittelpunkt erblickt.

Diese Entwicklung wird sich über lange Zeiträume hinweg vollziehen, aber sie beginnt jetzt, mit dem Erscheinen des Christus im Ätherischen. Und Rudolf Steiner formuliert in diesem Vortrag den Prolog des Johannes-Evangliums um, um in der Seele ein Empfinden dafür und dadurch das reale Geschehen zu erwecken:[98]

Im Urbeginne war die Kraft der Erinnerung.
Die Kraft der Erinnerung soll werden göttlich,
Und ein Göttliches soll werden die Kraft der Erinnerung.
Alles, was im Ich entsteht,
Soll werden so,
Daß es ein Entstandenes ist
Aus der durchchristlichten, durchgöttlichten Erinnerung.
In ihr soll sein das Leben,
Und in ihr soll sein das strahlende Licht,
Das aus dem sich erinnernden Denken
In die Finsternis der Gegenwart hereinstrahlt.
Und die Finsternis so, wie sie gegenwärtig ist,
Möge begreifen das Licht der göttlich gewordenen Erinnerung.

Die Ideale im Nachtodlichen ●

Auch im Nachtodlichen hat das Christuswesen eine Bedeutung. Rudolf Steiner beschreibt, wie die Seele dann gerade auf ihre Ideale so zurückblicken kann, als würden sie von der Welt entfremden, was aber mit den luziferischen Mächten zu tun hat. Demgegenüber wird es das Christuswesen sein, das diesen Idealen reale *Substanz* verleiht:[99]

---

[98] Ebd., S. 118.
[99] Vortrag vom 14.7.1914, GA 155, S. 161-175, hier 171f.

Wenn wir nach dem Tode zurückblicken in unserem Lebenstableau auf dasjenige, was wir durchlebt haben, dann kommt es uns vor, als ob unsere Ideale etwas Fremdes haben könnten [...], daß wir diesen Idealen es anfühlen: sie tragen uns eigentlich nicht hin zu dem allgemeinen Menschenleben, sie haben keine Eigenbürgschaft für Realität in dem allgemeinen Menschenleben; sie führen uns hinweg von dem allgemeinen Menschenleben. Es ist eine starke Gewalt, welche Luzifer hat gerade über unsere Ideale, weil sie [...] nicht in der äußeren Wirklichkeit wurzeln. [...] Luzifer kommt an uns heran, und gerade wenn wir Ideale haben, sind sie ihm besonders wertvoll, er kann uns auf dem Umweg durch diese Ideale zu sich hinziehen. Aber wenn wir dasjenige, was wir geistig durchdringen, mit dem Christus durchziehen, wenn wir den Christus in uns erfühlen, und wenn wir wissen: Dasjenige, was wir aufnehmen, nimmt der Christus mit in uns auf [...], dann [...] haben wir unsere Ideale gleichsam dem Christus übergeben [...]. [...] Und der Einzelne kann sich sagen: [...] Der Christus in mir durchzieht meine Ideale mit der Realität der Substanz. – Und die Ideale, die wir so in uns hegen, daß wir uns sagen: Ja, als Mensch fassen wir sie, die Ideale, auf diesem Erdenrund, aber in uns lebt der Christus, und er übernimmt unsere Ideale – diese Ideale sind reale Keime für zukünftige Wirklichkeit. Durchchristeter Idealismus ist mit dem Keim der Realität durchsetzt.

Durchchristeter Idealismus! Früher sahen wir, wie das Christuswesen mit dem Geheimnis der Individualität zu tun hatte, indem durch den Zusammenhang der Seele mit diesem Wesen die Ideale wahrhaft *individuell* werden können. Jetzt sehen wir, wie durch dasselbe Wesen die Ideale wirkliche Realität gewinnen, ja Keime einer künftigen Welt sind.

Immer mehr gewinnt man durch Rudolf Steiners Schilderungen das wirkliche Erlebnis eines Mittelpunktes, einer geistigen *Sonne* in Bezug auf alles...

Vergebung und Karma   ●

Etwas sehr Tiefgehendes beschreibt Steiner in einem Vortrag, wo er die Frage der Sündenvergebung mit der von Karma und Reinkarnation zusammenbringt.[100]

Er knüpft an jenen Moment auf Golgatha an, wo zusammen mit Christus zwei Verbrecher gekreuzigt werden, und dem einen, der an ihn glaubt, sagt Christus, heute noch werde er mit ihm im Paradies, das heißt in seinem Reich sein (Lk 23,43). Die Frage ist nun: Was *bedeutet* es, wenn Schuld, die man objektiv auf sich geladen hat und die gleichzeitig Folgen in der Welt und für andere Menschen gehabt hat, vom Christus *vergeben* wird? Wie muss bzw. kann man dies denken?

Und nun führt Steiner aus, dass die objektiven Folgen selbstverständlich nicht rückgängig gemacht werden können. Diese können vielleicht sogar für die gesamte Weltentwicklung fatal sein. Und gleichzeitig hat man durch jede Tat seine Seele verändert – besser oder schlechter gemacht. Beides wird ja nicht einfach *aufgehoben*. Was also bedeutet es, wenn Christus spricht:

---

[100]   ● Vortrag vom 15.7.1914, GA 155, S. 176-194.

‚Deine Sünden sind dir vergeben'? Und er fährt fort, dass die wahre Seele gar nicht *wünschen* kann, dass ihre Tat gleichsam behandelt wird, als sei sie gar nicht geschehen – sondern sie wird wünschen, dass sie sie irgendwie wieder *ausgleichen* darf. Aber die objektiven *Folgen* kann sie niemals ungeschehen machen. Und hier nun haben die Worte Christi ihre Bedeutung: Diese objektiven Folgen nimmt das Christuswesen selbst auf sich – um die Entwicklung im bestmöglichen Sinne fortzuführen. In Steiners Worten:[182-184]

Wir müssen zunächst eine Unterscheidung machen. Wir müssen das eine betrachten, was sich in einer objektiven Gerechtigkeit im Karma vollzieht. Da müssen wir uns ganz klar darüber sein, daß der Mensch allerdings seinem Karma unterworfen ist, daß er dasjenige, was er als Unrecht getan hat, karmisch auszugleichen hat. Und bei tieferem Nachdenken wird der Mensch eigentlich nicht anders wollen, als daß es so sei. Denn nehmen Sie an, irgend jemand habe ein Unrecht getan. In dem Augenblick, wo er dieses Unrecht tun konnte, ist er unvollkommener, als wenn er es nicht getan hätte [...]. Er muß also wünschen, das Unrecht auszugleichen [...]. So können wir um unserer eigenen Vervollkommnung willen gar nichts anderes wünschen, als daß das Karma als objektive Gerechtigkeit bestehe.
Aber [...] Schuld, die wir auf uns laden [...], die ist ja nicht bloß unsere Tatsache, das müssen wir jetzt unterscheiden, sondern sie ist eine objektive Weltentatsache, sie ist etwas auch für die Welt. [...] Den Makel, den wir uns selbst zugefügt haben, gleichen wir im Karma aus, aber die objektive Weltentatsache, die bleibt bestehen, die können wir nicht auslöschen dadurch, daß wir von uns selbst die Unvollkommenheit nehmen. [...]
[...] Ich kann heute einem Menschen begegnen. Wenn es mir durch Gnade gegeben wird, etwas zu wissen über sein Karma, so kann ich vielleicht finden, daß irgendein Unglück oder ein Schicksalsschlag, der ihn trifft [...] der Ausgleich ist für eine frühere Schuld. Gehe ich der Sache nach in frühere Inkarnationen und prüfe, was er dazumal gemacht hat, so sehe ich in der Akasha-Chronik diese Tatsache nicht verzeichnet. Woher kommt denn das?
Das kommt davon her, daß der Christus tatsächlich auf sich genommen hat die objektive Schuld. In dem Augenblick, wo ich mich mit dem Christus durchdringe, wo ich mit dem Christus die Akasha-Chronik durchforsche, finde ich die Tatsache! Christus hat sie in sein Reich genommen und trägt sie als Wesenheit weiter, so daß, wenn ich von Christus absehe, ich sie nicht finden kann in der Akasha-Chronik. [...] Es bleibt bestehen die karmische Gerechtigkeit, aber in bezug auf die Wirkungen einer Schuld in der geistigen Welt tritt der Christus ein, der diese Schuld in sein Reich hinübernimmt und weiterträgt.

Steiner führt weiter aus, dass die ganze Erde durch all die unvollkommenen Taten der Menschen degenerieren müsste und in Zukunft nicht eine nächste Stufe der Vergeistigung erreichen könnte, wenn nicht das Christuswesen alles auf sich nehmen würde, was die Menschen in ganz objektiver Weise buchstäblich ‚verbrechen':[186f]

Daß die ganze Erde sich mitentwickelt mit den Menschen, das ist die Folge der Tat des Christus. Alles dasjenige, was für die Erde sich anhäufen würde als Schuld, das würde die Erde in die Finsternis stoßen, und wir würden keinen Planeten haben zur Weiterentwickelung. [...]
So seien wir uns denn klar darüber, daß das Karma zwar nicht von uns genommen wird, wohl aber, daß getilgt werden unsere Schulden und Sünden für die Erdenentwickelung durch dasjenige, was eingetreten ist durch das Mysterium von Golgatha. [...] Der Mensch muß sich erfül-

len in seiner Seele mit dem Substanzgehalt der Christus-Wesenheit; er muß gleichsam von dem Christus in seine Seele etwas aufgenommen haben, so daß der Christus in ihm wirksam ist und ihn hinaufträgt in ein Reich, in dem der Mensch zwar nicht die Macht hat, sein Karma unwirksam zu machen, aber in dem durch den Christus das geschieht, daß unsere Schuld und unsere Sünden getilgt werden für die Außenwelt.

Es geht nicht darum, solche Aussagen abstrakt ‚zur Kenntnis zu nehmen‘. Sondern es ist ganz deutlich, dass sie ein allertiefstes *Verantwortungsgefühl* in der Seele ansprechen und anregen wollen – eine Art Staunen, das sich bis zu einer Ehrfurcht und Dankbarkeit steigert. Das aber ist nur möglich, wenn die Seele sich bewusst ist, *wieviel* sie tut, ohne dass sie es je wieder ausgleichen könnte. Es braucht bereits eine echte Moralität, um zu *erkennen*, wieviel das Christuswesen tut – und wie sehr die Welt ohne diese Hilfe zugrundegehen müsste, auch durch die eigenen Taten...[101] Steiner formuliert dies in Worten eines, der im Namen Christi eine Sünde vergibt: ‚Du hast zwar deinen karmischen Ausgleich zu erwarten, aber deine Schuld und Sünde wandte der Christus um, so daß du später nicht das ungeheure Leid zu tragen hast, zurückzuschauen auf deine Schuld so, daß du damit ein Stück Erdendasein vernichtet hast.‘[188]

Und er verweist auf die Evangelienstelle, wo die Schriftgelehrten und Pharisäer Christus eine Ehebrecherin bringen, die gesteinigt werden müsste, die Christus aber nicht verurteilt, während er jedoch mit dem Finger auf die Erde schreibt (Jh 8,2-11):[188]

Warum schreibt er in die Erde hinein? Weil das Karma wirkt, weil das Karma die objektive Gerechtigkeit ist. Für die Ehebrecherin kann ihre Tat nicht ausgelöscht werden, Christus schreibt sie in die Erde hinein. Anders ist es aber mit der geistigen, mit der nicht-irdischen Folge; die nimmt der Christus auf sich. „Er vergibt" heißt nicht, daß er sie austilgt im absoluten Sinn, sondern daß er auf sich nimmt die Folgen desjenigen, was objektiv getan ist.

Und dann formuliert Steiner noch einmal in Bezug auf die geistige Wirklichkeit:[189]

Unsägliches Leid müßte man mittragen, wenn nicht ein Wesen mit der Erde sich verbunden hätte, welches das, was von uns nicht mehr abgeändert werden kann, für die Erde ungeschehen machte. Dieses Wesen ist der Christus. Nicht subjektives Karma, aber die geistigen objektiven Wirkungen der Taten, der Schuld, die nimmt er uns ab. [...] Und das ist des Menschen Schwäche, die eingetreten ist infolge der luziferischen Verführung, daß der Mensch zwar imstande ist, sich subjektiv im Karma zu erlösen, daß er aber nicht imstande wäre, die Erde mitzuerlösen. Das vollbringt das kosmische Wesen, der Christus.

---

[101] Selbstverständlich geht es *nicht* nur um äußerlich-grobsinnliche Taten. Für die künftigen Entwicklungsstufen wird jeder moralische Gehalt einer Handlung eine Rolle spielen. Auch jedes böse, ja bloß lieblose Wort wird dazu beitragen, dass die Erde nicht die künftige Heimat des Menschen sein könnte ... wenn nicht der Christus da wäre und auch *diese* Schuld auf sich nähme, um die Zukunft dennoch möglich zu machen.

Es ist deutlich, dass es also sehr wohl eine karmische ‚Selbsterlösung‘ gäbe, aber diese wäre rein egoistisch, luziferisch. Schon damals hatte man von kirchlicher Seite der Anthroposophie vorgeworfen, sie verträte durch die Idee des Karma eine Selbsterlösung, in der Christus gar nicht nötig wäre. Der hier zitierte Vortrag zeigt, dass nichts weniger der Wahrheit entspricht. Im Gegenteil – jene Vorstellung, dass der Christus ganz bequem alle Sünden vergeben könnte, ist *selbst* luziferisch und von subtilem Egoismus durchdrungen, ebenso wie alle Angriffe gegenüber der Anthroposophie. Rudolf Steiner berührt diese traurige Tatsache weniger später:[190]

Meine lieben Freunde! Man muß wahrhaftig eigentlich recht wenig christlichen Sinn haben, wenn man das Christentum so interpretiert, wie es viele machen, die da glauben, sich echte Christen nennen zu dürfen, und die andere, zum Beispiel anthroposophische Christen, verketzern.[102] Man muß wenig christlichen Sinn haben. Es darf ja vielleicht die Frage erlaubt sein: Ist es denn wirklich christlich, zu denken, daß ich alles tun darf und der Christus eigentlich nur in die Welt gekommen ist, um mir das alles abzunehmen, um mir meine Sünde zu vergeben, so daß ich mit meinem Karma, mit meiner Sünde nichts mehr zu tun habe? Ich glaube, es ist ein anderes Wort anwendbar auf eine solche Denkweise als das Wort „christlich“; vielleicht wäre das Wort „bequem“ besser [...]. Bequem wäre es ja allerdings, wenn man bloß zu bereuen hätte, und ausgelöscht wäre dadurch für sein ganzes späteres Karma alles das, was man in der Welt verbrochen hat. Nein, aus dem Karma ist es nicht ausgelöscht, aber davon kann es ausgelöscht werden, wohin wir wegen der menschlichen Schwäche, durch die luziferische Verführung, nicht selbst dringen können: von der Erdenentwickelung. Und das tut der Christus.

All dies aber kann man im Denken nur erfassen, wenn man das Christuswesen als ein *kosmisches* zu denken vermag. Der evangelischen Kirche ist dies ohnehin ganz unmöglich, aber auch die katholische Kirche hat längst jedes tiefere Verständnis des Christuswesens verloren. Was für eine reale moralische Empfindung jedoch mit einer solchen Christus-Erkenntnis einhergeht, das macht Steiner im Folgenden erlebbar:[191]

Wahres Christentum kann gar nicht anders, als den Christus als ein kosmisches Wesen ansehen.[103] Dann aber werden wir in unserer Seele tief, tief durchdrungen werden von dem, was eigentlich die Worte bedeuten: „Nicht ich, sondern der Christus in mir.“ Denn dann strahlt von dieser Erkenntnis in unsere Seele etwas über, was ich nicht anders bezeichnen kann, als mit den Worten: Wenn ich mir erlaube zu sagen „Nicht ich, sondern der Christus in mir“, so gestehe ich mir in diesem Augenblick, daß ich der Erdensphäre enthoben werde, daß in mir etwas lebt, was für den Kosmos Bedeutung hat, daß ich gewürdigt werde als Mensch, in meiner Seele

---

[102] Die Geschichte des Christentums ist leider voll von solchen Beispielen der Angriffe vermeintlicher Christen gegen andere Christen, die sich voller Aufrichtigkeit um einen christlichen Weg bemühen. Wie sehr die Kirchen gegen Rudolf Steiner und die Anthroposophie agitierten, beweist, wie sehr sie den christlichen Geist verloren hatten und nur noch *ihre* Auffassung für die wahre hielten. Selbst als 1923 in tiefem, heiligem Verantwortungsernst die Christengemeinschaft begründet wurde, hielt diese Feindschaft an.

[103] Wer dies bezweifelt, sollte sich wirklich noch einmal mit den ersten drei Jahrhunderten des Christentums beschäftigen, die darum rangen, das *Wesen* des Christus wirklich zu verstehen – das *Logos*-Wesen, von dem der Prolog des Johannes-Evangeliums berichtet! Ich verweise noch einmal auf Wilhelm Kelber: Die Logos-Lehre. Stuttgart 1958.

etwas zu tragen, was außerirdisch ist, wie ich in meiner Anlage [...] ein außerirdisches [...] Wesen in mir trage. | Und eine ungeheure Bedeutung wird übergehen in das Bewußtsein des Menschen, durchchristet zu sein. Und er wird verbinden mit diesem Paulinischen Ausspruch „Nicht ich, sondern der Christus in mir" auch das Gefühl, daß er nun tiefsten, tiefsten Ernst machen muß gegenüber seiner innerlichen Verantwortlichkeit dem Christus gegenüber.

Und noch konkreter wird Steiner in Bezug auf diese innere Gesinnung, indem er einmal mehr die leichtfertigen, selbstüberzeugten Angriffe gegenüber der Anthroposophie berührt:[192]

Das Gefühl wird entstehen in der Menschheit, wenn sie es ernst nimmt mit dem Christus, daß man sich dieses Christus, der in uns lebt, würdig erweisen soll dadurch, daß man es immer gewissenhafter und gewissenhafter nimmt mit diesem Christus, diesem kosmischen Prinzip in uns. | Ja, man kann es recht gerne glauben, daß diejenigen den Christus nicht als kosmisches Prinzip nehmen wollen, die bei jeder Gelegenheit ihr Vergehen bereuen wollen, erst hübsch lügen über die Mitmenschen, und dann austilgen möchten diese Lügen. Derjenige, der sich des Christus in seiner Seele würdig erweisen will, der wird erst prüfen, ob er eine Sache sagen darf, auch wenn er augenblicklich von ihr überzeugt ist. | Vieles wird sich ändern, wenn eine wahre Christus-Auffassung in die Welt kommt. Alle die unzähligen Leute, die heute schreiben – oder mit schmutziger Druckerschwärze Papier verunstalten –, indem sie flink hinschreiben das, was sie nicht wissen, die werden sich klar werden darüber, daß sie damit den Christus in der menschlichen Seele schänden. Und aufhören wird die Entschuldigung: Ja, ich habe es so geglaubt, ich habe es im guten Glauben gesagt. Der Christus will nicht bloß den „guten Glauben", der Christus will die Menschen in die Wahrheit leiten.

Diese Ausführungen schließen sich zusammen mit dem Ernst, den ein Werk wie ‚Wie erlangt man Erkenntnisse der höheren Welten?' atmet – und es wird sehr deutlich, dass nirgendwo so sehr *ernst* gemacht wird mit einem umfassenden Verständnis der ganzen, grenzenlosen Tiefe des Christus-Wirkens wie in der Anthroposophie Rudolf Steiners.

Dann aber, wenn man das kosmische Wesen des Christus ernstnimmt, muss man auch jene Wesen ernstnehmen, die die menschliche Seele fortwährend in die Abirrung führen – und hier versagen die großen Konfessionen endgültig. Selbst die katholische Kirche mag vielleicht noch ‚Dämonen' und den ‚Teufel' kennen, aber von dem, was Rudolf Steiner ganz nüchtern und objektiv als luziferische und ahrimanische Wesenheiten beschreibt (mit teilweise wiederum auch ganz berechtigten Wirksamkeiten), hat sie keine Ahnung:[210f]

Man kann heute Werke von Theologen lesen [...], die etwa sagen: Ja, gewisse Theologen des neunzehnten und zwanzigsten Jahrhunderts haben endlich ausgerottet den mittelalterlichen Volksglauben, daß der Christus in der Welt erschienen ist, um die Erde dem Teufel zu entreißen, um die Erde dem Luzifer zu entreißen. – Es gibt ja auch innerhalb der Theologie heute einen aufgeklärten Materialismus, der sich nur nicht frank und frei als solchen bekennen will und besonders aufgeklärt tut. Ja, so sagen sie, in diesem finsteren Mittelalter, da haben die Leute davon gesprochen, daß der Christus in der Welt erschienen ist, weil er die Erde dem Teufel hat entreißen sollen. – Die wahre Aufklärung [der Geisteswissenschaft, H.N.] führt uns zu diesem einfachen, schlichten Volksglauben zurück! Denn von der Erde gehört Luzifer all dasjenige, was durch den Christus nicht befreit wird. Und alles Menschliche, was in uns mehr ist als das, was bloß beschlossen ist in unserem Ego, es wird geadelt, es wird fruchtbar gemacht für die ganze Menschheit, wenn es durchchristet ist.

Goethe erkannte die Wahrheit, die auch für das ‚Völkchen' der Theologen gilt, als er in seinem ‚Faust' in der Szene in Auerbachs Keller Mephisto die Worte in den Mund legt: ‚Den Teufel spürt das Völkchen nie, Und wenn er sie beim Kragen hätte.' Die luziferischen Wesenheiten zu leugnen, ist eben *selbst* bereits sehr luziferisch, weil es nur den eigenen Hochmut nährt...[104] Und wieviel (mit den Gegenmächten wiederum in Zusammenhang stehender) *Egoismus* in den Angriffen kirchlicherseits gegen die Anthroposophie liegt, formuliert Steiner an anderer Stelle mit folgenden Worten:[105]

Warum greift man von christlicher Seite überhaupt die Christus-Lehre der Geisteswissenschaft an? Diese enthält *nichts*, aber auch gar nichts von einer Verneinung dessen, was das bisherige Christentum über Christus sagt. Sie gibt nur eine Erweiterung, Erhöhung des Christus-Begriffes. Man sollte glauben, daß darüber jeder frohlocken müßte, der es ehrlich im tiefsten Herzensgrunde mit dem Christus hält. Wenn durch Geisteswissenschaft das Ereignis von Golgatha in seiner weltumspannenden Bedeutung wissenschaftlich erkannt wird, so wird ihm nichts genommen von derjenigen Anerkennung, die nur irgendein Christ dafür in Anspruch nehmen kann. Wohin kommt man, wenn man es unstatthaft findet, daß jemand über den Christus noch etwas anderes glaubt, als man selber glauben will? Man kommt dazu, zu sagen: ich verlange von dir nicht nur, daß du glaubst, was ich glaube; sondern ich mißbillige an dir, daß du auch noch etwas wissen willst, was ich *nicht* wissen und *nicht* glauben will.

Die Gegenmächte sind es auch, so Steiner in einem anderen Vortrag, die die Menschen bis ins Leibliche hinein derart *verschieden* werden ließen – etwas, was sogar noch immer weitergehen wird. Demgegenüber aber wird das Christuswesen im Geiste die *Einheit* bringen können, während die Gegenmächte weiter das Gegeneinander bewirken werden:[106]

Es wird in der Zukunft wenig davon abhängen, ob dasjenige, was der Christus ist, auch noch der Christus geheißen wird, aber davon wird viel abhängen, daß man in dem Christus den Vereinheitlicher der ganzen Menschheit auf einem geistigen Wege sucht und daß man sich abfindet mit dem Gedanken, daß äußere Mannigfaltigkeit immer größer und größer werden wird in der Welt. | [...] Und es wird eine der größten, eine der schönsten, der bedeutendsten Errungen-

---

[104] Der unter anderem darin besteht, sich selbst für sehr ‚aufgeklärt' zu halten, aber auch darin, keine Wesenheiten *über* sich anerkennen zu müssen, die einen möglicherweise fortwährend in eine Abirrung führen, unter anderem in ein bequemes, selbstgewisses, a-christliches Leben, in dem man weder Christus noch gar andere Wesenheiten irgendwie ernst nehmen muss. • Aufgeklärt ist hier gar nichts – nur blind gegenüber dem luziferischen Einfluss, dem man längst unterliegt...

[105] Was soll die Geisteswissenschaft und wie wird sie von ihren Gegnern behandelt? GA 35, S. 156-172, hier 168.

[106] Vortrag vom 9.1.1916, GA 165, S. 194f. • An anderer Stelle sagt Steiner ganz ähnlich über die Gegner: ‚Er begnügt sich nicht damit, daß man dasjenige zugibt, was er vertritt, sondern er verbietet einem, noch Herrlicheres, noch Größeres von dem Christus auszusagen, als er selber aussagen will.' Die Aufgabe der Geisteswissenschaft und deren Bau in Dornach, GA 35, S. 173-224, hier 202.

schaften sein, wenn wir schon in unserer Zeit wenigstens ein kleines Häuflein von Menschen sein können, die Verständnis für diesen Vereinheitlichungsgedanken der ganzen Menschheit haben, Verständnis dafür, wie luziferisch-ahrimanische Zurückgebliebenheiten auf der Erde Spezielles erstreben in einzelnen Menschengruppen mit Ausschluß anderer Menschengruppen.

Man denke hier auch an die feindselige Geopolitik zwischen den großen Blöcken ‚westliche Welt', Russland, China etc. Die Aufgabe der *Menschheit*, der christliche Impuls, ist hier noch in keiner Weise ergriffen, auf keiner Seite. Und dies hat damit zu tun, dass jegliches Sich-Erheben zu einer spirituellen Weltanschauung einfach abgewehrt wird. Damit aber kann das Konfrontative und Christusferne nur immer weitergehen – sich immer mehr verschärfend.

Glaube und Erdenzukunft   •

Wir haben also heute ein Gegeneinander und keineswegs ein so starkes Moralisches, dass es *Frieden* schaffen könnte – wie es etwa ansatzweise Menschen wie Gandhi (1947), Martin Luther King (1964), Gorbatschow (1989) oder Nelson Mandela (1993) vermochten.

Steiner aber spricht sogar von moralischen Kräften, die einen künftigen, ganz anderen *Erdenzustand* vorbereiten sollen! Von jener Kraft, die notwendig ist, spricht auch Christus in den Evangelien – immer wieder dort, wo er von ‚*Glaube*' spricht, was fast stets vergessen wird: ‚[...] denn wahrlich, ich sage euch, wenn ihr Glauben habt wie ein Senfkorn, so werdet ihr zu diesem Berg sagen: Hebe dich weg von hier dorthin!, und er wird sich hinwegheben.' (Mt 17,20f). Welch eine Kraft muss dies sein!

Demgegenüber verweist Steiner darauf, dass der Glaube an die ‚moralische Weltordnung' selbst bei Kantianern sehr schwach geworden ist. Zwar fühle man sich mit seinem Gewissen daran gebunden – aber dass jene eine ebensolche objektive Realität habe wie die Natur, daran glaubt man nicht.[225] [107] Erneut weist er dann darauf hin, dass es das Christuswesen ist, was den moralischen Ideen der Seele *Substanz* verleihen wird – jenes Wesens, das sprechen konnte: ‚Himmel und Erde werden vergehen, aber meine Worte werden nicht vergehen'.[226] [108] Diesmal aber betont Steiner noch stärker, wie dies *im* Menschen eine Realität werden soll – es geht wirklich um das, was im Evangelium mit Kraft des Glaubens angesprochen wird:[226]

> Nun, stellen Sie sich die Erde vor als physische Natur, so wie Sie sich die Pflanze vorstellen, die moralische Ordnung wie den Keim der Pflanze, und die Christus-Kraft als dasjenige, was den Keim aufgehen läßt als die künftige Erde [...]! | Aber wie kann das sein? Wie kann dasjenige, was nur im Gedanken lebt nach den naturalistischen Vorstellungen, was nur eine Vorstellung ist, zu der man sich moralisch verbunden fühlt, wie kann das umgesetzt werden in solche

---

[107] • Vortrag vom 10.4.1917, GA 175, S. 203-227.

[108] Wie zentral diese Worte sind, zeigt die Tatsache, dass sie in drei Evangelien festgehalten sind: Mt 24,35; Mk 13,31; Lk 21,33. • Rudolf Steiner aber betont, dass es diese Christuskraft ist, die das Moralische der Erdenwelt zum künftigen Erdenzustand hinübertragen wird.[226]

Realität, wie diejenige ist, die in der Steinkohle brennt oder mit der Flintenkugel in die Luft fliegt? Wie kann das eine dichte Vorstellung sein, was so dünn ist als moralische Vorstellung? Dazu braucht es eines Impulses. Es muß ergriffen werden diese moralische Vorstellung von einem Impulse. Wo ist er, dieser Impuls? Jetzt erinnern Sie sich [...]: Der Glaube soll nicht bloß ein Surrogat des Wissens sein; der Glaube soll etwas wirken. Das, was er wirken soll, ist: er soll unsere moralischen Vorstellungen real machen. Er soll sie hinübertragen und eine neue Welt daraus bilden. Darauf kommt es an, daß [...] in dem, was man glaubt, die Kraft liegt, welche imstande ist, den Keim „Moral" zum Weltenkörper zu realisieren. Diese Kraft mußte durch das Mysterium von Golgatha in die Erdenentwickelung hereingetragen werden. Diese Kraft mußte in die Seele der Jünger hereingesenkt werden [...].

In demselben Vortrag formuliert Steiner auch in Bezug auf das trinitarische Gottesbild des Christentums, dass man zu der *allgemeinen* Gottesvorstellung bereits kommen muss, wenn man die äußere Natur erlebt, was also mit dem Leib zusammenhängt: ‚Atheist werden, das ist eigentlich nur möglich, wenn man keine Anlage hat, die Vorgänge der äußeren Natur, der Leiblichkeit, klar zu beobachten. Das kann man aber wiederum nur, wenn die leiblichen Kräfte zu stumpf sind. Denn sind die leiblichen Kräfte nicht stumpf, so kann man eigentlich nicht Atheist werden; man erlebt ja den Gott fortwährend.' Atheist zu sein, ist eigentlich eine Krankheit der Seele.[224]

Demgegenüber muss man den Christus ‚finden im Werden der Menschheitsentwickelung. Findet man ihn nicht, so findet man diejenige Kraft nicht, welche die Seele rettet über den Tod hinaus. Das ist ein Unglück der Seele.'[224] Und schließlich: ‚Innenanschauung, geistiges Erleben, führt zu der Erkenntnis des Wesens des Geistes in wiederholten Erdenleben und führt, wenn sie in Verbindung gebracht wird mit dem, worinnen sie lebt, mit dem Spirituellen, zu der Betrachtung des Heiligen Geistes'.[223] Gottesleugnung als Atheismus ist Seelenkrankheit, Christus-Leugnung ist Seelenunglück, Geist-Leugnung ist Seelen(selbst)täuschung.[224]

Diese Begriffe sind sehr wesentlich. Sie lassen einmal mehr erleben, dass der Materialismus wirklich eine *Selbsttäuschung* der Seele ist, die sich bzw. ihr Geistwesen real verleugnet. Atheismus wiederum ist eine Art *Krankheit* der Seele, denn wäre sie wirklich offen und hingebungsvoll gegenüber den Eindrücken, die sie empfängt, *müsste* sie das Göttliche finden können. Schließlich aber in Bezug auf das Christuswesen: Dieses muss man wirklich in der eigenen Seele finden – und findet die Seele es nicht, kann man weder sagen, es sei Krankheit, noch, es sei Selbsttäuschung, aber es ist ein *Unglück*, wenn die Seele die Beziehung nicht findet...

Christus und die Seele   •

Wie das innere Seelenleben *lebendig* werden kann, formuliert Steiner in einem Weihnachtsvortrag am Ende des Weltkriegs-Jahres 1918. Dort beantwortet er die Frage, wie der Christus-Impuls in der eigenen Seele erfahren werden könne, mit folgenden Worten:[109]

---

[109] Vortrag vom 22.12.1918, GA 187, S. 9-27, hier 21f.

Versuchen Sie es, [...] die Geistgedanken [...] aufzunehmen nicht bloß wie eine Lehre, nicht bloß wie eine Theorie, versuchen Sie sie aufzunehmen so, daß sie diese Ihre Seele im tiefsten Inneren bewegen, erwärmen, durchleuchten und durchströmen, daß Sie sie lebendig tragen. Versuchen Sie, diese Gedanken in solcher Stärke zu empfinden, daß sie Ihnen sind wie etwas, was wie durch den Leib in Ihre Seele eintritt und den Leib verändert. Versuchen Sie, alle Abstraktionen, alles Theoretische von diesen Gedanken abzustreifen. Versuchen Sie, darauf zu kommen, daß diese Gedanken solche sind, welche eine wirkliche Speise der Seele sind, versuchen Sie, darauf zu kommen, daß durch diese Gedanken nicht bloß Gedanken in Ihre Seele einziehen, sondern daß geistiges Leben, das herauskommt aus der geistigen Welt, durch diese Gedanken in unsere Seele einzieht. Machen Sie sich intim innerlichst eins mit diesen Gedanken, und Sie werden ein Dreifaches bemerken. Sie werden bemerken, daß diese Gedanken allmählich etwas in Ihnen selber austilgen, was insbesondere in unserer Zeit des Bewußtseinsseelenzeitalters so deutlich in die Menschenseelen hereinzieht: [...] die Selbstsucht! Wenn Sie zu bemerken anfangen: diese Gedanken töten den Egoismus, lähmen die Selbstsucht –, dann, meine lieben Freunde, haben Sie verspürt das Durchchristete der anthroposophisch orientierten geisteswissenschaftlichen Gedanken. Und wenn Sie zweitens verspüren, daß in dem Augenblick, wo irgendwie in der Welt an Sie herantritt die Unwahrhaftigkeit, entweder indem Sie selber versucht werden, es mit der Wahrheit nicht genau zu nehmen, oder von anderer Seite Ihnen die Unwahrhaftigkeit entgegentritt, wenn Sie verspüren, daß in dem Augenblicke, wo die Unwahrhaftigkeit in Ihre Lebenssphäre hereintritt, warnend oder auf die Wahrheit hinweisend, ein Impuls dasteht neben Ihnen, der die Unwahrheit nicht in Ihr Leben hereintreten lassen will, der Sie immerzu mahnend auffordert, mit der Wahrheit es zu halten: dann verspüren Sie wiederum gegenüber dem zum Scheine heute so vielfach neigenden Leben den lebendigen Christus-Impuls. [...] Wenn Sie es dahin bringen [...], daß die Gedanken so in Sie eindringen, daß Sie fühlen: Es ist so, indem diese Gedanken mit meiner Seele intim werden, wie wenn sich eine zur Wahrheit mahnende Gewissensmacht neben mich hinstellte, dann haben Sie den Christus-Impuls in der zweiten Art gefunden. Und wenn Sie drittens auch noch fühlen, daß ausströmt von diesen Gedanken etwas bis in den Leib hinein, aber insbesondere in der Seele Wirkendes, Krankheit Überwindendes, den Menschen Gesundmachendes [...]: dann haben Sie den dritten Teil des Christus-Impulses dieser Gedanken empfunden.

Wie *wenig* das wahre Ich mit irgeneinem Selbstbezug oder Selbstempfinden zu tun hat, wie sehr es mit allem *verbunden* ist – wie wir bereits aus dem Bologna-Vortrag wissen –, das beschreibt Steiner in folgender Passage fünf Tage später:[110]

Das ist gerade das Charakteristische des Zeitalters der Bewußtseinsseele, daß der Mensch sein Ich nur als Spiegelbild erhält, damit er in das Zeitalter des Geistselbstes hineinlebt und das Ich anders gestaltet, in neuer Gestalt wieder erleben kann. [...] Heute möchte der Mensch sein Ich, das er nur als Spiegelbild erlebt, alles eher nennen als das, was sich ihm im zukünftigen sechsten nachatlantischen Zeitraum als solches präsentieren wird. Jene mystischen Anwandlungen, wie sie heute die Menschen noch haben: durch Hineinbrüten in ihr Inneres das wahre Ich zu finden – das sie sogar das göttliche Ich nennen! –, solche Anwandlungen werden die Menschen in der Zukunft seltener haben. Aber gewöhnen werden sie sich müssen, dieses Ich nur in der

---

[110] Vortrag vom 27.12.1918, GA 187, S. 65-91, hier 80f.

Außenwelt zu sehen. Das Sonderbare wird eintreten, daß jeder andere, der uns begegnet und der etwas mit uns zu tun hat, mehr mit unserem Ich zu tun haben wird als dasjenige, was da in der Haut eingeschlossen ist. So steuert der Mensch auf das soziale Zeitalter zu, daß er sich in Zukunft sagen wird: Mein Selbst ist bei all denen, die mir da draußen begegnen;[111] am wenigsten ist es da drinnen. Ich bekomme, indem ich als physischer Mensch zwischen Geburt und Tod lebe, mein Selbst von allem Möglichen, nur nicht von dem, was da in meiner Haut eingeschlossen ist.

Man muss begreifen lernen, dass das heutige intellektuelle Denken nichts anderes als ein *Todesprozess* ist. Es ist tot, hat kein eigenes Leben mehr. Es liefert nur noch abstrakte Begriffe und Vorstellungen, die keinerlei Leben der Seele beinhalten, nur noch bloßer Schein sind.

Ganz anders war es noch bis in die ersten nachchristlichen Jahrhunderte hinein – diese ältere Menschheit empfand das Denken noch als etwas aus der geistigen Welt Geschenktes, als hereinragend aus jener Welt, aus der die Seele selbst mit der Geburt herabgestiegen ist. Dann aber wurde das Denken endgültig etwas dem Menschen ganz Eigenes – aber erstarb in demselben Sinne auch. Der Zusammenhang mit der realen geistigen Welt löste sich sozusagen auf. Und wäre dies so *weitergegangen*, so wäre nach und nach mit dem Tode nicht nur der Leib, sondern auch die Seele gestorben, denn sie hätte sich nicht wieder mit der geistigen Welt verbinden können, weil nichts in ihr mehr den Zusammenhang gehabt hätte.

Es ist der Christus-Impuls, der die Seele angesichts dieser Entwicklung gerettet hat, indem die Seele ihr Denken mit Hilfe dieses Wesens wieder mit *Leben* durchdringen kann. Rudolf Steiner beschreibt dies in einem Vortrag 1922:[168f] [112]

Und so erfuhr der Mensch alter Zeiten, indem er sich selber beobachtete, daß in ihm etwas lebte, was lebendiges Denken war, was nur die Fortsetzung war desjenigen, was sein Wesen ausmachte in der geistigen Welt vor seiner Geburt, so daß er bewußt sich sagen konnte: Ich lebe in demselben lebendigen Element, in dem ich gelebt habe, bevor ich auf der Erde Leben gehabt habe. Er fühlte das in sich, was mit ihm geboren ist und nur in den physischen Leib eingezogen ist. Das ist anders beim Menschen seit dem dritten, vierten nachchristlichen Jahrhundert. Wenn dieser in sich hineinschaut, so fühlt er das tote Denken. [...]
Nun können wir uns vorstellen, es wäre nichts im Erdendasein geschehen, als daß dieses Denken allmählich in der menschlichen Seelenverfassung als ein Ersterbendes erschiene. Denken wir uns für einen kurzen Augenblick, daß die Erdenentwickelung so fortbestanden hätte, wie sie begonnen hat, daß die Erdenentwickelung so über das dritte, vierte nachchristliche Jahrhundert fortgegangen wäre, wie sie fortgegangen wäre, wenn das Mysterium von Golgatha nicht auf der Erde eingetreten wäre. Was wäre dann geschehen für die menschliche Seele, wenn kein Kreuz auf Golgatha erhöht worden wäre? Dann wäre geschehen, daß die Menschen sich tot gefühlt hätten im Erdenleib, daß sie sich hätten sagen müssen beim Hinschauen auf den

---

[111] Kurz vorher hieß es bereits: ‚Wenn wir einem andern Menschen gegenübertreten und sich etwas abspielt zwischen uns und dem andern Menschen, was zu unserem Karma gehört, da tritt etwas von dem Impulse des wahren Ich in uns herein.' Ebd., S. 80.
[112] ● Vortrag vom 15.4.1922, GA 211, S. 159-178.

Tod des physischen Leibes: Mit der Erdengeburt beginnt mein Seelisches zu sterben, es nimmt teil an dem Tod des physischen Leibes. – Wenn kein Mysterium von Golgatha dagewesen wäre, dann wäre für die Erdenmenschheit das eingetreten, daß mit dem Tod der physischen Leiber das Seelische mitgestorben wäre, anfangs in weniger intensivem Sinne, aber dann wäre es weitergegangen über die ganze Erde.

Und mit dem *toten* Denken einher geht eine Erstarkung des Ich(-gefühls), die aber ebenfalls Illusion ist und nicht mit der wahren Entwicklung zusammenhängt. Steiner fährt fort:[170-172]

> Der Initiierte hat vorher gefühlt, wenn er in richtiger Weise fortgeschritten ist durch Imagination und Inspiration, daß sein Ich zu stark geworden ist, zwar nicht insofern, als es die Anlage zur menschlichen Freiheit bildet, aber indem dieses zu starke Ich sich in die Entwickelung drängen kann, die den Menschen retten muß vor demjenigen, was durch das tote Denken eintreten würde. Man sieht von dem Gesichtspunkt der Initiationswissenschaft erst recht die Tragik des ersterbenden Denkens.
> Aber es erhebt sich im Hintergrunde die Wahrheit von dem Mysterium von Golgatha. Ich möchte sagen, während auf der einen Seite dasteht im menschlichen Gemüt der Pol, der uns sagt: Dein Ich ist zu stark geworden, da stehst du gefestigt als geistige Wesenheit da, erscheint auf der andern Seite, und zwar im richtigen geschichtlichen Zeitpunkt als historisches Ereignis, aber übersinnlich geschaut, der Durchgang des Gotteswesens Christus zuerst durch den Leib des Jesus von Nazareth, dann durch den Tod auf Golgatha. [...]
> [...] Ja, man lernt jetzt erkennen, was geschehen wäre, wenn das Mysterium von Golgatha nicht eingetreten wäre, wenn nicht ein Gott herabgestiegen wäre, um durch einen Menschenleib zu gehen, im Menschenleibe den Tod zu erleiden und dann sich mit den Kräften der Erde zu verbinden. Denn er hat sich seither mit den Kräften der Erde verbunden, und es leben die Christus-Kräfte seit dem Mysterium von Golgatha mit der Erde, namentlich mit der irdischen Menschheitsentwickelung, in welcher sie früher nicht darinnen waren. [...] Während früher das Denken in alten Zeiten selber noch seinen lebendigen Charakter auf das Erdenleben heruntergetragen hat, kann sich die Erdenseele seit dem dritten, vierten Jahrhundert [...] im unmittelbaren Anblick des Mysteriums von Golgatha das Denken auferwecken lassen. Es ist durch den Tod und die Auferstehung des Christus diese Seele in ihrem Denken so verlebendigt worden, daß die Menschen nun nicht mehr mit ihren Leibern zu sterben haben, wie sie sterben müßten, wenn das Mysterium von Golgatha nicht eingetreten wäre. Der Initiierte [...] weiß [...], daß der Christus durch seine Auferstehung die Seelen der Menschen wieder lebendig gemacht hat.

Heiliger Geist   ●

Das lebendig werdende Denken ist gleichzeitig verbunden mit dem, was immer ‚Heiliger Geist' genannt wurde – jener Geist, den das Christuswesen zu senden verhieß. Steiner knüpft an das Christus-Wort an ‚ihr werdet die Wahrheit erkennen, und die Wahrheit wird euch frei machen' (Jh 8,32) und sagt in einem Pfingstvortrag:[113]

---

[113] Vortrag vom 15.5.1910, GA 118, S. 168-187, hier 174.

Frei werden kann der Mensch nur im Geiste. Solange er abhängig ist von dem, worin sein Geist als in seiner Leiblichkeit wohnt, so lange bleibt er ein Sklave dieser Leiblichkeit. Frei werden kann er nur, wenn er sich im Geiste wiederfindet und aus dem Geiste heraus Herr wird über das, was in ihm ist. „Frei werden" setzt voraus: sich als Geist finden in sich selber. Der wahre Geist, in dem wir uns finden können, ist der allgemeine Menschengeist, den wir als die in uns pfingstlich einziehende Kraft des Heiligen Geistes erkennen, den wir in uns selber gebären müssen, zur Erscheinung kommen lassen müssen. So verwandelt sich für uns das Pfingstsymbol in unser gewaltigstes Ideal der freien Entwickelung der Menschenseele zu einer in sich geschlossenen freien Individualität.

Während in allen alten Einweihungen für das Schauen der Ätherleib durch einen todähnlichen Schlaf aus dem phyischen Leib herausgeholt werden musste, ist seit Christus ein rein geistiges Schauen möglich, das ganz mit dem Ich im Einklang steht: ‚Das aber ist das große Ziel des Christus-Impulses, daß der Mensch eine Ich-Entwickelung durchmachen muß, die ganz und gar in sich selber bleibt, wo er nicht, um in die höheren Welten zu kommen, unterzutauchen braucht in einen niedrigeren Zustand, als das Ich ihn hat.'[114]

Es geht hier um die *Auferstehung* aus dem toten Intellekt. Sehr bald verneinte die katholische Kirche, dass sich die Seele zum Geist erheben und selbst geistähnlich werden könne, erst recht aber, dass der Mensch auch *Geist* sei,[115] aber Christus hatte nichts anderes verheißen, und das Johannes-Evangelium verkündete ein reinstes Geist-Christentum: ‚Indem der Christus der Menschheit den Heiligen Geist sandte, hat er sie befähigt dazu, aus dem Intellektuellen heraus selber sich aufzuschwingen zum Begreifen des Geistigen.'[116]

Freiheit und Liebe   •

Freiheit, wahre Freiheit des Ich, gefunden und verwirklicht im rein Geistigen, ist dem Menschen damit durch die Tat des Christuswesens möglich. Während die luziferischen Einflüsse in der kosmischen Menschheitsentwicklung, die mit dem zusammenhängen, was der ‚Sündenfall' genannt wird, bewirkten, dass sich die *Anlage* zum freien Ich entwickelte, bewirkte das Opfer des Gotteswesens Christus, dass sich dieses freie Ich wahrhaft würde entwickeln können – frei von aller Materie und auch vom luziferischen Selbstbezug. In einer sehr zentralen Passage formuliert Steiner:[117]

---

[114] Vortrag vom 29.6.1909, GA 112, S. 101-119, hier 113.
[115] Das vierte Konzil von Konstantinopel (869) verwarf die Zwei-Seelen-Lehre des byzantinischen Patriarchen Photios I. als Häresie. Der Mensch habe nicht eine unsterbliche Geist-Seele und eine irdisch-vergängliche Seele, sondern nur *eine* denkfähige und vernünftige Seele. Was zunächst wie eine Verteidigung der unsterblichen Seele erscheint, war jedoch gleichzeitig die Ablehnung der *Trichotomie* Leib-Seele-Geist, die ‚Abschaffung des Geistes', und mündete, wie Steiner mehrfach ausführte, letztlich auch in der Abschaffung der Seele selbst durch die materialistische Naturwissenschaft. Wikipedia: Viertes Konzil von Konstantinopel (869/870) & Trichotomie. Anthrowiki: Viertes Konzil von Konstantinopel.
[116] Vortrag vom 30.7.1922, GA 214, S. 59-72, hier 70.
[117] Vortrag vom 14.10.1911, GA 131, S. 209-231, hier 228f.

Daß wir freie Wesen sein können, das verdanken wir einer göttlichen Liebestat. [...] Wenn wir so denken, wird schon der Gedanke in die Mitte unseres Fühlens rücken: Du kannst zur menschlichen Würde kommen; nur eines darfst du nicht vergessen, daß du das, was du bist, dem verdankst, der dir wieder zurückgebracht hat dein menschliches Urbild durch die Erlösung auf Golgatha! – Den Freiheitsgedanken sollten die Menschen nicht ergreifen können ohne den Erlösungsgedanken des Christus. Dann allein ist der Freiheitsgedanke ein berechtigter. Wenn wir frei sein wollen, müssen wir das Opfer bringen, unsere Freiheit dem Christus zu verdanken! Dann erst können wir sie wirklich wahrnehmen.

Der Christus-Impuls ist vor allem der Impuls der Liebe. Ohne die Tat des Christus hätte sich das Ich auch nach und nach entwickelt – aber es wäre ‚ein leeres Ich gewesen, ein Ich, das nur an sich gedacht hätte', ganz im Sinne des luziferischen Impulses.[118]

Der Christus aber hat das, was notwendig hätte kommen müssen, wenn der luziferische Einfluß ins Extrem gegangen wäre, ins Gute gewandelt. Wäre der luziferische Einfluß ins Extrem gegangen, dann wären die Menschen in Lieblosigkeit verfallen. Luzifer hat den Menschen Freiheit und Selbständigkeit gebracht; Christus hat diese Freiheit in Liebe umgewandelt. Und durch das Christus-Band werden die Menschen zur geistigen Liebe geführt.[119]

Buddha brachte bereits 500 v. Chr. den großartigen Pfad der Läuterung und die *Lehre* von Mitleid und Liebe. Christus aber brachte den *Inhalt* der Liebe, die lebendige Kraft, das Substantielle der Liebe.[120]

Rudolf Steiner verweist an verschiedenen Stellen auf einen in der Zukunft kommenden ‚Krieg aller gegen alle', weil der Ich-Impuls immer stärker werden wird. Das einzige Gegenmittel dazu ist der Christus-Impuls: ‚Das wäre das Ergebnis gewesen, wenn die Entwickelung des Menschenblutes stattgefunden hätte ohne das Christus-Ereignis. Rettungslos wären alle Menschen ausgesetzt gewesen dem Streit aller gegen alle, der ja auch so kommen wird, aber nur für diejenigen, welche sich nicht in der richtigen Weise mit dem Christus-Prinzip durchdrungen haben.'[121]

---

[118] Vortrag vom 25.9.1909, GA 114, S. 172-191, hier 176.

[119] Vortrag vom 28.6.1909, GA 112, S. 84-100, hier 99.

[120] Vortrag vom 25.9.1909, GA 114, S. 172-191, hier 183. • Damit übereinstimmend gab es im Buddhismus zunächst das ‚kleine Fahrzeug', das der Selbsterlösung diente. Erst im zweiten Jahrhundert nach Christus (!) entstand die Lehre vom ‚großen Fahrzeug' (Mahayana), dessen Ziel die Erlösung *aller* Wesen war. Wikipedia: Mahayana. • Buddha lehrte, Geburt sei Leiden, ebenso Alter, Krankheit, Tod, Vereintsein mit Ungeliebtem, Getrenntsein von Geliebtem, Nichterlangen von Begehrtem. – Auch dies hat für den Christen keine Gültigkeit mehr: Christus ist durch die Geburt in die Erde eingetreten. Er ist der Heiler. Im Alter wird der Geist immer leuchtender. Der Tod ist durch das Leben überwunden. Mit Christus ist die geistige Welt der Verstorbenen nicht mehr fremd. In seiner Liebe ist alles umfasst. Und Trennung gibt es nicht mehr. Vortrag vom 11.6.1909, GA 109, S. 249-259, hier 258f. Ausführlich auch bereits Vortrag vom 11.4.1909, S. 104-118, hier 109-111.

[121] Vortrag vom 4.7.1909, GA 112, S. 200-217, hier 205.

Der Selbstbezug, der sich zum Egoismus steigert, *kann* nur durch Selbstlosigkeit überwunden werden. Dies aber *ist* der Christus-Impuls:[122]

Notwendig ist, daß immer mehr und mehr ein Verständnis erworben wird dafür, wie wir für unsere Kultur eine Schule der Selbstlosigkeit brauchen. Eine Erneuerung der Moral, eine Vertiefung des menschlichen sittlichen Lebens kann nur kommen durch die Schulung der Selbstlosigkeit. [...] Und den Christus erkennen, heißt die Schule der Selbstlosigkeit durchmachen. Christus erkennen, heißt sich bekanntmachen mit all denjenigen Impulsen der Menschheitsentwickelung, die so in unsere Seele hineinträufeln, daß sie alles, was in dieser Seele zur Selbstlosigkeit veranlagt ist, durchglühen, durchwärmen und aufrufen zum aktiven Seelensein, zur Selbstlosigkeit. Unter dem Einfluß des Materialismus ging die Selbstlosigkeit der Menschheit in einer Weise verloren, wie es in zukünftigen Zeiten der Menschheit erst erkannt werden wird. Aber durch die Vertiefung in das Mysterium von Golgatha [...] mit unserem ganzen Gefühl, unserem ganzen seelischen Wesen, können wir uns wiederum eine Kultur der Selbstlosigkeit aneignen. | Und wir können sagen: Was Christus für die Erdenentwickelung getan hat, ist beschlossen in dem Grundimpuls der Selbstlosigkeit, und was er werden kann für die bewußte Entwickelung der menschlichen Seele, ist die Schule der Selbstlosigkeit!

Durchchristung der Welt ●

Und was im Pfingstgeschehen als *Geist der Brüderlichkeit* auf die Jünger überging, das wurde bereits im Mysterium von Golgatha für die ganze Erde geboren:[123]

[...] daß dieses Sterben eigentlich eine Geburt war, die Geburt desjenigen Geistes, der als allwaltende Liebe sich jetzt ausgegossen hatte in die Seelen der beim Pfingstfeste versammelten Apostel. [...] | [...] Der Erde ist etwas geboren worden, was früher nur im Kosmos vorhanden war, in dem Augenblick, als Jesus von Nazareth verschied am Kreuze auf Golgatha. Der Tod des Jesus von Nazareth war die Geburt der allwaltenden kosmischen Liebe innerhalb der Erdensphäre.

Auch die ,Himmelfahrt' ist nur ein Sich-Vereinigen des Christuswesens mit der ganzen *Erdenatmosphäre*, sodass der Auferstandene für die Jünger nicht mehr sichtbar war. Wäre es wirklich ein Abschied, eine Trennung gewesen, hätte dieses Wesen nicht sprechen können: ,Ich bin bei euch alle Tage bis zur Vollendung des Zeitalters.' (Mt 28,19). Die Liebestat dieses Wesens war gerade die Vereinigung mit der Erde und der Menschheit:[124]

[...] worin das eigentliche Opfer der Christus-Wesenheit bestanden hat, nämlich im Verlassen der geistigen Sphären, um mit der Erde und mit den Menschen auf der Erde zu leben, und die Menschen, die Evolution auf der Erde durch den ihr so gegebenen Impuls weiterzuführen. [...] Und dasjenige, was erlebt wurde zwischen der Johannestaufe und dem Pfingstereignis, das muß-

---

[122] Vortrag vom 1.6.1914, GA 152, S. 151-167, hier 151f.
[123] Vortrag vom 2.10.1913, GA 148, S. 23-39, hier 32f.
[124] Vortrag vom 3.10.1913, GA 148, S. 40-66, hier 42.

te erlebt werden, um umzuwandeln die himmlische Wesenheit des Christus in die irdische Wesenheit des Christus. | Es ist unendlich viel gesagt, wenn dieses Geheimnis hier ausgesprochen wird mit den Worten: Seit dem Pfingstereignis ist die Christus-Wesenheit bei den menschlichen Seelen auf der Erde [...].

Bereits 1906 beschrieb Steiner es in einem Vortrag mit diesen Worten:[125]

Könnten wir von einem fernen Stern herunterschauen auf die Erde durch lange Jahrtausende hindurch, so würden wir einen Zeitpunkt finden, wo Christus so auf der Erde wirkt, daß die ganze Astralmaterie von dem Christus durchdrungen ist. Der Christus ist der Erdengeist, und die Erde ist sein Leib. [...] Er ist in all den Samenkörnern, in all den Bäumen und in allem, was auf der Erde wächst und sprießt. Darum mußte Christus hindeuten auf das Brot und sprechen: „Das ist mein Leib." Und von dem Saft der Weintrauben [...] mußte er sagen: „Dies ist mein Blut" [...]. Die Menschheit muß ihm darum auch erscheinen wie Wesenheiten, die auf seinem Leibe umhergehen. Darum sprach er auch zu seinen Jüngern nach der Fußwaschung: „Der mein Brot isset, der tritt mich mit Füßen." Dieser Ausspruch ist wörtlich zu nehmen in dem Sinne, daß die Erde der Leib des Christus ist.

Im September 1922 wurde unter intensiver Mitwirkung Rudolf Steiners durch eine Gruppe von fünfundvierzig Theologen, Pfarrern und Studierenden unter Leitung Friedrich Rittelmeyers die *Christengemeinschaft* begründet, die seither mit dem Kultus der ‚Menschenweihehandlung' und den übrigen Sakramenten in einer heilig-ernsten Weise die Verbindung zum Christus-Impuls pflegt und hütet – inzwischen in vielen Ländern weltweit.[126] Ich selbst war der Christengemeinschaft über fünfundzwanzig Jahre lang treu verbunden.[127]

Rudolf Steiner selbst aber ging es um die Anthroposophie, die ihrerseits ein Weg war, die Welt zu *durchchristen* – und so überall aus ihrem materialistischen Bann zu erlösen, sowohl in der Seele selbst als auch in der Naturanschauung:[128]

Wie aber das Christentum uns herausgerissen hat aus dem Verbundensein mit dem Tod, wie es uns gelehrt hat: derjenige, der nicht die Auferstehung begreift, der nicht den Christus als den

---

[125] Vortrag vom 2.12.1916, GA 97, S. 64-76, hier 69.

[126] Zur Vertiefung: Friedrich Rittelmeyer: Meine Lebensbegegnung mit Rudolf Steiner. Stuttgart 1980. • Hans-Werner Schroeder: Die Christengemeinschaft. Stuttgart 1990. • Ders.: Das Evangelium im Jahreslauf. Stuttgart 1992. • Ders.: Vom Erleben der Menschenweihehandlung. Stuttgart 1997.

[127] 2023 löste ich mich schließlich, weil die Frage der allzu *männlichen* Trinität für mich unbeantwortet blieb. Mein jahrelanges Leben mit der Gestalt des *Mädchens* führte mich zu der Erkenntnis, dass die Imaginationen oder Begriffe eines ‚Vatergottes' oder ‚väterlichen Urgrundes', eines ‚Sohnesgottes' und eines noch immer recht männlichen ‚Heiligen Geistes' nicht mehr zeit- und wirklichkeitsgemäß sind. Es müsste ein *völlig anderes* Vorstellen und Denken an die Stelle des Bisherigen treten, aber der Wortlaut des Kultus kann nicht geändert werden – und auch das Bewusstsein für die Problematik scheint noch immer nicht da zu sein. • Die Frage ist äußerst schwerwiegend, denn ein tieferes Christentum existiert auch sonst nirgendwo. Siehe weiterführend: Das Mädchen ist die Wandlung. www.holger-niederhausen.de, 25.2.2024, sowie meine Romane ‚Christi Schwester' (2022) und ‚Die Erlöserin' (2022).

[128] Vortrag vom 11.6.1922, GA 211, S. 195-217, hier 216.

Lebendigen begreift, der ist in seiner Seele selber tot – so müssen wir auch begreifen: Wenn wir uns nur mit dem Toten verbinden, dann werden wir selber tot und ahrimanisch, wenn wir aber den Mut haben und die Liebe zu allen Wesen um uns, das zu verbinden,[129] was die Wesen selber sind, nicht, was unsere tote Idee von ihnen ist, dann finden wir den Christus überall, dann finden wir den Sieg des Geistes überall. Dann werden wir vielleicht noch sprechen müssen in einer Weise, wie es unseren Zeitgenossen paradox vorkommt, von den einzelnen Wesen, die im Festen, Flüssigen und so weiter leben, aber solange wir nicht davon sprechen, reden wir von einer toten, undurchchristeten Wissenschaft. Erst dann tun wir es nicht mehr, wenn wir uns entschließen, so von diesen Dingen zu reden, wie wir im wahren Christentum reden. So müssen wir auch alles Wissenschaftliche durchchristen, müssen das, was wir uns heranbilden können durch unsere Gemeinschaft mit dem Christus, in alles Wissen, alle Erkenntnis, in all unser Leben hineintragen. [...] Und in diesem Sinn können wir sagen: Anthroposophie ist in allen Einzelheiten ein Streben nach der Durchchristung der Welt.

---

[129] Gemeint sein kann, wie vorher: mit uns zu verbinden; aber auch: *miteinander* zu verbinden.

Seelische Gesundheit   •

In einer Zeit, in der Depressionen, Angstsymptomatiken, innere Leere und Lebensüberdruss, aber auch Demenz, Alzheimer und andere Erscheinungen immer mehr zunehmen, ist es tief eindrücklich, wie sehr Rudolf Steiner immer wieder darauf hingewiesen hat, was der Mensch braucht, um in Bezug auf sein dreigliedriges Wesen nach Geist, Seele und Leib eine umfassend verstandene *Gesundheit* zu fördern.

Wahre Gesundheit ist gar nicht möglich, wenn der Mensch dieses eigentliche Wesensgefüge seiner selbst völlig *vergisst* und dann auch ebenso völlig vernachlässigt.

Nervosität und Ichheit   •

Wesentliche Aspekte dessen berührte Steiner etwa in seinem Vortrag ,Nervosität und Ichheit' im Jahr 1912.[130] Schon damals wurde viel über das Phänomen der Nervosität geklagt. Noch die leichteste Form, so Steiner, sei dabei eine ,Hast des seelischen Lebens'.[10] Wir können hier heute etwa an all jene unzähligen Menschen denken, die gar nicht mehr anders können, also alle paar Minuten ihr Handy auf Nachrichten zu ,checken' etc.

Eine weitere Form ist, wenn ,Menschen mit sich selber nicht viel anzufangen wissen' und auch zu keinen Entscheidungen kommen.[10] Hier sehen wir dann die innere Schwäche und Leere, die heute bereits unter jungen Menschen so erschreckend verbreitet ist. Dann aber kann sich das, was man umfassend als ,Nervosität' bezeichnen kann, auch so steigern, dass es bis in leibliche Leiden mündet, ohne dass man hier organische Ursachen finden kann.[10]

Aus einer spirituellen Menschenkunde heraus ist es offensichtlich, dass all diesen Erscheinungen eine Willensschwäche zugrundeliegt, gepaart mit einer Ich-Schwäche überhaupt, denn das eigentliche Ich *hätte* einen starken, gesunden, klaren Willen. Man denke etwa an einen fernöstlichen Zen- oder auch Kampfkunstmeister – und man weiß, was eigentlich Wille und innere Klarheit ist...

Rudolf Steiner geht nun in seinem Vortrag auf jene Umstände heutiger Zivilisation ein, die einen derartigen, fortschreitenden *Verfall* des Willens und der Verbindung zwischen dem Ich und der Seele und ihrem äußeren Tun begünstigen.

Da ist zum einen das ,Einpauken' an den Schulen, also jeglicher Unterricht, dem es vor allem um die Vermittlung von ,Stoff' geht, ohne dass ,eine eigentliche Verbindung des Seeleninteresses, des innersten Wesenskernes mit dem, was man sich so einpaukt, [..] vorhanden ist'.[12]

---

[130] • Vortrag vom 11.1.1912, GA 143, 9-28.

Heute ist das Wissen, dass die Seele *beteiligt* sein muss, wenn sie überhaupt in gesunder Weise irgendetwas lernen soll, längst Allgemeinwissen – fortwährend engagiert wiederholt etwa durch den Hirnforscher und Schulkritiker Gerald Hüther.[131] Steiner beschreibt nun aber, dass dieses Auseinanderreißen von sozusagen Kopf und Herz auch ganz direkt die *Lebenskräfte* schwächt:[12]

> Nun gibt es für die gesamte Wesenheit des Menschen kaum etwas Schlimmeres, als wenn man seelisch mit seinem Herzen dem fern steht, was der Kopf treiben muß. Das ist nicht nur etwas, was einem feineren, sensitiveren Menschen widerspricht, sondern etwas, was im höchsten Grade die Stärke und Energie des menschlichen Ätherleibes beeinflußt, gerade des Ätherleibes. Der Äther- oder Lebensleib wird immer schwächer unter einem solchen Treiben wegen der geringen Verbindung, die besteht zwischen dem menschlichen Seelenkern und demjenigen, was der Mensch treibt. Je mehr der Mensch treiben muß von dem, was ihn nicht interessiert, desto mehr schwächt er seinen Äther- oder Lebensleib.

Da dieser Leib in gewisser Weise der Träger des Gedächtnisses ist, wird er gestärkt, wenn *dieses* gestärkt wird, zum Beispiel dadurch, dass Handlungen ganz bewusst vollführt werden, bis in das bewusste bildliche Festhalten dessen (‚Ich lege die Nadel dorthin‘).[14] Eine weitere Stärkung des Ätherleibs, der auch der ‚Gewohnheitsleib‘ ist, könnte zum Beispiel erreicht werden, indem man täglich für eine kurze Zeit übt, seine ganze Handschrift zu verändern,[17] aber auch, etwas mit der anderen Hand zu tun.[21] Die dafür notwendige Aufmerksamkeit und das in dieser lebende Ich würde ebenfalls ‚einen ungeheuer stärkenden Einfluß auf den sich entwickelnden Ätherleib haben, und mancherlei von den nervösen Zuständen bei den Menschen würde nicht auftreten‘.[18] Die gleiche Durchbrechung des Gewohnten lässt sich erreichen, indem man gewisse Dinge *rückwärts* durchläuft – etwa Erzählungen oder auch, wie Steiner andernorts immer wieder angibt, den Rückblick auf das von einem während eines Tages selbst Erlebte.[18f]

Nebenbei weist Steiner darauf hin, dass die *Wirksamkeit* dessen umgekehrt natürlich auch beweist, dass der Ätherleib existiert.[18]

Ebenso kann man aber auch den astralischen Leib bzw. die Herrschaft des Ich über diesen stärken – und hier kommt nun die eigentliche ‚Willenskultur‘ in Frage, indem man sich zum Beispiel Wünsche versagt, nicht zur Ausführung bringt.[21]

Wie wesentlich eine ‚Frustrationstoleranz‘, also die Fähigkeit, auch Versagungen etc. zu ertragen, gerade schon bei Kindern ist, hat auch die heutige Psychologie längst erkannt, ebenso den Zusammenhang mit dem, was ‚Resilienz‘ genannt wird, also innere Stärke und Anpassungsfähigkeit. Die spirituelle Menschenkunde geht aber auf die tieferen *Ursachen* ein – die eben ganz konkret in den Wesensgliedern des Menschen selbst liegen, auf ihre reale Konstitution und ihr Zusammenwirken oder auch mangelhaftes Zusammenwirken. ‚Willenskultur‘ be-

---

[131] Siehe etwa: „Schule, wie wir sie kennen, hat ausgedient“. Focus online, 13.9.2023. • Generell: www.gerald-huether.de.

deutet eben *nicht* nur, nicht immer gleich alles ‚haben' zu wollen – es bedeutet eine umfassende Harmonisierung von Geist, Seele und Leib, von Ich und Astralleib unter *Führung* des Ich, was dann *in* dieser Harmonie bis auf die Lebenskräfte zurückwirkt.

Pädagogisch gilt es dabei nicht nur, dem *Kind* Dinge zu versagen, sondern ebenso, dies zunächst gegenüber sich selbst zu tun – denn vor allem das kleine Kind lernt immens durch unmittelbare Nachahmung. Viel tiefer, als man zunächst denkt, *erlebt* es unmittelbar die innere Seelenhaltung des Erziehers.[22f] 132

Ein weiteres Mittel, den Astralleib unter die Führung des Ich zu bringen, ist, sich bei allen Dingen immer wieder das Für *und* Wider vor das Bewusstsein zu stellen – nicht etwa, um sich entschlussunfähig zu machen, sondern um sich aus allen gewöhnlichen Sympathien und Antipathien herauszureißen, auch aus der subtilen Eitelkeit sich selbst gegenüber: ‚Die Eitelkeit spricht in vieler Beziehung dagegen, sich für etwas, was man tun soll, die Gegengründe anzuführen, denn die Menschen möchten gar zu gerne nur gute Menschen sein.'[24]

Ebenso ist es notwendig, Verantwortung nicht abzuwälzen, sondern aus eigenem Entschluss zu handeln, nicht aufgrund von Gedanken, Ratschlägen, Anweisungen etc. anderer: ‚wenn kein anderer [..] kommt, sondern ich mir selber die Gründe für das Ja oder Nein anführe, und dann hingehe und sie ausführe, weil ich mir Ja gesagt habe, dann hat das eine starke Kraft entfaltet, aber jetzt in mir selber.'[25]

Und noch einmal zielt Steiner auf ein Herausreißen aus allem Bloß-Persönlichen, aber auch auf eine größtmögliche *Harmonie* mit der Welt:[26]

> Ferner gehört es im eminentesten Sinne zu denjenigen Dingen, die die Herrschaft unseres Ich über unseren astralischen Leib stärken, wenn wir alles dasjenige von unserer Seele wegweisen, was in gewisser Beziehung einen Gegensatz zwischen uns und der übrigen Welt aufrichtet, zwischen uns und unserer Umgebung. Allerdings sollte es gehören zu der Selbstverpflichtung, die sich der Anthroposoph auferlegt, nicht etwa berechtigte Kritik sich zu verbieten. Wenn die Kritik eine sachliche ist, so wäre es natürlich eine Schwäche, das Schlechte für gut [...] auszugeben. Das braucht man aber auch gar nicht. Aber man muß unterscheiden lernen zwischen dem, was man um seiner selbst willen tadelt, und dem, was man wegen seines Einflusses auf die eigene Persönlichkeit unbequem, benörgelbar findet. Und je mehr man sich angewöhnen kann, unabhängig zu machen die Beurteilung namentlich unserer Mitmenschen von der Art und Weise, wie sie sich zu uns stellen, je mehr man das kann, desto besser ist es für die Stärkung unseres Ich in bezug auf seine Herrschaft über den astralischen Leib.

Und noch prägnanter: ‚Aber gut ist es zur Stärkung des Ich, darüber nachzudenken, daß wir [...] neun Zehntel der Urteile, die wir fällen, in allen Fällen unterlassen können.'[27]

---

132 Bereits mehrere Jahre vor der Begründung der Waldorfpädagogik wird hier ihr oberster Grundsatz ausgesprochen: Alle Erziehung ist Selbsterziehung.

Überträgt man dies einmal etwa auf die Corona-Zeit, so wird zweierlei deutlich. Wir wissen heute, dass viele ‚Maßnahmen' extrem überzogen waren – und die Gesellschaft auch tief gespalten haben. Man denke nur an die furchtbare Hetze gegenüber den ‚Ungeimpften'. Man kann dies ganz nüchtern und in aller Klarheit feststellen. Der Gegenpol wiederum sind jene, die Corona regelrecht verharmlosten, insbesondere aber die ‚Wutbürger', die möglicherweise sogar richtige Ansichten hatten, sie aber in falscher und destruktiver Weise vertraten – nämlich rein ‚aus dem Astralleib' heraus, mit ungefilterten Antipathien gegen ‚die da oben'.

Damit ist für irgendeine gesellschaftliche Zukunft, aber schon für die eigene spirituelle oder auch nur seelische Gesundheit *nichts* gewonnen, im Gegenteil. Zwar wirkt die subtile Wut und Selbstgerechtigkeit hervorragend als psychisches Ventil – aber umso fester verankert sich die Seele im bloß Astralischen, Persönlich-Emotionalen, und kommt nie über sich hinaus.[133]

Was ist Gesundheit? ●

Die heutige Tendenz des *Konsums*, die von der materiellen und digitalen Flut so regelrecht *aggressiv* nahegelegt wird, kann die Seele nur unglücklich machen. Konsum kann niemals glücklich machen! Es ist erschütternd, wie eine solche einfache, aber tiefe Wahrheit in unserer heutigen, sich so ‚modern' dünkenden Zeit noch immer untergeht, geradezu dem Kapitalismus *geopfert* wird – während andererseits eine regelrechte ‚Kultur der Passivität' errichtet wird, die allenfalls noch in ihrem Körper- und Erlebniswahn ‚aktiv' ist.[134]

---

[133] Die Tatsache, dass sie durchaus richtige Erkenntnisse haben mag, täuscht dies, zusammen mit der starken Selbstgewissheit, nur *vor*. Wirkliche spirituelle Entwicklung läge jedoch nur darin, die Selbstzufriedenheit *abzulegen* und unter falschen Verhältnissen zu *leiden*. Selbstgewisses *Anklagen* dagegen ist immer leicht, dient aber stets nur einer Bestätigung des Ego. • Anders gesagt: Die Lust daran, im alleinigen Besitz der ‚Wahrheit' zu sein, wie sie dem ‚Verschwörungstheoretiker' (aber auch manchem Politiker) eigen ist, muss ganz abgelegt werden zugunsten eines aufrichtigen, objektiven *Leidens* an dem, was geschieht. Dann erst kann man wirklich Vertreter der Wahrheit zu sein hoffen. • Es ist diese Fähigkeit des Leidens, die die Seele läutert. Leiden ist nicht angenehm. Wenn die Seele aber dazu bereit ist und es vermag – statt sich an der subtilen Lust des vermeintlichen Wahrheitsbesitzes zu erfreuen –, so wird sie immer mehr auch objektiver Zeuge dieser Wahrheit sein können, und sie auch in immer objektiverer Weise *auszusprechen* vermögen. Immer mehr spricht dann nur noch die Wahrheit selber bzw. das eigene Leiden an ihrer Verletzung, nicht aber die Lust an ihrem Besitz (und die Selbstüberhöhung gegenüber all jenen, die sie ‚nicht haben'). • Und in christlichem Sinne entspricht dieser Bereitschaft, an etwas leiden zu können, ganz das Täufer-Wort: ‚Nicht ich, sondern Christus in mir'.

[134] ‚Denn was die Menschen vermöge ihres Darinnenstehens in der Ich-Erziehung der westlichen Zivilisation in sich entwickeln, das ist vor allen Dingen eine Sehnsucht, innerlich-seelisch passiv zu bleiben, sich nicht aus dem Weltendasein geben zu lassen, was die Seelen vorwärts bringen sollte. Das aktive Erfassen der Seelenkräfte, das innerliche Erleben, das ja nicht gleich eine okkulte Entwickelung zu sein braucht, sondern das Erleben des Seelischen überhaupt, das ist das, was eine Menschheit in Europa nicht will [...].' Vortrag vom 17.4.1921, GA 204, S. 93-109, hier 104.

Und wie wohltuend ist es, wenn der Geistesforscher eine solche Wahrheit in ihrer ganzen Schlichtheit einfach einmal ausspricht – nicht als daherkommende ‚Weisheit', sondern in ihrem ganzen Hintergrund:[221] [135]

Glück und Freude und Lust und Befriedigung, die die Grundlagen für ein gesundes Leben sind, entspringen immer demselben Grunde, dem Gefühle eines inneren Lebens, das die Begleiterscheinung von Produktivität, von innerer Tätigkeit ist. Glücklich ist der Mensch, wenn er tätig sein kann. Diese Tätigkeit ist nicht grob zu verstehen.
Warum macht die Liebe den Menschen glücklich? Sie ist eine Tätigkeit, der wir die Tätigkeit manchmal gar nicht ansehen. Weil sie eine Tätigkeit von innen nach außen ist, die das andere mitumfaßt. Wir strömen dabei unser Inneres aus. Darum das Gesundende, das Glücklichmachende der Liebe. Produktivität kann das Intimste sein und muß nicht tumultuarisch sichtbar werden. Wenn irgend jemand über einem Buche sitzt und [...] beim Lesen des Buches Bilder geweckt werden, dann liegt eine Produktivität vor, die glücklich macht. [...]
Viel besser ist es, Sie bringen einen abgearbeiteten Menschen nicht in ein Sanatorium, sondern in ein Milieu, wo er Freude hat, zuerst seelische Freude, aber auch physische Freude. Den Menschen in ein Milieu der Freude zu bringen, wo bei jedem Schritt das innere Gefühl der Freude wach wird, das ist es, was ihn gesund macht, wenn er etwa die Sonnenstrahlen durch die Bäume fallen sieht, die Farben und den Duft der Blumen wahrnimmt. Das muß aber der Mensch selber fühlen können, so daß er seine Gesundheit selbst in die Hand nehmen kann. Jeder Schritt soll ihn anregen zu innerer Tätigkeit.

Daneben wies Steiner schon zu Beginn dieses Vortrages darauf hin, dass Gesundheit kein abstraktes *Dogma* ist, auf wenn schon damals ‚der' Gesundheit alle nachjagten – sondern dass es sich um etwas höchst Individuelles handelt:[212f]

Ein uralter Ausspruch hat sich besonders bei den primitiven Leuten heute noch erhalten. [...] Es gibt viele Krankheiten, aber nur eine Gesundheit. – Das ist eben sehr töricht. Es gibt so viele Gesundheiten, wie es Menschen gibt: für jeden Menschen seine individuelle Gesundheit. – Darin liegt schon ausgesprochen, daß alle allgemeinen schablonenhaften Vorschriften, das und das sei für den Menschen gesund, ein Unding sind. Gerade der Teil der Menschheit, der vom Gesundheitsfieber befallen ist, leidet am allermeisten unter den allgemeinen Vorschriften für die Gesundheit und darunter, daß er, im Glauben, daß es überhaupt etwas gäbe, was man allgemein als Gesundheit bezeichnen könne, meint, das und das müsse man machen, das sei gesund. [...]
Wir müssen uns klarmachen: Gesundheit ist ein ganz relativer Begriff, etwas, was einer fortwährenden Veränderung unterliegt, besonders für den Menschen, der das komplizierteste Wesen auf dem Erdball ist.

Während die *Homöopathie* zum Beispiel dies immer schon gewusst hat, ist eine ‚objektive' Medizin, die auch regelrecht hypnotisiert auf ‚standardisierte Doppelblindstudien' starrt, ganz vernarrt in Standard-Prozederes, deren Nichtbeachtung dann bereits als ‚Unterschreitung des medizinischen Standards' gilt. Das mag in zahlreichen Fällen auch richtig sein, in anderen Fällen ist es dies aber nicht – denn wo der *Standard* regiert, ist der individuelle Mensch be-

---

[135] ● Das Gesundheitsfieber im Lichte der Geisteswissenschaft. Vortrag vom 5.12.1907, hier S. 210-226.

reits untergegangen... Ganz abgesehen davon, dass das ganze ‚Gesundheitssystem' daran krankt, dass Menschen heute sehr, sehr oft nur noch wie Standardfälle behandelt werden – und dass Menschen gerade davon *erst recht* krank werden, wenn sie sich überhaupt nicht mehr gesehen fühlen, weil sie auch gar nicht mehr gesehen *werden*.

Die anthroposophische Medizin geht hier einen ganz anderen Weg. Bei ihr steht wirklich im Mittelpunkt *der Mensch*.

*

Rudolf Steiner hat in seinem Lebenswerk Unendliches gegeben für die *Gesundung der Seele*, für eine heilige Seelenhygiene. Es ist auch ein Zeichen des Materialismus, dass allein schon das Wort ‚Hygiene' nur noch rein körperlich begriffen wird – und auch hier nur noch in alleräußerster Art, bezogen allenfalls noch auf Bazillen und Menstruationsblut, um es einmal grob auszudrücken. Aber das griechische Wort ‚hygieia' bedeutet umfassend die *Gesundheit*.

Man könnte also regelrecht formulieren, dass der Materialismus die Anti-Hygiene schlechthin ist, denn er macht Leib und Seele krank. Der Kapitalismus treibt die Menschen in den Burn-out, lässt sie sich körperlich und auch seelisch kaputtarbeiten – und geht darüber hinweg, denn jeder ist ‚ersetzbar'. Im Sinne der *hygieia* sind Kapitalismus und Materialimus ein einziger Wahnsinn. Und man muss diese Hygieia wesenhaft verstehen – im alten Griechenland wurde sie noch als Göttin erlebt.

Wie sehr der spirituelle Kosmos der Anthroposophie die Seele mit gesundenden Kräften beschenkt, sollte in diesem ganzen Buch sehr deutlich werden. Dieses Gesundende liegt allein schon in der Aufhebung der unendlichen *Entfremdung* des Menschenwesens von sich selbst. Es liegt in der Eröffnung von Wegen zu einer tiefen Verbindung mit dem *Christus-Impuls*. In unzähligen Wegen zu einer Verbindung mit der geistigen und sinnlich sich offenbaren Welt überhaupt.

Ein kleines Beispiel für die überall in Steiners Werk verstreuten Perlen – der Hygieia, kann man sagen – ist die folgende Passage aus einem Vortrag vom März 1918, während der Erste Weltkrieg noch tobte:[127f] [136]

> So stellt sich eine ganz bestimmte Empfindung, die unterbewußt immer vorhanden ist, aber ins Bewußtsein allmählich heraufgebracht werden kann, der Dankbarkeit an die Seite, eine Empfindung, die dem Menschen um so mehr abhanden kommt, je mehr er ins Materialistische umschlägt. Aber im Unterbewußten ist sie bis zu einem gewissen Grade immer vorhanden und ist eigentlich selbst durch den stärksten Materialismus nicht auszurotten. Aber eine Bereicherung, eine Erhöhung, eine Veredelung des Lebens hängt davon ab, daß man solche Dinge auch heraufholt aus dem Unterbewußten ins Bewußte. Die Empfindung, die ich meine, ist das, was man bezeichnen könnte mit dem allgemeinen Vertrauen in das durch uns hindurchflutende und an

---

[136] ● Vortrag vom 26.3.1918, GA 181, S. 125-142.

uns vorbeiflutende Leben, Vertrauen zum Leben! Innerhalb einer materialistischen Lebensauffassung ist die Stimmung des Vertrauens zum Leben außerordentlich schwer zu finden. [...] Denn Vertrauen zum Leben besteht darin, daß eine unerschütterliche Stimmung in der Seele vorhanden ist, daß das Leben, wie es auch an uns herantreten mag, unter allen Umständen uns etwas zu geben hat, daß wir niemals auch nur auf den Gedanken verfallen können, daß das Leben uns durch dieses oder jenes, was es uns entgegenbringt, nichts zu geben hätte. Gewiß, wir machen schwere Lebenserfahrungen, leidvolle Lebenserfahrungen durch, aber in einem größeren Lebenszusammenhange stellen sich gerade leidvolle und schwere Lebenserfahrungen als die heraus, die uns am meisten das Leben bereichern, uns am meisten für das Leben stärken. Es handelt sich darum, diese fortdauernde Stimmung, die in der Unterseele wieder vorhanden ist, ein wenig in die Oberseele heraufzuheben, diese Stimmung: Du, Leben, du hebst und trägst mich, du sorgst dafür, daß ich vorwärtskomme.

Direkt danach fügt Rudolf Steiner hinzu, dass dann, wenn dieses Vertrauen eine *bewusste Kraft* in der Seele wird, dies zugleich ganz real den Weg bahnt, ‚um das Geistige, die weisheitsvolle Fügung und Führung im Leben auch wirklich zu beobachten'.[128f] Die Kraft des Vertrauens ist also keine ‚Autosuggestion', wie der seelenarme Materialist sofort unterstellen würde, sondern etwas derart Reales, dass es die Seele nach und nach auch buchstäblich *sehend* werden lässt. Was zunächst nur (auch bereits reale) Kraft des Glaubens ist, wird schließlich für die weisheitsvollen Wege des Schicksals auch sehend, *erlebt* und erkennt diese Weisheit wirklich, und sei es im Rückblick.

In dem zitierten Vortrag sprach Steiner auch von Wegen, wie eine Verbindung mit den Seelen der Verstorbenen möglich ist. Heute ist die moderne Seele aber nicht nur von der geistigen Welt, sondern im Grunde von *allem* getrennt – sie merkt es nur nicht wirklich, weil es ja sinnlich vorhanden ist. Dennoch sehen wir, wie isoliert die Seelen sind, was sich in unzähligen Einzelheiten offenbart: Sinnsuche, Gefühlen der Leere, Langeweile, Gewaltausbrüche, aber auch bereits der ganz normale Selbstbezug. Dem stellt Steiner den heilenden Gegenimpuls gegenüber, nachdem er von der Dankbarkeit gesprochen hat und bevor er von dem Vertrauen sprechen wird:[126]

Das andere ist, daß wir unser eigenes Ich verbinden mit jedem Wesen, mit dem wir irgendwie im Leben handelnd etwas zu tun gehabt haben. Unsere Handlungen erstrecken sich auf diese oder jene Wesen des Lebens, es können auch sogar unbelebte sein. Aber wo wir etwas getan haben, wo sich unsere Wesenheit mit einer andern Wesenheit handelnd verbunden hat, da bleibt etwas zurück, und dieses Zurückbleibende begründet eine dauernde Verwandtschaft unserer Wesenheit mit alledem, womit wir uns eben jemals verbunden haben. [...] Dieses Gefühl der Verwandtschaft ist die Grundlage für ein tieferes, der Oberseele gewöhnlich unbekannt bleibendes Gefühl einer Gemeinsamkeit mit der umgebenden Welt, ein Gemeinsamkeitsgefühl.

Natürlich hat dies auch mit der Wahrheit von Reinkarnation und Karma zu tun – ohne diese kann man auch die Realität dieser *Gemeinsamkeit* gar nicht real denken. Sie *wird* erst ein Erlebnis, wenn man den Begriff der Reinkarnation fassen kann, auch ihre Wirklichkeit zumindest ahnend erleben kann. Dann ist die Gemeinsamkeit gar nicht mehr wegzuleugnen, dann ist sie schlicht ein *Faktum*. Aber auch dieses wieder zutiefst heilend ... die Seele aus ihrer Isolation erlösend.

Aber auch das Wesen des Menschen *überhaupt* ist ohne die Tatsache der wiederholten Erdenleben gar nicht zu denken. Wie kann ein ewiges Wesen gedacht werden, dass nur ein kurzes Leben in der Sinneswelt hat – welchen *Sinn* sollte dies haben? Sollte ein kurzes Leben bereits alles ermöglichen, was in diesem Wesen Mensch keimhaft verborgen liegt? Doch wohl niemals! Die Menschheit ist tief miteinander verbunden – und erst die Erkenntnis von Reinkarnation und Karma macht daraus eine *Wirklichkeit*, die auch als solche erlebt werden kann. Und jedes Sprechen von der ‚Einen Menschheit‘ ist im Grunde nur eine Vorahnung von der *vollen* Wirklichkeit, die einst erlebt werden wird.

Deshalb war für Steiner die Wahrheit von Reinkarnation und Karma der Schlüssel – gemeinsam mit der Christus-Erkenntnis das innerste Zentrum der Anthroposophie:[48] [137]

> Und wir brauchen nicht sehr weit zu gehen, um zu charakterisieren, worin eigentlich das Neue der anthroposophischen Bewegung liegt. Es liegt darin, daß die zwei Wahrheiten, die sozusagen zu unseren fundamentalsten Dingen gehören, an die Menschenseele in einer immer überzeugenderen Weise herantreten: die beiden Wahrheiten von Reinkarnation und Karma. Man kann sagen: Was der Anthroposoph in erster Linie auf seinem Wege findet, wenn er heute ernstlich strebt, das ist die Notwendigkeit der Erkenntnis von Reinkarnation und Karma. [...] Selbst wenn wir über das sprechen, was in bezug auf die Evolution fundamental ist; wenn wir zum Beispiel sprechen über die Christus-Frage: in bezug auf die anthroposophische Bewegung als solche ist sie nicht das Fundamentalste; sondern das Fundamentalste ist die Gestalt, welche die Christus-Frage dadurch erhält, daß Reinkarnation und Karma in die Herzen der Menschen als Wahrheiten aufgenommen werden. Die Beleuchtung, welche die Christus-Frage erhält unter der Voraussetzung der Wahrheiten von Reinkarnation und Karma, das ist das Wesentliche.

Denn auch der Christus-Impuls kann ohne diese Wahrheiten gar nicht wirklich verstanden werden – er entfaltet seine ganze, nicht auszulotende *Tiefe* erst vor ihrem Hintergrund. Und am Ende jenes Vortrages sagt Steiner:

> So wie einmal eine Zeit reif geworden ist, um die kopernikanische Weltanschauung aufzunehmen, so ist unsere Zeit reif geworden, die Lehre von Reinkarnation und Karma zum allgemeinen Bewußtsein der Menschheit zu bringen. Und was geschehen soll im Verlaufe der Mensch-

---

[137] ● Vortrag vom 5.3.1912, GA 135, S. 44-63.

heitsentwickelung, das wird geschehen, wie viele Mächte sich auch dagegen erheben. Und mit Reinkarnation und Karma, mit dem wirklichen Begreifen von Reinkarnation und Karma werden sich alle anderen Dinge von selbst ergeben. Die anderen Dinge ergeben sich durch das Licht, das von Reinkarnation und Karma ausstrahlt.

Auch dies kann man unmittelbar *empfinden*. Ist Reinkarnation nicht nur eine Lehre, sondern eine *Wahrheit*, mit der die Seele lebt, so kann man unmittelbar spüren, wie dies in ein Zeitalter der wirklichen Geschwisterlichkeit unter den Menschen führen *muss* – was nur dann nicht geschieht, wenn man diese Wahrheit abweist. Und was ist der größte Feind dieser Wahrheit? Der Materialismus selbst...

Die Wahrnehmung durchseelen   ●

Die wirkliche Gesundung der Seele hat damit zu tun, dass sie sich im Sinne dessen, was Steiner schon in seinen Grundwerken beschrieb, *selbst ergreift*, anders gesagt: damit zu tun, dass das Ich des Menschen in höherer Weise erwacht und dann die Seelenkräfte mit Bewusstsein durchdringen kann.

Wir sahen bereits, wie dem *lebendigen Denken* auch ein weitergehender Prozess entspricht, der sich bis in den Willen erstrecken kann. Das Gleiche gilt für das Fühlen – und für die Wahrnehmung. Auch dies können heilige, über-sinnliche Prozesse werden.

Schon Goethe hat die ‚sinnlich-sittliche' Wirkung der Farben beschrieben. Dies ist nur möglich, wenn die Seele sich einer Farbe *hingibt* und dann sehr, sehr fein beobachten kann, was mit ihr selbst geschieht. Jede Hingabe ist aber eine Art heilige Aktivität. Die Seele kann nun dahin kommen, wahrzunehmen, dass sie eigentlich in *jeder* Wahrnehmung eine feine Aktivität der Hingabe entfaltet. Und wenn sie das lebendige Denken wahrmacht, kann sie dahin kommen, zu erleben, wie auch *in* jeder Wahrnehmung ein zunächst ganz unbewusstes lebendiges Denken lebt – ein Denken, dem übersinnlich jene Begriffe zuströmen, die dann zu dem ‚Gesehenen' werden.[138]

Nichts wird einfach gesehen. Keine Wahrnehmung ist einfach nur Wahrnehmung. Sie ist immer schon *begriffene* Wahrnehmung. Weil dies unmittelbar geschieht, werden wir uns der Begriffe nicht bewusst – aufmerksam werden darauf könnte man zunächst, wenn man zum Beispiel einmal aus dem Schlaf aufwacht und überhaupt nicht *weiß*, was man sieht ... bis man zum Beispiel gewahr wird, dass man unter einer durchscheinenden grünen Plane liegt, weil man Zelten gegangen ist. Und schon hat sich die Wahrnehmung wieder mit allerhand Begriffen durchdrungen, die zu der *erkannten Welt* werden.

Durchdringt man aber den hier geschehenen *Prozess* mehr und mehr mit Bewusstsein, sodass man gleichsam während dieses Geschehens *dabei* sein kann, indem man in bestimmten Mo-

---

[138] Zum lebendigen Denken in der Wahrnehmung siehe auch Seite 82.

menten so sehr innehält und das Beschriebene so sehr verlangsamt, dass man es erleben und geistig beobachten kann, so ergreift sich der Mensch wirklich von innen und es erwacht ein höherer Mensch – für den dies alles nicht mehr unbewusst verläuft.

Dann aber kehrt sich das gesamte Seelenleben gewissermaßen um. Gewöhnlicherweise ist es so, dass die Wahrnehmung absolut passiv verläuft, während der Mensch sich auf seine (persönlichen) Gedanken allerhand einbildet, weil er sie sich angeblich ja sehr aktiv ,macht'. Rudolf Steiner würde dieses bloße ,Gedanken haben' noch keineswegs *Denken* nennen, aber dies ist wiederum ein anderes Thema. Für die gewöhnliche Seele ist das Denken aktiv, der Wahrnehmungsprozess etwas Passives.

Für das höhere Bewusstsein wird es gewissermaßen umgekehrt: Bewusst wird in der *Hingabe* an die Wahrnehmung der hier selbstlos dem Wahrzunehmenden entgegenströmende Wille, der zwar selbstlos, aber aktiv ist, wirklich Liebe in geistiger Art, wie Steiner es in der ,Philosophie der Freiheit' vom reinen Denken beschrieb, das ja ebenfalls in der Wahrnehmung *lebt*. Aber dieses Denken *empfängt* nun die der Wahrnehmung entsprechenden Begriffe, etwa des Hell-Orangenen, das etwas Weiche, etwas Samtene, das Runde – und auch den Totalbegriff des wahrgenommenen Etwas.[139]

Erlebt wird also, wie die Wahrnehmung zarte Hingabe des Willens wird, während das Denken in ebenso zart übersinnlich dahinfließender Aktivität reines Empfangen wird.

Rudolf Steiner verglich diese Prozesse einmal mit jenen, die in viel früheren Zeiten etwa der östliche Mensch noch spirituell im *Atem* erlebt hat. Und tatsächlich ist das hier Angedeutete ein *seelisch-geistiges* Atmen. Hingabe – Empfangen. Die sogenannte ,Wahrnehmung' ist in Wirklichkeit ein seelisch-geistiger Atmungsprozess. Und so nannte Steiner dies einmal den ,neuen Yoga-Willen', ein Bewusstwerden der feinsten seelischen Prozesse bis in den Willen hinein:[112] [140]

> Die Wirklichkeit ist vielmehr diese, daß ein seelischer Prozeß vor sich geht von außen nach innen, der erfaßt wird durch den tief unterbewußten, inneren seelischen Prozeß, so daß die Prozesse sich übergreifen. Von außen wirken die Weltgedanken in uns herein, von innen wirkt der Menschheitswille hinaus. Und es durchkreuzen sich Menschheitswillen und Weltengedanken in diesem Kreuzungspunkte, wie sich im Atem das Objektive mit dem Subjektiven einstmals überkreuzt hat. Wir müssen fühlen lernen, wie durch unsere Augen unser Wille wirkt, und wie in der Tat die Aktivität der Sinne leise sich hineinmischt in die Passivität, wodurch sich Weltengedanken mit Menschheitswille kreuzen. Diesen neuen Jogawillen, den müssen wir entwickeln. Damit wird uns wiederum etwas Ähnliches vermittelt, wie vor drei Jahrtausenden den Menschen in dem Atmungsprozeß vermittelt wurde. Unsere Auffassung muß eine viel seelischere, eine viel geistigere werden.

---

[139] In diesem Fall vielleicht eine Aprikose.
[140] ● Vortrag vom 30.11.1919, GA 194, S. 102-119, hier 112.

Im Grunde ist dies eine Durchchristung der Wahrnehmung, denn der Prozess ist nicht möglich, wenn nicht die Hingabe entfaltet wird, die eine Form der Liebe ist. Auf diese Weise empfängt man aber auch von der Natur mehr und mehr auch das Seelisch-Geistige, was Goethe in seiner Farbenlehre *anfänglich* beschrieb. Man könnte auch formulieren: Der Christus selbst beginnt, es der Wahrnehmung zu offenbaren. Indem man *mit* der Christus-Kraft der Liebe (Hingabe) wahrzunehmen beginnt, strömt der Seele die *Wahrheit* entgegen, die Tatsache, dass die Natur wesentlich mehr ist als das von der gewöhnlichen Seele so tot, abstrakt und seelenlos Wahrgenommene:[113]

Wenn wir in der Natur das Seelische mitempfangen lernen mit der Sinnesanschauung, dann werden wir das Christus-Verhältnis zu der äußeren Natur haben. Da wird das Christus-Verhältnis zur äußeren Natur etwas sein wie eine Art geistigen Atmungsprozesses.

Es mag deutlich sein, wie sehr dies *Gesundung* der Seele wäre...

Verbindung mit allem   ●

Aber selbst wenn man sich nicht zu dieser *rein* geistigen Tätigkeit erheben kann, gibt die Anthroposophie mit all ihren Darstellungen der Seele eine solche *Regsamkeit*, dass auf andere Weise wieder eine heilige *Hingabe* möglich wird, die die Seele aus ihrer ach so modernen ,Verklebung' mit sich selbst erlöst – und die Steiner einmal in folgende Worte fasst:[141]

Das ist schließlich dasjenige auch, was die Natur dem menschlichen Gemüte geben soll. Naiv, nicht durch Spekulation, soll der Mensch in der Lage sein, beim Anblicke dieser oder jener Naturwesenhaftigkeit Freude, Sympathie, ja vielleicht inneres Jauchzen, inneren Enthusiasmus gegenüber den Gestaltungen, gegenüber dem Sprießen und Blühen in der Natur zu empfinden. Und dann soll in bezug auf das, was er sich nicht ganz klarmacht bei diesem Jauchzen, bei diesem Enthusiasmus, bei dieser überströmenden Freude über die Natur, in seinen Untergründen eigentlich die Empfindung leben, wie er in seinem ganzen Gemüte sich so innig verwandt fühlt mit dieser Natur, indem er sich sagen kann, wenn es ihm auch nur dumpf zum Bewußtsein kommt: Das haben die Götter aus sich heraus als ihren Spiegel in die Welt hineingestellt, dieselben Götter, denen mein eigenes Gemüt entstammt, dieselben Götter, von denen ich auf einem andern Wege komme. – Und eigentlich sollte alles innere Jauchzen über die Natur, alle Freude über die Natur, alles was als ein so befreiendes Gefühl in uns aufkommt, wenn wir die Frische in der Natur innerlich lebendig nacherleben, darauf gestimmt sein, daß das menschliche Gemüt sich verwandt fühlt mit dem, was in der Natur draußen als Spiegel der Gottheit lebt.

Es geht nicht um die Formulierung ,Götter' oder ,Gottheit', man kann hier jene Begriffe nehmen, die für die *eigene* Seele das Heilig-Göttliche bezeichnen können. Worum es geht, ist, wieder eine innige *Verbindung* mit allem zu finden, ein tiefes Glück über die einen umgeben-

---

[141] Vortrag vom 27.9.1923, GA 223, S. 89-105, hier 96.

den Wunder und die unendliche Schönheit... Etwas, was die ‚moderne' Seele so grenzenlos verloren hat...[142]

Die Frage des *Gemüts*, des innersten Lebens der Seele sozusagen, ist für die seelische Gesundheit eine absolute Schlüsselfrage. Und es ist offenbarend, zu erkennen, wie grenzenlos *wenig* sich die heutige Welt, auch die heutige Wissenschaft, um diese Frage kümmert. Anstatt sie sich *innig angelegen* sein zu lassen, wird sie verdrängt, bis es zum Burnout, zu Gefühlen tiefer Leere und ähnliches kommt – und meist auch dann noch. Die Wissenschaft wieder behandelt dann mit ‚Stimmungsaufhellern' und ähnlichem. Ja, auch Medikamente können die tiefe Niedergedrücktheit lindern – aber nur auf rein chemischem Wege. An den Ursachen ändert sich nicht das Geringste. Wie heilsam wäre es dagegen, sich überhaupt erst einmal der Frage des Gemüts *zuzuwenden*:[109f] [143]

> Wir können einen Menschen nur dann gemütvoll nennen, wenn uns in seinen Gedanken, indem er sie zu uns äußert, etwas entgegenströmt von der inneren Wärme seines Gemütes. Und wir können eigentlich an einen Menschen erst dann heran, wenn er [...] der Welt gegenüber nicht bloß pflichtgemäß, korrekt handelt, sondern wenn in seinen Handlungen etwas liegt, das uns sehen läßt, es fließt in sie aus der Enthusiasmus seines Herzens, die Wärme, die Liebe für die Natur, für jedes Wesen. So sitzt gewissermaßen in der Mitte des Seelenlebens dieses menschliche Gemüt. | [...] Dasjenige aber, was zwischen Denken und Wollen liegt, alles das, was das menschliche Gemüt umfaßt, geht schon sehr, sehr nahe an das ganze menschliche Wesen heran. [...] Für das, was der Mensch innerlich erlebt, bewußt erlebt, läßt sich – sagen wir das Paradoxe – zur Not gemütlos sein, aber es läßt sich nicht gemütlos sein, ohne daß irgendwie doch durch die Gemütlosigkeit das menschliche Wesen ergriffen werde. Und wenn der Mensch es seelisch ertragen kann, vielleicht durch Seelenlosigkeit sich zur Gemütlosigkeit zwingt, so wird das in irgendeiner andern Form an seinem ganzen Wesen fressen, wird bis in die physische Organisation, bis in Gesundheit und Krankheit hinein fressen. Vieles, was in unserer Zeit an Niedergangserscheinungen auftritt, hängt im Grunde genommen gerade mit der Gemütlosigkeit zusammen, in die viele Menschen sich hineingefunden haben.

Das Leben in ‚Events' und bloßen ‚Eindrücken' kann nie darüber hinwegtäuschen, dass es nicht darum geht, *wieviel* oder wie Spektakuläres die Seele erlebt – sondern dass es immer nur darum gehen kann, wie tief und wie *innig* sie erlebt. Alles wahre Erleben, was die Seele beschenken und bereichern kann, ist dem Spektakulären im Grunde gerade entgegengesetzt. Denn dieses reißt nur hinaus, raptusartig, überwältigend, überflutend – und kann so jede Hingabe und jede echte, zarte Empfängnis nur verhindern. Aber wie eine Droge vermittelt es das kurzzeitige Gefühl, man habe etwas ‚erlebt' – bis man, sehr bald, den nächsten ‚Schuss' braucht.

Das Gemüt dagegen lebt in der Stille ... in der Stille eigener zarter Aktivität ... die dann auch erst *wirklich* beschenkt werden kann.

---

[142] Siehe auch meine Bücher ‚Vom Wiederfinden des Fühlens' (2016), ‚Und erlöse uns von dem Coolen' (2018), ‚Die Unschuld stirbt zuerst. Die moderne Anbetung des Seelentodes - und die Rettung' (2023).

[143] ● Vortrag vom 28.9.1923, GA 223, S. 106-122.

Rudolf Steiner beschrieb das geistige Weben *in* der Natur auch sehr konkret. Wenn *alles* geistig ist, dann ist es nicht anders möglich, dass auch die Natur überall von geistiger Wesenhaftigkeit durchdrungen ist. Wichtig ist, dass man hierbei nicht subtil materialistischen Vorstellungen von Elementargeistern oder Elfen verfällt, die man fast *sehen* könnte. Auch diese in den Elementen des Festen, Flüssigen, Luftigen und Wärmehaften lebenden Wesen sind eben *Geistwesen*. Dennoch ist es möglich, dass sie von gewissen Menschen früherer Jahrhunderte in einem verdämmernden Hellsehen noch imaginativ geschaut werden konnten – weil sie sich tiefen und reinen Gemütkräften noch offenbaren konnten, bevor *diese* Art des Hellsehens ganz verschwand, und, wie Rudolf Steiner oft betonte, auch verschwinden musste, um wirklich zur Bewusstseinsseele zu kommen.[144]

Ebenso notwendig ist es aber, dass die Seele heute auf neue Weise wieder einen Zugang zu dieser elementarischen Geistwelt gewinnt, weil sie sonst tatsächlich den Zusammenhang mit allem verliert, was auch diese sie umgebende Welt mit ins Verderben reißen würde. Rudolf Steiner beschreibt ganz für das moderne Bewusstsein, wenn auch etwas bildhaft, um es verständlich zu machen, wie die Elementarwelt auf den Menschen *angewiesen* ist:[111f]

> Wenn wir eine Pflanze betrachten, wie man es gewohnt ist, sie heute zu betrachten, so ahnt man gar nicht, daß in dieser Pflanze eine elementarische Wesenheit steckt, ein Geistiges steckt, daß in jeder solchen Pflanze etwas drinnen ist, dem es nicht genügt, daß wir sie anschauen und uns die abstrakte Bildvorstellung machen, die wir uns heute gemeiniglich auch von Pflanzen machen. [...] | [...] Wenn die Lilie auf dem Felde erwächst aus dem Keim, bis zur Blüte kommt, dann müssen wir uns schon – ohne Personifikation – ganz intensiv vorstellen, daß diese Lilie auf etwas wartet. [...] Sie sagt sich: Es werden Menschen an mir vorübergehen, Menschen, die mich anschauen, und wenn genügend Menschenaugen ihren Blick auf mich geheftet haben werden, dann werde ich – so sagt der Geist der Lilie – aus der Verzauberung entzaubert sein und werde meinen Weg in geistige Welten antreten können! [...] Überall in unserer Umgebung sind diese elementarischen Geister, und sie rufen uns eigentlich zu: Schauet doch nicht so abstrakt die Blumen an und macht euch nicht bloß die abstrakten Bilder davon, sondern habt ein Herz, ein Gemüt für das, was geistig-seelisch in den Blumen wohnt. Das will durch euch aus seiner Verzauberung erlöst werden. – Und das menschliche Dasein sollte eigentlich eine fortdauernde Erlösung sein verzauberter Elementargeister in den Mineralien, Pflanzen und Tieren.

---

[144] Dennoch kann ein ‚Märchen' wie die ‚Regentrude' von Theodor Storm, insbesondere zusammen mit den seelenvollen Bildern von zum Beispiel Daniela Drescher in der Urachhaus-Ausgabe, auch heute noch der sich vom ‚coolen' Intellekt der Moderne befreienden Seele ein tiefes – und sei es ahnendes – *Empfinden* der in der Natur wirkenden Geistwesen geben. Storm und andere mögen solche ‚Märchen' verfasst haben – aber sie fußen ja auf einem realen Erleben noch älterer Generationen. • Auch ist bekannt, dass manche *Kinder* in sehr frühen Jahren übersinnliche Geistwesen noch wahrnehmen, ohne dass man ihnen je davon erzählt hätte.

Gibt der Mensch sich der Natur *nicht* mit einem liebevollen, seelenvollen Interesse hin, so verfällt diese Naturgeistigkeit der in ihm, dem Menschen, lebenden Gegenmacht:[113f]

> Und mannigfaltig, großartig und gewaltig sind die geistigen Wirkungen, die fortwährend von den Dingen der Natur an den Menschen herantreten, [...] was an den Menschen von allen Seiten durch die Elementargeistigkeit der Natur heranströmt. Und es strömt in ihn ein. [...] | [...] Die äußere Natur in ihrer Unschuld, als ein Spiegel der göttlichen Geistigkeit, hat mit dem Drachen[145] nichts zu tun. Ich habe gestern dargestellt, wie er in den Menschenwesenheiten sitzt. Dadurch aber, daß er ein solches Wesen ist, daß er ein Übersinnliches in der Sinneswelt ist, zieht er in demselben Augenblicke dasjenige an, was aus den Weiten der Natur an den Menschen als übersinnliches Elementarisches heranströmt, verbindet sich mit dem, und statt daß der Mensch durch seine Seelenhaftigkeit, durch sein Gemüt die Elementarwesen, sagen wir der Pflanzen, aus ihrer Verzauberung erlöst, verbindet er sie mit dem Drachen, läßt er sie in seiner niederen Natur mit dem Drachen untergehen.

Dies aber hat nun wiederum tiefgreifende Folgen auch für den Menschen selbst, die Rudolf Steiner nun schildert:[115]

> Es geschieht dadurch physisch, seelisch und geistig etwas. Geistig: [...] Der Mensch würde niemals zu solchen fortschrittfeindlichen Gesetzen kommen, wie dem von der Erhaltung der Kraft und der Energie und der Erhaltung der Materie und dergleichen, wenn nicht der Drache in ihm die Elementarwesen von außen aufsaugen würde. Dadurch, daß die Elementarwesen von außen in ihm sitzen, wird der menschliche Blick von dem Geistigen der Dinge abgelenkt. Wenn der Mensch nach außen sieht, dann sieht er nicht mehr das Geistige in den Dingen, das mittlerweile in ihn eingezogen ist, sondern er sieht nur die tote Materie. | Und im Seelischen? Alles, was der Mensch jemals geäußert hat an demjenigen, was ich Feigheiten der Seele nennen möchte, rührt von dem her, was der Drache an Elementargewalten in ihm aufsaugt. Oh, wie sind sie verbreitet, diese Feigheiten der Seele! Der Mensch weiß ganz gut: Dies oder jenes soll ich tun, dies oder jenes ist in einer bestimmten Lage das Richtige. – Er kann sich nicht dazu aufraffen, er kann es nicht tun, irgend etwas wirkt als seelische Schwere in ihm. Es sind die Elementarwesen im Leibe des Drachen, die in ihm wirken. | Und physisch? Der Mensch würde niemals von demjenigen geplagt werden, was man die Bazillen der Krankheiten nennt, wenn nicht in ihm durch jene geistigen Wirkungen, die ich jetzt beschrieben habe, sein Leib fähig gemacht würde, ein Boden für Bazillenwirkungen zu sein.

Dies muss man natürlich nicht ,glauben', *kann* man vielleicht auch nicht einmal glauben. Vielleicht muss es auch gar nicht zu einer ,Vernichtung' von Stoff kommen, damit das Geistige im Willen in das Physisch-Stoffliche eingreifen kann. Aber dass die Anfälligkeit für alle möglichen Erkrankungen unmittelbar von der seelisch-geistigen Verfassung abhängt, hat heute sogar schon die ganz gewöhnliche Psychosomatik erkannt. Und die Feigheiten der Seele? Man kann sie abstrakt mit einer *allgemeinen* Haltlosigkeit der modernen Seele ,erklären', die mit dem ,immer komplexeren Weltgeschehen' überfordert ist – natürlich, auch das. Aber Ru-

---

[145] Dies bezieht sich auf die Imagination des Kampfes Michaels mit dem Drachen im Menschen, die erst in einem späteren Kapitel vertieft werden wird. Zu Michael siehe aber auch das Folgende.

dolf Steiner geht noch viel konkreter in die Ursachen. Die heutige Psychologie erklärt die ‚Feigheiten der Seele' allenfalls mit mangelnden sozialen und ‚Sinnzusammenhängen'. Steiner aber weist darauf hin, dass sich die materialistische oder sonstwie ignorante Seele ganz real mit etwas Wesenhaftem imprägniert, das, weil es nicht erlöst, sondern in eine andere Sphäre hineingezogen wurde, nun seinerseits lastend und krankmachend wirkt.

Wie man es auch auffasst – Rudolf Steiner wies darauf hin, dass Anthroposophie nicht nur ‚Lehren' vermittelt, sondern reale *Lebensmächte*. Eine Seele, die mit den Wesen der Natur mitleben kann, in einem wie sehr zunächst auch nur ahnenden Zusammenhang und Zusammenklang, ist einfach gesünder als eine Seele, die sich um diese Wesen nicht im Geringsten kümmert und auch sonst um keinerlei Inhalt der Geisteswissenschaft.

*

Welche Lebensmacht Anthroposophie werden kann, beschreibt Steiner dann am Beispiel Michaels, jenes ‚Erzengels' der seit dem letzten Drittel des 19. Jahrhunderts eigentlich der wahre *Zeitgeist* ist, der die Seelen zu einem geistigen Erwachen führen will – ohne allerdings je ihre Freiheit anzutasten, im Gegensatz zu den Gegenmächten, die diese Freiheit und die innere Aktivität fortwährend *lähmen* wollen:[117f]

Dieses Sich-Aufschwingen dazu, daß man von den Gedanken über das Geistige so erfaßt werden kann wie durch irgend etwas Physisches in der Welt: das ist Michael-Kraft! Vertrauen haben zu den Gedanken des Geistigen, wenn man die Anlage dazu hat, sie überhaupt aufzunehmen, so daß man weiß: Du hast diesen oder jenen Impuls aus dem Geistigen. Du gibst dich ihm hin, du machst dich zum Werkzeug seiner Ausführung. Ein erster Mißerfolg kommt – macht nichts! Ein zweiter Mißerfolg kommt – macht nichts! Und wenn hundert Mißerfolge kommen – macht nichts! Denn kein Mißerfolg ist jemals ausschlaggebend für die Wahrheit eines geistigen Impulses, dessen Wirkung innerlich durchschaut und ergriffen ist. Denn erst dann hat man Vertrauen, das richtige Vertrauen zu einem geistigen Impuls, den man in einem bestimmten Zeitpunkt faßt, wenn man sich sagt: Hundert Male habe ich Mißerfolg gehabt, das kann mir aber höchstens beweisen, daß für mich in dieser Inkarnation die Bedingungen zur Realisierung dieses Impulses nicht gegeben sind. Daß dieser Impuls aber richtig ist, das schaue ich durch seinen eigenen Charakter. Und wenn es auch erst nach der hundertsten Inkarnation sein wird, daß für diesen Impuls die Kräfte zu seiner Realisierung mir erwachsen – nichts kann mich überzeugen von der Durchschlagskraft oder Nichtdurchschlagskraft eines geistigen Impulses als dessen eigene Natur. – Wenn Sie sich dies im Gemüte des Menschen als das große Vertrauen für irgend etwas Geistiges ausgebildet denken, wenn Sie sich denken, daß der Mensch felsenfest halten kann an etwas, was er als ein geistig Siegendes durchschaut hat, so festhalten kann, daß er es auch dann nicht losläßt, wenn die äußere Welt noch so sehr dagegen spricht, wenn Sie sich dies vorstellen, dann haben Sie eine Vorstellung von dem, was eigentlich die Michael-Kraft, die Michael-Wesenheit von dem Menschen will, denn dann erst haben Sie eine Anschauung von dem, was das große Vertrauen in den Geist ist. Man kann irgendeinen geistigen Impuls zurückstellen, selbst für die ganze Inkarnation zurückstellen, aber hat man ihn einmal gefaßt, so darf man niemals wanken, ihn in seinem Inneren zu hegen und zu pflegen; dann allein kann man ihn aufsparen für die folgenden Inkarnationen. Und wenn auf diese Weise das

Vertrauen zu dem Geistigen eine solche Seelenverfassung begründet, daß man in die Lage kommt, dieses Geistige als so real zu empfinden wie den Boden unter unseren Füßen, von dem wir wissen, daß, wenn er nicht da wäre, wir mit unseren Füßen nicht auftreten könnten, dann haben wir ein Gefühl in unserem Gemüte von dem, was eigentlich Michael von uns will.

Nun kann der materialistische Wissenschaftler sagen: eine außergewöhnlich wirksame Autosuggestion! Das Problem ist nur, dass er selbst das Wirken einer Autosuggestion nicht erklären kann. Aber in unzähligen Vorträgen beschreibt Steiner die *Unterschiede* zwischen bloßen Illusionen, die auf dem spirituellen Weg sehr wohl auch auftreten, und realen Erfahrungen. Nun kann man ferner darauf hinweisen, dass auch ein fernöstlicher Kampfkunstmeister ‚Michael‘ nicht braucht, um eine sagenhafte Geistesstärke zu entwickeln. Nun – auch Steiner hat in seinen Grundwerken nicht von Michael gesprochen und doch ganz ähnliches ausgeführt.[146] Dennoch kann der Punkt kommen, wo der Geistesforscher erkennt, was eigentlich in höherem Sinne die *Quelle* von so etwas wie real-moralischer geistiger Kraft ist – und dann aus unmittelbarer Erfahrung heraus dazu kommen muss, von bestimmten geistigen Wesen einfach zu sprechen.[147]

Und nun schlägt Steiner im selben Vortrag den Bogen zwischen Michael und der Naturgeistigkeit. Denn gerade der unterschütterliche Geistesschüler wird auch diese früher oder später *erleben*:[119f]

Durchdringt sich der Mensch immer mehr und mehr mit diesem Vertrauen für das Geistige, dann wird über ihn etwas kommen wie eine Inspiration, eine Inspiration, auf die eigentlich alle guten Geister der Welt warten. Der Mensch wird den Frühling erleben, so erleben, daß er die Schönheit, die Lieblichkeit der Pflanzenwelt empfindet, daß er seine innigste Freude über das sprießende, sprossende Leben hat, aber er wird zu gleicher Zeit ein Gefühl dafür bekommen, daß in allem sprießenden, sprossenden Leben elementarisch Geistiges verzaubert ist. Er wird ein Gefühl, einen Gemütsinhalt dafür bekommen, daß jeder Blütensproß ihm Zeuge wird für die Tatsache, daß in der blühenden Pflanze Wohnung nimmt ein verzaubertes Elementarwesen. Und der Mensch wird ein Gefühl dafür bekommen, wie in diesem Elementarwesen die Sehnsucht lebt, gerade durch ihn erlöst zu werden, nicht übergeben zu werden dem Drachen, dem es durch seine eigene Unsichtbarkeit ja verwandt ist. Der Mensch wird ein Gefühl dafür bekommen, wenn dann die Blumen im Herbste abwelken, daß es ihm gelungen ist, etwas beizutragen, damit die Welt in ihrer Geistigkeit wiederum ein Stückchen weiterkomme, und daß mit der abwelkenden und sich senkenden Blüte, mit der Blüte, die in den Samen übergeht, die hart und welk

---

[146] Das ist wiederum der Grund für gewisse Menschen aus dem ehemaligen Umkreis der Zeitschrift ‚info3‘, insbesondere Felix Hau, zu behaupten, Steiner sei von der Höhe seiner Philosophie ab der theosophischen Zeit zu einem ‚Märchenonkel‘ herabgesunken bzw. ein solcher geworden, weil die Menschen für etwas anderes noch nicht reif gewesen seien. Nun, die saloppe, höchst *gewöhnliche* Art eines Felix Hau diskreditiert sich fortwährend selbst. • Ernstzunehmender sind schon ähnliche Einwände Christian Clements, immerhin seit 2013 Herausgeber der ‚Kritischen Steiner Ausgabe‘. Ich bin seinerzeit mit über zwanzig Aufsätzen auf Clement und seine Darstellungen eingegangen. Siehe ‚Christian Clement und die SKA‘ auf meiner Webseite.

[147] Dass der östliche Meister sich für *diese* Fragen nicht interessiert, bedeutet auch nicht, dass nicht auch hinter seiner Geisteskraft ganz konkrete geistige Wesen stehen, vielleicht sogar dieselben, vielleicht andere.

wird, ein Elementarwesen aus der Pflanze schlüpft. Entsprechend dem, wie sich der Mensch mit der starken Michael-Kraft durchdrungen hat, wird er es sein, der dieses elementarische Wesen nach aufwärts führt, in die Geistigkeit, nach der es strebt. | Und der Mensch wird den Jahreslauf miterleben. Er wird den Frühling erleben wie die Geburt von Elementarwesen, die nach Geistigkeit streben, und er wird den Herbst erleben wie die Befreiung dieser Elementarwesen aus den abwelkenden Pflanzen, [...] Blüten und so weiter. Der Mensch wird nicht nur für sich allein als ein kosmischer Einsiedler im Herbste um ein halbes Jahr älter geworden sein, als er im Frühling war. Der Mensch wird zusammen mit der werdenden Natur dann um ein Stück des Lebens fortgeschritten sein.

*

Und um es noch unglaublicher zu machen, sei hier eine Passage zitiert, in der Steiner schildert, wie in den Meteoren des Spätsommers die Michael-Eisen-Kraft auf die Erde und bis in das menschliche Blut einstrahlt – mutmachend, entängstigend:[148]

Und wenn gerade in der Hochsommerzeit aus einem gewissen Sternbilde die Meteorsteine herabfallen in den mächtigen Meteorschwärmen, wenn das kosmische Eisen auf die Erde herabfällt, dann ist in diesem kosmischen Meteoreisen, in dem eine so ungeheuer starke heilende Kraft liegt, die Waffe der Götter enthalten gegen Ahriman, der die leuchtenden Menschen drachenhaft umschlängeln will. Und die Kraft, die auf die Erde herabfällt in den Meteorsteinen, im Meteoreisen, das ist dasjenige als Weltenkraft, womit die oberen Götter die ahrimanischen Mächte zu besiegen trachten, wenn der Herbst herankommt. [...] Dieses menschliche Blut, das wird wahrhaftig nicht auf so materielle Weise, wie es sich die heutige Wissenschaft vorstellt, sondern überall auf Anregungen des Geistig-Seelischen hin durchschossen, durchstrahlt von demjenigen, was als Eisen in das Blut hineinstrahlt, was Angst, Furcht, Haß bekämpfend sich als Eisen in das Blut eingliedert. [...] Meteorwirkungen im Inneren des Menschen sind die Durchstrahlungen mit dem Eisen, die für das Blut und seine Entängstigung geschehen. Denn eine Entängstigung, eine Entfürchtung ist es, was da mit dem Eisen hineinstrahlt.

Der Materialist fragt sich einmal mehr, wie denn das Eisen der Meteorteilchen in das menschliche Blut kommen sollen. Aber genauso fragt er sich ja, wie Homöopathie wirken soll, wo doch kein Teilchen Stoff mehr in der Lösung enthalten sein kann. Tatsache ist einfach, dass er nicht *denken* kann, wie Physisches und Geistiges einander durchdringen und von den äußerlich physischen Meteorschwärmen *geistige* Eisenwirkungen ausgehen können – die ebenso im gar nicht mehr physischen homöopathischen Mittel zu finden sind. So wären die Perseiden des Spätsommers eine kosmische Homöopathie für die ganze Menschheit...

Es ist offensichtlich, dass eine solche Vorstellung, wenn man mit ihr zu *leben* beginnt, auch eine Wirkung hat. Und sollte es, nach dem Willen des Materialisten, *nur* eine Vorstellung und damit eine ,Autosuggestion' sein, so wäre es noch immer besser, *dadurch* eine gesunde Seele zu haben, als mit Citalopram, Trimipramin usw. wieder halbwegs ,aufgepäppelt' zu werden,

---

[148] Vortrag vom 5.10.1923, GA 229, S. 9-22, hier 17f. • Tief bezeichnend erscheinen die Perseiden jährlich im Sternbild des Perseus, der in der griechischen Mythologie die schreckliche Medusa besiegte.

während es einem dennoch weiter schlecht geht. Die materialistische Medizin hat es geschafft, dem Menschen mit *Chemikalien* ein wenig aus dem schlimmsten Elend herauszuhelfen – blickt aber verächtlich auf die *realen* seelischen Gesundungskräfte der Geisteswissenschaft herab. Welch eine Ironie der Geschichte und welch eine Selbstverkennung des eigenen Versagens einer einst ebenfalls geistigen Heilkunde, die in engstem Zusammenhang mit den heiligen Mysterienstätten stand!

Das Gesundende ist das Wahre ●

Dies ist Folge dessen, dass sich der Mensch einem anonymen Etwas unterworfen hat, das sich ‚Wissenschaft' nennt, das aber ganz entmenschlicht ist – und nun das wahrhaft Menschliche gerade *unterdrückt*. Steiner beschreibt es einmal wie folgt:[32f] [149]

> Sehen wir nur einmal darauf hin, wie das, was heute [...] durch die Betätigung des Verstandes an der Beobachtung und an dem Experiment als Erkenntnis gewonnen wird, einen ganz und gar unpersönlichen Charakter trägt. [...] Wie tritt einem doch dies „Man hat es gefunden" auf allen Gebieten entgegen! Wenn jemand aus den Tiefen seines Erlebens behauptet, etwas gefunden zu haben, dann wird gleich einer, der fix ist auf dem Gebiete des Wissenschaftslebens, kommen und sagen: Das stimmt aber nicht zu dem, was „man" gefunden hat, was wissenschaftliche Erkenntnis ist. | So möchte ich sagen, die Erkenntnis ist etwas, was sich abgesondert hat von dem unmittelbaren, herzlichen Erleben des persönlichen Menschen. Man glaubt sogar, es könne nur dann etwas wahr sein, wenn es abgesondert von alledem, was aus dem unmittelbaren Gemüt der menschlichen Natur heraus kommt, erlebt wird.

Das ganze Leben ist seelenlos geworden, *weil* es nur noch auf dem emotionslosen Intellekt fußt, der das Ganzmenschliche gar nicht mehr kennt, auch gar nicht für ‚objektiv' hält, während gerade die Wissenschaft ‚objektiv' sein muss – und doch immer weniger gesundend, immer mehr krankmachend ist, wo sie eben der Seele entbehrt. Das ist der Grund, warum wir keine Heilkunst mehr haben – und auch vieles andere entbehren, wodurch die Seele immer kränker wird. Und die Wissenschaft ist so ‚objektiv', dass sie selbst dies nicht bemerkt! Wozu dient sie dann *überhaupt* noch? Einem ewigen ‚Fortschritt', der längst ohne Sinn ist? *Wem* soll gedient werden, wenn nicht der Seele?

In dem zitierten Vortrag fährt Steiner fort:[34-36]

> Wenn wir das Hungerbedürfnis befriedigen, dann wissen wir, wir tun damit etwas an uns, was einen ganz persönlichen Charakter hat. Es läßt sich der Mensch dabei nicht ausschalten von dem, was wir da tun; es stellt sich das nicht auf einem solchen objektiven Tableau vor uns hin. Wenn wir dagegen über Wahrheit und Irrtum entscheiden, so wollen wir nicht eigentlich, daß dies mit uns in unmittelbarem Zusammenhange steht. Wenn wir gestern über eine Sache noch

---

[149] ● Anthroposophie als menschlich-persönlicher Lebensweg. Vortrag vom 16.11.1923, GA 231, S. 32-55.

im Irrtum waren, heute über sie nicht mehr im Irrtum sind – gewiß, es ist eine abstrakte Entscheidung, aber wir sind dadurch in unserem persönlichen Sein nicht wesentlich geändert. [...] Gerade wenn man in verschiedenen Sprachen die Bezeichnungen für Wahrheit und Irrtum auffaßt, kommt man darauf, daß diese beiden Begriffe in ihrer heutigen Abstraktheit ja erst entstanden sind. [...] In früheren Zeiten galt einmal eine bestimmte Sache, die ein Mensch anerkennen sollte, als das, was von den Göttern gewollt ist; und was er nicht anerkennen sollte, war das, was von den Göttern nicht gewollt ist. [...] Und indem der Mensch das anerkannte, was von den Göttern gewollt wurde, war er wahr, war er treu den Göttern. Das Wort „treu" für „wahr" erkennt man noch in verschiedenen Sprachen.[150] Wahr: treu der göttlichen Weltordnung, unwahr: untreu der göttlichen Weltordnung. [...] Als der Intellekt alle Erkenntnis beherrschend geworden ist, hat man vergessen, auf welche Urgründe die Bezeichnungen Wahrheit und Irrtum eigentlich zurückgehen. Und so stehen wir heute der anerkannten Erkenntnis unpersönlich, ja in einem hohen Grade gleichgültig gegenüber.

[...] Daher sprechen wir in der anthroposophisch orientierten Geisteswissenschaft nicht bloß davon, daß etwas wahr ist, sondern wir kommen da zu einem Begriff, der sehr ähnlich dem ist, wenn wir etwas gesund für uns Menschen nennen. [...] | Indem sich so für uns das, was wahr ist, verwandelt in das Lebenfördernde, in das Gesunde, in das Lebenbereichernde – und das Unwahre, für uns Irrtümliche, in das das Leben Verarmende, das Leben Krankmachende, es Lähmende und Verödende, erweisen sich nach und nach die Vorstellungen, die man hat, als etwas, was sich allmählich mit unserem Empfinden und mit unserem ganzen persönlichen Leben intensiv verbindet.

Die anthroposophischen Wahrheiten *kann* man gar nicht unbeteiligt aufnehmen, weil sie von Anfang an ganzmenschlich sind – und den Menschen wieder mit seiner wahren Heimat zusammenbringen: mit der geistigen Welt, mit dem Vorgeburtlichen, dem Nachtodlichen, seinem eigenen wahren Wesen, mit dem ganzen Kosmos. Eindrücklich beschreibt Steiner, was hier geschieht:[38]

Man hat gegenüber den Erkenntnissen, die gesundend wirken, eben das Gefühl: Man kommt durch sie zusammen mit der geistigen Welt, man geht durch sie in der geistigen Welt auf, man wird eins mit der geistigen Welt, man macht den Weg zu den Göttern, man macht den Weg zu der eigenen unsterblichen Seele. Man macht den Weg zu dem, was man durchlebt, wenn man durch die Todespforte gegangen ist und sich in der geistigen Welt findet, man macht aber auch den Weg zu dem, was man durchlebt hat, bevor man durch die Empfängnis oder Geburt aus der geistigen Welt auf die Erde herabgestiegen ist. Das alles empfindet man so, als ob man als Mensch in die Welt hinaus sein Dasein hingegeben habe, aber dadurch im Inneren voller, reicher geworden wäre. Dadurch, daß man allmählich geradezu Welt wird, erfaßt man sich erst in seiner vollen menschlichen Innerlichkeit. Und in der Art, wie sich eine solche Erkenntnis, eine solche gesunde Erkenntnis in einen einlebt, empfindet man, wie ja das ganze Sein des Menschen davon abhängt, daß man mit der Welt zusammenkommt. Ebenso empfindet man es nach und nach, daß das Entbehren solcher gesunder Wahrheiten so ist, als ob wir hineinlebten in die Welt ohne Aufnahmeorgan für die Nahrung und uns selber verzehren müßten.

---

[150] Siehe das englische ‚true'! Aber auch das deutsche ‚(ver-)trauen' gegenüber einer Wahrheit.

Und so wird die wirkliche *Wahrheit* das Gesundende, wird verwandt mit der *Liebe*, die ja *das* Gesundende schlechthin ist – und erweist sich wahre Erkenntnis als Hingabe, die im Sich-Verbinden mit der Welt gerade erst wirklich das eigene Wesen findet:[39]

> Damit aber bekommen die geistigen Wahrheiten wiederum zwei neue Nuancen – Nuancen, die man sehr scharf empfinden kann, wenn man sich allmählich in das Erfassen der geistigen Erkenntnis hineinlebt. Da lernt man erkennen die Verwandtschaft der Wahrheit mit der Liebe, die Verwandtschaft der gesunden Erkenntnis mit der Selbstlosigkeit des Menschen, aber jener Selbstlosigkeit, die nicht das Selbst verliert, sondern indem sie sich entwickelt, das Selbst erst recht gewinnt. Wenn der Mensch aus sich herauszugehen und in die Welt hineinzugehen weiß, wenn er in diesem Sinne [...] selbstlos ist, dann führt diese Selbstlosigkeit erst zum rechten Menschensein, zum rechten Menschenfühlen, zum Seeleninhalt überhaupt.

Aber man erlebt, das muss immer wieder betont werden, auch das *eigene* seelisch-geistige Wesen in Wahrheit. Geisteswissenschaft ist in einem besten, heiligen Sinne auch durch und durch persönlich – und spricht ‚zu dem Persönlichen des Menschen'.[52] Und indem dieser individuelle Mensch sein wahres Wesen als ‚ruhend in einer geistig-göttlichen Welt' findet,[52] kommt es zu einem umfassenden, ebenfalls absolut individuellen Erlebnis:[53]

> Gerade indem wir tiefer in das Persönliche untertauchen, erfahren wir, wie nicht nur der Mensch im allgemeinen, der abstrakte Mensch, in einer geistigen Welt wurzelt, sondern wir erfahren dann, wie jeder einzelne gerade durch sein Persönlichstes – durch das, was er in voller Individualität an einem Orte und in einer Zeit auf der Erde erleben kann – ganz elementar in einer geistigen Welt wurzelt, in einer geistigen Welt, der er angehört, und die den Charakter der Ewigkeit trägt. Und indem er so fühlt, fühlt er sozusagen die Stimme, die ihm zuruft: Mache dich nicht durch die ungesunden geistigen Inhalte zum seelisch-geistigen Krüppel, denn wie auf jeden Menschen, so ist auch auf dich nicht nur im allgemeinen gerechnet, sondern es ist auf dich gerechnet, insofern du ein ganz persönlicher, individueller Mensch bist!

Für die geistige Welt ist auf jeden einzelnen Menschen gerechnet! Das Krankmachende der irdischen Verhältnisse, wie die Menschheit sie bis jetzt gestaltet hat, ist ja gerade die vielfältige Botschaft, dass der Einzelne *ersetzbar* sei, gar nicht gebraucht werde, gar nicht gesehen wird, abgelehnt wird, gemobbt, schikaniert, ausgebeutet, manipuliert etc. etc. Die *Wahrheit* aber ist, dass auf jeden Menschen in seiner Einzigartigkeit gerechnet ist.

Die Sprache des Christus ●

Anthroposophie ist ein Erkenntnisweg, der den Menschen wieder mit seiner wahren Heimat und seinem wahren Wesen verbindet, sie ist dadurch ihrem ganzen Wesen nach heilend:[151]

---

[151] Vortrag vom 19.4.1924, GA 233a, S. 103-116 hier 116.

Denn Anthroposophie muß hinzufügen zu dem Todesgedanken den Auferstehungsgedanken. Sie muß selber werden wie ein inneres Auferstehungsfest der Menschenseele. Sie muß eine österliche Stimmung in die Weltanschauung des Menschen bringen.

Letztlich *ist* Anthroposophie die ‚Sprache des Christus' – und dieses Wesen ist *das* heilende Wesen schlechthin.

Wir sahen bereits, wie Steiner sie ‚in allen Einzelheiten ein Streben nach der Durchchristung der Welt' nannte. An anderer Stelle sagte er: ‚Oft, meine lieben Freunde, werde ich gefragt [...]: Wie setze ich mich in Verbindung mit dem Christus? – Es ist eine naive Frage! Denn alles, was wir anstreben können, jede Zeile, die wir lesen aus unserer anthroposophischen Wissenschaft, ist ein Sich-in-Beziehung-Setzen zu dem Christus.'[152]

Fortwährend geht es um das heilende *Gleichgewicht* zwischen den Gegenmächten, die in ihrem Wirken ganz konkret erkannt werden können. Auf diese Weise wird die Medizin christlich, wird die Pädagogik christlich, die Landwirtschaft, alles. Überall geschieht aus einer heiligen Erkenntnis heraus das Heilende.[153]

Der Mensch selbst macht auf diese Weise immer mehr sein eigenes Wesen wahr, das sich in den beiden – christlichen! – Mysterien der *Freiheit* und der *Liebe* auslebt. Die im Denken gefundene Freiheit wird Liebe im Handeln – und gleichzeitig findet der Mensch so zu wahrhaft freien Taten, die von einem liebenden Denken begleitet sind:[154]

Wir kommen zu einem immer vollkommeneren Handeln eigentlich dadurch, daß wir diejenige Kraft in uns ausbilden, die man nicht anders nennen kann als Hingabe an die Außenwelt. Je mehr unsere Hingabe an die Außenwelt wächst, desto mehr regt uns diese Außenwelt an zum Handeln. Dadurch aber gerade, daß wir den Weg finden, um hingegeben zu sein an die Außenwelt, gelangen wir dazu, dasjenige, was in unserem Handeln liegt, mit Gedanken zu durchdringen. Was ist Hingabe an die Außenwelt? Hingabe an die Außenwelt, die uns durchdringt, die unser Handeln mit den Gedanken durchdringt, ist nichts anderes als Liebe.
Geradeso wie wir zur Freiheit kommen durch die Durchstrahlung des Gedankenlebens mit dem Willen, so kommen wir zur Liebe durch die Durchsetzung des Willenslebens mit Gedanken. Wir entwickeln in unserem Handeln Liebe dadurch, daß wir die Gedanken hineinstrahlen lassen in das Willensgemäße; wir entwickeln in unserem Denken Freiheit dadurch, daß wir das Willensgemäße hineinstrahlen lassen in die Gedanken. Und da wir als Mensch ein Ganzheit, eine Totalität sind, so wird, wenn wir dazu kommen, in dem Gedankenleben die Freiheit und in dem Willensleben die Liebe zu finden, in unserem Handeln die Freiheit, in unserem Denken die Liebe mitwirken.

---

[152] Vortrag vom 13.6.1916, GA 169, S. 35-54, hier 44.
[153] Vortrag vom 7.5.1923, GA 349, S. 219-236, hier 233f. • ‚Sie sehen, wenn man die Sache so auffaßt, so liegt in dem Gebrauch der Ausdrücke ahrimanisch, luziferisch, christlich, gar nicht irgend etwas Abergläubisches, sondern etwas vollkommen Wissenschaftliches. Und das ist es ja auch.' Ebd., S. 234. • Das Heilende der Waldorfpädagogik wird in einem eigenen Kapitel erlebbar werden.
[154] Vortrag vom 19.12.1920, GA 202, S. 199-213, hier 204f.

Und in der Mitte des Herzens und der Seele das lebendige, innige, tiefe, wahrhaftige Fühlen – siehe: *der Mensch!*

Die Katastrophe des Materialismus   •

Am Sylvestertag des Weltkriegs-Jahres 1918 formulierte Steiner in großem Ernst, dass die Welt an ein *Ende* kommen werde, wenn sie die spirituellen Impulse nicht aufnehmen werde:[155]

> Und unzählige Menschen werden es als eine Beeinträchtigung ihrer Ruhe, als eine Beeinträchtigung ihrer sorglosen Seele empfinden, wenn man sie nur aufmerksam darauf macht, daß so etwas auf dem Spiele steht. Ach, so arg wird es nicht werden – wenn die Menschen auch nicht diesen Satz sagen, in ihrem Innersten fühlen die Menschen so, sonst würden sie die ganze Beurteilung der Zeit anders einstellen. [...]
> Demgegenüber kann man nur sagen: Wenn nur die äußeren materialistischen Impulse wirken in der Welt und in den Menschenköpfen und in den Menschenherzen, dann wird es so werden! [...] Denn durch dasjenige, was nur von altersher heraufkommt, ist die Welt an einem Ende! Neues kommt nicht daher. Neues muß kommen aus der geistigen Welt. Aber es kommt nicht, wenn der Mensch sich ihm nicht nahen will, wenn der Mensch nicht in freiem Willen es aufnehmen will. Rettung kann nur kommen, wenn Menschenseelen sich finden, die dem Geist entgegengehen [...].

Und man darf nicht vergessen, das nur zwei Jahrzehnte später eine noch viel größere Katastrophe hereinbrach, als sie der Erste Weltkrieg gewesen war... Danach brach dann zwar scheinbar eine Zeit zunehmenden Friedens und Wohlstandes an, jedoch ebenfalls um den Preis eines immer weiteren Versinkens im Materialismus, während die reale geistige Welt ferner und ferner rückt, überhaupt nicht mehr *gesucht* wird von Menschenseelen. Was dies innerhalb weniger Generationen für Folgen haben wird, kann man sich heute wahrscheinlich noch gar nicht ausmalen. Das Abreißen des Bandes zwischen der menschlichen Seele und der geistigen Welt kann nur in einer völligen Katastrophe enden.

Die Weltkriegs-Katastrophe   •

Im Neujahrsvortrag 1919 geht Steiner dann darauf ein, dass auch die Weltkriegs-Katastrophe nur eintreten konnte, weil eine Schar führender Politiker ebenfalls sich gegen das Geistige wehrte und so eigentlich Opfer zerstörender, verführender Mächte wurde. In dieser Passage wird einmal mehr auch der *grundlegende* Unterschied zwischen dem abstrakten Denken und dem Denken des Geisteswissenschaftlers ausgesprochen, wobei das letztere mit dem Christus-Impuls verbunden bleibt, dies gerade ist das Wesentliche.[156]

---

[155] Vortrag vom 31.12.1918, GA 187, S. 161-163.
[156] • Vortrag vom 1.1.1919, GA 187, S. 164-188.

Zunächst weist Steiner darauf hin, dass der Mensch wirklich Schauplatz ist für das Wirken allerlei geistiger Wesenheiten, und er findet hier drastische Formulierungen: ‚Man kommt sich so wie ein Sack vor, der ausgestopft ist mit allen möglichen Wesenheiten.'[174] Diese Tatsache könne auch nicht dadurch aus der Welt geschafft werden, dass man sie leugnet und sein Bewusstsein davor verschließt.[174] Die Weltkriegskatastrophe hänge äußerlich ab von ‚dreißig bis vierzig Menschen [...], die in führenden Stellungen sich gegen die Anerkennung eines Geistigen sträuben'.[175] Diese Menschen leben sich dann in ihren Taten aus, um ‚sich zu betäuben über die Spaltung der Persönlichkeit', die zu zerfallen droht, weil sie sich vor dem geistigen Kampf fürchten, auf dessen Wellen die geistigen Impulse in die Seelen einziehen wollen.[175f] [157] Und dann sagt Steiner:[176-179]

Anerkennung des Geistigen erfordert ein Fertigwerden mit der Frage, die wir eben jetzt ins Auge fassen. Und da ist es von ungeheurer Notwendigkeit, wirklich das ernst zu nehmen, was hier so oft betont wird: Geisteswissenschaft nicht bloß als eine Theorie zu betrachten. Wenn Sie sie als eine Theorie betrachten, dann lesen Sie lieber Kochbücher und dergleichen; denn das, was bloßer Inhalt ist in der Geisteswissenschaft, ist nicht eigentlich das Wesentliche und Wichtige. Das, worauf es ankommt, ist die Art, wie man denken muß, um Geisteswissenschaft anzuerkennen. Es ist eine andere Art des Denkens als diejenige, die man gerade aus dem heute gebräuchlichen Naturanschauen gewonnen hat. Es gibt eben zwei Arten, sich Gedanken zu bilden. Die eine Art ist die zergliedernde, die unterscheidende, die gerade in der Naturwissenschaft heute eine so große Rolle spielt, wo man unterscheidet, sorgfältig unterscheidet. [...] Alles, was in der Naturwissenschaft gesagt, geschrieben getan wird, steht unter dem Einfluß der zergliedernden Denkweise, der unterscheidenden Denkweise. Man sucht stramme Definitionen. [...] Diese Denkweise ist eine Art von Maske, der sich insbesondere gern bedienen die Geister, die heute uns zerreißen möchten, die in diesem Kampfe drinnenstehen. Trivial könnte man sagen: Eine große Anzahl derjenigen Menschen, die die gegenwärtige Kriegskatastrophe herbeigeführt haben, und derjenigen, die noch drinnenstehen in dem, was die Folgen sind, sind eigentlich verrückt. Aber das ist, wie gesagt, nur etwas Triviales. Um was es sich da handelt, ist, daß man versteht, wodurch ihre Persönlichkeiten zerrissen werden. Von dieser Denkweise, zu der einen Zugang haben die verschiedenen, den Menschen auseinanderreißenden Mächte, muß man klar unterscheiden die andere, die in der Geisteswissenschaft allein angewendet wird. Sie ist eine ganz andere Vorstellungsart, eine ganz andere Denkweise. Sie ist, im Gegensatz zu der zergliedernden, eine gestaltende Denkweise. [...]

[...] Wenn Sie zergliedernd denken, wenn Sie so denken, wie der heutige Naturforscher denkt, dann denken Sie ebenso wie gewisse Geister der ahrimanischen Welt, und daher können diese ahrimanischen Geister in Ihre Seele hereindringen. Wenn Sie aber das gestaltende Denken nehmen [...], so ist dieses Denken eng an den Menschen gebunden. So gestaltend, wie der Mensch mit dem Denken in sich selber wirkt, vermögen es keine andern Wesen als diejenigen, die mit der normalen Menschheitsentwickelung zusammenhängen. Das ist das Eigentümliche. Dadurch können Sie nie auf falsche Wege kommen, wenn Sie sich durch die Geisteswissenschaft auf gestaltendes Denken einlassen. Da können Sie niemals sich verlieren an die ver-

---

157 Steiner weist darauf hin, dass mit den herandringenden Geistes-Impulsen der ‚guten' Wesenheiten, solche der Gegenmächte verbunden sind, die das Alte beibehalten und das Abirrende hineinmischen wollen, sodass es sich geistig um ein hochdramatisches Geschehen handelt.

schiedenen geistigen Wesenheiten, die Einfluß gewinnen wollen auf Sie. Die gehen natürlich durchaus durch Ihre Wesenheit hindurch. Aber sobald Sie gestaltend denken, sobald Sie sich bemühen, nicht bloß zu spintisieren und zu unterscheiden, sondern so zu denken, wie es wirklich diese moderne Geisteswissenschaft will, so bleiben Sie in sich, so können Sie nicht das Gefühl der bloßen Ausgehöhltheit haben. Deshalb betont man, wenn man auf dem Standpunkt unserer Geisteswissenschaft steht, so häufig den Christus-Impuls, weil der Christus-Impuls in der geraden Linie des gestaltenden Denkens liegt. [...]

[...] Es läßt sich diese Welle[158] nicht aufhalten, wenn die Menschen sie auch abweisen, sie flutet herein, auch wenn die Menschen sich gegen sie sträuben, wenn sie sie nicht auffassen wollen. Dann kommt dasjenige heraus, was im Grunde zur Katastrophe der Gegenwart im tieferen Sinne geführt hat: das Nichtanerkennen der geistigen Welt. Das ist doch die tiefere Ursache für die heutigen katastrophalen Ereignisse, namentlich auch für die heutigen katastrophalen Seelenverfassungen. Und da es ein Kampf ist, der unten ja waltet, so gibt es kein anderes Mittel, als durch das gestaltende Denken die menschliche Persönlichkeit in sich selber plastisch auszubilden und dadurch den Kampf in der Seele zu erleben. Sonst wird der Kampf in der Außenwelt sich bleibend abspielen. [...] Wenn man sich Gedanken, die nach dem Muster der Naturwissenschaft sind, hingibt, kann man einfach nicht der heutigen Zeit gewachsen sein. [...] Und man soll sich dann nicht wundern, wenn der Kampf, dessen man nicht Meister werden will im Geistigen, in das physische Leben hereinspielt, denn er schlägt ja herein in die Menschen. Und wenn sie ihn nicht in der Seele ausfechten wollen, so führt er den einen gegen den andern, Völker gegen Völker, Menschen gegen Menschen. Was hier in der physischen Welt geschieht, kann nur ein Abbild sein der geistigen Welt: Entweder der Mensch nimmt den Kampf so, daß er ihn in seiner Seele ausficht, das heißt, die Menschen vertiefen sich geistig, oder aber dieser Kampf, der durch das Bewußtsein wie durch ein Sieb hindurchgeht, wenn man bloß so denken will, wie die Gegenwart denkt, entlädt sich, indem er den Menschen, die menschliche Seele ausschaltet in der äußeren Welt, und verursacht alles das, was Sie eben jetzt sehen.

Mit anderen Worten: Die äußeren Spannungen, die sich in kriegerischen Konflikten entladen, sind die *direkte* Folge dessen, dass der Mensch sein seelisch-geistiges Wesen nicht dem Geist öffnet, die Geistesimpulse aufnimmt und in *diesem* Kampf die Geister zu scheiden weiß, durch eine Verbindung mit dem Christuswesen. Indem dies alles nicht geschieht, geht die geistige Realität wie durch ein ‚Sieb' durch den Menschen hindurch – und spiegelt sich gleichsam direkt in Form der äußeren Konflikte, alleinige Folge dessen, dass der Mensch das Geistige innerlich *abwehrt*.[159]

---

[158] Gemeint sind wiederum die herandringenden Geistes-Impulse, die Welle der geistigen Welt selbst.

[159] Dass Steiner regelrecht von einem ‚Zerrissenwerden' der Persönlichkeit spricht, hat durchaus nichts mit der Selbstwahrnehmung eines Menschen zu tun. An anderen Stellen schildert er, dass die führenden Persönlichkeiten im Vorfeld des Ersten Weltkriegs gleichsam Spielbälle waren, die selbst ‚nicht wussten, was sie tun', die also kopflos und ratlos letztlich verhängnisvolle Entscheidungen trafen – wirklich ausgefüllt von den Impulsen der Gegenmächte, ohne dass sie dem *irgendetwas* hätten entgegensetzen können. Dies kann man spirituell sachlich-korrekt als ‚verrückt' und ‚zerrissen' bezeichnen. Das höhere Ich war hier *völlig* ausgeschaltet.

Der Materialismus prägt heute alles. Die Naturwissenschaft, die eine materialistische ist, herrscht unumschränkt, mit einer absoluten Dominanz. Hilflos, alternativlos und geradezu hörig *glauben* die Menschen an diese – einfach, weil diese grenzenlos viele Entdeckungen macht und auf physischer Ebene alles lückenlos durchforscht. Aber so glaubt man eben auch da, wo dieselbe Wissenschaft den Menschen längst auf dieses Materialistische *reduziert* hat. Steiner formuliert dies 1920 folgendermaßen:[123f] [160]

> Auf der anderen Seite ist heute ein ungeheuer reaktionär-konservatives Element in der Menschheitsentwickelung vorhanden [...]. Es ist der Autoritätsglaube gegenüber der landläufigen Wissenschaft. Und das hängt zusammen damit, daß diese landläufige Wissenschaft eigentlich sich mit Riesenschritten das allgemeine Bewußtsein erobert hat. [...] Die Ausbreitung dieses Materialismus wird in den nächsten Zeiten nicht etwa eine Zurückdämmung erfahren, wie einzelne wissenschaftliche Illusionäre glauben, sondern im Gegenteil, die Ausbreitung dieses populärwissenschaftlichen Materialismus wird mit rasender Eile zunehmen, und man wird sehen, daß aus dem Chaos der modernen Zivilisation heraus diese materialistische Stimmung immer mehr und mehr zunehmen wird. [...]
>
> Wenn derjenige, der ein wenig die moderne naturwissenschaftliche Weltanschauung kennt, sie mit wachen Seelenaugen verfolgt, so muß er das besonders charakteristisch in ihr finden, daß sie außerstande ist, den Menschen irgendwie zu begreifen. Eigentlich fällt aus dieser modernen naturwissenschaftlichen Weltanschauung der Mensch als solcher ganz heraus.

Und dann heißt es weiter, der *Intellekt*, der die seit einigen Jahrhunderten hauptsächlich sich entwickelnde Seelenkraft ist, ‚höhlt gewissermaßen den Menschen ganz aus in bezug auf seine Selbstempfindung, in bezug auf sein Selbstgefühl'.[125]

Dies mag möglicherweise seltsam erscheinen, da es andererseits gerade der Intellekt ist, mit dem das Ich sich so richtig schön in sich selbst empfinden kann, Selfies machen und posten etc. etc. Aber Steiner geht es ja um etwas ganz anderes – um die tieferliegende Wirklichkeit. Es geht darum, dass der Intellekt nur noch eine bloße, völlige *Scheinwelt* ist. Dass der Mensch im Intellekt *nichts* mehr von seinem eigentlichen Wesen hat – und dass er mit ein wenig Empfinden diese ungeheure Leere auch spüren könnte. Im Intellekt ist der Mensch regelrecht ausgesondert und ausgeschieden. In der direkt vorhergehenden Passage sagt Steiner:[124f]

> Der Mensch fällt heraus aus dem, was heute wissenschaftliches Begreifen ist, so daß er immer mehr und mehr sich selber als ein Rätsel gegenübertreten muß. Das empfinden heute noch die wenigsten; und diejenigen, die es empfinden, können es sich wohl theoretisch klarmachen, aber es ist noch nicht ein einheitliches Gefühl davon vorhanden. Aus richtig geleiteten Volksschulen wird dieses Gefühl mit aller Lebendigkeit hervorgehen. Es werden aus richtig geleiteten Volksschulen die Kinder so hervorkommen, daß sie im Fühlen schon haben: Ja, wir haben eine Wis-

---

[160] ● Vortrag vom 31.10.1920, GA 200, S. 121-140.

senschaft, die aus der modernen Intellektualität geboren ist; aber gerade je weiter wir kommen in diesem Wissen, je mehr wir da lernen von der Natur, desto weniger können wir von uns selbst, desto weniger können wir vom Menschen begreifen.

Aber auch das Wissen über die Natur ist ja *totes* Wissen – weswegen den meisten Kindern und Jugendlichen die Natur heute völlig gleichgültig ist, während sich ihre Seelen anderen Genüssen und Verführungen zuwenden, allen voran natürlich die Bildschirme, die Steiner noch gar nicht kannte, die heute aber fünf, sechs, sieben, acht und mehr Stunden des Tages für die meisten Jugendlichen ausfüllen. Und noch immer ist der Mensch dabei völlig verloren. Denn der Intellekt scannt die Nachrichten, chattet ein bisschen herum und fühlt sich mit der ‚sozialen Umwelt' verbunden, aber es ist alles *Schein*. Technisch gesteuerter Austausch winziger Nachrichten, die immer bruchstückhafter werden...

Auf diese Weise hat die Seele auch die *reiche Natur*, die frühere Generationen noch innig beleben und beschenken konnte,[161] völlig verloren, während sie glaubt, durch ein kleines Gerät überreich mit allem verbunden zu sein und auf alles jederzeit Zugriff zu haben. Diesen Zugriff hat sie auch – aber um den Preis einer ungeheuren inneren Aushöhlung, die nicht einmal mehr bemerkt wird. Denn man hat ja sein Gerät, man hat ja seine ‚Freunde', man kann sich ja jederzeit austauschen und ‚kontakten', man hat ja die völlige Sicherheit, alles ist jederzeit zu haben... Scheinwelt.

Steiner beschreibt dann den Gegensatz – das Gefühl einer Seele in weiter zurückliegenden Zeitaltern, sogar noch vor dem Christus-Impuls, der zwar erst das *eigentliche* Ich-Bewusstsein bzw. dessen Möglichkeit brachte, aber eine Verbindung mit dem Ich hatte natürlich auch der ägyptische, der orientalische Mensch, nur auf andere Weise. Die Seele wusste noch um den ganzen *Zusammenhang* mit der geistigen Welt. Heute dagegen tritt etwas völlig anderes an dessen Stelle:[126f]

> Der Orientale der älteren Zeiten hat gewußt, daß dasjenige, was aus seiner Seele sich herausarbeitet in der Kindheit, in der Jugend, eine Mitgift ist aus den geistigen Welten heraus, die er durchlebt hat, bevor er sein physisches Dasein angetreten hat. Theoretisch einzusehen, daß man ein solches geistiges Leben vor dem Erdenleben durchlebt hat, das hat nicht den großen Wert. Den großen Wert hat das lebendige Gefühl davon, den großen Wert hat es, wenn man fühlt: Was da in einem herangewachsen ist seit der Kindheit in der seelischen Entwickelung, das kommt aus der geistigen Welt her.
> Dieses Gefühl aber ist heute eigentlich einem anderen gewichen. Es ist einem anderen gewichen beim einzelnen Menschen, und namentlich im sozialen Leben ist es heute einem anderen Gefühl gewichen. [...] Immer mehr und mehr lastet auf dem Menschen halb unbewußt das Gefühl von seinen vererbten Eigenschaften. Wer unbefangen heute auf das, was die Menschen fühlen, hinschauen kann, der sieht: Eigentlich fühlt der Mensch, das, was er ist, ist er durch seine Eltern, Voreltern und so weiter. [...] Aber je mehr im einzelnen Menschen dies nicht als eine theoreti-

---

[161] Man denke nur an die Wandervogel-Bewegung, die zu jener Zeit Steiners gerade aufkam, auch als Protest gegen die seelische Verarmung.

sche Ansicht, sondern als ein Gefühl auftritt, als ein Gefühl der Abhängigkeit von bloß irdisch vererbten Eigenschaften, desto drückender wird dieses Gefühl, desto furchtbarer nach und nach wird dieses Gefühl. Und dieses Gefühl wird mit einer rasenden Eile an Stärke zunehmen. Es wird bis zur Unerträglichkeit sich steigern [...], denn dieses Gefühl ist verbunden mit einem anderen, mit einem gewissen Gefühl der Wertlosigkeit des menschlichen Daseins. Das wird immer mehr und mehr auftreten, daß der Mensch die Wertlosigkeit seines Daseins fühlt, wenn er dieses Sein als nichts anderes fühlen kann denn als eine Zusammenfassung dessen, was seinem Blute, was seinen übrigen Organen eingepflanzt ist aus den physisch vererbten Eigenschaften heraus.

Heute hat dieses Gefühl *unzählige* Menschen ergriffen. Dies hat natürlich auch damit zu tun, dass das Gefühl der Wert- und der Sinnlosigkeit durch weitere Faktoren verschärft worden ist: Durch den zunehmenden Druck des Kapitalismus, seine Arbeitskraft irgendwie verkaufen und zuvor bzw. ständig ‚optimieren' zu müssen (Selbstoptimierungs-Zwang), weiterhin durch die Aussicht, dass der gesamte Planet auf klimatische, ökologische und kriegerische Katastrophen zusteuert.

Aber auch der Kapitalismus, auch die genannten drohenden Katastrophen sind alle Produkt eines geradezu brutal herrschenden Materialismus, den alle zu akzeptieren scheinen, obwohl seine Folgen immer drückender auf der Menschheit lasten, obwohl es großen Teilen *materiell* immer besser geht oder zumindest zu gehen scheint. Und obwohl diese drohenden Szenarien im Bewusstsein der jungen Menschen eine große Rolle spielen, bleibt es eine Tatsache, dass das Sinnlosigkeitserleben bereits da *beginnt*, wo der noch sehr junge Mensch beginnt, zu begreifen, dass das Leben angeblich auf rein natürliche Faktoren zurückzuführen sei, so auch sein eigenes Dasein und Wesen, auch er eigentlich nichts weiter als ein *Produkt* – seiner Eltern und seiner Umwelt, die, wenn alles ‚gutgeht', ihn erfolgreich in ihren Arbeitsmarkt integrieren wird...

Doch die Folge der Ungeistigkeit zeigt sich ja überall – etwa auch im Nationalprinzip, das dann auch den Weltkrieg herbeigeführt hat und das heute weiter die Geopolitik prägt:[127f]

> Das ist nur das soziale Gegenbild für jene urreaktionäre Weltanschauung, welche alles auf die vererbten Eigenschaften zurückführen will. Wenn man nicht mehr danach strebt, sein Wesen als Mensch zu ergründen und die soziale Struktur so zu gestalten, daß dieses Wesen als Mensch zurechtkommt, sondern wenn man nur darnach strebt, die soziale Struktur so herbeizuführen, daß sie dem entspricht, was man als Tscheche, als Slowake, als Magyar, als Franzose, als Engländer, als Pole und so weiter ist, dann vergißt man alle Geistigkeit. [...] Nichts zeigt vielleicht deutlicher den Materialismus der Neuzeit, dieses Verleugnen alles Geistigen, als das Auftreten des Nationalprinzips.

Die heutige zunehmende Internationalisierung darf nicht darüber hinwegtäuschen, dass sie vor allem auch einem neoliberalen *Kapitalismus* mit all seinen furchtbaren Folgen dient. Zudem erstarken überall in Europa von neuem rechtsgerichtete Strömungen. Wie ungeheuerlich der *Gegensatz* zwischen der Gegenwart und der spirituellen Notwendigkeit ist, kann nur derjenige erleben, der sich tief ernst klar darüber ist, dass diese Zeit, in der der Mensch das entwickelt hat, was Rudolf Steiner die Bewusstseinsseele nennt, eigentlich dazu vorbereiten soll, in der weiteren Zukunft das ‚Geistselbst' in diese Bewusstseinsseele hineinzunehmen,[130] also wirklich zu einem bewussten Erfassen und Verwirklichen des geistigen Menschenwesens zu kommen. Es würde bedeuten, das rein Irdische wirklich als etwas zu erkennen, was *niemals* der ganze Mensch ist, im Gegenteil. Rudolf Steiner formuliert es mit folgenden Worten:[131]

> Das muß die normale Entwickelung der Zukunft sein, daß der Mensch sich sagt: Ich sehe das Menschenwesen als etwas an, was eigentlich durch sein inneres Wesen hinauswächst über das, was ich als Erdenmensch werden kann. Ich muß mich als Erdenmensch gewissermaßen als Zwerg fühlen gegenüber dem, was der eigentliche Mensch ist. Und aus dem Unbefriedigten, das richtig erzogene Kinder schon in der allernächsten Zeit haben werden, wird eben gerade dieses Gefühl herauswachsen. Die Kinder werden empfinden: Mit aller intellektualistischen Bildung kommt man nicht dazu, das Rätsel des Menschen zu lösen.

Richtig erzogene Kinder! Aber wie kann man darauf hoffen, dass heute noch Kinder ‚richtig' erzogen werden? Aber mehr noch: Der materialistisch-materielle und der virtuelle Sog ist so *groß*, dass selbst Kinder die Frage nach dem Wesen des *Menschen* immer schwerer haben. Es gibt so unendlich viel anderes, mit dem man sich beschäftigen kann – wozu dann essenzielle Fragen? Wann immer die Seele einmal wirklich *innehielte*, müsste diese Frage sofort auftauchen. Aber selbst das Innehalten wird heute nirgendwo gelernt – und wo es doch stattfindet, tritt an die Stelle von Fragen allzuschnell das einkonditionierte Empfinden der ‚Langeweile', die alles Tiefere *erneut* überdeckt... Und der Einfluss der ‚Peergroups', der Altersgenossen, tut dann ein Übriges...

Blickt man in die heutige Zeit, erscheint es fast wie ein Wunschdenken, was Steiner beschreibt. Dennoch war es damals völlig wahr, denn damals *lebten* Fragen in den Seelen, und man kann hier erneut etwa auf die Wandervogel-Bewegung verweisen, überhaupt die Lebensreformbewegung, die tiefen Umbrüche in der Malerei, in denen das *Wesen* der Farben gesucht wurde, bis ins Geistige hinein (etwa Klee, Jawlensky, später auch Rothko), und weitere Strömungen. Aber dies alles hätte als Keim zum Geistigen hin *aufgehen* müssen, noch viel stärker, als es damals geschah, und vor allem von viel mehr Menschen empfunden... Stattdessen brachen die Weltwirtschaftskrise und dann der Faschismus über Mitteleuropa herein, der direkt in den Zweiten Weltkrieg führte. Rudolf Steiner aber formulierte 1920:[132]

> Das ist, was in den nächsten Jahrzehnten kommt, daß der Mensch wie [...] mit ausgestreckten Armen fragt: Wer enträtselt mir mein Wesen als ein kosmisches Wesen? Alles, was ich auf der Erde ergründen kann, [...] aus der modernen Wissenschaft, die heute so geschätzt wird, entnehmen kann, enträtselt mich nur als Erdenwesen, läßt mir gerade das eigentliche Wesen des Menschen als ein ungelöstes Rätsel erscheinen. Ich weiß, ich bin ein kosmisches, ich bin ein überirdisches Wesen; wer enträtselt mir mein überirdisches Wesen?

Alles wäre auf dieses *Wissen* angekommen. Und nun fährt Steiner fort, indem er wieder auf den ‚ätherischen Christus' zu sprechen kommt:[132-134]

Und aus der Erwartung, aus dem Verlangen, daß doch etwas da sein muß, was dieses menschliche Rätsel löst, dieses Rätsel, daß der Mensch doch ein kosmisches Wesen ist, aus diesem Gestimmtsein gegenüber dem Kosmos: Es muß das aus dem Kosmos einmal heraus sich enthüllen, was nicht von der Erde kommen kann. – Aus dem heraus wird die Stimmung entstehen, der der Kosmos entgegenkommt. So wie zur Zeit des Mysteriums von Golgatha der physische Christus erschienen ist, so wird der geistige Christus der Menschheit erscheinen, der allein Antwort geben kann, weil er nicht irgendwo ist, weil er charakterisiert werden muß als ein Wesen, das sich aus Außerirdischem mit der irdischen Menschheit verbunden hat. [...] Es wird der Christus nicht kommen im geistigen Sinn, wenn die Menschen nicht dazu vorbereitet sind. Aber vorbereitet dazu können sie nur sein [...], indem sie die geschilderte Diskrepanz empfinden, indem der Zwiespalt furchtbar auf ihnen lastet: Ich bin ja zunächst ein Erdenwesen. Die intellektuelle Entwickelung der letzten Jahrhunderte hat alles das gebracht, was mich erscheinen läßt als ein Erdenwesen. Aber ich bin kein Erdenwesen. Ich muß mich verbunden fühlen mit einem Wesen, das nicht von dieser Erde ist, das wirklich in Wahrheit, und nicht mit der theologischen Verlogenheit sagen kann: „Mein Reich ist nicht von dieser Welt." [...]
[...] Die Not muß dem Menschen wahrmachen das Streben nach der Geistigkeit. Und der Christus wird erscheinen niemand anderen als denjenigen, die verlassen all das, was Verlogenheit über das irdische Leben ausbreitet. Und keine soziale Frage wird gelöst werden, die nicht verbunden gedacht wird mit diesem geisteswissenschaftlichen Streben, das den Menschen in Wahrheit wieder als ein überirdisches Wesen erscheinen läßt. Unsere sozialen Lösungen werden in demselben Maße sich ergeben, als die Menschen den Christus-Impuls in ihrer Seele werden empfinden können. Alle anderen sozialen Lösungen werden nur in Zerstörung, in Chaos hineinführen. Denn alle anderen Lösungen gehen darauf aus, den Menschen als ein irdisches Wesen zu beschreiben.

Tatsächlich also konnte das furchtbare *Unglück* eintreten, dass die Menschheit im Grunde an der Begegnung mit dem Christuswesen im Ätherischen völlig vorbeigeht... Weil sie, wie Parzival, die richtigen *Fragen* nicht hatte. Damit aber hatte der Materialismus freie Bahn. Es gab keine echten, keine wahrhaftigen Fragen der Seele mehr. Die Seele hatte sich *abgefunden* mit dem, was die Naturwissenschaft Tag für Tag zu sagen hatte – und gelernt, sich als ein rein irdisches Wesen zu betrachten...

Passivität und Konsumhaltung   ●

In diesem Zusammenhang musste Steiner darauf hinweisen, dass auch jene Menschen, die die Anthroposophie aufnahmen, vielfach zu bequem waren, hiermit wirklich ernst zu machen – gerade auch angesichts all der Angriffe, etwa der etablierten Theologen gegen die Christus-Anschauung der Anthroposophie. Und er formuliert am Ende des zitierten Vortrages:[138-140]

Es ist nicht leicht, diese Dinge in aller Stärke zu durchschauen, denn man sieht dann immer auch, wie wenig die Menschen der Gegenwart geneigt sind, mit solchem Durchschauen zu rechnen. Die Gegner stehen auf ihren Posten. Die Gegner entwickeln alle Intensität des Kampfes. Unser Kampf, dasjenige, was wir vermögen, ist schwach, recht schwach, und unsere Auffassung der Anthroposophie ist in vieler Beziehung schläfrig, recht schläfrig. Das ist der große Schmerz,

der sich heute ablagert auf den, der die Dinge voll durchschaut. Man fühlt es so oft, wie man mit dem, von dem man meint, daß es aus den Forderungen der Zeit heraus gesprochen ist, daß es gerade gesprochen ist zur sozialen Heilung der Zeit, wie man mit dem eigentlich kaum etwas anderes sagt als etwas, was die Menschen als ein gesprochenes Feuilleton hinnehmen. Man möchte die Menschen aufrufen, daß sie hineinnehmen in alle Gestaltung des Lebens dasjenige, was aus der Geisteswissenschaft kommen kann, und man sieht, wie die Menschen das Leben laufen lassen, hinschauen auf diejenigen, die aus Verlogenheit heraus dieses Leben dirigieren, und [daneben, H.N.] aus einer gewissen inneren Wollust heraus zuhören dem, was sie als ein gesprochenes Feuilleton der Geisteswissenschaft aufnehmen. Das ist es, was noch erstehen muß: der tiefe, der heilige Ernst im Aufnehmen des Geisteswissenschaftlichen, das Abgewöhnen dessen, was die Menschen dazu bringt, wie irgendein anderes literarisches Produkt, so auch die Geisteswissenschaft aufzunehmen als etwas, an dem man sich in einer etwas besseren Weise amüsiert, weil es einem die Sehnsucht nach dem Weiterleben nach dem Tode garantiert. Es ist heute noch ein furchtbarer Abstand zwischen dem, was notwendig ist im Aufnehmen der Geisteswissenschaft, und dem, was wirklich da ist. [...]
[...] Will man heute, wie man es so gerne aus Bequemlichkeit, aus innerer Wollust tut, das Knie beugen vor dem Traditionellen, und will man sich nicht bewußt werden, daß man mit dieser Kniebeuge eine tiefe Unwahrheit an den Tag legt, dann wird man sich nicht reif machen für das Christus-Erlebnis des 20. Jahrhunderts. Aber von diesem Reifmachen hängt alles ab.

Die in dieser Passage leidvoll formulierte *Unernsthaftigkeit*, ja *Konsumhaltung*, die selbst essenziellste, geistigste Tatsachen nur wie eine ‚Information', ja teilweise nur wie ein ‚nettes Aperçu' hinnimmt, hat sich natürlich heute nochmals enorm verstärkt – in einer Zeit, in der täglich Hunderte von Infos, SMS, E-Mails und andere Kurzbotschaften auf Handys und anderen Bildschirmen ‚hereintrudeln' und heranfluten, sodass die Seele schon von daher, aber auch aufgrund vieler anderer Einflüsse und ‚Überflutungen', völlig verlernt, sich tiefer *berühren* zu lassen und, mehr noch, auch selbst mit Hingabe, Ernst und anderen tiefen Empfindungen zu *antworten*.

Das bedeutet aber nichts anderes als: Der Materialismus sichert sich ganz *automatisch* seine immer eisernere Herrschaft. Jene Mächte, die, als Gegenmächte des Christuswesens, diese gigantische technische Entwicklung impulsiert haben, brauchen gleichsam gar nichts weiter mehr zu tun, weil die jetzt existierende Welt der modernen Geräte die Seele bereits wirklich ohnmächtig gemacht hat. Und, dies beschreibend, geht es nicht etwa darum, in eine Welt ohne Handys etc. ‚zurückzuwollen', was illusorisch wäre, sondern um die Erkenntnis, wie *extrem* die Existenz dieser Geräte die Seele völlig überwältigt – sodass tiefere Fragen allenfalls ‚unter ferner liefen' rangieren, und auch dies nur in einzelnen Seelen. ‚Unter ferner liefen' – sodass sie überhaupt niemals werden echte *Kraft* entfalten können.[162]

---

[162] Man könnte formulieren: Die Bildschirme führen einen extrem erfolgreichen ‚Stellvertreterkrieg' gegen die Seelen; die geistigen Gegenmächte selbst brauchen eigentlich gar nicht mehr wirklich eingreifen, die Geräte erledigen das von ganz *allein*. Gäbe es die ganzen Bildschirme sowie die sonstigen materiellen Verführungen nicht, die Gegenmächte müssten *anderes* ersinnen, um die Seele von Christus und der Sehnsucht nach einem Zusammenhang mit dem Geistigen loszureißen – heute aber *sind* die Seelen durch all dies bereits losgerissen und werden es täglich von neuem.

Aber auch die materialistische Naturwissenschaft ist letztlich ganz die Offenbarung einer Passivität. Zwar werden mit ungeheurem Aufwand ‚Fakten' erhoben, Messungen vollführt, mit
großem Aufwand Theorien erdacht, Modelle entwickelt etc. – aber das *selbstständige* Denken
des Menschen, wie es Rudolf Steiner in der ‚Philosophie der Freiheit' beschreibt, liegt völlig
brach. Gedacht wird nur in Bezug auf die Materie und ihre Erscheinungen, wobei die materialistischen Vorstellungen den Menschen längst in eine ‚okkulte Gefangenschaft' geführt haben.[163]
Lieber erforscht er mit Messungen und Theorienbildungen fernste ‚schwarze Löcher' als noch
eine Frage nach seinem eigenen wahren Wesen zu stellen.[164]

Dadurch, dass überall der Geist geleugnet wird, so aber in Wirklichkeit auch weder die *Seele*
noch das *Leben* verständlich sein können, hat der Materialismus im Grunde die unklarsten Begriffe überhaupt – und besteht in Bezug auf das *Wesentliche*, was er gar nicht erklären kann,
eigentlich vielfach nur in einer nebulösen Mystik. Was er also spirituellen Strömungen vorwirft, trifft in noch unendlich viel stärkerem Maße an den entscheidenden Stellen auf ihn selbst
zu:[150] [165]

> Man findet ja die groteskeste Mystik, die abstoßendste Mystik gerade innerhalb des Materia-
> lismus, wenn Mystik in dem Sinne gebraucht wird, daß man gern in allerlei nebulosen Begrif-
> fen herumschwimmt und seine Weltanschauung nicht ausarbeiten will bis zu klaren, scharf
> konturierten Begriffen.

Nur ein winziges Beispiel für dieses Nebulöse ist das Sprechen vom ‚Machttrieb' und anderen
Trieben, etwa in der Psychoanalyse. Dadurch, dass man in der ‚Psyche' solche ‚Triebe' als
schlicht vorhanden postuliert, wird die gesamte *Realität* der hier in tieferem Sinne vorliegen-
den Wirklichkeiten völlig verdunkelt. Man definiert etwas als ‚im Menschen vorhanden' oder
‚zum Menschen zugehörig', aber es bleibt unglaublich diffus und allgemein. Es kommt zu ei-

---

[163] ‚Und ein großer Teil desjenigen, was man heute wissenschaftliche Anschauung nennt [...], das ist nichts
anderes als Bilder einer universellen, über die Menschheit als Gefahr hereinbrechenden okkulten Gefangenschaft. Solch eine Gefahr [...] ist vorhanden in dem Umstelltwerden des Menschen überall mit den ato-
mistischen und molekularistischen Bildern. Solch eine okkulte Gefangenschaft stellt diese Bilder um einen
her, man kann nicht hinausschauen in die freien Geistes- und Sternenbilder, weil sich eben das Weltenbild
des Atoms wie die seelischen Wände, die geistigen Wände eines Gefängnishauses, in dem man sich dabei
geistig befindet, hinstellt.' Vortrag vom 31.8.1923, GA 227, S. 279-298, hier 297.

[164] Die ungeheure *Faulheit* der modernen Seele überhaupt, das unvorstellbar stark gewordene *Desinteresse*
an ihrem eigenen Wesen, beschreibt Steiner in einem Vortrag einmal anhand der Tatsache, dass dieser
Mensch zwar voraussetzt, dass man seine Kinder auf die Universität schicken muss, wenn diese Chemiker
etc. werden wollen – aber ‚wenn er Himmel und Erde erkennen und geistig erobern soll', verlangt, dass
das ‚im Handumdrehen an einem Abend mindestens' möglich sein und jeder Vortrag über die übersinnlichen Welten einem ‚die ganze Summe der Weltenweisheit' geben solle. Vortrag vom 17.10.1919, GA
191, S. 124-142, hier 139.

[165] • Vortrag vom 11.11.1917, GA 178, S. 149-169.

ner Art Kurzschluss, zu einem völlig rudimentären Bild von der ‚Psyche', die die wahre Wirklichkeit vom Wesen des Menschen nur ganz und gar zudecken kann. Steiner beschreibt:[153]

> Wenn vom Machttrieb und vom Liebestrieb [eher Sexualtrieb, H.N.] gesprochen wird, so rührt das nur davon her, weil in dem Augenblick, wo der Mensch mit seiner Seele eintritt in die unterbewußten Regionen, er den Regionen näher kommt, in denen diese Triebe walten. Nicht diese Triebe sind die Ursachen, sondern daß der Mensch mit seiner unterbewußten Vernunft untertaucht in die Regionen, in denen diese Triebe wirksam sind.

Steiner führt aus, dass in diesen Regionen, impulsiert durch die entsprechenden Gegenmächte, die er an anderer Stelle immer wieder beschreibt, beliebig *viele* ‚Triebe' zu beschreiben wären, so etwa der eines ‚Börsenspielers', der intellektuelle oder auch Geltungstrieb eines ‚Gelehrten' etc. Entscheidend ist aber nicht die bloße Erkenntnis solcher Triebe, sondern die Erkenntnis dessen, was hier von einer spirituellen Menschenkunde her eigentlich *vorliegt*:[154f]

> Dasjenige aber, was das Umfassende ist, das ist eben, daß die Seele aus den bewußten Regionen heruntergeführt wird in die unterbewußten Regionen – die nur durch Geistesforschung bewußt werden können – und in denen waltet, was an Trieben im Menschen lebt, ohne daß der Mensch sie dann meistern kann, weil er nur dasjenige meistern kann, was in seinem Bewußtsein ist.

Die materialistische Wissenschaft kommt also nie zu wirklichen Erklärungen, sie kann immer nur ‚herumstochern'. Vieles, was gerade den Menschen und die Seele betrifft, beschreibt sie überhaupt nur, für anderes werden allenfalls oberflächlichste Vorstellungen und ‚Modelle' entwickelt. Zudem wundert sie sich nicht einmal mehr darüber, dass die *im* Menschen zu findende Mathematik auf die äußere Welt so wunderbar anwendbar ist![166] Und hinter alledem liegt nicht nur eine unvorstellbare *Faulheit*, hier liegt eine regelrechte *Furcht vor dem Geist*.

In einem frühen Aufsatz[167] von 1892 beschreibt Steiner es unter beiden Vorzeichen. Während sogar die Philosophie an Feigheit des Denkens leide,[168] heißt es über die Wissenschaft: ‚Es ist ja unendlich viel bequemer, Tatsache auf Tatsache zu häufen, als die Gründe für dieselben durch das Denken aufzusuchen. Vor allem ist bei solcher Tatsachenhäufung der Fall ausgeschlossen, daß ein anderer kommt und das von uns Vertretene umstößt.'[317] Und dann schreibt Steiner:[318]

---

166 ‚Abstraktlinge wie Kant [...] sagen: Die mathematischen Vorstellungen sind a priori. – A priori, das heißt: bevor etwas anderes da ist. Aber warum sind mathematische Vorstellungen a priori? Weil sie hereinstrahlen aus dem vorgeburtlichen beziehungsweise vor der Empfängnis liegenden Dasein; das macht ihre Apriorität aus. Und daß sie uns für unser Bewußtsein als real erscheinen, das rührt davon her, daß sie vom Willen durchstrahlt sind.' Vortrag vom 19.12.1920, GA 202, S. 199-213, hier 206.

167 Die Philosophie in der Gegenwart und ihre Aussichten auf die Zukunft. GA 30, S. 308-319.

168 ‚Ein Umschwung zum Bessern wird in dem philosophischen Leben erst eintreten, wenn wieder der Trieb erwacht, die Kraft des Denkens an den Zentralproblemen des Daseins zu erproben. Dieser Trieb ist gegenwärtig gelähmt. Wir leiden an Feigheit des Denkens. Wir können es nicht glauben, daß unser Denkvermögen ausreicht, um die tiefsten Fragen des Lebens zu beantworten.'[315]

Wir müssen den Mut haben, kühn in das Reich der Ideen einzudringen, auch auf die Gefahr des Irrtums hin. Wer zu feig ist, um zu irren, der kann kein Kämpfer für die Wahrheit sein. Ein Irrtum, der dem Geist entspringt, ist mehr wert als eine Wahrheit, die der Plattheit entstammt. [...] | Aus feiger Furcht vor dem Irrtum ist unsere Wissenschaft der baren Flachheit zum Opfer gefallen.

Die Furcht vor dem Geist hat Steiner an verschiedenen Stellen beschrieben, im Februar 1916 etwa eindrücklich in folgender Passage:[169]

Furcht ist es, was heute führt zur Ablehnung der Geisteswissenschaft. Aber diese Furcht gesteht man sich nicht. Man hat sie in seiner Seele, aber man läßt sie nicht herauf ins Bewußtsein und erfindet Gründe [...] dafür, daß der Mensch sogleich ins Phantasieren hineinkommen müsse, wenn er den festen Boden der sinnlichen Anschauung verläßt und so weiter. [...] Man erfindet ganze philosophische Weltanschauungen, die eigentlich nichts anderes zu bedeuten haben [...], als daß alles, was man da erfindet [...], der Furcht entspringt [...], die Seele auf den Weg zu bringen, der dahin führt, das, was man als das Unbekannte empfindet, in seiner Konkretheit zu erleben. Das sind die beiden hauptsächlichsten Gründe für das Mißverstehen der Geisteswissenschaft: Schwäche des Seelenlebens, Furcht vor dem vermeintlichen Unbekannten. Und wer sich auf die menschliche Seele versteht, kann die heutigen Weltanschauungen darauf analysieren. Auf der einen Seite entstehen sie aus der Unmöglichkeit, das Denken selber [...] zu erkraften [...], und auf der anderen Seite liegt vor die Furcht vor dem Unbekannten. Da macht man es ja manchmal sogar so, daß [..] man [...] das Unbekannte als Unbekanntes lieber gelten läßt, und daß viele davon sprechen: Ja, wir geben zu: hinter der Sinneswelt liegt noch eine geistige Welt, aber der Mensch – wir können das streng beweisen – kann nicht darin eindringen. Die meisten fangen dann an, wenn sie beweisen wollen: „Schon Kant hat gesagt" [...].

Bereits drei Jahre zuvor schilderte er es ganz konkret unter Berücksichtigung des Wirkens der Gegenmacht, die die materialistische Illusion erzeugt und ganz real mit (auch unterbewusster) Angst *arbeitet*, in den folgenden Worten:[170]

Eine materialistische Versammlung redet sich heute ein, daß sie aus Logik am Materialismus festhält. Das ist aber eine Täuschung. Materialisten sind Leute, die [...] aus Furcht vor dem Geiste Materialisten sind. Aus Ängstlichkeit vor dem Geiste leugnen sie den Geist, weil eben die Logik der unbewußten Seele sie dazu zwingt, die zwar hinaufdringt, aber nicht durch die Pforte des Geistes schreiten kann. Die Furcht vor dem Geiste ist es, und derjenige, welcher die Wirklichkeit überschaut, sieht in einer materialistischen Versammlung, daß jeder Materialist in den Untergründen seiner Seele Furcht vor dem Geiste hat. Materialismus ist nicht Logik, sondern ist Feigheit gegenüber dem Geiste. Und das, was er ausspinnt, ist nichts anderes als das Opiat, um diese Furcht zu betäuben. In Wirklichkeit sitzt jedem Materialisten Ahriman im Genick, der Bringer der Furcht.

---

169 Vortrag vom 26.2.1916, GA 65, S. 458-496, hier 483f.
170 Vortrag vom 5.6.1913, GA 146, Seite 141-159, hier 146.

Und Steiner wies auch darauf hin, wie der *besonders* krasse Materialismus[171] sich in Amerika entwickelte und dieser unweigerlich in die völlige Dekadenz der ganzen Erde führen muss, wenn der Weg zum Geist nicht wieder gefunden wird.[172]

Aber das ganze Phänomen der *Ungeistigkeit* ist umfassender, man kann nicht nur bei der Furcht verbleiben. In einer ,Esoterischen Stunde' von 1913 beschreibt Steiner *Leugnung*, *Furcht* und *Hass* – was den drei Seelenkräften Denken, Fühlen und Wollen entspricht:[173]

[...] daß der Mensch, so wie er ist in seiner physischen Inkarnation, erstens den Geist nicht anerkennen will, ihn leugnet; zweitens dem Geist entlaufen will, tatsächlich Furcht vor ihm hat; drittens den Geist im Grunde seiner Seele gar nicht liebt, sondern tatsächlich haßt.

Und in der ersten ,Klassenstunde',[174] einer im Februar 1924 beginnenden esoterischen Arbeit für Mitglieder der im Rahmen der Weihnachtstagung 1923/24 begründeten ,Freien Hochschule für Geisteswissenschaft', schildert Steiner imaginativ drei Tiere,[175] die in der Seele diese Abwehr impulsieren und die auch der Geistesschüler in noch realerer Begegnung überwinden muss, bevor er die eigentlich geistige Welt ,betreten' kann.

Hier spricht er in Form eines Mantras erneut von Zweifel im Denken, Furcht (vor ,Geistes-Schöpfer-Sein') im Fühlen und Hass im Willen.[11] Und dann führt er aus:[13f]

Aber seien wir uns nur klar, es genügt nicht, daß wir sagen: ich habe keine Furcht. Das kann sich natürlich jeder sagen. Wir müssen den Sitz und das Wesen dieser Furcht erst ergründen. Wir müssen uns ja sagen, daß wir herausgeboren, herauserzogen sind aus der Gegenwart, in die von ahrimanischer Seite die Furchtgeister hineingestellt worden sind, und daß wir behaftet sind mit diesen Furchtgeistern. Dadurch, daß wir uns über sie hinwegtäuschen, sind sie nicht von uns hinweg in Wirklichkeit. Und wir müssen die Mittel und Wege finden [...], gegenüber diesen Geistern der Furcht, die als Ungetüm in unserem Willen sitzen, Erkenntnismut zu finden. [...]

---

[171] Und man muss heute hinzufügen: besonders reaktionäre Formen des ,Religiösen', man denke an die berüchtigte religiöse Rechte in den USA.

[172] ,Amerikanismus [...] tendiert immer mehr und mehr dahin, die Furcht vor dem Geiste auszubilden, die Welt nur zu einer Gelegenheit zu machen, in ihr physisch leben zu können. [...] Der Amerikanismus will sie eigentlich zu einer möglichst mit Komfort ausgestatteten physischen Wohnung machen, in der man bequem und reich leben kann. [...] Wer das nicht durchschaut, sieht die Dinge nicht, sondern will sich selbst betäuben. Unter dem Einfluß dieser Strömung muß aber der Zusammenhang des Menschen mit der geistigen Welt ersterben. In diesen amerikanischen Kräften liegt das, was wesentlich die Erde zum Ende führen muß, liegt das Zerstörerische, was zuletzt die Erde zum Tode bringen muß, weil der Geist davon abgehalten werden soll.' Vortrag vom 30.7.1918, GA 181, Seite 383-407, hier 406. • In ganz anderer Weise schildert Steiner in demselben Vortrag die Leugnung des übersinnlichen Menschen im bolschewistischen Osten. Hier sind es gerade *luziferische* Impulse, die den Menschen vom Geistigen abschnüren wollen, was dann zur ,rein animalischen Form des Sozialismus' (Volk als Masse) geführt habe. Ebd., S. 394.

[173] Esoterische Stunde vom 8.6.1913, GA 266c, S. 145-148, hier 145.

[174] • Erste Stunde vom 15.2.1924, GA 270a, S. 1-20.

[175] ,Tier' ist ganz entsprechend der Johannes-Offenbarung unmittelbar als Gegenmacht zu verstehen.

Und das zweite Tier, das aus dem Zeitengeiste heraus sich in die Menschenseele heute einschleicht, um ein Erkenntnisfeind zu werden, dieses zweite Tier, das überall lauert, wo man hinkommt, das aus den meisten Literaturwerken der Gegenwart, aus [...] den meisten sonstigen Kunstwerken [...] heute an den Menschen herantritt, das in Schulen sein Unwesen führt, das in der Gesellschaft sein Unwesen führt, das überall da ist im Wandel der Menschen, das zweite Getier, es ist dasjenige, was, um die Furcht vor dem Geiste sich nicht zu gestehen zu brauchen, sich innerlich erregt fühlt, über das geistige Wissen zu spotten.

Dieser Spott, er äußert sich ja nicht immer, denn die Menschen bringen sich nicht zum Bewußtsein, was in ihnen ist. Aber ich möchte sagen, nur durch eine leichte, spinnwebendicke Wand ist vom Bewußtsein des Kopfes getrennt dasjenige, was im Herzen des Menschen heute überall spotten will über wirkliche Geist-Erkenntnis. Und wenn der Spott zutage tritt, so ist es nur dann, wenn eben die mehr oder weniger bewußte oder unbewußte Frechheit des gegenwärtigen Menschen die Furcht etwas zurückdrängt. Aber aufgestachelt durch innere [...] Kräfte ist schon im Grunde jeder Mensch heute gegen die Offenbarungen des Geistes. Und durch die allersonderbarsten Mittel offenbart sich dieses Spotten.

Und das dritte Tier, es ist die Schlaffheit des Denkens, es ist die Bequemlichkeit des Denkens, es ist jenes Denken, das aus der ganzen Welt ein Kino machen möchte, ein Kino aus dem Grunde, weil man dann nicht zu denken braucht, sondern weil alles abrollt vor einem und die Gedanken nur dem Abrollenden zu folgen brauchen. So möchte heute sogar die Wissenschaft dem äußeren Dasein mit den passiven Gedanken folgen. Der Mensch ist zu bequem, ist zu schlaff, um das Denken in Aktivität zu bringen. Es ist mit dem Denken der Menschheit heute so, wie es wäre bei einem Menschen, der irgend etwas aufheben wollte, was am Boden liegt, und sich hinstellt und die Hände an die Hosentaschen legt und glaubt, er kann das, was auf dem Boden liegt, dann aufheben.

Schlaffheit des Denkens, die ganze Welt zu einem Kino machen. Nichts anderes ist auch die heutige Vorliebe für *Filmchen* aller Art, von YouTube über TikTok, von Facebook bis hin zu jedem Selfie. Überall nur noch Passivität. Die Seele konsumiert lieber ganze Serien-Staffeln als ein einziges philosophisches Problem einmal eigenständig zu durchdenken...

Und dann der Spott. Steiner beschreibt, wie dieser nicht einmal *bewusst* werden muss, um dennoch anwesend zu sein. Man denke etwa an ein ganz unbewusstes ‚müdes Lächeln' über die Anthroposophie, während man dies als Unsinn oder einfach nur ‚uninteressant' abtut – und sich vielleicht sogar noch höchst ‚tolerant' vorkommt, weil einem der subtile Spott der eigenen Seele nicht einmal *bewusst* wird, da er so unterschwellig bleibt. Dennoch ist es jenes ‚Tier' in der Seele, das den Weg zum Geist zuverlässig versperrt...[176]

Und schließlich eben die Furcht – die *noch* unbewusster ist, allein schon, weil sie im Willen sitzt. Es ist keineswegs nur die Furcht davor, dass sich das ganze bisherige Leben als ein *Irr-*

---

[176] Und mit Spott und Bequemlichkeit engstens verbunden ist der *Hochmut*, über den Steiner schon im Mai 1904 schrieb: ‚Wer [...] klar sieht, der erkennt, wie tief eingewurzelt gegenwärtig der „Hochmut" des auf die sinnlichen Tatsachen gerichteten Verstandes ist. Er sagt: ich will nicht Entwickelung der Kräfte, damit ich zu höheren Wahrheiten gelange, sondern ich will mit meinen Kräften, so wie ich bin, über die höchsten Wahrheiten entscheiden.' Die übersinnliche Welt und ihre Erkenntnis, GA 34, S. 138-149, hier 148.

tum erweisen könnte, wenn man den Geist anerkennen müsste. Es geht noch wesentlich tiefer. Tief unterbewusst ahnt die Seele unter anderem, dass die geistige Welt derart lebendig wäre, dass sie einen schlicht *überwältigen* würde – von möglichen anderen Gefahren in dieser Welt ganz zu schweigen. Aber schon das lebendige Denken im Sinne der ‚Philosophie der Freiheit' ist so *anders*, dass die gewöhnliche Seele schon davor Furcht haben kann.[177]

Dekadenz und Untergang •

Wir haben also eine absolute *Entfremdung* des Menschen von sich selbst, wir haben einen *zerstörerischen* Materialismus, dessen katastrophale Folgen mit jedem Tag sichtbarer werden – aber wir haben eine *noch* größere Furcht der menschlichen Seele vor dem Geist und vor grundlegenden Veränderungen, haben Zweifel, Schlaffheit, völlige Passivität ... und Spott.

Die Dekadenz der Seele ist mit Händen zu greifen, aber sie bemerkt sie nicht, weil all diese Kräfte selbstbestätigend sind. Allenfalls die Angst könnte zu denken geben, aber diese ist am meisten unterbewusst. Die *Passivität* ist etwas, an dem die Seele, wie wir sahen, überhaupt nicht leidet, sie würde eher darunter leiden, (geistig) aktiv werden zu müssen. Und unter dem Spott, den sie dem Geist subtil oder ganz bewusst entgegenbringt, leidet sie erst recht nicht, denn dieser bestätigt sie ja gerade, ist ihre eigene Selbstimmunisierung.

Und so ist es vermutlich wahr, dass für einen Großteil der materialistischen Seelen eher die Welt untergehen könnte, als dass sie bereit wären, sich vollkommen zu ändern (und sei es, um überhaupt nur ihre *Entfremdung* aufzugeben). Der *Genuss*, und sei es im Angesicht der Apokalypse, ist attraktiver als die wahre Menschwerdung. Das *Versinken* im Materialismus geht so ungeheuer schnell...

Aber selbst Seelen, in denen noch bessere Impulse leben, Seelen, die spüren, dass sich etwas ändern müsse, vielleicht sogar viel ändern müsse, glauben nicht, dass dies auch für die Art des *Denkens*, überhaupt das Leben der Seele gilt:[178]

Der Gegenwartsmensch möchte auch beim Heraufführen einer neuen Zeit gewissermaßen dabeisein – das leuchtet ihm ja so dunkel ein, daß eine neue Zeit herankommen müsse –, aber er

---

[177] So beschreibt er es im ‚Pädagogischen Jugendkurs', wie wir noch sehen werden, im Bilde eines *Ameisenhaufens* (siehe Seite 329). Auch wenn dies vor allem die eigene innere Regsamkeit erlebbar machen soll, kann ein solcher Hinweis bereits die eigenen Angstimpulse aufrufen. • In diesem Zusammenhang kann man auch einmal an das Grimms-Märchen ‚Von einem der auszog, das Fürchten zu lernen' denken. Ich hatte nie verstanden, wieso es am Ende das Kammermädchen schafft, ihm Angst zu machen: ‚Und ging hinaus und ließ sich einen ganzen Eimer voll Grundlinge holen. Und nachts [...] mußte seine Gemahlin ihm die Decke wegziehen und den Eimer voll kalt Wasser mit den Grundlingen über ihn herschütten, daß die kleinen Fische um ihn herum zappelten.' • Liest man die Märchen als *Seelenbilder*, so kann diese Szene sehr wohl Bild für das grenzenlose Leben des Geistigen sein – und so tatsächlich ein Hinweis für die *Furcht vor dem Geist*.

[178] Vortrag vom 3.8.1919, GA 192, S. 323-347, hier 323.

möchte selbst kein anderer werden. Er möchte die Dinge so fort beurteilen, wie er eben bisher gewohnt war, sie zu beurteilen.

Sogar wenn Menschen ,sozial denken', glauben sie, es reiche, wenn sich das Denken mit ,sozialem Inhalt' fülle. Es ist aber *immer noch* das alte Denken – jenes nämlich, mit dem die Seele nicht wahrhaft dazu kommt, sich selbst zu ergreifen und damit auch überhaupt die Wirklichkeit zu ergreifen. Es bleiben Gedanken. Es wird kein übersinnliches *Faktum*, das die ganze Welt verändert. Bleiben die Gedanken aber bloße Gedanken, ohne dass sich der Mensch von innen heraus und damit in einem höheren Menschen ergreift, der wiederum in unendlich viel tieferer Weise in die *Wirklichkeit* eintaucht, wird der Materialismus nicht überwunden werden – und weiter in die Katastrophen führen.

*

Rudolf Steiner sagte die gefährlichsten Entdeckungen bereits voraus – Entdeckungen, denen eine Menschheit, die sich moralisch-spirituell nicht entwickelt, die im Gegenteil vom zunehmenden Materialismus schlicht *überrollt* wird, überhaupt nicht mehr gewachsen sein wird. Schon 1904 warnte er:[122f] 179

> Wir gehen einer Zeit entgegen, in der [...] das Verständnis bis ins Atom hinein kommen wird. [...] Und nichts wird mehr für gewisse Wirkungsarten verschlossen sein: Ich werde hier stehen und unbemerkt auf einen Knopf, den ich in der Tasche trage, drücken können, um einen Gegenstand in weiter Ferne, sagen wir in Hamburg, in die Luft zu sprengen, so wie Sie jetzt schon drahtlos telegraphieren können, indem Sie hier eine Wellenbewegung hervorbringen und sie an einer anderen bestimmten Stelle in bestimmter Weise zum Ausdruck bringen können. [...]
> Es ist unmöglich, sich auszudenken, was in einem solchen Falle geschehen würde, wenn die Menschheit dann nicht bis zur Selbstlosigkeit gelangt wäre. Nur durch das Erringen der Selbstlosigkeit wird es möglich sein, die Menschheit vom Rande des Verderbens zurückzuhalten.

Der Mangel an Moralität werde schließlich in fernerer Zukunft den überwiegenden Teil der Menschheit in einen ,Krieg aller gegen alle' führen. Und ebenso sagte Steiner voraus: ,Starke, gewaltige Kräfte werden ausgehen von Entdeckungen, die den ganzen Erdball zu einer Art selbstfunktionierendem elektrischem Apparat umgestalten werden.'[123f] Aber vor diesen vernichtendsten Wirkungen liegen bereits andere:[126]

> [...] dazu werden tatsächlich blutige Kriege gehören, dann solche, die sich als volkswirtschaftliche Kriege abspielen, als Ausbeutungskriege, als Geld- und Industrieunternehmungen, als Überwältigungen, wobei man immer mehr und mehr imstande sein wird, tatsächlich durch bestimmte Vorrichtungen Menschenmassen in Bewegung zu setzen, sie einfach zu zwingen. Der Einzelne wird mehr und mehr Macht bekommen über bestimmte Menschenmassen. Denn der Gang der Entwickelung ist nicht der, daß wir demokratischer werden, sondern daß wir brutal aristokratisch werden, indem der Einzelne immer mehr Macht gewinnen wird.

---

179 ● Vortrag vom 23.12.1904, S. 116-126.

Kann man diese extreme *Unmenschlichkeit* nicht schon überall hervorschimmern sehen? Zum Teil schon verwirklicht und um sich greifend? Und kann man nicht sehen, wie dies alles eine *notwendige Folge* dessen ist, dass die Menschheit in einem Abgrund des Materialismus verbleibt und verharrt, in dem sich ungehindert die dunkelsten Mächte in der Seele gelten machen können? Es reicht eine absolute Minderheit, die aber aufgrund ihrer immer weiter wachsenden *Machtmittel* die ganze Menschheit bleibend in der Hand haben wird.

Die einzige Alternative wird es sein, einzusehen, dass der materialistische Weg in eine *Sackgasse* geführt hat – und dass es nur *einen* heilsamen Ausweg gibt: alles bis in die geschaffenen und neu zu schaffenden Einrichtungen und Strukturen hinein wieder auf den *Menschen* zu stellen ... den seelisch-geistigen Menschen. Der einzige Ausweg aus den gegenwärtigen und künftigen Untergängen ist der Mut zur Wahrheit: Der Mensch ist ein seelisch-geistiges Wesen, und bisher sind alle geschaffenen Strukturen *blind* gegenüber dieser Tatsache – und reproduzieren die Katastrophen so täglich von neuem.

Die soziale Frage ●

Geisteswissenschaft und soziale Frage ●

Nach dem Ersten Weltkrieg wurde Rudolf Steiner auf verschiedensten Lebensgebieten aktiv, auch in Bezug auf die brennende ‚soziale Frage'. Doch bevor wir darauf weiter eingehen, ist festzustellen, dass er bereits viel früher, nämlich schon 1905/06, Entscheidendes darüber formulierte, und zwar in einem Aufsatz mit dem Titel ‚Geisteswissenschaft und soziale Frage'.[180] Darin heißt es:[213]

> Nun, das soziale Hauptgesetz, welches durch den Okkultismus aufgewiesen wird, ist das folgende: *„Das Heil einer Gesamtheit von zusammenarbeitenden Menschen ist um so größer, je weniger der einzelne die Erträgnisse seiner Leistungen für sich beansprucht, das heißt, je mehr er von diesen Erträgnissen an seine Mitarbeiter abgibt, und je mehr seine eigenen Bedürfnisse nicht aus seinen Leistungen, sondern aus den Leistungen der anderen befriedigt werden."* Alle Einrichtungen innerhalb einer Gesamtheit von Menschen, welche diesem Gesetz widersprechen, müssen bei längerer Dauer irgendwo Elend und Not erzeugen. – Dieses Hauptgesetz gilt für das soziale Leben mit einer solchen Ausschließlichkeit und Notwendigkeit, wie nur irgendein Naturgesetz in bezug auf irgendein gewisses Gebiet von Naturwirkungen gilt. Man darf aber nicht denken, daß es genüge, wenn man dieses Gesetz als ein allgemeines moralisches gelten läßt oder es etwa in die Gesinnung umsetzen wollte, daß ein jeder im Dienste seiner Mitmenschen arbeite. Nein, in der Wirklichkeit lebt das Gesetz nur so, wie es leben soll, wenn es einer Gesamtheit von Menschen gelingt, solche Einrichtungen zu schaffen, daß niemals jemand die Früchte seiner eigenen Arbeit für sich selber in Anspruch nehmen kann, sondern doch diese möglichst ohne Rest der Gesamtheit zugute kommen. Er selbst muß dafür wiederum durch die Arbeit seiner Mitmenschen erhalten werden. Worauf es also ankommt, das ist, daß für die Mitmenschen arbeiten und ein gewisses Einkommen erzielen zwei voneinander ganz getrennte Dinge seien.

Im Folgenden führt er selbst an, dass so etwas den sogenannten ‚Praktikern' als ‚haarsträubender Idealismus' erscheinen müsse. Dennoch sei genau dieses Gesetz praktischer als alles andere, denn die Praxis der selbsternannten ‚Praktiker' werde ihr zerstörerisches Wirken früher oder später immer offensichtlicher entfalten:[214]

> Jede Gesamtheit zerfiele nämlich sofort, wenn nicht die Arbeit der einzelnen dem Ganzen zufließen würde. Aber der menschliche Egoismus hat auch von jeher dieses Gesetz durchkreuzt. Er hat für den einzelnen möglichst viel aus seiner Arbeit herauszuschlagen gesucht. Und nur dasjenige, was auf diese Art aus dem Egoismus hervorgegangen ist, hat von jeher Not, Armut und Elend zur Folge gehabt.

---

[180] ● Geisteswissenschaft und soziale Frage. GA 34, S. 191-221, zuerst in ‚Lucifer-Gnosis' Nr. 30 und 32.

Davon kann man sich selbst heute überzeugen, hier, wo in einem der reichsten Länder der Erde der sogenannte ‚Sozialstaat‘ doch immerhin fortwährend einen gewissen Ausgleich schafft und dennoch Millionen Menschen am Existenzminimum leben, unter anderem die Kinderarmut ungeheuer hoch ist und die Einkommens- und Vermögensunterschiede eklatant. Neben Not und Armut trägt eben auch dies zu einem fortwährenden (über lange Zeit schleichenden) *Zerfall* einer Gesellschaft bei. Aber wie könnte man diese Mechanismen umkehren? Wie könnte man dem beschriebenen Gesetz positiv folgen? Dies wäre eine *Bewusstseinsfrage* – die aber wiederum die ganze Gemeinschaft betrifft. Rudolf Steiner beschreibt dies im Weiteren:[214f]

> Es ist klar, daß dieses Gesetz nichts Geringeres besagt als dieses: Die Menschenwohlfahrt ist um so größer, je geringer der Egoismus ist. Man ist also bei der Umsetzung in die Wirklichkeit darauf angewiesen, daß man es mit Menschen zu tun habe, die den Weg aus dem Egoismus herausfinden. Das ist aber praktisch ganz unmöglich, wenn das Maß von Wohl und Wehe des einzelnen sich nach seiner Arbeit bestimmt. Wer *für sich* arbeitet, *muß* allmählich dem Egoismus verfallen. Nur wer ganz für die anderen arbeitet, kann nach und nach ein unegoistischer Arbeiter werden.
>
> Dazu ist aber eine Voraussetzung notwendig. Wenn ein Mensch für einen anderen arbeitet, dann muß er in diesem anderen den Grund zu seiner Arbeit finden; und wenn jemand für die Gesamtheit arbeiten soll, dann muß er den Wert, die Wesenheit und Bedeutung dieser Gesamtheit empfinden und fühlen. Das kann er nur dann, wenn die Gesamtheit noch etwas ganz anderes ist als eine mehr oder weniger unbestimmte Summe von einzelnen Menschen. Sie muß von einem wirklichen Geiste erfüllt sein, an dem ein jeder Anteil nimmt. Sie muß so sein, daß ein jeder sich sagt: sie ist richtig, und ich *will*, daß sie so ist. Die Gesamtheit muß eine geistige Mission haben; und jeder einzelne muß beitragen wollen, daß diese Mission erfüllt werde. All die unbestimmten, abstrakten Fortschrittsideen, von denen man gewöhnlich redet, können eine solche Mission nicht darstellen. Wenn nur sie herrschen, so wird ein einzelner da, oder eine Gruppe dort arbeiten, ohne daß diese übersehen, wozu sonst ihre Arbeit etwas nütze ist, als daß sie und die Ihrigen, oder etwa noch die Interessen, an denen gerade sie hängen dabei ihre Rechnung finden. – Bis in den einzelsten herunter muß dieser Geist der Gesamtheit lebendig sein.
>
> Gutes ist von jeher nur dort gediehen, wo in irgendeiner Art ein solches Leben des Gesamtgeistes erfüllt war. Der einzelne Bürger einer griechischen Stadt des Altertums, ja auch derjenige einer freien Stadt im Mittelalter hatte so etwas wie wenigstens ein dunkles Gefühl von einem solchen Gesamtgeist.

Das kapitalistische Modell von Profit und allein schon von ‚Lohn für meine Arbeit‘ *muss* den Egoismus nach sich ziehen. Das zeigt sich eben schon da, wo man nicht gern über sein Gehalt redet und so weiter, aus Angst, andere könnten neidisch sein oder irgendetwas ungerecht finden. Schon hier beginnt die Verlogenheit und eben der Egoismus. Würde man nicht auf diese Weise *Gehalt* bekommen, so könnte sich dieser Egoismus legen. Aber wirklich rein für andere arbeiten können Menschen nur lernen, wenn sie in der Gesamtheit der Menschen einen *Sinn* empfinden. Das ist in der völlig anonymisierten ‚modernen‘ Gesellschaft unmöglich, denn diese Gesamtheit von Menschen müsste von einem Geist erfüllt sein – den der Einzelne als solcher bejahen könnte. Der abstrakte demokratische Staat kann dies nicht darstellen, erst recht nicht *aufgrund* der in ihm fortwährend wirkenden Ungerechtigkeiten.

Es wäre dagegen gerade ein gemeinsamer Geist, diesen Kapitalismus zu beenden, damit endlich wahrhaft dem einzelnen Menschen gedient werde. Die Gesamtheit der Menschen braucht einen Inhalt, einen lebendigen Geist, der bejaht werden kann – mit ganzer Seele. Dann würde auch ein Mensch für den anderen arbeiten, und zwar gern. Es geht um das real Verbindende. Und das kann nicht mehr einfach nur ‚dasselbe Dorf' sein, es muss in der heutigen Zeit reales *Bewusstsein*, realer Geist sein. Nichts anderes wird mehr dauerhaft tragen. Das bloße ‚Dorf' hat keinen Inhalt, der Begriff der Brüderlichkeit bzw. Geschwisterlichkeit hätte dagegen sehr wohl einen solchen. Und *mit* einem solchen Geist bekäme auch das ‚Dorf' wieder einen realen Inhalt – aber erst dann.

Und weiter führt Steiner aus, wie das Zusammenwirken aller in einem solchen realen Geist möglich werden würde. Zunächst bräuchte es ein Geistesleben, das lebendige Impulse hervorbringt und durch das die Menschen *überhaupt* wieder eine Empfindung für den Geist bekommen könnten. Denn bloße ‚Aufrufe' allein nützen nicht das Geringste:[215-217]

Die Aufgabe der Gegenwart aber ist, die Menschen in eine solche Lage zu bringen, daß ein jeder aus seinem innersten Antriebe heraus die Arbeit für die Gesamtheit leistet.

Deshalb soll niemand daran denken, eine für alle Zeiten gültige Lösung der sozialen Frage zu suchen, sondern lediglich daran, wie sich sein soziales Denken und Wirken mit Rücksicht auf die unmittelbaren Bedürfnisse der Gegenwart gestalten muß, in welcher er lebt. – Es kann überhaupt kein einzelner heute irgend etwas theoretisch ausdenken oder in die Wirklichkeit umsetzen, was als solches die soziale Frage lösen könnte. [...] Es muß die Möglichkeit herbeigeführt werden, daß ein jeder freiwillig tut, wozu er berufen ist nach dem Maß seiner Fähigkeiten und Kräfte. Aber gerade deshalb kann es sich nie und nimmer darum handeln, daß [...] so auf die Menschen „im theoretischen Sinne" einzuwirken sei, daß ihnen eine bloße Ansicht darüber vermittelt werde, wie sich die ökonomischen Verhältnisse am besten einrichten lassen. Eine nüchterne ökonomische Theorie kann niemals ein Antrieb gegen die egoistischen Mächte sein. Eine Zeitlang vermag eine solche [...] den Massen einen gewissen Schwung zu verleihen, der dem Scheine nach einem Idealismus ähnlich ist. Auf die Dauer aber kann eine solche Theorie niemandem nützen. Wer einer Menschenmasse eine solche Theorie einimpft, ohne ihr etwas anderes wirklich Geistiges zu geben, der versündigt sich an dem wahren Sinn der menschlichen Entwickelung.

Das, was allein helfen kann, ist eine geistige Weltanschauung, welche durch sich selbst, durch das, was sie zu bieten vermag, sich in die Gedanken, in die Gefühle, in den Willen, kurz in die ganze Seele des Menschen einlebt. Der Glaube, den Owen [ein Sozialreformer, H.N.] gehabt hat an die Güte der Menschennatur, ist nur teilweise richtig, zum anderen Teile ist er aber eine der ärgsten Illusionen. Er ist insofern richtig, als in jedem Menschen ein „höheres Selbst" schlummert, das erweckt werden kann. Aber es kann aus seinem Schlummer nur erlöst werden durch eine Weltauffassung, welche die oben genannten Eigenschaften hat. Bringt man Menschen in Einrichtungen, wie sie von Owen erdacht waren, dann wird die Gemeinschaft im schönsten Sinne gedeihen. Führt man aber Menschen zusammen, die eine solche Weltauffassung nicht haben, dann wird das Gute der Einrichtungen sich ganz notwendig nach einer kürzeren oder längeren Zeit zum Schlechten verkehren müssen. Bei Menschen ohne eine auf den Geist sich richtende Weltauffassung müssen nämlich notwendig gerade diejenigen Einrichtungen, welche den materiellen Wohlstand befördern, auch eine Steigerung des Egoismus bewirken, und damit nach und nach Not, Elend und Armut erzeugen.

Das bedeutet: ‚Zu einem allgemeinen Heil kann nur eine solche Weltauffassung führen, die alle Seelen ergreifen und das innere Leben in ihnen entzünden kann.'[220] Nicht als Ideologie, sondern als *Realität*. Als lebendige Geistigkeit. Dass dies möglich ist, davon war Rudolf Steiner tief überzeugt, denn es ist die *Bestimmung* des Menschen, lebendiger Träger des Geistes zu sein.[181]

Auch der Egoismus ist eine Geistigkeit, aber eine letztlich nicht-menschliche, anders gesagt: das Gegenteil des Vollmenschlichen charakterisierend. Nun bringt aber die kapitalistische Struktur diesen Egoismus immer wieder von neuem hervor und verschärft diesen sogar. Die Geisteswissenschaft dagegen gibt lebendige Ideen, die diesen Egoismus schwächen und das Vollmenschliche an seine Stelle setzen. Würden in einem freien Geistesleben solche Impulse wie die der Geisteswissenschaft aufleben, so würden nach und nach Menschen aus diesen lebendigen Ideen heraus handeln, Strukturen schaffen, die genau das bewirken, was Steiner andeutet: ein allmähliches Verschwinden des Egoismus, weil er in diesen neuen Struktur schlicht sinnlos geworden ist...

Wie also kann der Kapitalismus und damit auch die Not und die Ungerechtigkeit überwunden werden? Nur indem eine *andere* Geistigkeit Leben gewinnt – der *wirkliche* Geist, der ‚frei macht', weil er die Wahrheit erkennen lässt: dass der Egoismus das Vollmenschliche verrät, dieses gerade unmöglich macht, die eigene Bestimmung unmöglich macht, das Menschentum mit Füßen tritt. Der wirkliche Geist, der eine Liebe zu diesem Menschentum in die Herzen senkt. Der sie Strukturen schaffen lässt, die dem Un-Geist des Egoismus den Nährboden entziehen und das selbstlose, liebevolle Arbeiten für den anderen Menschen fördern werden.

In einem wunderbaren Spruch, den Steiner schlicht ‚das Motto der Sozialethik' nannte, fasste er 1920 die Essenz dessen, was so not-wendig ist, zusammen:[182]

Heilsam ist nur, wenn
Im Spiegel der Menschenseele
Sich bildet die ganze Gemeinschaft
Und in der Gemeinschaft
Lebet der Einzelseele Kraft.

Und die Überwindung der abstrakten Gedanken formulierte ein zweiter Spruch:[183]

---

[181] Dass eine Art ‚verbindende Geistigkeit' jederzeit leicht möglich wäre, zeigt jede Fußball-Europa- oder Weltmeisterschaft. Aber diese Verbindung beruht eben doch auf Passivität und bloßer Identifikation mit Stellvertretern, weshalb sie nach Ende der Veranstaltung bzw. Ausscheiden des eigenen Teams eben auch sogleich wieder zerfällt. Viel schwieriger ist es, *aus sich heraus* einen wahrhaft lebendigen Geist zu entwickeln – indem man sich in tiefem Ernst geistigen Inhalten zuwendet, um die eigene Seele durch diese Arbeit so zu verwandeln, dass sie mehr und mehr Trägerin des Geistes *wird*.

[182] GA 40, S. 298. • Ursprünglich am 5.11.1920 der Bildhauerin Edith Maryon gewidmet.

Den wirkenden Geist
An die Stelle des gedachten setzen
Heißt in dieser Zeit
Die soziale Grundforderung empfinden

Die Kernpunkte der sozialen Frage　　　　　　　　　　　　　　　　●

Und genau dies unternahm Rudolf Steiner nach dem Weltkrieg, als er 1919 ‚Die Kernpunkte der sozialen Frage' veröffentlichte.[184]

Mit dieser Schrift wollte er der Not der Gegenwart begegnen, die, wie wir wissen, von der herrschenden Politik nicht gelindert wurde, sondern zunächst in die Weltwirtschaftskrise und dann direkt in das Erstarken der Nationalsozialisten führte.

Über die Absicht der Schrift heißt es einleitend, diese wolle:[23]

[...] von dem sprechen, was geschehen sollte, um die Forderungen, die von einem großen Teile der Menschheit gegenwärtig gestellt werden, auf den Weg eines zielbewußten sozialen Wollens zu bringen.

Schon in den nächsten Sätzen wird deutlich, welche Forderungen Steiner meint – es sind die Forderungen der *Arbeiterschaft*, des sogenannten Proletariats, also jener Menschen, die fast die Hälfte der gesamten erwerbstätigen Bevölkerung ausmachten. Steiner weist darauf hin, dass diese Forderungen vielen *Besserverdienenden* nicht gefallen, dass es darauf aber nicht ankomme, weil es um *Realitäten* gehe:[23f]

Der Verfasser [...] möchte aus der vollen Wirklichkeit des gegenwärtigen Lebens heraus sprechen [...]. Ihm stehen die verhängnisvollen Folgen vor Augen, die entstehen müssen, wenn man Tatsachen, die [...] aus dem Leben der neueren Menschheit sich erhoben haben, nicht sehen will; wenn man von einem sozialen Wollen nichts wissen will, das mit diesen Tatsachen rechnet.

Und direkt danach betont Steiner, dass diejenigen, die sich als angebliche ‚Praktiker' verstehen, die gegenwärtigen Verhältnisse ja *herbeigeführt* haben: ‚[...] gerade sie werden gründlich umlernen müssen. Denn ihm [dem Verfasser, H.N.] erscheint ihre „Lebenspraxis" als dasjenige, was durch die Tatsachen, welche die Menschheit der Gegenwart hat erleben müssen, unbedingt als ein Irrtum erwiesen ist [...], der in unbegrenztem Umfange zu Verhängnissen geführt hat.'[24] Diese falschen ‚Praktiker' werden ‚einsehen müssen, daß es notwendig ist, manches als praktisch anzuerkennen, das *ihnen* als verbohrter Idealismus erschienen ist'.[24]

---

[183] Ebd., 1921, ebenfalls Edith Maryon gewidmet.
[184] ● GA 23, Die Kernpunkte der sozialen Frage in den Lebensnotwendigkeiten der Gegenwart und Zukunft.

Schon hier weist Steiner auf einen zentralen Punkt – nämlich den, dass eine Politik, die ohne wahrhafte *Ideen* bleibt, nur in ein Chaos führen kann. Das *Geistesleben* einer Gesellschaft ist, wie sich sehr bald zeigen wird, ihr Dreh- und Angelpunkt. Gleichzeitig wendet Steiner sich aber auch gegen jede bloße ‚Schöngeistigkeit':[24f]

> Auch diejenigen, welche [...] nur immer die Phrasen hervorbringen, die Menschheit müsse [...] sich „zum Geiste", „zum Idealismus" wenden, werden an dem, was der Verfasser in dieser Schrift sagt, kein rechtes Gefallen finden. Denn er [...] kann nur die Geistigkeit anerkennen, die der eigene Lebensinhalt des Menschen wird. Dieser erweist sich in der Bewältigung der praktischen Lebensaufgaben ebenso wirksam wie in der Bildung einer Welt- und Lebensanschauung, welche die seelischen Bedürfnisse befriedigt. Es kommt nicht darauf an, daß man von einer Geistigkeit weiß oder zu wissen glaubt, sondern darauf, daß dies eine Geistigkeit ist, die auch beim Erfassen der praktischen Lebenswirklichkeit zutage tritt. Eine solche begleitet diese Lebenswirklichkeit nicht als eine bloß für das innere Seelenwesen reservierte Nebenströmung.

Es geht um eine Geistigkeit, die konkret bis in die Realität hinein gestaltend eingreifen kann. Dann aber ist *dieser* Geist die eigentliche Konkretheit, während das, was die sogenannten ‚Praktiker' für ‚konkret' halten, nur ihre eigenen Denkgewohnheiten sind, die die Verhältnisse längst in die Irre geführt haben:[27]

> Mancher wird in dieser Darstellung deshalb etwas „Abstraktes" sehen, weil ihm „konkret" nur ist, was er zu denken gewohnt ist und „abstrakt" auch das Konkrete dann, wenn er nicht gewöhnt ist, es zu denken.

Im ersten Kapitel[185] weist Steiner dann darauf hin, wie die Forderungen der Arbeiterschaft immer mächtiger hinaufdrangen, während man allzu lange meinte, sie übersehen zu können. Die bisherigen ‚Konzepte' sind mehr und mehr zu etwas geworden, was mit der Wirklichkeit überhaupt nicht mehr übereinstimmt. Das gilt selbstverständlich auch für ganze Parteien und ihre Programme:[30f]

> Man wird doch nicht anders können, als sich gestehen: Es wandeln unter uns Parteimeinungen wie Urteilsmumien, die von der Entwickelung der Tatsachen zurückgewiesen werden. Diese Tatsachen fordern Entscheidungen, für welche die Urteile der alten Parteien nicht vorbereitet sind. Solche Parteien haben sich zwar mit den Tatsachen entwickelt; aber sie sind mit ihren Denkgewohnheiten hinter den Tatsachen zurückgeblieben.

Das kann gar nicht ernst genug genommen werden! Überall existieren Gedanken. Aber ob diese Gedanken, die sogar die Realität geprägt haben und weiterhin prägen, noch *wirklichkeitsgemäß* sind, ist eine völlig andere Frage. Diese Wirklichkeit kann längst an einen Punkt gekommen sein, wo sie diese Gedanken *zurückweist* – und diese weit hinter der Wirklichkeit zurückgeblieben sind. Solche Gedanken wollen etwas bewahren, was der in tieferem, umfas-

---

[185] ‚Die wahre Gestalt der sozialen Frage, erfasst aus dem Leben der modernen Menschheit'.

senderem Sinne verstandenen Wirklichkeit längst diametral widerspricht. Mit anderen Worten: Solche Gedanken sind *reaktionär*.

Steiner verwendet diese Begrifflichkeiten nicht, es geht ihm schlicht um die Wirklichkeit selbst. Um ihn aber vollkommen zu verstehen, müssen wir dies immer mitdenken. Es geht um Parteiprogramme und Überzeugungen, die in *keiner* Weise mehr mit der Wirklichkeit zu tun haben, sondern nur noch mit dem Aufrechterhalten von etwas, was in Wirklichkeit längst überholt ist – etwa das ‚Kleinhalten' des Proletariats, um die eklatanten sozialen Ungerechtigkeiten weiter aufrechterhalten zu können. Es muss kaum hinzugefügt werden, dass *alles* hier Gesagte lückenlos auch auf die Gegenwart übertragen werden kann...

Und dann wendet sich Steiner der Frage zu: ‚was *will* die moderne proletarische Bewegung in Wirklichkeit?'[31] Und hier verweist er auf den ungeheuren Impuls der *Entfremdung*, den auch Marx beschrieb, nur dass Marx auch selbst bereits aus dieser Entfremung heraus zu denken begonnen hatte. Der mittelalterliche Handwerker empfand an seiner ganzheitlichen Tätigkeit noch einen tiefen Sinn:[35f]

> In der Art, wie dieser Handwerker sich *menschlich* mit dem Berufe verbunden fühlte, lag etwas, das ihn das Leben innerhalb der ganzen menschlichen Gesellschaft vor dem eigenen Bewußtsein in einem lebenswerten Lichte erscheinen ließ. Er vermochte, was er tat, so anzusehen, daß er dadurch verwirklicht glauben konnte, was er als „Mensch" sein wollte.

Die Maschine aber und der Kapitalismus konnten dem Menschen nichts mehr geben, ‚was seine Seele mit einem menschenwürdigen Inhalt erfüllen konnte'.[35] Und während die wohlhabenderen Klassen noch von anderen Bewusstseinsinhalten zehrten, galt für den Arbeiter: ‚Der moderne Proletarier wurde aus allen alten Lebenszusammenhängen herausgerissen.'[37] Und so wandte sich gerade diese Schicht der zusammen mit der Technik und dem Kapitalismus aufgekommenen Wissenschaft zu – die aber nun *ihrerseits* von den führenden Klassen aus aller Geistigkeit herausgeführt worden war.[37]

Während die Popularisierer des Materialismus (wie Vogt und Büchner) *neben* diesem in ihrer Seele noch etwas anderes trugen, was sie ‚festhalten ließ an Lebenszusammenhängen, die sich nur sinnvoll rechtfertigen aus dem Glauben an eine geistige Weltordnung', war der Proletarier der Erste, der *nur noch* in die materialistischen Vorstellungen hineingeworfen wurde – und damit aus jeglicher Lebensordnung herausgeworfen, ‚welche noch von seelentragenden Impulsen gestaltet war'.[38] Der Gebildete mag die Wissenschaft aufgenommen haben, aber sie ist nur ‚in einem Schubfach seines Seelen-Innern', während er real aber in Lebenszusammenhängen steht und ‚von diesen seine Empfindungen orientieren' lässt, ‚die nicht von dieser Wissenschaft gelenkt werden'. Der ‚ungebildete' Proletarier dagegen steht mit seiner Seele *ganz* im Materialismus – und damit als Einziger auf dem Boden der gegenwärtigen Wissenschaft, die genau dies vertritt. Aller religiöse, ästhetische, allgemeingeistige Inhalt fällt für den Proletarier weg.[39]

Die wissenschaftliche Denkungsart aber verlor ‚das Bewußtsein, daß sie als geistiger Art in einer geistigen Welt wurzelt' – und das bedeutet: ‚Was der Proletarier von den herrschenden Klassen als geistiges Leben allein übernehmen konnte, verleugnete seinen Ursprung aus dem Geiste.'[40] Mit anderen Worten: Die materialistische Naturwissenschaft ist selbst *das* Produkt einer Entfremdung schlechthin. Der Proletarier wurde von einer Entfremdung in die nächste getrieben...

Zentral ist nun aber die Tatsache, dass dem Proletarier jeder *andere* Geistesinhalt, der auch bei den führenden Klassen nur noch überliefertes Erbe war, notwendigerweise als bloße Ideologie erscheinen musste. Steiner beschreibt die unbewusste Seelenstimmung des Proletariers: ‚Ich strebe nach dem geistigen Leben. Aber dieses geistige Leben ist *Ideologie*, ist nur, was sich im Menschen von den äußeren Weltvorgängen spiegelt, fließt nicht aus einer besonderen geistigen Welt her.'[41f]

Diese Frage ist viel entscheidender als die rein äußerlichen sozialistischen Forderungen – und die Tragik der herrschenden Klassen ist es, dass *das* in seinem ganzen Ausmaß nicht einmal im Ansatz gesehen wird, sodass im Grunde beide Seiten einander blind gegenüberstehen:[42-44]

> Der Nichtproletarier hört angsterfüllt nach den Forderungen des Proletariers hin und vernimmt: Nur durch Vergesellschaftung der Produktionsmittel kann für mich ein menschenwürdiges Dasein erreicht werden. Aber er vermag sich keine Vorstellung davon zu bilden, daß seine Klasse beim Übergang aus einer alten in die neue Zeit nicht nur den Proletarier zur Arbeit an den ihm nicht gehörenden Produktionsmitteln aufgerufen hat, sondern daß sie nicht vermocht hat, ihm zu dieser Arbeit einen tragenden Seeleninhalt hinzuzugeben. Menschen, welche [...] am Leben vorbeisehen und vorbeihandeln, mögen sagen: Aber der Proletarier will doch einfach in eine Lebenslage versetzt sein, die derjenigen der herrschenden Klassen gleichkommt; wo spielt da die Frage nach dem Seeleninhalt eine Rolle? Ja, der Proletarier mag selbst behaupten: Ich verlange von den andern Klassen nichts für meine Seele; ich will, daß sie mich nicht weiter ausbeuten können. Ich will, daß die jetzt bestehenden Klassenunterschiede aufhören. Solche Rede trifft doch das Wesen der sozialen Frage nicht. Sie enthüllt nichts von der *wahren Gestalt* dieser Frage. Denn ein solches Bewußtsein in den Seelen der arbeitenden Bevölkerung, das von den herrschenden Klassen einen wahren Geistesinhalt ererbt hätte, würde die sozialen Forderungen in ganz anderer Art erheben, als es das moderne Proletariat tut, das in dem empfangenen Geistesleben nur eine Ideologie sehen kann. Dieses Proletariat ist von dem ideologischen Charakter des Geisteslebens überzeugt; aber es wird durch diese Überzeugung immer unglücklicher. Und die Wirkungen dieses seines Seelenunglückes, die es nicht bewußt kennt, aber intensiv erleidet, überwiegen weit in ihrer Bedeutung für die soziale Lage der Gegenwart alles, was nur die in ihrer Art auch berechtigte Forderung nach Verbesserung der äußeren Lebenslage ist.
> Die herrschenden Klassen erkennen sich nicht als die Urheber derjenigen Lebensgesinnung, die ihnen gegenwärtig im Proletariertum kampfbereit entgegentritt. Und doch sind sie diese Urheber dadurch geworden, daß sie von ihrem Geistesleben diesem Proletariertum nur etwas haben vererben können, was von diesem als Ideologie empfunden werden muß.

Das *Wesen* der sozialen Frage! Hätte der Proletarier einen seelischen Inhalt – für dessen *Abwesenheit* die herrschenden Klassen verantwortlich sind –, würde er die Forderungen nach sozialer Gerechtigkeit etc. in ganz anderer Weise erheben, und man darf den Gedanken fortführen: weit weniger ‚kampfbereit‘ und antagonistisch als jetzt, wo er das ganze Leben der vermögenden Klassen als bloße *Ideologie* empfinden muss.

Was Steiner hier leistet, ist, jenseits des Klassen-Antagonismus aufzuzeigen, wie es dazu *kommen* konnte – und, ohne den revolutionären Stimmungen in irgendeiner Weise Recht zu geben, sehr wohl auf die gänzliche Verantwortung der führenden Klassen hinzuweisen, die eine Realität geschaffen haben, in der es zu dieser Entwicklung kommen *musste*. Eben, weil mit der tatsächlichen Ideologie des Materialismus alles Verbindende sehr real fortfiel. Der Proletarier hat, grob gesprochen, gar keine *Veranlassung*, irgendwie rücksichtsvoll zu sein. Denn er hat wirklich nur noch eines zu verlieren: seine ‚Ketten‘. Jeden geistigen Inhalt, der über die materialistischen Vorstellungen hinausgeht, *hat* er schon verloren – aber auch bei den herrschenden Klassen ist dieser geistige Inhalt mehr und mehr nur noch bloßes Erbe (‚Schöngeistigkeit‘), kann erst recht nicht mehr auch nur ansatzweise das gesellschaftliche Ganze menschenwürdig gestalten.

Das ist Steiners Analyse, und sie ist extrem weitreichend.

Nun ist aber eben auch der Grundwiderspruch der proletarischen Bewegung der, dass sie als erste Bewegung überhaupt *ganz* auf Gedanken fußt (nämlich auf der hoch anspruchsvollen Analyse von Marx), gleichzeitig aber alle Gedanken als unwirkliche Ideologie empfindet.[46f]

Der entscheidende Punkt, auf den Rudolf Steiner hinauswill, ist die Frage: *Kann* aus dem realen geistigen Leben heraus die soziale Wirklichkeit gestaltet werden oder nicht? Mit anderen Worten: *Gibt* es das Geistesleben als eine Realität oder nicht? Ist der Geist selbst eine Wirklichkeit? Oder ist er es nicht?

Bliebe die Tatsache der materialistischen Überzeugungen wirksam, so Steiner, ‚müßte sich das Geistesleben der Menschheit zur Ohnmacht verurteilt sehen gegenüber den sozialen Forderungen der Gegenwart und Zukunft‘, denn dann wäre der Geist ja keinerlei Wirklichkeit.[48] Denn weder der materialistische Sozialist noch der materialistische Wissenschaftler etc. wird je zu folgendem Gedanken kommen können: ‚Wenn irgendwo ein aus den Impulsen der Zeit herausgeholtes, in einer geistigen Wirklichkeit wurzelndes, die Menschen tragendes Seelenleben sich zeigt, so wird von diesem die Kraft ausstrahlen können, die auch der sozialen Bewegung den rechten Antrieb gibt.‘[49]

Aber auch der Proletarier ‚bedarf eines Geisteslebens, von dem die Kraft ausgeht, die seiner Seele die Empfindung von seiner Menschenwürde verleiht‘.[49] Doch welche Menschenwürde sollte das sein, wenn sich die Seele *materialistisch* und damit in Wirklichkeit als nicht existent begreifen müsste? Alles Reden von Menschenwürde *bliebe* dann reinste Entfremdung. In

Wirklichkeit sehnt sich die Seele auch des Proletariers in ihren Untergründen nach einer Realität, die das Geistige wieder anerkennen könnte:[49]

> Daß in den Forderungen des modernen Proletariats die Sehnsucht nach einem andern Zusammenhang mit dem Geistesleben wirkt, als ihm die gegenwärtige Gesellschaftsordnung geben kann: dies gibt der gegenwärtigen sozialen Bewegung die richtende Kraft. Aber diese Tatsache wird weder von dem nicht proletarischen Teile der Menschheit richtig erfaßt, noch von dem proletarischen.

Man kann sagen: Die richtende Kraft ist *sehr wohl* die Empfindung der umfassenden Idee der Gerechtigkeit, ja Brüderlichkeit bzw. Geschwisterlichkeit *aller* Menschen – aber dies wird auch dem Proletarier nicht in seiner ganzen Bedeutung bewusst, denn sonst müsste er anerkennen, dass er von einer absoluten *Idee* geleitet wird, mithin, dass der Geist eine absolute Realität ist ... eine Realität, die die äußere Welt prägen will, anstatt von ihr geprägt zu werden.

Steiner spricht es deutlich aus, dass der Geist wieder *lebendig* werden müsse – und was die Krankheit ist. Er stellt fest:[50]

> [...] daß ein gesellschaftliches Zusammenleben der Menschen, in dem das Geistesleben als Ideologie wirkt, eine der Kräfte entbehrt, welche den sozialen Organismus lebensfähig machen. Der gegenwärtige krankt an der Ohnmacht des Geisteslebens. Und die Krankheit wird verschlimmert durch die Abneigung, ihr Bestehen anzuerkennen. [...]
> Gegenwärtig vermeint der Proletarier eine Grundkraft seiner Seele zu treffen, wenn er von seinem *Klassenbewußtsein* redet. Doch die Wahrheit ist, daß er [...] nach einem Geistesleben sucht, das seine Seele tragen kann, das ihm das *Bewußtsein seiner Menschenwürde gibt* [...].

Das ‚aus dem Wirtschaftsleben geborene Klassenbewußtsein' ist nur ein *Ersatz* für das Eigentliche, was er nicht mehr finden konnte, weil es nicht vorhanden ist.[51] Und dann formuliert Steiner ganz deutlich, dass alle bloß *äußeren* Verrichtungen nur reines Surrogat sein können für das, was die Menschenseele wahrhaft ersehnt:[51]

> Sein Blick ist wie durch eine mächtige suggestive Kraft bloß hingelenkt worden auf das Wirtschaftsleben. Und nun glaubt er nicht mehr, daß anderswo, in einem Geistigen oder Seelischen, ein Anstoß liegen könne zu dem, was notwendig eintreten müßte auf dem Gebiete der sozialen Bewegung. Er glaubt allein, daß durch die Entwickelung des ungeistigen, unseelischen Wirtschaftslebens *der* Zustand herbeigeführt werden könne, den er als den menschenwürdigen empfindet. [...] Zu der Meinung wurde er gedrängt, daß durch bloße Umgestaltung des Wirtschaftslebens verschwinden werde all der Schaden, der herrührt von der privaten Unternehmung, von dem Egoismus des einzelnen Arbeitgebers und von der Unmöglichkeit des einzelnen Arbeitgebers, gerecht zu werden den Ansprüchen auf Menschenwürde, die im Arbeitnehmer leben.

Menschenwürde und Menschenrecht sind nichts *Äußeres*. Und insbesondere ist das bloße Wirtschaftsleben nicht geeignet, diese herbeizuführen. Ja, Steiner formuliert sogar in aller Schärfe, dass dieses Wirtschaftsleben ‚vielmehr in der geraden Fortentwickelungslinie liegt, die über das alte Sklavenwesen durch das Leibeigenenwesen der Feudalzeit zu dem modernen Arbeitsproletariat heraufführt'.[52] Warum ist dies wahr? Weil das Wirtschaftsleben alles zur *Ware* macht – selbst den Menschen und seine Arbeitskraft:[52]

> Die moderne kapitalistische Wirtschaftsordnung kennt im Grunde genommen nur Ware innerhalb ihres Gebietes. [...] Und es ist geworden innerhalb des kapitalistischen Organismus [...] etwas zu einer *Ware*, von dem heute der Proletarier empfindet: es *darf* nicht Ware sein.

Und nun kommt Steiner zu einer entscheidenden Feststellung. Es ist das *Wesen* des Wirtschaftslebens, alles ihm Eingegliederte zur Ware werden zu lassen. Das aber bedeutet im Umkehrschluss – die Arbeitskraft darf gar nicht *Teil* dieses Wirtschaftslebens sein:[54]

> Man kann nicht die menschliche Arbeitskraft des Warencharakters entkleiden, wenn man nicht die Möglichkeit findet, sie aus dem Wirtschaftsprozeß herauszureißen. Nicht darauf kann das Bestreben gerichtet sein, den Wirtschaftsprozeß so umzugestalten, daß *in* ihm die menschliche Arbeitskraft zu ihrem Rechte kommt, sondern darauf: Wie bringt man diese Arbeitskraft aus dem Wirtschaftsprozeß heraus, um sie von sozialen Kräften bestimmen zu lassen, die ihr den Warencharakter nehmen?

Selbst eine andere Wirtschaftsform (etwa die sozialistische) ,wird diese Arbeitskraft nur in einer andern Art zur Ware machen'.[55] Es kommt also darauf an, viel *grundsätzlicher* anzusetzen und zu denken.

Am Ende dieses einleitenden Kapitels erweist sich, dass es drei ganz verschiedene Fragen und Sphären gibt, die den sozialen Organismus, das gesellschaftliche Ganze betreffen: das Geistesleben, die Frage der Arbeit und des Arbeitsverhältnisses und das Wirtschaftsleben. Alle drei brauchen eine wahre, gesunde Gestaltung und die rechte Eingliederung in das ,Gemeinschaftsleben' als Ganzes.[55]

Steiner geht es um das volle Gegenteil zu bloßen Sachzwängen, Fortführen des Bisherigen, Verfolgen mächtiger Interessen etc. – er will *grundsätzliche* Antworten und erst einmal grundsätzliche Begriffe, die den Dingen und Verhältnissen bis auf den *Grund* gehen.

- Dreigliederung des sozialen Organismus   ●

Und so heißt das zweite Kapitel dann: ,Die vom Leben geforderten wirklichkeitsgemäßen Lösungsversuche für die sozialen Fragen und Notwendigkeiten'. Vom Leben! Also von der Wirklichkeit selbst – denn das wahre Bedürfnis von Millionen Menschen *ist* die Wirklichkeit. Die Seele, aus der dieses Bedürfnis aufsteigt, *ist* die Wirklichkeit. Wirklichkeitsgemäß und mit dem Leben übereinstimmend ist also nur dasjenige, was sich nicht weiter in *Widerspruch* dazu stellt – sei es, aus reaktionären Gründen, sei es aus bloßer Blindheit und Gedankenlosigkeit. ,Wirklichkeitsgemäß' bedeutet, *ernst* zu machen mit den eigentlichen Realitäten – mit dem Menschen selbst.

Der erste Absatz dieses Kapitels hält fest, dass in der neueren Zeit das Wirtschaftsleben geradezu eine Art Diktatur angetreten, hypnotische Wirkung ausgeübt hat, was die Wurzel aller Unklarheiten ist:[56]

> Man kann das Charakteristische, das gerade zu der besondern Gestalt der sozialen Frage in der neueren Zeit geführt hat, wohl so aussprechen, daß man sagt: Das Wirtschaftsleben, von der Technik getragen, der moderne Kapitalismus, sie haben mit einer gewissen naturhaften Selbstverständlichkeit gewirkt und die moderne Gesellschaft in eine gewisse innere Ordnung gebracht. Neben der Inanspruchnahme der menschlichen Aufmerksamkeit für dasjenige, was Technik und Kapitalismus gebracht haben, ist die Aufmerksamkeit abgelenkt worden für andere Zweige, andere Gebiete des sozialen Organismus. Diesen muß ebenso notwendig vom menschlichen Bewußtsein aus die rechte Wirksamkeit angewiesen werden, wenn der soziale Organismus gesund sein soll.

Steiner zieht dann den *Vergleich* des menschlichen Organismus heran, der ebenfalls kein einheitlicher, sondern dreigliedriger ist – denn sehr selbstständig, wiewohl einander gegenseitig innig durchdringend, wirken hier miteinander das Nerven-Sinnes-System, das rhythmische System mit Atmung und Blutzirkulation und das Stoffwechselsystem.[57] Auch die soziale Frage wird erst wahrhaftig und gesund(end) gedacht werden, wenn man erkennt, wie sehr diese Dreigliedrigkeit auch auf den sozialen Organismus bezogen eine Realität ist:[59]

> Aber mit Bezug auf die Betrachtung und namentlich das Wirken des sozialen Organismus kann man nicht warten. Da muß nicht nur bei irgendwelchen Fachmännern, sondern da muß in jeder Menschenseele – denn jede Menschenseele nimmt teil an der Wirksamkeit für den sozialen Organismus – wenigstens eine instinktive Erkenntnis von dem vorhanden sein, was diesem sozialen Organismus notwendig ist. Ein gesundes Denken und Empfinden, ein gesundes Wollen und Begehren mit Bezug auf die Gestaltung des sozialen Organismus kann sich nur entwickeln, wenn man, sei es auch mehr oder weniger bloß instinktiv, sich klar darüber ist, daß dieser soziale Organismus, soll er gesund sein, ebenso dreigliedrig sein muß wie der natürliche Organismus.

Es handelt sich keineswegs um eine bloße Analogie – wer dies glaube, so Steiner, der beweise nur, ‚daß er nicht in den Geist des hier Gemeinten eingedrungen ist'.[60] Vielmehr geht es darum, am Beispiel des menschlichen Organismus *wirklichkeitsgemäßes Denken* zu lernen – dann nämlich wird man dies auch in Bezug auf den sozialen Organismus können und auch *dessen* eigene Gesetze und Wesenhaftigkeit empfinden und erkennen.

Wie wichtig dies in vollem Ernst und voller Wahrhaftigkeit ist, betont Steiner in einer weiteren Passage – schon Kinder müssten lernen, die diesbezügliche Wahrheit zu empfinden, weil sich sonst die Blindheit ja immer weiter fortsetzen würde. Die gegenwärtige Menschheitskrise, so Steiner:[61]

> [...] fordert, daß gewisse *Empfindungen* entstehen *in jedem einzelnen Menschen*, daß die Anregung zu diesen Empfindungen von dem Erziehungs- und Schulsystem so gegeben werde, wie diejenige zur Erlernung der vier Rechnungsarten. Was bisher ohne die bewußte Aufnahme in

180

das menschliche Seelenleben die alten Formen des sozialen Organismus ergeben hat, das wird in der Zukunft nicht mehr wirksam sein. Es gehört zu den Entwickelungsimpulsen, die von der Gegenwart an neu in das Menschenleben eintreten wollen, daß die angedeuteten Empfindungen von dem einzelnen Menschen so gefordert werden, wie seit langem eine gewisse Schulbildung gefordert wird. Daß man gesund empfinden lernen müsse, wie die Kräfte des sozialen Organismus wirken sollen, damit dieser lebensfähig sich erweist, das wird, von der Gegenwart an, von dem Menschen gefordert. Man wird sich ein Gefühl davon aneignen müssen, daß es ungesund, antisozial ist, *nicht* sich mit solchen Empfindungen in diesen Organismus hineinstellen zu wollen.

Diese Ausführungen sind absolut grundlegend. Steiner weist auf dasjenige hin, was anderswo nur festgestellt wird, nämlich dass alte Gewissheiten wegbrechen, soziale Zusammenhänge sich auflösen etc. Aus Sicht der Geisteswissenschaft oder Anthroposophie wirkt hier ein umfassender menschheitsgeschichtlicher Bewusstseinsimpuls, der mit dem von der geistigen Welt herbeigeführten *Freiheitsimpuls* zusammenhängt – was aber gleichzeitig bedeutet, dass ohne eine innere Entwicklung und Erstarkung des menschlichen Bewusstseins das *Chaos* zunehmen wird, denn von nun an werden die Verhältnisse immer mehr in die *volle* Eigenständigkeit des bzw. der Menschen übergehen, weil *nichts* mehr tragen wird als das, was Menschen aus voller Bewusstheit heraus wirklich zu gestalten vermögen.

Immer mehr werden Familien, werden Beziehungen, werden aber auch gesellschaftliche Zusammenhänge zerbrechen, auseinanderbrechen und in Chaos versinken, wenn es nicht gelingt, aus einem vollen *Bewusstsein* heraus menschliche Verhältnisse zu echtem *Leben* zu erwecken und tragend und gesundend in jedem Moment aufrechtzuerhalten. Steiner führt dies hier nicht weiter aus – aber im Zusammenhang mit seinen übrigen Ausführungen ist klar, dass es um genau *diese* großen Zusammenhänge geht.

Heute haben wir dies noch immer nicht einmal im Ansatz begriffen. Zwar gibt es an den Schulen so etwas wie ‚Sozialkunde‘, es gibt ‚Demokratiebildung‘ und auch die Vermittlung sozialer Grundfertigkeiten. Aber was es *nicht* gibt, ist dasjenige, was erst einen echten *Grund* legen würde: Ein Bewusstsein davon, was der soziale Organismus eigentlich *ist* – jenseits der bloß abstrakten Vorstellungen von ‚Gesellschaft‘, ‚Demokratie‘ etc., die nie konkreter werden als das, was wir kennen: eine Art ‚Einheitsbrei‘ in Bezug darauf, wie ‚Gesellschaft‘ eigentlich ‚funktioniere‘. Die *wirklichen* Fragen werden dabei niemals berührt – verschämt wird um sie regelrecht *herumgeredet*.

Oder die Kinder werden sogar in der Hinsicht indoktriniert, dass so etwas wie die Ökonomisierung sogar des Gesundheitswesens unumgänglich sei und dass die Politik in verantwortungsvoller Weise versuche, die Auswüchse des Kapitalismus zu begrenzen, zu begleiten, zu kontrollieren etc. Wir alle wissen, wie extrem das jeweils Gegebene immer wieder hingenommen und als das *Normale* bezeichnet wird – um es den Kindern auch genau so, als das ‚Normale‘, beizubringen. Damit aber ist man Welten entfernt von dem, was Steiner verfolgt. Ihm geht es um eine völlige *Veränderung* des gesamten sozialen Organismus hin zu seiner eigentlichen Wirklichkeit. Und schon die Kinder sollen das *Wesen* dieses sozialen Organismus empfinden und begreifen lernen – nicht seine *Krankheitsform*, wie sie sich durch die skizzierten Einseitigkeiten entwickelt hat, sondern seine eigentliche, wahre, gesunde Gestalt...

Es geht darum, immer mehr in der lebendigen Empfindung unterscheiden zu lernen, dass die einzelnen Glieder des sozialen Organismus wirklich ganz unterschiedliche sind und nicht verwechselt und vermischt werden dürfen. Das *Wirtschaftsleben* hat es zu tun ,mit all dem, was Warenproduktion, Warenzirkulation, Warenkonsum ist', das *Rechtsleben*, ,das Leben des öffentlichen Rechtes, das eigentliche politische Leben [...] mit all dem, was sich aus rein menschlichen Untergründen heraus auf das Verhältnis des Menschen zum Menschen bezieht'.[62] Das Geistesleben schließlich bezieht sich auf all das, ,was beruht auf der natürlichen Begabung des einzelnen menschlichen Individuums, was hineinkommen muß in den sozialen Organismus auf Grundlage dieser natürlichen, sowohl der geistigen wie der physischen Begabung des einzelnen menschlichen Individuums'.[63]

Schon hier erweist sich, dass Steiners Begriffsbildungen das Gegenteil jedweden Schematismus' sind. So begreift er etwa das ,Geistesleben' keineswegs irgendwie abstrakt, sondern mutet der mitdenkenden Seele zu, hierunter alles zu verstehen, was überhaupt mit der *Individualität* des einzelnen Menschen zu tun hat. Damit hat das Wirtschaftsleben zu tun mit den insbesondere materiellen Bedürfnissen des Menschen, das Rechtsleben mit dem Verhältnis von Mensch zu Mensch, das Geistesleben mit den Kräften und Begabungen der menschlichen Individualität. Und nur aus diesem *Gesamtverständnis* heraus kann das Ganze der Gesellschaft wieder gesunden:[63]

> Ebenso wahr, wie es ist, daß moderne Technik und moderner Kapitalismus userm gesellschaftlichen Leben eigentlich in der neueren Zeit das Gepräge gegeben haben, ebenso notwendig ist es, daß diejenigen Wunden, die von dieser Seite her notwendig der menschlichen Gesellschaft geschlagen worden sind, dadurch geheilt werden, daß man den Menschen und das *menschliche Gemeinschaftsleben* in ein richtiges Verhältnis bringt zu den drei Gliedern dieses sozialen Organismus.

Während das Wirtschaftsleben *dominiert*, konnten die beiden anderen Sphären noch nicht ,mit derselben Selbstverständlichkeit sich in der richtigen Weise nach ihren eigenen Gesetzen' in den sozialen Organismus eingliedern. Dies muss durch die Menschen aus den richtigen, wahren Empfindungen heraus erst noch geschehen – und dies ist eine Aufgabe durchaus jedes Einzelnen: ,jeder an seinem Orte; an dem Orte, an dem er gerade steht. Denn im Sinne derjenigen Lösungsversuche der sozialen Fragen, die hier gemeint sind, hat jeder einzelne Mensch seine soziale Aufgabe in der Gegenwart und in der nächsten Zukunft'.[64]

Bereits hier ist klar, dass es Steiner nicht um irgendein ,Programm' geht, irgendeinen weiteren Lösungsansatz, der nur ,umgesetzt' werden müsste – sondern dass es sich hier um eine *Bewusstseinsfrage* handelt, die notwendigerweise um den Einzelnen gar nicht herumkommt. Es geht um den Menschen – und der Mensch muss *begreifen*, was die wahre Gestalt des sozialen

Organismus wäre. Anders geht es nicht. Deswegen ist es so essenziell, dass bereits die Kinder ein gesundes soziales *Empfinden* für diese Tatsachen entwickeln.

So, wie die ,Philosophie der Freiheit' und die anderen Grundwerke Steiners betonten, dass der einzelne Mensch sich nur *selbst* zu der vollen Freiheit führen könne, indem er sie *wahrmacht*, in reinen moralischen Intuitionen und Taten, ebenso kann auch der aus Menschen bestehende und von ihnen gestaltete soziale Organismus nur dann zu seiner wahren Gestalt kommen, wenn ebendiese Menschen das Bewusstsein von dieser wahren Gestalt tief in ihrer Seele tragen und danach handeln.

Diese wahre Gestalt wird *korrumpiert*, wenn die Sphären vermischt werden, wodurch dann die eine der anderen ihre Gesetze aufdrängt. Weder dürfte zum Beispiel der Staat in das eigentliche Wirtschaftsleben eingreifen, noch dürften wirtschaftliche (Partial-)Interessen das Rechtsleben beeinflussen:[68f]

> Tragen die Menschen diejenigen Interessen, denen sie in ihrem Wirtschaftsleben dienen müssen, in die Gesetzgebung und Verwaltung des Rechtsstaates hinein, so werden die entstehenden Rechte nur der Ausdruck dieser wirtschaftlichen Interessen sein. Ist der Rechtsstaat selbst Wirtschafter, so verliert er die Fähigkeit, das Rechtsleben der Menschen zu regeln. Denn seine Maßnahmen und Einrichtungen werden dem menschlichen Bedürfnisse nach Waren dienen müssen; sie werden dadurch abgedrängt von den Impulsen, die auf das Rechtsleben gerichtet sind.

- Wirtschaftsleben ●

Das Wirtschaftsleben hat *nur* der bestmöglichen Gestaltung von Warenerzeugung und -austausch zu dienen, das politische bzw. Rechtsleben *nur* der bestmöglichen Gestaltung der gegenseitigen Beziehungen entsprechend dem realen, lebendigen Rechtsbewusstsein des Menschen.[69] Die Konsequenzen sind schwerwiegend. Es bedeutet, dass ein Politiker, der Recht setzen soll, nicht auf dasjenige schielen darf, was ihm Vertreter mächtiger ,wirtschaftlicher Interessen' einflüstern wollen – denen es gerade *nicht* um das rein menschliche Rechtsbewusstsein und das Wohl des Ganzen geht, auch wenn sie Letzteres immer wieder behaupten.

Die ganze Rechtssphäre muss dem Wirtschaftsleben so äußerlich gegenüberstehen wie die Naturgrundlage, die von diesem ja auch unbeeinflussbar ist. Heute ist es noch anders:[71]

> Gegenwärtig bewegt sich in dem wirtschaftlichen Kreislauf, in dem sich bloß Waren bewegen sollen, auch die menschliche Arbeitskraft, und es bewegen sich auch Rechte.

Was das Letztere bedeutet, macht Steiner am Beispiel des Besitzes von Grund und Boden deutlich, der ebenfalls etwas wesentlich anderes ist als eine Ware, auch wenn er heute, genau wie die Arbeitskraft, als Ware *behandelt* wird. Bei echten Waren stellt sich im Laufe von deren Zirkulation und Verkauf keine Abhängigkeit ein. Der Besitzer eines Grundstücks dagegen bringt Menschen, die auf diesem wohnen müssen, in Abhängigkeit von sich. In Wirklichkeit aber liegt hier ein *Recht* vor: das Recht auf Benutzung dieses Grundstücks.[72] Wie solche Rechte dann zu gestalten sind, ist die nächste Frage. Es handelt sich aber nicht um das Wirtschaftsleben. Hiervon wäre es gerade auszunehmen.

Umgekehrt hat das Wirtschaftsleben seine Interessen intern und untereinander zu regeln. Ähnliche Interessen werden sich lebendig assoziieren, in Assoziationen zusammenschließen, und der Ausgleich *zwischen* ihnen wird ebenfalls innerhalb des Wirtschaftslebens selbst in größeren Organisationen erfolgen, die extra diesem Zweck der ‚Selbstverwaltung' dienen – ohne dass der Staat hier eingreifen muss oder dass die Wirtschaftssphäre auf den *Staat* überzugreifen versucht:[73f]

> Die Wirtschaftsorganisation wird Menschen mit gleichen Berufs- oder Konsuminteressen oder mit in anderer Beziehung gleichen Bedürfnissen sich zu Genossenschaften zusammenschließen lassen, die im gegenseitigen Wechselverkehr die Gesamtwirtschaft zustande bringen. Diese Organisation wird sich auf assoziativer Grundlage und auf dem Verhältnis der Assoziationen aufbauen. [...] Wenn solche Wirtschaftsassoziationen ihre wirtschaftlichen Interessen in den Vertretungs- und Verwaltungskörpern der Wirtschaftsorganisation zur Geltung bringen können, dann werden sie nicht den Drang entwickeln, in die gesetzgebende oder verwaltende Leitung des Rechtsstaates einzudringen (zum Beispiel als Bund der Landwirte, als Partei der Industriellen, als wirtschaftlich orientierte Sozialdemokratie), um da anzustreben, was ihnen innerhalb des Wirtschaftslebens zu erreichen nicht möglich ist.

Es besteht eben die Verpflichtung, das Notwendige *im* Wirtschaftsleben selbst zu regeln. Konkret hieße das: Nicht der Staat ist für ‚Agrardiesel-Subventionen' für Landwirte etc. verantwortlich, sondern das Wirtschaftsleben *selbst* hat zu verantworten, dass Landwirte ebenso gut produzieren können wie andere Teilnehmer des Wirtschaftslebens. Es käme dann zum Beispiel zu Verhandlungen zwischen den Landwirten und den Dieselproduzenten, die ja ebenfalls Lebensmittel brauchen. Wo dies nicht möglich wäre, weil die Rohstofflieferanten in ganz anderen Staaten sitzen und sich auf solchen wahrhaftigen Interessenausgleich (noch) nicht einlassen, wäre innerhalb des Staates *im* Wirtschaftsleben selbst zu verhandeln, wie die Preise für Lebensmittel aussehen müssen, wenn die Rohstoffpreise so sind, wie sie sind.

Es ist in jedem Falle deutlich, dass dies eine Frage ist, die *nur* das Wirtschaftsleben selbst betrifft. Die Verantwortung wäre also an *dieses* zurückzuverweisen. Das Wirtschaftsleben *selbst* hat dafür zu sorgen, dass die Landwirte, die ein Teil dieses Wirtschaftslebens sind, so produzieren können, dass es für sie zum Leben ebenso reicht wie für alle anderen.

Wir sehen, wie Steiner zu Begriffen kommt, die ein völlig anderes Bild ergeben, als es heute noch immer herrscht. Jetzt haben wir einen Atomismus, wo einerseits alle auf alle angewiesen sind (hoch arbeitsteilige Wirtschaft), andererseits jeder gegen jeden ausgespielt werden kann – und auf diese Weise ‚die' Wirtschaft jedesmal dem Staat ‚die Pistole auf die Brust setzen' kann, wenn etwas ‚nicht stimmt'. Steiner macht deutlich, dass ‚die Wirtschaft' ein Gesamtsystem ist, ein lebendiges Glied des ganzen sozialen Organismus – und dass sie sich als solche zu *organisieren* hat, anstatt in einer Art *Anspruchsmentalität*[186] auf den Staat als Retter und Melkkuh zu schielen und diesen entsprechend auszubeuten.

Einmal mehr weist Steiner auch darauf hin, dass derjenige, der der wahren Gestalt des sozialen Organismus bzw. den hier entwickelten Begriffen vorwirft, ‚nicht durchführbar‘ zu sein, sich schlicht zu einem Diener reaktionärer Beharrungskräfte macht:[76]

> Wer für „praktisch durchführbar“ nur dasjenige hält, an das er sich aus engem Lebensgesichtskreis heraus gewöhnt hat,[187] der wird das hier Angedeutete für „unpraktisch“ halten. Kann er sich nicht bekehren, und behält er auf irgendeinem Lebensgebiete Einfluß, dann wird er nicht zur Gesundung, sondern zur weiteren Erkrankung des sozialen Organismus wirken, wie Leute seiner Gesinnung an der Herbeiführung der gegenwärtigen Zustände gewirkt haben.

- *Rechtsleben* •

Nimmt man den Gedanken der Eigenständigkeit des Wirtschaftslebens ernst, so ist eine Verstaatlichung oder staatliche Verwaltung von Post, Bahn etc. auch völlig fehlgedacht, denn auch dies sind Bereiche des Wirtschaftslebens. Es muss vielmehr *umgekehrt* darum gehen, diesem Wirtschaftsleben das egoistische Element zu entziehen, das assoziative Element zu stärken und alles, was *Rechtsfragen* sind, diesem Wirtschaftsleben zur Grundlage und Bedingung zu machen: ‚[...] durch die Rechtsordnung auf den Wirtschaftskörper so zu wirken, daß der einzelne Mensch seine Eingliederung in den sozialen Organismus nicht im Widerspruche mit seinem Rechtsbewußtsein empfindet.‘[77]

So kann man sich etwa vorstellen, dass der einzelne Mensch ein *Recht* auf Anbindung an einen öffentlichen Nahverkehr hat, sodass auf das Wirtschaftsleben die *Pflicht* fällt, auch kleinere Dörfer entsprechend zu versorgen, statt Strecken stillzulegen – und auf die einzelnen Organe und Organisationen dieses Wirtschaftslebens die Pflicht, entsprechende Wege einschließlich der hierfür notwendigen Interessenausgleiche zu finden. Nicht Aufgabe des Staates ist dies, sondern Aufgabe des Wirtschaftslebens. Aufgabe des Staates ist es, *Recht* zu setzen – solches Recht, wie es dem Rechtsbewusstsein, auch der einzelnen Menschen, entspricht. Selbstverständlich gehören dazu unmittelbar auch Fragen der sozialen Teilhabe, egal, ob man in der Stadt oder auf dem Land lebt. Wir sehen, wie umfassend die hier entwickelten Begriffe den Blick verändern.

Aber grundlegend ist eben schon die Verwandlung der Arbeitskraft in *Ware*, die Steiner nun näher charakterisiert. Die Arbeitskraft wird vom ‚Arbeitgeber‘ dem ‚Arbeitnehmer‘ *wie* eine Ware abgekauft. In seiner tieferen Wirklichkeit *kann* sich der Tausch zwischen Geld und Arbeit gar nicht vollziehen, es ist ein falscher bzw. ein Scheinvorgang. In Wirklichkeit gibt der

---

[186] Eine Mentalität, die gerade die ‚Wirtschaftsbosse‘ immer *anderen* vorwerfen, etwa den Sozialhilfeempfängern, die sie durch Entlassungen selbst produziert haben!
[187] Um nicht schlicht niedere Eigeninteressen zu unterstellen...

Arbeitgeber Geld für das mit Hilfe der Arbeitskraft entstandene *Produkt* – das nur einem Teil von dessen Wert entspricht, während er sich den berühmten ‚Mehrwert' im Sinne von Marx aneignet.

Eigentlich müsste das Verhältnis zwischen Arbeiter und Unternehmer ein reines *Rechtsverhältnis* sein – aber die Beziehung ist eben nicht gleichwertig: ‚Zur Herstellung des Produktes ist ein Rechtsverhältnis zwischen Arbeiter und Unternehmer notwendig. Dieses kann aber durch die kapitalistische Wirtschaftsart in ein solches verwandelt werden, welches durch die wirtschaftliche Übermacht des Arbeitgebers über den Arbeiter bedingt ist.'[78] Und jetzt wird Steiner ganz deutlich: *Arbeit kann nicht bezahlt werden.* Sie ist völlig anders zu begreifen:[78]

> Im gesunden sozialen Organismus muß zutage treten, daß die Arbeit nicht bezahlt werden kann. Denn diese kann nicht im Vergleich mit einer Ware einen wirtschaftlichen Wert erhalten. Einen solchen hat erst die durch Arbeit hervorgebrachte Ware im Vergleich mit andern Waren. Die Art, wie, und das Maß, in dem ein Mensch für den Bestand des sozialen Organismus zu arbeiten hat, müssen aus seiner Fähigkeit heraus und aus den Bedingungen eines menschenwürdigen Daseins geregelt werden. Das kann nur geschehen, wenn diese Regelung von dem politischen Staate aus in Unabhängigkeit von den Verwaltungen des Wirtschaftslebens geschieht.

Arbeit kann nicht bezahlt werden. Wie und wieviel ein Mensch zu arbeiten hat, als Teil und Mitglied des gesamten sozialen Organismus, ist eine *Rechtsfrage* – und damit eine Frage des Staates als rechtssetzende Vertretung der ganzen Gemeinschaft. Diese Frage ist auf Grundlage der individuellen *Fähigkeiten* und der allgemeinen *Menschenwürde* zu regeln – und auf keiner anderen Grundlage.

Wie unglaublich weitreichend diese Begriffsbildung ist, braucht kaum näher ausgeführt zu werden – und doch ist kaum etwas wichtiger als diese weitere Ausführung, weil die gegenwärtigen Denkgewohnheiten dem noch immer fast grenzenlos widersprechen.

Es ist deutlich, wie etwa das Ringen um die Frage des ‚Mindestlohns' bereits in genau diese Richtung zielt – und doch noch viel zu sehr vor dem Eigentlichen haltmacht, nämlich vor der Tatsache, dass Arbeit *gar nicht* bezahlbar ist. Das bedeutet, bereits der ganze ‚Lohn'-Begriff müsste völlig abgeschafft werden – und bereits die Kinder in der Schule müssten dies lernen! Es geht um etwas völlig anderes, um die Menschenwürde. Es ist kein Lohn – es ist die Ermöglichung des Lebens jedes Einzelnen.

Deswegen geht auch die Idee des ‚Grundeinkommens' ganz ebenso in dieselbe richtige Richtung, nur dass dies die Verpflichtung des Einzelnen, zum Wohle des sozialen Organismus nach seinen Fähigkeiten beizutragen, nicht aufhebt. Auch hier wären Begriffe und Gestaltung der Wirklichkeit gemäß weiterzuentwickeln. Aber der Gedanke ist richtig. Arbeit ist nicht bezahlbar und der Mensch muss seine Arbeitskraft nicht verkaufen. Dennoch hat er natürlich kein Recht, auf Kosten aller Anderen zu leben, wenn er seinen Fähigkeiten nach zum Ganzen beitragen könnte. Er ist Teil des Ganzen, und das Ganze *kann* nur leben, wenn jeder Einzelne dazu beiträgt. Aber der lebendige soziale Organismus wird hierfür Lösungen finden – die ganz anders aussehen als die jetzigen, die den Einzelnen zum scheinbaren Verkauf seiner Arbeitskraft zwingen.

Und in dieselbe Richtung zielen auch jene seit vielen Jahren immer wieder sich erhebenden Rufe, die ‚nicht bezahlte Arbeit' vor allem von Frauen (Kindererziehung, Pflege von Angehörigen, Haushalt etc., ‚Care-Arbeit' im umfassenden Sinne) der ‚Lohnarbeit' gleichzustellen. Hieraus aber den Schluss zu ziehen, nun auch die unbezahlte Arbeit von vor allem Frauen zu bezahlen, wäre genau der falsche Weg, denn Arbeit *kann* nicht bezahlt werden. Es wäre die Fortsetzung des Falschen in dann noch größerem Ausmaß, es wäre die Ausweitung des *falschen Denkens*.

Sehr wohl aber geht es darum, die Frauen aus der Abhängigkeit der Männer zu befreien, die aufgrund ihrer ‚Lohnarbeit' finanziell unabhängig sind, während die nicht berufstätigen Frauen in einem Abhängigkeitsverhältnis zu ihren Partnern stehen. Die nach Steiner grundlegende Frage ist nun aber nicht, wie auch die Arbeit der Frauen ‚bezahlt' werden kann, was gar nicht möglich ist[188] – sondern: Wie sind die sozialen Verhältnisse so zu gestalten, was muss geschehen, damit die Frau *dasselbe* menschenwürdige Leben führen kann wie der Mann, mit allen Implikationen? Wie ist die volle Unabhängigkeit der nicht berufstätigen Frau zu gewährleisten? Was muss die Gesellschaft, der soziale Organismus als Ganzes, dafür tun?

Aber für den ‚Mann' (den berufstätigen Menschen) gilt eben ganz ähnlich: Wie kann der scheinbare Verkauf der Arbeitskraft in jeder Hinsicht *beendet* werden? Was muss geschehen, um diese Frage vom Kopf auf die wirklichen Füße zu stellen?

Neben der Frage der ‚Entlohnung' als solcher – die immer mehr zu einer Frage der bloßen Sicherung eines menschenwürdigen Lebens werden wird –, geht es auch um die Arbeitsbedingungen in jeglicher Hinsicht. Was bisher als ‚Arbeitsschutzgesetze' auch schon existierte, würde in seiner Bedeutung *umfassend* werden, denn der ‚Arbeitgeber' würde *jegliche* Übermacht verlieren, da deutlich würde, dass das Ziel der Menschenwürde tatsächlich obererstes (fast einziges) Ziel der Tätigkeit des gesetzgebenden Staates wäre und es die fraglose, ganz klare Pflicht der Zusammenhänge des Wirtschaftslebens wäre, genau dies neben aller Produktion und Zirkulation von Waren zu ermöglichen.

Damit gäbe es keine Doppelmoral mehr, wie sie nach wie vor in unglaublicher Stärke herrscht – wo einerseits alle von ‚Menschenwürde' reden, andererseits die Bedingungen etwa bei ‚Amazon' immer wieder in die Schlagzeilen kommen und man dies als ‚Kollateralschäden' des Kapitalismus einfach *hinnimmt*. Deutlich werden würde, dass all solche Fälle ein Versagen des Staates (der Rechtssphäre) wären, weil dessen Aufgabe eben genau die Regelung der Verhältnisse von Mensch zu Mensch ist, die Sicherstellung eines menschenwürdigen Lebens für jeden Einzelnen, die er jetzt gerade versäumt, wie jeder der zahllosen Einzelfälle, die Schlagzeilen

---

[188] Um dies zu erkennen, muss man sich nur einmal die Frage stellen: Welchen ‚Wert' (in Euro) hat die Erziehung eines Kindes, die Pflege eines Angehörigen, das Staubsaugen einer Wohnung...?

machen und wiederum nur die Spitze des Eisberges sind, beweist. Wo aber Gesetze schon bestehen, hat der Staat selbstverständlich auch die Pflicht, sie durchzusetzen.

Und es geht *nicht* nur um die Regelung von Mindeststandards wie Pausen, Zeiten für Trinken, Essen, Toilettengänge etc. – es geht um ein *menschenwürdiges Leben*, auch und gerade auch da, wo der Mensch arbeitet, nämlich nicht für den Profit eines einzelnen Unternehmens, sondern für die ganze Gemeinschaft, immer. Es muss quasi nach und nach *unmöglich* werden, diese grundlegende Tatsache zu umgehen und den Einzelnen zu einem modernen Sklaven zu machen. Unmöglich werden. Die Rechtssphäre muss zu etwas derart Selbstverständlichem werden, wie es das Wirtschaftsleben heute schon ist. Genau das ist es, worauf Steiner hinweist. Dies aber ist letztlich eine *Bewusstseinsfrage* des gesamten sozialen Organismus.

Aber auch hier gilt: Das Wirtschaftsleben ist letztlich auch *dafür* verantwortlich – dafür, die Setzungen des Staates (und damit der ganzen Gemeinschaft) in seinem Bereich durchzusetzen. Das würde zum Beispiel bedeuten, dass Assoziationen des Wirtschaftslebens mit einem Unternehmen, das die menschenwürdigen Verhältnisse klar offensichtlich missachtet, die Zusammenarbeit schlicht *beenden*, sodass jedes Unternehmen durch den aus dem Wirtschaftsleben selbst kommenden Druck einfach gezwungen sein wird, das Recht ebenso einzuhalten wie jedes andere Unternehmen auch. Auch hier ist also nicht nur der Staat gefragt, sondern ‚die' Wirtschaft selbst, die ebenfalls ein lebendiger (Teil-)Organismus ist, der sich zu organisieren hat.[189] In jedem Fall muss die Rechtssphäre für das Wirtschaftsleben so selbstverständlich werden, wie es die Naturgrundlage heute schon ist.[190]

Letztlich bestimmt auf diese Weise die Gesellschaft selbst, wie sie leben und arbeiten möchte – unter anderem natürlich auch, *wieviel*. Nicht mehr der *Zwang*, arbeiten zu müssen, bestimmt, auch nicht die Vorgaben ‚der' Wirtschaft und der Arbeitgeber, von denen man abhängig ist, sondern die Gesellschaft als *Ganze*, unmittelbar aus ihrem Rechtsbewusstsein heraus. Und erst dann werden die sozialen Fragen sich lösen lassen – was für die heutige Zeit nicht weniger gilt als für Steiners Zeit:[79]

---

[189] Weil diese Selbstkontrolle bisher nicht existiert, ist es eben genau umgekehrt: Jedes Unternehmen ist versucht, die Rechtssphäre irgendwo zu ‚unterlaufen', weil es nur dann ebensolche Profite machen kann wie ‚Amazon' und andere Unternehmen, die damit bisher durchkommen. Erst wenn durch die volle Selbstverwaltung des Wirtschaftslebens als Ganzes bewirkt wird, dass solches Gebaren keine Chance hat, weil es unmittelbare Konsequenzen hat, dreht sich dies um, und *kein* Unternehmen wird mehr versucht sein, hier die menschenwürdigen Verhältnisse irgendwie doch zu manipulieren. • Wie man einmal mehr sieht, hängt dies jedoch ganz davon ab, dass die Aufgabe des Staates in ihrer vollen Konsequenz begriffen wird, wie auch die Aufgabe des Wirtschaftslebens, sich selbst zu verwalten, auch in Bezug auf die Vorgaben aus der Rechtssphäre. Für dieses ganze Verständnis aber müssen *beide* Sphären zunächst in ihrem Wesen klar begriffen und gedacht werden können.

[190] So, wie die Naturgegebenheiten nicht manipuliert werden können, müsste auch für die Rechtsgegebenheiten dasselbe gelten, statt dass sie ‚nur auf dem Papier stehen'. Steiner formuliert nochmals: ‚Ein solches Verhältnis der Arbeit zur Rechtsordnung wird die im Wirtschaftsleben tätigen Assoziationen nötigen, mit dem, was „rechtens ist" als mit einer Voraussetzung zu rechnen.' Und erst dann ist ‚die Wirtschaftsorganisation vom Menschen, nicht der Mensch von der Wirtschaftsordnung abhängig'.[79]

Es ist leicht einzusehen, daß durch eine solche Führung des sozialen Organismus der wirtschaftliche Wohlstand sinken und steigen wird je nach dem Maß von Arbeit, das aus dem Rechtsbewußtsein heraus aufgewendet wird. Allein eine solche Abhängigkeit des volkswirtschaftlichen Wohlstandes ist im gesunden sozialen Organismus notwendig. Sie allein kann verhindern, daß der Mensch durch das Wirtschaftsleben so verbraucht werde, daß er sein Dasein nicht mehr als menschenwürdig empfinden kann. Und auf dem Vorhandensein der Empfindung eines menschenunwürdigen Daseins beruhen in Wahrheit alle Erschütterungen im sozialen Organismus.

Es ist deutlich, dass die Gesellschaft längst zu der Erkenntnis kommen könnte, dass ein menschenwürdiges Leben in der heutigen Zeit unter anderem nur noch in fünf oder sechs Stunden ‚Erwerbsarbeit' täglich bestehen würde – weil die Produktivität seit Jahrzehnten ununterbrochen gestiegen ist, während die ‚40-Stunden Woche' seit Jahrzehnten sich in fast keiner Weise verändert hat. Der daraus hervorgehende Mehrwert ist natürlich zu einer explodierenden Flut materiellen Wohlstands geworden,[191] andererseits aber auch in die Taschen einiger Weniger gewandert. Aber selbst wenn man voraussetzen würde, hier hätte sich niemand bereichert (was angesichts der eklatanten Anwächse der Reichen und Superreichen einfach eine Illusion ist), wäre die *Gesellschaft* und niemand sonst vor die Frage gestellt, wieviel materielle Flut sie haben und wieviel sie arbeiten will.[192] Die Gesetzgebung würde dann entsprechende Vorgaben machen, und die Wirtschaftssphäre müsste diese fraglos *umsetzen*...

Dass Steiner die Frage der Arbeitszeit ganz klar als eine gesamtgesellschaftliche Frage der *Rechtssphäre* sah (mit der das Wirtschaftsleben ebenso als *Voraussetzung* zu rechnen hat wie mit der Naturgrundlage), geht aus folgender Passage hervor:[79f]

Man kann einen wenig ertragreichen Boden durch technische Mittel ertragreicher machen; man kann, veranlaßt durch die allzu starke Verminderung des Wohlstandes, die Art und das Maß der Arbeit ändern. Aber diese Änderung soll nicht aus dem Kreislauf des Wirtschaftslebens unmittelbar erfolgen, sondern aus der Einsicht, die sich auf dem Boden des vom Wirtschaftsleben unabhängigen Rechtslebens entwickelt.

---

[191] Hinzu kommt, dass sehr viel Arbeitszeit inzwischen ja in ‚Jobs' fließt, die nur noch der *Konkurrenz* dienen, dem Kampf um die Aufmerksamkeit des ‚Konsumenten', man denke etwa an Werbegrafiker, an unerwünschte Callcenter-Anrufe etc. etc. Würde man dies alles aus einem sozialen Organismus heraus der menschlichen *Vernunft* gemäß völlig anders gestalten, würde unvorstellbar weitere Zeit frei, die ebenfalls in der Reduzierung der Lebens- und Tages-Arbeitszeit jedes Einzelnen münden könnte. • Um es noch einmal schärfer zu formulieren: Es gibt inzwischen zahllose regelrecht sinnlose, ja schädliche Jobs, für die der 2020 viel zu jung verstorbene Kulturanthropologe David Graeber den Begriff ‚Bullshit Jobs' prägte. Graeber stellte ausdrücklich fest, dass die von John Maynard Keynes 1930 für unsere Zeit prophezeite 15-Stunden-Woche längst Wirklichkeit sein könnte. Siehe auch Wikipedia: Bullshit Jobs.

[192] Die ständig steigende Produktivität hat auch dazu geführt, dass längst immer mehr Menschen nur noch in *Teilzeit* arbeiten, sei es gezwungen, sei es selbstgewählt. Im realen Schnitt wurde 2022 in Deutschland nur noch 28 Stunden pro Woche gearbeitet. Siehe: Gibt es im Jahr 2030 die 15-Stunden-Woche? deinarbeitgeber.com, 7.6.2023. • Noch aufschlussreicher ist, dass 1980 Umfragen in den USA ergaben, dass den Menschen eigentlich etwa die Hälfte (!) des mittleren Einkommens für ein zufriedenstellendes Leben reichen würde. Dann kam der neoliberale ‚Backlash' und Ausbeutung und prekäre Beschäftigungsverhältnisse nahmen wieder immer weiter zu... Mehr Freizeit wagen. Böckler Impuls 07/2022, www.boeckler.de.

Und aus der *Einsicht* des vom Wirtschaftsleben unabhängigen Rechtslebens stünde heute eben längst der Schritt an, die menschenwürdige und gesellschaftlich notwendige Arbeitszeit ganz deutlich zu senken – ein Schritt, der nur dadurch nicht erfolgt, weil das Rechtsleben eben nach wie vor nicht unabhängig *ist*, sondern die Politik sich von Drohkulissen ‚der' Wirtschaft einschüchtern und von vermeintlichen ‚Sachzwängen' benebeln lässt, den Konkurrenzvorteil ausbeuterischer Praktiken nach wie vor nicht verhindert (ebensowenig wie es die Wirtschaftssphäre selbst tut) – und die Gesamtheit der Menschen, deren Vertretung sie eigentlich ist, niemals über diese *entscheidenden* sozialen Fragen befragt...

- *Geistesleben* ●

Und nun wendet sich Steiner dem *Geistesleben* zu, dem dritten Glied des sozialen Organismus, jenem Glied, das ganz mit der Individualität des einzelnen Menschen, mit seinen individuellen Fähigkeiten, zu tun hat.

Was aus dieser Quelle stammt, so Steiner, muss auf ganz andere Weise in den sozialen Organismus einfließen (wenn er gesund sein soll) als das, ‚was im Warenaustausch lebt, und was aus dem Staatsleben fließen kann'. Was ist nun das Wesen dieses *Geisteslebens*? Steiner formuliert:[80]

> Es gibt keine andere Möglichkeit, diese Aufnahme in gesunder Art zu bewirken, als sie von der freien Empfänglichkeit der Menschen und von den Impulsen, die aus den individuellen Fähigkeiten selbst kommen, abhängig sein zu lassen.

Auch hier geht es um außerordentlich Weitreichendes. Was bedeutet dies? Es geht um den Grundgedanken, um die grundlegende Erkenntnis, dass das Geistesleben in mehr oder weniger starkem Maße *gelähmt* werden würde, wenn es nicht in dieser Weise sein *Wesen* entfalten könnte. Dieses Wesen ist die volle *Freiheit* der hier lebenden Impulse.

Man kann es auf die Formel bringen: Der Geist ist frei – oder er ist nicht. Er kann nicht einmal (staatlich) ‚gefördert', er kann nur *gelassen* werden, andernfalls wird er eben unterdrückt oder aber gelähmt. Denn selbst die *vermeintliche* ‚Förderung' ist bereits eine Lähmung, weil sie die Eigenständigkeit unterdrückt. Extrinsische Motivation ist eben nicht dasselbe wie intrinsische Motivation – und ‚staatlich gefördertes (oder gar verwaltetes!) Geistesleben' wäre ein Widerspruch in sich. Es würde reichen, dem Geistesleben keine *Widerstände* in den Weg zu legen...

Was dieses lebendige, von Wirtschaft und Staat unbeeinflusste Geistesleben *wäre*, dafür gibt Steiner in einer langen Passage Empfindungen und Begriffe, indem er es am Beispiel des Erziehungs- und Lehrwesens charakterisiert und beschreibt. Das Geistesleben also hat ganz und gar mit den individuellen Fähigkeiten der einzelnen Menschen und der freien Empfänglichkeit anderer Menschen für diese zu tun. Und Steiner fährt fort:[80-83]

Werden die durch solche Fähigkeiten erstehenden Menschenleistungen vom Wirtschaftsleben oder von der Staatsorganisation künstlich beeinflußt, so wird ihnen die wahre Grundlage ihres eigenen Lebens zum größten Teile entzogen. Diese Grundlage kann nur in der Kraft bestehen, welche die Menschenleistungen aus sich selbst entwickeln müssen. Wird die Entgegennahme solcher Leistungen vom Wirtschaftsleben unmittelbar bedingt, oder vom Staate organisiert, so wird die freie Empfänglichkeit für sie gelähmt. Sie ist aber allein geeignet, sie in gesunder Form in den sozialen Organismus einfließen zu lassen. Für das Geistesleben, mit dem auch die Entwickelung der anderen individuellen Fähigkeiten im Menschenleben durch unübersehbar viele Fäden zusammenhängt, ergibt sich nur eine gesunde Entwickelungsmöglichkeit, wenn es in der Hervorbringung auf seine eigenen Impulse gestellt ist, und wenn es in verständnisvollem Zusammenhange mit den Menschen steht, die seine Leistungen empfangen.

Worauf hier als auf die gesunden Entwickelungsbedingungen des Geisteslebens gedeutet wird, das wird gegenwärtig nicht durchschaut, weil der rechte Blick dafür getrübt ist durch die Verschmelzung eines großen Teiles dieses Lebens mit dem politischen Staatsleben. Diese Verschmelzung hat sich im Laufe der letzten Jahrhunderte ergeben und man hat sich in sie hineingewöhnt. Man spricht ja wohl von „Freiheit der Wissenschaft und des Lehrens". Aber man betrachtet es als selbstverständlich, daß der politische Staat die „freie Wissenschaft" und das „freie Lehren" verwaltet. Man entwickelt keine Empfindung dafür, wie dieser Staat dadurch das Geistesleben von seinen staatlichen Bedürfnissen abhängig macht. Man denkt, der Staat schafft die Stellen, an denen gelehrt wird; dann können diejenigen, welche diese Stellen einnehmen, das Geistesleben „frei" entfalten. Man beachtet, indem man sich an eine solche Meinung gewöhnt, nicht, wie eng verbunden *der Inhalt* des geistigen Lebens ist mit dem innersten Wesen des Menschen, in dem er sich entfaltet. Wie diese Entfaltung nur dann eine freie sein kann, wenn sie durch keine andern Impulse in den sozialen Organismus hineingestellt ist als allein durch solche, die aus dem Geistesleben selbst kommen. Durch die Verschmelzung mit dem Staatsleben hat eben nicht nur die Verwaltung der Wissenschaft [...] das Gepräge erhalten, sondern auch der Inhalt selbst. Gewiß, was in Mathematik oder Physik produziert wird, kann nicht unmittelbar vom Staate beeinflußt werden. Aber man denke an die Geschichte, an die andern Kulturwissenschaften. Sind sie nicht ein Spiegelbild dessen geworden, was sich aus dem Zusammenhang ihrer Träger mit dem Staatsleben ergeben hat [...]? Gerade durch diesen ihnen aufgeprägten Charakter haben die gegenwärtigen [...], das Geistesleben beherrschenden Vorstellungen auf das Proletariat als Ideologie gewirkt. Dieses bemerkte, wie ein gewisser Charakter den Menschengedanken aufgeprägt wird durch die Bedürfnisse des Staatslebens, in welchem den Interessen der leitenden Klassen entsprochen wird. [...] Das erzeugte in ihm die Empfindung, alles Geistesleben sei Ideologie, sei Spiegelung der ökonomischen Organisation.

Eine solche, das geistige Leben des Menschen verödende Anschauung hört auf, wenn die Empfindung entstehen kann: Im geistigen Gebiet waltet eine über das materielle Außenleben hinausgehende Wirklichkeit, die ihren Inhalt in sich selber trägt. Es ist unmöglich, daß eine solche Empfindung ersteht, wenn das Geistesleben nicht aus seinen eigenen Impulsen heraus sich [...] frei entfaltet und verwaltet. Nur solche Träger des Geisteslebens, die innerhalb einer derartigen Entfaltung und Verwaltung stehen, haben die Kraft, diesem Leben das ihm gebührende Gewicht im sozialen Organismus zu verschaffen. Kunst, Wissenschaft, Weltanschauung und alles, was damit zusammenhängt, bedarf einer solchen selbständigen Stellung in der menschlichen Gesellschaft.

Wer meint, ‚die Wissenschaft' sei frei, muss nur darauf verwiesen werden, wie etwa der 1972 sogar ausgerechnet unter der Regierung Brandt beschlossene ‚Radikalenerlass' zu regelrechten Berufsverboten führte, wobei es der Politik und ihrer Verwaltung überlassen blieb, zu beurteilen, was jeweils als ‚linksextrem' etc. galt, obwohl es vielleicht an den Universitäten zu einer Strömung im gesamten Wissenschaftsbereich zählte. Die unmittelbare Konsequenz einer solchen Politik war eine ‚Gesinnungsschnüffelei', die an die berüchtigte McCarthy-Ära in den USA erinnerte und international auf Kritik stieß. Dennoch wurden bis zur Abschaffung der ‚Regelanfrage' (zuletzt 1991 in Bayern) rund 1,4 Millionen Personen überprüft.[193]

Aber diese Tendenzen sind ja keineswegs Vergangenheit. Auch hierzu muss man nur einmal die Augen aufmachen und sich umschauen. Das Gegenteil ist der Fall – nur hat es heute eine andere Bezeichnung. Die ‚Cancel Culture' greift, spätestens seit ‚Corona', unverkennbar *massivst* um sich.[194]

Wenn man nun meinen würde, diese komme ja im Gegensatz zum ‚Radikalenerlass' aus dem Geistesleben selbst, erfolge etwa seitens der Medien, einschließlich Social Media, und unterliege so keinerlei Beeinflussung von außen, sei damit also sehr ‚rechtens', so unterliegt man einem zweifachen Denkfehler.

Erstens sind die ‚Urteile' der Medien heute *keineswegs* unabhängig von der staatlichen Sphäre, im Gegenteil. In Zeiten zurückgehender Leserzahlen kann es sich keines der großen Blätter leisten, sich allzu deutlich in einen Gegensatz zur offiziellen Regierungslinie zu stellen – denn die unmittelbare Konsequenz wäre ein Verlust von Kontakten und Zugängen, was jedes Medium der unmittelbaren Gefahr der Bedeutungslosigkeit aussetzen würde, ganz abgesehen von einem schlagartigen Verlust gut zahlender Anzeigenkunden aus ‚der Wirtschaft'.

Zweitens, und dies ist sogar *noch* wichtiger, hat das Geistesleben überhaupt nicht die primäre Aufgabe, *andere* Ansichten und Erkenntnisse als die jeweils eigenen zu kritisieren, zu bekämpfen, möglicherweise sogar zu verleumden etc., sondern *eigene* Früchte hervorzubringen – und die Annahme und Empfänglichkeit dann getrost der Wirklichkeit zu überlassen. Wo es aber mehr und mehr nur noch um gegenseitige *Angriffe* geht, da stirbt das Geistesleben selbst. Denn es versinkt in Destruktivität und realer Unfruchtbarkeit.

Diese Tatsachen sind nicht so einfach zu durchschauen, insbesondere wenn man die Notwendigkeit empfindet, etwa gegen die AfD eine ‚Brandmauer' zu schaffen, gegen Neonazis zu

---

[193] Wikipedia: Radikalenerlass. Als erstes Bundesland beschloss Niedersachsen 2016 die Einrichtung einer Kommission zur Aufarbeitung der Schicksale betroffener Personen und der Möglichkeiten ihrer Rehabilitierung und bezeichnete die ‚Berufsverboten' als ein ‚unrühmliches Kapitel in der Geschichte Niedersachsens'. Ebd.

[194] Von anderen Entwicklungen wie der 2021 vom Verfassungsschutzpräsidenten neu geschaffenen Kategorien einer sogenannten ‚verfassungsschutzrelevanten Delegitimierung des Staates' ganz zu schweigen. Siehe Wikipedia: Verfassungsschutzrelevante Delegitimierung des Staates & Gesinnungspolizei im Rechtsstaat?

demonstrieren oder gegen ‚Corona-Leugner' oder auch ‚Klima-Leugner' eine ganz klare Stellung zu beziehen.

Sehr wohl muss der Unwahrheit an jedem Ort mit der notwendigen Wahrhaftigkeit entgegengetreten werden. Aber nicht immer ist die *Wahrheit* so eindeutig feststellbar. Dass das Corona-Virus insgesamt gefährlicher war als ein Grippe-Virus, ist eindeutig, ebenso die Tatsache, dass der Mensch einen Klimawandel angestoßen hat, der weit über das außerhalb des Menschen gegebene Maß hinausgeht. Ganz *andere* Fragen jedoch sind bereits die, wie dem Corona-Virus oder dem Klimawandel begegnet werden müsse. Und hier wird es bereits hoch komplex.

Sehr viele der angeblichen ‚Corona-Leugner' haben ja überhaupt nicht bestritten, dass das Virus in vielen Fällen durchaus gefährlich ist – sie haben sich nur gegen die Maßnahmen gewehrt, die ergriffen wurden. Und etwa auf den ‚schwedischen Weg' verwiesen, der die Frage der Maßnahmen sehr viel stärker in die *Eigenverantwortung* der Menschen gestellt hat. Heute ist längst klar, dass viele der ergriffenen Maßnahmen grenzenlos überzogen waren, etwa in Bezug auf die Kinder, die Schulen – und dass sie bis heute gravierende Folgen haben. Ebenso klar ist heute, dass diese Maßnahmen oft schlicht *unmenschlich* waren. Weil Krankenhäuser komplette Besuchsverbote verhängten, starben in den Corona-Jahren weit über dreihunderttausend Menschen in Einsamkeit, ohne ihre Lieben noch einmal sehen zu dürfen. Selbst die erzkonservative ‚WELT' meldete inzwischen: ‚Das einsame Sterben in den Krankenhäusern war unethisch und unnötig'.[195] Und nach Jahren der massiven Meinungsdiktatur wagten sich jetzt immer mehr Stimmen hervor, die gravierende Fehler zugaben und sogar die Notwendigkeit einer Aufarbeitung thematisierten.[196]

So ist die ‚Corona-Zeit' geradezu ein Lehrbeispiel dafür, was freies Geistesleben *nicht* ist – denn sie war eine Zeit eines extremen Konsenszwanges, einer bis dahin kaum für möglich gehaltenen *Einschnürung* der zulässigen ‚Meinungskorridore' und einer kaum vorstellbaren gesellschaftlichen *Ausgrenzung* Andersdenkender – und zwar biografisch-existenziell. Die regelrechte Hetze gegen all jene Menschen, die sich aus verschiedensten Gründen nicht impfen lassen wollten, nahm damals Ausmaße an, die man nur als faschistoid bezeichnen kann, weil sie einen wieder neu begreifen lassen, wie auch so etwas wie der Faschismus überhaupt *möglich* werden konnte. Er wurde möglich durch eine massive *Eingrenzung* der erlaubten Meinungen. In einem wirklich freien Geistesleben wäre er niemals möglich gewesen...

Und was ist mit der AfD? Naht hier nicht der nächste Faschismus – und dies in einer Atmosphäre der Meinungsfreiheit?

---

[195] Titel wie zitiert. Welt.de, 31.5.2024.

[196] Schon im März 2024 gestand Minister Lauterbach immerhin ein, dass man etwa bei den Kindern ‚teilweise zu streng' vorgegangen sei. Das Ziel einer Aufarbeitung der Corona-Zeit wurde dann ab Juni sogar politisch geplant, und die im Juli geleakten entschwärzten ‚RKI-Files' lösten abermals einen deutlichen Schub in der Debatte aus. Eine wirkliche Aufarbeitung sagte die Regierung jedoch im Oktober ab, weil man sich nicht auf das Format einigen konnte, und so ist sie bis heute ausgeblieben.

Ich habe eben dargelegt, dass die ‚Meinungsfreiheit' eben gar nicht besteht. Sie kann nicht bestehen in einem Klima und in einer Gesellschaft, in der jede Meinung damit rechnen muss, bis ins Existenzielle hinein abgestraft zu werden, nur weil es die *falsche'* Meinung ist. In einem freien Geistesleben erweisen sich die falschen Meinungen nicht durch Abstrafung, sondern indem die Individuen des sozialen Organismus aus freier Einsicht den unwahren Anschauungen schlicht nicht folgen, allenfalls in Minderheiten. Natürlich gibt es das Phänomen des Populismus und der Bauernfängerei – aber auch dies ist in *Wahrheit* nur dadurch zu bekämpfen, dass die Wahrheit frei und *unmittelbar* immer weiter vertreten wird. Jeder Populismus geht an seiner eigenen Seichtheit und Begrenztheit zugrunde.

Es sei denn, er enthält sehr wohl Teilwahrheiten. Dann aber kann man ihn nicht dadurch bekämpfen, dass man ‚Brandmauern' errichtet und Demos veranstaltet. All das wird ihm nur weitere Nahrung zuführen, denn es entsteht dasselbe Phänomen, was Rudolf Steiner für den Proletarier seiner Zeit beschrieb: Die herrschenden Ansichten können nur noch als *Ideologie* wahrgenommen werden. Warum? Weil die Probleme real sind. Für das Erstarken der AfD ist es unerheblich, ob die Gesellschaft wirklich ein ‚Ausländerproblem' hat oder nicht – entscheidend ist, dass ein größerer Teil der Gesellschaft sich als *abgehängt* empfindet und dies auch wirklich ist. Die herrschende Politik hat hierauf keine Antwort, sie hat dieses Problem im Gegenteil selbst *verursacht*.

Das ‚Errichten von Brandmauern' gegen die AfD oder wahlweise auch gegen das BSW (Bündnis Sahra Wagenknecht) ist also sehr bequem, gleichzeitig aber scheinheilig, weil es von den eigenen Versäumnissen ablenkt. Entscheidend ist nicht, was die AfD verkündet oder verfolgt, entscheidend sind die *eigenen* Antworten auf die brennenden gesellschaftlichen Fragen – und wenn diese Antworten nicht existieren, dann wird die AfD weiter erstarken, ‚Brandmauern' hin oder her.

Zurück zum freien Geistesleben. In einem solchen kann es niemals darum gehen, andere Meinungen, Ansichten, Erkenntnisse, Wahrheiten zu kritisieren, zu bekämpfen und niederzuhalten, sondern immer nur darum, die eigenen Meinungen, Ansichten, Erkenntnisse und Wahrheiten unerschrocken und fruchtbar zu *vertreten* – und dann zu warten, inwieweit diese aufgegriffen und erwidert werden. Und nur so *entsteht* ein freies Geistesleben – und wird es fruchtbar.

Es ist ja offensichtlich, dass sehr viele Menschen nicht das *Geringste* zu einem solchen Geistesleben beitragen, aber dann auf einmal meinen, ihre große Stunde zu haben, wenn es gilt, andere Menschen und Meinungen niederzumachen und niederzuschreiben. Ein nicht geringer Teil von ‚Social Media' lebt von diesem Phänomen, dass andere Menschen sich nur in der Form definieren und erleben können, dass sie auf andere losgehen. Dies unterscheidet sie nicht von den Mobbing-Tätern: sich selbst groß fühlen, indem man andere klein macht. Ein freies Geistesleben kann so nicht entstehen. Es ist das *Gegenteil*.

All dies muss man tief durchempfinden, um innerlich mehr und mehr erleben und begreifen zu können, was Geistesleben dann ist – freies Geistesleben. Man muss begreifen, was der lebendige *Geist* ist. Er ist nicht ‚Einschlagen auf den Anderen', sondern er ist: *Entfaltung*. Entfaltung des Eigenen. Und sogar Förderung der Wahrheitserkenntnis im Anderen – aber eben nur durch wohlwollendes Vertreten der Wahrheit, nicht durch Bekämpfung.

Noch einmal: Wer sich über ‚Brandmauern' definiert, der trägt nicht dazu bei, dass die Unwahrheit schwächer wird, im Gegenteil. Manch ein AfD-Anhänger mag vielleicht ‚aufwachen' und zu einer Erkenntnis kommen. Und die meisten wird man zunächst davon abhalten, ihre Ansichten offen zu äußern. Ein Großteil aber wird seine Sympathien für die AfD *verstärken*, weil man sich mit angegriffen fühlt und sich nun allein schon aus einer durchaus berechtigten Trotzhaltung heraus erst recht mit der so massiv bekämpften Ansicht solidarisiert. Jeder ‚Brandmauer'-Aktivismus lässt die AfD in die Opferrolle rutschen – anstatt durch reine Argumentation aus der Wahrheitssphäre heraus Herzen und Köpfe zurückzugewinnen.

Man kann gerade dieses Thema des Geisteslebens immer weiter vertiefen, auch an konkreten Fragen und Beispielen – entscheidend aber ist die Erkenntnis, dass dieses Geistesleben nur da *lebendig* wird, wo es frei ist und sich frei entfalten darf. Und nur da kann man hoffen, dass es dann auch *fruchtbar* wird, weil die Wahrheit sich durchsetzt. Wer Angst davor hat, dass die Wahrheit sich *nicht* durchsetzt, hat im Grunde schon das Vertrauen in den Geist verloren – und ein solcher muss dann zwangsläufig in Richtung Bekämpfung, Kontrolle, Unterbindung und so weiter tendieren. Damit aber wird er zwangsläufig zum Mit-Totengräber des Geistes...

Egal, wie sehr die AfD erfolgreichen ‚Stimmenfang' zu betreiben scheint, egal, wie sehr ‚Putin' angeblich ‚Social Media' und diverse ‚Alternativmedien' zu unterwandern scheint und ‚Fake News' etc. erstarken. Die *Bekämpfung* dessen wird diese Phänomene nicht schwächer werden lassen, im Gegenteil. Und während diese Erscheinungen nicht aussterben werden, wird man stattdessen am Ende bei einem Orwell'schen ‚Wahrheitsministerium' landen und damit die genannten Phänomene erst recht stärken – weil die entsprechenden Menschen umso mehr Berechtigung erleben: dass man der ‚offiziellen Meinung' nicht trauen darf, weil sie nur noch *gelenkt* ist.

Hat man jemals Meinungen dadurch ausgerottet, dass man sie *unterdrückt* hat? Etwas anderes ist so etwas wie Rassismus, dies betrifft tatsächlich die Rechtssphäre, das Verhältnis von Mensch zu Mensch. Daher ist Rassismus nicht nur eine Meinung – und gehört nicht nur in das Geistesleben. Es ist eine unmittelbare Verletzung der Rechtssphäre. Deshalb kann er auch verboten werden. Etwas ganz anderes dagegen ist die Frage, wieviel ‚Zuwanderung' eine bestimmte Gesellschaft vertrage, was mit straffällig gewordenen Zuwanderen geschehen solle und so weiter. Die Antworten auf diese Fragen können rassistisch motiviert sein, müssen es aber keineswegs – auch da nicht, wo andere diesen Eindruck haben könnten. Und weil diese Fragen so diffizil sind, ist es umso *wichtiger*, die Sphären auseinanderzuhalten.

Ganz konkret bedeutet dies etwa: Entweder ist die AfD verfassungsfeindlich und wäre zu verbieten, oder sie ist es nicht – und ist dann eine regulär wählbare Partei wie andere auch. Eine ‚Brandmauer' wäre dann nichts anderes als eine Brandmauer einer Gesellschaft gegen ihre eigenen Bürger, was sinnlos ist bzw. das Problem wie geschildert nicht *lösen* wird, im Gegenteil. Die Aufgabe des freien Geisteslebens ist es, fruchtbare Antworten auf die realen Probleme hervorzubringen – und die AfD ist kein Problem, sie ist allenfalls *Symptom* für existierende Probleme, die also wirklich vorhanden sind. Und auf diese muss man sich richten. *Das* ist die Aufgabe des freien Geisteslebens. Und wenn dieses wirklich fruchtbar wäre, würde es die Probleme auch zu lösen vermögen. Andernfalls beweist es – unter anderem mit dem Erstarken einer AfD – nur die eigene Unfruchtbarkeit.

Um es auf eine Formel zu bringen: Ein Geistesleben, das sich mehr oder weniger nur zum Sprachrohr der Regierung(en) macht, die die Probleme gerade *hervorbringen*, jedenfalls auch nicht lösen, *hat* seine Unfruchtbarkeit schon bewiesen. Jede ‚Brandmauer' ist dann nur ein Ablenken vom eigenen Gescheitertsein – oder von der eigenen *Inexistenz* als freies Geistesleben, das *notwendigerweise* fruchtbar wäre.

Kehren wir zu Rudolf Steiners eigenen Ausführungen zurück. Wir waren bei dem Bildungswesen stehengeblieben, und hier ist Steiner noch lange nicht ‚fertig'. Er weist wirklich auf das *Grundsätzliche* hin – das heute nicht einmal mehr im Ansatz bedacht wird, weil man längst alles so hinnimmt, wie es über Jahrhunderte ‚gewachsen' ist, nach dem Motto: Das ist nun einmal so. Und obwohl fast alle Menschen ihre Erfahrungen mit diesem Schulsystem gemacht haben, es wohl auch kritisieren, geht die Erkenntnis kaum einmal so weit, die wirklichen *Ursachen* ins Auge zu fassen. Die *Abhängigkeit* des Bildungswesens vom Staat. Wie so oft meint man, es ginge gar nicht anders, letztlich müsse man es akzeptieren. Selbst viele sogenannte ‚Reformer' wollen zwar inhaltlich Dinge verbessern, sehen aber ebenfalls nicht, wie die *Ursachen* für das Falsche gar nicht reformierbar, sondern nur grundsätzlich zu verändern sind. Gerade im Bildungswesen erweist sich, wie Staat und Geistesleben eine *unheilvolle*, lähmende, krankmachende Verbindung eingegangen sind, deren Folgen, wenn auch gemäßigt im Gegensatz zu der Situation vor zum Beispiel hundert Jahren, immer die gleichen sind – das Nichtentstehen wirklichen Geisteslebens:[83]

> Denn im geistigen Leben hängt alles zusammen. Die Freiheit des einen kann nicht ohne die Freiheit des andern gedeihen. Wenn auch Mathematik und Physik in ihrem Inhalt nicht von den Bedürfnissen des Staates unmittelbar zu beeinflussen sind: Was man von ihnen entwickelt, wie die Menschen über ihren Wert denken, welche Wirkung ihre Pflege auf das ganze übrige Geistesleben haben kann, und vieles andere wird durch diese Bedürfnisse [des Staates, H.N.] bedingt, wenn der Staat Zweige des Geisteslebens verwaltet. Es ist ein anderes, wenn der die niederste Schulstufe versorgende Lehrer den Impulsen des Staatslebens folgt; ein anderes, wenn er diese Impulse erhält aus einem Geistesleben heraus, das auf sich selbst gestellt ist.

Wer diesen Gedanken auch nur kurz durchdenkt, kann seine Wahrheit unmittelbar empfinden. Der Lehrer, der vom Staat den Auftrag erteilt bekommen hat, welchen Stoff er zu vermitteln hat, steht völlig anders *sowohl* dem Stoff als auch den Kindern gegenüber als ein Lehrer, der zu dem Inhalt, den er an die Kinder heranbringen möchte, ein *unmittelbares*, eigenes, individuelles Verhältnis hat. Wieviele zahllose Kinder und ehemalige Kinder hätten sich wohl *solche* Lehrer gewünscht?

Und nun kann man argumentieren, dass es ja genügend Lehrer gebe, die sich ein eigenes, auch begeistertes Verhältnis zu Inhalten bewahrt hätten – dennoch haben sie dies dann nur *gegen* die ganzen Normierungen, Kontrollen, staatlich sanktionierten Studiengänge, Abschlüsse etc. ... und *selbst dann* wird ihr pädagogisches Tun täglich mehr oder weniger gelähmt durch das Wissen, was sie ganz offiziell ‚zu tun haben‘, in welchem Grade, in welchem Umfang, mit welchen ‚Lernzielen‘ etc. etc. Es ist eine *Illusion*, zu glauben, dies wäre auch nur annähernd das Gleiche wie ein Bildungswesen, das nicht von vorne bis hinten staatlich kontrolliert ist. Engagierte und auch einzelne noch immer begeisterte Lehrer wird es auch im staatlichen Bildungswesen geben – aber es wird sie *trotz* dessen geben, und die große Mehrheit wird in ihren Impulsen mehr oder weniger durch diese Staatlichkeit, die schon im Studium massiv beginnt, gelähmt werden, Jahr für Jahr mehr.

Aber daneben will Steiner auch auf das Geistesleben *insgesamt* hinaus – auch dasjenige, das rein unter Erwachsenen lebt. Auch hier verweist er darauf, dass ein staatlich gelenktes oder auch nur ‚staatlich gefördertes‘ Geistesleben gar nicht ein solches ist, nicht ein zutiefst lebendiges. Auch hier muss man ein Geistesleben überhaupt erst denken lernen, das *ganz* auf sich selbst beruht – und empfinden lernen, welche stärkende und buchstäblich be-geist-ernde Kraft *dieses* dann auf die Menschen hätte. Ein solches lebendig *selbst*-verwaltetes Geistesleben beschreibt Steiner dann in folgender Passage:[84]

> Nicht nur die Hervorbringung, sondern auch die Aufnahme dieses Geisteslebens durch die Menschheit muß auf dem freien Seelenbedürfnis beruhen. Lehrer, Künstler und so weiter, die in ihrer sozialen Stellung nur im unmittelbaren Zusammenhange sind mit einer Gesetzgebung und Verwaltung, die aus dem Geistesleben selbst sich ergeben und die nur von dessen Impulsen getragen sind, werden durch die Art ihres Wirkens die Empfänglichkeit für ihre Leistungen entwickeln können bei Menschen, welche durch den *aus sich* wirkenden politischen Staat davor behütet werden, nur dem Zwang zur Arbeit zu unterliegen, sondern denen das Recht auch die Muße gibt, welche das Verständnis für geistige Güter weckt.

Was ist gemeint? Auf der einen Seite ein *ganz* freies, fortwährend schöpferisches Geistesleben – und auf der anderen Seite ein Staat, der, statt die ‚Kunst‘ etc. zu ‚fördern‘, seine eigene Aufgabe wahrmacht, nämlich die Frage des wahrhaft menschenwürdigen Lebens zu beantworten, unter anderem durch eine längst zeitgeschichtlich notwendige Reduzierung der Arbeitszeit, sodass die Menschen auch *Zeit* haben, ihre Bedürfnisse nach seelisch-geistiger Nährung überhaupt wieder zu empfinden – anstatt im täglichen Lebenskampf, in auch heute noch herrschender Arbeitsverdichtung, Konkurrenz, kapitalistischer Härte etc. immer wieder neu unterzugehen und seelisch-geistig ausgelaugt zu werden.[197]

---

[197] Und, muss man hinzufügen: ein Staat, der durch echte *Rechtssetzungen* der ungeheuren Ungleichheit der Einkommen und Vermögen ein Ende bereitet, sodass auch *alle* Menschen wieder die Möglichkeit haben, einen nennenswerten Teil ihres Lebensunterhaltes für die Früchte eines solchen freies Geistesleben verwenden zu können. Des Weiteren die Profite durch Mieten und Bodenpreise beendet, sodass Kunst und übriges Geistesleben auch von daher endlich gedeihen kann, anstatt fortwährend *erstickt* zu werden.

Was Kultur und Geistesleben *sein* könnten, hat sich überhaupt noch nicht offenbart – weder zu Steiners Zeiten noch heute.

Natürlich darf auch der freie Künstler nicht dem fortwährenden Lebenskampf erliegen. Die Alternative zur staatlichen ‚Kulturförderung' darf nicht etwa sein *gar* keine Förderung – was unzählige Begabungen erst recht daran hindern würde, sich jemals entfalten zu können –, aber Steiner deutet ja direkt an, dass es darum ginge, dass das Geistesleben seine *eigenen* Organe entwickelt, auch diesbezüglich. Wo die Mittel herkommen, ohne die auch das Geistesleben gar nicht auskäme, wird hier noch nicht beantwortet, aber an dieser Stelle geht es zunächst auch nur um das Grundsätzliche, das *zuallererst* verstanden werden muss.

Und Steiner hat soeben sogar zwei grundsätzliche Gedanken miteinander verbunden – die Kraft eines auf sich gestellten Geisteslebens und die Frage des sich ganz zentral auch in der Arbeitszeit äußernden menschenwürdigen Lebens – aus dem heraus dann auch gegenüber dem Geistesleben eine ganz andere Empfänglichkeit fließen würde, weil jenes ein zentrales Bedürfnis der Seele *ist*.

Unmittelbar nach dieser Passage geht Steiner auf den Einwand der sogenannten ‚Lebenspraktiker' ein, die unterstellen, mit mehr ‚Freizeit' werde der Mensch sinnlosen Tätigkeiten oder gar dem Alkohol verfallen – und wenn Schule, auch ihr Besuch, nicht mehr staatlichem *Zwang* unterliege, sondern ‚in das freie Verständnis der Menschen gestellt ist', werde die Menschheit in den Analphabetismus zurückfallen.[84] Man sollte diese Einwände wirklich einmal aufrichtig durchempfinden – und dann empfinden, welches *Menschenbild* hinter solchen Einwänden steht. Es ist das Bild, dass der Mensch kontrolliert werden müsse, zu seinem Glück gezwungen werden müsse, dass er das Wahre niemals von selbst erkennen werde, sondern nur getrieben von äußeren Mächten, sprich, dem Staat und einer ihn kontrollierenden Gesellschaft. Es ist klar, dass Rudolf Steiner, der Autor der ‚Philosophie der Freiheit', ein solches Menschenbild nur verabscheuen konnte, weil es *tief unwahr* ist. *Wenn* ein Mensch dem Alkohol verfällt, dann nur aus Gründen, die nicht in seinem tiefsten Wesen liegen. Und wenn Menschen freie Schulen verweigern, in denen freie PädagogInnen wirken, dann nur, weil sie ihrem wahren Wesen bereits nicht mehr folgen können. Steiner erwidert den Einwänden:[84f]

> Möchten solche „Pessimisten" doch abwarten, was wird, wenn die Welt nicht mehr unter ihrem Einfluß steht. Dieser ist nur allzu oft von einem gewissen Gefühle bestimmt, das ihnen leise zuflüstert, wie *sie* ihre Muße verwenden, und was *sie* nötig hatten, um sich ein wenig „Bildung" anzueignen.[198] Mit der zündenden Kraft, die ein wirklich auf sich selbst gestelltes Geistesleben im sozialen Organismus hat, können sie ja nicht rechnen, denn das gefesselte, das sie kennen, hat auf sie nie eine solch zündende Kraft ausüben können.

Heute wird der Schulzwang nach wie vor ähnlich ‚begründet' – und zusätzlich gerne auch mit den sogenannten ‚bildungsfernen' Schichten, einschließlich derer mit Migrationshintergrund. Dabei wird übersehen, dass man eine Bevölkerungsgruppe gegen die andere ausspielt – und

---

[198] Kursiv jeweils H.N.

während man sieht, wie vielleicht das Positive für jene Menschen überwiegt, die tatsächlich zu ihrem Wohl zum Schulbesuch gezwungen werden, übersieht man, wie *zahllos viele* Menschen durch diesen Zwang für ihr Leben gezeichnet werden (was man als ‚normal' hinnimmt), und mehr noch, man übersieht *vor allem*, wie dieses ganze Schulwesen seine ungeheure Kraft nicht im Ansatz entfalten kann, die es entfalten würde, wenn es *frei* wäre – weder eine Zwangsveranstaltung, noch sonstwie in vielfältigster Weise staatlich kontrolliert, organisiert und verwaltet.

Immer geht es nur um die Frage, was wohl wäre, wenn diese oder jene Menschen nicht ‚zur Schule gehen' würden. Nie geht es um die Frage, wie Schule aussähe, wenn dieser Zwang fortfiele – weil man auf die *Frage* in ihrer ganzen Dimension nicht einmal mehr kommt!

Und hinzu kommt: Das Problem der ‚bildungsfernen Schichten' ist ein reales, war es auch schon zu Steiners Zeiten. Aber es ist *verursacht*. Und zwar von einem Staat, der diese angeblich ‚bildungsfernen Schichten' erst zu solchen *werden* ließ, indem er sie ungeschützt in den Rachen des Kapitalismus warf – denn das *Wesen* des Menschen ist sehr wohl in jedem *einzelnen* Menschen ein anderes, als dem Alkohol, der Lethargie und Apathie oder wem auch immer zu verfallen. Der Staat hat also jene Schichten selbst hervorgebracht, mit deren Existenz er auch heute noch nach wie vor die ‚Notwendigkeit' eines Schulzwanges ‚begründet'.

Und was die ‚bildungsfernen Schichten' mit migrantischem Hintergrund angeht: Auch dieses Problem kann man nicht dadurch lösen, dass man mit deren ‚Hilfe' den Schulzwang *aufrechterhält*. Hier braucht es völlig andere Wege. Alles andere wäre buchstäblich ‚den Teufel mit dem Beelzebub ausgetrieben', was schlicht nicht funktioniert.[199]

– *Ihr Zusammenwirken* ●

Und dann schildert Steiner das reale *Zusammenwirken*, die gegenseitige Befruchtung der drei Glieder des sozialen Organismus:[85f]

Sowohl der politische Staat wie das Wirtschaftsleben werden den Zufluß aus dem Geistesleben, den sie brauchen, von dem sich selbst verwaltenden geistigen Organismus erhalten. Auch die praktische Bildung für das Wirtschaftsleben wird durch das freie Zusammenwirken desselben mit dem Geistesorganismus ihre volle Kraft erst entfalten können. Entsprechend vorgebildete

---

[199] Und nicht zuletzt ist auch die Frage zu stellen, wieviele Menschen unter anderem auch wegen ihrer *Schulerfahrungen* in ihrem späteren Leben depressiv, apathisch und alkoholkrank werden, sodass der Schulzwang das Phänomen der ‚bildungsfernen Schichten' sogar unmittelbar mit reproduziert... • Und schließlich: Jenes altbekannte Standardargument ‚Mir hat es doch nicht geschadet' ist ebenfalls mit Steiner zu beantworten – all jene Seelen ahnen nicht einmal im Ansatz, nicht nur, wie sehr es ihnen *sehr wohl* geschadet hat, sondern auch nicht, wie sehr ihnen ein wahrhaft befreites Schulsystem für ihr ganzes Leben des Körpers, der Seele und des Geistes *genützt* hätte... Und zwar schon aus dem Grunde nicht, weil ein solches bis heute gar nicht *existiert* und daher selbst wohlwollende Menschen die Implikationen kaum erahnen können, eigentlich immer nur unterschätzen können.

Menschen werden die Erfahrungen, die sie im Wirtschaftsgebiet machen können, durch die Kraft, die ihnen aus dem befreiten Geistesgut kommt, beleben. Menschen mit einer aus dem Wirtschaftsleben gewonnenen Erfahrung werden den Übergang finden in die Geistesorganisation und in derselben befruchtend wirken auf dasjenige, was so befruchtet werden muß.

Auf dem Gebiete des politischen Staates werden sich die notwendigen gesunden Ansichten durch eine solche freie Wirkung des Geistesgutes bilden. Der handwerklich Arbeitende wird durch den Einfluß eines solchen Geistesgutes eine ihn befriedigende Empfindung von der Stellung seiner Arbeit im sozialen Organismus sich aneignen können. Er wird zu der Einsicht kommen, wie ohne die Leitung, welche die handwerkliche Arbeit zweckentsprechend organisiert, der soziale Organismus ihn nicht tragen kann. Er wird das Gefühl von der Zusammengehörigkeit seiner Arbeit mit den organisierenden Kräften, die aus der Entwickelung individueller menschlicher Fähigkeiten stammen, in sich aufnehmen können. Er wird auf dem Boden des politischen Staates die Rechte ausbilden, welche ihm den Anteil sichern an dem Ertrage der Waren, die er erzeugt; und er wird in freier Weise dem ihm zukommenden Geistesgut denjenigen Anteil gönnen, der dessen Entstehung ermöglicht. Auf dem Gebiet des Geisteslebens wird die Möglichkeit entstehen, daß dessen Hervorbringer von den Erträgnissen ihrer Leistungen auch leben. Was jemand für sich im Gebiete des Geisteslebens treibt, wird seine engste Privatsache bleiben; was jemand für den sozialen Organismus zu leisten vermag, wird mit der freien Entschädigung derer rechnen können, denen das Geistesgut Bedürfnis ist.

Was bedeutet das? Es bedeutet wirklich die fortwährende gegenseitige *Befruchtung*. Anstatt dass das Wirtschaftsleben rein wirtschaftlich-technisch die eigenen Ausbildungen organisiert,[200] wird es fortwährend durch vom Geistesleben getragene Ausbildungen befruchtet, die das rein Materialistisch-Kapitalistische zum wahrhaft Menschlichen erheben, ohne jemals ‚lebensfern' zu werden, weil die Befruchtung in *beide* Richtungen erfolgt. Auch das Gebiet des Staates wird *geistig* durchdrungen und genährt werden. Der ‚Handarbeitende' wird Verständnis dafür entfalten, dass die Handarbeit auch organisiert werden muss, aus größerer Überschau heraus, wie es in jedem Unternehmen Realität ist, aber beides wird einander nicht entfremdet sein, sondern von gegenseitigem Verständnis getragen, auch in Bezug auf den sozialen Organismus insgesamt. Desgleichen wird ein solcher Arbeiter in der Rechtssphäre an der Gestaltung menschenwürdiger Rechtsetzungen mitwirken – und aus freiem Verständnis heraus dem Geistesleben seinen Anteil zugestehen, der *dessen* Produktivität erst ermöglicht.

Hier wird im Grunde die Frage beantwortet, wie Steiner sich das finanzielle Getragenwerden des freien Geisteslebens dachte: Es geht um eine Finanzierung aus dem gesamten sozialen Organismus heraus; aus der Einsicht der Menschen selbst, die erkennen, dass dieses Geistesleben, von dem sie fortwährend zehren, von den verschiedenen Ausbildungen bis hin zur Kultur im weitesten Sinne, eben auch *selbst* immer wieder erst ermöglicht werden muss. Mit anderen Worten: Von den Menschen, insofern sie als Mitglieder des Wirtschaftslebens materielle Werte produzieren und so letztlich Geld zur Verfügung haben, fließt dieses Geld aus freier Einsicht zu dem notwendigen Teil in das freie Geistesleben zurück, das aus sich heraus zu-

---

[200] Was bereits überhaupt nicht funktioniert: Der „Fachkräftemangel" ist ein hausgemachtes Problem – verursacht von Unternehmen, Bundesagentur für Arbeit und Dualem Berufsausbildungssystem. gewerkschaftsforum.de, 30.7.2024.

nächst nur *immaterielle* Werte hervorbringt – die aber alles übrige Leben überhaupt erst tragen und ermöglichen.

Und dieses Zurückfließen kann individuell gemeint sein oder auch gesamtgesellschaftlich. Wesentlich ist hier der Gedanke, dass es nicht *staatlich* ist. Es ist ein lebendiger Fluss von einer Sphäre in die andere, weil der in allen drei Sphären darinnenstehende Mensch die Notwendigkeit erkennt und das Notwendige realisiert. Darum geht es.

Und dann weist Steiner darauf hin, wie die Dreigliederung des sozialen Organismus gleichzeitig die wahre Verwirklichung der schon in der Französischen Revolution empfundenen Ideale mit sich bringen wird:[87-89]

> Solange das gesellschaftliche Leben im wesentlichen durch die Instinktkräfte eines großen Teiles der Menschheit sich führen ließ, trat der Drang nach dieser entschiedenen Gliederung nicht auf. In einer gewissen Dumpfheit des sozialen Lebens wirkte zusammen, was im Grunde immer aus drei Quellen stammte. [...]
>
> Aus andern Grundlagen heraus, als die sind, in denen wir heute leben, tauchte aus tiefen Untergründen der menschlichen Natur heraus am Ende des 18. Jahrhunderts der Ruf nach einer Neugestaltung des sozialen menschlichen Organismus. Da hörte man wie eine Devise dieser Neuorganisation die drei Worte: Brüderlichkeit, Gleichheit, Freiheit. Nun wohl, derjenige, der sich mit vorurteilslosem Sinn und mit einem gesunden Menschheitsempfinden einläßt auf die Wirklichkeit der menschlichen Entwickelung, der kann natürlich nicht anders, als Verständnis haben für alles, worauf diese Worte deuten. Dennoch, es gab scharfsinnige Denker, welche im Laufe des 19. Jahrhunderts sich Mühe gegeben haben, zu zeigen, wie es unmöglich ist, in einem einheitlichen sozialen Organismus diese Ideen von Brüderlichkeit, Gleichheit, Freiheit zu verwirklichen. Solche glaubten zu erkennen, daß sich diese drei Impulse, wenn sie sich verwirklichen sollen, im sozialen Organismus widersprechen müssen. [...]
>
> Dies Widerspruchsvolle besteht aus dem Grunde, weil die wahre soziale Bedeutung dieser drei Ideale erst zutage tritt durch das Durchschauen der notwendigen Dreigliederung des sozialen Organismus. [...] Im wirklichen Leben wirkt eben das scheinbar Widerspruchsvolle zu einer Einheit zusammen. Daher wird man zu einer Erfassung des Lebens des sozialen Organismus kommen, wenn man imstande ist, die wirklichkeitsgemäße Gestaltung dieses sozialen Organismus mit Bezug auf Brüderlichkeit, Gleichheit und Freiheit zu durchschauen. Dann wird man erkennen, daß das Zusammenwirken der Menschen im *Wirtschaftsleben* auf derjenigen Brüderlichkeit ruhen muß, die aus den Assoziationen heraus ersteht.[201] In dem zweiten Gliede, in dem System des *öffentlichen Rechts*, wo man es zu tun hat mit dem rein menschlichen Verhältnis von Person zu Person, hat man zu erstreben die Verwirklichung der Idee der Gleichheit. Und auf dem *geistigen Gebiete* [...] hat man es zu tun mit der Verwirklichung des Impulses der Freiheit. So angesehen, zeigen diese drei Ideale ihren Wirklichkeitswert. Sie können sich nicht in einem chaotischen sozialen Leben realisieren, sondern nur in dem gesunden dreigliedrigen sozialen Organismus. Nicht ein abstrakt zentralisiertes Sozialgebilde kann durcheinander die Ideale der Freiheit, Gleichheit und Brüderlichkeit verwirklichen, sondern jedes der drei Glieder

---

[201] Siehe auch Stefan Leber (Hg.): Die wirtschaftlichen Assoziationen. Beiträge zur Brüderlichkeit im Wirtschaftsleben. Stuttgart 1987.

des sozialen Organismus kann aus einem dieser Impulse seine Kraft schöpfen. Und es wird dann in fruchtbarer Art mit den andern Gliedern zusammenwirken können.

Der *Einheitsstaat*, der heute nach wie vor auch Nationalstaat ist, ist damit ein tiefgreifendes Hindernis für die Gesundung der sozialen Verhältnisse. Er tut gleichzeitig viel zu viel und viel zu wenig. Während er fortwährend in das Bildungswesen hineinregiert und dieses so völlig lähmt und in eine absolute Erstarrung führt, schafft er es nicht, seiner eigentlichen Aufgabe nachzukommen und wirklich *menschliches* Recht zu schaffen – eine Rechtssphäre, die dem entspricht, wo das menschliche Bewusstsein längst angekommen ist.

Die Menschenwürde ist nicht nur Inhalt von Sonntagsreden – aber gleichzeitig steigt die Zahl der Obdachlosen, steigt die Schere zwischen Reich und Arm, in Deutschland sehr ausgeprägt, und anderes mehr. Der Staat als Ort und Organ der Rechtssphäre nimmt seine Aufgabe schlicht nicht wahr, weil er sie noch nicht einmal wahrhaft *erkennt*.[202]

- Kapitalismus und soziale Ideen •

Das dritte Kapitel von Steiners Schrift trägt den Titel ‚Kapitalismus und soziale Ideen'.

Hier entwickelt Steiner den Gedanken, dass die Unternehmertätigkeit als solche immer auf individuellen Fähigkeiten beruhen muss: Die ‚soziale Betätigung eines Menschen durch Kapital gehört in dasjenige Gebiet des sozialen Organismus, in welchem das Geistesleben Gesetzgebung und Verwaltung besorgt'.[95] Die Individualität jeglicher unternehmerischer Initiative wird heute allseits anerkannt, von allen Parteien beginnend bei der FDP. Was aber nur linke Parteien begreifen, ist, dass diesem Prinzip der *Egoismus* genommen werden muss, der so sehr das Wesen des Kapitalismus ist, nicht aber das Wesen des Menschen.

Und genau hier setzt auch Steiner an. Die Individualität ist das Element des *Geisteslebens*. Dessen Aufgabe innerhalb des sozialen Organismus ist es gerade, ‚die individuellen Fähigkeiten der Menschen in der möglichst besten Art in die Erscheinung treten [zu] lassen'.[94] Verantwortung aber verpflichtet – der Egoismus hat hier nichts zu suchen. Und auch dafür wird ein wahrhaft freies Geistesleben mehr und mehr sorgen, auch dies schon beginnend bei den Kindern:[95f]

> Ebensowenig sollte der Ausblick auf den wirtschaftlichen Vorteil bestimmend sein können für die durch Kapital ermöglichte Auswirkung der individuellen Fähigkeiten. Auf diesen Vorteil geben manche Beurteiler des Kapitalismus sehr vieles. Sie vermeinen, daß nur durch diesen Anreiz des Vorteils die individuellen Fähigkeiten zur Betätigung gebracht werden können. Und

---

[202] Neben der Frage der Arbeitszeit nenne ich nur Zahlen des aktuellen Armutsberichts 2023. Demnach gelten 17 % aller Menschen in Deutschland als arm, die Kinderarmut liegt bei über 20 % und bei Alleinerziehenden bei über 40 %. All diese Zahlen sind erschütternd – zumal in einem der ‚reichsten Länder' der Erde. • Zudem kann sich jeder vierte Deutsche nicht einmal eine einwöchige Urlaubsreise leisten.

sie berufen sich als „Praktiker" auf die „unvollkommene" Menschennatur, die sie zu kennen vorgeben. Allerdings innerhalb derjenigen Gesellschaftsordnung, welche die gegenwärtigen Zustände gezeitigt hat, hat die Aussicht auf wirtschaftlichen Vorteil eine tiefgehende Bedeutung erlangt. Aber diese Tatsache ist eben zum nicht geringen Teile die Ursache der Zustände, die jetzt erlebt werden können. Und diese Zustände drängen nach Entwickelung eines andern Antriebes für die Betätigung der individuellen Fähigkeiten. Dieser Antrieb wird in dem aus einem gesunden Geistesleben erfließenden *sozialen Verständnis* liegen müssen. Die Erziehung, die Schule werden aus der Kraft des freien Geisteslebens heraus den Menschen mit Impulsen ausrüsten, die ihn dazu bringen, kraft dieses ihm innewohnenden Verständnisses das zu verwirklichen, wozu seine individuellen Fähigkeiten drängen.

In Wirklichkeit *will* sich der Mensch in Einklang mit dem Ganzen setzen. Und das ‚soziale Verständnis' wird mehr und mehr Kraft gewinnen und zu sozialen Impulsen werden, je mehr der soziale Organismus, wie Steiner ihn skizziert, *gedacht* zu werden vermag, ganz konkret und als ein lebendiges, in der Menschennatur selbst liegendes Ideal. Es ist buchstäblich nur Gedankenlosigkeit und tiefgreifende Begriffsarmut, die in den gegenwärtigen Verhältnissen der Idee der *Konkurrenz* und des egoistischen Profits so viel geradezu hypnotische Macht gibt. In einem sozialen Organismus, in dem das freie Geistesleben aufleben wird, werden auch die sozialen Ideen sich wahrhaft entfalten können. Man wird das *Wesen* dieses sozialen Organismus begreifen – und gerade darin, in dessen gemeinsamer Verwirklichung, sein wahres Menschentum empfinden.

Ganz konkret wird das Wirtschaftsleben *menschlich*. Der Unternehmer, dem Kapital anvertraut ist, hat sich vor den Arbeitern zu verantworten, hat sie einzubinden, sodass das Empfinden eines wahrhaft *gemeinsamen* Handelns entsteht, was eben erst zu einem echten sozialen Organismus führt:[97f]

> Der Arbeiter soll mit vollem Anteil an der Sache Vorstellungen entwickeln können über die Art, wie er sich an dem sozialen Leben beteiligt, indem er an der Erzeugung der Waren arbeitet. Besprechungen, die zum Arbeitsbetrieb gerechnet werden müssen wie die Arbeit selbst, sollen regelmäßig von dem Unternehmer veranstaltet werden mit dem Zweck der Entwickelung eines gemeinsamen Vorstellungskreises, der Arbeitnehmer und Arbeitgeber umschließt. [...] | Nur, wer gar keinen Sinn hat für die soziale Wirkung des innerlichen vereinten Erlebens einer in Gemeinschaft betriebenen Sache, der wird das Gesagte für bedeutungslos halten.

Das alles ist nur möglich, wenn das Geistesleben zum eigentlichen Verwalter des Kapitals wird – und dieses dem jeweiligen Unternehmer nur *anvertraut* ist, damit er es unter Entfaltung seiner individuellen Fähigkeiten gemeinsam mit den Arbeitern zum Wohle des Ganzen einsetzt. Die soziale Dreigliederung vermeidet die furchtbaren Nachteile des Kapitalismus und des Sozialismus gleichermaßen, weil weder der Staat noch der Egoismus das Wirtschaftsleben gestalten würden:[98]

> Wer einen solchen Sinn hat, der wird durchschauen, wie die wirtschaftliche Produktivität gefördert wird, wenn die auf Kapitalgrundlage ruhende Leitung des Wirtschaftslebens in dem

Gebiete des freien Geisteslebens seine Wurzeln hat. Das bloß wegen des Profites vorhandene Interesse am Kapital und seiner Vermehrung kann nur dann [...] dem sachlichen Interesse an der Hervorbringung von Produkten und am Zustandekommen von Leistungen Platz machen. Die sozialistisch Denkenden [...] streben die Verwaltung der Produktionsmittel durch die Gesellschaft an. Was in diesem ihrem Streben berechtigt ist, das wird nur dadurch erreicht werden können, daß diese Verwaltung von dem freien Geistesgebiet besorgt wird. Dadurch wird der wirtschaftliche Zwang unmöglich gemacht, der vom Kapitalisten dann ausgeht und als menschenunwürdig empfunden wird, wenn der Kapitalist seine Tätigkeit aus den Kräften des Wirtschaftslebens heraus entfaltet. Und es wird die Lähmung der individuellen menschlichen Fähigkeiten nicht eintreten können, die als eine Folge sich ergeben muß, wenn diese Fähigkeiten vom politischen Staate [= Staatssozialismus, H.N.] verwaltet werden.

Die abstrakten, anonymen Begriffe von ‚Angebot' und ‚Nachfrage' der heutigen Wirtschaftswissenschaften untermauern nur die *Atomisierung* der Gesellschaft in lauter Individuen, die nichts mehr miteinander zu tun haben. Man sieht, dass bis in die Begriffe hinein die Betrachtungsweise und damit das Denken entweder krankmachend oder gesundend in Bezug auf den sozialen Organismus sein kann – den die heutige Wirtschaftswissenschaft ja geradezu ausschaltet, überhaupt nicht anerkennt.

Rudolf Steiner dagegen formuliert, dass das ‚Ertrágnis' (nicht der ‚Gewinn'!) einer ‚Betätigung durch Kapital und individuelle menschliche Fähigkeiten' im gesunden sozialen Organismus wie jede geistige Leistung aus der freien Initiative des Tätigen und andererseits dem ‚freien Verständnis anderer Menschen, die nach [...] der Leistung des Tätigen verlangen' sich ergeben wird.[98] Und er setzt fort:[98f]

> Mit der freien Einsicht des Tätigen muß auf diesem Gebiete im Einklange stehen die Bemessung dessen, was er als Ertrágnis seiner Leistung – nach den Vorbereitungen, die er braucht, um sie zu vollbringen, nach den Aufwendungen, die er machen muß, um sie zu ermöglichen und so weiter – ansehen will. Er wird seine Ansprüche nur dann befriedigt finden können, wenn ihm Verständnis für seine Leistungen entgegengebracht wird.

Es ist wichtig, bereits zu verstehen, *warum* Steiner sich immer wieder scheinbar so ‚gewunden' oder gar ‚kompliziert' ausdrückt. Dies ist bei ihm keineswegs eine Marotte, sondern, wie er an verschiedenen anderen Stellen seines Gesamtwerkes ausspricht, eine innere Notwendigkeit. Denn es geht darum, zu *Realitäten* zu kommen – in diesem Fall geht es um die geistige Realität des sozialen Organismus. Diese *kann* im Denken nicht erreicht werden, wenn man sich nach Art eines Kochbuches nur mit einfachen, abstrakten Sätzen beliefern lässt, die nichts weiter als den üblichen Intellekt beinhalten. Es ist absolut notwendig, dass das eigene Denken auch der lesenden Seele in *Bewegung* kommt, zu einer echten Aktivität sich erhebt, um sodann *wirklich mit* zu denken.

Kommt es zu dieser Wirklichkeit – dass das Denken wirklich aktiv wird, eine Realität wird, sich erhebt und *anhebt*, tatsächlich da ist und das, was Steiner entfaltet, real *mitvollzieht*, so wird unmittelbar *evident*, dass hier überhaupt nichts ‚Gewundenes' oder ‚Kompliziertes' vorliegt, sondern dass es sich um das Leben selbst handelt: um die lebendige Beschreibung lebendig-realer Tatsachen, die nur dann auch in der Beschreibung lebendig *bleiben*, wenn sie nicht durch abstrakte, simple, intellektuelle Wortwahl und Satzgestaltung ertötet werden. Das mitvollziehende, mitgehende Denken *erlebt* auf einmal den Unterschied – zwischen der toten Beschreibung und der Beschreibung lebendiger Realitäten.

Und *wie* riesengroß ist auch inhaltlich der Unterschied zur heute üblichen Betrachtung! Wie gesagt stehen sich statt abstrakter Nichtigkeiten – ‚Angebot' und ‚Nachfrage' – reale Menschen gegenüber, und zwar mit möglichst vollem *Bewusstsein*. Dies ist für den gesunden sozialen Organismus eben der Schlüssel, denn nur das Bewusstsein verbindet die Menschen miteinander, nur im Bewusstsein und mit Bewusstsein können soziale Impulse sich entfalten und die Wirkungen anonymer Atomisierung wieder aufheben. Steiner spricht also nicht von Gewinn, er spricht von Erträgnis. Er spricht nicht von Kalkül und Profitstreben, er spricht von freier Einsicht – und von den Vorbereitungen und den notwenigen Aufwendungen für die Herstellung eines bestimmten Produktes.

Der Egoismus ist hier bis ins Einzelne, bis in jeden Begriff hinein, durch ein wahrhaft *menschliches* Handeln ersetzt. Dieses muss nicht einmal ausdrücklich ‚sozial' oder gar ‚selbstlos' sein, es reicht, dass es zunächst einmal vernünftig ist, der *Sache* dienend, eben genau der Herstellung dieses Produktes – schon das ist im Grunde selbstlos, es ist reine Initiative für etwas. Wer wirklich ein bestimmtes Produkt herstellen möchte, handelt im Grunde schon im Sinne der ‚Philosophie der Freiheit'. Und die Notwendigkeit eines ‚Erträgnis' mag mitspielen, entscheidend aber ist, dass dieses Produkt der Gesamtheit dienen wird – und dass, wenn der Vorgang so beschrieben wird, diese Beschreibung auch wieder auf das Bewusstsein der Menschen *zurückwirkt*. Es ist offensichtlich, dass selbst Art und Inhalt von Formulierungen die Seele entweder atomisieren oder aber in ein soziales, seelisch-geistiges oder auch nur unbefangenes Denken hineinführen.

Umgekehrt ausgedrückt: Die Menschen haben heute noch kaum begriffen, wie sehr selbst ihre ‚Wissenschaften', etwa die ‚Wirtschaftswissenschaft' die Atomisierung und den inneren *Zerfall* des sozialen Organismus unmittelbar selbst mit herbeiführen und verstärken – weil sie ein Denken fördern, das nichts Verbindendes mehr hat, auch nichts Lebendiges mehr, das von neuem verbinden *könnte*.

Das ‚Gesetz' von Angebot und Nachfrage gilt auch bei Steiner – nur sind es bei ihm von Anfang an *reale Menschen*, die Produkte herstellen, Bedürfnisse haben und die Möglichkeit haben, sich hier in freier Einsicht und im Verständnis für die Leistung anderer entgegenzukommen, sich wahrzunehmen, sich sogar zu verständigen, in einen Austausch zu treten.

Und wie sehr der Mensch in vollem Umfang bei Steiner im Mittelpunkt steht, zeigen eben all diese Formulierungen, die auch das eigene menschliche Denken überhaupt erst wieder anregen. Man nehme allein eine solche Passage wie ‚[...] was er als Erträgnis seiner Leistung – nach den Vorbereitungen, die er braucht, um sie zu vollbringen, nach den Aufwendungen, die er machen muß, um sie zu ermöglichen und so weiter – ansehen will'. Allein schon das ‚…ansehen will' atmet so viel *Freilassendes*, etwas gleichzeitig so Gefährdetes, denn eben diesem muss ja wiederum erst die freie Einsicht des Gegenübers entgegenkommen und so weiter. Was bereits in nur zwei solchen Worten liegt, ist überhaupt kaum zu beschreiben, muss schlicht empfunden werden – aber genau dies findet man bei Rudolf Steiner *überall* und immer wieder. Und genau darum geht es. Es ist reale *Begegnungsqualität*, weil das Denken wieder lebendig wird.

Und auf dieselbe Weise wird sich auch das Verhältnis ‚zwischen Arbeitleiter und Arbeitleister'[99] (nicht: Arbeitgeber und Arbeitnehmer) völlig wandeln, nämlich zu einem ‚wirklich freien Vertragsverhältnis'[99] werden, nicht bezüglich der Entlohnung der Arbeitskraft, sondern, jedes Sklaventum endgültig überwindend und zu wahrhafter Gleichwertigkeit sich erhebend, bezüglich der Festsetzung des jeweiligen Anteils an dem letztlich gemeinsamen Prozess, ‚des Anteiles, den eine jede der beiden Personen hat, welche die Ware gemeinsam zustande bringen'.[99]

Hier erst ist die Stufe der Bewusstseinsseele erreicht, die Ausbeutung beendet und überwunden! Nicht vorher. Nicht beim Verkauf der Arbeitskraft, nicht bei irgendeinem noch bestehenden Machtungleichgewicht, nicht bei einer Hierarchie von ‚Arbeitgeber' und ‚Arbeitnehmer'. Steiner macht vollen Ernst mit dem Denken *menschlicher* Begriffe.

Und der ‚Arbeitleiter' mag in seinen Anteil nicht nur die organisatorische und ähnliche Arbeit einbeziehen, sondern auch das ‚Risiko' das er hat in Bezug auf die Frage, ob das Produkt überhaupt Abnehmer finden wird – aber selbst hier wäre es denkbar, dass sich die Beteiligten in ihrem freien Arbeitsverhältnis darauf einigen, dieses Risiko miteinander zu *teilen*, und zweitens wäre es auch möglich, dass dieses Risiko insofern für den Einzelnen wegfällt, als das Kapital dem Arbeitleiter aus den Einrichtungen des freien Geisteslebens heraus ja ebenfalls nur anvertraut war, somit gar kein Eigenkapital war, auf dessen Grundlage er auch einen *Profit* hätte erhoffen können und wollen.

Der Profitbegriff taucht bei Steiner eben nirgendwo auf, es geht auch bei dem Arbeitleiter nur um seine *Aufwendungen*. Zwischen den beteiligten Menschen gibt es darüber hinaus überhaupt keinen Unterschied – sowohl Arbeitleiter als auch Arbeitleister wollen im Übrigen nur leben können, was sie schlicht miteinander verbindet, wie alle anderen Menschen auch. Der ganze Prozess dient letztlich ganz objektiv der Erzeugung von Waren und Dienstleistungen und damit schlicht dem Leben des sozialen Organismus. *Das ist alles* – und mehr braucht es auch nicht.

Weil aber die Quelle dieses Ganzen die individuellen menschlichen Fähigkeiten und deren Entfaltung in individueller Initiative sind, kann dieses Wirtschaftsleben in gesunder Form nur aus dem freien Geistesleben selbst entspringen. Sämtliche ungesunden Zustände entstehen, weil dieses Geistesleben nicht zur wahren Eigenständigkeit gelangt, sondern immer wieder das bloße Wirtschaftsleben dominiert – und so Abhängigkeitsverhältnisse, Ausbeutung, aber auch Profitdenken etc. niemals überwunden werden.[203] Steiner formuliert:[100]

> Über den Kapitalismus hat man denken gelernt in einer Zeit, in welcher dieser Kapitalismus dem sozialen Organismus einen Krankheitsprozeß verursacht hat. Den Krankheitsprozeß erlebt man; man sieht, daß ihm entgegengearbeitet werden muß. Man muß *mehr* sehen. Man muß gewahr werden, daß die Krankheit ihren Ursprung hat in dem Aufsaugen der im Kapital wirksamen Kräfte durch den Kreislauf des Wirtschaftslebens.

Das *bloße* Wirtschaftsleben mit seinem Denken in Gewinn, Profit, Umsatz, Besitzverhältnissen, Chef-Angestellten-Verhältnissen etc. absorbiert eben fortwährend den *Menschen*, das Seelisch-Geistige – und erstickt und vernichtet es immer wieder von Neuem. Das ist der Ursprung der Krankheit, der nach wie vor kranken Zustände des sozialen Organismus. Und deshalb ist es *notwendig* und not-wendend, dass das freie Geistesleben selbst die Verwaltung des Kapitals innehat, auch wenn dies den verkrusteten Denkgewohnheiten heute noch so sehr zu widersprechen scheint:[100]

> Derjenige nur kann in der Richtung dessen wirken, was die Entwickelungskräfte der Menschheit in der Gegenwart energisch zu fordern beginnen, der sich nicht in Illusionen treiben läßt durch die Vorstellungsart, welche in der Verwaltung der Kapitalbetätigung durch das befreite Geistesleben das Ergebnis eines „unpraktischen Idealismus" sieht.

Mit anderen Worten: Wer dies für ‚illusorisch' ansieht, *verharrt* schlicht in jenen krankmachenden Gedanken, die den jetzigen Zustand aufrechterhalten und Tat für Tag reaktionärer werden. Er trägt dazu *bei*, das wahrhaft Menschliche aktiv zu verhindern.

Steiner führt weiter aus, dass das *Nichtsehen* der Bedeutung des Geisteslebens als eigener Sphäre genau dazu führt, die ‚Lösung' der Probleme im Wirtschafts- und Staatsleben selbst zu suchen, auch seitens der Sozialisten, die einfach die Produktionsmittel in Genossenschaften vergesellschaften oder sogar einen Staatssozialismus herbeiführen wollen. Dem entgegnet Steiner, dass die erhofften Wirkungen ‚um so weniger eintreten können, je größer die Genossenschaft ist', weil es nicht allein um die Besitzverhältnisse geht, sondern um die konkrete Frage, wie sich dann die Fähigkeiten (und Initiativen!) entfalten, wo sie gebildet werden usw., welche Rolle also das *Geistesleben* einnimmt oder nicht einnimmt.[101]

---

[203] Das beginnt schon bei der Ausbildung. Ein Betrieb mag ausbilden, aber solange hier noch ‚Chef'- und ‚Azubi'-Verhältnisse herrschen, die später in bloße ‚Angestellten'-Verhältnisse übergehen, wird das Noch-nicht-wahrhaft-Menschliche niemals überwunden werden. Auch hier wäre das Gesundende, wenn Menschen in einem *freien Geistesleben* ihre Ausbildung erhalten und dann in einen Betrieb eintreten, wo ihnen von Anfang an auf gleicher Augenhöhe und in einem reinen Dienst für die Sache begegnet wird, mit der auch sie sich verbinden und zu der die neu ausgebildeten Menschen sogar immer Neues beitragen werden. Solange ‚Chef'- und ‚Profit'-Verhältnisse erhalten bleiben, kann das wahrhaft Zukünftige, Soziale und Gesunde sich nicht entwickeln.

Dass man dieses Geistesleben nach wie vor nicht wirklich denken kann, liegt gerade daran, dass nicht nur der sozialistisch-dialektische, sondern auch der kapitalistische Materialismus den *Geist* schlicht nicht denken kann: ‚[...] daß man sich gewöhnt hat, das Geistige möglichst fern von allem Materiellen und Praktischen vorzustellen'.[101] In Wirklichkeit aber ist es doch *offensichtlich*, dass jegliche Initiative und jedes *echte* Unternehmertum bereits geistiger Natur ist, wie auch jede Fähigkeit überhaupt. Und das Geistige *nicht* anzuerkennen, kann seinen verborgenen Ursprung eigentlich nur darin haben, dass man weiter den niederen Profit- und Ausbeutungs-Impulsen folgen möchte...[204]

Steiner entlarvt alles, was nicht auf derart *grundlegende* Weise den Kapitalismus überwindet, als Halbheit, im Grunde als Selbstlüge – etwa die Überzeugung, man könne ein ‚guter Mensch' sein, aber der Kapitalismus müsse nicht überwunden werden. Man kann hier auch an das ‚C' im Namen der ‚CDU' denken, die dieses ja ohnehin längst bis zur Unkenntlichkeit hat verkommen lassen, um sich allenfalls noch wie ein hässliches *Alibi* darauf zu berufen. Steiner hat viel *aufrichtigere* Seelen- und Gedankenströmungen im Auge, wenn er dennoch schreibt:[102f]

Diese Gedankenströmungen streben mehr oder weniger unbewußt – hinweg von dem, was dem inneren Erleben die rechte Stoßkraft gibt. Sie erstreben eine Lebensauffassung, ein seelisches, ein denkerisches, ein nach wissenschaftlicher Erkenntnis suchendes inneres Leben gewissermaßen wie eine Insel im Gesamtmenschenleben. Sie sind dann nicht in der Lage, die Brücke zu bauen von diesem Leben hin zu demjenigen, was den Menschen in die Alltäglichkeit einspannt. Man kann sehen, wie viele Menschen der Gegenwart es gewissermaßen „innerlich vornehm" finden, in einer gewissen, sei es auch schulmäßigen Abstraktheit nachzudenken über allerlei ethisch-religiöse Probleme in Wolkenkuckucksheimhöhen; man kann sehen, wie die Menschen nachdenken über die Art und Weise, wie sich der Mensch Tugenden aneignen könne, wie er in Liebe zu seinen Mitmenschen sich verhalten soll, wie er begnadet werden kann mit einem „inneren Lebensinhalt". Man sieht dann aber auch das Unvermögen, einen Übergang zu ermöglichen von dem, was die Leute gut und liebevoll und wohlwollend [...] nennen, zu dem, was in der

---

[204] Man kann unter diesem Blickwinkel einmal an Parteien wie die CDU oder die FDP denken. Dort wird das Unternehmertum ja unmittelbar anerkannt und geradezu leidenschaftlich vertreten – aber selbstverständlich will man vor allem dessen *Profite* schützen und ist weit davon entfernt, Fähigkeiten und Initiative als etwas *rein Geistiges* anzuerkenen, was als Anschauung und Erkenntnis dazu führen könnte, den Profit-Gedanken endlich ganz abzulegen, als einen *Fremdkörper* in Bezug auf den wahren und gesunden Gedanken des sozialen Organismus. Die SPD wiederum oder noch linksgerichtetere Parteien werden sich aus dem Grund schwer zu einer Anschauung des Geistigen erheben können, weil sie sich davon keine Überwindung realer Verhältnisse erhoffen, womit sie genau Steiners Analyse entsprechen, dass heute das Geistige im *Gegensatz* zum Materiellen und Praktischen gedacht wird – anstatt zu sehen, dass dieses Geistige längst in *jedem Augenblick* wirksam wird, so oder so. Es käme nur darauf an, es bis in die Begriffe und Wissenschaften hinein bewusst zu erfassen und zu ergreifen – um zu menschlichen Wissenschaften und menschlichen Gesellschaftsgestaltungen zu kommen. Wer aber den Geist leugnet, bleibt hilflos, weil er nicht zum *Kern* vordringt. Denn damit bleiben die anderen Kräfte stärker. Der Kapitalismus kann nur überwunden werden, wenn ihm etwas *Wirkendes* entgegengesetzt wird. Das aber kann nur der Geist sein. Der Mensch muss das Geistige ergreifen – dann hat der Kapitalismus ausgedient. Bis dahin wird er weiter siegen. Es ist eine Bewusstseinsfrage. Aber dieses Bewusstsein muss auch *gestaltend* werden. Und nichts anderes sind Rudolf Steiners ‚Kernpunkte' – voll bewusst gestaltender Geist.

äußern Wirklichkeit, im Alltag den Menschen umgibt als Kapitalwirkung, als Arbeitsentlöhnung, als Konsum, als Produktion, als Warenzirkulation, als Kreditwesen, als Bank- und Börsenwesen.

Das ist der Punkt. Es ist entweder Selbstlüge oder aber regelrecht *Heuchelei*, wenn man von Moralität oder sonst einer Selbstrechtfertigung spricht – und gleichzeitig den Kapitalismus mit all seinen täglichen Realitäten hinnimmt, gleichsam sich auf beiden Augen blindmachend oder sogar dessen Krankheitsprozesse negierend. Wer sich aber nur in innerseelisch-geistige Höhen *flüchtet*, dem entgegnet Steiner, dass der wahre Geist sehr wohl bis in diese äußeren Verhältnisse *eingreifen* kann, um sie grundlegend zu ändern.

Dafür aber müssen sie zunächst mit wahrem Geist, geistgemäßen Gedanken durchdrungen werden – wie Steiner es eben tut. Was bis dahin bloß gedankenlos abgelaufen ist und so, wie es ist, hingenommen wird, durchdringt Steiner mit Gedanken, die aus dem Geist selbst kommen und den Menschen und das Menschliche in keinem Moment aus dem Auge verlieren, also lebendig wirksamer Geist *bleiben*. Und Steiner formuliert an die bloßen ‚Schwarmgeister‘ gerichtet, die das konkrete Leben scheuen, weil sie ihm machtlos gegenüberstehen: ‚Dazu genügt nicht, daß die Menschen in einer Seitenströmung des Lebens sich mit dem Geiste beschäftigen. Dazu ist notwendig, daß das alltägliche Dasein geistgemäß werde.‘[105]

Und nun führt er den zentralen Punkt weiter aus – die Verwaltung des Kapitals durch das Geistesleben selbst. Gerade bei Steiner kommt *alles* auf die Individualität, auf die freie Initiative an. Denn nur auf dieser Grundlage werden sich die individuellen Fähigkeiten voll entfalten – jeder andere Umstand wird sie in irgendeiner Weise behindern oder lähmen: ‚Was aus diesen Quellen nicht in Freiheit erfließen kann, das wird der Menschenwohlfahrt mindestens bis zu einem gewissen Grade entzogen.‘[106]

Das aber bedeutet, dass alle Menschen ein Interesse daran haben müssen, dass die Beziehung zwischen Mensch und Kapital eine *solche* ist – dass also das Kapital die Entfaltung der Fähigkeiten ermöglicht. Man könnte meinen, das tue es ja immer. Oft ist es aber umgekehrt: Vorhandene Fähigkeiten ermöglichen das Wirken von Kapital – mit dem Ziel bloßen Profits. Hier geht es nicht um die Entfaltung von Fähigkeiten, sondern nur um deren *Anwendung* mit dem Ziel, Profit zu generieren. Steiner dagegen zielt darauf, dass umgekehrt Kapital zur Verfügung stehen soll, um die Entfaltung von *Fähigkeiten* zu ermöglichen. Man muss diesen Unterschied absolut grundlegend durchdenken, um zu empfinden, wie wirklich Welten zwischen beiden Varianten liegen. Man kann geradezu sagen: Egoismus lässt Fähigkeiten letztlich immer *verkümmern*. Sie mögen da sein, aber das ist auch alles. Wahre *Entfaltung* von Fähigkeiten bringt immer nur ein Dienst an der Sache und für die Sache. Erst hier lebt der Geist wahrhaft auf.[205]

---

[205] Man könnte sagen: Das FDP-CDU-Modell des ‚freie Bahn dem Tüchtigen‘ meint vor allem freie Bahn gegenüber der Ellbogenmentalität der Profiteure, deren Profite dann geschützt werden sollen. Denn die wirklich *sozial* Tüchtigen haben im heutigen Kapitalismus oft gar keinen Zugang zu Kapital, werden auch nicht von gut betuchten Eltern protegiert etc. – und die FDP-CDU-Ideologie interessiert sich für diese *wahrhaft* Tüchtigen kein bisschen.

Die unheilvolle Verbindung zwischen Kapital und Egoismus aber wird gerade da aufgehoben, wo das Kapital tatsächlich nur noch der Entfaltung von Fähigkeiten dient. Dazu ist nur ein einziger Schritt notwendig – die Verwaltung des Kapitals durch das freie Geistesleben selbst. Steiner formuliert:[106] 206

> Das Kapital aber ist das Mittel, solche Fähigkeiten für weite Gebiete des sozialen Lebens in Wirksamkeit zu bringen. Den gesamten Kapitalbesitz so zu verwalten, daß der einzelne in besonderer Richtung begabte Mensch oder daß zu Besonderem befähigte Menschengruppen zu einer solchen Verfügung über Kapital kommen, die lediglich aus ihrer ureigenen Initiative entspringt, daran muß jedermann innerhalb eines sozialen Organismus ein wahrhaftes Interesse haben. Vom Geistesarbeiter bis zum handwerklich Schaffenden muß ein jeder Mensch, wenn er vorurteilslos [auch, H.N.] dem eigenen Interesse dienen will, sagen: Ich möchte, daß eine genügend große Anzahl befähigter Personen oder Personengruppen völlig frei über Kapital nicht nur verfügen können, sondern daß sie auch aus der eigenen Initiative heraus zu dem Kapitale gelangen können; denn nur sie allein können ein Urteil darüber haben, wie durch die Vermittlung des Kapitals ihre individuellen Fähigkeiten dem sozialen Organismus zweckmäßig Güter erzeugen werden.

Immer wieder *erlebt* man, wie grundlegend hier jeglicher Egoismus ausgeschaltet ist – bis in die Begriffe hinein beweist Steiner, dass ein solcher nicht nur überhaupt nicht *nötig* ist, sondern dass erst seine *Abwesenheit* zum rein Menschlichen erhebt, zu etwas, aus dem der soziale Organismus dann auch unmittelbar hervortritt, gesund und lebendig, eine Realität. Menschen, die einzeln oder gemeinsam initiativ werden, um etwas hervorzubringen, was dem Ganzen dienen wird – und die Kapital erhalten, um genau *dies* zu realisieren. Das ist der erschütternd einfache Kerngedanke, der aber bereits den gesamten Kapitalismus aus den Angeln hebt. Einfach, weil der Egoismus hier überhaupt nicht *vorkommt*.

Der sozialistische Ansatz will Privateigentum in Gemeineigentum überführen, aber das Entscheidende ist, nicht etwa die individuelle *Initiative* zu unterdrücken, sondern nur die Verknüpfung zwischen Kapital und niederem Gewinnstreben aufzulösen – darum geht es. Der *Besitz* muss aufgelöst werden, nicht aber die Verfügung, diese sollen die initiativ werdenden Menschen gerade erhalten! Steiner weist darauf hin, dass die sozialistische Idealvorstellung – Gemeinbesitz, Verhinderung der Entstehung von Privatbesitz – sowohl abstrakt als auch *statisch* ist, einen vermeintlichen Idealzustand erhalten will, während der soziale Organismus etwas Lebendiges ist, also auch lebendig behandelt werden muss.[107]

---

206 Durch diesen einen Schritt wird alles Positive des Kapitals (als ‚Ermöglicher') ergriffen und alles Negative (‚Anheizer' des persönlichen Egoismus') vermieden. Wer dagegen die Auffassung vertritt, der *volle* Umfang menschlicher Fähigkeiten werde sich nur *durch* den Anreiz des Profits entfalten, der offenbart damit nur ein Menschenbild, das tatsächlich jeglichen Geistes ermangelt, weil es nur dumpfen niederen Impulsen folgt. Ein solcher Mensch offenbart nur, dass *er selbst* über den Zustand des Egoisten nicht hinausgekommen ist – jedoch nichts über die Natur und das Wesen des Menschen überhaupt. Dieses *kennt* er noch überhaupt nicht. Er hat sich zu ihm noch nicht ansatzweise erhoben. Und von daher werden *seine* Fähigkeiten sich auch nur bis zur Stufe der Profitsucht erheben, das ist richtig. *Er* braucht den Profit, um überhaupt tätig werden zu wollen.

Heute wissen wir, dass der ‚real existierende Sozialismus' nicht einmal die Frage lösen konnte, *wer* eigentlich initiativ werden dürfe, dazu Kapital erhalte, oder wie Initiative überhaupt ermöglicht werden könne. Im Sozialismus wurde zwar das Profitstreben unterbunden, aber auch die Initiative an sich. Die abstrakten, statischen Vorstellungen führten auch ganz real zu einer Erstarrung. Nicht, weil die Menschen ohne Profitaussicht nicht initiativ werden *könnten*, sondern weil der sozialistische Staat von vorne bis hinten alles verwaltete und kontrollierte – und *so* jegliche Initiative lähmte.

Die kapitalistische Gesellschaft macht es jedoch nicht besser, sie macht es zwar materiell erfolgreicher – aber nur dadurch, dass sie fortwährend die niederen Impulse des Menschenwesens anstachelt, daneben die subtile Ausbeutung in keiner Weise beendet etc.

Nirgendwo findet sich das wahrhaft Menschliche, nirgendwo der Geist in seiner wahren Gestalt. Bei Steiner aber schon. Durch seine Ausführungen lernt man, den Geist und das Wesen des Menschen und des sozialen Organismus wirklich zu *denken*. Und noch einmal formuliert er unmissverständlich:[107]

> Eine Lebensbedingung des sozialen Organismus ist, daß demjenigen, welcher der Allgemeinheit durch seine individuellen Fähigkeiten dienen kann, die Möglichkeit zu solchem Dienen aus der freien eigenen Initiative heraus nicht genommen werde. Wo zu solchem Dienste die freie Verfügung über Produktionsmittel gehört, da würde die Verhinderung dieser freien Initiative den allgemeinen sozialen Interessen schaden.

Und den Verteidigern des *Privatbesitzes* an Produktionsmitteln (und des Profitdenkens) entgegnet Steiner, dass sie sich tatsächlich als Egoisten selbst offenbaren, denn: ‚[...] nicht darum kann es sich allein handeln, aus welchen Impulsen heraus der Privatbesitz an Produktionsmitteln bei Menschen beliebt ist, sondern darum, ob die freie Verfügung über solche Mittel, oder die durch die Gemeinschaft geregelte den Lebensbedingungen des sozialen Organismus entspricht.'[108] Dennoch geht es Steiner gerade um die letztlich *freie* Verfügung, sobald dann die Initiative entfaltet wird, ohne eine fortwährend übergeordnete Kontrolle.[109] An ihre Stelle tritt gerade das *Vertrauen* in die entfaltete Initiative – die unmittelbar berechtigt ist, sobald das Profitstreben wegfällt.

Und jetzt unterscheidet Steiner absolut exakt zwischen Besitz und Verfügungsrecht – jener Schlüssel, den auch die sozialistischen Ideen eben übersehen haben, wodurch sie die individuelle Initiative regelmäßig lähmen mussten:[109]

> Nicht die *ursprüngliche* freie Verfügung führt zu sozialen Schäden, sondern lediglich das *Fortbestehen* des Rechtes auf diese Verfügung, wenn die Bedingungen aufgehört haben, welche in zweckmäßiger Art individuelle menschliche Fähigkeiten mit dieser Verfügung zusammenbinden.207

---

207 Und etwas später: ‚Statt dem *Gemeineigentum* der Produktionsmittel wird im sozialen Organismus ein *Kreislauf* dieser Mittel eintreten, der sie immer von neuem zu denjenigen Personen bringt, deren individu-

Die individuelle Verfügung über Kapital *darf* gar nicht unterbunden werden, ist sie doch gerade der Ermöglichungsgrund für die Entfaltung von Fähigkeiten. Erst da hat diese Verfügung zu enden, wo die Fähigkeiten *nicht* mehr entfaltet werden, sondern jemand zum Beispiel nur noch Nutznießer von Kapital sein will.

Das ist lebendig gedacht, und hier hört auch der Widerspruch zwischen Kapitalismus und Sozialismus auf, weil *beide* zu falschen ‚Lösungen‘ kommen, während der von Steiner entfaltete Ansatz genau das als Wirklichkeit ermöglicht, was beide eigentlich wollen: einerseits die Entfaltung freier Initiative, andererseits die Verhinderung persönlichen Profits und Ausbeutung anderer. Beide beanspruchen das größtmögliche Wohl der Gesamtheit. Aber nur der hier skizzierte Ansatz verwirklicht es.

Statische Lösungen sind für den sozialen Organismus nicht möglich, sondern man kann nur ‚nach der Möglichkeit fragen, wie dasjenige, was dem Leben auf der einen Seite dient, so verwaltet werden kann, daß es nicht auf der anderen Seite schädlich wirkt.‘[109f] Und es kann sich immer nur ‚darum handeln, daß im rechten Augenblick eingegriffen werde, wenn sich das Zweckmäßige in ein Schädliches verwandelt‘.[110]

Gerade deshalb braucht es eine eingreifende, verwaltende Instanz des Kapitals, aber das ist *nicht* allein der Staat, der gar kein Wahrnehmungsorgan für Individualität hat, weil auf seinem Gebiet von Recht und Gesetz gerade das Prinzip der Gleichheit herrscht, sondern das freie Geistesleben mit *seinen* Organen:[110f]

> Die Möglichkeit, frei über die Kapitalgrundlage aus den individuellen Fähigkeiten heraus zu verfügen, muß bestehen; das damit verbundene Eigentumsrecht muß in dem Augenblicke verändert werden können, in dem es umschlägt in Mittel zur ungerechtfertigten Machtentfaltung. In unserer Zeit haben wir eine Einrichtung, welche der hier angedeuteten sozialen Forderung Rechnung trägt, teilweise durchgeführt nur für das sogenannte geistige Eigentum. Dieses geht einige Zeit nach dem Tode des Schaffenden in freies Besitztum der Allgemeinheit über. [...] So eng auch die Hervorbringung eines rein geistigen Gutes an die individuelle Begabung des einzelnen gebunden ist: es ist dieses Gut zugleich ein Ergebnis des sozialen Zusammenlebens und muß in dieses im rechten Augenblicke übergeleitet werden. Nicht anders aber steht es mit anderem Eigentum. Daß mit dessen Hilfe der einzelne im Dienste der Gesamtheit produziert, das ist nur möglich im Mitwirken dieser Gesamtheit. Es kann also das Recht auf die Verfügung über ein Eigentum nicht von den Interessen dieser Gesamtheit getrennt verwaltet werden. Nicht ein Mittel ist zu finden, wie das Eigentum an der Kapitalgrundlage ausgetilgt werden kann, sondern ein solches, wie dieses Eigentum so verwaltet werden kann, daß es in der besten Weise der Gesamtheit diene.

---

elle Fähigkeiten sie in der möglichst besten Art der Gemeinschaft nutzbar machen können.‘[124] • Und: ‚Das Eigentum hört auf, [...] zu sein, was es bis jetzt gewesen ist. Und es wird nicht zurückgeführt zu einer überwundenen Form, wie sie das Gemeineigentum darstellen würde, sondern es wird fortgeführt zu etwas völlig Neuem. Die Gegenstände des Eigentums werden in den Fluß des sozialen Lebens gebracht.[125f]

Sehr wohl hat in diesem Zusammenhang auch bei Steiner der Staat volle Bedeutung, insofern die Verfügung über Kapital eine *Rechtsfrage* ist:[112-114]

> Aus dem demokratischen Untergrund des Rechtsstaates heraus, der es zu tun hat mit dem, was *alle Menschen* in gleicher Art berührt, wird gewacht werden können, daß Eigentumsrecht nicht im Laufe der Zeit zu Eigentumsunrecht wird. Dadurch, daß dieser Staat das Eigentum nicht selbst verwaltet, sondern sorgt für die Überleitung an die individuellen menschlichen Fähigkeiten, werden diese ihre fruchtbare Kraft für die Gesamtheit des sozialen Organismus entfalten. [...] | Man hat es bei einer solchen Einrichtung mit Rechtsübertragungen zu tun. Die gesetzlichen Bestimmungen zu treffen, wie solche Übertragungen stattfinden sollen, obliegt dem Rechtsstaat. Er wird auch über die Ausführung zu wachen und deren Verwaltung zu führen haben.

Die Konkretheit der Ideenbildung erweist sich bei Steiner auch da, wo er dem einzelnen Individuum das Recht zur Benennung von Nachfolgern oder Nachfolge-Einrichtungen der Kapitalverwendung zuspricht – nicht etwa im Sinne einer ‚Vetternwirtschaft‘, sondern weiterhin im Sinne der Sache selbst, weil gerade jemand, der für den sozialen Organismus tätig gewesen ist, ‚auch über die weitere Verwendung dieses Kapitals aus seinen individuellen Fähigkeiten heraus mit sozialem Verständnis urteilen‘ wird, und zwar besser als andere, ‚die nicht unmittelbar mit der Sache verbunden sind‘.[115]

Sehr wohl denkt Steiner auch an die Möglichkeit von echtem Privateigentum – *anteilsmäßig* da, wo es jenen Ansprüchen entspricht, die ursprünglich für die Entfaltung der individuellen Fähigkeiten gemacht wurden. Dies ist streng zu unterscheiden von dem, was dann darüber hinaus an Vermögen durch den Einsatz der Produktionsmittel entsteht – dies gehört rechtmäßig der ganzen Gemeinschaft:[115f]

> In einer sozialen Ordnung, die auf den hier geschilderten Grundlagen ruht, kann eine vollkommene Scheidung durchgeführt werden zwischen den Erträgnissen, die auf Grund einer Arbeitsleistung mit Produktionsmitteln zustandekommen[,] und den Vermögensmassen, die auf Grund der persönlichen (physischen und geistigen) Arbeit erworben werden. Diese Scheidung entspricht dem Rechtsbewußtsein und den Interessen der sozialen Allgemeinheit. [...] Was an Kapitalvermehrung durch die Produktionsmittel – nach Abzug des rechtmäßigen Zinses – entsteht, das verdankt seine Entstehung der Wirkung des gesamten sozialen Organismus. Es soll also auch in der geschilderten Art wieder in ihn zurückfließen.

Nebenbei gilt dies für *jegliche* Vermögen nach dem Tod ihres Besitzers, sodass es im dem sozialen Organismus leistungslose Einkommen nicht geben wird, der bloße Besitz von Reichtum als solchem abgeschafft wird, um jeweils wieder der ganzen Gemeinschaft, aus der er in Wahrheit entsprang, zugute zu kommen:[116f]

> Auch ein durch Ersparnis gewonnenes Vermögen geht [...] nach dem Tode des Erwerbers oder einige Zeit danach an eine geistig oder materiell produzierende Person oder Personengruppe – aber *nur* an eine solche, nicht an eine unproduktive Person, bei der es zur Rente würde – über, die durch letztwillige Anordnung von dem Erwerber zu wählen ist. Auch dafür wird, wenn eine

Person oder Personengruppe nicht unmittelbar gewählt werden kann, die Übertragung des Verfügungsrechtes an eine Korporation des geistigen Organismus in Betracht kommen. Nur wenn jemand von sich aus keine Verfügung trifft, so wird der Rechtsstaat für ihn eintreten und durch die geistige Organisation die Verfügung treffen lassen.

Nirgendwo beansprucht Steiner, endgültige Lösungen zu formulieren, und in folgender Passage betont er, dass es vielmehr um die ganze *Richtung* des wirklichkeitsgemäßen Denkens geht:[117]

Vielleicht findet mancher in dem hier Dargestellten Unvollkommenheiten. Die mögen gefunden werden. Es kommt einer wirklichkeitsgemäßen Denkart nicht darauf an, vollkommene „Programme" ein für alle Male zu geben, sondern darauf, die *Richtung* zu kennzeichnen, in der praktisch gearbeitet werden soll. Durch solche besondere Angaben, wie sie die hier gemachten sind, soll eigentlich nur wie durch ein Beispiel die gekennzeichnete Richtung näher erläutert werden. Ein solches Beispiel mag verbessert werden. Wenn dies nur in der angegebenen Richtung geschieht, dann kann ein fruchtbares Ziel erreicht werden.

Und noch einmal geht Steiner ins Detail, indem er Wege skizziert, wie man tatsächlich jede Vetternwirtschaft und alle ‚dynastischen' Impulse durch klare Rechtssetzungen verhindern können wird – die aber auch selbst abnehmen werden, sobald die richtigen Einrichtungen einmal das *soziale* Denken fördern werden und nicht mehr das egoistische:[118f]

Berechtigte persönliche oder Familienimpulse werden sich durch solche Einrichtungen mit den Forderungen der menschlichen Allgemeinheit in Einklang bringen lassen. Man wird gewiß darauf hinweisen können, daß die Versuchung, das Eigentum auf einen oder mehrere Nachkommen noch bei Lebzeiten zu übertragen, sehr groß ist. Und daß man ja in solchen Nachkommen scheinbar Produzierende schaffen kann, die aber dann doch gegenüber anderen untüchtig sind und besser durch diese anderen ersetzt würden. Doch diese Versuchung wird in einer von den oben angedeuteten Einrichtungen beherrschten Organisation eine möglichst geringe sein können. Denn der Rechtsstaat braucht nur zu verlangen, daß unter allen Umständen das Eigentum, das an ein Familienmitglied [...] übertragen worden ist, nach Ablauf einer gewissen, auf den Tod des letzteren folgenden Zeit einer Korporation der geistigen Organisation zufällt. Oder es kann in andrer Art durch das Recht die Umgehung der Regel verhindert werden. Der Rechtsstaat wird nur dafür sorgen, daß diese Überführung geschehe; wer ausersehen sein soll, das Erbe anzutreten, das sollte durch eine aus der geistigen Organisation hervorgegangene Einrichtung bestimmt sein.[208] Durch Erfüllung solcher Voraussetzungen wird sich ein Verständnis dafür entwickeln, daß Nachkommen durch Erziehung und Unterricht für den sozialen Organismus geeignet gemacht werden, und nicht durch Kapitalübertragung an unproduktive Personen sozialer Schaden angerichtet werde. Jemand, in dem wirklich soziales Verständnis lebt, hat kein Interesse daran, daß seine Verbindung mit einer Kapitalgrundlage nachwirke bei Personen oder Personengruppen, bei denen die individuellen Fähigkeiten eine solche Verbindung nicht rechtfertigen.

---

[208] Hier ist dann das Zusammenwirken zwischen Rechtsstaat und Geistesleben klar benannt: Der erstere stellt das *Dass* sicher, das Geisteleben das Weitere.

Dies deutet also die Entwicklung des Bewusstseins an: Von einem familiär-dynastischen Egoismus hin zu der Einsicht, dass Nachkommen nun einmal fähig sein müssen, um das Vermögen zunächst sichern zu können (sozialer Dienst aus der Notwendigkeit heraus), bis hin zu der inneren Gesinnung, sein Kapital gar nicht an sozial unproduktive Personen vererben zu *wollen*, und seien es die eigenen Nachkommen...

In einem kapitalistischen System wird diese Bewusstseinsentwicklung kaum eintreten, in einem gesunden sozialen Organismus, wie Steiner ihn skizziert, wird sie sich nach und nach notwendigerweise vollziehen, weil der Egoismus einfach nicht mehr impulsiert wird, sondern ein gegenteiliges, ein wahrhaft menschliches Denken.

Und Steiner betont, dass mit diesem Denken und dessen konkreten Konsequenzen sofort *begonnen* werden könne, und zwar überall:[119f]

> Niemand wird, was hier ausgeführt ist, für eine bloße Utopie halten, der Sinn für wirklich praktisch Durchführbares hat. Denn es wird gerade auf solche Einrichtungen gedeutet, die ganz unmittelbar an jeder Stelle des Lebens aus den gegenwärtigen Zuständen heraus erwachsen können. Man wird nur zu dem Entschluß greifen müssen, innerhalb des Rechtsstaates auf die Verwaltung des geistigen Lebens und auf das Wirtschaften allmählich zu verzichten und sich nicht zu wehren, wenn, was geschehen sollte, wirklich geschieht, daß private Bildungsanstalten entstehen und daß sich das Wirtschaftsleben auf die eigenen Untergründe stellt. Man braucht die Staatsschulen und die staatlichen Wirtschaftseinrichtungen nicht von heute zu morgen abzuschaffen; aber man wird aus vielleicht kleinen Anfängen heraus die Möglichkeit erwachsen sehen, daß ein allmählicher Abbau des staatlichen Bildungs- und Wirtschaftswesens erfolge. Vor allem aber würde notwendig sein, daß diejenigen Persönlichkeiten, welche sich mit der Überzeugung durchdringen können von der Richtigkeit der hier dargestellten oder ähnlicher sozialer Ideen, für deren Verbreitung sorgen. Finden solche Ideen Verständnis, so wird dadurch *Vertrauen* geschaffen zu einer möglichen heilsamen Umwandlung der gegenwärtigen Zustände in solche, welche deren Schäden nicht zeigen. *Dieses* Vertrauen aber ist das einzige, aus dem eine wirklich gesunde Entwickelung wird hervorgehen können.

Ebenso denkt Steiner konkret an die Möglichkeit gegenseitiger Hilfeleistung unter den einzelnen Unternehmen eines solchen Wirtschaftslebens: ‚Auch wird eine Verwaltung, die es nur zu tun hat mit dem Kreislauf des Wirtschaftslebens, zu Ausgleichen führen können, die etwa aus diesem Kreislauf heraus als notwendig sich ergeben. Sollte, zum Beispiel, ein Betrieb nicht in der Lage sein, seinen Darleihern ihre Arbeitsersparnisse zu verzinsen, so wird, wenn er doch als einem Bedürfnis entsprechend anerkannt wird, aus andern Wirtschaftsbetrieben nach freier Übereinkunft mit allen an den letzteren beteiligten Personen das Fehlende zugeschossen werden können.'[126]

Auch die Gestaltung von Preisen – diese in vielfacher Hinsicht so unendlich entscheidende Frage – wäre in einem gesunden sozialen Organismus nicht dem ‚blinden Markt' überlassen, sondern innerhalb des Wirtschaftslebens würden sich die sich bildenen Genossenschaften und Assoziationen miteinander einigen, wobei bereits die Gütererzeugung sich den Bedürfnissen anpasst.[209] Zur Grundlage solcher Abstimmungen gibt Steiner eine Charakterisierung des Preises einer Ware, die ganz vom Bedürfnis des mit ihrer Herstellung befassten *Einzelnen* ausgeht:[131f]

> Dieses muß so sein, daß jeder Arbeitende für ein Erzeugnis so viel an Gegenwert erhält, als zur Befriedigung sämtlicher Bedürfnisse bei ihm und den zu ihm gehörenden Personen nötig ist, bis er ein Erzeugnis der gleichen Arbeit wieder hervorgebracht hat. Ein solches Preisverhältnis [...] muß sich *als Resultat ergeben* aus dem lebendigen Zusammenwirken der im sozialen Organismus tätigen Assoziationen. Aber es *wird* sich einstellen, wenn das Zusammenwirken auf dem gesunden Zusammenwirken der drei Organisationsglieder beruht.

Auch hier ist jeglicher Profitgedanke ausgeschaltet – und nun deutlich ausgesprochen, wie die Einkünfte eben den *Bedürfnissen* dienen.

Natürlich kann ein solches Bedürfnis auch die Vorstellung enthalten, in zehn Jahren ein Haus bauen zu können. Nur bedeutet der Austausch innerhalb dieses sozialen Organismus eben auch, die Bedürfnisse des *Mitmenschen* als völlig gleichberechtigt zu erkennen. Die in einem Betrieb tätige Putzfrau könnte das gleiche Bedürfnis haben, und es wäre als solches nicht weniger berechtigt. Die Fähigkeiten jedes Einzelnen werden zwar ebenfalls einen Unterschied in Bezug auf das ,Erträgnis' einer Arbeit bedeuten, nicht aber die Bedürfnisse. Wird ein normaler Arbeiter sich alle zehn Jahre einen Neuwagen kaufen können, während die Putzfrau zeitlebens von einem kleinen Eigentum oder auch nur Urlaub bloß träumen kann?

Steiners Begriffe erziehen bereits zu einem viel *sozialeren* Denken, als es bisher auch nur annähernd vorhanden ist.

> Wer in einem auf Arbeitsteilung eingestellten sozialen Organismus arbeitet, der *erwirbt* eigentlich niemals sein Einkommen selbst, sondern er erwirbt es durch die Arbeit *aller* am sozialen Organismus Beteiligten.[133] [210]

Ebenso wirklichkeitsgemäß denkt Steiner auch das Geldwesen – auch dieses hat der Allgemeinheit zu dienen, anstatt in irgendeiner Weise den *Egoismus* fördern zu können:[132f]

> Geld wird im gesunden sozialen Organismus wirklich nur Wertmesser sein; denn hinter jedem [...] Geldschein steht die Warenleistung, auf welche hin der Geldbesitzer allein zu dem Gelde

---

[209] Letzteres auch dadurch, dass es auch Händler- und Konsumenten-Assoziationen geben wird, die an den gemeinsamen Abstimmungen ebenfalls beteiligt sind. • Vergleiche: ,Im ökonomischen Glied des sozialen Organismus werden die Assoziationen dastehen, in denen werden Konsumenten und Produzenten und Händler in gleicher Weise aus ihren Lebenserfahrungen heraus ein assoziatives Urteil – nicht ein individuelles, das gar keine Bedeutung hat –, ein assoziatives Urteil abgeben.' Vortrag vom 29.8.1922, GA 305, S. 223-243, hier 237.

[210] Und, ganz deutlich: ,Die Arbeitsteilung [...] schließt *wirtschaftlich* den Egoismus aus. Ist dann dieser Egoismus doch vorhanden in Form von Klassenvorrechten und dergleichen, so entsteht ein sozial unhaltbarer Zustand [...].'[134]

gekommen sein kann. Es werden sich aus der Natur der Verhältnisse heraus Einrichtungen notwendig machen, welche dem Gelde für den Inhaber seinen Wert benehmen, wenn es die eben gekennzeichnete Bedeutung verloren hat. Auf solche Einrichtungen ist schon hingewiesen worden. Geldbesitz geht nach einer bestimmten Zeit in geeigneter Form an die Allgemeinheit über. Und damit Geld, das nicht in Produktionsbetrieben arbeitet, nicht mit Umgehung der Maßnahmen der Wirtschaftsorganisation von Inhabern zurückbehalten werde, kann Umprägung oder Neudruck von Zeit zu Zeit stattfinden. Aus solchen Verhältnissen heraus wird sich allerdings auch ergeben, daß der Zinsbezug von einem Kapitale im Laufe der Jahre sich immer verringere. Das Geld wird sich abnützen, wie sich Waren abnützen. Doch wird eine solche vom Staate zu treffende Maßnahme gerecht sein. „Zins auf Zins" wird es nicht geben können.

- Internationale Beziehungen   ●

Nach diesen weitreichenden Ausführungen kommt Steiner im vierten und letzten Kapitel[211] auf die internationalen Konsequenzen zu sprechen – denn auch die internationalen Beziehungen werden durch die wahre Gestalt des sozialen Organismus dreigliedrig werden.[141] Auf diese Weise kann sich etwa das Wirtschaftsleben auch international assoziieren, ‚ohne daß die Beziehungen der Rechtsstaaten darauf einen unmittelbaren Einfluß haben'.[141]

Allein schon, wenn man dies einmal durchdenkt, wird man erkennen, wie auf diese Weise so etwas wie Wirtschaftskriege oder geopolitische Konfliktlinien der Vergangenheit angehören würden – weil sie ausschließlich Sache von *Einheitsstaaten* sind, die das (National-)Staatliche und das Wirtschaftsleben miteinander verquicken und dann als Waffe verwenden – anstatt etwa Rechtsfragen ganz nur auf *diesem* Gebiete zu behandeln und zu thematisieren, während das Wirtschaftsleben schlicht ausschließlich der Produktion und Zirkulation von Gütern und Dienstleistungen zu dienen hat. Selbstverständlich müssen auch diese Rechtsanforderungen genügen, aber sie dürfen nicht als politisches *Druckmittel* misbraucht werden, was etwas völlig anderes ist. Steiner formuliert ausdrücklich:[141]

> Durch diese Unabhängigkeit im *Entstehen* der Beziehungen werden diese in Konfliktfällen ausgleichend aufeinander wirken können. Interessenzusammenhänge der einzelnen sozialen Organismen werden sich ergeben, welche die Landesgrenzen als unbeträchtlich für das Zusammenleben der Menschen erscheinen lassen werden.

Was also das Auflösen des ungesunden Einheitsstaates gerade für den weltweiten *Frieden* bedeutet würde, könnte gerade heute in seinem ganzen Ausmaß zumindest erahnt werden. Diese Auflösung entzieht jedem Imperialismus und jeder Aggression den Boden, denn es gibt gar keinen Akteur mehr dafür. Ein solcher *kann* nur der allmächtige Einheitsstaat sein, der in Form seiner führenden Politiker die Kontrolle nicht nur über die Gesetzgebung, sondern auch über das Bildungswesen, die Kultur und mehr oder weniger die Wirtschaft hat. Wird diese Verquickung aufgelöst, *kann* es kein Machtstreben mehr geben – wie auch?

---

[211] ‚Internationale Beziehungen der sozialen Organismen'.

Die friedensschaffende Kraft erweist die Dreigliederung natürlich gerade auch in Vielvölker-staaten – auch hier gilt: ‚Die Menschen eines Sprachgebietes kommen mit denen eines andern nicht in unnatürliche Konflikte, wenn sie sich nicht zur Geltendmachung ihrer Volkskultur der staatlichen Organisation oder der wirtschaftlichen Gewalt bedienen wollen.'[142] Erst die Macht über Staat und Wirtschaft führt zur Möglichkeit der Gewalt und Dominanz – andern-falls können unterschiedliche Sprachen und Kulturen völlig friedlich nebeneinander leben. Die Unmöglichkeit dessen führte gerade zum Ersten Weltkrieg.[212]

Aber indem sich wirtschaftlich, rechtlich und geistig die Menschen auch zwischen den Völ-kern, über Staatsgrenzen hinweg, unabhängig auf diesen drei Gebieten vernetzen, entsteht et-was derart Verbindendes, wie es heute noch überhaupt nicht vorhanden sein kann:[143]

> Dadurch bilden sich *vielgestaltige* Zusammenhänge zwischen Völkern, Staaten und Wirtschafts-körpern, die jeden Teil der Menschheit mit anderen Teilen so verbinden, daß der eine in seinen eigenen Interessen das Leben der andern mitempfindet. Ein Völkerbund *entsteht* aus wirklich-keitsgemäßen Grundimpulsen heraus. Er wird nicht aus einseitigen Rechtsanschauungen „ein-gesetzt" werden müssen.[213]

Wenig später verweist Steiner auf die Kurzsichtigkeit der politischen ‚Praktiker', die noch im Frühsommer 1914 davon redeten, dass der Friede Europas gesichert sei – drei Jahrzehnte spä-ter erfolgte mit dem faschistischen Einheitsstaat die *nächste* Katastrophe, und heute stehen die Einheitsstaaten nicht nur in Osteuropa in einem Krieg, sondern auch zwischen dem Westen und China bereitet sich ein solcher immer weiter vor. Vor diesem Hintergrund schreibt Steiner:[145]

> Das ist das Furchtbare, was so bedrückend wirkt und was [...] einen dazu bringen müßte, von dem Heilmittel so zu sprechen, daß man Worte darüber der Welt gleichsam *entgegenschreien* möchte. Wenn der soziale Organismus sich so weiter entwickelt, wie er es bisher getan hat, dann entstehen Schäden der Kultur, die für diesen Organismus dasselbe sind, was Krebsbildun-gen im menschlichen natürlichen Organismus sind.

Auch die westlichen Staaten richten ihren Blick überhaupt nicht auf das *Gesundende* (das Stei-ner hier umfassend entfaltet), sondern viel zu sehr nach außen und auf das Konfliktäre. Auch sie heizen die Konflikte immer weiter an – ganz abgesehen davon, dass die USA nach wie vor beanspruchen, *Weltmacht* (!) zu sein. Auf diese Weise kann man zu keinem Frieden kommen. und was Steiner in Bezug auf die Blindheit gegenüber den eigentlichen Forderungen des sozi-

---

212 ‚Der serbisch-österreichische Konflikt, der am Ausgangspunkte der Weltkriegskatastrophe steht, ist das vollgültigste Zeugnis dafür, daß die politischen Grenzen dieses Einheitsstaates von einem gewissen Zeit-punkte an keine Kulturgrenzen sein durften für das Völkerleben. Wäre eine Möglichkeit vorhanden gewe-sen, daß das auf sich selbst gestellte [...] Geistesleben sich über diese Grenzen hinüber in einer Art hätte entwickeln können, die mit den Zielen der Völker im Einklange gewesen wäre, dann hätte der im Geistes-leben verwurzelte Konflikt sich nicht in einer politischen Katastrophe entladen müssen.'[147]

213 Und einmal mehr ergänzt Steiner: ‚Wer in solchen Dingen „Utopien" sieht, der beachtet nicht, daß *in Wahr-heit* die Wirklichkeit des Lebens nach diesem von ihm für utopisch gehaltenen Einrichtungen hinstrebt, und daß die Schäden dieser Wirklichkeit gerade davon kommen, daß diese Einrichtungen nicht da sind.'[143]

alen Organismus für das Deutsche Reich im Jahre 1914 formuliert, ist leicht auf die heutige Gegenwart zu übertragen, wenn man es nur ernst nähme:[150]

> Durch ihr Nicht-Verstehen der neuzeitlichen Forderungen des Völkerlebens war 1914 die deutsche Politik an dem Nullpunkte ihrer Betätigungsmöglichkeit angelangt. Sie hatte in den letzten Jahrzehnten nichts bemerkt von dem, was hätte geschehen sollen; sie hatte sich beschäftigt mit allem Möglichen, was in den neuzeitlichen Entwickelungskräften nicht lag und was durch seine Inhaltlosigkeit „wie ein Kartengebäude zusammenbrechen" *mußte*.

Anstatt etwa China über ‚Menschenrechte' zu belehren, wäre nicht nur die *eigene* Haltung gegenüber den unteilbaren Menschenrechten zu überprüfen, es wäre vor allem im eigenen Land voranzuschreiten in Bezug auf die Menschenrechte alleinerziehender Mütter, Putzfrauen, Pflegekräfte, Erntehelfer, in Bezug auf das Menschenrecht auf produktive Muße in einer hochtechnisierten Gesellschaft (Stichwort Arbeitszeit), in Bezug auf wahre Freiheit des Bildungswesen und des Geisteslebens insgesamt und vieles andere mehr. Würde man *hier* ernsthafte Schritte gehen, so würde dies *von ganz allein* internationale Folgen und Nachahmer haben, und der Druck auf rückwärtsgewandte Regime würde von ganz allein steigen. Nicht aber umgekehrt, indem man direkten Druck ausübt, aber blind vor der eigenen Tür bleibt.

Indem man sich in geopolitische Konfrontationen hineintreiben lässt, übernimmt man das Reaktionäre selbst und wird immer unfähiger, die *eigentlichen* Antworten auf die brennenden Zeitfragen zu verwirklichen, erstarrt immer mehr in dem längst überkommenen Einheitsstaat und verbarrikadiert die Zukunft, so sehr man sich auch moralisch überhöht. Die Zukunft ist eine *andere*.

Steiner im Bundestag: Schweigen •

1919 versuchte Rudolf Steiner mit einigen namhaften Mitstreitern unermüdlich und unter ungeheurem persönlichem Aufwand, Menschen den Impuls der sozialen Dreigliederung nahezubringen.[214] Gerade auch in der Arbeiterschaft konnte er viele tausend Menschen erreichen, vor allem in Süddeutschland war die Dreigliederungsbewegung für kurze Zeit eine wahrzunehmende Kraft. Dennoch konnten nicht genügend große Teile der Bevölkerung erreicht werden und blieb auch die Zahl der sich engagierenden Anthroposophen zu gering – scheiterte die Bewegung auch am mangelnden Verständnis der Anthroposophen selbst.

Doch noch 1986 konnte etwa Otto Schily, Mitgründer der Grünen, im Bundestag anlässlich der Flick-Affäre sagen:[215]

> Wenn sich Politiker zu Handlangern und Erfüllungsgehilfen mächtiger und übermächtiger Kapitalinteressen degradieren lassen, steht die Substanz der Demokratie auf dem Spiel. [...] Die Kette

---

[214] Eindrücklich hierzu siehe Albert Schmelzer: Die Dreigliederungsbewegung 1919. Stuttgart 1991.
[215] BT-Plenarprotokoll 10/204 vom 13.3.1986, S. 15648. dip.bundestag.de.

von Skandalen läßt manche vielleicht resignieren. [...] | Diesen Pessimismus teile ich nicht. Verändert werden muß aber mehr als die Parlamentsmehrheit. [...]

[...] Neutralisierung der Kapitalmacht von Großunternehmen wird auf die Dauer jedoch nur gelingen, wenn wir uns auf eine grundsätzliche Neubestimmung des Eigentumsrechts im Sinne einer funktionellen Ausdifferenzierung verständigen. | Wir sollten uns schließlich auch nicht scheuen, über grundlegende Veränderungen in unserer Gesellschaftsstruktur nachzudenken. Die Einsicht in die demokratiezerstörerischen Auswirkungen und die Monopolisierung und Zentralisierung gesellschaftlicher Entscheidungen in den staatlichen Korporationen und die bestehenden Abhängigkeiten könnten den Weg dafür ebnen, auch über Möglichkeiten einer Weiterentwicklung der Gesellschaft nachzudenken, die den herrschenden Konventionen und Denkgewohnheiten fremd und unrealistisch erscheinen. Wer sich diesem Nachdenken verschließt, wird vielleicht eines Tages unsanft erwachen und feststellen, daß die gegenwärtigen Gesellschaftsstrukturen äußerst brüchig sind.

Die vor rund 70 Jahren von Rudolf Steiner vorgestellte Idee einer funktionalen Gliederung der Gesellschaft in die drei Bereiche der Kultur, des Staates und der Wirtschaft könnte ein Entwurf für die Gesellschaft der Zukunft sein, für die Menschen, die sich nicht auf ihren Denkbequemlichkeiten ausruhen wollen und sich der existentiellen Gefahren für die Menschheit bewußt sind. | [...] Eine konstruktive Aufnahme seiner Ideen in den gesellschaftlichen Dialog bereits in den 20er Jahren hätte jedenfalls – diese Behauptung kann in der historischen Rückschau gewagt werden – die Katastrophe der Terrorherrschaft der Nazis und des Zweiten Weltkrieges vermeiden helfen.

Dies war eines der extrem wenigen Male, in denen Rudolf Steiner im Bundestag auch nur *erwähnt* wurde – ein Skandal für sich, der eigentlich beweist, dass die Cancel Culture im Grunde weit älter ist als nur ein paar Jahre.

Der Grünen-Abgeordnete Gerd Peter Werner griff anlässlich eines Gesetzesentwurfs bezüglich der Förderung von Eigentumswohnungen eine Woche später Schilys Äußerungen noch einmal auf und führte aus:[216]

Grundsätzlich gehört zur Eigentumsvorstellung der Konservativen wie auch der Liberalen das Element der damit verbundenen persönlichen Freiheit. An dieser Stelle möchte ich einmal einhaken und auf folgendes hinweisen.

Zum Zeitpunkt des Beginns der Neuzeit unseres Kulturbereichs – damit meine ich unsere westliche Zivilisation und den Zeitpunkt der Französischen Revolution – tauchte diese Forderung nach Freiheit auf, aber sie war begleitet von zwei anderen, gleichrangigen Forderungen, nämlich bekanntlich von der nach Gleichheit und der nach Brüderlichkeit.

Was damals noch unverstanden war, war die Zuordnung dieser drei Forderungen zu den Politikfeldern, mit denen es ein Parlament im Alltag zu tun hat.

Eine solche Zuordnung hat erstmals nach Ende des Ersten Weltkrieges stattgefunden, und zwar in einem Konzept, das hier kürzlich Otto Schily [...] erwähnte, nämlich in dem von Rudolf Steiner vorgestellten Konzept einer Gliederung des sozialen Organismus in die drei Bereiche Wirtschaft, Recht und Kultur. Steiner zeigt in diesem Konzept schlüssig, daß das Ordnungsprinzip

---

[216] BT-Plenarprotokoll 10/208 vom 21.3.1986, S. 15991. Ebd.

Freiheit ausschließlich der Kultur im weitesten Sinne zuzuordnen ist, die Gleichheit dagegen ausschließlich dem Recht, die Brüderlichkeit der Wirtschaft. [...]
Das Konzept der Koalition versucht dagegen, das Element der persönlichen Freiheit mit dem Eigentum an Grund und Boden, an Wohnraum usw. zu verknüpfen, wie ja auch sonst in dieser Gesellschaft die Freiheit als die Freiheit in der Wirtschaft bzw. [...] des wirtschaftliche Starken mißverstanden wird. [...]
Schon heute ist erkennbar, daß diese Art Eigentumsideologie mit ihren zunehmenden Zwangsversteigerungen, mit zahllosen Streitigkeiten zwischen Mietern und Vermietern usw. in der Realität so etwas wie einen ständigen Kriegszustand der Gesellschaft hervorrufen muß. Solange solche grundsätzlichen Zusammenhänge nicht durchschaut werden, werden wir auch hier in diesem Parlament immer wieder in der Gefahr stehen, mit unseren Beschlüssen Keime für Katastrophen zu legen.

Und anlässlich eines Gesetzes zur Förderung ehrenamtlichen Engagements führte der Grünen-Abgeordnete Gerald Häfner im Jahre 2002 aus:[217]

Mir scheint im Übrigen Handlungsbedarf weit über den von Ihnen angesprochenen Aspekt hinaus zu bestehen. [...] | Allerdings wird in einer Welt, die schon ihren Heranwachsenden [...], die den Menschen ständig einflüstert, nur das eigene Fortkommen, der eigene Erfolg [...] seien von Belang und das Interesse für andere halte dabei eher auf, in einer Welt, die von allem den Preis und von fast nichts mehr den Wert kennt, diese Selbstverständlichkeit zum zunehmend seltener werdenden Luxus. [...]
Sie alle kennen die Formel von Adam Smith, die ja die Grundlage unseres Wirtschafts- und Gesellschaftssystems bildet, wonach der Wohlstand einer Nation oder Gruppe von Menschen umso größer sei, je mehr jeder Einzelne darin nur seinen Eigennutzen verfolgt.[218] Ich halte dies für einen Irrtum, der durch die Entwicklungen weltweit mehr und mehr widerlegt wird. Das heißt nicht, dass ich nicht für freie Initiative, für freies Unternehmertum wäre. Im Gegenteil! Vieles an Freiheit werden wir in Zukunft noch erweitern oder überhaupt erst erkämpfen müssen.

---

[217] BT-Plenarprotokoll 14/249 vom 5.7.2002, S. 25358f. Ebd.

[218] Wie abstrakt Adam Smith über diese Dinge dachte, spricht auch Steiner selbst an, indem er darauf hinweist, dass es um den *Menschen* bei Smith gar nicht wirklich geht: ‚Sie werden sehen, daß da in den Mittelpunkt der Betrachtung zweierlei gerückt ist: erstens die wirtschaftliche Freiheit und zweitens das private Eigentum. Der Mensch steht eigentlich nirgends da als die Hauptsache. Er wird natürlich gelegentlich betrachtet, aber er steht nicht in erster Linie da, er wird nicht in den Mittelpunkt gerückt.' Vortrag vom 15.2.1921, GA 338, S. 115. • In der heutigen Wirtschaftswissenschaft der Mensch dann *ganz* verschwunden, kommt eigentlich nur noch als atomisierter, theoretischer, perfekt-rationaler Konsument zum Beispiel vor, im Grunde geht es nur noch um Formeln. Dies zeigt, wie die Wissenschaft, gerade auch die Wirtschaftswissenschaft, den Menschen *völlig verloren* hat – wie der Kapitalismus selbst. Gewiss gibt es auch neuere Ansätze, die etwas vom Menschen wieder integrieren, aber nirgendwo wird begriffen, dass man radikal von der *Abstraktheit* wegkommen muss, wenn auch nur irgendetwas Gutes erreicht werden soll, was den realen Menschen dient. • ‚Wenn wir also nicht die Courage haben, hineinzurufen in die Welt: Ihr dürft nicht so weiterdenken, wie Ihr bisher gedacht habt, denn Ihr ruiniert die äußere Welt mit Eurem Denken; Ihr müßt den Menschen in den Mittelpunkt rücken und nicht Ware oder Kapital und so weiter, – wenn wir die Courage nicht haben, so hineinzurufen in die Irrtümer der Gegenwart, dann kommen wir keinen Schritt vorwärts.' Ebd., S. 124f.

Ich glaube aber, dass das Wohl einer Gesamtheit von zusammenlebenden Menschen gerade umgekehrt letzten Endes umso größer ist, je mehr jeder Einzelne [...] für andere Menschen tätig ist und einsteht und je mehr umgekehrt der Einzelne von dem Hervorbringen dessen lebt, was andere Menschen tun. Dies hat sinngemäß übrigens Rudolf Steiner gesagt, ein Mensch, der in diesem Hause vergleichsweise selten zitiert wird, dies aber nicht nur in diesem Zusammenhang mehr als verdient. Wenn man das, was ich gerade auszudrücken versucht habe, wirklich ernst nimmt, so hat das unmittelbare Konsequenzen für unser Denken und Handeln in wirtschaftlicher und politischer Hinsicht.

Das war es! Mehr wurde Rudolf Steiner nicht erwähnt, kein einziges Mal fiel im Bundestag der Begriff ‚soziale Dreigliederung'. Dies ist die unglaubliche Bilanz aus sage und schreibe einem Dreivierteljahrhundert bundesparlamentarischer deutscher Geschichte angesichts eines herausragenden Denkers, der die Schwächen von Kapitalismus *und* Sozialismus grundlegend durchschaute und Wege zu ihrer Überwindung wies!

Befreiung des Individuums •

Aber die ‚Volksvertreter' fürchten sicherlich auch um ihre eigene Macht, wenn ein so radikaler Denker wie Steiner mehr Gehör fände. Hatte er doch bereit im Juli 1898 das ‚soziologische Grundgesetz in der Menschheitsentwicklung' wie folgt formuliert:[255f] 219

Die Menschheit strebt im Anfange der Kulturzustände nach Entstehung sozialer Verbände; dem Interesse dieser Verbände wird zunächst das Interesse des Individuums geopfert; die weitere Entwicklung führt zur Befreiung des Individuums von dem Interesse der Verbände und zur freien Entfaltung der Bedürfnisse und Kräfte des Einzelnen.
Nun handelt es sich darum, aus dieser geschichtlichen Tatsache die Folgerungen zu ziehen. [...] Der Staat und die Gesellschaft, die sich als Selbstzweck ansehen, müssen die Herrschaft über das Individuum anstreben, gleichgültig wie diese Herrschaft ausgeübt wird [...]. Sieht sich der Staat nicht mehr als Selbstzweck an, sondern als Mittel, so wird er [...] sich so einrichten, daß der Einzelne in größtmöglicher Weise zur Geltung kommt. Sein Ideal wird die Herrschaftlosigkeit sein. Er wird eine Gemeinschaft sein, die für sich gar nichts, für den Einzelnen alles will.

So viel Individualismus ist wahrscheinlich selbst der FDP zu viel... Eine Gesellschaft *ohne* allgemeine Lehrpläne, ohne einheitliche Prüfungsvorschriften, ohne drohende Verbote der Homöopathie etc. – wo soll das hinführen? Es führt in die Freiheit des Individuums von einem *Zwangsstaat*, der selbst über das beschließen will, was demokratisch gar nicht abgestimmt werden kann, weil es individuellste Entscheidung ist.

In demselben Aufsatz geht Steiner selbst auf den Einwand eines drohenden ‚Übermaßes an Individualismus' ein und entgegnet diesem:[260f]

---

219 • Freiheit und Gesellschaft, GA 31, 251-263. • Ursprünglich erschienen im ‚Magazin für Literatur'.

[...] von einem ‚Übermaß‘ des Individualismus kann überhaupt nicht gesprochen werden, denn niemand kann wissen, was von einer Individualität verlorengeht, wenn man sie in ihrer freien Entfaltung beschränkt. Wer hier Maß halten will, der kann gar nicht wissen, welche schlummernden Kräfte er mit seiner plumpen Maßanlegung aus der Welt austilgt. Praktische Vorschläge zu geben gehört nicht hierher; wohl aber ist hier der Ort zu sagen, daß, wer die Entwicklung der Menschheit zu deuten weiß, nur für eine Gesellschaftsform eintreten kann, die die ungehinderte allseitige Entwicklung der Individuen zum Ziele hat, und der jede Herrschaft des einen über den andern ein Greuel ist. Wie der einzelne mit sich selbst fertig wird, das ist die Frage. Jeder einzelne wird diese Frage lösen, wenn er nicht durch alle möglichen Gemeinschaften daran gehindert wird.

Der junge Steiner vertrat einen radikalen Individualismus und Anarchismus – und wandte sich sowohl gegen Bismarck wie auch gegen Marx, Engels und Liebknecht.[261f]

Heute haben wir das Bismarck'sche Modell, das zusätzlich von einem ungehemmten Kapitalismus dominiert wird. Und wenn nun wiederum die FDP vertritt, dieser *wäre* gerade ganz im Sinne des Individualismus, so muss man entgegnen: Allenfalls im Sinne eines ‚FDP-Individuums‘. Denn in Wirklichkeit bannt er die Menschen gleichsam in der Tierstufe – auf der sie als kapitalistisches Individuum meinen, den Anderen bekämpfen, ausstechen und übertrumpfen zu müssen – und macht den persönlichen Profit sogar noch zum *Ideal*. Nicht dem Individualismus huldigt er, sondern der Pervertierung des Menschenwesens. Individualismus hat mit dem Kapitalismus überhaupt nichts zu tun, sondern wird, wenn ihm einst voller Raum gegeben werden wird, diesen gerade überwinden...

Steiner selbst formulierte in einem Aufsatz Ende 1921:[220]

Das Wirtschaftsleben kann nicht mit abstrakten Ideen durchmoralisiert werden; aber es wird eine moralische Gestalt annehmen, wenn es in Zusammenhang steht mit einem frei aus sich wirkenden Geistesleben und einer dem Menschen-Empfinden entsprechenden politisch-rechtlichen Gestaltung, die sich auf ihrem eigenen Boden relativ selbständig entwickeln.
Auf einfacher, schlichter Lebensbetrachtung ruht die Anschauung von der Dreigliederung des sozialen Organismus. Und viele sehen diese Einfachheit nicht, weil sie von der Kompliziertheit des modernen Lebens betäubt sind und in der Betäubung sich lieber mit Phrasen abfinden, die im Sekundären plätschern, statt zu dem Einfachen vorzudringen, das an das Primäre rührt.

Und an anderer Stelle sagte er über das *erstarrte* intellektuelle Denken, das gerade in politischen Kreisen noch das Einfachste nicht begreifen kann oder will, was sozial heilsam wäre, weil es mit einem lebendigen Denken erfasst wurde:[221]

Kommt man heute mit einem neuen Impuls, dann wird gerade dieser neue Impuls am allerwenigsten verstanden. Denn man kommt mit einem Impuls, der lebendig herausgeholt ist aus der geistigen Welt als Heilmittel gegen die Schäden unserer Zeit. Da quieksen die Leute links, und

---

[220] Was man heute sehen müßte. GA 36, S. 44-47, hier 46f. • Erschienen in: Das Goetheanum, 18.12.1921.
[221] Vortrag vom 12.6.1919, GA 193, S. 86-102, hier 94.

da quieksen die Leute rechts, und alles quiekst zusammen in einem Chor von der äußersten Rechten bis zur äußersten Linken und findet, daß das alles etwas ist, was man nicht versteht. Selbstverständlich versteht man es nicht, wenn man bei den alten Denkformen stehenbleiben will. Aber heute ist eben notwendig, daß wir nicht stehenbleiben bei alten Denkformen, sondern daß man die ganze Seele innerlich umformt und umgestaltet. Alle äußeren Revolutionen – und sie können noch so sehr nach dem Wunsche der einen oder der anderen Partei oder Klasse sein – werden in die schlimmste Sackgasse verlaufen und das schlimmste Elend über die Menschheit bringen, wenn nicht diese äußeren revolutionären Bewegungen von heute durchleuchtet werden durch die innere Revolution der Seele, die sich da abspielt in dem Hinweggehen von dem Versenktsein in die rein materialistische Weltanschauung und die entgegengeht dem Aufnehmen der geistigen Welle, die als eine neue Offenbarung in die Menschheitsentwickelung hereinbrechen will.

Passivität oder Brüderlichkeit ●

Die einzige Frucht der Dreigliederungsbewegung war letztlich die Waldorfschule, die ebenfalls 1919 gegründet wurde.

Steiner setzte seine gesellschaftspolitischen Ausführungen jedoch 1922 noch im sogenannten Nationalökonomischen Kurs fort, einer zweiwöchigen Vortrags- und Seminarreihe im Sommer jenes Jahres.[222] Wir wollen hieraus nur noch ein Zitat hinzuziehen. Im dritten Vortag führt Steiner noch einmal grundsätzlich aus, dass die moderne Arbeitsteilung eigentlich bereits reiner Altruismus ist, ohne dass dies bisher begriffen wurde:[223]

Indem die moderne Arbeitsteilung heraufgekommen ist, ist die Volkswirtschaft in bezug auf das Wirtschaften darauf angewiesen, den Egoismus mit Stumpf und Stiel auszurotten. Bitte, verstehen Sie das nicht ethisch, sondern rein wirtschaftlich! Wirtschaftlich ist der Egoismus unmöglich. Man kann nichts für sich mehr tun, je mehr die Arbeitsteilung vorschreitet, sondern man muß alles für die anderen tun.
Im Grunde genommen ist durch die äußeren Verhältnisse der Altruismus als Forderung schneller auf wirtschaftlichem Gebiet aufgetreten, als er auf religiös-ethischem Gebiet begriffen worden ist. [...]
[...] Und betrachten wir jetzt diese Forderung des Altruismus als volkswirtschaftliche, dann haben wir das, ich möchte sagen, was weiter daraus folgt, unmittelbar: Wir müssen den Weg finden in das moderne Volkswirtschaften, wie kein Mensch für sich selber zu sorgen hat, sondern nur für die anderen, und wie auf diese Weise auch am besten für jeden einzelnen gesorgt ist. Das könnte als ein Idealismus genommen werden; aber ich mache Sie noch einmal darauf aufmerksam: ich spreche in diesem Vortrag weder idealistisch noch ethisch, sondern volkswirtschaftlich. [...]
[...] Studieren Sie einmal die Soziologie der Gegenwart. Sie werden finden, daß die sozialen Kämpfe zum großen Teil darauf zurückzuführen sind, daß beim Erweitern der Wirtschaft in die

---

[222] GA 340, Nationalökonomischer Kurs • GA 341, Nationalökonomisches Seminar.
[223] Vortrag vom 26.7.1922, GA 340, S. 38-50, hier 46f.

Weltwirtschaft die Notwendigkeit immer mehr und mehr aufgetreten ist, altruistisch zu sein, altruistisch die verschiedenen sozialen Bestände einzurichten, während die Menschen in ihrem Denken eigentlich noch gar nicht verstanden hatten, über den Egoismus hinauszukommen, und daher immer hineinpfuschten in egoistischer Weise in dasjenige, was eigentlich als eine Forderung da war.

Und in der Vorrede zu einer späteren Auflage seiner ‚Kernpunkte' beschrieb Steiner noch einmal, wie es vor allem darum gehe, solche Einrichtungen zu schaffen, die dem sozialen Organismus ganz real die Richtung auf das Soziale hin geben können:[14f] 224

Die „soziale Frage" [...] wird für jeden Augenblick der weltgeschichtlichen Entwickelung neu gelöst werden müssen. Denn das Menschenleben ist mit der neuesten Zeit in einen Zustand eingetreten, der aus dem sozial Eingerichteten immer wieder das Antisoziale hervorgehen läßt. Dieses muß stets neu bewältigt werden. [...] Eine Universalarznei zur Ordnung der sozialen Verhältnisse gibt es so wenig wie ein Nahrungsmittel, das für alle Zeiten sättigt. Aber die Menschen können in solche Gemeinschaften eintreten, daß durch ihr lebendiges Zusammenwirken dem Dasein immer wieder die Richtung zum Sozialen gegeben wird.

Und wenn Steiner im nächsten Satz sagt: ‚Eine solche Gemeinschaft ist das sich selbst verwaltende geistige Glied des sozialen Organismus', so ist dies unmittelbar getragen von seiner ‚Philosophie der Freiheit', in der es bereits hieß, dass wirklich freie Geister einander in ihren Intentionen begegnen *müssen*, weil die moralischen Intuitionen aus ein und derselben geistigen Welt entspringen.

Im Wirtschaftsleben sind die Orte der gemeinsamen Verständigung und des im Irdischen notwendigen Interessenausgleichs die bereits erwähnten Assoziationen: ‚Das Wirtschaftsleben strebt darnach, sich aus seinen eigenen Kräften heraus unabhängig von Staatseinrichtungen, aber auch von staatlicher Denkweise zu gestalten. Es wird dies nur können, wenn sich, nach rein wirtschaftlichen Gesichtspunkten, Assoziationen bilden, die aus Kreisen von Konsumenten, von Handeltreibenden und Produzenten sich zusammenschließen. [...] | Innerhalb einer Assoziation kann aus Fachkenntnis und Sachlichkeit eine weitgehende Harmonie der Interessen herrschen.'[16]

Überall wird blinde Atomisierung und die blinde Willkür des ‚Marktgeschehens' ersetzt durch die Vereinigung der *Menschen* und durch *gemeinsam* gebildete soziale Urteile und Handlungen.

Dass dies die Zukunft ist, ist offensichtlich. Die Frage ist nur noch, ob die Menschheit es rechtzeitig be- und ergreifen wird...

*

Rudolf Steiner wird allein schon deshalb abgelehnt, weil er mit der Anthroposophie ‚esoterisch' geworden ist – was ja von der materialistischen Wissenschaft *generell* nicht ernstge-

---

224 ● GA 23, Die Kernpunkte der sozialen Frage in den Lebensnotwendigkeiten der Gegenwart und Zukunft.

nommen wird. Er wird aber auch *deshalb* abgelehnt, weil er zu radikal ist – zu grundlegend. Aus dem gleichen Grunde aber konnte er in der ‚Dreigliederungszeit' 1919 die Herzen so vieler Arbeiter gewinnen. Diese spürten: Dieser Mann meint es ernst. Er redet nicht nur. Er meint, was er sagt – und geht den Dingen bis auf den Grund.

In einem späteren Vortrag blickt Steiner auf seine ‚Kernpunkte...' zurück und sagt:[225]

> Man hatte es früher mit Ständen, mit Klassen zu tun. Man hat es heute und wird es in der Zukunft zu tun haben mit dem Menschen; mit dem Menschen, der aus sich selber heraus eine Welt gebiert. Dazu müssen wir helfen, nicht indem wir die alten Dinge fortpflanzen und fortwursteln, sondern indem wir tatsächlich in das Tiefste des Menschen hinuntersteigen, um das Weiteste der Welt in spiritueller Weise zu finden. [...]
> Sehen Sie, so etwas ist gewollt worden in den „Kernpunkten der sozialen Frage", weil gerade der gegenwärtige Zeitpunkt derjenige ist, wo [...] die Menschen nicht bloß aus ihrem theoretischen Verstande, sondern aus ihrem Herzen, aus ihrem Wollen heraus so etwas verstehen können. Derjenige, der die „Kernpunkte der sozialen Frage" als ein Buch des Verstandes nimmt, versteht es nicht. Allein derjenige versteht es, der es als ein Willensbuch, als ein Herzensbuch nimmt, das gesprochen ist aus dem Leben heraus, aus demjenigen, was heute überall unter der Oberfläche des Daseins als die wichtigsten sozialen Impulse der Gegenwart genommen werden können.

Ein Beispiel für diesen Ernst ist ein Vortrag Steiners vor Arbeitern der Daimler-Werke in Stuttgart-Untertürkheim am 26. April 1919, aus dem wir noch einige längere Passagen im Zusammenhang miterleben wollen, um selbst auch zu spüren, wie feurig Steiner sprechen konnte, als er bereits auf die sechzig zuging. Dies hatte für ihn überhaupt keine Relevanz.[226]

Zunächst gesteht er, dass er seine freien Ideen überhaupt nie hätte entwickeln können, wenn er sich hätte *vereinnahmen* lassen von einem staatlich verwalteten Geistesleben:[86f]

> Sehr verehrte Anwesende! Es soll wahrhaftig, wie schon gesagt, nicht viel Persönliches von mir gebracht werden, aber das, was ich zu Ihnen hier spreche, das spricht zu Ihnen jemand, der seine sechs Lebensjahrzehnte so zugebracht hat, daß er sich möglichst, und später immer mehr und mehr, ganz ferne gehalten hat in seinem geistigen Streben von denjenigen, die in geistigem Streben gestützt werden vom Staate oder vom modernen Wirtschaftsleben. Nur dann konnte man ein wirklich auf sich gebautes Geistesleben, ein gesundes Urteil sich bilden, wenn man sich unabhängig gemacht hat von alledem, was mit dem modernen Staat, mit dem modernen Wirtschaftsleben in geistiger Beziehung zusammenhängt. Denn sehen Sie, Sie [...] können sich mit Stolz einen Proletarier nennen gegenüber dem Beamten, der einer anderen Gesellschaftsordnung angehört. [...] Sie wissen, was der Proletarier gegenüber dem Beamten in der Welt durchzumachen hat. Aber auf dem geistigen Gebiete, da gibt es im Grunde genommen keine richtigen Proletarier; da gibt es nur diejenigen, die Ihnen offen gestehen: Hätte ich mich jemals gebeugt unter das Joch eines Staates, einer Kapitalistengruppe, ich könnte heute nicht vor

---

[225] Vortrag vom 28.8.1922, GA 305, S. 202-222, hier 222.
[226] ● Was und wie soll sozialisiert werden? Vortrag vom 26.4.1919, GA 330, S. 75-107.

Ihnen stehen und Ihnen dasjenige sagen, was ich Ihnen sage über die modernen sozialen Ideen, denn in meinen Kopf wäre dann das nicht hereingegangen. – Das können nur eben diejenigen sagen, die sich [...] ihr Geistesleben selbst aufgebaut haben. Die anderen aber, sie sind nicht Proletarier, sie sind Kulis. Das ist es, daß heute der Begriff des Geisteskuli, der im Geiste abhängig ist von dem gegenwärtigen Staat und der gegenwärtigen Wirtschaftsordnung, daß der im Geistigen die Leitung und damit auch im Grunde genommen wirtschaftlich und staatlich die Leitung in der Hand hat. Das ist es, was sich aus der kapitalistischen bürgerlichen Wirtschaftsordnung im Lauf der letzten Jahrhunderte herausgebildet hat, was den Staat dazu gebracht hat, ein Diener zu sein der bürgerlichen Wirtschaftsordnung, was das Geistesleben wiederum dazu gebracht hat, dem Staate sich zu unterwerfen.

Und ein *reales* Geistesleben, nach dem sich eben auch der Proletarier sehnt, kann nur entstehen, wenn dieses Geistesleben ganz auf sich gestellt wird, befreit wird vom Staat – und erst dann wird es auch wahrhaft fruchtbar:[88f]

Das ganze Geistesleben, vom niedersten Schulwesen bis hinauf zum höchsten Schulwesen [Universitäten etc., H.N.], muß auf sich selbst gestellt sein, denn der Geist gedeiht nur, wenn er jeden Tag aufs neue seine Wirklichkeit und Kraft zu beweisen hat. Der Geist gedeiht nimmermehr, wenn er abhängig ist vom Staate, wenn er der Kuli des Staates, des Wirtschaftslebens ist. Was auf diesem Gebiete geworden ist, das hat die Menschenköpfe gelähmt. Ach, wenn wir heute hinschauen auf die herrschenden Klassen [...], hinschauen nach denen, die heute die Fabriken leiten, nach denen, die die Werkstätten leiten, die die Schulen, die Universitäten leiten, die Staaten leiten – ach, es jammert einen in der Seele –, es fällt ihnen ja nichts ein, es geht in ihre Köpfe der ganze Ernst der Lage nicht hinein. Warum denn nicht? Ja, woran sind denn die Menschen allmählich gewöhnt worden gegenüber dem Wirtschaftsleben, dem Rechts- oder Staatsleben, und gegenüber dem Geistesleben? Der Staat übernimmt gewissermaßen, wenn der Mensch nur über die ersten Erziehungsjahre hinaus ist – die der Staat noch nicht übernommen hat, weil ihm die ersten Erziehungsjahre des Menschen zu unreinlich verlaufen[227] –, mit seiner Schule den Menschen.

Die daraus entstehende *Passivität* beschreibt Steiner weiter:[89f]

Der Staat übernahm den Menschen, dressierte ihn für seinen Gebrauch, da wurde alle Aktivität, alles Aufsichgestelltsein den Menschen ausgetrieben. Der Mensch hatte schließlich gegenüber dem Wirtschaftsleben, gegenüber dem Geistesleben aus dem Rechtsleben des Staates heraus nur ein Ideal: Wirtschaften. Der Staat hatte ihn übernommen, er hat ihn für sich ausgebildet. Nun beginnt, wenn der Mensch gut dressiert ist, das staatliche Wirtschaftsleben für ihn. Da war er versorgt; dann war er brav, auch wenn er nicht mehr arbeiten wollte, bis zu seinem Tode versorgt in Form einer Pension, das heißt durch die Arbeit derjenigen, die keine Pension hatten. [...] Alles war für ihn in Ordnung, er brauchte nicht mehr selber zu denken oder einzugreifen so in die soziale Ordnung, daß daraus etwas Gedeihliches entstehen konnte; er brauchte sich nicht aktiv zu beteiligen. Daher ist es so geworden, daß man nach und nach nicht mehr in der Lage war, nachzudenken über das, was geschehen soll, nachzudenken über das, was als eine Art von Neuentwickelung in die Welt treten soll.

---

[227] Auch der Humor war Steiner nicht fremd!

Daher braucht es das wahrhaft freie Geistesleben, denn nur aus diesem heraus kommen fortwährend neue Ideen, neue Impulse, neue Intuitionen, neue Initiative.

Das zweite ist das Rechtsleben, das ebenso noch nicht wirklich da ist, weil es eingreifen müsste bis ins Wirtschaftsleben, wie eben gerade der Proletarier lebendig empfindet:[91]

> Aber durch die wirtschaftliche Entwickelung der neueren Zeit in ihrer Verknüpfung mit der staatlichen Entwickelung hat das Bürgertum hineingeschoben in das Wirtschaftsleben etwas, wovon heute der Proletarier in der allerberechtigtsten Weise fordert: es darf das nicht weiter in dem Wirtschaftsleben drinnen sein, und das ist die menschliche Arbeitskraft. [...] Hier fühlt der Proletarier: So lange meine Arbeitskraft gekauft und verkauft werden muß auf dem Arbeitsmarkt, wie nach Angebot und Nachfrage Ware auf dem Warenmarkt, so lange kann ich mir die Frage: Führe ich ein menschenwürdiges Dasein? nicht mit Ja beantworten.

Und schließlich führt er auch gegenüber den Arbeitern aus, dass die richtige Sozialisierung des Kapitals die Übergabe an die jeweils Fähigen ist, die damit im besten Sinne sozial initiativ werden:[98]

> Dahin muß es aber kommen, daß die Mittel und Wege gefunden werden, zu dieser großen, umfassenden Sozialisierung des Kapitals, das heißt der Kapitalsrente und der Produktionsmittel, daß jeder zu Kapital und Produktionsmittel kommen kann, der die Fähigkeiten dazu hat, daß er aber nur so lange die Verwaltung und Leitung von Kapital und Produktionsmitteln haben kann, als er diese Fähigkeiten ausüben kann oder ausüben will. Dann gehen sie über, wenn er sie selber nicht mehr ausüben will, auf gewissen Wegen in die Gesamtheit. Sie beginnen zu zirkulieren in der Gesamtheit. | Das wird ein gesunder Weg sein zur Sozialisierung des Kapitals, wenn wir dasjenige, was sich heute als Kapitalien im Erbschaftsrecht, im Entstehen von Renten, von Müßiggängerrecht, von anderen überflüssigen Rechten, was so sich aufhäuft in Kapitalien, in Fluß bringen im sozialen Organismus. Darauf kommt es an. Wir brauchen gar nicht einmal zu sagen: Privateigentum muß Gesellschaftseigentum werden. Der Eigentumsbegriff wird überhaupt keinen Sinn haben. [...] Das, was Kapital ist, muß von den Fähigen zu den Fähigen gehen.

Die soziale Dreigliederung ist die wahrhaft praktische Sozialisierung:[100]

> Sonst wird immer nur in der Sozialisierung gepfuscht werden, wenn man nicht die allererste Frage diese sein läßt: Was hat der Staat zu tun? Er hat zuerst freizugeben das Geistesleben nach der einen Seite, dann das Wirtschaftsleben nach der andern Seite; er hat auf dem Boden des Rechtslebens stehenzubleiben. Das ist nichts Unpraktisches, sondern das ist eine Sozialisierung, die jeden Tag durchgeführt werden kann.
> Was gehört dazu? Mut, Courage, nichts anderes![228]

---

[228] Dies betonte Steiner immer wieder, etwa: ‚Und Sie werden es in der richtigen Weise auffassen, wenn Sie finden, daß jeder Satz in diesem Buch dazu angetan ist, Tat werden zu können, umgesetzt werden zu können in unmittelbare Wirklichkeit. Und die meisten, die sagen, sie würden das nicht verstehen oder es seien Utopien und dergleichen, denen fehlt einfach der Mut, die Courage, heute so stark zu denken, daß die Gedanken in die Wirklichkeit eingreifen können.' Studienabend vom 30.7.1919, GA 337a, S. 128.

Aber dieser politische Mut[229] fehlt eben bei den führenden Leuten. Nach wie vor wird der *Einheitsstaat* vergöttert – und wird die Verwirklichung der Ideale der Französischen Revolution verschlafen und verdrängt, weil die *Dreigliederung* des sozialen Organismus nicht ergriffen wird:[101f]

Als die Morgenröte der neueren Zeit anging, da waren diejenigen Menschen, welche am meisten ein Herz hatten für den Fortschritt der [...] Menschheit, durchdrungen von drei großen Idealen: Freiheit, Gleichheit, Brüderlichkeit. Diese drei großen Ideale, es hat damit eine sonderbare Bewandtnis. Auf der einen Seite fühlt jeder gesunde und innerlich mutige Mensch: Das sind die drei großen Impulse, welche die neuere Menschheit nun endlich führen müssen. Aber ganz gescheite Leute haben im neunzehnten Jahrhundert immer wieder nachgewiesen, welcher Widerspruch doch eigentlich herrsche zwischen diesen drei Ideen: Freiheit, Gleichheit, Brüderlichkeit. Ja, es herrscht ein Widerspruch, sie haben recht. Darum sind sie aber doch die größten Ideale, trotzdem sie sich widersprechen. Sie sind eben aufgestellt in einer Zeit, in der der Blick der Menschheit noch wie hypnotisiert hingerichtet war auf den Einheitsstaat, der bis in unsere Zeit noch wie ein Götze verehrt worden ist. [...] | Erkennt man in richtiger Weise, daß der gesunde soziale Organismus ein dreigegliederter sein muß, dann wird man sehen: Auf dem Gebiet des Geisteslebens muß herrschen die Freiheit, weil gepflegt werden müssen Fähigkeiten, Talent, Begabung des Menschen in freier Weise. Auf dem Gebiet des Staates muß herrschen absolute Gleichheit, demokratische Gleichheit, denn im Staate lebt dasjenige, worin alle Menschen einander gleich sind. Im Wirtschaftsleben [...] muß herrschen Brüderlichkeit, Brüderlichkeit in großem Stile. Sie wird sich ergeben aus Assoziationen, aus Genossenschaften, die aus den Berufsgenossenschaften und aus jenen Gemeinschaften hervorgehen werden, die gebildet sind aus gesunder Konsumtion, zusammen mit gesunder Produktion. Da wird herrschen können im dreigeteilten Organismus Gleichheit, Freiheit, Brüderlichkeit.

Nach dem Vortrag schloss sich eine Diskussion an, und zuletzt ergriff Steiner noch einmal das Wort für ein Schlusswort – und erwähnt, ein Zuhörer habe seine Ausführungen als ‚agitatorisch' empfunden. Er führt dazu aus:[104]

Zunächst möchte ich aber eine Antwort geben auf die direkte Frage, die zum Schluß an mich gestellt worden ist: warum ich soviel Agitatorisches in meinem Vortrage verwendet hätte. Nun, ich will mit dem verehrten Fragesteller wahrhaftig nicht [...] mich einlassen in eine Diskussion, inwiefern ich, weil man von mir sagt, ich sei ein Philosoph, nur berechtigt sei, Unverständliches, Unagitatorisches, also Redensarten zu sagen. Darauf kommt es mir nicht an. Aber ich war einigermaßen überrascht, recht sehr überrascht darüber, daß auf dasjenige, was ich gesagt habe, das Wort agitatorisch überhaupt angewendet worden ist. Denn ich bin mir wahrhaftig nicht bewußt, ein einziges anderes Wort gesprochen zu haben, als was aus meiner Wahrheitsüberzeu-

---

[229] Dabei ist immer wieder zu betonen, dass es der Mut wäre, die alten *Gedankenschablonen*, die längst nicht mehr wirklichkeitsgemäß sind, radikal loszulassen, und im Denken und Fühlen zu echten Wirklichkeiten zu kommen – auch zu dem realen anderen Menschen und nicht nur zu lauter Abstraktheiten. Das wäre der Mut, der gerade Politikern fast immer völlig fehlt. • ‚Nur einem Umdenken, nur einem Umwandeln der menschlichen Gedanken und Empfindungen bis ins tiefste Innere hinein werden wir eine Besserung verdanken und nichts anderem.' Studienabend vom 9.6.1920, GA 337a, S. 194.

gung, aus meiner Anschauung der gegenwärtigen Verhältnisse hervorgeht. Was ist agitatorisch? [...] Das, was dem einen recht unangenehm ist, das nennt er oftmals demagogisch.

Das ist der Punkt! Manchen Menschen mag die *Entschiedenheit*, ja Schärfe in Steiners Ausführungen irritieren. Was aber solche Menschen regelmäßig nicht irritiert, sind die realen sozialen Verhältnisse, denn sie nehmen deren soziale Krebsgeschwüre gar nicht wahr. Warum nicht? Weil sie, nachdem sie das staatliche Bildungswesen durchlaufen haben, überhaupt keinen *Sinn* mehr für die Wirklichkeit haben,[230] unter der etwa Millionen Proletarier leiden, aber auch der soziale Organismus als ganzes. Sie nehmen nichts von dem wahr, was Steiner als soziale Ungerechtigkeiten, geistige Lähmungen etc. beschreibt – *aber* wundern sich über das ‚Agitatorische' seiner Ausführungen!

Steiner schließt dann mit den Worten, dass die Zeit für die notwendige Heilung des sozialen Organismus wirklich drängt:[107]

> Denn, meine sehr verehrten Anwesenden, wir gehen einer Zeit entgegen, die furchtbar werden wird, wenn wir uns auf die Langsamkeit einstellen wollen. [...] Wer es aber heute ernst meint, der weiß, wie schnell wird gehen müssen das Umdenken und Umlernen, wenn wir nicht zurückbleiben und in Elend und Vernichtung hineinkommen wollen.

Heute wissen wir, dass die Politik des Einheitsstaats nur wenige Jahre später so abgewirtschaftet hatte, dass der Aufstieg der Faschisten beginnen konnte...

Und einhundert Jahre später? Mitteleuropa lebt in einem kaum noch vorstellbaren Wohlstand, die sozialen Sicherungssysteme scheinen zu funktionieren, niemand wird mehr übermäßig ausgebeutet – Steiner ist doch eigentlich völlig überholt...?

Wer so redet, ist ebenso blind wie jene, die Rudolf Steiner schon damals nicht hören wollten. Die heutigen Proletarier – das sind all jene Menschen in prekären Beschäftigungsverhältnissen, schlecht entlohnten Teilzeitjobs; Menschen mit soziopathischen Chefs; alleinerziehende Mütter, die von Hartz IV leben müssen, das jetzt ‚Bürgergeld' heißt; Menschen, die schikaniert

---

[230] Dieses Unvermögen, *reale Wirklichkeiten* zu empfinden, beschrieb Steiner einmal so: ‚Wie denken denn auf einem gewissen Gebiete heute die Leute? Sie bekommen einen Kristall in die Hand: das ist ein wirklicher Gegenstand. Sie bekommen eine Rose in die Hand, die vom Rosenstock abgepflückt ist, und sie sagen auch, das ist ein wirklicher Gegenstand. Beides nennen sie in gleichem Sinne einen wirklichen Gegenstand. Aber sind beide Gegenstände in gleichem Sinne wirklich? [...] Die Rose wird nach verhältnismäßig kurzer Zeit, wenn sie vom Rosenstock abgepflückt ist, ihre Form verlieren, sie stirbt ab. Sie hat nicht in sich denselben Grad von Wirklichkeit, den der Kristall in sich hat. Und selbst der Rosenstock, wenn wir ihn aus der Erde herausreißen, hat nicht mehr denselben Grad von Wirklichkeit, den er hat, wenn er in der Erde drinnen ist. [...] | [...] Einen äußeren Schein von Wirklichkeit kann auch etwas haben, was keine Wirklichkeit ist, was für sich eine Lüge ist. So etwas, was für sich keine Wirklichkeit hat, können wir aber im sozialen Leben wie eine Wirklichkeit realisieren. Dann braucht es nicht gleich abzusterben, aber es wird allmählich zum Schmerz und zur Qual der Menschheit, während nur dasjenige zum Heile der Menschheit ausschlagen kann, was aus einer ganzen Wirklichkeit heraus empfunden, gedacht und dem menschlichen sozialen Organismus eingepflanzt ist.' Vortrag vom 9.3.1919, GA 193, S. 66-85, hier 69f.

werden, weil sie ohne eigene Schuld arbeitslos geworden sind; Menschen, die als Pflegekräfte ihre eigene Kraft schlecht bezahlt innerhalb weniger Jahre verschleißen; Millionen Menschen, die unter steigendem Arbeitsdruck und immer sinnentleerterer Arbeit irgendwann psychisch zusammenbrechen – und wir sollten heute *keine* soziale Frage haben?

Keine soziale Frage, während fünfzigtausend Menschen in diesem Land obdachlos sind und mehr als zehnmal so viele wohnungslos, also ohne eigene Wohnung? Während die übrigen Menschen für die Wohnungsmiete im Durchschnitt inzwischen rund 30 Prozent ihres Haushaltseinkommens aufwenden müssen – und in den Großstädten im Durschnitt sogar deutlich über 40 Prozent?[231] Während die Explosion der Mieten ungehindert voranschreitet, die Bahn ihren maroden Zustand kaum noch verbergen kann, Deutschland bekanntlich den fast größten Niedriglohnsektor Europas hat[232] und anderes mehr? Keine soziale Frage?

Während inzwischen jeder fünfte Bundesbürger die Gefahr, an einem Burnout zu erkranken, als ‚hoch' einstuft – und 30 Prozent in ihrem Leben bereits einen Burnout hatten, 13 Prozent sogar in den vergangenen zwölf Monaten?[233]

Wie lange will man blind so weitermachen, während die Katastrophen auf so vielen Gebieten schleichend immer weiter anwachsen?

Die staatliche Sphäre, die die *Menschenwürde* zu sichern hätte, kommt ihrer eigentlichen Aufgabe nicht wirklich nach – aber mischt sich auf andere Weise in das Wirtschaftsleben und in das Geistesleben ein, die überhaupt nicht Gegenstand demokratischer Beschlüsse sein können! Während der Staat auf hunderten von Seiten verordnet, was Kinder zu lernen haben, also meint, dies besser zu wissen als die tätigen Pädagogen, vegetieren Bürger dieses Staates auf den Straßen dahin und können Millionen Menschen von ihrem Gehalt – wenn sie denn Arbeit haben, für die sie ihre Arbeitskraft verkaufen müssen – nicht leben, einschließlich der Kinder, die aber in der Schule lernen müssen, was der *Staat* vorgegeben hat!

Die Lehrpläne zu Multiplikation und Subtraktion sind also geregelt, aber die alleinerziehende Mutter kann rechnen, soviel sie will – es reicht am Monatsende dennoch nicht... Weil der Staat in seiner eigentlichen Aufgabe versagt hat!

> Zwei Gebiete können niemals im Menschenleben demokratisch entschieden werden: das eine Gebiet ist dasjenige des Geisteslebens und das andere Gebiet ist dasjenige des Wirtschaftslebens. Gerade, wer es ehrlich meint mit der Demokratie, der muß sich klar darüber sein: Wenn volle Demokratie werden soll, dann muß aus dem Gebiete des bloß demokratischen Staates

---

[231] Siehe zum Beispiel: Ursachen von Obdachlosigkeit. Deutschlandfunk.de, 23.10.2024. • Haushalte wendeten 2022 durchschnittlich 27,8 % ihres Einkommens für die Miete auf. www.destatis.de, 2023.

[232] Mit 21 Prozent aller Beschäftigten in Deutschland 2018 lag diese Quote nur in Bulgarien, Polen und den baltischen Staaten noch geringfügig höher. Niedriglohnquote in der Europäischen Union. www.destatis.de. • Auch 2022 lag diese Quote mit 19 Prozent weiter auf fast demselben Niveau. Niedriglohnquote. Ebd.

[233] Viele Beschäftigte fürchten ein Burnout. www.aerzteblatt.de, 13.2.2024.

ausgesondert werden auf der einen Seite das Geistesleben, auf der anderen Seite das Wirtschaftsleben.[234]

Weil der Staat aber sich so übergriffig in diese beiden völlig anderen Gebiete erstreckt, ist das Gebiet seiner eigentlichen Aufgabe so verkümmert – es wird überhaupt nicht wirklich gesehen, als das urmenschliche Gebiet: ‚[...] wie das Staatsleben heute [...] auf der einen Seite aufgesogen hat das Geistesleben, das nicht hineingehört, wie es auf der anderen Seite aufsaugt immer mehr und mehr das Wirtschaftsleben, da verkümmert das eigentliche Staatsleben. Da ist das eigentliche Staatsleben, nämlich dasjenige, was sich abspielen soll zwischen Mensch und Mensch, zwischen allen mündig gewordenen Menschen, gar nicht mehr da.'[235]

Ein sich selbst verwaltendes Wirtschaftsleben, in dem sich die Produzenten und Konsumenten selbst durch verschiedenste Assoziationen verbinden, würde auch Schluss machen mit den *Banken*, insofern hier überhaupt nichts Lebensförderndes mehr vorliegt, weil keinerlei Initiative gefördert, sondern Profit gemacht wird, nichts weiter.[236]

In einem Vortrag, in dem Steiner den Freigeld-Ansatz von Silvio Gesell als viel zu isoliertes Konzept und damit als abstrakt bezeichnet, geht er unmittelbar darauf auf das Bankenwesen ein – und bezeichnete Finanz- und Geldgeschäfte lange vor den *immensen* Problemen solchen Gebarens in unserer Zeit als ungeheuerlichen Schaden für den sozialen Organismus:[237]

> Und dasselbe, was für das einzelne Seelenleben die wesenlose Abstraktion ist, die sich hinauf in ein Wolkenkuckucksheim flüchtet, das ist für das wirtschaftliche Leben das bloß im Geld sich auslebende Bankwesen. | [...] Wie unsere Gedanken nicht dazu dienen sollen, uns in abstrakte Höhen zu erheben und uns wohl dabei zu fühlen, sondern dazu, daß wir die konkreten Tatsachen des Lebens in Bewegung bringen, so handelt es sich darum, daß wir das Geld hineinstellen ins wirkliche Wirtschaftsleben. Wir wollen Wirtschaftszweige betreiben und nicht uns hineinsetzen in eine Bank und nur Geldgeschäfte machen, denn Geldgeschäfte an sich sind der größte Schaden unseres Wirtschaftslebens seit dem 19. Jahrhundert und dem Beginn des 20. Jahrhunderts.

Ebensowenig wie staatliche Studienräte im wirklichen pädagogischen Leben darinnenstehen, stehen Banker in irgendeiner Weise im wirklichen, produktiven Wirtschaftsleben darinnen. Dass sie Einfluss auf das Bildungswesen bzw. das Wirtschaftsleben haben, ist eine schwerwiegende *Krankheitsursache* des sozialen Organismus.

All diese Erscheinungen sind nur möglich, weil man an *Altem* festhält und das wahrhaft Wirklichkeitsgemäße nicht ergreift, nicht einmal *denken* kann. Dieses Wahrhaftige und dadurch

---

[234] Vortrag vom 18.4.1920, GA 334, S. 179.
[235] Vortrag vom 13.2.1921, GA 338, S. 68.
[236] Eine Ausnahme stellte gerade die 1974 aus anthroposophischen Zusammenhängen heraus gegründete GLS Bank dar.
[237] Studienabend vom 9.6.1920, GA 337a, S. 191.

Wirklichkeitsgemäße findet sich nur bei Steiner – deswegen sind seine Gedanken so ‚radikal'. Sie sind es, weil sich die äußere Wirklichkeit außerordentlich von dem entfernt hat, was wahrhaft sozial und von Leben erfüllt wäre. Dies muss man aber *spüren*.

In einem Vortrag für jene Menschen, die für die Dreigliederung wirken wollten,[238] sagte Steiner gleich zu Beginn:[18] [239]

> Sie werden mit dem, was Sie wirken wollen, nur durchkommen, wenn Sie in Ihrer Seele aus zwei Grundkräften heraus wirken, und da es sich heute um einen außerordentlichen Ernst handelt, der unsere Sache durchdringen muß, der unser Wirken beseelen muß, so sollen wir uns zunächst durchaus bewußt werden, ganz bewußt werden, daß wir nicht weiterkommen, ohne diese zwei Grundkräfte unserer Seele auszubilden: erstens aus einer wirklichen Liebe zur Sache heraus, zweitens aus einer einsichtsvollen Menschenliebe heraus zu sprechen.

In diesem Vortrag weist er auch darauf hin, dass der Widerstand gegen solche wirklichkeitsgemäßen Gedanken gerade von denen kommt, die am Alten deshalb festhalten, weil sie davon *profitieren* – und in Wirklichkeit kaum etwas zum wahren Wohl des Ganzen beitragen; profitieren, obwohl sie sozial *unfruchtbar* und so letztlich sogar schädlich sind:[23f]

> Sie spüren: wenn der Impuls für die Dreigliederung [...] in der Welt Wurzeln fassen würde, dann würde das eine Auslese der Tüchtigen bringen, und es würden herabgestoßen von ihrem Piedestal die Untüchtigen.[240] [...] Das ist es, was die Menschen in den unterbewußten Untergründen fühlen. Das können sie natürlich nicht sagen, daher kommen sie zu demjenigen, was sie eben sagen. [...] Und alles das beruht zum Schluß doch darauf, daß in der Gegenwart ein Sinn für geistige Produktivität eigentlich nicht vorhanden ist. Die Leute haben sich zu sehr daran gewöhnt, das Geistige vom Unpersönlichen oder von solchem Persönlichen, das selbst kein Geistiges ist, tragen zu lassen: vom Staate oder von staatlichen Persönlichkeiten, die nicht in erster Linie den lebendigen Geist als solchen im Auge haben.

Auch in diesem Vortrag fasst Steiner wieder in Worte, was erst dieser lebendige Geist wäre – der auch erst fruchtbar wäre. Der bloße *Intellekt* muss dafür gründlich überwunden werden, der Mensch muss sich in seinem Innersten ergreifen:[24f]

> [...] daß für das produktive Element des Geistes, das ja doch eigentlich die Zivilisation tragen muß, daß für das lebendige Hereinwirken des Geistes in die Menschenseelen ein Sinn in der Gegenwart kaum vorhanden ist. | Die Menschen sind allmählich erzogen worden zu einer lendenlahmen Intellektualität, zu einem bloßen Denken, ohne daß dieses Denken durchdrungen

---

[238] GA 338, Wie wirkt man für den Impuls der Dreigliederung des sozialen Organismus?
[239] ● Vortrag vom 12.2.1921, GA 338, S. 17-35.
[240] Etwa die, die nur vom pädagogischen Bereich *zehren*, ohne irgendwie gute Lehrer zu sein; die von irgendeinem Kapital zehren oder dieses sogar ‚für sich arbeiten' lassen, aber in ganz untüchtig-egoistischer Weise, nicht irgendwie sozial initiativ und produktiv – und es ließen sich viele weitere Varianten aufzählen, wo Menschen trotz Unfähigkeit, Vetternwirtschaft, Familienerbschaft etc. etc. in einflussreichen Positionen sind, die sie mit sozialer Unfruchtbarkeit und Untüchtigkeit ausfüllen und so nur Schaden bringen.

wird von Willensinitiative. Die Menschen gehen auf in einem bloß betrachtenden Denken. [...] Sie werden es erleben können immer wieder und wiederum, daß die Leute, die zuhören, vielleicht sogar von dem einen oder anderen, indem sie es hören, befriedigt sind; die Worte rauschen an das Ohr heran, kommen in die Seelen; die Leute haben eine gewisse Wollust über die Gedanken; sie fühlen sich darin befriedigt; sie möchten am liebsten gerade dasjenige hören, was sie in dieser Weise eben mit einer gewissen inneren Wollust ausfüllt. Aber sie sind eigentlich innerlich immer etwas erbost, wenn man ihnen zumutet, daß die Worte nicht Worte bleiben sollen, sondern daß sich der ganze Mensch erfüllen soll mit ihnen und tatkräftig von dem Gesichtspunkte aus, den die Worte eröffnen, nun ins Leben eingreifen muß, wenn die Worte irgendwie eine Folge haben sollen.

Nichts ist so wesentlich, wie *hierfür* ein Bewusstsein zu wecken: ‚Für die Produktivität des geistigen Lebens haben die Leute gar keinen Sinn. Von dieser Produktivität des geistigen Lebens, von dem schaffenden Geist, von der Kraft des Geistes müssen wir vor allen Dingen den Menschen der Gegenwart einen Begriff geben. Das ist dasjenige, was in allererster Linie notwendig ist [...] bezüglich dessen wir uns keinen Illusionen hingeben dürfen [...].'[27]

Der reale Geist ist immer *Tat*, auch im Denken, auch im Sprechen: ‚Und das ist es, wozu wir kommen müssen: daß wir aufhören, irgend etwas, was wir vertreten, nur theoretisch zu vertreten, – daß jedes Wort eine innere Tat ist.'[34]

Und das *soziale Urteil* ist schwieriger als jedes andere. Sollen zum Wohle des sozialen Organismus richtige Urteile gefunden werden, geht dies niemals aus irgendeiner Abstraktion heraus, sondern immer nur im realen Zusammenwirken. Das gerade ist ja das Furchtbare, dass Politiker meinen, über so etwas wie ‚Hartz IV' diskutieren zu können, ohne jemals mit einem einzigen Menschen in *Austausch* und Begegnung getreten zu sein, der von wenigen hundert Euro im Monat leben muss. Das Denken muss unendlich *regsam* werden – und es muss den *Mitmenschen* einbeziehen, erst dann sind soziale Urteile und heilsame soziale Impulse und Einrichtungen möglich. Steiner formuliert im zweiten Vortrag des erwähnten Kurses:[36-38] 241

> Bei Dingen, die der labilen Wirklichkeit angehören, an der Menschen beteiligt sind, muß man von der Erfahrung, von einer irgendwie gearteten Erfahrung ausgehen, nicht von der Verstandeslogik, weil sich immer von diesem oder jenem Standpunkt aus tatsächlich für eine Sache gleich viel dafür und dawider sagen läßt. Nur vom Standpunkt der Erfahrung aus lassen sich diese Dinge beurteilen. [...] | [...] Und man muß den Leuten begreiflich machen, daß eigentlich alles, was es in der Gegenwart an Wissenschaft und Bildung gibt, zu einem solchen Urteil keine Grundlage schafft, ausgenommen allein dasjenige, was die anthroposophisch orientierte Geisteswissenschaft ist. [...] Und man erzieht sich an ihr zu einem Urteil aus Erfahrung heraus, während das Pochen auf Erfahrung bei unseren gegenwärtigen Wissenschaftlern ja nur eine Illusion ist. Sie reden zwar sehr viel von Erfahrung, urteilen aber im Grunde genommen aus der bloßen abstrakten Intellektualität heraus. [...]
> [...] Denn wenn nicht ein Mensch in Betracht kommt für das Zustandekommen des Urteils, sondern Gruppen von Menschen [...], so ist niemals möglich, aus der Vernunft heraus zu urteilen.

---

241 ● Vortrag vom 12.2.1921, GA 338, S. 17-35.

Denn was als Urteil auftritt, entsteht nicht immer durch den Zusammenfluß desjenigen, was die verschiedenen Menschen denken, sondern auch desjenigen, was sie fühlen und wollen. Da kann sich nie ein eindeutiges Urteil ergeben, gar nie.

Es gibt vom Standpunkte der Vernunft aus kein eindeutiges soziales Urteil. Sozial urteilen kann man nur vom Standpunkt der Bildlichkeit aus. [...] Nur die Urteile, die eine solche bildsame Gestalt haben, die können auf das soziale Leben irgendwie anwendbar sein. [...]

Außerdem aber ist es notwendig, heute die Leute daran zu gewöhnen, einen gewissen großen Horizont zu haben. Wir stehen eigentlich heute einer Welt gegenüber, wo jeder von dem denkbar kleinsten Horizont aus seine Urteile fällt, und zwar so fällt, daß er glaubt, die Dinge seien unbedingt, seien unfehlbar richtig. Er übersieht nichts anderes als das Allernächste; aber er urteilt über alles. Das ist so das Charakteristikum unserer Zeit. [...] Unterlagen zu schaffen für ein eigenes, selbständiges Urteil, das war gerade das Bestreben, dem ich gefolgt bin seit dem April 1919. Das ist auch etwas, was man durchaus in weitesten Kreisen klarmachen sollte, daß es sich bei uns nicht handelt um fertige, dogmatische Urteile, sondern daß es sich handelt um Wegleitungen, die den Einzelnen dann befähigen, selbständige Urteile zu bilden. Und [...] erst aus solchen Urteilen fließt dann etwas zusammen, was wir in Wirklichkeit brauchen können.

In allem aber handelt es sich um *Realitäten*, reale Gedanken, realen Geist, der jederzeit in die Wirklichkeit eingreifen kann, wenn man sich mit ihm erfüllt. Deswegen ist etwa auch die Anschauung, es handle sich um eine ‚Utopie', die, wenn überhaupt, Jahrzehnte oder Jahrhunderte bräuchte, um vielleicht einmal verwirklicht zu werden, der größte Unsinn – eigener Zweifel an der Fruchtbarkeit des Geistes:[242]

Wir müssen den Leuten auch die Phrasen nehmen, die etwa in der folgenden Weise immer wieder ausgesprochen werden: Ja, das mag ja alles sehr schön sein mit der Dreigliederung, aber um so etwas einzuführen, dazu bedarf man nicht nur Jahrzehnte, sondern vielleicht Jahrhunderte. [...] Es gibt aber keinen unsinnigeren Einwand als diesen. Denn was in der Menschheit entstehen soll, namentlich an sozialen Einrichtungen, das hängt ja davon ab, was die Menschen wollen und welche Kraft und welchen Mut sie in ihr Wollen hineinlegen.

Echter, lebendiger Geist ist von *Wahrhaftigkeit* untrennbar – deswegen sprach Rudolf Steiner auch von ihr immer wieder:[243]

Statt dessen bringen sie alles mögliche vor, was ja doch nicht der Wirklichkeit entspricht, sondern was nur etwas Dekoratives ist, was die Wirklichkeit überdecken soll. Wir aber dürfen in diesen Punkten in keiner Beziehung nachsichtig sein, sondern wir müssen in diesen Punkten Unwahrhaftigkeit und Verlogenheit überall in den Schlupfwinkeln aufsuchen und rücksichtslos vor der Mitwelt charakterisieren. | Und wir dürfen auch nicht versäumen, immer wiederum hinzuweisen auf die Schlampigkeit im Denken mancher Menschen, die sich einfach dadurch äußert, daß sie gewisse Behauptungen doch nicht mit aller moralischen Tiefe nehmen wollen.

*

---

[242] Vortrag vom 15.2.1921, GA 338, S. 129-146, hier 141.
[243] Ebd., S. 145.

Rudolf Steiner ,agitierte' für die *Heilung* des sozialen Organismus. Er agitierte für das Erwachen des Menschlichen auf allen Ebenen. Freies Geistesleben, wahrhafte Gleichheit im Rechtsleben und eine durchgreifend verwirklichte Menschenwürde überall, *Brüderlichkeit* im Wirtschaftsleben – indem wirtschaftliche Assoziationen überall einen wahrhaften Ausgleich in Bezug auf die menschlichen Bedürfnisse jedes Einzelnen hervorbringen würden.

Aber all diese großen Schritte sind nur möglich, wenn *Vertrauen* besteht – Vertrauen in die Kraft des Geistes, Vertrauen in die Möglichkeit, das Umfassende zu erreichen, Vertrauen in die Wahrheit dieser Gedanken, Vertrauen in den Mitmenschen. In einem Schlusswort zu einem weiteren Vortrag vom Mai 1919 betont Rudolf Steiner gerade diesen Aspekt:[244]

Die Fäden der Zukunft können nur die des Vertrauens sein. Würde Mißtrauen morgen und übermorgen noch Platz greifen können, so müßten wir eben auf das, was auf morgen und übermorgen folgt, warten, denn wenn Gutes kommen soll, kann es nur aus dem Vertrauen heraus kommen. Das Vertrauen, das ich meine und an dem wir arbeiten müssen, dieses Vertrauen wird aus den Seelen hervorgehen müssen. Dieses Vertrauen muß eben erzeugt werden, es ist sogar heute wichtiger als alles andere. [...]
Das ist gerade das, was heute in dieser sozial aufgewühlten Zeit so furchtbar fehlt, der Wille, aufzubauen auf Vertrauen. Oh, dieses Vertrauen, es wird vorhanden sein, je mehr und mehr Prüfungen über die Menschen kommen, und ich würde verzweifeln müssen an der Menschheit, wenigstens an dem Neuaufbau gesunder Verhältnisse, wenn ich nicht mehr glauben könnte, daß ein Mensch den Weg zum anderen Menschen durch Vertrauen wird finden können. Denn, meine sehr verehrten Anwesenden, sozialisieren Sie soviel Sie wollen, reden Sie von Sozialisierung soviel Sie wollen, eines wird dieser Sozialisierung zugrunde liegen müssen: die Sozialisierung der Seelen.

Und in einem weiteren Vortrag betont er erneut, dass keinerlei ,Programme' die Rettung bringen werden, sondern nur echte *geistige Impulse*, die bis an die Wurzel der Probleme gehen, bis an die Wurzel das Antisoziale durch ursoziale Impulse ersetzen:[245]

Brüderlichkeit und wahrer Sozialismus werden sich nur ausleben können, wenn auf der Grundlage einer wirklichen sozialen Menschenerziehung solche Menschen da sein können, welche an die Stelle der antisozialen Triebe die sozialen Triebe setzen, denn die äußeren Einrichtungen werden keinen Sozialismus machen. Gerade auf dem Gebiete des Wirtschaftslebens wird sich sehr bald zeigen, daß alle äußeren Einrichtungen keinen Sozialismus hervorbringen können, wenn nicht die Menschen, die in diesem Wirtschaftsleben drinnen stehen, dasjenige nach Vernunft und Brüderlichkeit zu ordnen verstehen, was bisher nach den abstrakten Prinzipien der Kapital- und Lohngewinnung, des Angebotes und der Nachfrage auf diesem Boden besorgt worden ist. [...] Körperschaften von sozial zusammenwirkenden Menschen werden es sein,

---

[244] Die Zukunft von Kapital und menschlicher Arbeitskraft. Vortrag vom 13.5.1919 (Stuttgart), GA 330, S. 164-193, hier 191.

[245] Freiheit für den Geist, Gleichheit für das Recht, Brüderlichkeit für das Wirtschaftsleben. Vortrag vom 18.6.1919 (Stuttgart), GA 330, S. 272-293, hier 288-291.

welche dasjenige hervorbringen, was ich in meinem Buche „Die Kernpunkte der sozialen Frage [...]" als Ablösung des Kapitals gezeichnet habe.

Wenn wir sehen, wie das Kapital gewirkt hat, dann müssen wir uns vor allen Dingen darüber klar sein, daß dieses Kapital den Menschen loslöste von dem wirklichen sachlichen Interesse an der Produktion. Statt daß man sich hingab an das, was man hervorbringt, es so hervorbringt, daß man ihm die Gesinnung mitgibt: So, wie ich dich mache, dienst du den anderen Menschen, meinen Mitmenschen, die ich brüderlich betrachte – [...] sieht man heute auf das, was man als den Verkaufspreis des Erzeugnisses ins Hauptbuch schreiben kann. [...]

Man kann in höchst einfacher Art den Schaden des radikalen Kapitalsystems ausdrücken. Gerechterweise wird im Grunde genommen jedes Kapital dadurch zustande gebracht, daß irgendeine geistige Arbeit etwas produziert, was den Mitmenschen dient, als Güterproduktion dient. Aber an die Stelle dieses Zusammenhanges der geistigen Kräfte des Menschen mit dem Kapital ist etwas anderes getreten, ist getreten der persönliche private Besitz an Grund und Boden, [...] an den Produktionsmitteln. Niemals kann in einem wirklichen Rechtsstaat ein Recht bestehen auf Grund und Boden als Privatbesitz. Die Verteilung des Grundes und Bodens muß in der Demokratie erfolgen, und die Kapitalverwertung [...] kann nur im richtigen Sinne geschehen, wenn das fertige Produktionsmittel nicht mehr verkäuflich ist, sondern freies Gut ist. Dann wird das, was heute dem Kapital gegeben ist, wieder zurückgegeben an die geistige Arbeit.

Das ist es, was wir anstreben müssen, was wir aber nur anstreben können, wenn wir verstehen werden, die Menschen auch so zu erziehen, daß sie mit freiem Geiste sich selber ihren Mitmenschen gegenüberzustellen wissen, daß sie sich, gleiches Recht, keine Vorrechte verlangend, in die Menschengemeinschaft hineinstellen, und daß sie für das Wirtschaftsleben, das sich nur richten soll nach Produktion und Konsumtion, Organisationen schaffen, die sich in freie Assoziationen, Körperschaften, Genossenschaften gliedern, die auf dem Prinzip wahrhafter Brüderlichkeit mit dem Verständnis für die Bedürfnisse des Konsums der Menschen aufgebaut sind. [...]

Nun kann man sagen: Du behauptest, die Dinge, die du aussprichst, seien praktisch, während es doch idealistische sind! Ja, wer heute nicht einsieht, daß das Idealistische praktisch werden muß, und daß wir gerade deshalb zu den heutigen Zuständen gekommen sind, weil wir immer nur geglaubt haben, das Praktische bestehe in der Routine des Zusammenseins mit den äußeren Einrichtungen, wer nicht einsieht, daß dieser Glaube trügerisch war und die Ideen heute das Praktische sind, der kann nicht wirklich teilnehmen an dem, was für den Neuaufbau unserer Menschheitsentwickelung notwendig ist. Wir leben in einer Zeit, wo der Idealismus – wenn man das so nennen will, was hier aus der Lebenspraxis vorgebracht wird – das Allerpraktischste ist.

In dieser Passage ist der Zusammenhang zwischen den wirksamen Impulsen in den Menschenseelen und der Frage der Erziehung mit Händen zu greifen. Und in der Tat steht die Eröffnung der ersten Waldorfschule kurz bevor und spricht Rudolf Steiner an früherer Stelle in demselben Vortrag direkt davon, dass der junge Mensch zwischen etwa dem 14. und dem 21. Lebensjahr nicht nur für die Geschlechtsliebe erwacht, sondern für die allgemeine Menschenliebe. Dafür aber ist es notwendig, als Pädagoge dem auch wirklich den Weg zu bereiten – was in einem staatlich erstarrten Bildungswesen überhaupt nicht denkbar ist, sehr wohl jedoch in *freien* Schulen:[246]

---

[246] Ebd., S. 282.

Da [in diesem dritten ‚Jahrsiebt‘, H.N.] wird nicht nur die geschlechtliche Liebe geboren, da wird auch das, was früher als Autoritätsgefühl [die Autorität des geliebten Lehrers, H.N.] da war, umgewandelt in das, was nun wirklich sich betätigende, sich erfühlende allgemeine Menschenliebe ist. Da senkt sich durch Umwandlung aus Nachahmungsanpassung und Autoritätsanpassung in die menschliche Seele dasjenige, was uns eigentlich wirklich soziale Triebe gibt, was uns fähig macht, uns als Mensch neben den Menschen brüderlich liebevoll hinzustellen. Das geschlechtliche Liebesverhältnis ist nur ein Spezialfall desjenigen, was in diesem Lebensalter als allgemeine Menschenliebe auftritt. Allen Menschen, gleichgültig, ob sie Handarbeiter oder ob sie Geistesarbeiter sind, muß auch durch dieses Lebensalter hindurch neben der Ausbildung für den praktischen Lebensberuf die Möglichkeit gegeben sein, solche Vorstellungen, solche Begriffe über Welt und Leben, mit anderen Worten, eine solche Weltanschauung aufzunehmen, solche Erkenntnisse über Natur- und Geistesleben aufzunehmen, damit Verständnis eintritt für alles, was lebt, vor allen Dingen Liebe, Brüderlichkeit zu anderen Menschen.[247]

Damit wollen wir übergehen zum nächsten Kapitel: die Waldorfpädagogik.

---

[247] Man kann dies gar nicht *konkret* genug verstehen. Daher ist es vielleicht wesentlich, das Zitat noch weiter fortzusetzen: ‚Und das, was in dieser Zeit bei einem richtigen Heranerziehen und Heranschulen der allgemeinen Menschenliebe und Brüderlichkeit für den Boden des Rechtes, für den Boden der Demokratie erblüht, das ist das, was man nun die wirkliche, tätige Hingabe an Menschenwohl und Menschensein nennen kann. Denn die Demokratie wird sich auch nur dadurch entwickeln können, daß sie neben dem Gefühl für die Gleichheit aller Menschen auch das entwickelt, was man folgendermaßen charakterisieren kann. Man sieht jeden Menschen an als etwas, dem man sich hingeben soll, dem man dienen will.‘ Ebd., S. 282f. • Wie ist dies Welten entfernt von der atomisierenden Abstraktheit heutiger Politik, aber auch Schulbildung! Dass der Mensch tief in seinem Wesen den Impuls zur *Brüderlichkeit bzw. Geschwisterlichkeit* trägt, wird noch in wirklich keinster Weise ernst genommen! Damit aber versündigt man sich am Menschenwesen – und nur deshalb, weil man Angst hat, dass dies zu ‚esoterisch‘ oder ‚spirituell‘ sei, also kurz aus geistiger *Feigheit*, aus Unwahrhaftigkeit heraus, auch seinem eigenen Wesen gegenüber.

Die Waldorfpädagogik   ●

Die Waldorfschule ist ein ‚Kind' der sozialen Dreigliederung. Rudolf Steiner verwies immer wieder darauf, dass es ein wahrhaft *freies Geistesleben* brauche, das aber noch nicht da ist. Die Freie Waldorfschule sollte ein Keim für dieses freie Geistesleben sein.

Wie umfassend diese Notwendigkeit zu verstehen ist, zeigt sich da, wo Steiner auf die großen Zusammenhänge hinwies. Zurückblickend auf den Ersten Weltkrieg, aber sogar schon voraussehend eine künftige Konfrontation zwischen Amerika und Asien, betonte er verschiedentlich, wie Deutschland und Mitteleuropa gerade die Aufgabe hätte, ein *Geistesleben* zu entfalten, was wieder auf das zutiefst Menschliche hinführen könnte:

> So lange innerhalb Mitteleuropas nicht eingesehen wird, daß Mitteleuropa aus jenen Untergründen heraus zu arbeiten hat, die im Geistigen liegen, daß Mitteleuropa vermöge seiner ganzen historischen Mission nicht auf Machtverhältnisse sich stützen kann, sondern allein auf geistige, so lange ist noch nicht der Impuls für irgendein entwickeltes Mitteleuropa gegeben, sondern es ist lediglich der Impuls gegeben zum Untergang der ganzen zivilisierten Welt.[248]

Steiner ging es dabei nicht um irgendwelche Ideale, sondern Tatsachen. Geistesleben ist *Tat*. Es beruht darauf, dass Menschen sich zum Geist erheben und aus diesem heraus *tätig* werden. Deswegen geht es auch auf dem Gebiet des Bildungswesen nicht um wohlklingende Apelle, sondern um Realitäten – und die Gründung der Freien Waldorfschule war so eine Realität, bewies gerade, was mit freien Geistesleben eigentlich gemeint ist. Das, was notwendig ist, formulierte Steiner mit folgenden Worten:[249]

> Wenn man mit solchen Dingen, die an das Edelste in der Menschennatur appellieren, ohne weiteres die Welt bessern könnte, dann würde man wirklich die Welt schon längst sehr gebessert haben. Ich kann dem doch immer nur entgegenstellen, was ich seit Jahrzehnten den Leuten sage: mit abstrakt ethischen Prinzipien kommt man ebensowenig vorwärts als bei einem Ofen, zu dem man sagt [...]: Du mußt das Zimmer warm machen. – Das hilft gar nichts. Man kann die Predigt noch so schön ausstaffieren mit ethischen Worten, aber es hilft nichts. Aber es hilft, wenn man einheizt, wenn man das tut, was die Sache hervorruft als Sache.

Eine neue Pädagogik, die alles auf den *Menschen* stellt, kann man nicht begründen aus einem unfreien Geistesleben heraus – deshalb war es Steiner so wesentlich, dass die Lehrer der Freien Waldorfschule nicht durch die staatliche ‚Ausbildung' bereits konditioniert und eigentlich ruiniert waren, sondern völlig frei davon:[250]

---

[248] Vortrag vom 2.1.1921, GA 338, S. 227. • Zur Konfrontation zwischen Amerika und Asien siehe ebenda, S. 224.
[249] Fragenbeantwortung zu oben genanntem Vortrag. Ebd., S. 254.
[250] Vortrag vom 17.2.1921, GA 338, S. 186f.

Ebenso würden wir niemals in Wirklichkeit freie Schulen [...] errichten, wenn wir zugeben würden, daß aus den staatlichen Einrichtungen heraus die Lehrer genommen würden, daß also mit den Lehrern die staatliche Approbation der Lehrer mitgenommen werden müßte. Wenn man sagt, wir könnten eine freie Schule errichten, könnten das aber nur erreichen, wenn wir staatlich abgestempelte Lehrer finden, so bezeugt das, daß man von der Sache nichts versteht. Denn das bedeutet nichts anderes als dieses, daß man stehenbleibt bei dem Alten und es nur im modernen Sinne auffrisiert, also den Leuten Sand in die Augen streut. Und dazu ist die Zeit zu ernst.

*

Doch gehen wir noch einmal anderthalb Jahrzehnte zurück. Bereits im März 1905 entfaltet Steiner am Ende eines Vortrages, anknüpfend an den Unterschied zwischen Persönlichkeit und Individualität, Kerngedanken der ‚sozialen Dreigliederung' wie auch der späteren Waldorfpädagogik:[251]

Solange der Mensch nur die Befriedigung seiner Bedürfnisse sucht, ist er Persönlichkeit. Wenn er tut, was darüber hinausführt, ist er Individualität. [...] | Als Persönlichkeit sind wir im Grunde genommen alle gleich: der Verstand ist bei dem einen vielleicht etwas mehr, bei dem anderen etwas weniger ausgebildet. Aber nicht so ist es mit der Individualität. Da wird der Mensch zu einem besonderen Charakter, da bringt jeder etwas Besonderes in seine Sendung hinein. Will ich wissen, was er [...] durch seine Originalität als Individualität sein kann, dann muß ich warten, bis durch diesen Kanal etwas aus der geistigen Welt in diese Welt einströmt. Wenn dieser Einfluß stattfinden soll, müssen wir jeden Menschen als ungelöstes Rätsel betrachten. [...] Das Kind, das ich erziehe, darf ich nicht von mir aus bestimmen, sondern aus seinem rätselhaften Inneren habe ich herauszuholen, was mir selbst ganz unbekannt ist. Wollen wir eine soziale Ordnung, dann müssen die einzelnen Individualitäten zusammenwirken, dann muß jeder in seiner Freiheit sich entwickeln können. Stellen wir ein soziales Ideal auf, so schnüren wir diese Persönlichkeit an diesen, jene Persönlichkeit an jenen Platz. Die Summe dessen, was vorhanden ist, wird einfach zusammengeworfen: Nichts Neues kommt aber dabei in die Welt. Deshalb müssen Individualitäten hinein, [...] müssen ihren Einschlag hineinwerfen. Nicht Gesetze, soziale Programme aus Verstandesidealen muß es geben, sondern soziale brüderliche Gesinnung soll entstehen. Nur eine soziale Gesinnung kann uns helfen, die Gesinnung, daß wir jedem Wesen als Individualität gegenübertreten. Seien wir uns immer dessen bewußt, daß jeder Mensch uns etwas zu sagen hat. Jeder Mensch hat uns etwas zu sagen. Eine soziale Gesinnung, nicht soziale Programme brauchen wir. [...] Wenn die Theosophie einfließt in das Leben, werden wir uns abgewöhnen, alles einzuschnüren in Regeln und Reglemente, wir werden uns abgewöhnen, nach Normen zu urteilen, wir werden den Menschen als Menschen frei und individuell gelten lassen. Wir werden uns dann klar sein darüber, daß wir unsere Aufgabe erfüllen, wenn wir den richtigen Menschen an den richtigen Platz hinstellen. Wir werden nicht mehr fragen, ist der der beste Lehrer, der am besten den Unterrichtsstoff beherrscht, sondern wir werden fragen, was ist das für ein Mensch? Man muß ein feines Gefühl, vielleicht eine hellseherische Gabe dafür haben, ob der betreffende Mensch mit seinem Wesen an seiner richtigen Stelle steht, ob er als Mensch an seinem Platze steht. Man kann [...] eine lebendig wandelnde Wissenschaft sein, und doch ungeeignet sein zu lehren, weil man dasjenige, was vom Menschen ausströmt, was die In-

---

[251] Vortrag vom 30.3.1905, GA 53, S. 294-313, hier 311-313.

dividualität aus dem anderen Menschen herauslockt, nicht kennt. Erst wenn wir absehen von Regeln und Reglements und fragen, was ist das für ein Mensch, und den besten Menschen an den Platz stellen, wo er gebraucht wird, dann erfüllen wir in uns die Ideale, welche die Theosophie gebracht hat. Man kann auch als Arzt sehr viel wissen, aber es kommt doch schließlich darauf an, wie man dem Kranken gegenübersteht, was für ein Mensch der Arzt ist.

Schon hier ist die *innerste Essenz* der Waldorfpädagogik berührt, aber tiefgehend verstehen werden wir es erst später, wenn Steiner dies ausführlich beschreibt.

Die Erziehung des Kindes   ●

Eine weitere frühe Grundlegung war dann 1907 der Aufsatz ‚Die Erziehung des Kindes vom Gesichtspunkte der Geisteswissenschaft'.[252]

Schon hier beschreibt Rudolf Steiner buchstäblich (geistes-)*wissenschaftlich* nüchtern, wie es gerade im ersten Lebensalter die *Liebe* ist, die absolut real bis in den Leib hinein wirkt und so dem Kind das Wachstum ermöglicht – überhaupt das Wohlergehen des Kindes in jeder Hinsicht:[327f]

Und solange es auf den physischen Leib bei dem heranwachsenden Menschen ankommt, soll man intim hinsehen auf das, was das gesunde Verlangen, die Begierde, die Freude haben wollen. Freude und Lust sind die Kräfte, welche die physischen Formen der Organe in der richtigsten Art herauslocken. [...] | Zu den Kräften, welche bildsam auf die physischen Organe wirken, gehört also Freude an und mit der Umgebung. Heitere Mienen der Erzieher, und vor allem redliche, keine erzwungene Liebe. Solche Liebe, welche die physische Umgebung gleichsam warm durchströmt, brütet im wahren Sinn des Wortes die Formen der physischen Organe aus.

Der materialistische Wissenschaftler mag die dennoch etwas bildsame Sprache (‚brütet aus' etc.) belächeln – aber selbst diese dient ja nur dazu, *erlebbar* zu machen, dass der Zusammenhang tatsächlich ein unmittelbarer ist, dass die Liebe der Umgebung, überhaupt alles, *direkt* in die Leibesbildung eingreift und diese prägt. Die verschiedensten Deprivationen, die durch ein liebloses Aufwachsen resultieren, hat auch die übrige Forschung immer wieder bewiesen. Dass dies *bis in den Leib* hinein Konsequenzen hat, wird jedoch noch nicht genügend ernst genommen.

Das kleine Kind in den ersten sieben Jahren lernt unmittelbar durch Nachahmung, es ist ein nachahmendes Wesen. Heute begreift man gar nicht mehr, dass ein solches Kind für intellektuelle Anweisungen oder gar ‚Erklärungen' noch überhaupt nicht zugänglich ist – und auch nicht, wie hoch stattdessen die Anforderungen an die eigene *Selbsterziehung* sind: ‚Wenn die Nachahmung gesunder Vorbilder in solcher Atmosphäre der Liebe möglich ist, dann ist das Kind in seinem richtigen Elemente. Strenge sollte daher darauf gesehen werden, daß in der

---

[252] ● Die Erziehung des Kindes..., GA 34, S. 309-348, zuerst in ‚Lucifer-Gnosis' Nr. 33, Mai 1907.

Umgebung des Kindes nichts geschieht, was das Kind nicht nachahmen dürfte.'[328] Und wieviel Sinn- und Geistloses, Nachlässiges, Fragwürdiges etc. gibt es überall, in der gesamten Umgebung, auch im eigenen Tun![253] Das Kind nimmt alles unmittelbar auf – und, wie gesagt, bis in den Leib hinein...

Mit dem Zahnwechsel, also um das siebte Jahr herum, geschieht etwas Besonderes: Der sogenannte Ätherleib wird teilweise frei von seiner leibgestaltenden Tätigkeit, was unmittelbar die Schulreife bedeutet, denn nun wird das Kind aufnahmefähig für den *Sinn* etwa von Schriftzeichen und so weiter. Steiner spricht hier ebenfalls bildhaft von einer ‚Ätherhülle', die abfalle, wenn der Ätherleib teilweise frei wird und auf ihn gewirkt werden kann.

Dies geschieht in allen *lebensvollen* Prozessen – für dieses zweite Lebensalter ist es gerade entscheidend, nun den *Ätherleib* nicht durch einen intellektuellen Ansatz abzulähmen und abzutöten. So, wie es im ersten Alter unmittelbar die Liebe war, die bis in den Leib wirkte, ist es jetzt das Lebendige, Bildhafte, das auf den Ätherleib wirkt und ihn stärkt, bis in den ganzen moralischen Charakter hinein:[328f]

> Mit dem Zahnwechsel streift der Ätherleib die äußere Ätherhülle ab, und damit beginnt die Zeit, in der von außen erziehend auf den Ätherleib eingewirkt werden kann. Man muß sich klarmachen, was von außen auf den Ätherleib wirken kann. Die Umbildung und das Wachstum des Ätherleibes bedeutet Umbildung beziehungsweise Entwickelung der Neigungen, Gewohnheiten, des Gewissens, des Charakters, des Gedächtnisses, der Temperamente. Auf den Ätherleib wirkt man durch Bilder, durch Beispiele, durch geregeltes Lenken der Phantasie. Wie man dem Kinde bis zum siebenten Jahre das physische Vorbild geben muß, das es nachahmen kann, so muß in die Umgebung des werdenden Menschen zwischen dem Zahnwechsel und der Geschlechtsreife alles das gebracht werden, nach dessen innerem Sinn und Wert es sich richten kann. Das Sinnvolle, das durch das Bild und Gleichnis wirkt, ist jetzt am Platze. [...] Nicht abstrakte Begriffe wirken in der richtigen Weise auf den wachsenden Ätherleib, sondern das Anschauliche, [...] Geistig-Anschauliche. Die geistige Anschauung ist das richtige Erziehungsmittel in diesen Jahren. Daher kommt es vor allen Dingen darauf an, daß der junge Mensch in diesen Jahren in seinen Erziehern selbst Persönlichkeiten um sich hat, durch deren Anschauung in ihm die wünschenswerten intellektuellen und moralischen Kräfte erweckt werden können.

Das *Bildhafte* in der Erziehung bis zur Geschlechtsreife verhindert sowohl die lähmende Intellektualität als auch feste Begriffe, die entweder viel zu früh gebracht würden oder wenige Jahre später schon wieder unpassend wären, wie Steiner an anderer Stelle beschreibt. Bildhafte Vorstellungen führen zu innerlich *wachsenden* Begriffen:[254]

> Was notwendig ist, das ist, durch ein künstlerisch Biegsames, das wachsen kann, dem Kinde solche Empfindungen und Vorstellungen und Vorstellungsempfindungen im Bilde zu geben, die

---

[253] Dies *beginnt* bereits bei dem absolut seelenlosen Tand, der heute als ‚Kinderspielzeug' verkauft wird. Siehe hierzu und zu allem weiteren auch mein Buch über die Waldorfpädagogik: ‚Hätte ich das gewusst… Vom heiligen Ernst des Elternseins' (2023).

[254] Vortrag vom 9.4.1924, GA 308, S. 23–41, hier 39.

Metamorphosen durchlaufen können, die einfach dadurch, daß die Seele wächst, mitwachsen können. Dazu gehört aber ein lebendiges Verhältnis des Lehrers, des Erziehers zu dem Kinde, nicht ein totes, das man aus toten pädagogischen Begriffen sich aneignet.

Was im ersten Alter die unmittelbare Nachahmung war, ist jetzt die Nachfolge gegenüber der ‚Autorität', aber nicht im Sinne eines Gehorsams, sondern einer Liebe: gegenüber der *geliebten* Autorität.

In einer Zeit, die den einseitigen Autoritätsbegriff mit Recht völlig abzulehnen gelernt hat, ist es nicht mehr unbedingt leicht, zu begreifen, dass Kinder zu einem Menschen aufschauen *wollen*[255] – dass nichts heilsamer als die Kraft der Verehrung in diesem Sinne ist. Wer Kinder wirklich beobachtet, der sieht, dass sie etwa im ersten Schuljahr alles für den Lehrer tun, wenn sie ihn *lieben*. Dass es so wenige LehrerInnen gibt, die sich diese Liebe verdienen, ist eine ganz andere Tragik. Entscheidend ist, dass das Kind eine *Sehnsucht* nach solchen Menschen hätte. Steiner beschreibt einfach die inneren Tatsachen:[329f]

> Wie für die ersten Kindesjahre *Nachahmung und Vorbild* die Zauberworte der Erziehung sind, so sind es für die jetzt in Rede stehenden Jahre: *Nachfolge und Autorität.* Die selbstverständliche, nicht erzwungene Autorität muß die unmittelbare geistige Anschauung darstellen, an der sich der junge Mensch Gewissen, Gewohnheiten, Neigungen herausbildet, an der sich sein Temperament in geregelte Bahnen bringt, mit deren Augen er die Dinge der Welt betrachtet. Das schöne Dichterwort, „ein jeglicher muß sich seinen Helden wählen, dem er die Wege zum Olymp hinauf sich nacharbeitet", es gilt insbesondere von diesem Lebensalter. Verehrung und Ehrfurcht sind Kräfte, durch welche der Ätherleib in der richtigen Weise wächst. Und wem es unmöglich war, in der in Rede stehenden Zeit zu jemand in unbegrenzter Verehrung hinaufzuschauen, der wird dieses in seinem ganzen späteren Leben zu büßen haben. Wo diese Verehrung fehlt, da verkümmern die lebendigen Kräfte des Ätherleibes. [...]
> Zu diesen lebendigen Autoritäten, zu diesen Verkörperungen der sittlichen und intellektuellen Kraft müssen die geistig aufzunehmenden Autoritäten treten. Die großen Vorbilder der Geschichte, die Erzählung von vorbildlichen Männern und Frauen müssen das Gewissen, müssen die Geistesrichtung bestimmen, nicht so sehr abstrakte sittliche Grundsätze, die erst dann ihre richtige Wirkung tun können, wenn sich mit der Geschlechtsreife der astrale Leib seiner astralen Mutterhülle entledigt.

Dass die Nachfolge und damit die Wirksamkeit von Vorbildern ein *Faktum* ist, beweist gerade ihr Negativbild: das mühelose Einfangen von Seelen durch Indoktrination und *falsche* Ideale, wie es im Dritten Reich bis zur Perfektion getrieben wurde. Hieraus aber den Schluss zu ziehen, man müsse das Prinzip ‚Autorität' ganz abschaffen und von der Grundschule an rein sachlich-intellektuell erziehen, ist der vielleicht größte Fehlschluss der je gezogen wurde – und er fällt ja täglich auf einen zurück.

---

[255] Von Steiner ganz deutlich formuliert in folgender Passage: ‚Darauf müssen wir rechnen, daß das Kind in der Volksschule egoistisch verlangt, lieben zu können, das heißt, die Autorität neben sich zu haben, der es anhängt, der es sich hingibt, weil es Wohlgefallen in dieser Hingabe hat, denn die Natur selbst drängt dazu.' Vortrag vom 4.5.1920, GA 301, S. 136-151, hier 150.

Betrachtet man das heutige Schulwesen, aber auch die einzelnen Familien, so sieht man immer wieder, wie bereits die kleinen Kinder wie kleine Erwachsene behandelt werden. Auf diese Weise wird ihre eigentliche Sehnsucht nach Vorbildern, zu denen sie aufschauen können, völlig *gebrochen* – und sie werden auf sich selbst zurückverwiesen. Im Grunde wird hier dann der moderne Narzissmus bereits vollgültig angelegt. Und unzählige Kinder, die ihren Eltern auf der Nase herumtanzen, belegen dies eindrücklich – aber diese Kinder sind im Grunde *Opfer* der Verhältnisse, weil auch sie ,depraviert' aufwachsen: unter dem vollkommenen Mangel echter Vorbilder...

Natürlich haben heute schon Kinder einen sehr starken Eigenwillen – wehren sich dagegen, wenn ihnen *schwache* Eltern irgendwelche Vorgaben machen wollen. Warum? Weil sie sofort spüren: das kann für mich kein Vorbild sein. Aber absolut enthüllend ist es, wenn man sieht, wie selbst größte ,Rabauken' sich in heimlicher Verehrung einem Menschen anschließen, den sie als moralisch-menschliche Autorität im umfassenden Sinne anerkennen können. Selbst sie *wollen* verehren – und tun dies auch, sobald ein solcher Mensch wirklich existiert.[256]

Sobald solche *echten* Vorbilder nicht mehr existieren, wenden sich die jungen Seelen anderen Möglichkeiten zu, ihre Sehnsucht zu stillen – Ersatzvorbildern, die wir heute nur allzugut kennen: berühmte, erfolgreiche SängerInnen, SportlerInnen, SchauspielerInnen. Die Handys und die massenmedialen Möglichkeiten einschließlich ,Social Media' erzeugen hier heute ohnehin einen gigantischen Sog der Aufmerksamkeit und Identifikationsmöglichkeit, im Grunde kann man sich heute sein Ersatzvorbild per Knopfdruck aussuchen und stets verfügbar haben. Doch sollte gerade ein solches Phänomen nie den Blick dafür verstellen, was dem als tiefste und *eigentliche* Ursache zugrundeliegt. Es ist die Sehnsucht der jungen Seele, zu irgendeinem Menschen aufschauen zu können. Und dahinter wiederum steht die Fähigkeit der Verehrung überhaupt, stehen die moralischen Verehrungskräfte, die entweder in diesem Alter berührt werden können oder nicht.

Inzwischen aber ist es bereits unser ganzer Zeitcharakter, dass schon der jüngste Mensch massiv bombardiert wird mit der Botschaft: ,Du kannst *selbst* etwas sein' – jedes einzelne Kind soll bereits ,individuell', ja individualistisch sein, das intellektuell-wache Bewusstsein wird dadurch quasi schon aus den Dreijährigen ,herausgeprügelt', und wer in der Grundschule vielleicht noch verträumt ist oder sogar noch Märchen mag oder ähnliches, wird gnadenlos verlacht und verspottet. Dies ist heute *Realität*. Aber auch dies darf nicht darüber hinwegtäuschen, dass die *eigentliche* Anlage der Seele eine völlig andere ist. So wenig, wie es die Natur der Tomate ist, schnellstmöglich herangezüchtet und geschmacklos zu einer Riesenkugel zu reifen, so wenig ist es die Natur der Seele, bereits im Kindesalter in den Intellekt hineingetrieben und -gebannt zu werden und zu einem narzisstisch-coolen Etwas heranzuwachsen, das die *Leere* des eigenen Lebens und die *Armut* des eigenen Inneren in jedem Moment kaum verdecken kann.

---

[256] In etwas drastischer Weise kann man dies etwa in dem Film ,Fack ju Göhte (2013) erleben, wo der Bankräuber Zeki Müller sich als Lehrer tarnt und dann der Einzige ist, der sich gegenüber den Jugendlichen ,Respekt' verschaffen kann, dann aber von diesen nicht einfach gefürchtet, sondern *geliebt* wird.

Wenn aber diese Armut *flächendeckend* wird, das heißt immer mehr nahezu jede Seele betrifft, weil eine ganze Gesellschaft so aufwächst und bereits aufgewachsen ist, wird sogar unverständlich, was hier überhaupt gemeint ist. Man erlebt es nicht mehr. Es fehlt jedes Organ, jeder Zugang für die hier angedeuteten Wirklichkeiten. Aber der innere Kosmos der *Verehrungskräfte* und alles, was mit diesen zusammenhängt, wurde bereits an anderer Stelle angedeutet. Sie gerade sind der Schlüssel für einen inneren Reichtum der Seele, der sich auf ihrer Grundlage erhebt, heranreift und schließlich zu blühen beginnt. Dass hier Worte aus der Sphäre des Lebens genommen werden, ist kein Zufall – man kann auch das Leben der Seele nicht ungestraft vernachlässigen, die Folgen werden jeweils unmittelbar sichtbar sein.[257]

Man kann es auf die Kurzformel bringen: Kinder, die keine Vorbilder in ihrer Umgebung finden, werden zwangsläufig, als Opfer, zu Narzissten – und können dann etwa in der Schule doch nur durch (schlechte) Autorität im Zaum gehalten werden, wodurch genau das geschieht, was man angeblich vermeiden wollte. Längst ist das Schulwesen heute an einem katastrophalen Kipppunkt, weil die jungen Seelen *überhaupt* nicht mehr unter Kontrolle gehalten werden können – woran nicht nur die geisttötenden Inhalte der üblichen Lehrpläne und Pädagogik schuld sind, sondern auch die generelle Heranzüchtung des selbstbewussten Intellekts in einem immer und immer noch früheren Alter. Und noch einmal sei es betont: Dies *bricht* die in der Seele eigentlich lebende Sehnsucht – ist also im Grunde eine reine Vergewaltigung.

Dass die Kinder mit ihrer frühen Erweckung von Selbstbezug, ‚Coolness' und Intellektualität großartig zurechtkommen, ist ebenfalls keine Widerlegung des Ausgeführten – sondern könnte vielmehr gerade als Beweis dafür genommen werden, dass natürlich in der menschlichen Seele auch die *Gegenkräfte* wirksam sind, die Steiner so oft beschreibt: Mächte, denen gar nicht daran *gelegen* ist, dass die Seele ihr eigentliches, tiefstes, wahres Wesen entfaltet, sondern die diese Seele vielmehr in jedem *Moment* in eine andere Richtung drängen wollen – was ihnen heute auch fast widerstandslos gelingt...

Aber wie gesagt – wer einen Beweis für die Richtigkeit des hier Ausgeführten sucht, der wird diesen letztlich nur als innerlichen Beweis finden: in der Tatsache der angedeuteten *Armut* und letztlichen Sinnleere jener Seelen, die von dem wahren Weg abgewichen sind oder, als Opfer, abgeführt wurden, um *Pseudowege* zu gehen, die erst einmal zu befriedigen scheinen, später aber ihre Leere um so deutlicher offenbaren. Wie die riesige Tomate, die auch erst einmal absolut eindrücklich wirkt...[258]

---

[257] Vergleiche auch: ‚Meine sehr verehrten Anwesenden, man wird bei jemandem, der [...] hinweisen durfte auf seine vor mehr als dreißig Jahren geschriebene „Philosophie der Freiheit", nicht voraussetzen, daß er zu stark auf das autoritative Prinzip hinweisen möchte. Allein, gerade wer die Freiheit über alles liebt, der in der Freiheit das selbstverständliche Gesetz des sozialen Lebens erblickt, der muß aus einer wirklichen Menschenerkenntnis darauf hinweisen, daß zwischen dem siebten und vierzehnten Jahre für das Kind diejenige Zeit da ist, in der es einzig und allein dadurch gedeiht, daß es sich an einer Persönlichkeit aufrichten und aufranken kann, die es als selbstverständliche Autorität empfindet.' Vortrag vom 4.11.1922, GA 297a, S. 139-165, hier 144.

[258] Wir sehen heute eine zunehmende Zahl von bereits in ganz jungen Jahren ziellosen, haltlosen oder buchstäblich *gebrochenen* Seelen, die sich im Rahmen des real existierenden Materialismus und Kapitalismus

Und die Pseudowege sind heute regelrecht kulturbildend geworden. Der subtile Narzissmus wird *überall* erzeugt. Schon jedes Smartphone liefert einem die gesamte Welt auf Knopfdruck – Nährung des Narzissmus. Und dass selbst tiefe moralische Authentizität immer weniger Kraft auf eine junge Seele entfalten kann, wenn sie sich viel leichter ihren ‚Superhelden' per Knopfdruck wählen kann – oder einem der medial gepushten Millionen-Fußballer etc. innerlich nacheifern kann –, ist ebenfalls unmittelbar verständlich. Aus denselben Gründen ist heute jeder Film ohne ‚Spezialeffekte' langweilig. Wo die Gigantomanie die Seelen derart massiv manipuliert und konditioniert wird, haben die *wahren* Untergründe der Seelen, die immer viel zarter sind, keinerlei Chance mehr.

Rudolf Steiner erwähnt Vorbilder, auch im Geschichtlichen, auch in Erzählungen und Legenden. Drehen wir die Sache einmal um. Wenn die Seele *nicht* mehr fähig ist, aufzuschauen und aufrichtige Empfindungen der Verehrung zu entwickeln ... so ist sie ganz auf sich selbst zurückgeworfen. Narzissmus pur. Coolness. Atomismus. Jeder seine eigene Monade. Cool schon mit vierzehn, mit zwölf, mit acht Jahren sein eigener Held. Das klingt nach toller ‚Selbstermächtigung', die ja heute sehr en vogue ist, aber auch die Folgen sieht man bereits heute. Eine zerfallende Gesellschaft, in der sowohl Sinn als auch Zusammenhalt immer mehr fehlen. Am Ende des Szenarios stehen apokalyptische, dystopische Filme, in denen sich einsame Helden einsam durchschlagen und doch noch etwas Menschliches hochhalten. Und selbst diese sind dann wieder Vorbild... Was beweist, dass die Seele eine solche Sehnsucht schon viel *früher* hatte... Und dass sie vergewaltigt wird, wenn die Prinzipien ‚Coolness' und Selbstbezug in sie eindringen, um sie hoffnungslos zu korrumpieren.

Der einsame Superheld ist ja auch nur eine armselige Kreatur. Er entfaltet seine Ausstrahlung ja auch nur im Kontrast. Ist verurteilt, die Ausnahme zu sein. Und gerade die Filme mit einzelnen Helden, die dann irgendwie ‚alles' retten, sind ja nur der Spiegel einer *isolierten* Menschheit, wie sie durch den Kapitalismus geradezu zum Prinzip gemacht wurde. Wo es nicht die zerstörerische *Isolation* gäbe, wäre auch ein ‚Retter' gar nicht nötig, weil statt des Kranken das Gesunde herrschen würde.

---

schlicht aufgegeben haben (und oft in ‚Therapien' wieder mehr oder weniger ‚funktionsfähig' gemacht werden). Die unmittelbare Ursache hierfür liegt in einer ganz *wesenlos* gewordenen Erziehung: ‚Jeder, der das Leben heute betrachtet, wird wissen, daß es gegenwärtig außerordentlich viele gebrochene Menschennaturen gibt, die mit dem Leben nicht fertig werden. Und warum werden sie nicht mit dem Leben fertig? Weil sie nicht [...] zurückblicken können in Erlebnisse, die sie hätten haben sollen in der Erziehung, in ihrer Kindheit. Gewisse Kräfte können nur in der Kindheit entwickelt werden.' Vortrag vom 14.9.1919, GA 193, S. 142-160, hier 144. • Eine Gesellschaft, die ‚Coolness' oder auch nur ‚Selbstständigkeit' von früh auf propagiert, erzieht so gerade zu einer inneren *Schwäche*, von der sie sich trotz der offensichtlichen Katastrophen noch immer keine Vorstellung macht – weil sie die dahinterstehende Wahrheit nicht akzeptieren kann. • Der Hinweis hingegen, dass auch ‚behütet aufgewachsene' Seelen in einer ‚stärker hostilen' und auf Wettbewerb ausgerichteten Welt straucheln können, geht völlig am Kern vorbei, denn dies ist gerade zu heilen – die Leere einer ach so früh-selbstständigen Seele im späteren Leben ist aber unheilbar (oder nur noch unter sehr großen, spirituellen Mühen).

Aber kehren wir zu Steiner zurück. Bevor der Seele also ein subtiler, alles durchdringender *Narzissmus* eingeimpft wird, hat sie zunächst und in reiner Gestalt das Bedürfnis, in diesem zweiten Lebensalter zu wahren Autoritäten aufzuschauen, mit reinen Verehrungskräften. Und gerade dies hält sie in Verbindung mit der *Wahrheit* – das Absehen von sich selbst und das Sich-Zuwenden zu objektiv wahren moralischen Vorbildern. Es geht um die ganz objektive Frage, ob die Seele fähig ist, Höheres und Edleres anzuerkennen und zu bewundern, oder ob sie sich selbst der Nächste und gleichzeitig der Größte ist...[259]

Eine Seele, die das letztere tut, schließt sich ab. Eine Seele, die die Kräfte der Verehrung kennt, schließt sich dagegen auf – nicht nur gegenüber dem, was sie verehrt, sondern *mit* dieser Verehrung auch unendlich vielem anderen. In einer solchen Seele bleiben die Kräfte der Hingabe überhaupt tiefgreifend lebendig. Und das gerade ist der heilige Schlüssel. Später wird eine solche Seele sich gerade dem Wahren, dem Schönen und dem Guten hingeben können. Wo dies jetzt noch an einen Menschen gebunden ist, wird sie es später in *reiner* Form verehren und lieben. Die selbstbezogene Seele dagegen wird auch später nur ihren Genüssen leben, das *nächste* Video anklicken, sich die nächste Pizza liefern lassen ... und etwas Höheres eigentlich überhaupt nicht kennen.[260]

Aber nicht nur der Selbstbezug ist seelentötend, sondern der Intellekt überhaupt – erst recht in jenem Lebensalter zwischen Zahnwechsel und Pubertät, wo die Seele noch ganz unentfaltet ist. Bringt man bereits hier Inhalte *intellektuell* an die Kinder heran, ertötet man etwas in ihnen, was nie wieder gutgemacht werden kann. Steiner weist darauf hin, dass es sogar bereits einen ungeheuren Unterschied macht, ob man ein geschichtliches Bild durch unmittelbare mündliche Erzählung entfaltet oder durch eine bloße Lektüre ersetzt.[331] Erst recht gilt dies für die Naturkunde: Bloße ‚Naturgesetze' ertöten in diesem Alter die Seele, während es doch gerade darauf ankommt, dass sie den lebendigen *Bezug* zu dieser Natur entfaltet:[331]

> Das Geistig-Bildhafte, oder wie man auch sagen könnte, das sinnbildliche Vorstellen kommt auch noch in einer anderen Weise [...] in Betracht. Es ist notwendig, daß der junge Mensch die Geheimnisse der Natur, die Gesetze des Lebens möglichst nicht in verstandesmäßig nüchternen Begriffen, sondern in Symbolen in sich aufnehme. Gleichnisse für geistige Zusammenhänge müssen so an die Seele herantreten, daß die Gesetzmäßigkeit des Daseins hinter den Gleichnissen mehr geahnt und empfunden [..] als in verstandesmäßigen Begriffen erfaßt wird. [...] Durch

---

[259] Denn selbst Ersatzvorbilder wie Sport-Stars werden heute ja immer weniger wahrhaft bewundert. Immer mehr tritt nur noch eine Schein-Bewunderung an diese Stelle, die von einer immer unmittelbareren subtilen Identifikation verdrängt wird: ‚Eigentlich könnte auch *ich* so sein, in ein paar Jahren'. Anders formuliert könnte man von einer ‚coolen Bewunderung' sprechen. Die echten *Verehrungskräfte* sind längst ganz am Versiegen... Man sucht sich zwar seine Idole, aber die wirkliche Verehrung wäre ja schon wieder ‚uncool'. Die oberste Devise lautet: Von sich selbst überzeugt sein, keine Schwäche zeigen – und bloß keine Hingabe.

[260] Auch sie mag ein gewisses ‚Ethos' haben, aber dieses wird höchst relativ bleiben, auch weiter von Coolness, Einseitigkeit und Armseligkeit durchzogen sein. Eine solche Seele wird sich nie zu dem Wahren, Schönen und Guten in seiner reinen Form erheben können. Ihr eigener Selbstbezug wird immer mit allem verklebt bleiben, sie wird den so charakterisierten Narzissmus niemals verlassen.

ein solches Gleichnis spricht man nämlich nicht bloß zum Verstande, sondern zu Gefühl, Empfindung, zur ganzen Seele. Ein junger Mensch, der durch alles das hindurchgegangen ist, tritt dann in ganz anderer Stimmung an die Sache heran, wenn sie ihm in Verstandesbegriffen später vermittelt wird.

Dafür aber muss der Lehrer selbst in der *Wahrheit* der Dinge stehen. Rudolf Steiner erwähnt die Verwandlung der Raupe über die Puppe in den Schmetterling als Gleichnis für die Unsterblichkeit der Seele, das aber kein erklügeltes Gleichnis, sondern ein tiefes Wahrbild ist. Und egal, was der Lehrer tue, er muss aus solcher Wahrheit heraus sprechen – anders wird es zwischen Lehrer und Schülern gar kein inneres Band geben, und Gesagtes bliebe bloß Gesagtes, bereits in der Seele des Lehrers überhaupt keine Wirklichkeit.[331f]

Ein weiterer Grundsatz für diese Erziehung vor der Geschlechtsreife ist die Betonung des Gedächtnisses. Auch dies bewahrt den Intellekt vor der seelenlähmenden Frühreife – und ermöglicht ein Aufblühen des Verstehens, des Verstandes, wenn die Zeit wirklich gekommen ist. Immer wieder weist Rudolf Steiner auf zarte *Entwicklungsprozesse* der Seele hin, die heute überhaupt nicht mehr ernstgenommen werden:[336f]

Wie das Kind das Gefüge der Sprache in seinen Seelenorganismus aufnimmt, ohne die Gesetze des Sprachbaues dazu in verstandesmäßigen Begriffen zu brauchen, so *muß* der junge Mensch zur Pflege des Gedächtnisses Dinge lernen, von denen er sich erst später das begriffliche Verstehen aneignen soll. Man lernt sogar das am besten hinterher in Begriffen fassen, was man in diesem Lebensalter erst rein gedächtnismäßig sich angeeignet hat, wie man die Regeln der Sprache am besten an der Sprache lernt, die man bereits spricht. [...] Der Verstand ist eine Seelenkraft, die erst mit der Geschlechtsreife geboren wird, auf die man daher vor diesem Lebensalter gar nicht von außen wirken sollte. Bis zur Geschlechtsreife soll sich der junge Mensch durch das Gedächtnis die Schätze aneignen, über welche die Menschheit gedacht hat, nachher ist die Zeit, mit Begriffen zu durchdringen, was er vorher gut dem Gedächtnis eingeprägt hat. Der Mensch soll sich also nicht etwa bloß merken, was er begriffen hat, sondern er soll begreifen die Dinge, die er weiß, das heißt wovon er gedächtnismäßig so Besitz genommen hat, wie das Kind von der Sprache. In einem weiten Umfange gilt das. Zuerst rein gedächtnismäßiges Aneignen geschichtlicher Ereignisse, dann Erfassen derselben in Begriffen. Zuerst gutes gedächtnismäßiges Einprägen geographischer Dinge, dann Begreifen des Zusammenhanges derselben usw.

Wird sofort intellektuell gearbeitet, so wird der Geist regelrecht ‚ausgedörrt‘.[337] Dies gilt aber überhaupt für jeden sogenannten bloßen ‚Anschauungsunterricht‘, der ja letztlich rein materialistisch sein muss:[337f]

Auch ein zu weitgehender rein sinnlicher Anschauungsunterricht entspringt einer materialistischen Vorstellungsart. Alle Anschauung muß für dieses Lebensalter vergeistigt werden. Man soll sich zum Beispiel nicht damit begnügen, eine Pflanze, ein Samenkorn, eine Blüte bloß in sinnlicher Anschauung vorzuführen. Alles soll zum Gleichnis des Geistigen werden. Ein Samenkorn ist eben nicht bloß dasjenige, als was es den Augen erscheint. Es steckt unsichtbar die ganze neue Pflanze darinnen. Daß ein solches Ding mehr ist, als was die Sinne sehen, das muß mit der Empfindung, mit der Phantasie, mit dem Gemüte lebendig erfaßt werden. Die Ahnung der Geheimnisse des Daseins muß gefühlt werden. Man kann nicht einwenden, daß durch ein solches Vorgehen die reine sinnliche Anschauung getrübt werde: im Gegenteil, durch das Stehenbleiben bei der bloßen Sinnesanschauung kommt die Wahrheit zu kurz. Denn die ganze Wirklichkeit eines Dinges besteht aus *Geist* und Stoff, und die treue Beobachtung braucht nicht weniger sorgfältig betrieben zu werden, wenn man die sämtlichen Seelenkräfte, nicht bloß die physischen Sinne in Wirksamkeit bringt. Könnten doch die Menschen sehen, was alles an *Seele und Leib* verödet durch einen bloß sinnlichen Anschauungsunterricht, wie der Geisteswissenschafter das kann, sie würden weniger auf einem solchen bestehen. Was nützt es im höchsten Sinne, wenn jungen Menschen alle möglichen Mineralien, Pflanzen, Tiere, physikalischen Versuche gezeigt werden, wenn das nicht damit verbunden wird, die sinnlichen Gleichnisse zum Ahnenlassen der geistigen Geheimnisse zu verwenden.

Was Rudolf Steiner hier beschreibt, lässt sich auch so formulierten: Eine Naturkunde, die nicht mindestens mit dem *Staunen* beginnt, ist eigentlich schon seelisch tot und ertötend. Denn alles, beginnend bei der kleinsten Blüte, *kann* dieses Staunen erwecken – und nur dann fühlt die Seele die Wirklichkeit. Und auf diese kommt es ja gerade an. Jedes bloße Lernen ohne zu staunen, jedes bloße Speichern von ‚Wissensstoff‘ geht an der Wirklichkeit gerade vorbei. Der Materialist tut dies geradezu gewohnheitsmäßig. Bei den jungen Seelen aber kommt es darauf an, ihnen die Möglichkeit offen zu halten, sich mit der *ganzen* Wirklichkeit zu verbinden, nicht nur mit der äußersten Oberfläche – die dann zu abstraktestem Wissen erstarrt.

Bereits an dieser Stelle könnte der (beliebte) Vorwurf aufkommen, die Waldorfschule sei dann ja eine ‚Weltanschauungschule‘. Der entscheidende Punkt aber ist, dass die Waldorfschule den jungen Seelen deren eigene Weltanschauung gerade so offen wie möglich halten möchte – und diese *nicht* von vornherein auf den engen, öden Kanal des Materialismus verengen möchte. Gerade dies tut eine rein intellektuelle Pädagogik aber. Gerade diese stützt sich auf den bloßen Materialismus, und damit ist gerade sie, also auch die staatliche Pädagogik, reinste Weltanschauungsschule. Denn sie huldigt dem Materialismus – und so erzieht sie auch, nicht nur inhaltlich, sondern sogar methodisch. Materialismus und Intellekt sind eben untrennbar. Die Waldorfschule macht dies nicht mit. Sie hält den inneren Blick weit und offen. Sie lehrt keine Weltanschauung – und sie legt auch nicht durch ihre Betrachtungsart bereits auf eine Weltanschauung fest, wie es die Staatsschule tut, ob sie will oder nicht.

Gerade indem die Staatsschule alle ‚Weltanschauung‘ vermeiden will, verwirklicht sie eine ganz bestimmte, denn auch der Materialismus will alles vermeiden, was nicht ... Materialismus ist. Während die Waldorfpädagogik der jungen Seele die Möglichkeit gibt, hinter dem sinnlich Sichtbaren noch eine Unendlichkeit zu ahnen, lehrt die Staatsschule allenfalls all die nüchternen Funktionen, die die materialistische Wissenschaft herausgefunden hat – die gleichzeitig vertritt, dass hinter diesen rein äußerlich auffindbaren Fakten auch ‚nichts weiter‘ sei. Reinste Weltanschauung also... Aber selbst das Staunen über diese bloßen ‚Fakten‘ hat in der Staatsschule ja gar keinen Raum. Waldorfpädagogik ist ganz real eine Pädagogik für die ganze Seele – die Staatsschule erklärtermaßen nicht.

Im Grunde beginnt die Frage der Weltanschauung bereits hier – bei der Frage, welche Aufgabe Schule eigentlich hätte. Soll sie die ganze Seele nähren, oder soll sie bloßes Wissen vermitteln, allenfalls noch gute, demokratische Staatsbürger heranziehen?

Für die Waldorfschule war die Antwort immer klar: Es geht um den *ganzen* Menschen, also auch um die ganze Seele. Nicht nur der Intellekt hat genährt zu werden, sondern der Mensch – dieser aber ist wesentlich mehr.

Und vor diesem Hintergrund steht im ‚Volksschulalter‘ eben nicht der *Intellekt* im Vordergrund, sondern der Ätherleib, der zugleich die Lebensgrundlage für das ganze spätere Leben sein wird – und dem in diesen Jahren entweder gesundende oder bereits ertötende Kräfte zugeführt werden. Aber eine materialistische Anschauung hat ja davon gar keine Begriffe – also auch nicht davon, dass das Intellektuelle gerade in einem bestimmten Lebensalter noch regelrecht krankmachen könnte. Zugleich aber vernachlässigt sie gegenüber dem ‚Denken‘ auch ganz generell das Fühlen und den Willen, also gleichsam zwei Drittel der gesamten Seele, während auch das Denken höchst einseitig behandelt wird.

Die Seelenkraft des *Fühlens* wurde bereits berührt. Und über den Willen sagt Steiner nun, dass dieser gerade durch das Religiöse genährt wird. Und zweifellos stehen wahrhaft religiöse Menschen anders und viel fester im Leben als jene, die einfach nur ‚irgendwie‘ aufgewachsen sind. Es geht hier nicht um eine abstrakte ‚Hoffnung nach dem Tode‘, sondern um außerordentlich weitreichende Wirkungen, die direkt mit der ganzen Willensorganisation eines Menschen zu tun haben, mit der Festigkeit seines Charakters, seiner Seele überhaupt – also um unmittelbare Realitäten, die aber erneut bis in den Leib hineinreichen:[339f]

> Zu der Entwickelung eines gesunden kraftvollen Willens wird der Grund gelegt durch die richtige Handhabung der betrachteten Erziehungsgrundsätze während der ersten sieben Lebensjahre. Denn ein solcher Wille muß seine Stütze in den vollentwickelten Formen des physischen Leibes haben. Vom Zahnwechsel angefangen handelt es sich darum, daß der nun sich entwickelnde Ätherleib dem physischen Leib diejenigen Kräfte zuführt, durch welche dieser seine Formen gediegen und in sich fest machen kann. Das, was die stärksten Eindrücke auf den Ätherleib macht, das wirkt auch am kräftigsten auf die Festigung des physischen Leibes zurück. Die allerstärksten Impulse werden aber auf den Ätherleib durch diejenigen Empfindungen und Vorstellungen hervorgerufen, durch die der Mensch seine Stellung zu den ewigen Urgründen des Weltalls fühlt und erlebt, das heißt durch die religiösen Erlebnisse. Niemals wird sich der Wille eines Menschen und damit sein Charakter gesund entwickeln, wenn er nicht tiefeindringende religiöse Impulse in der in Rede stehenden Lebensepoche durchmachen kann. In der einheitlichen Willensorganisation kommt es zum Ausdruck, wie der Mensch sich eingegliedert fühlt in das Weltganze. Fühlt sich der Mensch nicht mit sicheren Fäden angegliedert an ein Göttlich-Geistiges, so müssen Wille und Charakter unsicher, uneinheitlich und ungesund bleiben.

Eine *Empfindung* dafür kann man vielleicht auch gewinnen, wenn man sich vor Augen führt, wohin ein absolut a-religiöses Aufwachsen heute so verbreitet führt: Versuche mit Alkohol oder Drogen (einschließlich Nikotin), Suche nach anderen Erlebnissen, die erwähnten Ersatzidole und, und, und. Die Sehnsucht junger Seelen nach ‚(Grenz-)Erfahrungen' ist sehr tief, und oft offenbart sich gleichzeitig eine tiefgehende Haltlosigkeit, auch wenn diese durch umso größere ‚Coolness' kompensiert werden soll. Die Unsicherheit, was man eigentlich glauben soll oder kann und wer man selbst ist, wirkt selbstverständlich ebenfalls bis in den Leib hinein, auch wenn man dies nicht unmittelbar glauben mag. Man kann aber eben nach und nach eine Empfindung dafür gewinnen.

Der wahre Mittelpunkt dieses zweiten Lebensalters aber ist das *Fühlen* – und damit auch die Schönheit und das Rhythmische überhaupt. Und hier führt Rudolf Steiner nun aus:[339f]

> Die Gefühlswelt entwickelt sich in der rechten Art durch die beschriebenen Gleichnisse und Sinnbilder, insbesondere durch alles das, was aus der Geschichte und sonstigen Quellen an Bildern charakteristischer Menschen vorgeführt wird. Auch die entsprechende Vertiefung in die Geheimnisse und Schönheiten der Natur ist für die Heranbildung der Gefühlswelt wichtig. Und hier kommt insbesondere in Betracht die Pflege des Schönheitssinnes und das Wachrufen des Gefühls für das Künstlerische. Das Musikalische muß dem Ätherleib jenen Rhythmus zuführen, der ihn dann befähigt, den in allen Dingen auch sonst verborgenen Rhythmus zu empfinden. Einem jungen Menschen wird viel für das ganze spätere Leben entzogen, dem in dieser Zeit nicht die Wohltat einer Pflege des musikalischen Sinnes zuteil wird. Ihm müßten, wenn ihm dieser Sinn ganz mangelte, geradezu gewisse Seiten des Weltendaseins ganz verborgen bleiben. Dabei sollen aber ja die andern Künste nicht vernachlässigt werden. Die Erweckung des Sinnes für architektonische Stilformen, desjenigen für plastische Gestalten, für Linie und Zeichnerisches, für die Harmonie der Farben, nichts davon sollte im Erziehungsplan fehlen. [...] Mit den einfachsten Mitteln kann man viel leisten, wenn in dieser Richtung bei dem Erzieher selbst der richtige Sinn herrscht. Freude am Leben, Liebe zum Dasein, Kraft zur Arbeit, alles das erwächst für das ganze Dasein aus der Pflege des Schönheits- und Kunstsinnes. Und das Verhältnis von Mensch zu Mensch, wie wird es veredelt, verschönt durch diesen Sinn. Das moralische Gefühl, das ja auch in diesen Jahren herangebildet wird durch die Bilder des Lebens, durch die vorbildlichen Autoritäten, es erhält seine Sicherheit, wenn durch den Schönheitssinn das Gute zugleich als schön, das Schlechte als häßlich empfunden wird.

Diese Ausführungen dürfen nicht einfach so heruntergelesen, sie müssen *verstanden* werden. Es geht um den großen Kosmos des Fühlens – und seine Bedeutung für die gesamte Seele. *Alles* wird letztlich *empfunden* – die Wahrheit, die Schönheit, das Gute, und wo es nicht empfunden wird, da hat es für die Seele keine Bedeutung. Diese erwächst erst aus der Fähigkeit, zu empfinden, und aus der Tiefe dieser Fähigkeit. Wo die Empfindung flach bleibt, da bleibt auch alles andere flach. Deswegen kann die Bedeutung des Fühlens nur unterschätzt werden. Sie ist absolut zentral, sie ist ein Schlüssel. Und deswegen muss diese heilige Fähigkeit mit größter Sorgfalt gepflegt und genährt werden. Das ist es, was Steiner beschreibt. Eine heilige Pflege und ‚Schule' der *Empfindungsfähigkeit*. Erst sie bringt in Zusammenhang mit *allem*. Ohne das Fühlen ist der Mensch absolut isoliert.

Das Denken wiederum entwickelt sich in dieser Zeit gleichsam noch verborgen. Und je weniger es bereits *hervorgezerrt* wird, umso besser für das ganze spätere Leben, denn wahrhaft selbstständig wird es nur sein, *wenn* es in aller Ruhe und Allmählichkeit heranreifen darf:[340]

> Das Denken in seiner eigenen Gestalt als inneres Leben in abgezogenen Begriffen muß in der in Frage kommenden Lebensperiode noch zurücktreten. Es muß sich wie unbeeinflußt, gleichsam von selbst entwickeln, während die Seele die Gleichnisse und Bilder des Lebens und der Naturgeheiminisse vermittelt erhält. So muß inmitten der anderen Seelenerlehnisse zwischen dem siebenten Jahre und der Geschlechtsreife das Denken heranwachsen, die Urteilskraft muß so reifen, damit dann, nach erfolgter Geschlechtsreife, der Mensch fähig werde, den Dingen des Lebens und Wissens gegenüber sich in voller Selbständigkeit seine Meinungen zu bilden. Je weniger man vorher unmittelbar auf die Entwickelung der Urteilskraft einwirkt und je besser man es mittelbar durch die Entwickelung der andern Seelenkräfte tut, um so besser ist es für das ganze spätere Leben des betreffenden Menschen.

Mit der Geschlechtsreife wird dann auch der sogenannte Astralleib ‚geboren' – und nun wird der junge Mensch fähig, nach und nach wirklich eine *eigene* Urteilsfähigkeit zu entfalten. Und jetzt führt Steiner in einer langen Passage aus, warum alles Verfrühte hier von Schaden ist, weil es der Unbefangenheit und der Wahrhaftigkeit im Weg steht und so eigentlich nur Selbstgefälligkeit und Vorurteile nährt und verfestigt:[342f]

> Mit der Geschlechtsreife ist die Zeit gekommen, in der der Mensch auch dazu reif ist, sich über die Dinge, die er vorher gelernt hat, ein eigenes Urteil zu bilden. Man kann einem Menschen nichts Schlimmeres zufügen, als wenn man zu früh sein eigenes Urteil wachruft. Erst dann kann man urteilen, wenn man in sich erst Stoff zum Urteilen, zum Vergleichen aufgespeichert hat. Bildet man sich vorher selbständige Urteile, so muß diesen die Grundlage fehlen. Alle Einseitigkeit im Leben, alle öden „Glaubensbekenntnisse", die sich auf ein paar Wissensbrocken gründen, und von diesen aus richten möchten über oft durch lange Zeiträume bewährte Vorstellungserlehnisse der Menschheit, rühren von Fehlern der Erziehung in dieser Richtung her. Um reif zum Denken zu sein, muß man sich die Achtung vor dem angeeignet haben, was andere gedacht haben. Es gibt kein gesundes Denken, dem nicht ein auf selbstverständlichen Autoritätsglauben gestütztes gesundes Empfinden für die Wahrheit vorangegangen wäre. Würde dieser Erziehungsgrundsatz befolgt, man müßte es nicht erleben, daß Menschen zu jung sich reif dünken zum Urteilen und sich dadurch die Möglichkeit nehmen, allseitig und unbefangen das Leben auf sich wirken zu lassen. Denn ein jedes Urteil, das nicht auf der gehörigen Grundlage von Seelenschätzen aufgebaut ist, wirft dem Urteiler Steine in seinen Lebensweg. Denn hat man einmal über eine Sache ein Urteil gefällt, so wird man durch dieses immer beeinflußt, man nimmt ein Erlebnis dann nicht mehr so auf, wie man es aufgenommen hätte, wenn man sich nicht ein Urteil gebildet hätte, das mit dieser Sache zusammenhängt. In dem jungen Menschen *muß* der Sinn leben, zuerst zu lernen und dann zu urteilen. Das, was der Verstand über eine Sache zu sagen hat, sollte erst gesagt werden, wenn alle andren Seelenkräfte gesprochen haben; vorher sollte der Verstand nur eine vermittelnde Rolle spielen. Er sollte nur dazu dienen, das Gesehene und Gefühlte zu erfassen, es so in sich aufzunehmen, wie es sich gibt, ohne daß das unreife Urteil sich gleich der Sache bemächtigt. Deshalb sollte der junge Mensch vor dem angedeuteten Lebensalter mit allen Theorien über die Dinge verschont werden, und der Hauptwert darauf ge-

legt werden, daß er sich den Erlebnissen des Daseins gegenüberstellt, um sie in seine Seele aufzunehmen. Man kann gewiß den heranwachsenden Menschen auch mit dem bekannt machen, was Menschen über dies und jenes gedacht haben, aber man soll vermeiden, daß er sich für eine Ansicht durch ein verfrühtes Urteil engagiere. Er soll auch die Meinungen mit dem Gefühle aufnehmen, er soll, ohne gleich für das eine oder das andere sich zu entscheiden und Partei zu ergreifen, hören können: der hat das gesagt, der andere jenes. Es wird zur Pflege eines solchen Sinnes von Lehrern und Erziehern allerdings ein großer Takt verlangt, aber geisteswissenschaftliche Gesinnung ist gerade imstande, diesen Takt zu geben.[261]

Das, was Steiner hier ausführt, lässt sich *unmittelbar* auf die heutige Zeit und ihre Erscheinungen übertragen. Es ist wirklich so. Je früher ein Mensch urteilen lernt, desto subjektiver und einseitiger wird dieses Urteil immer bleiben. Er wird nie lernen, was Wahrheit ist, wird nie lernen, abzuwägen, sich zurückzuhalten, innerlich einmal zu schweigen und zu warten... Er wird nie das große Ganze erfassen – und er wird nie lernen, die Wahrheit zu *lieben*. Sehr, sehr leicht und sehr, sehr früh kann man in das Urteilen geführt werden – aber sehr schwer ist es, in der Seele eine wahre, tiefe, wahrhaftige Urteilsfähigkeit *heranreifen* zu lassen. Rudolf Steiner aber beschreibt eine *Pädagogik*, die genau dieses heilige Ziel verfolgt.

Am Ende schreibt er: ‚Erst dann, wenn in anthroposophischen Kreisen überall die Erkenntnis durchgedrungen sein wird, daß es darauf ankommt, die Lehren [der Geisteswissenschaft, H.N.] in der weitgehendsten Art für alle Verhältnisse des Lebens fruchtbar zu machen, nicht bloß über sie zu theoretisieren, dann wird sich auch das Leben verständnisvoll der Geisteswissenschaft erschließen.‘[344] Es sollten aber noch ganze zwölf Jahre vergehen, bis die Frage des Fabrikanten Emil Molt nach einer Schule für die Kinder seiner Arbeiter die Möglichkeit gab, tatsächlich mit der realen ersten Freien Waldorfschule in die Welt zu treten...

---

[261] Es ist wichtig, wirklich tief mitzuempfinden, worum es hier geht. ‚...der hat das gesagt, der andere jenes.‘ Die Seele des Kindes wird in einem reinen *Erleben* gelassen, sie lernt gerade dieses heilig-unschuldige Leben als eine Sphäre noch *vor* dem Urteilen. Ein Nicht-Urteilen, sondern Nur-Erleben. Auf diese Weise wächst in der Seele eine tiefe *Unbefangenheit*. Und erst diese *Unschuld* macht wahres Urteilen dann später möglich – denn die Seele wird ihr Eigenes nicht mit hineinmischen. Sie wird alle Dinge in sich selbst sprechen lassen – und so die Wahrheit empfinden, in selbstloser Hingabe an das, was sich ihr darbietet. • Dieses tiefe Nicht-Urteilen vor der Geschlechtsreife erscheint natürlich umso illusorischer, je schärfer in der äußeren Realität buchstäblich jede Ansicht umkämpft wird (Stichworte AfD, Corona, Ukraine, Gaza...). Auch ‚Schule‘ ist heute regelrecht gezwungen, immer früher alle möglichen Fragen aufzugreifen und ‚darüber zu sprechen‘. Dennoch gäben gerade diese Konflikte die Möglichkeit, immer wieder zu betonen, wie *vielschichtig* alles ist und dass es *die* eine Wahrheit – im Gegensatz zu vielen Verlautbarungen – so gar nicht gibt. In jedem Fall aber ist das Heilsamste, was man einer jungen Seele vor der Pubertät schenken kann, die Fähigkeit, das Urteilen noch in einer unschuldigen *Schwebe* zu lassen. • Und ob man es glaubt oder nicht: Gerade *dies* wird sie am allerbesten später vor allen Manipulationen schützen. Denn sie wird gelernt haben, still und innig alle Seiten *mitzuempfinden* – und die Wahrheit wird in ihrem Inneren aufsteigen, mehr als in jeder anderen Seele unbeeinflusst von den Verlautbarungen welcher Seite auch immer. Sie wird *überall* das Einseitige herausempfinden, wo es vorhanden ist, und der Sphäre der Wahrheit inniger und *lebendiger* verbunden sein als jede Seele, die bereits früh in das ‚Urteilen‘ hineingetrieben wurde...

Die ,Lehren der Geisteswissenschaft' beziehen sich auf *Wirklichkeiten*. Und der Geisteswissenschaftler ist gerade ein Mensch, der diese Wirklichkeiten vollkommen ernst nimmt, für den das Innere des Menschen nicht weniger wirklich ist als das Äußere, im Gegenteil. Und während der heutigen Wissenschaft oder Politik, aber auch der Pädagogik, Ideale etwas höchst Relatives, Vages und Un-Wesentliches geworden sind, sind sie für den Wissenschaftler des Geistes wie die Sonne ganz real ein *Zentrum*, das man nur dann verleugnen kann, wenn man bereits ... unwahrhaftig und un-wahr geworden ist:[262]

> Führt den Menschen sein Erkenntnisweg von der Betrachtung der Natur hinauf bis zu dem, was er als den Richtung gebenden Gott in seiner Seele *erschaut*, dann wird es ihm zuletzt eine selbstverständliche Überzeugung, daß seine Ideale ebenso gelebt werden müssen, wie die Sonne in ihren Bahnen kreisen muß. Eine Sonne, die aus ihrem Geleise tr[ä]te, störte das ganze Weltall. Das ist leicht einzusehen. Daß es auch ein Mensch tut, der nicht seine Ideale lebt, wird nur der voll zugeben, der erkennt, wie derselbe Geist im Geleise der Sonne und in den Wegen der Seele tätig ist.

Der Mensch und seine Ideale – sie sind also das Wesentliche! Und eine Gesellschaftsform (der Kapitalismus), die Millionen Menschen in sinnentfremdete Arbeit hineinzwingt, und ein Bildungswesen (das staatliche), das durch seine reale Strukturiertheit die Bedeutung von Idealen regelrecht verspottet, sie versündigen sich nicht nur an jedem einzelnen Menschen, sondern buchstäblich am Weltganzen. Die Waldorfschule sollte ernst machen mit dem Grundsatz: Im Mittelpunkt der Mensch, als ein idealisches Wesen – der wahre, der ganze Mensch. Mit der Waldorfschule trat eine Pädagogik in die Welt, die *grundsätzlich* anders war als alles Bisherige.[263]

Die Staatsschule will erziehen, weil der Mensch nun einmal ein gesellschaftliches Wesen ist und Erziehung *braucht*. Die Waldorfpädagogik will erziehen, weil der Mensch ein seelisch-geistiges Wesen ist und der vollen Entfaltung seines Wesens genügend Hindernisse und Hemmnisse im Wege stehen. Sie will jeder einzelner Individualität helfen, das in ihr individuell angelegte *Vollmenschentum* zu entwickeln. Dieses Ziel versäumt die Staatsschule gerade, weil sie es gar nicht kennt.[264]

---

[262] Aufsatz ,Luzifer', GA 34, S. 19-33, hier 24.

[263] Sie war gerade das Gegenteil jeder Gleichgültigkeit, wie sie Steiner in folgenden Worten umreißt: ,Es leben genug der Gleichgültigen unter uns. Sie genießen das Licht und die Wärme der Sonne, sie befriedigen ihre, ihnen von den Naturkräften eingepflanzten Alltagsbedürfnisse. Und wenn sie das getan haben, dann ergötzen sie sich noch höchstens an einer oberflächlichen Literatur und Kunst, die nichts sind, als ein Abglanz und Spiegelbild dieser Alltagsbedürfnisse.' Ebd.

[264] Ihre rationalisierende und von daher verlogene Argumentation wird gerade sein, dass ein Begriff wie ,Vollmenschentum' eine spirituelle Klassengesellschaft schaffe – mit der Unterscheidung in jene Menschen, die ,Vollmenschen' seien, und solche, die es nicht seien. Solche ,Argumentationen' übersehen aber gerade das Grundsätzliche. Der Begriff beschreibt ein Ideal. Und zugleich geht es um ebensolche Realitäten wie die eines guten ,Musikers', eines guten ,Staatsbürgers' etc. Der Begriff ,Vollmensch' wirft zunächst die Frage auf, was alles im Menschen an Fähigkeiten, auch moralischen, angelegt ist. Während es der Staatsschule jedoch reicht, Menschen zu guten ,Staatsbürgern' zu machen, geht die Frage für die Waldorfschule wesentlich weiter. Die Staatsschule bleibt gegenüber einem Impuls wie der ,Coolness' völlig

Die Freie Waldorfschule •

Emil Molt hatte 1906 in Stuttgart die Waldorf-Astoria-Zigarettenfabrik gegründet. Im selben Jahr wurde Molt mit seiner Frau auch Mitglied der von Steiner geleiteten Deutschen Sektion der Theosophischen Gesellschaft, deren Stuttgarter Zweig wiederum von Adolf Arenson und Carl Unger geführt wurde. Doch erst ein Gespräch mit einem seiner Arbeiter Ende 1918 führte Molt auf den Gedanken, eine Schule für die Kinder seiner damals bereits etwa eintausend Arbeiter einzurichten.[265]

Im September 1919 konnte die Waldorfschule für über zweihundertfünfzig Kinder eröffnen. Auf der Eröffnungsfeier spricht Steiner ganz offen von dem heiligen Ernst der hier zu begründenden Erziehungskunst und sagt unter anderem:[23] [266]

> Und ist es nicht schließlich eine höchste, heilige, religiöse Verpflichtung, das Göttlich-Geistige, das ja in jedem Menschen, der geboren wird, neu erscheint und sich offenbart, in der Erziehung zu pflegen? Ist dieser Erziehungsdienst nicht religiöser Kult im höchsten Sinne des Wortes? Müssen nicht alle unsere heiligsten, gerade dem religiösen Fühlen gewidmeten Menschheitsregungen zusammenfließen in dem Altardienst, den wir verrichten, indem wir heranzubilden versuchen im werdenden Kinde das sich als veranlagt offenbarende Göttlich-Geistige des Menschen!

---

indifferent, weil sie ihn zur ‚Privatsache' erklärt und gewissermaßen wie ein ‚Naturgesetz' hinnimmt. Für die Geisteswissenschaft ist klar, dass es hier nicht um *Naturtatsachen* geht, sondern um geistige – und dass dahinter impulsierende Wesenheiten stehen, nämlich solche, die den Menschen von seinem vollen Menschentum *abbringen* wollen. Denn eine Seele, die sich mit ‚Coolness' infiltriert, verliert eben die Möglichkeit, einen Großteil ihrer reineren Kräfte zu entfalten (Verehrung, Staunen, Hingabe etc.). Die Waldorfpädagogik tritt dieser Vereinseitigung, Verarmung und Vergewaltigung der Seelen entgegen, indem sie jene Wege bahnt, auf denen diese reineren Kräfte entfaltet werden *können*. • Die erwachsene Seele wird später aus eigener Freiheit diese Kräfte entweder erneut brachliegen lassen oder aber dankbar sein, dass sie ihr gerettet wurden. • Was die Staatspädagogik als ‚weltanschauliche' oder anderweitig unzulässige ‚Tingierung' oder ‚Beeinflussung' ansieht, das muss umgekehrt die Waldorfpädagogik bei der Staatsschule gerade als *unterlassene Hilfeleistung* ansehen, als Kapitulation vor dem Faktischen, das aber dem Vollmenschlichen entgegensteht. Rein abstrakt ist die Frage schlicht nicht zu entscheiden. • Selbstverständlich soll jede ‚Beeinflussung' von Seelen vermieden werden. Was aber, wenn diese *ohnehin* fortwährend beeinflusst werden? Man kommt um einen Begriff des Vollmenschlichen gar nicht herum, und insgeheim hat diesen auch die Staatsschule, nur dass sie vielem gegenüber längst völlig indifferent geworden ist und nur noch einen Rest hochhält. Das aber reicht nicht, wenn man es ernst meint. Entweder *hat* man einen Begriff vom Menschen oder nicht. Wenn man ihn aber hat, muss eine Pädagogik auch danach handeln, sonst verleugnet sie nicht nur sich selbst, sondern auch ... den Menschen. Diesem aber soll sie gerade dienen. Das aber kann sie nicht, wenn sie letztlich außer-(voll)menschlichen Impulsen wie dem der ‚Coolness' mehr oder weniger freie Bahn gibt...

[265] Wikipedia: Emil Molt. • Molt kaufte von seinem eigenen Geld ein ehemaliges Ausflugslokal auf der Stuttgarter Uhlandshöhe an und stattete die entstehende Schule mit 100.000 Mark Anfangskapital aus. Selbst als er zehn Jahre später seine Firma an einen Konkurrenten verkaufen musste, zahlte er das notwendige Schulgeld ‚seiner' Arbeiterkinder persönlich weiter. Ebd.

[266] • Ansprache Rudolf Steiner bei der Eröffnung der Freien Waldorfschule, GA 298, S. 22-34.

Lebendig werdende Wissenschaft!
Lebendig werdende Kunst!
Lebendig werdende Religion!
das ist schließlich Erziehung, das ist schließlich Unterricht.

Der Lehrer muss aus *dieser* Gesinnung unterrichten – sonst kann er den Kindern nicht gerecht werden. Eine Erziehungskunst aus der Gesinnung der materialistischen Wissenschaft heraus ist nicht denkbar, ist ein Widerspruch in sich, denn sie kann das lebendige Wesen des Kindes wie auch des Menschen überhaupt gar nicht ernst nehmen:[24f]

Man kann mit dem, was aus der gegenwärtigen Geistesgesinnung herausquillt, großartige technische Fortschritte machen [...], aber man kann nicht [...] mit einer Wissenschaftsgesinnung, die [...] allmählich zur Überzeugung gekommen ist, das menschliche Herz sei eine Pumpe,[267] der menschliche physische Leib sei ein mechanischer Betrieb –, man kann nicht mit den Gefühlen und Empfindungen, die aus dieser Wissenschaft herausfließen, sich selber so beleben, daß man künstlerischer Erzieher des werdenden Menschen sein kann. Unmöglich ist es, gerade aus dem heraus, was unsere Zeit so groß macht in der Beherrschung der toten Technik, die lebendige Kunst des Erziehens zu entwickeln. Da muß ein neuer Geist in die Menschheitsentwickelung eingreifen, der Geist eben, den wir durch unsere Geisteswissenschaft suchen. [...]
[...] Und so haben wir versucht in dem Kursus, der vorangegangen ist unserer Waldorf-Unternehmung, und der für die Lehrer bestimmt war, eine Anthropologie, eine Erziehungswissenschaft zu begründen, die eine Erziehungskunst, eine Menschheitskunde werden kann, welche aus dem Toten das Lebendige im Menschen wiedererweckt. Das Tote – und das ist das Geheimnis unserer gegenwärtigen absterbenden Kultur, das Tote, es macht den Menschen wissend, es macht den Menschen einsichtig, wenn er es aufnimmt als Naturgesetze; aber es schwächt sein Gemüt, aus dem die Begeisterung hervorgehen soll, gerade im Erziehen. Es schwächt den Willen. Es stellt den Menschen nicht harmonisch in das ganze, gesamte soziale Dasein hinein. Nach einer Wissenschaft suchen wir, die nicht bloß Wissenschaft ist, die Leben und Empfindung selber ist, und die in dem Augenblick, wo sie als Wissen in die Menschenseele einströmt, zu gleicher Zeit die Kraft entwickelt, als Liebe in ihr zu leben, um als werktätiges Wollen, als in Seelenwärme getauchte Arbeit auszuströmen, als Arbeit, die insbesondere übergeht auf das Lebendige, auf den werdenden Menschen.

Eine Wissenschaft, die *Leben und Empfindung selber ist*. Eine solche spirituelle Menschenkunde hatte Steiner in einem der Eröffnung unmittelbar vorangehenden Kurs während vierzehn Tagen den Lehrern geben wollen. Und hier, auf der Eröffnungsfeier fasst er das so Angestrebte in die Worte:[29f]

Daß fließen kann in die Lehrerwelt dasjenige, was man über den werdenden Menschen wissen kann, wie ein seelisch-geistiges Lebensblut, das, ohne erst Wissen zu sein, Kunst wird, dahin

---

[267] Auf diesen Punkt ist Rudolf Steiner viele Male zurückgekommen. Tatsächlich widerlegen unzählige Fakten dieses materialistische Modell, siehe ausführlich Branko Furst: Autonomie der Blutbewegung. Ein neuer Blick auf Herz und Kreislauf. Berlin 2020. Die Frage spielt auch eine zentrale Rolle in meinem Roman ‚Mysterium des Herzens' (2018).

muß eine lebendige Pädagogik und Didaktik der Gegenwart streben. Und von dieser lebendigen Didaktik kann allein dasjenige ausgehen, was in das kindliche Herz, in das kindliche Gemüt, in den kindlichen Intellekt eingehen soll...

Also nicht aus einem toten Wissen heraus wird der Erziehungskünstler unterrichten, sondern aus einem lebendigen Wissen heraus, das gleichzeitig seelisch-geistiges *Lebensblut* ist, man könnte sagen, ein Sich-Erfüllen mit dem Wesen des werdenden Menschen, das zugleich heilige Begeisterung wird, in der der Erziehungskünstler *geboren* wird. Warum? Weil er auf diese Weise so innig mit den Kindern zusammenzuleben beginnt, innerlich, dass er die richtigen Intuitionen einfach bekommen wird.

Eine spirituelle Menschenkunde •

Der Titel des Kures für die Lehrer lautete ‚Allgemeine Menschenkunde'.[268]

Im ersten Vortrag[269] dieses Kurses wendet Steiner das Bewusstsein der Lehrer zu den höheren Welten und Wesenheiten mit denen sie zusammenwirken müssen: ‚denjenigen Mächten, die imaginierend, inspirierend, intuitierend hinter uns stehen sollen, indem wir diese Aufgabe übernehmen'.[17] Er weckt in den künftigen Pädagogen das Bewusstsein dafür, dass sie eigentlich die Arbeit der Engel, der höheren Hierarchien fortsetzen, indem sie das aus dem Vorgeburtlichen kommende Kind empfangen:[21]

> [...] wir wollen uns bewußt werden, daß das physische Dasein hier eine Fortsetzung des Geistigen ist, daß wir durch Erziehung fortzusetzen haben dasjenige, was ohne unser Zutun besorgt worden ist von höheren Wesen. Das wird unserem Erziehungs- und Unterrichtswesen allein die richtige Stimmung geben, wenn wir uns bewußt werden: Hier in diesem Menschenwesen hast du mit deinem Tun eine Fortsetzung zu leisten für dasjenige, was höhere Wesen vor der Geburt getan haben.

Es ist dieses heilige Verantwortungsgefühl, das eine grenzenlose Begeisterung in der Seele des Pädagogen entzünden kann – und die Quelle für alles Weitere ist.

Ganz real beschreibt Steiner dann das Heruntersteigen des geistigen Menschen für eine Inkarnation in einem Leib – und diese Verbindung des Seelisch-Geistigen mit dem Lebensleib und physischen Leib muss begleitet werden, bis ins ganz Konkrete hinein. Steiner geht hier auf den Atmungsprozess ein, insofern er mit dem Nerven-Sinnesleben zusammenhängt. Gerade dieser Zusammenhang müsse erst *harmonisiert* werden.[25] Und ebenso muss das Kind erst lernen, seine Erlebnisse während des Wachens dann während des Schlafes in die geistige Welt hinaufzutragen.[26]

---

268 • GA 293, Allgemeine Menschenkunde.
269 • Erster Vortrag vom 21.8.1919, GA 293, S. 17-29.

Mögen diese Äußerungen zunächst sehr rätselhaft sein, so geben sie doch eine tiefe Empfindung dafür, wie der ganze Unterricht in seiner Gestaltung dazu beitragen muss, dem Kind die richtige, gesunde, heilsame Inkarnation zu ermöglichen – und das heißt eben: überall das Intellektuelle zu vermeiden, den ganzen Unterricht künstlerisch zu *durchdringen*, nicht im verengten Sinne künstlerisch, sondern im Sinne einer Erziehungskunst – so, dass die Seele des Kindes *atmen* kann. Die volle Bedeutung dessen verstehen wird nur der, der sich wirklich darauf einlässt. Nur dann wird man immer mehr spüren, dass es zunächst gar nicht so sehr wesentlich ist, was man unterricht, sondern *wie* der ganze Unterricht gestaltet ist, wie sehr dieser *selbst* atmet, lebt, von Seele durchdrungen ist.

Und dann weist Steiner die werdenden Lehrer unmittelbar auf ihre eigene *Selbsterziehung*, auf die ungeheure Verantwortung in *dieser* Hinsicht:[27]

> [...] Sie werden nicht gute Erzieher und Unterrichter werden, wenn Sie bloß auf dasjenige sehen werden, was Sie tun, wenn Sie nicht auf dasjenige sehen werden, was Sie sind. Wir haben ja die anthroposophisch orientierte Geisteswissenschaft eigentlich aus dem Grunde, um die Bedeutsamkeit dieser Tatsache einzusehen, daß der Mensch in der Welt wirkt nicht nur durch dasjenige, was er tut, sondern vor allem durch dasjenige, was er ist. Es ist einmal ein großer Unterschied, meine lieben Freunde, ob der eine Lehrer in die Schule durch die Klassentür zu einer kleineren oder größeren Anzahl von Schülern hineingeht oder der andere Lehrer. Es ist ein großer Unterschied, und der liegt nicht bloß darin, daß der eine Lehrer geschickter ist, die äußerlichen pädagogischen Handgriffe so oder so zu machen, als der andere; sondern der hauptsächlichste Unterschied, der wirksam ist beim Unterricht, rührt her von dem, was der Lehrer in der ganzen Zeit seines Daseins an Gedankenrichtung hat, die er durch die Klassentür hereinträgt.

Durch diese ganze Gesinnung ‚bekämpft etwas in Ihnen alles das, was bloßer Persönlichkeitsgeist ist‘,[27] und gerade dadurch ‚kommt es durch innere Kräfte, daß sich ein Verhältnis herstellt zwischen den Schülern und Ihnen‘.[28] Und auf dieses geheimnisvolle innere Band kommt alles an, erst hierauf kann eine wahre Pädagogik basieren.

Im zweiten Vortrag[270] macht Steiner die Polarität zwischen Vorstellung und Wille erlebbar. Die Vorstellung hat überhaupt kein Sein, hat bloßen Bildcharakter. In tieferer Hinsicht aber ist das Vorstellen Bild, Spiegelung des Vorgeburtlichen, des Lebens zwischen Tod und neuer Geburt.[32f] Der Wille dagegen ist das völlige Gegenteil, er ist gerade etwas Keimhaftes, was in die Zukunft weist: ‚Er ist nichts anderes, als schon der Keim in uns für das, was nach dem Tode in uns geistig-seelische Realität sein wird.‘[33] Diese Polarität wird bewirkt durch die Doppelnatur des zwischen Vorstellung und Wille lebenden Fühlens: Die Kraft der zurückstrahlenden Antipathie verwandelt fortwährend das vorgeburtliche Element in das bloß bildhafte Vorstellen, die Kraft der Sympathie führt das Seelenleben in den (Tat-)Willen, den Keim der nachtodlichen Realität.[34f]

---

270 • Zweiter Vortrag vom 22.8.1919, GA 293, S. 30-44.

Mit dieser Kraft der Antipathie, des Zurückstrahlenden, hat nun auch das Gedächtnis zu tun,[36] mit der Kraft der Sympathie dagegen die Phantasie und, bei weiterer Steigerung, die sinnliche Anschauung bzw. Wahrnehmung. Die gewöhnliche Psychologie wirft quasi zusammen, was zwei absolute Polaritäten sind. Begriff und Vorstellung sind keineswegs die abstrahierte Wahrnehmung, sie gehen aus dem mit der Antipathiekraft verbundenen Gedächtnis hervor, während die Empfindung zum Beispiel der weißen Kreide aus dem *Willen* hervorgeht, ‚der über die Sympathie und Phantasie zur Imagination wird'.[37] Körperlich entspricht diese Polarität jener zwischen den gewissermaßen immer materieller werdenden Nerven und dem sehr kurzlebigen, in jedem Moment eigentlich geistig werden wollenden Blut.[38f]

Wer also schon vor der Geschlechtsreife intellektuell-rationalistisch erzieht, der spricht im Kindeswesen die *Antipathiekräfte* an, was gerade mit dem ‚Prozeß der Leibesverhärtung, des Absterbens' zu tun hat, während das *Bildhafte*, was die Phantasie anspricht, mit der Zukunft, dem Werden zu tun hat und auf diese Weise nicht ablähmend, sondern gesundend ist.[43]

Im dritten Vortrag[271] führt Steiner dies weiter. Auch gegenüber der Natur erfasst man mit dem Denken und Vorstellen nur das, was ‚fortwährendes Sterben' ist, während das, was einen in den Sinnen in Beziehung zur Außenwelt bringt, willensmäßiger Natur ist.[48] Dann aber gibt es noch das *reine*, sinnlichkeitsfreie Denken, das die Quelle der menschlichen Freiheit ist:[50f]

Wenn der Mensch nicht etwas, was fortwährend ihm bleibt, retten könnte aus seinem vorgeburtlichen Leben durch sein Erdenleben hindurch, wenn er nicht etwas retten könnte von dem, was zuletzt während seines vorgeburtlichen Lebens zum bloßen Gedankenleben geworden ist, dann würde er niemals zur Freiheit kommen können. Denn der Mensch würde verbunden sein mit dem Toten, und er würde in dem Augenblick, wo er das, was in ihm selbst mit der toten Natur verwandt ist, zur Freiheit aufrufen wollte, ein Sterbendes zur Freiheit aufrufen wollen. Er würde, wenn er desjenigen sich bedienen wollte, was ihn als Willenswesen mit der Natur verbindet, betäubt werden; denn in dem, was ihn als Willenswesen mit der Natur verbindet, ist alles noch keimhaft. Er würde ein Naturwesen sein, aber kein freies Wesen.
Über diesen zwei Elementen – der Erfassung des Toten durch den Verstand und der Erfassung des Lebendigen, des Werdenden durch den Willen – steht im Menschen etwas, was nur er, kein anderes irdisches Wesen, von der Geburt bis zum Tode in sich trägt: das ist das reine Denken, dasjenige Denken, das sich nicht auf die äußere Natur bezieht, sondern das sich nur auf dasjenige Übersinnliche bezieht, was im Menschen selber ist, was den Menschen zum autonomen Wesen macht, zu etwas, was noch über demjenigen ist, was im Untertoten und im Überlebendigen ist. Will man daher von der menschlichen Freiheit reden, so muß man auf dieses Autonome im Menschen sehen, auf das reine sinnlichkeitsfreie Denken, in dem immer auch der Wille lebt.

Im Weiteren führt Steiner aus, dass die Tierformen nur dadurch existieren, weil der Mensch sie im Laufe der Erdenentwicklung aus seinem eigenen Wesen heraussondern musste.[52] Auch die pflanzliche und mineralische Welt wäre längst erstarrt und zerbröckelt, würde sie nicht fort-

---

271 ● Dritter Vortrag vom 23.8.1919, GA 293, S. 45–61.

während durch die gestorbenen Menschenleiber mit neuen Kräften versorgt, die selbst die Mineralien dazu veranlassen, ,ihre Kristallisationskräfte noch heute zu entfalten'.[53]

Der Mensch sei das einzige Wesen, das den ,Energieerhaltungssatz' durchbricht und während seines Lebens Kräfte und Stoffe erneuert und ,in verwandelter Form an den Erdenprozeß' abgibt, sodass durch ihn fortwährend etwas ,aus der übersinnlichen Welt in den physisch-sinnlichen Erdenprozeß einfließt'.[54] Die todbringenden Kräfte der Natur werden zum Knochen, abgeschwächt zum Nerven, die lebengebenden Kräfte wirken in Muskel und Blut.[55f] Es ist das Blut, ,das durch seine Berührung mit dem Nerven Neuschöpfung von Stoffen und Kräften bewirkt', weil es so in seiner eigenen Tendenz der Vergeistigung aufgehalten wird.[60]

Im vierten Vortrag[272] betont Steiner die Wichtigkeit gerade der Willens- und Gemütsbildung.[62] Zunächst schildert er noch einmal das neungliedrige Wesen des Menschen vom Geistesmenschen bis zum physischen Leib. Ihnen entsprechen auch verschiedene Stufen des Willens – zunächst sind dies Instinkt (physischer Leib), Trieb (Ätherleib), Begierde (Empfindungsleib) und Motiv (Ich).[66ff] Darüber hinausgehend ist dann der *Wunsch*, etwas das nächste Mal besser zu machen, das erste Element, das nach dem Tode weiterbesteht (Geistselbst).[69] Im sogenannten Unterbewussten lebt aber noch ein zweiter Mensch, der dies bis zum Vorsatz konkretisiert (Lebensgeist), während dies nach der Befreiung der Seele vom Leib zum Entschluss (Geistesmensch) wird.[70f]

Erneut betont Steiner, dass alles Intellektuelle ,schon greisenhafter Wille' sei und noch gar nicht auf das Kind wirkt.[74] Gestärkt werden Gefühl und Wille dagegen durch bewusstes *wiederholtes Tun*.[75] So kann etwa jedem Kind eine bestimmte Handlung für das ganze Schuljahr zugewiesen werden (Blumen pflegen, Tafel sauberhalten etc.), was unmittelbare Willenskultur ist.[76] Ferner ist alles Künstlerische eminent willensbildend, da es nicht nur direkt auf Üben angelegt ist, sondern in sich bereits immer wieder neu Freude macht.[77]

Der fünfte Vortrag[273] führt das Zusammenwirken der Seelenkräfte des Denkens, Fühlens und Wollens vertiefter aus. So kann man bewusst wollen nur mit Hilfe der Vorstellung.[78f] Umgekehrt lebt in allem Denken (Urteilen, Schließen) auch der Wille.[79] In den Sinnen wirken nun Nerventätigkeit (Vorstellung, Antipathie) und Blutprozess (Wille, Sympathie) zusammen.[79f] Das Kind, das noch wenig Vorstellungskräfte hat, handelt im Tun und Toben noch mehr oder weniger aus bloßer Sympathie. Der Wille aber muss vom Vorstellen erhellt werden, was in Form der *Ideale* sich etwa den bloßen Instinkten ,antipathisch' gegenüberstellt, das Animalische bekämpft.[83] – Das Fühlen wiederum steht zwischen Denken und Wollen. In Enthusiasmus und Liebe ist der Wille von Gefühl durchdrungen, ebenso lebt das Gefühl auch in Sinnestätigkeit und Denken, etwa auch in der Empfindung von der Richtigkeit eines Urteils.[85f]

---

[272] • Vierter Vortrag vom 25.8.1919, GA 293, S. 62-77.
[273] • Fünfter Vortrag vom 26.8.1919, GA 293, S. 78-90.

Im sechsten Vortrag[274] führt Steiner aus, dass wir geistig nur im erkennenden Denken wirklich wachen, im halbbewussten Fühlen dagegen träumen und im unbewussten Willensvorgang selbst schlafen.[94] Träumerische Kinder nun können durch starke Gefühle nach und nach auch zu einem hellen Erkennen kommen, scheinbar sehr stumpfe Kinder können sehr willensbegabt sein, sodass zunächst auf ihren Willen gewirkt werden kann, etwa indem man sie gehend sprechen lässt usw.[96f] Gleichzeitig ist im Denken das imaginative, im Fühlen das inspirative, im Willen das intuitive Element verborgen, wie auch im Willen die Stoffwechselvorgänge verschlafen werden, weil sie bewusst gar nicht aushaltbar wären.[100ff]

Das Seelische, so der siebte Vortrag,[275] äußert sich vor allem in der Polarität von Antipathien und Sympathien, das Geistige in Bewusstseinszuständen.[105] Im Leben des Menschen lebt das Kind sehr stark im Körper, der Erwachsene im Seelischen, der alte Mensch im Geist.[106f] Im Kind ist das Fühlen noch mit dem Wollen ‚zusammengewachsen', beim alten Menschen mit dem denkenden Erkennen. Aufgabe der Erziehung ist es auch, das Fühlen in rechter Weise vom Wollen loszulösen, damit es sich später mit dem Denken verbinden kann.[108]

Die (Sinnes-)Empfindung, führt Steiner nochmals aus, ist willensartiger Natur mit einem Einschlag von gefühlsartiger Natur, ist also wollendes Fühlen bzw. fühlendes Wollen, damit aber auch schlafendes Träumen.[109f] Wach ist der Mensch also *räumlich* weder ganz innen noch in der Peripherie, sondern nur im Zwischenbereich des Nervensystems, das geistig-seelisch gerade einen Hohlraum bedeutet, wodurch statt Leben Bewusstsein möglich ist.[114f] Dann greift Steiner auf, was er bereits in seinen Grundwerken entwickelte: dass gerade in diesem ‚Hohlraum' der Nerven die Sinnesqualitäten wieder ihr eigenes Wesen entfalten, sodass man hier wirklich selbst zum Licht oder Ton wird.[116f]

Erinnern und Vergessen wiederum ist ein *zeitliches* Aufwachen und Einschlafen eines Vorstellungskomplexes.[117f] Dieses Erinnern, führt Steiner im achten Vortrag[276] weiter, hat mit dem (schlafenden) Willen zu tun,[121] was auch der Grund ist, warum ein lebendiger Unterricht viel besser erinnert wird: Mit diesem *verbindet* sich das Kind. Je lebendiger er das Interesse erweckt, umso mehr geht er über auf den Willen und stärkt das Gedächtnis.[122]

Dann beschreibt Steiner *zwölf Sinne* des Menschen: Willensverwandt-innerlich sind der Tast-, Lebens-, Bewegungs-[277] und Gleichgewichtssinn, gefühlsverwandt sind Geruch, Geschmack, Seh- und Wärmesinn, vorstellungsverwandt-äußere Sinne sind Gehör, Sprach-, Gedankenund Ich-Sinn als Sinn für das Ich eines anderen Menschen.[124ff] [278] Weil der Mensch hier vielfältig das ihm zunächst ganz verschieden Zufließende im Urteilen verbinden muss, ‚nimmt er teil an dem inneren Leben der Dinge'.[131]

---

[274] ● Sechster Vortrag vom 27.8.1919, GA 293, S. 91-104.
[275] ● Siebter Vortrag vom 28.8.1919, GA 293, S. 105-119.
[276] ● Achter Vortrag vom 29.8.1919, GA 293, S. 120-133.
[277] Mit diesem Sinn werden etwa auch alle *Formen* mitvollzogen.
[278] Steiner beschreibt hier, wie man fortwährend mit dem Willen in den anderen Menschen ‚hineinschläft', sich dann wieder dagegen wehrt, und dieser vibrierende Wechsel zum Erkenntnisvorgang wird.[126f]

Im neunten Vortrag[279] wendet sich Steiner dem Erkenntnisvorgang zu und unterscheidet hier Schluss, Urteil und Begriff. Schon das Wahrnehmen eines einzelnen Dinges ist mit einem Schluss verbunden, dann folgt ein Urteil (‚der Löwe ist ein Tier') und zuletzt der Begriff (‚das Tier Löwe').[135] Der Schluss nun soll im vollwachenden Leben verlaufen.[136] Das Urteil – im Grunde jeder Satz – kann bereits in die träumende Seele, ins Gefühlsmäßige hinunterziehen und wird so Gewohnheit.[137] Der Begriff schließlich ‚steigt hinunter bis in die schlafende Seele [...], die fortwährend am Leibe arbeitet' und sich dann sogar bis ins Gesicht, die Physiognomie des reifen Menschen hinein offenbart.[137f] [280]

Und nun weist Steiner darauf hin, dass die Begriffe, die man an die Kinder heranbringt, allen voran der Begriff des Menschen, *lebendige* sein müssen, solche, die im Verlauf weiter wachsen können:[139f]

> Das heißt, man soll recht viel Rücksicht darauf nehmen, daß man alles, was sich auf die Schlüsse bezieht, mit den Kindern bespricht und sie nicht fertige Schlüsse immer gerade bewahren läßt, sondern nur das bewahren läßt, was zum Begriff ausreift. Aber was ist dazu notwendig? | [...] Wie muß der Begriff sein, den wir dem Menschen beibringen? Er muß lebendig sein, wenn der Mensch mit ihm soll leben können. Der Mensch muß leben, also muß der Begriff mitleben können. [...] Und wann impfen Sie ihm tote Begriffe ein? Wenn Sie dem Kinde fortwährend Definitionen geben [...]. [...] | Was müssen wir also tun? Wir sollten im Unterricht nicht definieren, wir sollten versuchen zu charakterisieren. Wir charakterisieren, wenn wir die Dinge unter möglichst viele Gesichtspunkte stellen.

Der Mensch ist der umfassendste Begriff überhaupt, vereinigt zum Beispiel alles, was im Tierreich nur einseitig auftritt: ‚Aber Sie werden alles auf den Menschen beziehen müssen. Zuletzt wird alles in der Auffassung des Kindes zusammenströmen müssen in der Idee vom Menschen. [...] Es ist sogar das Schönste, was man dem Kinde von der Schule ins spätere Leben mitgeben kann, die Idee, die möglichst vielseitige, möglichst viel enthaltende Idee vom Menschen.'[141]

Besonders lebendig sind alle Begriffe, wenn sie von Ehrfurcht, Verehrung, im weitesten Sinne einer Gebetsstimmung begleitet sind – *solche* Vorstellungen und Begriffe bleiben bis ins höchste Alter lebendig und wandeln sich dann in die Fähigkeit zu segnen um, geben also diese innerste Substanz ganz real weiter.[141]

In diesem Vortrag formuliert Steiner auch die Grundstimmungen der ersten drei Jahrsiebte. Für das nachahmende Kind bis zum Zahnwechsel ist es die unbewusste Überzeugung: Die Welt ist moralisch (gut).[142] Bis zur Geschlechtsreife lebt das Kind in der Stimmung: Die Welt ist schön. Und dann folgt als drittes: Die Welt ist wahr.[143f] Auch dies bedeutet, dass der Unterricht der Volksschulzeit von *Schönheit* durchdrungen sein muss.

---

[279] ● Neunter Vortrag vom 30.8.1919, GA 293, S. 133-145.

[280] Steiner weist darauf hin, dass die Physiognomien immer uniformer, immer weniger ausgeprägt seien – eine Folge dessen, dass immer weniger klare, wirklich eigenständige Begriffe mehr gebildet werden.[138f]

Im zehnten Vortrag[281] macht Rudolf Steiner die leibliche Gestalt des Menschen lebendig. Der Kopf ist etwas abgeschlossen Kugeliges, sozusagen nur Leib; die Mitte, die ‚Brust', ist eigentlich ein ‚Halbmond', der nach vorwärts eigentlich in das unsichtbare Seelische übergeht; die Gliedmaßen der Peripherie sind gleichsam wie Radien.[146ff] Nun hat auch der Kopf in den Kinnladen seine Gliedmaßen, das Willenshafte.[150] Während der Kopf den Mittelpunkt in sich hat, hat das Gliedmaßensystem seinen Mittelpunkt im gesamten Umkreis, von dem aus die Gliedmaßen eigentlich ‚eingesetzt' werden. In den Gliedmaßen ist der Mensch am wenigsten sichtbar, denn das Geistige umfasst im Grunde die ganze Welt.[151f] Auch im mittleren Teil schließen sich die Rippen nur nach hinten und oben zu ganz ab, der Rest offenbart den Bezug zum Makrokosmos.[152f]

Die Gliedmaßen nehmen die Bewegung der Welt auf, aller Tanz ist ursprünglich die Nachahmung der Planetenbewegungen.[153f] Während die Gliedmaßen unbewusst mit der Außenwelt mitleben, tun dies die ruhenden Hauptesorgane nicht, sondern strahlen diese Bewegung in die Brust zurück und machen sie so zu den Sinnesempfindungen.[154f]

Im elften Vortrag[282] weist Steiner darauf hin, dass natürlich auch der Kopf nicht nur Leib ist, aber dass beim kleinen Kinde im Kopf das Seelische schläft und der Geist träumt, weil es mit seinem Seelisch-Geistigen noch außerhalb seines Leibes und in seiner Umgebung ist, worauf die Nachahmung beruht.[160f] Der Gliedmaßenmensch ist umgekehrt von Geburt an wach, aber unentwickelt, und nun formuliert Steiner für die Pädagogik:[162]

> Eigentlich brauchen wir nur den Gliedmaßenmenschen auszubilden und einen Teil des Brustmenschen. Denn der Gliedmaßenmensch und der Brustmensch, die haben dann die Aufgabe, den Kopfmenschen aufzuwecken, so daß Sie also hier eigentlich erst die wirkliche Charakteristik des Erziehens und Unterrichtens bekommen.

Nur deshalb kann man Menschen erziehen, die vielleicht sogar viel genialer werden als man selbst – es geht im Grunde nur um die Willenserziehung und einen Teil der Gemütserziehung.[163] [283] Dies aber stellt eben größte Anforderungen an die eigene moralische Selbsterziehung des Erziehers.[163f]

Die Notwendigkeit, dass *gesundend* nur über den Willen der Kopfgeist geweckt werden darf, bedeutet auch, dass das Schreiben ausgehend vom Bewegten und Künstlerischen unterrichtet werden muss.[167f] In der Volksschulzeit geht es vor allem um die Lebensentwicklung (das Ätherische), die vorwiegend mit dem Brustmenschen zu tun hat.[168] Ein Übermaß an Gedächtnisbildung übertreibt das Längenwachstum, ein Übermaß an Phantasie hemmt es.[169]

In den beiden folgenden Vorträgen geht Steiner weiter auf leibliche Zusammenhänge, Gesundheit und Krankheit, sinnvolles Tätigsein und dessen Zusammenhang mit dem Geistigen ein,

---

281 • Zehnter Vortrag vom 1.9.1919, GA 293, S. 146-159.
282 • Elfter Vortrag vom 2.9.1919, GA 293, S. 160-172.
283 Gerade dieser Umstand ist auch Grundlage einer ‚Erziehung zur Freiheit'!

und im letzten Vortrag gibt er nochmals grundlegende Hinweise für die Selbsterziehung des Lehrers.[284]

Notwendig für den Pädagogen ist das ‚ganz zusammenstimmende Leben zwischen dem Lehrer und den Schülern', der Lehrer muss seinen ganzen Lehrstoff immer wieder neu phantasievoll gestalten. Pedanterie muss er seiner ganzen Gesinnung nach als etwas für den Lehrer zutiefst Unmoralisches empfinden.[202] Hinzukommen müssen Mut zur Wahrheit, gerade auch in Bezug auf das Geistige, und Verantwortlichkeitsgefühl gegenüber der Wahrheit:[204]

> Phantasiebedürfnis, Wahrheitssinn, Verantwortlichkeitsgefühl, das sind die drei Kräfte, die die Nerven der Pädagogik sind. Und wer Pädagogik in sich aufnehmen will, der schreibe sich vor diese Pädagogik als Motto:
> Durchdringe dich mit Phantasiefähigkeit,
> habe den Mut zur Wahrheit,
> schärfe dein Gefühl für seelische Verantwortlichkeit.

Damit klingt der Kurs für die Lehrer aus.

Bereits am Vorabend des Kurses hielt Steiner eine Ansprache an die Lehrer,[285] in der er gleich zu Beginn festhält: ‚Die Waldorfschule muß eine wirkliche Kulturtat sein, um eine Erneuerung unseres Geisteslebens der Gegenwart zu erreichen.'[13]

Im Weiteren weist er darauf hin, dass die Freie Waldorfschule keinen Direktor haben, sondern im Sinne einer Lehrer-Republik selbstverwaltet sein werde. Daher gebe es auch keine Verordnungen und ‚Ruhekissen' hinter einem, sondern jeder sei voll verantwortlich für das, was zu tun ist. Was aber statt eines Rektorates die Schule zu einer Einheit machen werde, sei gerade dasjenige, was durch den Kurs der ‚Allgemeinen Menschenkunde' erarbeitet werde, also ein *spirituelles Verständnis* vom Wesen des Kindes und des Menschen überhaupt.[14]

Die Anthroposophie werde also kein Lehrinhalt sein, sondern die Quelle lebendiger Pädagogik und Didaktik.[15] Damit einhergehen müsse ein aufrichtigstes Interesse am Menschlichen und Menschheitlichen überhaupt – und damit endet Steiners Ansprache:[15f]

> Wir müssen uns bewußt sein der großen Aufgaben. Wir dürfen nicht bloß Pädagogen sein, sondern wir werden Kulturmenschen im höchsten Grade, im höchsten Sinne des Wortes sein müssen. Wir müssen lebendiges Interesse haben für alles, was heute in der Zeit vor sich geht, sonst sind wir für diese Schule schlechte Lehrer. Wir dürfen uns nicht nur einsetzen für unsere besonderen Aufgaben. Wir werden nur dann gute Lehrer sein, wenn wir lebendiges Interesse haben für alles, was in der Welt vorgeht. Durch das Interesse für die Welt müssen wir erst den Enthusiasmus gewinnen, den wir gebrauchen für die Schule und für unsere Arbeitsaufgaben. Dazu sind nötig Elastizität des Geistigen und Hingabe an unsere Aufgabe.

---

[284] ● Vierzehnter Vortrag vom 2.9.1919, GA 293, S. 195-204.
[285] ● Ansprache, 20.8.1919, GA 293, S. 13-16.

Das ist die Waldorfschule, das ist Waldorfpädagogik – es ist gleichsam in Pädagogik geronnener Enthusiasmus für alles Menschliche, aber aus einem heiligen Verständnis heraus...

Erziehungskunst (Methodisch-Didaktisches) •

Parallel zu den Vorträgen über die spirituelle Menschenkunde hielt Steiner mehr methodisch-didaktische Vorträge.[286]

Hier geht er etwa im ersten Vortrag auf die Einführung der Buchstaben aus einem unmittelbar Bildhaften ein und betont dann grundsätzlich, wie der ganze Unterricht durchseelt und künstlerisch durchdrungen sein müsse, denn nur so wird der *ganze* Mensch erreicht:[10f] [287]

> Wir müssen Kunst lehren im Zeichnen und so weiter, wir müssen Seelisches lehren im Rechnen, und wir müssen auf künstlerische Art Konventionelles lehren im Lesen und Schreiben: wir müssen den ganzen Unterricht durchdringen mit einem künstlerischen Element. Daher werden wir von Anfang an einen großen Wert darauf zu legen haben, daß wir das Künstlerische im Kinde pflegen. Das Künstlerische wirkt ja ganz besonders auf die Willensnatur des Menschen. Dadurch dringen wir zu etwas vor, das mit dem ganzen Menschen zusammenhängt, während das, was mit dem Konventionellen zusammenhängt, nur mit dem Kopfmenschen zu tun hat. Daher werden wir so vorgehen, daß wir jedes Kind etwas Zeichnerisches und etwas Malerisches pflegen lassen. Wir beginnen also mit dem Zeichnerischen und Zeichnerisch-Malerischen in der einfachsten Weise. Aber auch mit Musikalischem beginnen wir, so daß das Kind sich von Anfang an gewöhnt, gleich irgendein Instrument zu handhaben, damit künstlerisches Gefühl in dem Kinde belebt werde. Dann wird es auch Gefühl dafür bekommen, etwas aus dem ganzen Menschen heraus zu fühlen, was sonst nur konventionell ist.
> Es wird in der Methodik unsere Aufgabe sein, daß wir immer den ganzen Menschen in Anspruch nehmen. Wir würden das nicht können, wenn wir nicht auf die Ausbildung eines im Menschen veranlagten künstlerischen Gefühls unser Augenmerk richten würden. Damit werden wir auch für später den Menschen geneigt machen, seiner ganzen Wesenheit nach Interesse für die ganze Welt zu gewinnen.

Dem dienen auch die für die Waldorfschule so charakteristischen *Tafelbilder*, die vom Klassenlehrer insbesondere in den ersten Jahren mit farbigen Kreiden liebevoll gestaltet werden. Wer diese einmal erlebt hat, weiß, wie sehr allein schon durch diese die ganze Seele tief in etwas *eintauchen* kann... Und um dieses Mysterium geht es.

Im zweiten Vortrag[288] betont Steiner erneut die Notwendigkeit der ‚Durchdringung unseres Erziehungsimpulses mit der Empfindung von der kosmischen Bedeutung des ganzen Menschen‘.[34] Er verweist dann wiederum auf den Zusammenhang zwischen Wille, Sympathie-

---

[286] • GA 294, Erziehungskunst – Methodisch-Didaktisches.
[287] Erster Vortrag vom 21.8.1919, GA 294, S. 7-22.
[288] • Zweiter Vortrag vom 22.8.1919, GA 294, S. 23-36.

kraft und dem Nachtodlich-Zukünftigen und führt aus, dass wesentlich für die Willenserziehung des Kindes gerade auch die Sympathie, die Liebe des *Lehrers* ist:[34-36]

> Was wird denn daher der eigentliche Impuls für die Willenserziehung sein müssen? Es kann kein anderer sein, als daß wir selber Sympathie mit dem Zögling entwickeln. Je bessere Sympathien wir mit ihm entwickeln, desto bessere Methoden werden wir in der Erziehung haben. [...] Durch das, was wir im Seminar versuchten, werden Sie nur ein guter Erzieher für das Vorstellungsleben des Kindes. Für sein Willensleben werden Sie ein guter Erzieher, wenn Sie versuchen, jeden einzelnen mit Sympathie, mit wirklicher Sympathie zu umgeben. Diese Dinge gehören auch zum Erziehen: Antipathie, die uns befähigt zum Begreifen – Sympathie, die uns befähigt zum Lieben.

Mit anderen Worten: In der Waldorfpädagogik ist die *Liebe* unmittelbar ‚Erziehungsmethode'.

Die Liebe des Kindes wiederum, etwa zur lebendigen Natur, kann nur dann gefördert werden, wenn diese nicht durch intellektuelle ‚Erklärungen' gerade erötet wird. Steiner betont, dass alles Verstehen in den *Unterricht* gehört – dass aber mit dem Hinaustreten in die Natur nur noch die Freude an ihrer Schönheit, also auch hier das unmittelbare Eintauchen, die lebendige *Beziehung* das einzig Wesentliche sein soll:[50f] [289]

> Wir sollten zum Beispiel eines nicht versäumen – wenn wir mit den Kindern, die wir unterrichten, nun auch [...] in die Berge, in die Felder gehen, [...] sollten wir vor allem immer im Auge behalten, daß der naturkundliche Unterricht selbst nur in das Schulgebäude hineingehört. Nehmen wir an [...], wir lenken ihre Augen auf einen Stein oder auf eine Blume. Dabei sollten wir streng vermeiden, in der Natur draußen dasjenige anklingen zu lassen, was wir im Schulgebäude drinnen lehren. [...] Wir sollten das nie versäumen, sie darauf aufmerksam zu machen: Wir bringen euch ins Freie, damit ihr die Schönheit der Natur empfindet, und wir nehmen die Produkte der Natur hinein in das Schulhaus, damit wir euch drinnen die Natur zergliedern können. [...] Man sollte schon in den Kindern eine Art Gefühl hervorrufen: Wir müssen leider die Natur zergliedern, wenn wir sie ins Klassenzimmer führen. [...] Die wissenschaftliche Erklärung des Käfers gehört ins Klassenzimmer! Freude an dem Käfer hervorrufen, Freude an seinem Laufen, an seiner Possierlichkeit, an seinem Verhältnis zur übrigen Natur, das sollten wir bewirken, wenn wir die Kinder ins Freie bringen.

Dieses Ansprechen der *Empfindungsfähigkeit* der Kinder kann noch wesentlich weiter gehen. So beschreibt Steiner, wie ursprünglich alles Plastisch-Bildnerische ein Nachbilden der ‚Welten-Himmelsordnung' war, während im Musikalischen ‚der Mensch selbst schaffend' sei und auch damit den Grund für die zukünftigen Erdenzustände schaffe.[49] Und selbst für solche Zusammenhänge und Geheimnisse könne man in den Kindern ein erstes Empfinden erwecken:[51]

> Und so sollten wir auch nicht versäumen, diese deutliche Empfindung in der Kinderseele hervorzurufen, daß im Musikalischen ein Schöpferisches vorhanden ist, ein über die Natur Hinausgehendes, und daß der Mensch selbst Mitschöpfer wird an der Natur, indem er das Musika-

---

[289] ● Dritter Vortrag vom 23.8.1919, GA 294, S. 37-51.

lische entwickelt. Das wird natürlich sehr primitiv als Empfindung geformt werden müssen, aber es wird das erste sein, was gerade von dem willensartigen Element der Musik ausgehen muß: daß sich der Mensch im Kosmischen drinnen fühlt!

Wer bereits dies als ‚dogmatische Indoktrinierung' empfindet – was durchaus verständlich ist –, muss sich jedoch fragen lassen, wie weit und tief seine *eigene* Seele bereits indoktriniert wurde – mit massiven, täglich sich wiederholenden Vorstellungswelten, die einen solchen Zusammenhang zwischen dem Menschenwesen und dem (geistig-physischen) Kosmos überhaupt nicht mehr denken und empfinden können und dies auch gar nicht mehr wollen.

Dies aber ist bereits Folge eines durch und durch materialistischen Weltbildes, das bereits im Kindergarten, spätestens aber in der Grundschule an die Kinder herangebracht wird, indem buchstäblich *zwanghaft* alles auch nur möglicherweise Spirituelle von ihren Seelen ferngehalten wird. Und gerade dies ist Indoktrination pur. Es ist nicht etwa ‚weltanschaulich neutral', es ist *pure* Weltanschauung. Denn jedes *Verschweigen* eines göttlich-geistigen Zusammenhanges des Menschen mit einem höheren Ganzen – machen wir uns nichts vor – bedeutet im Grunde schon dessen Leugnung. Denn sollte es diesen Zusammenhang geben, wäre nichts wichtiger, als auch eine Empfindungsfähigkeit für diesen in der Seele zu nähren. Rudolf Steiner hat dies sehr klar gesehen. An anderer Stelle sagt er 1916:[290]

> Zum Herrn macht sich die materialistische Kultur schon über die zarte Kindesseele, indem sie dieser zarten Kindesseele die materialistische Schule aufdrängt [...].

Im vierten Vortrag[291] behandelt Steiner die erste Schulstunde und verweist dann genereller darauf, wie fruchtbar es wiederum für die Willensbildung des Kindes ist, wenn ihm gegenüber *Künftiges* angesprochen wird, das Kind in eine Erwartung geführt wird:[59]

> Schon das wird außerordentlich gut auf das Kind in methodischer Beziehung wirken, wenn Sie ihm in den ersten Stunden davon gesprochen haben, daß es Schreiben, Lesen und Rechnen zwar jetzt noch nicht kann, aber alle diese Dinge in der Schule lernen wird. Dadurch prägt sich in dem Kinde die Hoffnung aus, der Wunsch, der Vorsatz, und es lebt sich durch das, was sie selber tun, in eine Gefühlswelt hinein, die wieder Ansporn ist zur Willenswelt. Also selbst das können Sie tun, daß Sie in bezug auf das Erzieherische das, was Sie später tun wollen, nicht unmittelbar an das Kind heranbringen, sondern es einige Zeit in der Erwartung lassen. Das wirkt außerordentlich günstig auf die Willensausbildung des werdenden Menschen.

---

[290] Vortrag vom 2.1.1916, GA 165, S. 125-139, hier 135. • Und er weist zusätzlich darauf hin, dass diese Kultur sogar ‚weniger durch den Inhalt desjenigen, was sie lehrt, als durch die Art, wie sie lehren muß, die ganze Seele materialistisch gefügig macht'. Ebd. • Es beginnt also schon bei der materialistischen *Haltung* und der ganzen Konfiguration des materialistisch denkenden *Verstandes* – die entsprechende Prägung und (unbewusste) Indoktrination geschieht auf sämtlichen Ebenen! Das ist es, was der materialistische Verstand eben selbst überhaupt nicht *begreifen* kann. Er hält es für ‚normal', aber es ist reinste Indoktrination, nämlich die Aufprägung seines eigenen Gefängnisses auf alle übrigen Seelen, die er ‚unterrichtet'.
[291] • Vierter Vortrag vom 25.8.1919, GA 294, S. 52-66.

In demselben Vortrag beschreibt er, wie die Eurythmie, die ja eine Bewegungskunst ist, die mit dem Ätherischen des Menschen, aber auch seiner Sprache, zusammenhängt, bis in die *Seele* hinein gesundend ist, zugleich aber auf die soziale Wahrnehmungsfähigkeit wirkt, weil die Bewegung in der Regel gemeinsam geschieht:[62]

> Es muß wieder eine Art Gesundung des Seelenwesens eintreten. Daher wird es besonders wichtig sein, daß zu dem Materialistisch-Hygienischen des Turnunterrichts [...] hinzugefügt werde die Hygiene der Seele [...]. Da wird, wenn auch Eurythmie in erster Linie etwas Künstlerisches ist, das hygienische Element der Eurythmie zum besonderen Vorteil des zu Erziehenden werden, denn die Menschen werden nicht nur etwas Künstlerisches in der Eurythmie lernen, sondern sie werden durch die Eurythmie für die Seele dasselbe lernen, was sie vom Turnen für den Leib lernen [...]. Es kommt darauf an, daß wir wirklich unsere Kinder so erziehen, daß sie wieder auf die Umwelt, auf ihre Mitmenschen achten lernen. Das ist ja die Grundlage alles sozialen Lebens. Heute redet jeder von sozialen Impulsen, aber lauter antisoziale Triebe sind unter den Menschen vorhanden. Sozialismus müßte damit beginnen, daß die Menschen sich wieder achten lernen. Das können sie nur, wenn sie einander wirklich zuhören. Es ist außerordentlich wichtig, daß man auf diese Dinge wieder die Empfindung lenkt, wenn man Erzieher und Unterrichter werden soll.

In den staatlichen Lehrplänen, die mit Inhalten geradezu überfrachtet sind, kommt das Ausbilden des *Fühlens* und der Seelenkräfte insgesamt nahezu überhaupt vor – und dies, während dieses staatliche Schulsystem vielfach kurz vor dem Kollaps steht. Bereits vor mehr als zwei Jahrzehnten schilderte der Rektor einer Göttinger Grundschule in einem Buch eindrücklich, wie Kinder heute vielfach schon aus zerrütteten Familienverhältnissen kommen und eigentlich der ganz überwiegende Teil der Zeit dafür notwendig ist, Konflikte zu klären und basale *soziale Fähigkeiten* zu veranlagen – ganz abgesehen von der Notwendigkeit, eine Klassengemeinschaft zu bilden, was viele LehrerInnen heute ebenfalls als ganz außerhalb ihrer Aufgaben liegend ansehen.[292]

Der überwiegend Teil der Zeit! Jede Pädagogik, die sich vor allem auf den ‚Stoff‘ konzentriert, ist also zum *Scheitern* verurteilt. Vor allem erfüllt sie ihre eigentliche Aufgabe nicht: die Bildung und Begleitung des *Menschen*. Eines Wesens, das die heutige Pädagogik immer weniger zu kennen (und kennen zu wollen) scheint...

Zurück zu Rudolf Steiner. In dem Vortrag beschreibt er auch, wie jedes *Zuhören* im Grunde nichts anderes als eine unsichtbare Eurythmie ist, weil man auch hier in die Sprache eintaucht und insbesondere bei bestimmten Worten wirklich mit-macht. Hier entwickelt Steiner absolute Grundphänomene der Sprache, die heute ebenfalls keinerlei Berücksichtigung finden, obwohl auch sie die Geheimnisse der Sprache gerade mit dem *ganzen* Menschen verbinden würden. Es beschreibt in Bezug auf die meist nur ganz abstrakt behandelten Wortarten ‚Substantiv‘, ‚Adjektiv‘ und ‚Verb‘, wie jedes Hauptwort eigentlich ein Sich-Gegenüberstellen ist (Denken, Körperwelt), jedes Eigenschaftswort etwas Verbindendes (Fühlen, Seele), jedes Tä-

---

292 Karl Gebauer: „Ich hab sie ja nur leicht gewürgt“. Mit Schulkindern über Gewalt reden. Stuttgart 2000.

tigkeitswort aber wirklich ein inneres Mittun, ein tätiges Aufgehen des Ich in der Umwelt (Wille, Geist).[60-63]

Überhaupt ist die Sprache etwas zutiefst Geistiges, nicht zuletzt verdankt der Mensch ihr sein Ich-Gefühl. Und mit einem Bewusstsein für all diese tiefen Zusammenhänge wird man ganz anders unterrichten können, als wenn man völlig blind und taub dafür ist:[65f]

> Das ist etwas, was unter vielen andern Dingen auch wieder belebt werden muß und woran wir, wenn wir es beleben werden, deutlich fühlen lernen können, was wir an dem Sprechen haben. Wir verdanken vieles in unserem Ich-Gefühl, daß wir uns als Persönlichkeit fühlen, gerade der Sprache. Und es kann sich schon im Menschen sogar bis zu etwas wie Gebetsstimmung das Ge- fühl erheben: Ich höre sprechen in der Sprache um mich her, da fließt die Kraft des Ich durch die Sprache in mich hinein![293] – Haben Sie dieses Gefühl von der Heiligkeit des Aufrufens des Ich durch die Sprache, dann werden Sie es auch durch die verschiedenen Maßnahmen bei den Kindern erwecken können. Und dann werden Sie namentlich das Ich-Gefühl bei den Kindern nicht in egoistischer Weise erwecken, sondern in einer andern Weise. Denn man kann das Ich- Gefühl in zweifacher Weise beim Kinde erwecken. Wenn man es falsch erweckt, dann wirkt es gerade zur Anfachung des Egoismus, wenn man es richtig erweckt, wirkt es zur Anfachung des Willens, geradezu zur Selbstlosigkeit, gerade zum Leben mit der Außenwelt.[294]

In diesem Zusammenhang soll noch eine Passage eines anderen Vortrages hinzugezogen wer- den, die das heilige Geheimnis der Sprache und der Eurythmie noch einmal erlebbar macht. Hier führt Steiner aus, wie man empfinden kann, dass die *Wahrheit* der Seele im Sprechen ei- gentlich immer schon erstirbt, wie auch Schiller einmal formulierte: ‚*Spricht* die Seele, so spricht ach! schon die *Seele* nicht mehr.' Die erste Zeile dieser Xenie lautet: ‚Warum kann der lebendige Geist dem Geist nicht erscheinen?' Und so, fährt Steiner fort, müsste man sich ei- gentlich in tiefer Wahrhaftigkeit gestehen: Mit jeder Behauptung sagst du die Unwahrheit. Die Geisteswissenschaft aber charakterisiert daher alles immer wieder von verschiedensten Seiten aus, denn nur so kann ein Ganzes entstehen – alle Worte können immer wieder nur *hinweisen*. Und dann sagt Steiner:[295]

---

[293] Wieder geht es hier um die *Selbsterziehung* des Erziehers. Und an Passagen wie diesen kann man sein Empfinden dafür schulen, was eigentlich die Quelle so vieler ‚Indoktrinations-Vorwürfe' ist: Man will sich *bereits selbst* nicht in dem entsprechenden Sinne verwandeln, empfindungsfähiger machen, wieder fähig werden, das Höhere auch zu erleben. Man *will* dumpf und taub bleiben, weil das so schön bequem ist und den eigenen Selbstbezug und Selbsgenuss so schön stärkt... *Das* ist die absolute Stärke des Materi- alismus. Man muss überhaupt nichts Höheres anerkennen, man muss sich auch gar nicht verwandeln – man muss nur den Zumutungen des Kapitalismus etc. gehorchen, aber da findet man schon seine Wege... • Die Quelle der ‚Indoktrinationsvorwürfe' ist also sehr oft eigene Faulheit und Liebe zum subtilen Egoismus, man ist also längst Opfer einer ganz *anderen*, realen Indoktrination geworden – und merkt es noch nicht einmal, nicht einmal annähernd.

[294] Erinnern wir uns auch nochmals an die wunderbare Unbefangenheit des ‚der hat das gesagt, der andere je- nes' (siehe Seite 253). Um dieses tief selbstlose Eintauchen und Mit-leben geht es. Erst diese heilige See- lenhaltung *verbindet* sich ... mit der Wirklichkeit.

[295] Vortrag vom 16.10.1918, GA 182, S. 161-189, hier 185, das Vorherige S. 184.

Derjenige, der nämlich glaubt, daß die Worte selbst etwas anderes sind als eine Eurythmie, der irrt sich gar sehr. Die Worte sind nur eine vom Kehlkopf ausgeführte, von der Luft mitbewirkte Eurythmie. Sie sind bloß Gebärden, nur daß sie nicht mit den Händen und mit den Füßen gemacht werden, die Gebärden, sondern daß sie mit dem Kehlkopf gemacht werden. Wir müssen uns bewußt werden, daß wir nur hindeuten auf irgend etwas, und daß wir nur dann ein richtiges Verhältnis zur Wahrheit gewinnen, wenn wir in dem Worte Hindeutungen auf dasjenige sehen, was wir ausdrücken wollen, und wenn wir als Menschen so miteinander leben, daß wir uns bewußt sind, daß in den Worten Hindeutungen leben. Darauf will unter anderem auch die Eurythmie weisen, die den ganzen Menschen zum Kehlkopf macht, das heißt, durch den ganzen Menschen das ausdrückt, was sonst nur der Kehlkopf ausdrückt, damit die Menschen wiederum verspüren, daß auch, wenn sie die Lautsprache sprechen, sie nur Gebärden machen. | [...] Wir erstehen nur dann aus der Ohnmacht, die wir schon der Sprache gegenüber empfinden können, wir feiern daraus die Auferstehung, wenn wir verstehen, daß, indem wir den Mund aufmachen, wir bereits christlich sein müssen. Dasjenige, was geworden ist aus dem Worte, aus dem Logos im Laufe der Entwickelung, es ist nur dann zu verstehen, wenn der Logos wiederum mit dem Christus verbunden wird, wenn wir uns bewußt werden: Unser Leib, indem er das Werkzeug des Aussprechens wird, zwingt die Wahrheit herunter, so daß sie teilweise erstirbt auf unseren Lippen, und wir beleben sie wiederum in Christo, wenn wir uns bewußt werden, daß wir sie vergeistigen müssen, das heißt, den Geist mitdenken, nicht die Sprache als solche hinnehmen, sondern den Geist mitdenken. – Das müssen wir lernen, meine lieben Freunde.

In der Eurythmie liegt also eine tiefe, heilige Erziehung zur *Wahrhaftigkeit*. Weil sie erlebbar macht, dass Sprache nicht *verfügbar* ist, nicht einfach Instrument, um eigene Meinungen auszudrücken und in die Welt zu ‚pfahlen' – sondern heiliges Element ist, in dem die *Seele* etwas ausdrücken kann ... Wahrheit, und dies umso mehr, je aufrichtiger, je wahrhaftiger, je selbstloser sie ist. Die Sprache als zarter, heiliger Hinweis – Hinweis auf etwas, was erst *hinter* der Sprache lebt oder leben soll. Dies ist es, was durch Eurythmie erlebbar werden kann.

Immer wieder hat Steiner formuliert, dass es heute nicht mehr einfach nur darauf ankommt, *was* irgendwo gesagt oder geschrieben wird, sondern *wie* es gesagt wird und *wer* es sagt. Die Worte allein sind heute tot, reine Hinweiser. *Leben* gewinnen sie erst, wenn wirklich eine *Seele* dahintersteht. Dies aber muss innerlich wahrgemacht werden. Der eine plappert etwas daher und ist stolz auf seine eigene Meinung, doch alles, was er sagt, ist entweder rein selbstbezogen oder aber bloße Phrase. Ein Anderer durchdringt jedes Wort mit der Aufrichtigkeit seines ganzen Wesens – oder spricht von Wahrheiten, bei denen er jeden Satz individuell erkämpft hat.[296]

Das ist die Wirklichkeit – nicht die bloßen Worte. Es geht um das Dahinter, und dafür muss die Menschheit wach werden! Andernfalls wird das Menschliche immer weiter verloren werden.

---

[296] Siehe zum Beispiel Vortrag vom 26.10.1918, GA 185, S. 105-124, hier 116, wo Steiner den abstrakten Politiker Woodrow Wilson und den geistvollen Kunsthistoriker Herman Grimm einander gegenüberstellt.

Die Eurythmie führt die Seele zu wirklicher innerer Tiefe, sie ist nicht nur ein Aufwachen im Fühlen, sondern auch im Willen, ist im Grunde ‚wacher Wille'.[297]

Kehren wir zurück zum methodisch-didaktischen Kurs für die Lehrer. Wir sehen, wie es überall um die Wirklichkeit und das Erleben eines *Ganzen* geht, was auch erst den ganzen Menschen anspricht – sei es im Unterricht der Schrift, sei es im Erleben der Wortarten.

Dasselbe aber gilt auch für das Rechnen. Auch hier soll in der Addition die *Summe* zunächst das erste sein – und die Aufteilung in Addenden das sekundäre, wie Steiner bereits im ersten Vortrag beschreibt.[14] Im fünften Vortrag[298] greift er beides auf und formuliert:[72]

> [...] gehen wir auch hier von dem Ganzen ins Einzelne. Das hat den großen Vorteil [...], daß wir es erreichen, das Kind wirklich auch lebendig in die Welt hineinzustellen; denn die Welt ist ein Ganzes, und das Kind bleibt in fortwährender Verbindung mit dem lebendigen Ganzen [...]

Wie sehr es Steiner um das *freie Atmen* des Unterrichts und der Kindesseele ging, zeigt sich etwa daran, dass er schon damals (!) die sogenannte ‚Rechtschreibung' (Orthografie) nicht eigentlich bedeutsam fand, hier unter anderem auf das Genie Goethe verwies, das zeitlebens ‚Schreibfehler' machte,[77] auch darauf, dass durch eine abstrakte Einheits-Orthographie vieles verlorengehe, ‚was früher leben konnte in der deutschen Sprache' – und dass die Hinlenkung auf eine bestimmte gemeinsame Schreibung eigentlich nur geschehen solle um des Sozialen willen, hier dann auch anknüpfend an das Autoritätsgefühl und den Verweis, dass ‚die Großen' nun einmal so schreiben würden:[78f]

> Auf der andern Seite liegt das vor für uns, daß wir nicht nur unsere Individualität im menschlichen Zusammenleben entwickeln, sondern auch die sozialen Triebe und die sozialen Gefühle. Da handelt es sich darum, daß wir einfach vieles von dem, was in unserer Individualität sich offenbaren könnte, abschleifen an dem, was wir um des Zusammenlebens willen mit den andern entwickeln sollen. [...] Sie werden das Kind immer wieder und wieder darauf aufmerksam machen müssen [...], daß es Achtung, Respekt haben soll vor den Großen, daß es hineinwächst in ein schon fertiges Leben, von dem es aufgenommen werden soll, daß es daher das zu beachten hat, was schon da ist. [...] Man sollte gar nicht den Glauben hervorrufen wollen: So ist es richtig, und so ist es falsch –, sondern man sollte nur den Glauben erwecken: So pflegen die Großen zu schreiben –, also auch da auf die lebendige Autorität bauen.

Es wird genügend Menschen geben, die sich erneut an diesem ‚Autoritäts-Bezug' stören. Bei Steiner ist dieser aber fortwährend *lebendig*, ihm geht es gerade darum, dass die Seele eine *Beziehung* zu der Welt gewinnt, in die sie hineinwächst – und ohne eine Achtung vor dem, was zunächst einmal vorgefunden wird, ist alles Soziale völlig undenkbar. Selbstverständlich

---

[297] ‚Das Wollen ist ein waches Schlafen in der Regel. Dieses Wollen muß immer mehr und mehr zum Bewußtsein erhoben werden. [...] Partiell zum Bewußtsein erhoben wird es [...] ganz hervorragend [...] durch unsere Eurythmie. Da werden Bewegungen ausgeführt aus dem vollen Bewußtsein heraus.' Vortrag vom 31.1.1920, GA 196, S. 120-134, hier 130.

[298] ● Fünfter Vortrag vom 26.8.1919, GA 294, S. 67-79.

muss irgendwann, aus der entwickelten Reife heraus, dieses Bestehende auch beurteilt, auch kritisch beurteilt werden, aber man kann nicht schon als Sechsjähriger damit anfangen! Wer sich an Steiners Verweis auf die lebendige, *geliebte* Autorität stößt, verkennt, dass Steiner gerade *Freiräume* eröffnet. Gerade in einem solchen Unterricht wird für das Kind tief erlebbar, dass so etwas wie Orthografie nicht durch eine scheinbar ‚göttliche [] Gesetzmäßigkeit‘[79] da ist, sondern nur etwas, worauf sich Menschen geeinigt haben – und immer neu einigen. Wer dagegen auf seine eigene Schulbiografie schaut, wird schnell feststellen, dass er mit der Orthografie wahrscheinlich sehr wohl wie mit etwas ‚Göttlichem‘ indoktriniert wurde, denn er hatte keine Wahl und konnte als Kind auch nicht das Gefühl ausbilden, dass diese gemeinsame Rechtschreibung gerade etwas *Soziales* sei...[299]

Den sechsten Vortrag[300] beginnt Steiner mit dem Hinweis, dass die künftigen Lehrer auch Verteidiger ihrer Pädagogik werden müssen – da die äußere Welt natürlich viel Kritik haben, die Hintergründe aber überhaupt nicht kennen wird. ‚Denn Sie werden ja, was die Waldorfschule eigentlich will, viel genauer wissen, als das der näheren oder ferneren äußeren Welt beigebracht werden kann.‘[80]

Schon diese ‚Kritiksucht‘ offenbart erneut die in unserer Zeit waltenden antisozialen Impulse, denn es ist absolut üblich geworden, etwas zu kritiseren, ohne sich wirklich eingehend darauf *eingelassen* zu haben. Und diese Tendenz ist ein Jahrhundert später nochmals massiv stärker geworden! Dies aber offenbart ein grundlegend gestörtes Verhältnis zur *Wahrheit*.

Die ‚Kritiksüchtigen‘ werden gerade auf das Gegenteil verweisen, denn sie halten sich ja in der Regel für die ‚wacheren‘ Zeitgenossen, die Irrtümer, Unhaltbarkeiten und Missstände erkannt zu haben glauben – und sich gerade darum gar nicht mehr weiter mit etwas befassen müssen. Aber wie will man Irrtümer erkennen, wenn man schon auf den ersten Augenschein hin urteilt? Sich vielleicht irgendetwas herausgreift und darauf dann sein *Gesamturteil* aufbaut (wie es gerade gegenüber Steiner, aber speziell auch gegenüber der Waldorfpädagogik regelmäßig geschieht)?

Das Verhältnis zur Wahrheit ist heute so geschädigt, dass kaum noch eine Seele wirklich *Ehrfurcht* vor der Wahrheit hat – umso weniger, als man stets bereits glaubt, sie schon zu ‚besitzen‘. Der Mann der Gegenwart sollte wissen, dass seine Frau nicht sein Eigentum ist (‚meine Frau, mein Haus, mein Auto‘) – doch gegenüber der Wahrheit hat man, und zwar beide Geschlechter, dieses buchstäblich patriarchale Denken noch immer. Man macht sich in größter

---

[299] Wie *unsozial* es heute gerade auch in Bezug auf die ‚Rechtschreibung‘ zugeht, zeigen sowohl die Versuche der ‚Gender-Befürworter‘, neue Schreibungen zu *erzwingen*, als auch insbesondere deren Gegner, die gegen jedes Gendern und damit unter anderem das Sichtbarwerden des Weiblichen in der Sprache, geradezu mit Hass polemisieren, weil sie am ‚generischen Maskulinum‘ wie an etwas festhalten, was erneut quasi-göttlich ist. All diese Phänomene, besonders aber das subtil von Hasskräften bestimmte Agieren sehr vieler ‚Gender-Gegner‘ weisen sehr *deutlich* darauf hin, dass das Empfinden, dass die Sprache etwas *Soziales* sein sollte, wie auch das soziale Empfinden überhaupt, bis in die Tiefe hinein verloren gehen. Rudolf Steiner veranlagte mit unzähligen Facetten in der Waldorfpädagogik das genaue Gegenteil.

[300] ● Sechter Vortrag vom 27.8.1919, GA 294, S. 80-94.

Flüchtigkeit ein paar Gedanken zu etwas – und glaubt regelmäßig, die Wahrheit zu *besitzen*. Welch ein Hochmut!

Gerade der Weise besitzt nur *ein* Wissen – dass er der Wahrheit nur durch fortwährende Ehrfurcht näherkommen kann... Und das scheidet die Geister tatsächlich. Denn Ehrfurcht bekommt man nicht mit einem ‚Klick'. Mit einem Klick zur Verfügung stehen nur Wikipedia und andere ‚Wissensdatenbanken' – aber auch dies ersetzt niemals die eigene Prüfung, das eigene *Verhältnis* zu dem dort Aufgelisteten und zur Wahrheit im Besonderen. Man kann eigentlich wie eine Grundregel formulieren: Je schneller jemand urteilt, um so unwahrhaftiger und gestörter ist sein Verhältnis zur Wahrheit.

In der mittelalterlichen Scholastik war es üblich, sich bei jeder Auseinandersetzung mit einer Frage in ungeheurer *Ausführlichkeit* mit den Argumenten der Gegenposition auseinanderzusetzen. In den sogenannten ‚Quaestiones' (Fragen und ihre Behandlung) wurden diese Argumente reihenweise zitiert, jedes einzeln. Und erst dann begannen die eigenen Ausführungen – die streng auf diese Argumente des Gegners eingingen. Auf diese Weise entstand eine regelrechte Kultur der Wahrhaftigkeit und Wahrheitssuche – und ein solches Verfahren ermöglichte es auch jedem Dritten, den Gedanken- und Beweisgang mit seiner eigenen Vernunft zu prüfen.[301] Diese Redlichkeit – zunächst einmal die Argumente der Gegner zu wiederholen *und* sich mit vollem Ernst mit ihnen auseinanderzusetzen – scheint heute wie ausgelöscht.

Ehrfurcht gegenüber der Wahrheit. Kein Besitz, sondern selbstlose Liebe... Für die Seele der Scholastik war die Wahrheit tatsächlich noch so etwas wie eine *Geliebte*. Man diente ihr wie ein Minnesänger – keinen Augenblick glaubte man, sie zu besitzen. Man versuchte nur alles, um ihr *würdig* zu werden...[302]

Kehren wir zurück zu Steiner. Im Weiteren verweist er auf die experimentelle Psychologie, die gerade das *Gegenteil* der Waldorfpädagogik ist, weil sie auf äußerem Wege herausfinden will, was man zu tun habe:[81]

Warum treibt man in der Gegenwart experimentelle Psychologie? Weil man die Begabung für das unmittelbare Beobachten des Menschen verloren hat. Man kann sich nicht mehr auf die Kräfte stützen, die den Menschen mit dem Menschen, also auch mit dem Kinde, verbinden, innerlich verbinden. Man will daher durch äußerliche Veranstaltungen, durch äußerliche Experi-

---

[301] Siehe zu dem ganzen Thema etwa die lesenswerten Ausführungen von William J. Hoye: Die mittelalterliche Methode der Quaestio, in: Norbert Herold, Bodo Kensmann & Sibille Mischer (Hg.): Philosophie. Studium, Text und Argument. Münster 1997, S. 155-178. Online unter hoye.de, Online-Publikationen.

[302] Nicht unwesentlich ist auch hier der Genius der Sprache. Denn ‚Quaestio' bedeutet sowohl Frage als auch Suche. Diese kann regelrecht ‚brutal' sein (so bedeutet das Wort auch ‚Befragung, Vernehmung' und auch die ‚Inquisition' enthält dasselbe Wort) oder eben auch voller *Hingabe*. Dann entspricht sie der *Sehn*sucht. Der Minnesänger war eben das volle Gegenteil des Inquisitors. ‚Quest' wiederum bedeutet nicht nur Suche, sondern gerade auch *existenzielle* Suche (Heldenreise, Âventiure), etwa die Suche nach dem heiligen Gral – oder auch die hingebungsvolle Suche nach der Wahrheit...

mente das erfahren, was man zu tun hat mit dem werdenden Kinde. Sie sehen schon: Sowohl unsere Pädagogik wie auch unsere Didaktik gehen einen viel innerlicheren Weg.

Das ist das innere Zentrum der Waldorfpädagogik: die innerliche *Verbindung* zu den Kindern, zum Wesen des Kindes. Und wieder kann man wie eine Art Grundregel formulieren: Der Waldorfpädagoge kann in diesem Bemühen auch irren – aber die experimentelle Psychologie *ist* der Irrtum, denn sie stellt sich allem, auch dem Kind, nur ganz äußerlich gegenüber.

Dabei kann sie sogar zu ganz ‚richtigen‘, zumindest richtig erscheinenden Erkenntnissen kommen, aber schon der Grundansatz ist verheerend, denn man *verliert* den wirklichen Menschen. Steiner führt dies an einem Beispiel aus. So habe die experimentelle Psychologie etwa untersucht, wie man am besten und schnellsten zur Auffassung eines Textes komme – und festgestellt, dass am zweckmäßigsten der Betroffene zunächst in den Sinn eingeführt wird, den Text dann selbst aufnimmt, sodann den Inhalt noch einmal in freier geistiger Tätigkeit wiederholt und zuletzt dasjenige nachholt, was noch unsicher bzw. unklar geblieben ist.[81f]

Man kann an einem solchen Beispiel sehr schön aus eigener Erfahrung lernen, worum es Steiner geht. Denn auch man selbst wird schnell zu dem Urteil kommen können, dass hier doch eine sehr effektive Methode beschrieben ist, geradezu ein Ideal, vielleicht sogar recht ähnlich dem, was kurz zuvor hinsichtlich der Sorgfalt der mittelalterlichen ‚Quaestio‘ beschrieben wurde. Und doch liegt nichts ferner. Und der Schlüssel liegt bereits in den verwendeten Begriffen. Die experimentelle Psychologie kommt am Ende auf etwas *Zweckmäßiges*, etwas scheinbar sehr *Effektives*. Damit aber ist sie ganz im bloß kognitiven Bereich – sie isoliert den Menschen als einen auffassenden und will diesen Teilprozess perfektionieren. Das Ergebnis ist dann entsprechend richtig, aber man hat längst die Prämissen vergessen.

Steiner führt aus, dass die Ergebnisse einer solchen Wissenschaft letztlich sogar oft geradezu trivial sind, denn sie laufen darauf hinaus, dass ‚man ein Lesestück besser lernend behält, wenn man den Sinn verstanden hat, als wenn man den Sinn nicht verstanden hat‘.[83] Nun aber kehrt Steiner zur Waldorfpädagogik zurück und macht wiederum deutlich, dass es dieser um wesentlich *mehr* geht – nämlich erneut um den *ganzen* Menschen:[83f]

Aber nun kommt etwas anderes: daß das, was man dem Sinne nach aufgenommen hat, nur auf die Betrachtung wirkt, nur auf das denkende Erkennen und daß man durch das Zum-Sinn-Erheben den Menschen einseitig heranzieht zum bloßen Betrachten der Welt, zum denkenden Erkennen. Und würden wir einzig und allein im Sinne dieses Satzes unterrichten, so würden wir Menschen herausbekommen, die alle willensschwach wären. Der Satz ist also in einer gewissen Beziehung richtig und dennoch nicht durchgreifend richtig. Er müßte nämlich obenhin noch so ausgesprochen werden: Willst du für das denkende Erkennen des Menschen das Allerbeste tun, dann tust du es, indem du bei allem, was er aufnehmen soll, den Sinn zergliederst. – Und in der Tat, wenn man einseitig nur bei allem zunächst den Sinn zergliedert, so könnte man sehr weitgehend das menschliche Betrachten der Welt erziehen. Aber man würde damit niemals den wollenden Menschen erziehen, denn das Wollen kann man nicht dadurch erzwingen, daß man den Sinn einer Sache ins helle Licht rückt. Das Wollen will schlafen, und es will nicht in dieser

Weise voll aufgeweckt sein, daß man überall, ich möchte sagen, in unkeuscher Weise den Sinn enthüllt.

Wenn es in der heutigen Zeit gar nicht so leicht ist, diese Worte Steiners nachzuvollziehen, liegt dies nur daran, wie sehr tatsächlich im gesamten modernen Leben das bloß *Kognitive* beansprucht und geradezu hypertroph ernährt wird, während die Geheimnisse der übrigen Seele, etwas das des Willens, völlig unberücksichtigt bleiben.

Steiner bringt dann das Beispiel, dass innerhalb der theosophischen Bewegung (von der sich die Anthroposophie damals bereits seit vielen Jahren völlig abgetrennt hatte) sogar so etwas wie Shakespeares ,Hamlet' theosophisch ,ausgedeutet' wurde, indem angeblich eine Person den ,Astralleib' symbolisiere, eine andere das ,Manas' etc. Dies bezeichnet er dann als ,äußerste[n] Ausläufer einer niedergehenden Kultur', eben weil es *keinerlei* Fähigkeit oder auch nur Willen zur Empfindung des Kunstwerks hat, sondern nur noch in einem immer toteren Intellekt lebt.[84]

Und nun kommt er wieder zur Waldorfpädagogik und führt aus, dass man der experimentellen Psychologie geradezu *widersprechen* muss, wenn es einem um den ganzen Menschen geht und nicht nur den intellektuellen Kopf. Geht es einem um die ganze Seele, muss das Kind gerade auch vielem begegnen (dürfen), was es noch *nicht* versteht.

Solche tiefen Wahrheiten muss man erst einmal begreifen, dann aber auch mit aller Ehrfurcht für ihre Wahrheit ernst nehmen und heiligen; nicht nur berücksichtigen, sondern wirklich heiligen – wie auch das Wesen des Kindes selbst. In größter Tiefe ernst nehmen, dass das Wichtigste gerade das sein könnte, was man noch *nicht* versteht...!

Was das Kind sich rein gedächtnismäßig zunächst einprägt, noch *bevor* es eigentlich wirklich versteht, das wirkt eben gerade auf sein Wollen und Fühlen.[85] Steiner formuliert:[85f]

> Für das denkende Erkennen müssen wir durchaus das vornehmen, wobei es darauf ankommt, den Sinn zu enthüllen: Lesen, Schreiben und so weiter; für das wollende Tun müssen wir alles ausbilden, bei dem es nicht auf ein bloßes Deuten des Sinnes ankommt, sondern auf ein unmittelbares Ergreifen durch den ganzen Menschen: Künstlerisches. Was zwischen beiden liegt, das wird vorzugsweise auf die Gefühlsbildung, auf die Gemütsbildung wirken. Auf diese Gemütsbildung wirkt es wirklich sehr stark, wenn das Kind in die Lage versetzt wird, erst etwas rein gedächtnismäßig aufzunehmen, unverstanden, ohne daß an dem Sinn, trotzdem einer vorhanden ist, herumgemäkelt wird, so daß es erst nach einiger Zeit, wenn es durch andere Maßnahmen reifer geworden ist, sich wieder daran erinnert und jetzt erst verstehen kann, was es früher aufgenommen hat. Das ist eine Feinheit in der erzieherischen Tätigkeit, die aber durchaus beachtet werden muß, wenn man innig fühlende Menschen erziehen will.

Um dies zu verstehen, kann man sein Bewusstsein einmal auf die Tatsache richten, wie *viel* einem bestimmte Kindheitserinnerungen bedeuten, wie kostbar sie einem sind. Das gleiche Geheimnis aber liegt der Kostbarkeit *solcher* Elemente der Seele zugrunde, deren Sinn sich einem erst in späteren Lebensjahren mehr und mehr enthüllt. Es sind buchstäblich *Schätze*.

Und warum nähren sie das ‚innige Fühlen'? Weil man an solchen Schätzen unter anderem die *Dankbarkeit* lernt, sie wird gleichsam unmittelbare Erfahrung. Aber schon das Sich-Einprägen von noch nicht voll Verstandenem selbst (man denke etwa an ein Gedicht) nährt dieses innige Fühlen, denn es bedeutet eine fortwährende seelische *Hingabe* – und diese ist die Quelle *jedes* innigen Fühlens. Aber all diese Zusammenhänge muss man empfinden lernen...[303]

Allein schon, um Jahr für Jahr so vieles in dieser Weise fortführen, verwandeln und erweitern zu können, ist es so wesentlich, dass der Klassenlehrer ‚seine' Kinder acht Jahre lang behält und begleiten kann, wie Steiner in demselben Vortrag ebenfalls ausführt,[89] aber natürlich auch deshalb, weil nur so *überhaupt* ein inniges Zusammenleben mit den Kindern und ihrer fortwährenden Entwicklung und den jeweiligen Notwendigkeiten möglich ist. Auch dies kann nur jemand leugnen, der ‚Schule' vor allem auf ‚Stoff' reduziert wissen will.

In der ersten Tierkunde empfiehlt Steiner den Tintenfisch, die Maus und den Menschen zu behandeln und darauf zu verweisen, das der Kopf durchaus eine Beziehung zum Tintenfisch (Kopffüßler!), der Rumpf eine zur Maus oder auch zum Pferd hat, während die *Hand* wirklich nur dem Menschen eigen ist.[304] Und er führt aus, wie auch dies wieder ein tiefer Keim für eine lebendige Moralität der Kindesseele ist:[305]

> Moralbegriffe bringt man nicht in die Kinder hinein, indem man an den Verstand appelliert, sondern indem man an Gefühl und Willen appelliert. Aber an Gefühl und Willen wird man dann appellieren können, wenn man die Gedanken und Gefühle des Kindes darauf hinlenkt, wie es selbst nur dann ganz Mensch ist, wenn es seine Hände benutzt zur Arbeit für die Welt, wie es dadurch das vollkommenste Wesen ist, und wie [...] [es folgt das oben Geschilderte, H.N.]. Durch dieses Sich-Hineingestellt-Fühlen in die Naturordnung nimmt das Kind auch Gefühle auf, durch die es sich später recht als Mensch weiß.

Wieder kann man behaupten, das Kind werde indoktriniert oder manipuliert, aber was, wenn es die *Wahrheit* wäre, die man auf diese Weise an das Kind heranbringt? Und wenn es gerade Indoktrination ist, alles völlig *getrennt*, isoliert, atomisiert zu behandeln? Auch die menschliche Hand etwa nur in ihren äußersten nackten ‚Funktionen' ohne jegliche moralische Note?

---

[303] Und man kann vor dem inneren Auge schon all jene Menschen sehen, die solche Wahrheiten geringschätzen, ja regelrecht verspotten, von ‚spirituellem Firlefanz' sprechen werden, wenn nicht Schlimmerem. Aber all dies sind Menschen, die selbst völlig gefangen im Intellekt sind und keinerlei Verbindung mehr mit ihren Seelentiefen haben. • Man sieht: Der Intellekt ist ganz in den Fängen dessen, was Steiner die ‚ahrimanischen' Kräfte und Wesen nannte. Daher der Spott, daher die Kälte des Urteils. Und da, wo man sich hoch erhaben dünkt über die ‚dummen', ja ‚gemeingefährlichen' Anthroposophen, sprechen gleichzeitig die ‚luziferischen' Kräfte und Wesen mit, die das Wesen des Hochmuts *sind*. • Diesen beiden Arten von Wesen und Einflüssen haben sich unzählige Seelen heute unterworfen... Sie werden solange *blind* für die Wahrheit bleiben, wie Spott, Kälte und Hochmut sie machtvoll daran hindern. Sich aus diesem Geflecht und aus dieser Gefangenschaft zu befreien, wird für die meisten Seelen nahezu unmöglich sein, denn sie genießen sie geradezu.

[304] Also nicht etwa der ‚Kopf', auf den sich die Mehrheit der Menschheit so viel einbildet!

[305] Siebter Vortrag vom 28.8.1919, GA 294, S. 95-110, hier 107.

Was, wenn gerade dies tiefste Manipulation ist, weil das Kind so fortwährend ,lernt', das Moralische *gebe* es eigentlich nicht, sei nur eine menschliche Idee, etwas, was für den Weltzusammenhang eigentlich ohne Bedeutung ist? Sodass es eigentlich völlig *beliebig* ist, ob man sich dem Egoismus zuwendet oder nicht – allenfalls für die menschliche Gesellschaft einen Unterschied ausmacht, nicht aber *grundsätzlich*... Mit solchen Anschauungen sind Welt und Mensch immer schon absolut getrennt – und genau das ist die materialistische (und überhaupt intellektuelle) Indoktrination, reines Weltbild. Genau das, was man der Waldorfpädagogik vorwirft, bei sich selbst aber fein säuberlich nicht sehen will.

Und doch wird ein Großteil der Menschheit bei einiger Besinnung der Formulierung zustimmen, dass nicht bloß das Ausmaß der Gehirnrinde den Menschen zu einer Spitze der Evolution macht, sondern die Fähigkeit zu bewussten Handlungen der *Liebe*. Und nichts anderes ist es, was Steiner schon in der ersten Tierkunde-Epoche in den Seelen der Kinder als zarte Empfindung aufwecken will... Denn gerade die Liebe will auch *gelernt* sein. Wäre es nicht so, dann könnte jeder Mensch ohne weiteres in *diesem* Sinne lieben. Dass er es nicht kann, zeigt gerade, dass hier die Spitze der Evolution liegt – ohne eigenes Bemühen wird sie gar nicht erreicht... Mit einem ordentlichen Ausmaß von Gehirnrinde ist jeder Mensch begabt. Aber das ist noch nicht der Höhepunkt der Evolution, bei weitem nicht...

Für die Pflanzenkunde schildert Steiner an anderer Stelle, wie etwa alles ausbreitende Wachstum mit den Sonnenkräften zusammenhängt, alles Zusammenziehende wie die Samenbildung dagegen unter dem Einfluss der Mondenkräfte steht und wie es vor allem völlig falsch wäre, *eine* Pflanze für sich isoliert zu betrachten, weil die ganze Pflanzendecke mit der gesamten Erde zusammenhängt: ,Die Erde wird ein Lebewesen vor unserem geistigen Anblick. Wenn wir jetzt die Pflanzen heraussprießen sehen aus der Erde, so sehen wir, wie die Erde das Leben, das sie aus dem Kosmos aufnimmt, weitergibt an das, was in ihr ist, und Erde und Pflanzenwachstum werden uns eine Einheit.'[306] Und weiter heißt es dort:[307]

> Ein Mensch, der walten sieht Sonne und Mond in allem Pflanzenwachstum, der fühlt, was an Begeisterung für das Weltenall aus solcher lebendiger Einsicht hervorgehen kann, der vermittelt wahrhaft anders, was Pflanzen sind, als einer, der die abstrakten Anschauungen der heutigen Botanikbücher aufnimmt und verarbeitet. Da wird alles so, daß der Begriff reich an Gefühl und künstlerisch vermittelt werden kann an den werdenden Menschen, an das Kind. [...] Und vermittelt man ihm da in anschaulich lebendigen Bildern [...], dann geht etwas auf wie ein Weiten in der Seele des Kindes. [...]
> [...] Und man wird schon sehen, wie beim Begreifen von einer solchen Sache, die man ins Bild gebracht hat, das Kind merkwürdig auftaut. Es ist dann gar nicht mehr der Fall, daß das Kind einem dann bloß mit dem Munde antworten wird mit einem Begriff, den es doch noch nicht prägen kann, sondern es will erzählen und wird seine Arme, seine Hände zu Hilfe nehmen, es wird allerlei machen, was aus dem ganzen Menschen herauskommt, und es wird [...] offenbaren, wie es ein innerliches Erlebnis davon hat, daß es Mühe macht, an eine Sache heranzukom-

---

[306] Vortrag vom 10.4.1924, GA 308, S. 58-74, hier 66. • Sonnen- und Mondenkräfte siehe S. 63.
[307] Ebd., S. 67-69.

men.[308] Und das Schönste und Edelste, was man sich im Erlernen erringen kann, ist, daß man das Gefühl, die Empfindung hat: Es ist schwierig, mühevoll, an eine Sache heranzukommen. – Wer da glaubt, daß er immer nur mit gescheiten Worten das Wesen einer Sache treffen kann [...], der hat überhaupt keine Ehrfurcht vor den Dingen der Welt [...]. Etwas empfinden davon, wie hilflos man ist, wenn man an das Wesen der Dinge heranwill, wie man da alles zusammennehmen muß, was man in seinem ganzen Menschen hat, das gibt erst die wahre Stellung des Menschen zur Welt. Die kann man dem Kinde nur vermitteln, wenn man sie selber hat.

Wie sehr der Unterricht mit der spirituellen Menschenkunde zu tun hat, wird zu Beginn des achten Vortrags[309] deutlicher, wo Steiner ausführt, dass die erste Tierkunde da liegt, wo im neunten Lebensjahr (also vor dem neunten Geburtstag) sich das Ich-Bewusstseins verstärkt – ein Zeitpunkt, den Steiner an anderer Stelle aufgrund seiner Prägnanz auch ‚Rubikon‘[310] nennt –, sodass erste naturkundliche Begriffe überhaupt *möglich* werden.[111] Ein ähnlich entscheidender Punkt liegt dann bei dem etwa zwölfjährigen Kind, wo sich der ‚Astralleib‘ vor seiner eigentlichen ‚Geburt‘ (mit der Geschlechtsreife) zunächst mit dem ‚Ätherleib‘ verbindet und durchkraftet. Und zu diesem Zeitpunkt beginnt das Kind, Verständnis für geschichtliche Impulse zu bekommen und beginnt, ‚eine Sehnsucht zu entwickeln, dasjenige, was e[s] früher als Geschichten aufgenommen hat, nun wirklich auch als Geschichte dargestellt zu bekommen‘.[112]

Man sieht, wie echter Geschichtsunterricht erst mit der sechsten, siebten Klasse überhaupt *möglich* wird – und welch ein völliger Unsinn es wäre, Kinder bereits vor diesem Alter mit ‚geschichtlichen Tatsachen‘ zu traktieren und intellektuell zu ertöten. Ein lebendiges *Verständnis* von Geschichte und in ihr wirkenden Impulsen können sie mit ihrer zart aufkeimenden Seele erst in diesem Alter von zwölf Jahren haben! Auch diese Wahrheit kann nur jenen völlig egal sein, die ohnehin von ‚Impulsen‘ nichts wissen wollen und denen es nur auf ‚Fakten‘ ankommt. Warum sie dann aber Kinder damit traktieren, bleibt weiterhin unklar... Tief aufschlussreich aber ist, dass das reine *Faktum*, dass echter Geschichtsunterricht vor der siebten Klasse keinen Sinn macht, sich offenbar auch in den Staatschullehrplänen niedergeschlagen hat. Nur starten diese dann bereits mit geballter Intellektualität – und wie dies dazu dienen soll, dass sich junge Menschenseelen mit der Geschichte *verbinden*, bleibt schleierhaft...

---

[308] Was Steiner hier beschreibt, ist ein heiliges *Staunen* des Kindes gegenüber den Weltengeheimnissen – und ein tiefes Sich-Einlassen, ein Darauf-Erwidern, ein (aufgeregt-begeistertes) Mit-Einstimmen in diesen heiligen *Zusammenhang*; ein tiefes Verstehen dessen, dass die Wirklichkeit nicht so einfach, simpel und atomisiert ist, wie es oft verkündet wird. • Urbildlich lebt diese selbstlose Haltung der Seele in den Worten des ‚Magnificat‘ der Jungfrau Maria, die ja zugleich Urbild der reinen Seele ist. Bei Lukas spricht sie: ‚Meine Seele preist den Herrn, und mein Geist jubelt über Gott‘ (Lk 1,46). Beim Kind ist es der innige Jubel über die tiefe Sinnhaftigkeit und Schönheit der Welt, die sich offenbart, wenn man seine Erkenntnis *vertieft*...

[309] • Achter Vortrag vom 29.8.1919, GA 294, S. 111-124.

[310] Eine Metapher für die Überschreitung eines entscheidenden Punktes. Cäsar überschritt seinerzeit mit seinem Heer den Fluss Rubikon, um die Macht des Staates an sich zu reißen. Wikipedia: Rubikon.

In demselben Alter beginnt auch erst ein Verständnis dafür, wie physikalische Vorgänge und Gesetzmäßigkeiten sich in den Menschen hinein fortsetzen,[311] etwa in dem Aufbau und der Funktion nicht nur einer Linse im Allgemeinen, sondern auch des menschlichen Auges: ‚Anwenden diese physikalische Beschreibung auf Organe im Menschen selbst, sollte man erst nach vollendetem 12. Lebensjahre, weil erst da das Kind beginnt, in der richtigen Weise einzuschätzen, wie die Außenwelt im Menschen selbst wirkt, wie sich die Tätigkeit der Außenwelt in den Menschen hinein fortsetzt. Das kann es vor dem 12. Lebensjahre noch nicht verstehen.'[114] Auch dies berücksichtigt der staatliche Lehrplan, der das Auge ebenfalls erst in der Biologie der Klassenstufen 7/8 behandelt. Das Entscheidende aber ist nicht der abstrakte Zeitpunkt als solcher, sondern wieviel Nahrung die *Seele* des Menschen erhält:[115]

Man kann notdürftig dem Intellektuellen des Menschen geschichtliche oder physiologische Begriffe vor dem 12. Lebensjahr beibringen, aber man verdirbt dadurch die menschliche Natur, man macht sie im Grunde genommen für das ganze Leben ungeeignet.

Warum? Weil man sie intellektualisiert und die Seelentiefen des Fühlens und Wollens in Wahrheit weitgehend *gelähmt* hat. Und diese Gefahr bleibt selbstverständlich auch im und nach dem zwölften Lebensjahr bestehen.

Und nun beschreibt Steiner, wie der Lehrer in Wahrheit unterrichten soll: immer *mit* dem Kind. Er soll jegliche Abstraktheit und auch jeglichen Hochmut aufgeben, irgendetwas ‚für' das Kind aufzubereiten – er soll in den Unterrichtsinhalt selbst so *eintauchen*, wie es für das Kind notwendig ist. Nicht ‚kindgerecht' unterrichten, sondern selbst in richtiger Weise zum Kind *werden*:[118]

Das können wir nur dadurch, daß wir als Lehrer immer mehr und mehr Menschen werden, die nicht für das Kind das Verständnis zubereiten. [...] Sie sollen die Fähigkeiten in sich entwickeln, die in dem Augenblick, wo Sie sich auf irgendeinem Unterrichtsgebiet mit dem Kinde beschäftigen, Sie von diesem Unterrichtsgebiete so absorbiert sein lassen, wie das Kind von dem Unterricht absorbiert wird, ganz gleich, was Sie behandeln. Sie sollten sich nicht von dem Gedanken durchdringen lassen: Ich weiß ja schon vieles andere, und ich richte das so her, wie es für das Kind paßt, ich stelle mich so richtig über das Kind und richte alles, was ich dem Kinde sagen will, so her, wie es für das Kind paßt. – Nein! Sie müssen die Fähigkeit haben, sich so zu verwandeln, daß das Kind durch Ihren Unterricht förmlich aufwacht, daß Sie selbst mit dem Kinde zum Kinde werden.

---

[311] An anderer Stelle beschreibt Steiner sehr konkret, wie in diesem Alter sowohl die Muskeln sich anders als zuvor dem Skelett- und Knochensystem anpassen als auch der Denkwille nun bis in das Skelett hinein eintaucht: ‚Während des Denkens über die physische Natur waltet eigentlich der Prozeß im ganzen [...] Menschen, und zwar gerade für das Denken im Skelett. Wir setzen uns auch mit unserem Denken in das Skelett hinein mit unserem zwölften Jahre.' Vortrag vom 2.1.1922, GA 303, S. 197-214, hier 210. • Aber auch jetzt soll der Unterricht wirklich *atmen*. Selbst in die Physik und die Chemie soll man ‚wirkliche Grazie' hineinbringen und aus dem Stoff selbst auch den Humor herausholen, sodass zum Beispiel ‚tatsächlich das reflektierte Licht unter Umständen auch Witze macht, daß die Kugelkalotte, wenn sie sich berechnen muß ihrem Flächeninhalte nach, lächelt'. Vortrag vom 20.4.1923, GA 206, S. 115-134, hier 122.

Nur *diese* Intensität des Lehrers führt zum ‚Aufwachen' des Kindes, womit Steiner zweifellos die überspringende Begeisterung meint, eine Art buchstäbliches Aufwachen *im Stoff selbst*. Es ist ein wirkliches Mitnehmen des Kindes in das jeweilige Gebiet – was nur möglich ist, wenn der Lehrer sich *ganz* an das Wesen des Kindes anpasst. Das wiederum ist nur möglich, indem er innerlich auf grenzenlose Weise lebendig wird, denn es geht keinesfalls um ein ‚Kindischwerden', es geht um ein innerstes *Mitleben* mit dem Kind, während gleichzeitig ein echter Erziehungskünstler unterrichtet.[119] 312

Wie Steiner dann die weiteren Fächer auch inhaltlich entwickelt, wie der Lehrer den Kindern etwa den Bau der Alpen nahebringen kann,[153f] das würde hier den Rahmen sprengen. Tatsache ist, dass er sehr wohl auch inhaltlich hohe Ziele setzte, aber immer mit der Voraussetzung, dass die Seele sich mit diesen Inhalten auch *verbindet*. Nirgendwo ging es um bloßes Wissen. Das kann man sich heute kaum noch vorstellen. Dann aber sollte die Geographie auch übergehen in das Praktische, und sei es mit noch so einfachen Mitteln:[157f] 313

> Und wenn man gar könnte kleine Pflüge machen und die Kinder im Schulgarten ackern lassen, wenn man sie könnte mit kleinen Sicheln mähen lassen oder mit kleinen Sensen schneiden lassen, so würde man eine gute Verbindung zum Leben herstellen. Denn wichtiger als die Geschicklichkeit, ist die seelische Verbindung zwischen dem Leben des Kindes und dem Leben in der Welt. Denn es ist tatsächlich so: ein Kind, das mit der Sichel Gras abgeschnitten, mit der Sense Gras abgemäht hat, das mit einem kleinen Pflug Furchen gezogen hat, wird ein anderer Mensch als ein Kind, welches das nicht getan hat. Das Seelische wird dadurch einfach etwas anderes. Der abstrakte Handfertigkeitsunterricht kann das eigentlich nicht ersetzen. Und das Stäbchenlegen und Papierflechten, das sollte tunlichst vermieden werden, weil es eher abbringt davon, den Menschen ins Leben hineinzustellen, als daß es diese Hineinstellung ins Leben fördert. Viel besser ist es, wenn Sie das Kind dazu anhalten, Dinge zu tun, die wirklich im Leben geschehen, als wenn Sie Dinge erfinden, die nicht im Leben geschehen.

Für die Oberstufe war dies dann noch viel radikaler gemeint – hier wollte Steiner die jungen Menschen wirklich in das Leben hineinstellen: ‚Lebenskunde muß aller Unterricht geben. Zu lehren wird sein auf der Altersstufe vom fünfzehnten bis zwanzigsten Jahre, aber in vernünftiger, ökonomischer Weise, alles dasjenige, was sich auf die Behandlung des Ackerbaues, des Gewerbes, der Industrie, des Handels bezieht.'314

---

312 Dazu gehört unmittelbar jene erwähnte tiefe Begeisterung für den jeweiligen Inhalt. Mit anderen Worten, die intellektuelle *Distanz* muss gerade restlos aufgegeben werden: ‚Denn wenn Sie zum Beispiel über das Leben, über die Natur so reden, daß Sie sich daran erfreuen wie das Kind selbst, daß Sie darüber erstaunt sind wie das Kind selbst, dann ist das das Richtige.'[119] • Und wer nicht mehr *staunen* kann, hat seine Seele eigentlich schon verraten, kann auch nicht mehr wahrhaft erziehen: ‚Wichtig aber [...] ist, daß wir dies als eine wunderbare Tatsache immer wieder und wieder empfinden können, daß wir uns nicht abstumpfen auch gegen das gefühlsmäßige Ergreifen physikalischer Vorgänge.'[121]

313 Vortrag vom 11.5.1919, GA 192, S. 81-103, hier 98.

314 • Elfter Vortrag vom 2.9.1919, GA 294, S. 150-160.

Im elften Vortrag gibt Steiner auch an, dass der Unterricht nicht in Einzelstunden über die Woche hinweg atomisiert werden, sondern zu längeren Zeiträumen zusammengefasst werden solle, die er bald darauf ‚Epochenunterricht' nannte – wobei der Lehrer selbst spüren soll, wann welches Gebiet jeweils behandelt werden solle:[159]

> [...] daß wir durch lange Zeit hindurch die Kinder mit einem Lehrgegenstand beschäftigen und dann erst wiederum, wenn wir sie wochenlang damit beschäftigt haben, zurückkommen auf anderes. Dadurch konzentrieren wir den Unterricht, und wir sind in der Lage, dadurch viel ökonomischer zu unterrichten, als wenn wir jenes furchtbar Kraft- und Zeitverschwendende mit dem Stundenplan betreiben: daß wir in der ersten Stunde einen Lehrgegenstand nehmen und daß in der nächsten Stunde wieder ausgelöscht wird, was in der vorhergehenden gelernt worden ist.315 [...] | Dadurch ist natürlich viel Verantwortung auf Sie gelegt, aber ohne diese Verantwortung läßt sich kein Unterricht durchführen. Der Unterricht, der von vornherein dem Lehrer den Stundenplan und alles mögliche vorschreibt, der schaltet eigentlich in Wahrheit die Kunst des Lehrers vollständig aus. Und das darf nicht sein. Der Lehrer muß das treibende und belebende Element im ganzen Schulwesen sein.

Das ist der Punkt. Die Waldorfpädagogik steht und fällt mit der Lehrerindividualität. Die Staatsschule versucht dies durch ausführlichste Lehrplanangaben zu *ersetzen*, aber dies ist ein absoluter Trugschluss. Man möchte sagen: Die Staatsschule *ist* immer schon gefallen – der Lehrplan ist ein *Korsett*, das Lehrer und Schüler stranguliert, von Anfang an. Daraus kann nichts wahrhaft Lebendiges mehr hervorgehen. Auch wo Steiner die Gliederung der Alpen schildert, wie der Lehrer sie behandeln soll, geht es darum, dass der *Lehrer* die entsprechenden Zeichnungen und Schilderungen fortwährend selber machen soll. Keine fertige Karte kann dies ersetzen, allenfalls ergänzen. Das wesentliche Element bleibt der Lehrer selbst und sein Tun, lebendig entstehen die *Alpen selbst* vor den Augen der Kinder an der Tafel durch den Lehrer. Ein Lehrer aber, der aus bloßen Atlanten unterrichten wird, wird *gar nichts* unterrichten, weil in den Seelen der Kinder nichts wirklich hängenbleiben wird. Das ist das Geheimnis der Waldorfpädagogik. Sie steht und fällt mit dem Lehrer – aber sie ist etwas *Reales*, im Gegensatz zu Atlanten.

Im zwölften Vortrag316 geht Steiner darauf ein, wie *unverbunden* der Mensch heute in der Welt darinnensteht, schon in Bezug auf dasjenige, was er täglich nutzt; wie sehr er also regelrecht abgerissen ist von dem Zusammenhang mit dem *Ganzen*. Eine zentrale Aufgabe der Waldorfpädagogik ist es, diese fatale Entwicklung zu heilen und die Seele wieder zu einer Verbindung mit den Dingen zu führen:[161f]

---

315 An anderer Stelle sprach Steiner von der ‚Mördergrube' Stundenplan: ‚Man kann das menschliche Gemüt von Grund auf nicht stärker ruinieren, als wenn man in dieser Weise bei dem jungen Menschen dafür sorgt, daß seine Konzentrationskraft auf das allergründlichste zerstört wird.' Vortrag vom 1.6.1919, GA 192, S. 127-145, hier 128. • Völlig *willkürlich* wird das Kind einem beliebig durcheinandergewürfelten Mischmasch an ‚Fächern' ausgesetzt, die dann auch jeweils nach exakt bemessener ‚Stundenzeit' zu Ende sind.

316 • Zwölfter Vortrag vom 3.9.1919, GA 294, S. 161-171.

Denken Sie nur, wie viele Menschen heute mit elektrischen Eisenbahnen fahren, die keinen blauen Dunst davon haben, worauf die Fortbewegung der elektrischen Eisenbahn eigentlich beruht. [...] Wir leben in einer Welt drinnen, die von Menschen hervorgebracht ist, die nach menschlichen Gedanken geformt ist, die wir benützen und von der wir nichts verstehen.

Was Steiner erlebbar machen will, ist, dass die Unverbundenheit mit *allem* genau hier bereits beginnt – in der gedankenlosen Benutzung der Dinge, deren Verstehen einem letztlich auch *gleichgültig* wird. Damit verbunden aber ist eine unbewusste Unsicherheit, die einen zugleich immer passiver werden lässt. Steiner fährt fort, in Bezug auf die damalige Entwicklung und nun auf das Oberstufen-Alter:[162f]

Das Schlimmste ist das Miterleben der von Menschen gemachten Welt, ohne daß man sich kümmert um diese Welt. | Diesen Dingen können wir nur entgegenarbeiten, wenn wir mit diesem Entgegenarbeiten schon auf der letzten Stufe des Volksschulunterrichts beginnen, wenn wir wirklich das Kind im 15., 16. Jahr nicht aus der Schule herauslassen, ohne daß es wenigstens von den wichtigsten Lebensverrichtungen einige elementare Begriffe hat. So daß es die Sehnsucht bekommt, dann bei jeder Gelegenheit neugierig, wißbegierig zu sein auf dasjenige, was in seiner Umgebung vorgeht und dann aus dieser Neugierde und Wißbegierde heraus seine Kenntnisse weiter entwickelt. Wir sollten daher die einzelnen Unterrichtsgegenstände gegen das Ende der Schulzeit hin in umfassendem Sinne [...] verwenden zu einer sozialen Bildung des Menschen [...]. Das heißt, wir sollten nicht unterlassen, aus den physikalischen naturgeschichtlichen Begriffen heraus, die wir gewonnen haben, das Kind in den Gang wenigstens ihm naheliegender Betriebssysteme einzuführen. Das Kind sollte im allgemeinen mit dem 15. und 16. Jahr einen Begriff bekommen haben von dem, was in einer Seifenfabrik oder in einer Spinnerei vor sich geht.

Wir kennen heute sprichwörtlich die Antwort von Stadtkindern auf die Frage, woher eigentlich die Milch komme: ‚aus der Packung'. Worum es Steiner ging, war, den Menschen wieder in das *wirkliche Leben* hineinzustellen. Heute gilt die Waldorfpädagogik wegen so ‚absonderlicher' Fächer wie der Eurythmie und ihrer Betonung des Künstlerischen schnell als absolut ‚weltfremd'. Doch Steiners Anspruch ist genau das Gegenteil – unmittelbares Eintauchen bis in die Praxis, das reale *Verständnis* für alles, was in der Welt geschieht. In allem Künstlerischen im weitesten Sinne sollte die Seele zu sich selbst kommen[317] – und in allem Praktischen sich tief und aufrichtig mit der Welt verbinden.

Gerade das ist es ja, was heute so furchtbar fehlt. Schon junge Menschen wissen heute allenfalls noch vom fernen ‚Hörensagen', dass die Milch natürlich von der Kuh komme, aber schon wie eigentlich eine Straßenbahn funktioniert, wissen sie nicht. Sie können grandios mit dem Handy umgehen, aber sie haben keine Ahnung, wie das alles *möglich* ist. Für die Erwachsenen gilt natürlich genau das Gleiche. Aber gerade dieses zusammenhanglose Darinnenstehen

---

[317] In dem Sinne, dass sie *als Seele* mehr und mehr erwacht – wir haben bereits gesehen, wie dies von einer tiefen Hingabe gar nicht zu trennen ist. Gerade die etwa in der Eurythmie entfaltete Hingabe *lässt* die Seele ja für diese ihre eigene Tätigkeit erwachen. Und zugleich ist sie dasjenige, was diese Seele *mit* ihrem Mitmenschen, mit ihrer Mitwelt innig verbindet...

in der Welt führt ja *umso mehr* zum völligen Rückzug ins Private. Das Interesse für das Funktionieren, das staunende Sich-Vertiefen in das wirkliche ‚Wie' der Dinge, würde gerade zu einem tief sozialen Impuls führen – das bloß konsumierende Hinnehmen dagegen stärkt fortwährend das Sichzurückziehen auf sich selbst. Und unterbewusst untermauert es darüber hinaus fortwährend eine Art Unsicherheit und Unselbstständigkeit, weil man die Welt, die einen umgibt, nicht einmal *ansatzweise* mehr verstehend durchdringen kann:[163f]

> Solch ein Beibringen gewisser Zusammenfassungen von Betriebszweigen, das ist für den kindlichen Menschen im 13., 14., 15., 16. Jahr eine allergrößte Wohltat. Wenn der Mensch sich in diesen Jahren so eine Art Heft anlegen würde, worinnen stehen würde: Seifenfabrikation, Zigarettenfabrikation, Spinnereien, Webereien und so weiter, so wäre das sehr gut. [...] Der Mensch würde nämlich nicht nur das davon haben, daß er dann diese Dinge weiß, sondern das Wichtigste ist, daß er fühlt, indem er durch das Leben und durch seinen Beruf geht: er hat diese Dinge einmal gewußt; er hat sie einmal durchgenommen. Das wirkt nämlich auf die Sicherheit seines Handelns. Das wirkt auf die Sicherheit, mit der der Mensch sich in die Welt hineinstellt. Das ist sehr wichtig für die Willens- und Entschlußfähigkeit des Menschen. Sie werden in keinem Beruf Menschen mit tüchtiger Initiative haben können, wenn diese Menschen nicht so in der Welt drinnenstehen, daß sie auch von dem, was nicht zu ihrem Beruf gehört, das Gefühl haben: sie haben sich einmal ein, wenn auch primitives Wissen davon angeeignet.

Ist es ein Zufall, dass Betriebe regelmäßig gerade den Waldorfschülern ein waches Denken und Initiative bescheinigen, was beides so dringend nötig ist? Es ist natürlich kein Zufall – und der große Praxisbezug, beginnend schon bei der Ackerbauepoche oder dem Stricken in den ersten Klassenstufen bis hin zum Sozial- oder Feldmesspraktikum in der Oberstufe, ist *ein* Aspekt dieser Selbstständigkeit, die gerade bei Waldorfschülern immer wieder auffällt.[318]

Aber das sind nicht einfach nur einzelne ‚Elemente', die man sinnvoll finden kann und die sich als Praktika natürlich auch in Staatsschulen vielfach finden. Rudolf Steiner wollte die jungen Menschen mitten *hineinstellen* in ein Leben, das überall durchdrungen ist von einem in der Seele lebenden sozialen Impuls: ‚Was da ausgeführt worden ist, das könnte man zusammenfassen in den Worten: Es soll alles dasjenige, was das Kind lernt im Laufe seiner Schuljahre, zuletzt irgendwie so verbreitet werden, daß es überall die Fäden hineinzieht ins praktische Menschenleben.'[165] Nicht einfach nur, weil das die ‚Wirklichkeit' ist, im Gegensatz zur theo-

---

[318] Siehe etwa: Waldorfabsolventen: „Sie warten nicht ab, sondern packen zu". Tagesspiegel.de, 19.5.2024. • „„Ehemalige Waldorfschüler sind als Azubis und Mitarbeiter sehr beliebt", sagt Heiner Barz, Professor für Erziehungswissenschaften an der Heinrich-Heine-Universität in Düsseldorf und Autor von Studien zur Waldorfpädagogik. „Sie sind lernbegieriger, motivierter und engagierter als viele ihrer Kollegen." Unternehmer schätzten ihre Selbstständigkeit. „Sie warten nicht lange ab, sondern packen zu", sagt Barz. [...] | [...] Laut einer Studie zur Schulzufriedenheit, die Heiner Barz vor zwei Jahren mit seinem Fachkollegen Dirk Randoll vorlegte, haben Waldorfschüler auch mehr Freude am Lernen. Die scheinen sie ins Berufsleben zu übertragen. Das Geheimnis? Eigentlich eine einfache Erkenntnis. „Waldorfschüler sind nicht ausgelaugt", sagt Barz. [...] | Dorothea Böttcher blickt gerne auf ihre Schulzeit zurück. [...] ‚Ich war in handwerklichen Sachen zwar nicht gut", erzählt sie, „aber ich habe viele Dinge ausprobiert." Das nehme einem die Angst, sich später auf Neues einzulassen. „Die Waldorfabsolventen, die ich kenne, gehen generell selbstbewusster durchs Leben", sagt die 36-Jährige.' Ebd.

retischen ‚Schule', sondern weil es um den *Menschen* geht, um das Arbeiten füreinander – was, wir erinnern uns, auch die erste Tierkundeepoche schon als Empfindung anlegte...

Sich *ganz* mit dem Leben verbinden, ein tiefes Interesse für *alles* haben, das wollte Rudolf Steiner in den jungen Seelen erwecken – als etwas, was bereits vorhanden ist, was nur liebevoll gefördert werden muss, damit es aufblühen könne. Und so formuliert er wenig später:[165f]

> Dieses Einheitsideal, das die menschliche Seele erfüllt, das muß den Unterricht durchpulsen. Es muß etwas von der gesamten Welt in jedem Berufe leben. Und insbesondere von den Gegensätzen des Berufes, von dem, was man in seinem Berufe glaubt fast gar nicht anwenden zu können, muß etwas drinnenstecken. Man muß sich mit dem beschäftigen, was gleichsam das Entgegengesetzte des eigenen Berufes ist. Dazu wird man aber nur die Sehnsucht erhalten, wenn man so unterrichtet wird, wie ich es jetzt angedeutet habe.

Diese Sehnsucht, dieses lebendige Interesse wird natürlich überhaupt nur erwachen, wenn die Fäden zum wirklichen Leben auch *erlebbar* werden. Wie soll sich ein Kind jemals für bloße Mathematik interessieren, wenn der Bezug zum ‚Leben' allenfalls in *abstrakten* Aufgaben aus bereits fertig gedruckten Schulbüchern besteht, bei denen es unmittelbar spürt, dass es hier nur um ein Stoffwissen geht? In der Waldorfpädagogik wird der Unterricht von Anfang an lebendig *unmittelbar* durch den Lehrer gestaltet – und er sollte für die älteren Kinder immer mehr ganz in das Leben einlaufen:[167]

> So sollte im Grunde genommen kein Kind das 15. Jahr erreichen, ohne daß ihm der Rechenunterricht in die Kenntnisse der Regeln wenigstens der einfachsten Buchführungsformen übergeführt worden ist. [...] ohne durchgegangen zu sein durch das Stadium, Musterbeispiele von praktischen Geschäftsbriefen geschrieben zu haben.

Und auch dies kann man natürlich als reinen Lehrplaninhalt ‚durchexerzieren', aber es sollte klargeworden sein, dass dies vom Waldorflehrer in völlig anderer Weise ergriffen werden würde – nämlich als ein Eintauchen in die ersten Grundlagen eines ‚Wirtschaftslebens', in dem im Grunde das Ideal der Brüderlichkeit selbst leben sollte, die Empfindung: Wir arbeiten *füreinander*... Aber dies gerade als eine lebendig und aus zarten Untergründen sich überall einstellende Empfindung, nicht etwa als zur Schau getragener Idealismus oder gar Moralismus. Direkt im Anschluss weist Steiner darauf hin, dass gerade *durch* dieses Praktische das Idealistische hervorgerufen wird – und nicht durch süßliches Appellieren an ‚soziale Impulse':[167f]

> Hat man das Kind vorzugsweise mit sentimentalem Idealismus übersättigt im 13. bis 15. Jahr, so wird ihm später der Idealismus zum Ekel, und es wird ein materialistischer Mensch. Führt man das Kind in diesen Jahren schon in die Praxis des Lebens ein, dann behält das Kind auch ein gesundes Verhältnis zu den idealistischen Bedürfnissen der Seele, die nur dann ausgelöscht werden können, wenn man ihnen in früher Jugend auf eine unsinnige Weise frönt.

Steiner betont hier, dass der soziale Impuls in den jungen Seelen bereits *lebt* – er muss nur gehütet werden. Und das wird er gerade, indem man in das wirkliche Leben eintaucht, auch in etwas so Handfestes wie lebensnahe ‚Buchführung' etc. Gerade diese Verbindung zum Leben führt dazu, dass die heranwachsende Seele dieses Leben auch mit Sinn durchdringen *möchte*, mit diesem Impuls des ‚Miteinander'. Dies wirkt untergründig. Der junge Mensch spürt: Ich rechne hier nicht nur Arbeitsblätter für eine idiotische Note, ich beginne hier, mich in das *Leben* hineinzustellen, hier fängt es an...

Und Steiner führt es noch konkreter aus. Praktisches und Seelisches ergänzen sich so sehr, dass sie einander gegenseitig fordern. Es sind die beiden großen Pole, zwischen denen die ganze Waldorfpädagogik *atmet* – die Welt da draußen, die Seele drinnen. Und wenn man das eine getrieben hat, erwacht in der Seele von selbst die Sehnsucht nach dem anderen Pol. Gerade wenn sie einen Geschäftsbrief geschrieben haben, werden die Kinder offen sein für das Religiöse:[169]

> Wollen Sie Kinder mit Interesse um sich scharen, um ihnen, religiös durchdrungen, von der Herrlichkeit der göttlichen Kräfte in der Welt zu sprechen, dann werden Sie, wenn Sie dies einfach zu Kindern tun, die von da oder dort ungewählt herkommen, so sprechen, daß es bei einem Ohr herein-, beim andern herausgeht und gar nicht ans Gefühl dringt. Wenn Sie Kinder, nachdem sie vormittags einen Geschäftsbrief geschrieben haben, nachmittags mit dem, was durch den Geschäftsbrief in dem Unterbewußtsein entstanden ist, wieder bekommen und ihnen religiöse Begriffe beibringen wollen, dann werden Sie Glück dabei haben, denn Sie haben dann selbst diejenige Stimmung erzeugt, die ihren Gegenpol haben will.

In ihrem tiefsten Wesen will sich die Kindesseele einerseits dem *Heiligen* zuwenden und andererseits sich mit der *Welt* verbinden. Darf sie in diesem Rhythmus atmen, so wird der erwachsene Mensch auch lernen, beides immer inniger zu verbinden, nämlich das Tun in der Welt selbst zu heiligen, es als einen heiligen Dienst für das Ganze zu empfinden und auch mitten im Leben überall das Heilige zu sehen und zu empfangen.

Dieser *ganze* Mensch, um den es fortwährend geht, wird nur genährt und gerettet werden können – es geht weniger um ein ‚Erziehen' als um ein Bewahren –, wenn *eines* immer wieder vermieden wird: das abstrakte, intellektuelle Unterrichten. Auch im vorletzten Vortrag wiederholt Steiner dies wiederum:[319]

> Der hauptsächlichste Fehler, der dem Unterricht zwischen dem 7. und 12. Jahr heute anhaftet, ist ja der, daß viel zu sehr intellektuell unterrichtet wird. Wenn auch immer gepredigt wird gegen das Intellektuelle, es wird viel zu sehr nach dem Intellekt hingearbeitet. Wir werden daher [von der Staatsschule wechselnde, H.N.] Kinder hereinbekommen, welche schon einen stark greisenhaften Zug in sich haben, welche viel mehr Greisenhaftes in sich haben, als Kinder im 13., 14. Jahr haben sollten.

Greisenhaft warum? Weil der Intellekt, wie wir aus der spirituellen Menschenkunde wissen, nur auf Vergangenes gerichtet ist, bloß bildhaft, so gesehen tot – während das Lebendige, ja

---

319 Dreizehnter Vortrag vom 4.9.1919, GA 294, S. 172-182, hier 173.

Zukünftige im Fühlen und vor allem im Willen lebt. Letztlich in dem Impuls der Offenheit, der Zuwendung gegenüber allem Neuen, dem Impuls des Sich-Verbindens, letztlich dem Sympathie- und Liebesimpuls im umfassenden Sinne. Der tote Intellekt ist das *Gegenteil*. Und Kinder, die durch einen intellektuellen Unterricht traktiert wurden, *verlieren* so unendlich viel von jenen anderen, lebendigen Kräften, die nur in der Waldorfpädagogik frei leben und atmen, wachsen und aufblühen dürfen.

Zu diesem Ertötenden gehört auch alles, was die Kinder als bloßes ‚Abgefragtwerden‘ empfinden müssen. Jeder kennt wohl solche Situationen, auch aus späteren Lebenszusammenhängen, etwa Seminaren, wo der Dozent irgendwie die Gruppe beteiligen will, aber Fragen stellt, deren Antwort regelrecht auf der *Hand* liegt – und die nur gestellt werden, um nicht völlig ‚Frontalunterricht‘ zu machen. Im letzten Vortrag[320] weist Steiner darauf hin, dass dieses ‚ewige Abfragen des Schülers nach selbstverständlichen Dingen‘ über den ganzen Unterricht eine Sphäre lähmender Langeweile breitet,[321] was aber noch viel tiefere Folgen hat, nämlich eine Abtötung der Phantasiefähigkeit.[184]

Das Gegenteil, nämlich ein tiefes Ansprechen dieser lebendigen Zukunftskräfte in der Seele des Kindes, geschieht, wenn man immer auch Unausgesprochenes in sein Unterrichten einbaut, etwas, was die Seele weiterbeschäftigen kann, als Rätsel, als Geheimnis, als Aufgabe, als eine Erwartung für die nächste Stunde, wie auch immer:[185]

> Und [...] wenn Sie gerade daran denken, mancherlei im Unterricht unausgesprochen sein zu lassen, so daß das Kind veranlaßt ist, sich in seinen Seelenkräften weiter mit dem zu befassen, was es im Unterricht aufgenommen hat. Es ist gar nicht gut, bis zum allerletzten i-Tüpfelchen alles erklären zu wollen im Unterricht. Dann geht das Kind nur aus der Schule und hat das Gefühl, daß es alles schon aufgenommen hat[,] und sucht nach anderem Allotria. Während, wenn Sie der Phantasie beim Kinde Keime geben, dann bleibt das Kind gefesselt[322] durch dasjenige, was ihm im Unterricht geboten wird[,] und sucht weniger nach anderem Allotria. Daß heute unsere Kinder solche Rangen werden, das hängt nur damit zusammen, daß wir zu viel falschen Anschauungsunterricht und zu wenig Willens- und Gefühlsunterricht treiben.

Das heilige Geheimnis der *Erwartung* wird heute grenzenlos unterschätzt. Nicht umsonst hieß es früher von einer werdenden Mutter, sie sei in froher Erwartung. Novalis wiederum schrieb in einem seiner Fragmente: ‚Das schöne Geheimnis der Jungfrau, das sie eben so unaussprech-

---

[320] ● Vierzehnter Vortrag vom 5.9.1919, GA 294, S. 183-192.

[321] An anderer Stelle wird Steiner ausführen, dass der Lehrer Fragen aber sehr wohl so stellen kann, dass das Kind spürt, ihn interessiert wirklich, was das *Kind* zu einer Sache meint. ‚Schon in der Betonung der Frage wird etwas liegen, daß man selber als Lehrer neugierig ist, was das Kind antwortet. Es ist wirklich so, daß auf die Imponderabilien, die sich abspielen zwischen Kind und Lehrer, viel ankommt.‘ Fragenbeantwortung am 19.4.1923, GA 306, S. 185.

[322] Natürlich im besten Sinne als *Faszination* gemeint – was wörtlich nichts anderes bedeutet als ‚Fesselung‘.
 ● Allotria ist soviel wie ‚Unfug‘. ‚Rangen‘, die ‚über Tische und Bänke gehen‘, werden Kinder aber nur, wenn sie keinen Bezug zu dem haben, was der Lehrer ‚veranstalten‘ will, sprich, wenn der Unterricht ihre Seele *unbeteiligt* lässt, durch Abstraktheit und Intellektualität.

lich anziehend macht, ist [...] die Ahndung einer künftigen Welt, die in ihr schlummert und sich aus ihr entwickeln soll. Sie ist das treffendste Ebenbild der Zukunft.'[323] Urbild der Erwartung ist auch der *Advent*, was ja (nahende) ‚Ankunft' bedeutet. Ohne die adventliche Seelenstimmung wird das Geheimnis nicht kommen... Wieder stehen wir vor der Wirklichkeit der *Hingabekräfte*, ohne die die Seele alles verlieren wird, die Welt wie auch sich selbst.

Und noch einmal betont Steiner in diesem letzten Vortrag die *Durchseelung* des ganzen Unterrichts auch für die älteren Kinder, hier nur in anderer Weise, mehr durch die ganze Persönlichkeit des Lehrers. Denn fast alles, was nur intellektuell bleibt, wird das Kind wieder vergessen, aber mit dem *Menschlichen* wird es sich verbinden:[189]

Und wenn Sie Ihrem Unterrichtsstoff überall etwas Gefühlsmäßiges anhängen, dann bleibt das, was durch den Unterricht erreicht werden soll, durch das ganze Leben hindurch. Wenn Sie aber in dem Unterricht in den letzten Volksschuljahren nur Verstandesmäßiges, Intellektualistisches vermitteln, dann bleibt fürs Leben sehr wenig da. Daher müssen Sie darauf sinnen, dasjenige, was Sie in den letzten Volksschuljahren phantasievoll ausgestalten, zugleich mit Gefühlsmäßigem in ihrem eigenen Selbst zu durchdringen. Sie müssen versuchen, anschaulich, aber gefühlsmäßig anschaulich, Geographie, Geschichte, Naturgeschichte in den letzten Schuljahren vorzubringen. Zum Phantasiemäßigen muß das Gefühlsmäßige kommen.

Und dann gibt es noch Rudolf Steiners Schlussworte, mit denen er die zwei Wochen für die Lehrer beendete und sie in ihre geradezu heilig-ernste Aufgabe entließ. In diesen Schlussworten fasst Steiner noch einmal alles, worauf es ankommt, wie in einer Essenz zusammen – und formuliert diese in Gestalt von vier Dingen, die er den Lehrern innig ans Herz legte, dass sie sich daran halten mögen:[324]

Erstens daran, daß der Lehrer im großen und auch im einzelnen in der ganzen Durchgeistigung seines Berufes und in der Art, wie er das einzelne Wort spricht, den einzelnen Begriff, jede einzelne Empfindung entwickelt, auf seine Schüler wirkt. Denken Sie daran, daß der Lehrer ein Mann der Initiative sei, daß er niemals lässig werde, das heißt, nicht voll bei dem dabei sei, was er in der Schule tut, wie er sich den Kindern gegenüber benimmt. Das ist das erste: Der Lehrer sei ein Mensch der Initiative im großen und kleinen Ganzen.
Das zweite, meine lieben Freunde, ist, daß wir als Lehrer Interesse haben müssen für alles dasjenige, was in der Welt ist und was den Menschen angeht. Für alles Weltliche und für alles Menschliche müssen wir als Lehrer Interesse haben. [...] Wir sollen uns für die großen und für die kleinsten Angelegenheiten der Menschheit interessieren. Wir sollen uns für die großen und für die kleinsten Angelegenheiten des einzelnen Kindes interessieren können. Das ist das zweite: Der Lehrer soll ein Mensch sein, der Interesse hat für alles weltliche und menschliche Sein.
Und das dritte ist: Der Lehrer soll ein Mensch sein, der in seinem Inneren nie ein Kompromiß schließt mit dem Unwahren. Der Lehrer muß ein tief innerlich wahrhaftiger Mensch sein, er darf nie Kompromisse schließen mit dem Unwahren, sonst würden wir sehen, wie durch viele Kanäle Unwahrhaftiges, besonders in der Methode, in unseren Unterricht hereinkommt. [...]

---

[323] Sophie, oder über die Frauen. Projekt Gutenberg.
[324] Schlussworte vom 6.9.1919, GA 294, S. 193-195, hier 193f.

Und dann etwas, was leichter gesagt als bewirkt wird, was aber auch eine goldene Regel für den Lehrerberuf ist: Der Lehrer darf nicht verdorren und nicht versauern. Unverdorrte, frische Seelenstimmung! [...] Das ist dasjenige, was der Lehrer anstreben muß.

Der Lehrer soll also in sich selbst das zutiefst Menschliche wahrmachen, mit ganzer Seele (Wille, Fühlen, Denken) – er soll voller Initiative sein, immer bereit, tätig zu werden, voller Interesse, für das Große und noch für die kleinsten Angelegenheiten der Kinder, voller Wahrhaftigkeit, gerade auch gegenüber der Pädagogik selbst ... und überhaupt in jeder Hinsicht *lebendig*. Dieses vierte Geheimnis fasst eigentlich die drei anderen in sich zusammen, es ist letztlich das Geheimnis des (höheren) Ich. Nie stehenbleiben, voller Liebe immer lebendig sein, im Grunde das Geheimnis des *Lebens selbst* in sich tragen...

Pädagogik der Liebe ●

Die Waldorfpädagogik ist eine Pädagogik der *Liebe*. Sie hat ein Herz noch für die kleinsten Sorgen eines Kindes. Dies können die unscheinbarsten Situationen sein, in denen man dennoch tief mit einem Kind mitleben soll:[325]

> Da handelt es sich manchmal darum, daß man im rechten Augenblick einfach das rechte Wort findet, wenn einem vielleicht ein Junge oder ein Mädchen auf dem Korridor begegnet und etwas fragt, daß man die rechte Miene macht [gemeint ist die ganze innere Haltung, H.N.], indem man antwortet. Erziehungskunst ist nicht etwas, was sich abstrakt lernen oder lehren läßt – so wenig wie [...] irgendeine andere Kunst, sondern sie ist etwas, was auf unendlichen Einzelheiten beruht, die aus seelischem Takt hervorgehen. | Dieser seelische Takt wird aber gerade aus der anthroposophischen Geisteswissenschaft heraus gewonnen.

Besonders oft können solche Situationen etwa zur Zeit des ‚Rubikon' auftreten, also wenn mit etwa neun Jahren der Ich-Impuls verstärkt im Kind aufleuchtet:[326]

> [...] dann steht der wirklich einsichtige Erzieher und Unterrichter vielleicht vor seiner allergrößten Aufgabe. Denn dann wird er bemerken, daß die meisten Kinder, die ihm anvertraut sind, an ihn herankommen und ihn ganz besonders brauchen, daß sie nicht immer ausgesprochen, sondern oftmals unausgesprochen, bloß in Empfindungen lebend, an ihn Fragen zu stellen haben. Diese Fragen können Hunderte, Tausende von Formen annehmen. Es kommt viel weniger darauf an, daß man dann dem Kinde eine bestimmte Antwort gibt. Mag man die eine oder die andere Antwort geben, auf den Inhalt der Antwort kommt es nicht so stark an. Worauf es aber ganz besonders ankommt, das ist, daß man mit dem richtigen Seelengefühl das richtige Vertrauen in dem Kinde auslöst, daß man mit dem richtigen Empfinden [...] dem Kinde entgegentritt.

---

[325] Vortrag vom 28.2.1921, GA 297a, S. 45-71, hier 56f. • Diese seelisches ‚Taktgefühl' deutet auf ein *unmittelbares* Mitleben, ein bedingungsloses Sich-Einlassen und Sich-Einfühlen.

[326] Vortrag vom 4.11.1922, GA 297a, S. 139-165, hier 153.

Unausgesprochene Lebensfragen des Kindes, dem Kind vielleicht oft selbst ganz unbewusst, soll der Lehrer spüren! Und mit seinem ganzen Wesen, seiner ganzen Haltung und auch mit dem einen oder anderen richtigen Wort zur richtigen Zeit beantworten. Auf welch subtiles, inniges Zusammenleben hier hingewiesen ist, kann man wiederum nur in der eigenen Seele voller Liebe und Verantwortung spüren.

Diese Liebe ist konkret und entspringt aus der spirituellen Menschenkunde, die den Pädagogen zum Erziehungskünstler macht, weil sie ihn begeistert und ihm das wirkliche Band zu den Kindern webt. Auf einem Elternabend formuliert Rudolf Steiner die *Grundtatsache* so klar wie nur irgendetwas:[327]

> Diese Liebe kann man nur aus einer Wissenschaft heraus haben, die wirklich vom Geiste handelt, die den Geist offenbart. Denn wo eine Wissenschaft den Geist gibt, da gibt sie auch Liebe.

In einem Vortrag für die Eltern wenige Tage vor Eröffnung der Waldorfschule beschreibt er dann genauer:[75f] [328]

> Diejenige Menschenkunde, die wir hier anstreben, von der wir wollen, daß sie Unterrichtskunst werde durch die Waldorfschule [...], die führt so in das Wesen des Menschen hinein, daß sie selber den Enthusiasmus, die Begeisterung, die Liebe erzeugt, daß dasjenige, was da als Kunde vom Menschen in unsere Köpfe hineingeht, unser Tun und unser Fühlen durchtränkt. Wirkliche Wissenschaft ist nicht ein totes Wissen, wie es heute vielfach betrieben wird, sondern ein solches Wissen, das den Menschen mit Liebe zu seinem Gegenstand durchdringt.
> Deshalb soll es so sein, daß bei dem Seminarkursus, den die Lehrer durchmachen, um sich darauf vorzubereiten, Ihre Kinder zu erziehen und zu unterrichten, eine solche Menschenkunde an die Lehrer herankommt, die sie selber so durchdringt, daß zu der Menschenkunde, zu dem Verstehen des werdenden Kindes, Menschenliebe im Unterricht hinzukommt. Und aus der Liebe, die der Lehrer und die Lehrerin bei den Schülern entfalten werden, wird in den Schülern dasjenige entspringen, dasjenige erquellen, was ihnen Kraft geben wird, leichter den Lehrstoff aufzunehmen. Denn aus der [...] echten Liebe, die dasjenige durchdringt, was wir im Schulzimmer oder sonst beim Lehren und Unterrichten und Erziehen machen, [...] kommt es, ob der Unterricht dem Kinde leicht oder schwer wird, ob das Erziehen für das Kind gut oder schlecht ist.

Diese aus einer spirituellen Menschenkunde geborene Liebe ist wirklich eine *andere* als das, was vielleicht auch ein abstrakter Idealismus kennt: ‚Daß alles gründlich von oben bis unten dem Wandel unterworfen werden müsse, daß wir eine andere Lehrerbildung brauchen, einen anderen Geist in der Schule, sogar eine andere Liebe, als sie jetzt durch die verbildete Lehrerschaft in die Schule hineingetragen wird, daran denken leider allzuwenig Menschen.'[79f]

---

[327] Ansprache am Elternabend vom 13.1.1921, GA 298, S. 68-82, hier 72.
[328] ● Vortrag vom 31.8.1919, GA 297, S. 66-89.

In diesem Vortrag betont Steiner auch nochmals, dass die Waldorfpädagogik keine Erziehung für irgendeinen *Staat* ist, sondern eine Erziehung zur *Freiheit* – und gerade solche Menschen werden sich dann mitten in das Leben hineinstellen können:[78]

> Eine wirkliche Erziehung sorgt dafür, daß Leib, Seele und Geist des Menschen innerlich frei und selbständig werden. [...] Wir erziehen diejenigen Menschen, die sich dann wahrhaft kräftig in das Leben hineinstellen können. Wir erziehen volksschulmäßig diejenigen Menschen, welche im späteren Lebensalter[329] das kennenlernen, was mehr für das äußere, praktische Leben notwendig ist; aber die Leute haben gelernt zu denken; die Leute haben gelernt richtig zu fühlen; und die Leute haben gelernt, ihren Willen richtig anzuwenden.

Und diese Pädagogik, die wirklich mit den Kindern *mitlebt*, wird dann auch wahrhaft dazu führen, dass die Kinder die Schule *lieben* werden:[81f] [330]

> Wir werden [...] nicht so unverständig sein, zu glauben, daß Kinder, nachdem sie wochenlang herumgetollt haben, in der ersten Stunde hübsch brav sitzen sollen. Wir werden unsere Kinder verstehen. Aber wir werden es doch dahin bringen, daß nach einiger Zeit durch die Art, wie wir uns zu den Schülern verhalten, diese Schüler das, was in der Schulzeit geschieht, gerade so gerne tun wie das Herumtollen während der Ferien. Und das wird ein Ideal sein für die Waldorfschule, daß [...] die Kinder [...] empfinden: Das tue ich gerne [...].

Für diese lebendige Pädagogik sollte der Lehrer am besten immer wieder alles vergessen, was er nur gedächtnismäßig in sich trägt, um immer wieder neu unmittelbar an den *Kindern* ‚abzulesen', was er tun kann und soll. Natürlich bedeutet dies nicht die Aufgabe jeglicher Planung, aber es bedeutet eine lebendige Begeisterung, die bei den *Kindern* ist, um sich von ihnen über das jeweils Richtige belehren zu lassen:[331]

> Für den wirklichen Lehrer muß heute Pädagogik als etwas Lebendiges in jedem Augenblick neu erstehen. Und alles, was er gedächtnismäßig als Pädagoge in der Seele trägt, das ist etwas, was ihn seiner Ursprünglichkeit beraubt. [...] Man möchte sagen: Die Pädagogik ist die beste – etwas

---

329 Die Waldorfschule eröffnete zunächst nur mit acht Klassen.

330 Dieses *Herzensverhältnis* war Rudolf Steiner so wesentlich, dass er es bei jedem Schulbesuch auch wirklich berührte und in den Kindern lebendig und zart bewusst machte: ‚Und das ist es, daß es bei der Ausgestaltung der Waldorfschule darauf ankam, wie man die Herzen, die Seelenverfassungen der Lehrer in die Schule hineinstellte, wie der Lehrer des Morgens durch die Türe tritt, wenn er zu seinen Kindern kommt. [...] Sie werden vielleicht nach allem, was ich voraus gesagt habe, nichts Unbedeutendes sehen in dem, was ich jetzt sagen werde. Wenn immer ich in die Waldorfschule komme, stelle ich aus dem Zusammenhange heraus, nicht mit denselben Worten, aber immer wieder und wiederum in den verschiedensten Formen, entweder bei festlichen Angelegenheiten an die gesamte Schülerschaft oder in den einzelnen Klassen die Frage: Kinder, liebt ihr eure Lehrer? – Und mit einem wirklichen Aufjauchzen, das die Ehrlichkeit bis zum Worte hin deutlich offenbart, antworten die Kinder im Chor: Ja! Und man fühlt die Wahrheit, die da als Hauch durch alle Seelen geht, daß ein Verhältnis inniger Liebe von den Kindern zu den Lehrern besteht, daß das autoritative Gefühl ein selbstverständliches ist [...].' Vortrag vom 23.11.1921, GA 304, S. 133-159, hier 157f.

331 Vortrag vom 24.9.1919, GA 297, S. 89-117, hier 102f.

radikal gesprochen –, die vom Lehrer immerzu vergessen wird und immerzu neu angefeuert wird, wenn der Lehrer dem Kinde, dem Zögling gegenübersteht und die in ihm lebenden Kräfte der werdenden Menschennatur vor seine Seele gestellt sieht. Wenn dann zu solcher Gesinnung auch noch ein großes Interesse, ein umfassendes Interesse für die Geheimnisse der Welt, für Weltenrätsel, für Weltanschauungen hinzutritt, so wird dasjenige im Lehrer leben, was ihn wirklich befähigt, von seinem Wesen in das kindliche Wesen übergehen zu lassen, was übergehen soll.

Und wie gerade die spirituelle Menschenkunde, wenn der Lehrer mit ihr *lebt*, in ihm den Erziehungskünstler regelrecht hervorbringt, ist sehr schön in folgender Passage angesprochen:[332]

Aus dem Lehrer und Erzieher wird ein pädagogischer Künstler, wenn er in sich wirken läßt, was er durch anthroposophische Geisteswissenschaft über den Menschen erfahren kann. Wir wollen nicht neue abstrakte Erziehungsgrundsätze aufstellen, sondern wir glauben, daß des Menschen ganze Persönlichkeit angeregt wird durch das, was Anthroposophie als [...] geistig-seelischer Lebensodem dem Menschen geben kann. Wie das Blut auf selbstverständliche Weise den Organismus belebt, so soll die Geisteswissenschaft den, dessen Beruf das Erziehen und Unterrichten ist, so beleben, daß er mit dem Kinde wirklich eins werde und die Erziehung, der Unterricht etwas Selbstverständliches wird. Daß, wer die Pforten seiner Klasse durchschreitet, mit einer solchen Gesinnung vor die Kinder hintritt, das möchten wir in der Waldorfschule.

Es ist zugleich ein tief spirituelles *Verantwortungsgefühl*, das den Lehrer beseelt, der weiß, dass er täglich dem Geheimnis der Inkarnation begegnet und hierbei helfend mitwirken soll und darf:[333]

Erstens ist schon die Gesinnung der Lehrerschaft eine solche, daß mit jeder Unterrichtsstunde, mit jedem neuen Morgen in die Klasse etwas hineingetragen wird, was das Erziehen und Unterrichten zu einer Art geistigem Dienst macht. Heißt es denn nicht etwas Besonderes, wenn man durch anthroposophische Geisteswissenschaft weiß: Dieses Menschenwesen, das sich uns so rätselhaft wunderbar offenbart in dem heranwachsenden Kinde, es ist aus geistigen Welten durch die Empfängnis oder Geburt herabgestiegen? Wenn das eine wirkliche Erkenntnis ist, wenn sie durch anthroposophische Geisteswissenschaft vermittelt wird, dann steht man dem werdenden Menschen, dem Kind so gegenüber, daß hier eine einem von den geistigen Welten anvertraute Aufgabe ist. Dann sieht man, wie das Ewige, das aus geistigen Welten heruntergestiegen ist, sich von Tag zu Tag, von Woche zu Woche, von Jahr zu Jahr aus den zuerst unbestimmten physiognomischen Zügen, den unbestimmten Bewegungen des Kindes herausarbeitet zu immer größerer Bestimmtheit. Das Geistig-Seelische sieht man arbeiten an der physischen Ausgestaltung des Menschen.

Das pädagogische Ethos besteht regelrecht in einer *Ehrfurcht* vor dieser Tatsache des einem anvertrauten werdenden Menschen: ‚Wenn man dem Menschen in der Welt gegenüber so gestimmt ist, daß in ihm [...] ein Unsterbliches verborgen ist, dann gelangt man dazu, auch dem

---

[332] Vortrag vom 29.12.1919, GA 297, S. 240-267, hier 265.
[333] Vortrag vom 28.2.1921, GA 297a, S. 45-71, hier 50.

Kinde gegenüber jene scheue Ehrfurcht zu haben, die man als Lehrer und Erzieher haben muß, wenn man in der rechten Art an dieses Kind herantreten will.'[140] 334

Noch grundlegender hat Rudolf Steiner dies in einem anderen Vortrag in Worte gefasst, die hier eingefügt werden sollen:335

> Eigentlich müßten alle unsere höheren Empfindungen beginnen können mit der Grundempfindung des Dankes dafür, daß uns die kosmische Welt aus sich herausgeboren und in sich hineingestellt hat. [...] Das Schlußkapitel einer jeden Philosophie sollte in diesem Gefühle der Dankbarkeit gegenüber den kosmischen Mächten auslaufen. [...] Diese Dankbarkeit aber muß vor allen Dingen der Lehrer, der Erzieher haben. Es muß sie auch instinktiv jeder Mensch haben, dem ein Kind zur Erziehung anvertraut ist. Es ist auch das erste Bedeutungsvolle, das durch eine spirituelle Erkenntnis erreicht wird, daß man die Dankbarkeit schöpft für die Tatsache, daß man ein Kind zur Erziehung erhalten hat. Ehrfurcht vor dem geheimnisvollen Wesen des Kindes – Ehrfurcht und Dankbarkeit sind in diesem Punkte nicht zu trennen – muß der Anfang der Gesinnung sein, mit welcher der Erzieher an seine Aufgabe geht. Es gibt nur eine Stimmung gegenüber dem Kinde, welche die richtigen Impulse zum Erziehen und Unterrichten gibt; und das ist gerade dem Kinde gegenüber die religiöse Stimmung.

Kehren wir zurück zum vorherigen Vortrag. Hier beschreibt Steiner, dass das Kind mit jenem Zeitpunkt des ‚Rubikons' mit neun Jahren nicht nur beginnt, wie wir oben sahen, unausgesprochene Fragen zu haben, sondern zu diesen gehört nun auch, dass das Kind unbewusst die innersten Quellen der Seele des Lehrers selbst befragt. Im ersten Jahrsiebt ist das Kind seiner Umgebung in der Nachahmung ganz hingegeben, Rudolf Steiner formuliert regelrecht: ‚Mag das Kind im übrigen noch so ein starker Wildfang sein: in bezug auf sein Verhältnis zur Sinneswelt, in bezug auf seine Hingabe an die Sinneswelt ist das Kind religiös gestimmt.'[153] Dies beginnt nun, *seelisch* zu werden:[154f]

> In der anfänglichen Zeit [...] nimmt es diese autoritative Persönlichkeit so, wie sie ist. Zwischen dem neunten und zehnten Lebensjahre – es [...] kann tief im Empfindenden, im [...] Unterbewußten vor sich gehen [...] –, da sieht sich das Kind durch seine Entwickelung gewissermaßen gezwungen, hindurchzuschauen durch die autoritative Persönlichkeit auf das, von was diese autoritative Persönlichkeit selbst getragen ist. Diese autoritative Persönlichkeit sagt: Das ist wahr, das ist gut, das ist schön. – Jetzt möchte das Kind fühlen und empfinden, woher dasjenige bei der autoritativen Persönlichkeit kommt, was das Wissen über das Gute, Wahre, Schöne ist, das Wollen im Wahren, Guten, Schönen ist. Das rührt davon her, weil das, was [...] sinnlich-frommes Sichhingeben an die Außenwelt war, [...] in den Untergründen der Seele verschwunden ist und jetzt wie aus den Tiefen des Menschenwesens seelisch herauftaucht. Was sinnlich war [...] bis zum Zahnwechsel, was als Sinnliches der Keim für alles spätere religiöse Empfinden gegenüber der Welt ist, das taucht zwischen dem neunten und zehnten Jahre seelisch auf, wird seelisches Bedürfnis.

---

334 ● Vortrag vom 4.11.1922, GA 297a, S. 139-165.
335 Vortrag vom 19.8.1922, GA 305, S. 56-75, hier 71f.

Jetzt ist das Kind erst empfänglich für religiöse Empfindungen, hat aber nun auch selbst eine *Sehnsucht* danach. Und wenn man diesen Empfindungen des Kindes ‚die da wie von selbst aus der Seele wollen', entsprechende Nahrung gibt, so macht man das Kind ‚zu einem religiös wahren Menschen'.[155] Einem Menschen also, der die Welt überall durchdrungen vom Göttlichen empfinden kann.

Das wandelt sich um das zwölfte Lebensjahr herum erneut. Hier beginnt ja das Bewusstsein für die Außenwelt (geschichtliche Impulse, Naturwissenschaft) – und damit auch die Frage, vor der das Menschheitsbewusstsein selbst stand: Spirituelle oder materialistische Naturererkenntnis? Und Steiner führt aus:[156f]

> Um das zwölfte Lebensjahr herum merken wir aus wirklicher Menschenkenntnis heraus bei dem heranreifenden Kinde, daß wir da leise diese Konflikte anschlagen dürfen, daß wir aber auch in der Lage sind – weil jetzt die seelisch-religiösen Empfindungen so stark, so frisch, so lebensvoll, so jugendlich noch sind, wie sie eben nur beim zwölfjährigen Kinde sein können –, dann in der rechten Weise das Kind herüberlenken zu können, so daß es im ganzen späteren Lebensalter die Natur selber nicht entgöttlicht zu sehen braucht, sondern den Einklang zwischen der Natur und dem göttlich-geistigen Wesen der Welt finden kann.

Und wenn der junge Mensch dann dem Erwachsenwerden entgegenlebt, wandelt sich das bis dahin Seelische in die Welt der *Ideale*, sodass: ‚[...] gegen das siebzehnte bis achtzehnte Jahr hin, dasjenige, was seelisch gemütvoll als religiöse Empfindung zutage getreten ist, [...] dann geistig zutage tritt, daß es sich in den Willen ergießt, so daß der Mensch seine religiösen Ideale in dieser Zeit aufbaut.'[155]

Am Ende dieses Vortrages beschreibt Rudolf Steiner zwei große, wesentliche Empfindungen – die der Dankbarkeit und die der Liebe. Dankbarkeit verbindet den Menschen mit der Welt, statt ihn in Egoismus abzuschließen. Und jede Erkenntnis, die nicht zugleich ‚in das Gefühl der Dankbarkeit [...] einmündet, [...] verstümmelt ihn gewissermaßen seelisch und geistig'.[159] Das zweite ist die Liebe – und für das Kind zunächst die Liebe zum Lehrer, ‚so daß das Kind in Liebe der selbstverständlichen Autorität folgt, in einer Liebe, die es schon in sich selber erweckt'.[160]

Und wenn das Kind in diesen beiden Empfindungen aufwachsen kann, wird es am Ende auch die heiligste Erkenntnis des Menschentums in sich aufblühen lassen können:[161f]

> [...] lernt zuletzt auch begreifen, daß ein Mensch erst vollständig ist, wenn er sich als den Ausführer der göttlichen Weltordnung, des Guten in der Welt in dem irdischen Dasein betrachtet. Hat man das sittliche Erziehen auf Dankbarkeit begründet [...], hat man die Dankbarkeit in [...] Liebe übergeführt, so wird man zuletzt den die Welt liebenden jungen Menschen zu der Erkenntnis überführen können, daß der nicht gute Mensch als ganzer Mensch nach Leib, Seele und Geist ebenso verkrüppelt ist im Geistigen, wenn er sich nicht zum Träger des Guten macht, wie irgend jemand verkrüppelt ist, dem ein Bein fehlt.

Auch dieser Vortrag endet mit dem bedingungslosen Hinweis auf den *ganzen* Menschen – und ein tiefstes Verantwortungsgefühl:[165]

> Nur wenn der Lehrer in dem Kinde schon den ganzen vollen Menschen sieht und gewissermaßen prophetisch, hellseherisch vorausschauen kann, was aus jeder einzelnen Erziehungs- und Unterrichtstätigkeit, die er unternimmt, an Glück und Schicksal für das ganze Leben abhängt, wird er in der richtigen Weise erziehen. Denn alles Leben, deshalb auch das Erziehungs- und Unterrichtsleben, das sich zwischen Menschen abspielt, muß auf dem Grundsatze ruhen: Alles, was zwischen Mensch und Mensch geschieht, geschieht nur dann richtig, wenn der ganze Mensch sich immer dem ganzen Menschen in rechter Liebe hingeben kann.

Dieses Ideal war für Rudolf Steiner in keiner Minute ein bloß abstraktes. Und wie konkret er dies als heilige Aufgabe des *Menschen* betrachtete – als *einzige* Aufgabe gewissermaßen, die Aufgabe, sein Menschentum wahrzumachen –, zeigt sich etwa auch an folgenden Worten bei einer Feier zu Beginn des dritten Schuljahres der Waldorfschule. Ausführlich richtet er seine Worte zuerst an die Kinder, zuerst an die jüngsten, dann an die älteren. Diese weist er darauf hin, dass einige ihrer ehemaligen Klassenkameraden schon in das Berufsleben treten mussten, und setzt dann fort:[336]

> Ihr habt mit ihnen auf der Schulbank gesessen, behaltet sie lieb. Betrachtet sie als eure Freunde und Freundinnen, denkt an sie! Dadurch, daß ihr in der rechten Weise an sie denkt, wird das Leben vorwärtsgebracht. Lernt nicht nur Unterrichtsgegenstände, nicht nur etwas, was unmittelbar in euch wächst und gedeiht, lernt die anderen lieben, lernt einander kennen, lernt euch einander als Schüler recht lieben. Lernt, daß die Menschen füreinander da sind, daß der Geist-Schöpfer der Welt am meisten bestrebt ist, durch das zu wirken, was die Menschen gegenseitig an Liebe einander entgegenbringen. Am schlimmsten steht es in der Schule, wenn die Schüler sich nicht lieb haben. Versucht aber, in jedem eurer Mitschüler etwas Liebes herauszufinden – in jedem Menschen ist etwas, was man lieben kann –, lernt in jede Klasse jene Wärme hineinzutragen, die sich durch Liebe ausspricht. Wenn ihr das lernt, dann werdet ihr durch das, was ihr euch auf diese Art angeeignet habt, vieles hinaustragen in das Leben.

Das ist der Geist der Waldorfschule! Es ist der Geist der Liebe, jener Geist, den schon das früheste Christentum als ‚Agape' kannte, tiefste, reinste Geschwisterlichkeit unter den Menschen. Christus-Geist...

Und wenn man der Waldorfschule immer wieder vorwirft, eine ‚Weltanschauungsschule' zu sein, so ist zu antworten: Ja, sie hat eine Weltanschauung. Sie *glaubt* an den Menschen. Sie glaubt daran, dass der Mensch in sich den allertiefsten Keim eines allerhöchsten Menschentums trägt – eines Menschentums, dessen innerstes Wesen und innerste Bestimmung in eben diesem *Geist der Liebe* besteht. Von diesem heiligen Wissen ist gewissermaßen das ganze Leben dieser Pädagogik überleuchtet.

---

336 Ansprache vom 18.6.1921, GA 298, S. 102-121, hier 110.

Rudolf Steiner sah die Waldorfschule als eine Tat größter Verantwortlichkeit – auch für das gesamte Geistesleben der Gegenwart. Sie sollte ein *Keim* sein – Keim sowohl für ein freies Geistesleben überhaupt, aber auch Keim für eine zukünftige Epoche, in der der ,Geist der Brüderlichkeit' überhaupt erst wahr werden würde. Für Steiner waren dies alles ernsteste Zusammenhänge. Im staatlichen Schulwesen *erstarb* der Geist Tag für Tag – in der Waldorschule sollte ein neuer Geist aufblühen dürfen, ein echter, aufrichtiger, lebendiger Geist wahren Menschentums...

Dafür ist aber auch das tiefe Verständnis der Eltern unverzichtbar – Eltern, die Mitstreiter werden müssten für ein Verständnis der Waldorfpädagogik und ihres *Kulturimpulses*. Denn nichts wird sich ändern, wenn nicht das Bewusstsein der Menschen sich ändert und diese Menschen eintreten für das Neue, das Notwendige. Und so sagt Rudolf Steiner auf einem weiteren Elternabend:[337]

> Wir müssen Schlagkraft gewinnen für unsere Schulideale; Schlagkraft insofern als eingesehen werde, wie tief verwurzelt in den wichtigsten Kulturforderungen der Gegenwart und nächsten Zukunft gerade dasjenige ist, was durch den Waldorfschul-Gedanken zutage tritt. Daher müssen wir danach streben, daß das, was wir wollen, in klarer Anschauung vor die Menschen der Gegenwart tritt, die ein Verständnis dafür aufbringen können. In erster Linie ist darauf zu rechnen, daß diejenigen, die uns ihre Kinder anvertrauen, die also eine gewisse Liebe zur Waldorfschule haben, auch eindringen können in die Gedanken, Empfindungen, Willensimpulse, die uns selbst tragen. [...] | Wir möchten schon, daß die Eltern der Waldorfschulkinder sich sagen: Ich fühle die erzieherische Menschenpflicht in ganz besonderer Weise, und ich möchte, daß gerade durch meine Kinder etwas beigetragen werde zu den großen Aufgaben der Menschheit im 20. Jahrhundert. Ich möchte, daß das Anvertrauen meiner Kinder der Waldorfschule tatsächlich eine soziale Tat großen Stiles sei. – Je intensiver dies in die ganze Gesinnung aufgenommen werden kann, desto besser.

Auch die weitere Ansprache zielt ganz auf ein inniges Verhältnis zwischen Eltern und Lehrern und dessen Bedeutung. Erst in einem solchen lebendigen *Zusammenwirken* kann auch das Kind bestmöglich gedeihen. An einer Stelle nennt Steiner als ,Grundimpuls unseres Wirkens' in der Waldorfschule: ,Menschliche tiefinnerste Ehrlichkeit und Offenheit'.[195] Und wenig später sagt er:[195f]

> Es kommt uns nicht auf Einzelheiten an, sondern auf das Herzensverhältnis zwischen Schule und Haus. [...] Das möchten wir so sehr herbeisehnen, daß diese Gesinnung nicht nur in Einzelheiten, sondern mit der ganzen Kraft erweckt werde. Die Waldorfschule wird nicht nur durch ihr Kulturbewußtsein etwas erreichen, sondern durch solche Dinge, wie wir sie heute besprochen haben.

Die Waldorfschule ist ein *Kulturimpuls* – bis in das Verhältnis zwischen Schule und Haus hinein, zwischen Lehrern und Eltern.

---

[337] ● Ansprache vom 22.6.1923, GA 298, S. 187-197.

Rudolf Steiner begleitete die Waldorfschule so innig wie vielleicht nichts anderes. Er nahm auch an sehr vielen Lehrerkonferenzen teil, um die Pädagogik immer wieder neu lebendig zu vertiefen, Hinweise und Ratschläge zu geben, Fehlentwicklungen entgegenzutreten, die Lehrerinnen und Lehrer für ihr ganzes Wirken zu stärken. Aus diesem großen Feld (die Konferenzen füllen allein drei Bände der Gesamtausgabe) seien nur einige wenige Eindrücke herausgegriffen.

Dazu gehören jene Worte, in denen Steiner die Lehrer warnt, irgendetwas auf Lob seitens der Außenwelt zu geben. Es geht nur um eines – in Bezug auf die Pädagogik und ihre spirituellen Grundlagen tief *wahrhaftig* zu bleiben:[338]

> Sie [...] werden sich immer mehr in die Durchschlagskraft des Geistes hineinfinden und die Möglichkeit finden, alle Kompromisse beiseite zu lassen. Wir können nicht darum herum kommen, daß allerlei Leute von außen in die Angelegenheiten der Schule hineinreden. Wenn wir nur selbst in unserem Gemüte nichts von der notwendigen Anschauung, die wir haben müssen, aufgeben, daß im Grunde genommen jede Zustimmung, die von irgendwelcher pädagogischen Seite von heute kommt, zu dem, was in der Waldorfschule geschieht, uns eher traurig stimmen könnte als heiter. Wenn solche Leute, die im heutigen pädagogischen Leben drinnenstehen, uns loben, da müssen wir denken, da muß etwas bei uns nicht stimmen.

In einer Konferenz weist Steiner darauf hin, dass im Unterricht vielfach noch das Element des *Humors* fehle. Was er damit meint, ist erneut etwas sehr Tiefes. Es ist eine Art *Leichte*, die, ohne oberflächlich zu sein, die Seele der Kinder *atmen* lässt: ‚Ich meine nicht eine Spaßigkeit, sondern den wirklichen Humor. [...] Humor ist das Ausatmen der Seele. Sie müssen Humor in den Unterricht hineinbringen. das kann aus den verschiedensten Ecken gesucht werden. Der Humor kommt aus dem, was ich den Schwung genannt habe. Der Schwung muß hinein, das braucht die Jugend aller Klassen.'[339]

An anderer Stelle betonte Steiner generell das Hüten tiefer Empfindungsregungen in den Kindern:[340]

> Ein Lehrer in der Klasse, der zwei Stunden unterrichten kann, ohne daß er [...] die Kinder irgendwie zum Lachen bringt, ist ein schlechter Lehrer, weil er die Kinder niemals dazu veranlaßt, an die Oberfläche ihres Körpers zu gehen. Ein Lehrer, der es nicht dazu bringt, in leisester Weise wenigstens die Kinder zu rühren durch etwas, daß sie in sich gehen, ist auch ein schlechter Lehrer, denn es muß ein Abwechseln sein [...].

---

[338] Konferenz vom 24.7.1920, GA 300a, S. 162-181, hier 166.
[339] Konferenz vom 21.6.1922, GA 300b, S. 102-110, hier 108.
[340] Konferenz vom 6.2.1923, GA 300b, S. 257-275, hier 264.

Dieses Leben und Atmen in Empfindungen, das immer wieder gepflegt werden müsse, im Grunde in jeder Unterrichtsstunde, war Steiner so wichtig, dass er auch in verschiedensten Vorträgen immer wieder darauf zurückkam. Dabei geht es darum, dass der Inhalt des jeweils Darzustellenden mehr als genug Gelegenheit gibt, in diese Stimmungen einzutauchen:[341]

> Als Lehrer müssen wir uns dazu erziehen, [...] nur aus dem Inhalt des Darzustellenden heraus zu reden, so daß wir wirklich in der Lage sind, indem wir den einen Gegenstand darstellen, aus dem Gegenstand heraus tragisch zu sprechen und übergehen können zu einer humorvollen Stimmung, indem wir in unserer Darstellung fortfahren, wobei wir uns ganz dem Gegenstande überlassen. Aber es handelt sich darum, daß wir imstande sind, nun, ich möchte sagen, den ganzen Reflex der Klasse auf Tragik oder Sentimentalität und Humor wahrzunehmen. Dann, wenn wir dies wahrzunehmen imstande sind, werden wir gewahr, daß für die Seelen der Kinder Tragik oder Sentimentalität oder Humor etwas Außerordentliches bedeuten. Und wenn wir den Unterricht getragen sein lassen von einer Abwechslung zwischen Humor und Sentimentalität und Tragik, wenn wir hinüberleiten von der einen Stimmung in die andere und wieder zurück; wenn wir wirklich in der Lage sind, nachdem wir etwas dargestellt haben, wozu wir eine gewisse tragende Schwere brauchten, dann wieder überzugehen in eine gewisse Leichtigkeit – aber ungezwungen, indem wir uns dem Inhalte hingeben –, dann bewirken wir für die Seelenstimmung etwas, was wie Einatmung und Ausatmung für den körperlichen Organismus ist. Beim Lehren handelt es sich darum, daß wir nicht bloß intellektuell oder intellektualistisch lehren, sondern daß wir in der Lage sind, auf die Stimmungen wirklich Rücksicht zu nehmen.

Natürlich ist bei diesem Atmen jede Willkür und alles Mechanische zu vermeiden, vielmehr muss der Lehrer spüren, wann er aus der einen Stimmung wieder ‚erlösen' kann, ohne dass das in ihr Erlebte dadurch wieder verschwindet oder zerstört wird. Nicht ein ‚Hin und Her' darf es sein, sondern ein die Seele des Kindes tief erfüllendes und befriedigendes Atmen, das an jedem Tag die heilige Frucht wachsender Empfindungsfähigkeit hinterlässt.[342] Steiner bezeichnet dieses Eintauchen und Atmen in diesen Empfindungen am Ende jenes Vortrages als dasjenige, ‚was wirklich so notwendig ist, wie nur irgend etwas von spezieller Pädagogik.'[343]

Gerade weil die Waldorfschule auf alle Disziplinarmaßnahmen verzichtete und die Persönlichkeit des Lehrers selbst das Entscheidende wurde, hatte sie, namentlich in den oberen Klassen, immer wieder Probleme. Rudolf Steiner sah hierbei die Ursachen regelmäßig in Versäumnissen der Lehrerschaft. In einer Konferenz sagt er anlässlich entsprechender Vorfälle:[344]

---

[341] Vortrag vom 15.9.1920, GA 302a, S. 11-24, hier 22f.

[342] ‚Nur müssen wir, wenn wir diese Dinge anwenden wollen, ein gewisses Gefühl für Dynamik haben. Es ist ja nicht immer schicklich, daß wir, wenn wir just etwas Schweres, Getragenes haben, so unvermittelt ins Humorvolle hineinkommen; aber wir können [...] die Mittel und Wege finden, um die kindliche Seele sich nicht verfangen zu lassen bei der Schwere, der Tragik, sondern um sie dann frei herauszureißen, so daß sie wirklich dieses Atmen durchmachen kann zwischen den zwei Seelenstimmungen.' Ebd., S. 24.

[343] Ebd.

[344] Konferenz vom 22.6.1922, GA 300b, S. 111-128, hier 127, das folgende Zitat S. 128. • Diese Konferenz etwa dauerte viereinhalb Stunden, bis nach Mitternacht. Rudolf Steiner war zu dieser Zeit bereits über sechzig – daran sieht man *seinen* Elan!

Ich habe nicht die Überzeugung gewinnen können, daß sie nicht wieder vorkommen. Ich kann nur glauben, daß immer wiederum die Knaben und Mädchen, sobald sie fünfzehn, sechzehn Jahre alt sind, einfach den Händen der Lehrer entsinken. Es müssen Maßregeln getroffen werden, daß durch den ganzen Unterricht hindurch ein Zug von Leben geht.

Und er erläutert, dass man ganz wegkommen müsse vom ‚Dozieren', auch nicht phasenweise wieder in dieses zurückfallen dürfe. Man dürfe den lebendigen *Zusammenhang* mit der Klasse nicht verlieren. Man müsse ‚die Kinder in Lebendigkeit [] erhalten', aber auch hygienisch unterrichten – nicht überfrachten, nicht durch nachfolgende Stunden das unmittelbar Vorhergehende totschlagen etc.

In einer weiteren Konferenz spricht er die entscheidende Bedeutung des *Pädagogen* gerade in der Waldorfpädagogik direkt an:[345]

Wir dürfen uns nicht gehen lassen. Wir müssen unbedingt Feuer in den Unterricht hineinbringen. Wir müssen Enthusiasmus haben. Das ist unbedingt dasjenige, was vielfach fehlt. Das müssen wir machen. Sonst ist es eben zu leicht möglich, daß gerade bei einer Methode, die so sehr auf die Individualität des Lehrers abzielt, daß da sehr leicht ins Gegenteil verfallen werden kann. Der Schulrat hat gesagt: Mit unseren Lehrmethoden können wir mittelmäßige Leute vielleicht haben, aber mit Ihrer Methode brauchen Sie lauter Genies als Lehrer. Ich will nicht behaupten, daß er recht hat. Etwas ist daran. Es kommt furchtbar viel auf die Individualität des Lehrers an. Es soll gerade die Individualität des Lehrers herausgeholt und gefördert werden. Es arbeiten die Kinder nicht genügend mit, und dann ist dies, daß man nicht genügend Feuer in die Klasse hineinträgt.

Man braucht in der Waldorfpädagogik eben wahre Pädagogen – Menschen, die sich die Erziehungskunst auch durch Feuer und Enthusiasmus *aneignen*, indem sie sie zu verwirklichen beginnen. Wer sich dagegen hinter allen möglichen ‚Maßnahmen' verstecken kann, wie die Staatschulpädagogik, *ist* schon gescheitert, denn er erreicht nicht das Kind, sondern konditioniert es. Alles Konditionierende, was das *unmittelbare Band* zwischen Lehrer und Kindern ersetzen sollte, sollte aus der Waldorfpädagogik unbedingt verbannt bleiben. Ein Lehrer, der, wie so viele in der Staatsschule, nur ‚seinen Job' macht, in jedem Schuljahr wieder seine Unterlagen und Konzepte des letzten Schuljahres heraušholt, *ist* kein Pädagoge, denn er hat *nichts* zu geben in Bezug auf das tiefere Menschentum.

Weil es um dieses Geheimnis des Menschen geht, letztlich um sein ganzes Darinnenstehen in der Welt und die *Art* dieses Darinnenstehens, muss das Geistige letztlich immer wieder hindurchleuchten in der Waldorfpädagogik. Alles andere wäre, wie bereits oft erwähnt, *Materialismus*. Und so spricht Steiner auch dieses Thema an – anlässlich von Fragen auch der älteren Schüler:[346]

---

[345] Konferenz vom 28.10.1922, GA 300b, S. 158-181, hier 179.
[346] Konferenz vom 17.1.1923, GA 300b, S. 218-227, hier 223.

Sehen Sie, bei den älteren Schülern kommt es immer wieder vor, daß sie sagen, es wird betont, daß die Waldorfschule nicht eine Anthroposophenschule sein soll. Und das ist eine von den Fragen, die man mit dem großen Ernst behandeln sollte. Man müßte das Bewußtsein in den Kindern hervorrufen, daß sie die objektive Wahrheit übermittelt kriegen. Und wenn diese zuweilen anthroposophisch ausschaut, so ist nicht die Anthroposophie schuld, sondern es ist so, weil es so sein muß, weil die Anthroposophie etwas über die objektive Wahrheit zu sagen hat. Die Sache selbst führt eben dahin, daß es anthroposophisch wird. Es darf nicht ins andere Extrem ausarten, daß die Leute sagen, Anthroposophie darf nicht in die Schule hinein. Wir haben sie dann darin, wenn es sachlich gerechtfertigt ist. Wenn die Sache selbst auf das oder jenes führt.

Die objektive Wahrheit übermittelt? Jeder Nicht-Anthroposoph würde sich an den Kopf fassen. Die Frage ist nur, was in *seinem* Kopf drin ist. Etwa der Glaube, dass die Lehrplaninhalte der materialistischen Staatschule die ... ,objektive Wahrheit' seien? Als solche werden sie aber ebenfalls unterrichtet! Nun, so lautet der Einwand, den ,Geist' könnte man sich ja nach Belieben ,dazudenken', die Staatsschule lasse jedem die Freiheit, das von ihr ,Gereichte' nach Belieben zu ergänzen.

Dieses Argument ist entweder naiv oder regelrecht verlogen. Denn wenn das Geistige eine Wahrheit ist, dann ist der Materialismus keine *halbe* Wahrheit, er ist gar keine – er ist dann eine Unwahrheit. Und diese wird dann tagtäglich gelehrt. Die Frage ist von außen, wie mehrfach betont, nicht zu entscheiden. Wie der Staatsschullehrer an *seine* materialistische Wahrheit glaubt (oder nicht einmal das, sie aber dennoch lehren muss), so ist der Waldorflehrer absolut *überzeugt* von der Wirklichkeit des Geistes – sieht diese Wirklichkeit sogar in jedem einzelnen Kind vor sich – und kann also nicht anders, als das Geistige überall dort zu vertreten, wo ,die Sache selbst' darauf führt. Er müsste sonst alles, wovon er überzeugt ist, verleugnen. Aber wie kann man dann Pädagoge sein? Man muss den Mut haben, konkret zu vertreten, wie das Geistige in der Welt sich offenbart. Weil es die *Wahrheit* ist. Die objektive Wahrheit. Die sich, wie jede Wahrheit, aber nur dem offenbart, der sie nicht *abwehrt*.

Nicht darum ist das Geistige umstritten, weil es nicht bewiesen werden könne und darum auch gar nicht existiere – sondern weil man sich den Blick für dessen Offenbarungen in der Welt und das Aufwachen für dieses Geistige in der eigenen Seele erst *erwerben* muss. Das ist es, was viele aus eigener Faulheit, aus eigenem Unwissen und Unwillen von sich weisen, um in Blindheit und Verneinung *verharren* zu können – weil dies ja so viel einfacher ist.

Das Geistige ist deshalb für jeden nicht unmittelbar sichtbar, weil es unmittelbar mit dem *Freiheitsgeheimnis* des Menschen verbunden ist. Jeder Mensch muss sich selbst zum Geist hinaufentwickeln. Man kann nährende Keime säen – aber letztlich ist es in das Schicksal jeder einzelnen Seele selbst gelegt, ob sie die Wahrheit des Geistes als ihre Heimat erkennt oder *abweist*. Die Waldorfpädagogik aber hat die Aufgabe, diese lebendigen Keime, die das Erkennen ermöglichen, zu säen. Der erwachsen gewordene Mensch wird dann in voller Freiheit urteilen können. Der erwachsen gewordene Staatsschüler wird es *nicht* können – denn er wurde in *Blindheit* und *zur* Blindheit erzogen.

Als ehemaliger Staatsschüler den Geist abzulehnen, ist keine Kunst – denn man wurde daraufhin erzogen. Als ehemaliger Waldorfschüler den Geist abzulehnen, ist eine Tat der Freiheit. Es ist nicht die Ablehnung von ‚jahrelanger Indoktrination', sondern die in voller Verantwortlichkeit getroffene Entscheidung, das Geistige in der Welt zu verneinen, obwohl man die volle Möglichkeit gehabt hatte, es zu bejahen und zu erkennen. Und aber: Auch viele ehemalige Waldorfschüler werden ihre Schulzeit möglicherweise erst einmal hinter sich lassen, um, erwachsen geworden, materialistischere Wege zu gehen, dann aber, eine Reihe von Jahren später, etwas in ihrer Seele aufleben fühlen, was wie ein neues Aufblühen von Wahrheiten ist, die sich erst im Rückblick und mit wachsender Reife erschließen. So, wie mancher Wasserlauf für einige Zeit unterirdisch verläuft, um dann wieder hervorzutreten, ist es auch hier: Die Wahrheit kann sich für einige Zeit verbergen (müssen), aber sie ist dann nicht *verschwunden*. Und mit dem neuerlichen Aufblühen wird sie dann auch in dieser Seele *ureigene* Wahrheit werden.

Der Christus-Impuls ●

Oft wird der Waldorfschule vorgeworfen, sie beeinflusse die Kinder schon mit dem ‚Morgenspruch'. Aber es sind eben gerade diese Elemente, die den Kindern das Gefühl einer tiefen *Verbundenheit* mit der Welt geben können. Für die ersten vier Schuljahr hat dieser morgens gemeinsam gesprochene Spruch die folgende Gestalt:[347]

Der Sonne liebes Licht,
Es hellet mir den Tag;
Der Seele Geistesmacht,
Sie gibt den Gliedern Kraft;

Im Sonnen-Lichtes-Glanz
Verehre ich, o Gott
Die Menschenkraft, die Du
In meine Seele mir
So gütig hast gepflanzt,
Dass ich kann arbeitsam
Und lernbegierig sein.

Von dir stammt Licht und Kraft,
Zu dir ström' Lieb' und Dank.

Kinder, die diese Worte sprechen, werden die äußere Welt nicht als *wesenlose Kulisse* empfinden – und auch für die Realität ihrer Seele stets ein leises Bewusstsein behalten. Die Wahrheit wird jeden Morgen zart lebendig in ihnen leben können, und ihr Wille wird mit jedem Tag zur Liebe des *Guten* ermutigt.

---

[347] GA 40, Wahrspruchworte, S. 350.

Ab der fünften Klasse hat der Morgenspruch eine andere Gestalt:[348]

Ich schaue in die Welt,
In der die Sonne leuchtet,
In der die Sterne funkeln;
In der die Steine lagern,
Die Pflanzen lebend wachsen,
Die Tiere fühlend leben,
In der der Mensch beseelt,
Dem Geiste Wohnung gibt;
Ich schaue in die Seele,
Die mir im Innern lebet.

Der Gottesgeist, er webt
Im Sonn'- und Seelenlicht
Im Weltenraum, da draußen
In Seelentiefen, drinnen. –

Zu dir o Gottesgeist
Will ich bittend mich wenden,
Daß Kraft und Segen mir
Zum Lernen und zur Arbeit
In meinem Innern wachse. –

Welch ein Segen, wenn man sich, in der Gemeinschaft der ganzen Klasse, auf diese Weise, in einem sehr freilassenden, ganz und gar überkonfessionellen Wortlaut, mit einem Bewusstsein von dem innigen Zusammenhang alles Seins und von der heiligen Würde der *Menschenseele* durchdringen kann.

Es wäre natürlich schlimm, wenn man dies nicht *empfinden* könnte, sondern solche Worte als Zwang, als Verpflichtung empfände und gezwungen herunterleiern würde. Diese Worte sollen die Seele an einem jeden Morgen gewissermaßen feierlich auf das Geschenk des neuen Tages einstimmen. Und es muss möglich sein, mit *diesem* Bewusstsein den Tag zu beginnen – statt mit Hektik, Routine oder Belanglosigkeiten.

Die Worte der beiden Morgensprüche sind ein *Geschenk* für die Seele – aber es gehört vieles dazu, auch wirklich den Raum für die wahre Stimmung zu schaffen, in der sie dieses Wesen eines Geschenks, einer Wohltat, auch wirklich entfalten können. Das gerade wäre die *Aufgabe* eines lebendigen Waldorfunterrichts und einer lebendigen Beziehung zwischen Lehrer und Klasse.[349]

---

348 Ebd., S. 351.
349 Im Editorial der Waldorf-Zeitschrift ,erziehungskunst' vom Juli 2013 findet man folgendes Gespräch zwischen dem Redakteur und Waldorfvater und seinen Kindern: ,Neulich saßen wir am Tisch und redeten – wieder einmal über die Schule. Sarah, 9. Klasse, Nicolas, 5. Klasse, und ich. „Der bescheuerte Morgenspruch, warum sprechen wir den eigentlich noch? ,Ich schaue in die Welt ...', Nur peinlich, wie im Kin-

Was so viele Menschen wie möglich, insbesondere aber die Waldorfeltern verstehen müssten, ist, dass das Bewusstsein der Menschheit Entwicklungen durchmacht – und dass dies insbesondere auch für die *Intelligenz* gilt, dass hinter dieser Entwicklung aber unter anderem Mächte stehen, die die Intelligenz vom Menschlichen ablösen wollen.

In der ‚Künstlichen Intelligenz' ist dies bereits geschehen, es geschieht aber auch fortwährend *im Menschen*. Jene Mächte, die Rudolf Steiner die ‚ahrimanischen' nennt, wirken fortwährend darauf hin, die menschliche Intelligenz in das Reich eines immer toteren und kälteren *Intellekts* hinüberzuführen. Und man kann die ‚Erfolge' dieser Impulse unmittelbar in Zusammenhang mit allem sehen, was mit den alles dominierenden Bildschirmen zu tun hat. Immer mehr werden Handynachrichten, Internetseiten etc. etc. nur noch ‚gescannt', um die jeweilige Information kurz ‚abzugreifen'.

Der Mensch macht sich überhaupt nicht bewusst, wie schnell dies Gewohnheit, Habitus wird – und wie nahezu unmöglich es dann schnell ist, sich überhaupt noch auf etwas *tiefer* einzulassen, vielleicht sogar mit einer bedingungslosen Aufrichtigkeit. Die Seele wird durch die Bildschirme regelrecht *konditioniert*, immer und immer oberflächlicher und ärmer zu werden. Dies hat unmittelbar auch Folgen für den Umgang miteinander. Man wird egoistischer, der Mitmensch wird fremder, die Anonymität nimmt auch dadurch rasant zu. Und in den ‚Social Media', aber auch der realen Wirklichkeit wird der Ton immer rauer. In vielen Seelen nimmt die Gewaltbereitschaft zu, die Empathie ab, überhaupt das Empfinden für den Mitmenschen *als Mitmenschen* ab.

In einem Vortrag im unmittelbaren Vorfeld der Eröffnung der Waldorfschule beschreibt Rudolf Steiner diese Entwicklung der Intelligenz und die einzige Rettung, wie sie im Christus-Impuls liegt.[350] Er beschreibt, wie der Intellekt, der bereits jetzt nur das Tote begreifen kann, künftig sogar in Richtung des Bösen absinken wird:[89]

---

dergarten", wetterte Sarah. „Wieso bescheuert?", fragte Nicolas, „meine Lehrerin erzählte uns, dass wir alle Pflanzen und Tiere liebhaben sollen. Das stimmt doch auch!" Ich frage: „Kann jemand von euch den Morgenspruch aufsagen?" Pause.' www.erziehungskunst.de. • Das ist natürlich fatal. Sowohl der intellektuelle Vater als auch die völlig ablehnende Tochter als auch die offenbar sehr abstrakt moralisierende Fünftklass-Lehrerin. Am Ende kommentiert der Redakteur im Editorial etwas von ‚kräftiger Seelennahrung' und ‚Vademecum, das die schier unaufhaltsamen Schattenseiten einer globalisierten Welt zurückzudrängen und ihre guten und lichten Seiten sichtbar zu machen vermag.' Das hilft seiner Tochter nicht im Geringsten. • Ein Spruch, mit dem sich die Seelen der Kinder nicht mehr verbinden, ist Gift – dann wird man mit Recht auf solche Momente später als ‚Indoktrination' zurückblicken! Schafft man es nicht, dass sich im *Empfinden* der Kinder ein tiefes Gefühl des *Sinns* und der echten Bejahung dieser Worte einstellt, ein Empfinden des Sprechen-*Wollens* dieser Worte, so sind sie nicht nur sinnlos, sondern Schlimmeres. Wenn sich jeden Morgen eine Aversion mit diesen Worten verbindet, ist das eine Katastrophe. Sollte ein Waldorflehrer dies nicht empfinden, hat er seinen Beruf verfehlt. Ähnliches gilt aber auch für den Redakteur. Die Voraussetzungen für ein Gerne-Sprechen *müssen* einfach geschaffen werden! Anders geht es nicht.
350 • Vortrag vom 16.8.1919, GA 96, S. 85-97.

Wir begreifen durch unsere Intelligenz dasjenige, was dem Tode unterliegt. Aber auch diese Art von Intelligenz, die das Tote begreift, verwandelt sich. Und in den nächsten Jahrhunderten und Jahrtausenden wird diese Intelligenz etwas anderes, etwas weit weit anderes werden. [...] Wir werden als Menschheit einlaufen in eine Entwickelung der Intelligenz so, daß die Intelligenz wird die Neigung haben, nur das Falsche, den Irrtum, die Täuschung zu begreifen, und auszudenken nur das Böse.

Dies ist alles bereits mit Händen zu greifen. Wenn man in die Videotheken geht, sind die Regale bereits voll mit Horror, Gewalt, Körperverletzung etc. Noch vor fünfzig Jahren hätte man es nie für möglich gehalten, dass das menschliche Bewusstsein *derart fasziniert* davon sein könnte. Aber auch die Katastrophen-, die Weltuntergangsfilme und anderes weisen in die von Steiner beschriebene Richtung. Der tote Intellekt hat eine tief *destruktive* Seite.

Steiner fährt fort: ‚Und würde der Mensch nichts anderes ausbilden als seine Intelligenz, dann würde er auf der Erde ein böses Wesen werden. [...] | Das ist etwas, worüber sich die Menschheit eigentlich keiner Illusion hingeben sollte. Die Menschheit sollte unbefangen damit rechnen, daß sie sich zu schützen hat gegen die einseitige Entwickelung der Intelligenz.'[90] Eine Erlösung von dieser Tendenz liegt nur in der seelisch-geistigen Wiedergeburt, in der man den Christus findet: ‚Jetzt lebt die Menschheit im Beginne eines Zeitalters, wo die Intelligenz böse werden würde, wenn die menschliche Seelenwesenheit sich nicht mit der Christus-Kraft durchdringen würde.'[92f] 351

Im Weiteren führt Steiner aus, dass seit einigen Jahren Kinder mit einem gleichsam melancholischen Anflug geboren würden, weil sie eine gewisse Angst davor haben, in eine von Materialismus erfüllte Welt einzutreten, in der die Intelligenz in einer immer weiter absteigenden Entwicklung begriffen ist. Und dann formuliert er mit größtem Ernst, dass man diese Kinder anders erziehen und unterrichten müsse als noch vor wenigen Jahrzehnten:[94]

Man muß mit dem Bewußtsein unterrichten, daß man eigentlich bei jedem Kinde eine Rettung zu vollziehen hat, daß man jedes Kind dahin bringen muß, im Lauf des Lebens den Christus-Impuls in sich zu finden, eine Wiedergeburt in sich zu finden.

Wer dies nicht begreift, der begreift oder will nicht begreifen die Krise, in der sich die Menschheit mit all ihren Seelenkräften befindet. Diese Seelenkräfte *verfallen* nicht-menschlichen Impulsen, in einer schleichenden Entwicklung, die sich noch über Jahrhunderte erstrecken wird, aber jetzt bereits machtvoll sichtbar wird! Auch deshalb war für Rudolf Steiner die Waldorfschule ein absolut not-wendiger Kulturimpuls.

‚...daß man eigentlich bei jedem Kinde *eine Rettung zu vollziehen* hat'!

---

351 Und etwas später, die anderen Kräfte direkt benennen: ‚[...] daß die menschliche Intelligenz, sich selbst überlassen, der Bahn des Ahrimanischen entgegenwandelt, daß sie stark für das Gute nur werden kann durch die Aufnahme des wahren Christus-Impulses.'[95f]

Die Waldorfpädagogik will dem wirklichen *Menschen* den Weg bereiten – der Entfaltung der ganzen Seele in einer möglichst tiefen und umfassenden Weise. Dem werdenden Menschen sollen lebendig und seelenvoll auch die Weltinhalte so nahegebracht werden, dass er sich mit ihnen innig verbinden kann.

Hierzu braucht der Lehrer selbst ein liebevolles, waches, zutiefst lebendiges Denken, das überall auch Beziehungen und Zusammenhänge sehen und aufgreifen kann, wie Steiner in einem Vortragszyklus über ‚Menschenerkenntnis und Unterrichtsgestaltung'[352] ausführt:[353]

> Wenn wir unser Denken als Lehrer immer beweglicher und beweglicher machen und uns daran gewöhnen, über das Unterrichtspensum hinaus an den ganzen Menschen zu denken, dann kommen wir dazu, die einzelnen Gesichtspunkte zu finden, nach denen wir dies oder jenes erweitern können im Unterricht. Und das ist von einer so außerordentlichen Wichtigkeit, daß wir überallhin von irgendeinem Unterrichtsobjekt die entsprechenden Linien ziehen [...].
> [...] Es kann sich nur darum handeln, daß wir den jungen Menschen wirklich etwas für das Leben mitgeben. Dazu aber müssen wir die Begriffe fortwährend erweitern. Wir müssen dazu kommen, sagen wir, irgendeine Erscheinung in der Optik, in der Hydraulik und so weiter zu entwickeln, aber in jedem Augenblick, wo es sich nur ergibt, bereit sein, von dem einen auf das andere überzugehen. Sagen wir zum Beispiel, wenn sich die Möglichkeit ergibt, anzuknüpfen an dies oder jenes, sogleich überzugehen auf Witterungserscheinungen, auf Erscheinungen der ganzen Welt, vielleicht auf ganz Fernliegendes, so daß der Schüler merkt: überall in der Welt sind Zusammenhänge, und das Gefühlsmäßige dabei durchmacht, das er eben durchmacht, wenn man ihn von einem zum anderen führt, dadurch in Spannungen und Entspannungen kommt und sich dadurch insbesondere die Dinge aneignet.

In liebevoller Menschenkenntnis gibt Rudolf Steiner auch Hinweise für den pädagogisch-menschlichen Umgang mit schwierigen Situationen, den Lehrerinnen und Lehrern auch ein Gefühl für Unterschiede zwischen Jungen und Mädchen vermittelnd:[81f] [354]

> Die schlechteste Behandlung ist die, wenn der Erzieher in dieser Zeit gegenüber dem Lümmel- und Flegelwesen keinen Humor hat; denn es muß tatsächlich gerade dem Knaben gegenüber in dieser Zeit eine Art Humor vorhanden sein, die darin besteht, daß man auf der einen Seite auf die Sache eingeht, und auf der anderen Seite doch wiederum zeigt, daß man die Sache nicht

---

[352] GA 302, Menschenerkenntnis und Unterrichtsgestaltung.
[353] Vortrag vom 12.6.1921, GA 302, S. 9-26, hier 18f.
[354] ● Vortrag vom 16.6.1921, GA 302, S. 73-87. ● An anderer Stelle erwähnt Steiner als Beispiel eine Klasse, wo die Kinder aus erlahmendem Interesse am Unterricht heraus begannen, sich unter der Bank Briefe zu schreiben. ‚Was hat unser Lehrer in der Waldorfschule getan? Er ging hin zu den Kindern und erklärte ihnen – das Postwesen. Und die Kinder sahen, er versteht sie. Er ging ein auf ihr gegenseitiges Briefschreiben. Sie bekamen ein leises Schamgefühl, und die Sache war wieder hergestellt.' Vortrag vom 22.8.1922, GA 305, S. 113-127, hier 117.

ganz ernst nimmt. Man muß sich in der Gewalt haben, um diese zwei Seiten des Benehmens eben zu entwickeln. [...] | Bei Mädchen [...] ist es nötig, daß man eingeht – ich muß da schon in einer gewissen Terminologie reden – mit einer zarten Grazie selbst auf die koketteren Ungezogenheiten, aber, bildlich gesprochen, sich nachher umdrehen [...] nicht merken lassen, daß man Anteil nimmt.

Letztlich geht es um fast dasselbe und doch ist es ein sehr feines, intimes *Eingehen* des Lehrers auf das jeweilige Wesen des Kindes.

Diese Differenzierung zwischen den Geschlechtern geht noch viel weiter. Etwas zuvor geht Rudolf Steiner auf das mögliche Erwachen von Sinnlichkeit oder sogar Erotik in den Jahren der Pubertät ein und führt aus, das die Entwicklung von *Schönheitsempfinden* und einer ästhetischen Auffassung der Welt (wie natürlich auch von religiösen und moralischen Empfindungen) das notwendige Gegengewicht geben:[77f]

> Es gibt kein besseres Mittel, die Erotik auf das richtige Maß zurückzuschrauben als eine gesunde Entwickelung des ästhetischen Sinnes für das Erhabene und Schöne in der Natur. Wenn Sie die Kinder dazu anleiten, die Schönheit und den Glanz von Sonnenaufgang und Sonnenuntergang zu empfinden, die Schönheit der Blumen zu empfinden, wenn Sie sie anleiten dazu, die Erhabenheit eines Gewitters zu fühlen, kurz, wenn Sie den ästhetischen Sinn ausbilden, dann tun Sie viel mehr, als mit den manchmal fast bis zum Blödsinn getriebenen sexuellen Unterweisungen, die man heute dem Kinde nicht früh genug beibringen kann. [...] Der Mensch kommt immer wieder dadurch, daß er die Welt als schön empfindet, eben gerade dahin, auch seinem eigenen Leib gegenüber in einer freien Weise dazustehen, nicht von ihm drangsaliert zu werden, worin eigentlich die Erotik besteht.

Damit ist sehr Vieles, Wesentliches gesagt. Rudolf Steiner war überhaupt nicht grundsätzlich gegen einen ‚Sexualkunde-Unterricht‘, der ja damals (wie die Sexualwissenschaft als Ganzes) auch erst aufkam. Ihm ging es um etwas viel *Wesentlicheres*. Er wandte sich gegen das Verfrühte, das viel zu Betonte, überhaupt dagegen, dass man das Wesentlichere nicht sah. Auch die Sexualkunde wollte ja dazu beitragen, etwa ungewollte Schwangerschaften zu vermeiden. Viel wichtiger aber ist, Kinder in diesem Alter vor überhandnehmenden Sexualimpulsen zu *bewahren*. Das ist natürlich gar nicht möglich, wenn man diese wie ein ‚Naturgesetz‘ hinnimmt, weil man vom Menschenwesen und den Zusammenhängen zwischen Seele und Leib überhaupt nichts mehr weiß, da man schon die Existenz der Seele gar nicht mehr ernstnimmt.

Rudolf Steiner weist eben darauf hin, dass der Seele genau dann nichts anderes übrigbleibt, als sich mit ihrem *Körper* zu beschäftigen, wenn sie keinerlei tiefere Verbindung zur Welt hat. Diesen heiligen Zusammenhang muss man verstehen. Fühlt sich die Seele über unzählige Fäden, fühlt sie sich mit ihrem ganzen Wesen mit der Welt *verbunden* – oder ist da nicht viel, fühlt sie sich eher wie eine abgeschlossene Monade und die Welt eher wie eine Kulisse, die auch nicht weiter interessant ist, bis auf jene Punkte, denen die Seele sich dann aus reinem *Selbstbezug* doch wieder zuwendet, für Genuss und Amüsement.

Es ist genau diese Frage, die über eine sehr selbstlose Zuwendung der Seele zur Welt und Hingabe an diese Welt oder aber ein sehr selbstbezogenes Sich-Ausleben in dieser Welt entscheidet. Und ein ganz entscheidender Hinweis Rudolf Steiners ist es eben, dass im letzteren Fall die Seele *keineswegs* frei und selbstständig ist, sondern gerade ein Opfer und sogar Sklave ihrer jeweiligen Begierden, denen sie stets abhängig unterworfen sein wird – sowohl ihrem Körper als auch dem, was in ihr selbst an Begierden und Lüsten jeweils aufsteigt. In Bezug auf die Erotik etwa wird der Mensch entweder von seinem eigenen Leib *drangsaliert* – oder er steht ihm in einer viel freieren Weise gegenüber.

Eine Seele, die innig die Schönheit und den Glanz eines Sonnenaufganges empfinden kann, die Schönheit einer *Blume*, eine Seele, die sogar mit der Erhabenheit eines Gewitters *mitleben* kann, dies wirklich noch empfindet – und die Fähigkeit dazu zu nähren, wäre Waldorfpädagogik! –, wird tief verbunden sein mit der Welt, ihrer Schönheit, ihrer Vielfalt, ihrer Tiefe, ihrem Sinn, ihrer Sprache, ihren Offenbarungen. Und selbstverständlich wird eine solche Seele dann eine *völlig* andere Beziehung zu den Empfindungen und Regungen ihres eigenen Körpers haben – die ja von der Seele gar nicht unabhängig sind – als eine Seele, die nichts anderes hat und von diesen Regungen regelrecht überflutet wird.

Aber man muss diese Frage sogar noch weiter ziehen. Denn es geht nicht nur um die Erotik, es geht um alles. Es geht um die Frage, wie die Seele in der Welt, zu der Welt und zu sich selbst steht. Erotik bedeutet insbesondere auch ‚Anziehung'. Wie verhält sich die Seele zu der Attraktion sinnlicher Eindrücke überhaupt? Was ist mit der Erotik der materialistischen Flut, mit der Erotik der Bildschirme? Wenn sie *davon* überflutet, drangsaliert und versklavt wird, ist dies *nichts anderes*. Wenn die Seele kein freieres, selbstloseres Verhältnis zur Welt gewinnt, welches nur das ästhetische und moralisch-religiöse Verhältnis geben können, eine selbstlose Liebe und Verbundenheit zu den Erscheinungen, dann wird dieses Verhältnis selbst-*bezogen* sein – und damit werden sämtliche Einflüsse unkontrolliert auf die Seele eindringen und sie wird ihnen ihrerseits *mit Genuss und Begehren entgegenkommen*.

Man kann es also so formulieren: Wenn die Seele kein *freieres* Verhältnis zu sich gewinnt, indem sie eine Haltung der Hingabe entwickelt, so wird sie auf ewig *sich selbst* unterworfen bleiben.

Und hier ist erneut die spirituelle Menschenkunde so wichtig, denn man muss eben wirklich unterscheiden, woher die jeweiligen Impulse aufsteigen oder wer der Akteur ist, welches Seelenglied, welcher Leib, welche Instanz. Das Begehren ist etwas, was im ‚Astralischen' verankert ist, es steigt aus dem (übersinnlichen) ‚Astralleib' auf. Nach dem Tod hat es keine Bedeutung mehr, nur hier auf Erden. Die sich hingebende Zuwendung zu der Schönheit eines Sonnenaufganges oder einer Blume aber hat Ewigkeitscharakter wie die Schönheit selbst. Diese Hingabe der Seele ist bereits mit dem Ich des Menschen verbunden – gerade nicht mit dem astralisch korrumpierten Ego, sondern jenem Wesensglied des Menschen, das durch die verschiedenen Inkarnationen geht. Hier, in der Hingabe an das Wahre, Schöne und Gute, ist die

Seele frei, hier ist sie nicht dem unterworfen, was aus niedereren Regionen aufsteigt und in irgendeiner Weise ‚drangsalieren' könnte.

Eine Seele, die *Lüsten* nachgibt, lebt selbstbezogen, genießt die Lust – und steht im nächsten Moment wieder leer da, sofern sie nicht sogleich neue Lüste sucht und findet. Eine Seele dagegen, die sich selbstlos den Offenbarungen der *Schönheit* der Welt hingeben kann, wird in jedem Moment beschenkt, denn die Haltung der Hingabe *empfängt* in jedem Augenblick. Der Unterschied zu einer Seele, die Genuss und Unterhaltung sucht, ist diametral. Der Genuss ist etwas rein Sinnliches, er braucht Bedingungen, Umstände, alles muss sich auf die Seele ausrichten, sie muss es selbstisch genießen – und dann ist es wieder vorbei, Ebbe, Leere, und die Suche und Sucht geht von neuem los... Es sind wirklich zwei Welten, durch Abgründe getrennt. Und Waldorfpädagogik ist die Verbindung der Seele mit dem, was *Ewigkeitscharakter* hat – und sie dadurch frei macht.

Zu diesem heiligen Gegenpol gegenüber einer ‚Tyrannis des Astralleibes' gehören auch die *Ideale*. Auch ihnen gibt sich die Seele hin, wie der Schönheit des Sonnenaufgangs, aber nun geht es zugleich um den Willen. Brennt die Seele heilig für ein Ideal – oder brennt in ihr die schwelende Flamme einer aus dem Leib aufsteigenden Erotik? Es geht nicht um ein Entweder-Oder, es geht um ein Verstehen des Wesentlichen. Ohne Ideale ist die Seele gewissermaßen völlig haltlos, sie hat keinerlei Halt, nichts Tragendes, keine eigene Substanz.[355]

Steiner weist dann darauf hin, dass Jungen in diesen letzten Schuljahren auch Vorstellungen von Helden bilden, zu denen sie aufschauen, und dass man dies *mit* ihnen tun sollte (weil es ja sonst allzu schnell wieder im rein Sinnlich-Materialistischen endet: Sänger, Sport etc.): ‚Und es ist von besonderer Wichtigkeit, dem Knaben das reale Ideal vorzustellen, irgendeine bildliche Persönlichkeit oder wohl auch eine mythische Figur oder eine Phantasiefigur, die man mit dem Knaben zusammen ausgestaltet, oder die Elemente zu einer solchen gestaltet.'[83] Nur so kann man der Seele helfen, gegen die *Flut* des Veräußerlichten zu jener Sphäre zu kommen, in der die *wirklichen* Ideale leben: da, wo es um seelisch-geistige Eigenschaften, Stärken und Wesenszüge geht, um das, was nicht *vergänglich* ist.

In dieselbe Richtung wirkt alles, was auch ganz unmittelbar die Gedanken des Jungen auf seine eigene Zukunft richtet, auch dies stärkt und kräftigt seinen eigenen Willen, weist die Seele auf den Willenspol, führt sie in diesen hinein:[83]

> Macht man mit solchen Kindern einen Schulausflug, so redet man mit den einzelnen wiederum nach ihrem individuellen Gestaltetsein. Man redet mit ihnen: Wie stellst du dir vor, daß du das machen wirst, daß du jenes machen wirst? – Man weist auf die Zukunft hin, nimmt die Zweck-

---

[355] ‚Geradeso wie der menschliche Leib sein gesundes Knochensystem braucht, wenn er nicht einherwackeln soll, so braucht der astralische Leib mit dem eingeschlossenen Ich, wenn er sich richtig entwickeln soll, in diesem Lebensalter Ideale. Das muß man ganz voll ernst nehmen. Ideale, diejenigen Begriffe, die einen Willenscharakter haben, Ideale mit Willenscharakter, das ist dasjenige, was wir jetzt als ein festes Gerüst dem astralischen Leib einfügen müssen.'[82]

idee, die Zielidee in das Leben auf. Wir durchsteifen in einer gewissen Weise den astralischen Leib und das ist wichtig, daß wir ihn in diesem Lebensalter in dieser Weise durchsteifen.

Macht sich die Staatsschulpädagogik über dieses ungeheuer weite Feld *irgendwelche* Gedanken? Nicht die geringsten! Da gibt es dann ‚Berufsinformationstage‘ etc., was natürlich genau dieselbe Frage berührt, aber man spürt unmittelbar, wie *abstrakt* das Ganze ist und wie alleingelassen der junge Mensch hier wird, wie sehr vom Menschlichen und von der Beziehung zwischen Lehrer und Schüler gerade abgesehen wird. Letztlich *verrät* man die jungen Menschen und liefert sie an ein anonymes Weltgetriebe aus – in dem man ja auch selbst steht.

Diese völlige Abstraktheit der Staatsschulpädagogik ist natürlich äußerst bequem – aber sie zeugt nur von einem äußersten Verlorenhaben des Menschen und von dem Unwillen, diesen jemals wiederzugewinnen. Es ist der Sieg des *Intellekts*. Alles abstrakt behandeln. Nur mit dem Kopf. Selbstverständlich darf dann noch irgendwo der pädagogische Ethos sich austoben, jeder Lehrer bringt ja irgendwo auch noch seine Ideale mit – aber diese haben keinerlei konkreten Anknüpfungspunkt, keinerlei spirituelle Menschenkenntnis, auch sie sind und bleiben letztlich *abstrakt*. Es sind Ideale, aber die Wirklichkeit ist und bleibt eine andere. Und der Lehrer bleibt, wie er ist, und der Schüler bleibt, wie er ist, und zwischen ihnen entsteht keinerlei tieferes Band, das alles verändern könnte, weil der Lehrer das *Wesen* des Menschen verstünde und aus *diesem* heraus spricht, unterrichtet, handelt, die jungen Menschen wirklich begleitet, substantiell...

Außerordentlich aufschlussreich ist es auch, dass Steiner darauf hinweist, dass bei diesen Idealvorstellungen des Helden der Jüngling mehr zum Irdischen, das Mädchen mehr zum Kosmischen hinneige: ‚[...] das heißt, wir müssen es mehr dadurch zum Ideal hinbringen, daß wir ihm die Taten von Helden erzählen, das, was die Helden tun, das, was geschieht [...], was Erlebnistatsachen sind. Dem Knaben müssen wir mehr die abgerundete menschliche Gestalt, die Charakterfigur beibringen.‘[83]

Während also der Jüngling mehr in der Gestaltvorstellung lebt, dem Gedankenbild, lebt das Mädchen mehr im Mitfühlen der Taten und Geschehnisse. Der Junge denkt sich sicherlich auch Taten, aber eher wie aufregende ‚Fakten‘, und im Vordergrund steht immer die Gestalt als solche – das Mädchen dagegen lebt viel lebendiger im Mitempfinden selbst, nicht mit der bloßen Gestalt, sondern mit dem, was *geschieht*.

Dieser Unterschied der Geschlechter hat noch viel weitergehendere Bedeutung. An anderer Stelle[356] beschreibt Steiner, dass mit der Geschlechtsreife der Mensch physisch in die Lage kommt, einen neuen Menschen zu gebären, geistig-seelisch aber in die Lage kommt, ‚in sich die ganze Menschheit zu erleben‘.[243]

---

[356] ● Vortrag vom 17.6.1921, GA 303, S. 235-252.

Der Mann nun trägt diese Menschheit so in sich, dass er ‚eigentlich das Menschliche immer wie ein Rätsel empfindet, wie etwas, das er nicht ganz durchdringen kann, das an ihn unsägliche Fragen stellt, mit denen er nicht fertig wird.'[244f] Er lebt also auch hier vor allem im Denken und im Willen. Die Frau dagegen trägt das Menschliche so in sich, dass sie es wie etwas ansieht, ‚das im Grunde genommen aus dem Himmlischen herein sich in die Welt ergossen hat'. Sie sieht ‚die Menschheit so an, daß sie gewissermaßen im Hintergrunde ein Bild hat, wenn auch im Unbewußten, nach dem sie die Menschheit formt', und so, ‚daß sie dabei vorzugsweise Werturteile zugrunde legt'.[244] Sie lebt damit mehr im Fühlen und im Moralischen.

Dieser Unterschied setzt sich auch in der Geschlechtsliebe fort – die weibliche Seele geht von der bildhaft-fühlenden Phantasie aus, die männliche von dem willenshaften Wunsch: ‚Bei der Frau geht durchaus die Liebe von der Phantasie aus und ist immer damit verknüpft, ein Bild zu formen. Die Frau liebt [...] niemals vollständig bloß einfach den realen Mann, der dasteht im Leben; die Männer sind ja auch gar nicht so, daß man sie, wie sie heute sind, mit einer gesunden Phantasie lieben könnte, sondern es ist immer etwas mehr darinnen, es ist das Bild darinnen, das aus jener Welt heraus ist, die eine Gabe des Himmels ist. Der Mann hingegen liebt mit Wunsch [...].'[246]

Im Weiteren weist Steiner darauf hin, dass die gesamte Kultur einseitig männlich geprägt ist und dass es darauf ankomme, das Weibliche hineinzutragen, statt nur das Männliche nachzuahmen: ‚[...] die Frau dasjenige in das Zivilisationsleben hineinbringt, was sie speziell als Frau bringen kann, wo sie aber nicht dasjenige hineinträgt, was sie aus der bisher männlichen Kultur gelernt hat'.[250]

Und dann schlägt Steiner den Bogen zur Pädagogik, denn auch der Unterricht mit seinen ganzen Inhalten ist viel zu ausschließlich männlich gestaltet, was er eindrücklich für die Geschichte erlebbar macht. Sämtliche Geschichtsdarstellungen sind für den Intellekt geschrieben, also männlicher Natur: rückblickend, überschauend, abstrakt. Steiner bringt hier die Polarität von Epimetheus und Prometheus. Bei diesen beiden Brüdern der griechischen Mythologie ist Epimetheus der Nach-Denker, der nur bereits Geschehenes erfassen kann, Prometheus dagegen der Vor-Denker, der Schöpferische. Und nun führt Steiner aus, dass Mädchen einer fakten- und vergangenheitsorientierten Geschichtsdarstellung gar kein Verständnis entgegenbringen:[251f]

Es gibt [aber] auch eine Prometheus-artige Darstellung der Geschichte, wo nicht nur dasjenige gezeigt wird, was geschehen ist, sondern, wo dasjenige, was von Ideen in der Gegenwart dasteht, in seiner Metamorphose aus Vorangegangenem gezeigt wird, aber so gezeigt wird, wie Impulse da waren, um die Gegenwart weiterzuführen, wie die Gegenwart wieder weitergeführt wird durch Impulse. Dieses Wirken eines Prometheus-Elementes in der Geschichte, das ist dasjenige, was das Frauenelement besonders anzieht.
Es würde durchaus einseitig werden, wenn man die Geschichte in einer Frauenschule in einer Prometheus-artigen Weise, für die Männer in einer Epimetheus-artigen Weise darstellen wollte. Die Männer würden ganz in die Vergangenheit zurückfließen und da noch mehr erstarren[,] als sie es heute sind. Die Mädchen in den Mädchenschulen würden [...] gewissermaßen der Zukunft nur entgegenfliegen wollen. Sie würden überall die Impulse empfinden, die durchaus ihrem

Verständnisse besonders naheliegen. Aber wir gewinnen ein richtiges Wirken für das soziale Zusammenleben nur dann, wenn wir eben zu dem, was wir heute fast einzig und allein zur Verfügung haben, zu der Epimetheus-artigen Geschichte, die von Prometheus geschriebene hinzufügen.

Um also zu bemerken, was in unserer Kultur *fehlt* und was allzusehr *männlich* dominiert ist, braucht man wiederum eine spirituelle Menschenkunde – denn sonst wird das Nur-Männliche *bleibend* alles dominieren, weil auch die weibliche Hälfte der Welt sich dieser Dominanz und der Herrschaft des Intellekts viel zu sehr angepasst hat und weiter anpassen wird.

Es ist tief berührend, wie Rudolf Steiner sieht, dass gerade die *Mädchen* die eigentlichen Trägerinnen des Idealischen sind, während natürlich Jungen und Männer auch Ziele haben und fortwährend die Welt verändern, aber gerade dies beweist ja, dass die männlichen Ziele stets sehr irdisch bleiben, funktionell und so weiter, während das Mädchen in seiner Phantasie tatsächlich noch wahre *Ideale* ausbilden kann, die tief mit dem Menschlichen verbunden bleiben. Es ist wirklich so: Das Mädchen lebt in der Phantasie, im moralischen, vom Gefühl getragenen Bild, der Junge im Wunsch, im Wunsch nach eingreifendem Gestalten.[357]

Würde man in den Geschichtsunterricht das Element der *Mädchen* mit aufnehmen, die Frage der lebendigen Impulse, so läge auch die Frage nach den lebendigen Idealen, wie also die Zukunft aussehen könnte und sollte, wenn sie denn das *Menschliche* in sich tragen soll, sehr nahe und könnte ebenso den notwendigen Raum gewinnen – und dies könnte die ganze Welt verändern.

Kehren wir zum vorherigen Vortragszyklus zurück, in dem es ebenfalls um die Ideale der jungen Menschen und um die Zukunft ging.

In einer langen Passage des sechsten Vortrags weist Rudolf Steiner erneut mit größtem Ernst darauf hin, dass es darum geht, am Ende die jungen Menschen in die Welt hineinzustellen – um welche *Verantwortung* es bei dieser Tatsache geht. Der Pädagoge muss sich mit *diesem* Verantwortungsgefühl in einer tiefsten Weise durchdringen – und eine Pädagogik, die dies nicht

---

[357] Dieses ‚eingreifende Gestalten' wird gerade oft dem Prometheus zugeordnet, wie auch Schiller dies in seinem Gedicht ‚Lob der Frauen' tut, wo er das oft sinnlos Voranstürmende der Männer dem das wahre Leben behütenden Wesen der Frauen gegenüberstellt. Schiller macht nicht den Fehler so unzählig vieler anderer Männer, die den Mann der positiv voranschreitenden Zukunft, die Frau der bloß bewahrenden Vergangenheit zuordneten, er wusste, dass die Frau mit den Mysterien des *Lebens* verbunden ist. Aber erst Steiner kann aus einer spirituellen Menschenkunde heraus klar eine seelisch-geistige Dimension beschreiben, die gerade die *weibliche* Seele als verbunden mit den *Zukunftskräften* erweist. • Der Mann hat abstrakte Vorstellungen von einem ‚Fortschritt', den *er* herbeiführen will, er stürmt vor allem willenshaft voran. Die Frau lebt mit ihrem Fühlen in *wirklichen* Bildern von einer heilsamen Zukunft. Gerade weil sie zunächst einmal gar nichts selbst (darstellen) ‚will', sind diese Bilder selbstlos und damit zutiefst sozial. Es sind die *wahren* Bilder einer künftigen Kultur – die möglich werden wird, wenn sich heilig-moralische Phantasie und irdische Tatkraft miteinander verbinden, letztere aber eben unter Führung der ersteren...

tut, kann nur als gescheitert bezeichnet werden. Steiners Ausführungen sind eine Generalabrechnung mit der gesamten Kultur seiner (und unserer) Zeit:[358]

Wir müssen uns schon klar sein darüber, daß wir in einem Zeitalter leben, in dem die Worte, die die Leute sprechen, keine Bedeutung haben in ihrem Inhalt, sondern allein die Kräfte, die drinnen walten und wirken. In einer solchen Art muß derjenige, der Jünglinge und Jungfrauen zu unterrichten hat, in sein Zeitalter hineinwachsen. Und er muß in einer noch tieferen Weise in sein Zeitalter hineinwachsen: er darf nicht jenen Grundcharakter behalten, den das Denken und die ganze Gesinnung des Menschen in der Gegenwart hat. Wenn man heute herumgeht und hat sich etwas durchdrungen mit anthroposophischem Bewußtsein – man findet nicht mehr Menschen, man findet Maulwürfe, die sich im engsten Kreise desjenigen bewegen, worin sie hereingesteckt sind, die sich so benehmen, daß sie in dem allerengsten Kreise denken und nicht hinausdenken über diesen Kreis, auch gar kein Interesse haben, sich zu bekümmern um dasjenige, was außerhalb dieses Kreises vorgeht. Wenn wir nicht die Möglichkeit finden, aus diesem Maulwurfdasein gründlich herauszuwachsen, wenn wir nur immer dieselben Urteile von einem anderen Standpunkt zustandebringen, die uns anerzogen sind durch die Vorgänge vom Ende des 19. und Beginn des 20. Jahrhunderts, dann können wir nicht fruchtbar teilnehmen an demjenigen, was gemacht werden soll, um aus der Misere hinauszukommen.
Und wenn einer ganz durchdrungen sein soll von einer solchen Sache, wie ich sie jetzt geltend gemacht habe, so ist es der Lehrer, so ist es derjenige, der die Jugend erziehen will [...]. Wir müssen die ganze Schule so einrichten, daß so etwas in der Schule drinnen sein kann, und dazu ist es notwendig, daß Sie die Sache noch tiefer auffassen, daß Sie vor allen Dingen [...] – das betrifft [...] die ganze Lehrerschaft – sich klarmachen: es handelt sich darum, die ganze Pädagogik und die ganze Didaktik in ein elementares Gefühl zusammenzufassen, so daß Sie gewissermaßen in Ihrer Seele die ganze Schwere und Wucht der Aufgabe empfinden: Menschen hineinzustellen in diese Welt. Ohne das wird unsere Waldorfschule nur eine Phrase bleiben. Wir werden alles Schöne sagen über die Waldorfschule, aber wir werden auf einem durchlöcherten Boden stehen, bis solche Löcher so groß sein werden, daß wir gar keinen Boden mehr haben, auf dem wir herumgehen können. Wir müssen die Sache innerlich wahrmachen. Das können wir nur, wenn wir ganz tief und gründlich in der Lage sind, den Erzieherberuf zu erfassen.
Und da müssen wir uns doch sagen: Was sind wir denn eigentlich als Menschen der Gegenwart? – Wir sind hingestellt worden in diese Gegenwart durch dasjenige, was an uns heranerzogen worden ist durch die Ereignisse der Zivilisation im letzten Drittel des 19. Jahrhunderts. |
[...] Und wir müssen uns klar sein darüber, daß dasjenige, was da an uns heranerzogen ist, jetzt in unserer Zeit wirklich sich erfassen muß, daß sich das gründlich selber in die Hand nehmen muß. Und das kann nur durch eine über das Individuelle hinausgehende, zeitgemäße Gewissenserforschung geschehen. Ohne diese zeitgemäße Gewissenserforschung können wir nicht über dasjenige hinauswachsen, was uns die Zeit geben kann. [...] Wir dürfen nicht Hampelmänner der Zeitrichtung sein [...]. Wir müssen vor allen Dingen durch ein Geständnis dessen, was wir aus der Zeitbildung heraus sein können, durch eine universelle Gewissenserforschung uns in richtiger Erkenntnis auf unseren Platz hinstellen.
Und da fragen wir uns: Ist denn nicht alles, was wir geworden sind, infiziert von der materialistischen Gesinnung, die heraufgekommen ist? – Gewiß, guter Wille ist in mannigfaltiger Weise

---

[358] Vortrag vom 4.1.1922, GA 302, S. 88-106, hier 94-96.

vorhanden. Aber dieser gute Wille ist infiziert worden von der Anschauung, die aus der naturwissenschaftlichen Weltanschauung hervorgegangen ist. [...]

Im Grunde genommen wollte es die Menschheit immer vor sich selber verhüllen, daß sie eine große Gewissenserforschung notwendig hat, etwas, was gründlich aufwühlen sollte alles Innerliche mit der Frage: Wie stehen wir denn heute eigentlich als Ältere da vor der Jugend? – Und da kann sich keine andere Antwort als diese ergeben [...], wenn wir tief innerlich ehrlich sein wollen: Wir wissen nichts mit ihnen anzufangen, wenn wir die Erziehung und den Unterricht nicht aus neuen Grundelementen heraus in die Hand nehmen. Wir stehen so da, daß wir eine Kluft aufgerichtet haben zwischen uns und dieser Jugend.

Das ist es eben! Es ist die Kluft der ‚Berufsinformationstage' und tausend anderer Erscheinungen. Es ist die Kluft, dass sich der Pädagoge nicht mehr wirklich involviert – weil er auch gar keine Menschenkenntnis mehr hat, diese ihm auch gar nicht mehr vermittelt wird. Und man kann diese Kluft mit noch so schönen Worten wie ‚professionelle Distanz' bezeichnen, es bleibt eine Kluft und man spricht sie sogar noch aus! Distanz – nicht nur zu den jungen Menschen hat man Distanz, sondern zu jeder Menschenkenntnis und Menschenkunde überhaupt. Und sogar noch zu sich selbst! Denn die ganze Kultur lebt heute im bloßen Intellekt – und das ist die verkörperte Distanz zu *allem*. Rudolf Steiner sah ganz klar, dass dies reine *Untergangskräfte* sind. Weil sie von allem Menschlichen immer weiter entfernen.

Wie demgegenüber die spirituelle Menschenkunde in der Seele den *Erziehungskünstler* geboren werden lässt, wurde bereits mehrfach angedeutet. In einem Vortrag beschreibt Steiner die drei Stufen dieses inneren, auch *meditierenden* Umganges mit dieser Menschenkunde mit folgenden Worten:[359]

> Er [der Erzieher, H.N.] muß Menschenkunde aufnehmen, Menschenkunde verstehen durch Meditieren, an Menschenkunde sich erinnern: da wird das Erinnern lebendiges Leben. Es ist nicht bloß ein Erinnern wie sonst, sondern ein Erinnern, welches neue innere Impulse aus sich heraustreibt. Da kommt die Erinnerung quellend aus dem geistigen Leben, und da überträgt sich in unser äußeres Arbeiten dasjenige, was als dritte Etappe kommt: Nach dem meditierenden Verstehen kommt das schaffende, das schöpferische Sich-Erinnern, das zugleich ein Aufnehmen aus der geistigen Welt ist. So also haben wir: Zuerst ein Aufnehmen oder Wahrnehmen der Menschenkunde, dann ein Verstehen, ein meditierendes Verstehen dieser Menschenkunde, indem wir in uns immer mehr hineingehen, innerlich hineingehen, wo die Menschenkunde empfangen wird von unserem ganzen rhythmischen System, und dann haben wir ein Erinnern der Menschenkunde aus dem Geistigen heraus. Das heißt, aus dem Geiste heraus pädagogisch schaffen, pädagogische Kunst werden. Gesinnung muß das werden, Seelenverfassung muß das werden.

Vom intensiven *Durchdenken* und Meditieren dieser spirituellen Menschenkunde geht diese über bis in das *Fühlen* und schließlich bis in den *Willen*, bis in echte Fähigkeiten, aber auch bis

---

[359] Vortrag vom 21.9.1921, GA 302a, S. 41-53, hier 52f.

hin zu hier, in der Willenssphäre, zu empfangenden Intuitionen aus der geistigen Welt, und zwar für ganz konkrete Situationen.

Und an anderer Stelle formuliert er es in folgenden Worten:[360]

> [...] eine solche Menschenerkenntnis wird unmittelbares inneres Erleben, wird unmittelbare Lebenspraxis. Denn in ihrer Verwandlung strömt sie ein in die Kraft der Liebe. Sie wird tätige Menschenerkenntnis. Stehe ich als Erzieher, als Unterrichtender dem Kinde gegenüber, so sprießt mir aus meiner Menschenerkenntnis in der sich entfaltenden seelisch-geistigen Liebe die Erkenntnis des Kindes. Ich brauche keine Anweisungen, theoretische Menschenanschauungen, wie sie etwa der Naturwissenschaft nachgebildet sind, erst in die Pädagogik hineinzutragen, ich brauche nur die Menschenerkenntnis zu fühlen, wie ich das gesunde Atmen, die gesunde Blutzirkulation als meine totale Gesundheit erlebe. Dann wird richtige Menschenerkenntnis, in richtiger Weise belebt, pädagogische Kunst.
> [...] Darum handelt es sich, daß wir die Fortbildung der Pädagogik beim Lehrer beginnen, daß beim Lehrer nicht der bloße Intellektualismus, der unkünstlerisch ist, wirkt, daß wir beim Lehrer beginnen, überzugehen aus der Menschenerkenntnis in künstlerisch-pädagogisch-didaktische Gesinnung, die unmittelbar in dem Kinde lebt, wodurch der Kontakt hergestellt wird zwischen Lehrer und Kind, zwischen Erziehendem und Kind, wodurch Menschenerkenntnis in waltender Liebe zu Unterricht, zu Erziehung unmittelbar wird.

Damit ist die Anthroposophie in keiner Weise ‚sektiererisch', sondern die einzige Methode, *überhaupt* an das Seelisch-Geistige des Menschen und damit an den ganzen Menschen heranzukommen.[361] Und so wie ein Maler nicht ohne Farbe und Kenntnis des Wesens der Farbe malen kann, so kann es keine Erziehungskunst ohne ein Wissen vom *Wesen* des Menschen geben.[362] Der gegenteilige Eindruck des ‚Sektiererischen' und die Gläubigkeit gegenüber ei-

---

[360] Vortrag vom 25.3.1923, GA 304a, S. 9-30, hier 21.

[361] ‚Aber eine wirkliche Menschenerkenntnis wird man nicht gewinnen, wenn nicht der Abgrund zwischen Theorie und Praxis, der sich heute so furchtbar aufgetan hat, wirklich überbrückt wird. Solche Theorie, wie wir sie heute haben, kommt nämlich nur an den menschlichen Körper heran. Und wenn solche Theorie auch an die Seele und an den Geist herankommen will, so macht sie krampfhafte Versuche, kommt aber doch in Wirklichkeit nicht an sie heran, denn Seele und Geist müssen auf eine andere Weise erforscht werden, als diejenige ist, die im Sinne der heute anerkannten sogenannten wissenschaftlichen Methode liegt. | [...] Dieses Herangehen aber an die wahre, wirkliche Menschennatur, dieses Aufsuchen einer wirklichen Menschenkenntnis [...], die Geist, Seele und Leib im Menschen in einem schaut, das ist die Aufgabe der Anthroposophie. Anthroposophie will wiederum nicht bloß den physischen Menschen, sondern den ganzen Menschen erkennen.' Vortrag vom 25.3.1923, GA 304a, S. 60-76, hier 68. • Aus dieser Erkenntnis geht die Pädagogik wie von selbst hervor, auch insgesamt: ‚Anthroposophie hat ganz gewiß im Anfang nicht darnach gestrebt, eine Pädagogik zu begründen. Sie wollte Menschenerkenntnis, ganze, volle Menschenerkenntnis liefern. Aber indem sie ganze, volle Menschenerkenntnis lieferte, entstand ganz von selbst das Pädagogische.' Ebd., S. 75. • Und an anderer Stelle: ‚Anthroposophie will nichts anderes, als die Erkenntnis allseitig machen und spiritualisieren [...], als dasjenige, was allmählich einseitig geworden ist, wiederum universalistisch machen.' Vortrag vom 25.8.1922, GA 305, S. 164-180, hier 180.

[362] ‚Denn, was für den Maler die Beobachtung und Handhabung von Form und Farbe, das ist für den Erziehungskünstler die Kenntnis von dem spirituellen Wesen des Menschen.' Vortrag vom 19.8.1922, GA 305, S. 56-75, hier 58.

ner bezüglich des Menschen ohnmächtigen Wissenschaft entsteht nur, weil man sich fortwährend dem bloßen Intellekt *unterwirft* und die tiefgehenderen, wahreren Empfindungen unterdrückt:[77] 363

> Alles was den Menschen der Gegenwart so stark zwingt, die Wissenschaft der Gegenwart, die eigentlich nur eine Naturwissenschaft ist, keine Seelen- und keine Geisteswissenschaft, als eine unbeschränkte, unfehlbare Autorität anzuerkennen, besteht eigentlich darin, daß der Mensch heute immerzu seinen Verstand zum Richter einsetzt gegenüber allem, was sonst aus der vollen Menschheit herauskommt.

Und gerade der *aufrichtige* Pädagoge, der mit Herz erziehen will und von den staatlichen Bildungsstätten kommt, müsste sich eingestehen, dass er nichts in der Hand hat und vor einer völligen Kluft steht:[78]

> Wenn der Lehrer [...] das nun anwenden will auf den werdenden Menschen, auf das Kind, dann fühlt er, als wenn das alles, was er in einer so theoretischen Weise sich angeeignet hat, was sein Herz nicht warm, seinen Willen nicht tatkräftig im Geiste gemacht hat, als wenn das alles ein Herumflattern um das Kind herum wäre, nicht etwas, was den Zugang zum Kind findet. | Und so geht eigentlich der Lehrer in die Klasse hinein, indem er, man möchte sagen, eine Scheidewand um sich aufrichtet, durch diese Scheidewand nicht hindurchdringt bis zu den Seelen der Kinder [...]. Er fühlt sich außerhalb des Kindes stehend, gewissermaßen herumplätschernd in einem unbestimmten theoretischen Elemente außerhalb des Kindes.

Und dann verweist Steiner auf den Kern des Problems: ‚Es gibt sich der Mensch einer schier unbegrenzten Illusion hin, wenn er glaubt, daß heute eine wirkliche Seelenkunde vorhanden sei. Immer wieder muß erinnert werden an das Wort, welches schon im 19. Jahrhundert geprägt worden ist: Seelenkunde ohne Seele, weil die Menschen einfach nicht mehr zum Seelischen durchdringen.'[80] Ohne ein Eingeständnis dessen bleibt aber auch alles Reden von ‚Erziehungsreformen' tief unaufrichtig.[84]

Und sogar *noch* mehr verloren hat man, da man ja die Seele selbst bereits verloren hat, das Erleben des Sittlich-Moralischen als *Realität*, das Erleben von Leben und Tod der Seele, das Erleben etwa der Paulusbriefe, des Christus-Impulses als einer Auferstehungskraft, damit aber des *Geistigen überhaupt*.[85f] Dann aber bleibt nur das Leugnen des Christus (auch wenn man ihn vielleicht noch traditionell festhält) und der Glaube an den von der Naturwissenschaft gelehrten letztlichen ‚Wärmetod' von allem am Ende der Zeiten.[86f]

Die Waldorfpädagogik wirkt aber mit einer *realen* Seelenkunde und einer realen Geistigkeit, auch aus einer Erkenntnis des Christus und ‚aus der Christus-Kraft heraus', die gerade das innerste Wesen dieses Lebendigen und Realen ist.[88] Und schon die Frage, ob man mehr ‚kindgerecht' oder mehr rational erziehen solle, geht an der eigentlichen Frage und an der Tatsache

---

363 ● Vortrag vom 1.7.1923, GA 304a, S. 77-93.

vorbei, dass man mit dem *werdenden* Kind ja überhaupt keine Verbindung mehr hat. Und so kommt Steiner zu den zentralen Worten:[89f]

> Mit dem Kinde müssen wir innerlich zusammenleben können. Wir müssen so das Menschliche lebendig in uns aufgenommen haben, daß wir mit dem Kinde lebendig zusammenleben können. Bloßes Verstehen des Kindes nützt gar nichts.[364]

Alles fließt letztlich in dem Grundsatz zusammen, dass der Mensch, der Kinder erziehen will, zuerst in umfassendster Weise *sich selbst* erziehen muss, um ein Künstler, ein wahrhaft Erziehender zu werden:[365]

> Es gibt im Grunde genommen auf keiner Stufe eine andere Erziehung als Selbsterziehung.

Und jede Erziehungsfrage ist eine Lehrerfrage:[366]

> Auf das Kind soll alles Augenmerk der Erziehung gerichtet sein. Aber das kann eben nur dann der Fall sein, wenn der einzelne Lehrer und [...] Erzieher wirklich tief hineinschauen kann mit einem, das Ganze des Menschen erblickenden künstlerischen Auge auf das Kind. Daher muß alle wirkliche Erziehungsfrage hingelenkt werden auf eine Lehrerfrage, eine Erzieherfrage. [...] |
> [...] Wenn man in eine Schule hineingeht, die im Sinne dieser Erziehungskunst geführt wird, wenn man betrachtet die ganze Gesinnung des Lehrerkollegiums [...], dann muß es so sein, als ob über der Türe, wo sich die Lehrer für ihre intimsten Beratungen versammeln, ständen die immerdar mahnenden Worte: „Alle Erziehungskunst soll sein für Euch die Erstehung der Forderung Eurer eigenen Selbsterziehung. Eure Selbsterziehung, Ihr Lehrer, ist der Keim alles desjenigen, was Ihr als Erzieher der Kinder wirken könnt. Ja, Ihr werdet nichts anderes wirken für die Kinder, als was aus Eurer Selbsterziehung hervorgeht." – Das muß aber nicht nur stehen wie ein Mahnwort von außen, sondern das muß tief eingeschrieben sein in das Herz, in die Seele, in das Gemüt jedes einzelnen Lehrenden und Erziehenden.[367]

Aus dieser spirituellen Erkenntnis, Menschenkunde heraus konnte Rudolf Steiner auch ganz konkrete Angaben nicht nur für ‚Lehrplan'-Empfehlungen für die jeweilige Altersstufe geben, sondern auch für eine hygienische Gestalt des Schultages insgesamt. So beschrieb er zum Beispiel, *warum* es nicht gut ist, Turnen und Bewegung an den Anfang oder in die Mitte des Unterrichtes zu legen:[368]

---

[364] Und dann löst sich auch die Frage lebendig auf, denn ‚[...] dann wissen wir lebendig, daß wir dasjenige, was wir an das Kind heranbringen wollen, so heranbringen müssen, wie es das Kind selbst will, und dennoch den Erwachsenen im Kinde erziehen.'[90]

[365] Vortrag vom 20.4.1923, GA 306, S. 115-134, hier 131.

[366] Vortrag vom 19.11.1923, GA 304a, S. 124-146, hier 145.

[367] Denn hier liegt die eigentliche Quelle, weil ‚[...] die wahre, die wirkliche menschliche Erziehung, die Erziehung zur Liebe, diejenige ist, die zwar durch die hingebungsvolle Anstrengung des Kopfes als Mittel gefördert wird, die aber in ihrem Wesen hervorgeht aus Seele, Gemüt und Herz des Lehrers.' Ebd, S. 146.

[368] Vortrag vom 28.12.1921, GA 303, S. 100-119, hier 117.

Sehen Sie, während der Mensch seinen Stoffwechsel-Gliedmaßen-Organismus in Regsamkeit hat, da sind allerdings diejenigen Gedanken, die künstlich zwischen Geburt und Tod in den Kopf hineingebracht werden, aus dem Kopf draußen. Das Kind springt herum, bewegt sich, bringt den Stoffwechsel-Gliedmaßenorganismus in Bewegung. Die während des physischen Erdenlebens eingepflanzten Gedanken, die gehen zurück. Aber [...] diese übersinnliche Weisheit ist jetzt auf unbewußte Art im Kopfe drinnen, macht sich gerade im Kopfe geltend. Führen wir daher das Kind nach der Gymnastik wiederum zurück in die Schulstube, dann setzen wir ihm etwas, was im Unterbewußten für das Kind minderwertig ist, an die Stelle desjenigen, was es vorher gehabt hat während der gymnastischen Übungen.

Die materialistische ‚Erklärung' wäre einfach: Das Kind hat hinterher keine Lust, wieder stillzusitzen. Aber die wirkliche Ursache geht wesentlich tiefer. Was in den Gliedmaßen wirkt, ist eigentlich viel geistiger als das, was intellektuell in den Kopf hineingebracht wird, denn der Wille, der im Stoffwechsel-Gliedmaßen-System wirkt, ist unmittelbar mit der Weisheit der geistigen Welt verbunden. Darin lebt also das Kind nun – und dann soll es wieder stillsitzen, diesen geistigen Pol verlassen und nur intellektuell-irdisches Wissen aufnehmen. *Das* macht das Kind unwillig, weil es unbewusst das Minderwertige dessen erlebt.

Alles also, was mehr ‚Kopfunterricht' ist, sollte in den Vormittagsstunden liegen, und erst dann sollte alles, was mehr leiblich-physisch ist, folgen, auch die Eurythmie und das Künstlerische im engeren Sinne (Malen, Plastizieren, Musizieren etc.).[369]

Das noch viel Wesentlichere aber bleibt, dass man gerade bis zum Ende des zweiten Jahrsiebts, also während der gesamten Klassenlehrerzeit bis zum Beginn der Oberstufe, vorwiegend den Ätherleib anspricht, indem man den *gesamten* Unterricht rhythmisch und künstlerisch durchdringt und atmen lässt. Dieser Ätherleib ist dasjenige, was nicht ermüdet, während der Kopf und natürlich auch das Gliedmaßensystem sehr wohl ermüden können:[370]

> Es handelt sich deshalb nicht darum, daß man dies durch eine Verteilung nach dem Stundenplan bewirkt, sondern durch ein künstlerisches Gestalten des ganzen Unterrichts- und Erziehungswesens im schulpflichtigen Alter, so daß man in der Tat an das nicht ermüdende System anknüpft [...].

In diesem Vortragszyklus formuliert Steiner die Waldorfpädagogik als eine *Erziehung zur Freiheit* dann mit folgenden Worten:[371]

> Das Absurde geschieht [...], daß man eben davon ausgeht, dieses oder jenes Bestimmte müsse der Mensch wissen; daß man nicht davon ausgeht: wie muß der Mensch sein, damit er ein Mensch ist, ein Mensch, der richtig in das Weltengefüge eingegliedert ist?
> Die äußerste Ehrfurcht vor dem Geistig-Seelischen muß der Lehrer in seine Schule hineintragen, und ohne diese äußerste Ehrfurcht ist im Schulmäßigen ebensowenig zurechtzukommen

---

[369] Vortrag vom 30.12.1921, GA 303, S. 138-156, hier 153.
[370] Vortrag vom 2.1.1922, GA 303, S. 197-214, hier 201.
[371] Vortrag vom 3.1.1922, GA 303, S. 215-234, hier 218.

wie ohne eine gewisse künstlerisch-wissenschaftliche Bildung des Lehrers. Daher ist vor allen Dingen die Grundanforderung für den Lehrer [...], daß er Ehrfurcht habe vor den Entwickelungsmöglichkeiten desjenigen, was das Kind als sein Geistig-Seelisches in die Welt hineinträgt, und daß er sich auch dem Kinde als einem freien Wesen gegenüber fühlt, daß er daher die Maximen findet, welche das Kind so erziehen können, daß das Kind, wenn es später zurückschaut auf seine Erziehung, keine Beeinträchtigung seiner Freiheit, auch nicht in den Folgen dieser Erziehung sehen kann.

Was aber zunächst jeder ‚unterschreiben' könnte, der darin nur wohlklingelnde Allgemeinplätze liest, setzt Steiner unmittelbar darauf bis ins Konkreteste hinein fort, indem er darauf aufmerksam macht, dass eine der spirituellen Menschenkunde *unkundige* Pädagogik nicht nur seelisch Fehler über Fehler machen wird, sondern dass dies bis ins Leibliche gehen wird, weil man bereits zu diesem frühen Zeitpunkt Ursachen für Krankheiten im späteren Alter sät oder zumindest bereits vorhandene Ursachen nicht ausgleicht und heilt. Erziehungskunst wirkt also im tiefsten Sinne auch therapeutisch – während eine *nicht* zur Kunst gewordene Erziehung das Gegenteil tut.

Wie weitgehend das ist, deutet auch eine weitere zentrale Passage aus einem anderen Vortrag an, wo Steiner formuliert:[372]

Man soll sich nicht sagen: du sollst dies oder jenes in die Kinderseele hineingießen, sondern du sollst Ehrfurcht vor seinem Geiste haben. Diesen Geist kannst du nicht entwickeln, er entwickelt sich selber. Dir obliegt es, ihm die Hindernisse seiner Entwickelung hinwegzuräumen, und das an ihn heranzubringen, das ihn veranlaßt, sich zu entwickeln. Du kannst dem Geist die Hindernisse wegräumen im Physischen und auch noch ein wenig im Seelischen. Was der Geist lernen soll, das lernt er dadurch, daß du ihm diese Hindernisse wegnimmst. Der Geist entwickelt sich auch in allerfrühester Jugend schon am Leben. Aber sein Leben ist dasjenige, das man als Erzieher in seiner Umgebung entfaltet. Die allergrößte Selbstverleugnung ist Aufgabe des Erziehers. Er muß in der Umgebung des Kindes so leben, daß der Kindesgeist in Sympathie das eigene Leben an dem Leben des Erziehers entfalten kann.

Hiermit ist Tiefstes gesagt, denn wie mehrfach angedeutet wird jeder intellektualisierte Unterricht tief in die *Lebenskräfte* der Kinder hineinwirken, diese fortwährend lähmend und so spätere Krankheiten bereits veranlagend, ebenso auch ihr erst keimhaftes Seelisches bereits lähmend und konditionierend auf ein totes Denken. Die Waldorfpädagogik dagegen, die tief lebendig mit dem Kinde mitlebt, ist eine in real-geistig *sehender* und kundiger ‚Liebe geübte Erziehungsmethode, durch die das Kind sich instinktiv an uns selbst erzieht, so daß man dem Kinde die Freiheit nicht gefährdet, die auch da geachtet werden soll, wo sie das unbewußte Element der organischen Wachstumskraft ist'.[373]

---

[372] Vortrag vom 19.8.1922, GA 305, S. 56-75, hier 74.
[373] Ebd., S. 75. • Mit dieser Wachstumskraft ist gerade der Ätherleib, der Zusammenhang der Lebenskräfte, gemeint.

Viel wesentlicher als jeder Stoff ist also die Vermeidung des Schädlichen – und die Begleitung der wesentlichen Entwicklungsprozesse von Leib und Seele. In Bezug auf die Seele steht der Pädagoge vor drei großen Entwicklungsschritten: So, wie mit dem Ätherleib nach dem ersten Jahrsiebt das *Denken* und mit dem Astralleib nach dem zweiten Jahrsiebt das *Fühlen* frei wird, so wird erst nach dem dritten Jahrsiebt das Ich und damit der *Wille* wirklich frei. Dass der Mensch ein freies und moralisches Wesen werden kann, hängt damit zusammen, dass *er selbst* Denken und Wille zusammenbringen muss – und diesen Weg zu begleiten, ist eine heilige Aufgabe des Erziehers. Dieses Zusammenbringen in der richtigen Harmonie geschieht schon während des zweiten Jahrsiebts durch die Ausbildung des vermittelnden Fühlens.[374]

Erweckende Erziehung

Mit der Geschlechtsreife, mit der auch die Zeit beginnt, in der das eigene Urteilsvermögen entwickelt werden kann, muss die Pädagogik einen völlig neuen Charakter bekommen. Sagt man der ,Waldorfschule' oft etwas ,Verträumtes' nach,[375] weil sie die Kinder gerade nicht intellektuell erzieht, was viele als ,lebensfremd' bezeichnen, nicht ahnend, dass gerade der Intellekt und damit unsere ganze heutige Kultur von Todeskräften durchsetzt ist – so tritt gerade in der Waldorfschule mit Beginn der Oberstufe ein ganz neuer Zug auf. Jetzt soll der Unterricht wahrhaft ein erweckender sein – noch viel ausgeprägter als in der Staatsschule (wo weiterhin intellektuell erzogen wird, nur dass Stofffülle und Stofftiefe zunehmen):[376]

Alles, was über die Geschlechtsreife hinausgeht, muß so wirken auf den jungen Menschen [...], daß die Entstehung des eigenen Urteils, diese innere Selbständigkeit, wie ein fortwährendes Aufwachen erscheint. Wenn man über die Geschlechtsreife hinaus jemandem etwas von außen beibringen will, tyrannisiert man ihn, man versklavt ihn. Wenn man die ganze Erziehung so leitet, daß man von diesem Lebensalter ab, von der Geschlechtsreife ab, alles aufnimmt so, wie wenn jemand aus dem Schlaf erweckt wird – der Mensch hat bis dahin geschlafen in bezug auf die Beurteilung von dem oder jenem, es kommt ihm jetzt vor, als ob er sein eigenes Wesen aus sich herausruft – dieses Gefühl, daß es sein eigenes Wesen ist, das aus ihm herauskommt, daß der Lehrer ihm nur der Anreger, der Erwecker ist [...]. Und wenn man als Lehrer, als Erziehender, seiner Gesinnung nach tief durchdrungen ist von diesem Erweckenden, dann weiß man auch im Stil, in der Haltung, im Vortrag alles so zu gestalten, daß dasjenige, was nun eigenes Urteil sein soll desjenigen, der belehrt, der erzogen wird, daß das wirklich aus dem Betreffenden herauskommt, daß es in einer gewissen dramatischen Steigerung geht bis dahin, wo er selber nun einsetzt mit dem inneren Betätigen, das gerade im astralischen Leib lebt.

---

[374] Vortrag vom 9.8.1923, GA 307, S. 84-102, hier 88.

[375] Immer wieder taucht hier die Bezeichnung ,Kuschelpädagogik' auf – aber auch ein solches Wort offenbart nur die *eigene* Selbstlüge gegenüber den vielfältigen unmenschlichen Kräften, die man *hinzunehmen* sich gewöhnt hat. Die Waldorfpädagogik macht ernst mit den *wahren* Kräften des Menschen – und wo die Außenwelt dem (noch) widerspricht: umso schlimmer für die Außenwelt! Wer dagegen von ,Kuschelpädagogik' spricht, hat sich dieser äußeren Realität und den in ihr wirksamen Mächten bereits *unterworfen*.

[376] Vortrag vom 30.8.1924, GA 304a, S. 163-182, hier 178.

Damit sprechen wir ja, indem wir in der richtigen Weise zum astralischen Leib sprechen, zu dem Unsterblichen des Menschen.

Der Mensch will heute mehr als je zuvor ein *freier* Mensch sein. Dazu aber muss er den Impuls zu innerster Aktivität bekommen, denn sonst wird er bloß *scheinfrei* und wird sich nur ausleben in allerlei Materiellem, in Genuss und Unterhaltung, in Konsum und Zerstreuung – apolitisch und sozial absolut unfruchtbar, steril, eigentlich tot. Nicht etwa ‚ins Leben hineingestellt', wie Steiner in tiefem Verantwortungsernst formulierte, sondern nur in das Dasein als Konsument und Genussmensch entlassen...

Der Freiheitsimpuls beginnt im *Denken*. Der junge Mensch kann nun gerade dadurch zu einem echten Freiheitserleben kommen, weil er im zweiten Jahrsiebt nicht mit abstrakten Begriffen angefüllt wurde – und er das, was bis dahin mehr bildhaft in seiner Seele gelebt hat, mitwachsend und sich immer wieder metamorphosierend, jetzt eigentlich *selbst* mit Begriffen durchdringen darf. Steiner beschreibt dieses großartige Geschehen wie folgt:[377]

Und der Mensch nimmt mit seinem Intellekt nicht etwas auf von dem, was man ihm zwangsmäßig von außen intellektualistisch beibringt, sondern [...] was erst selber in ihm auf andere Art gewachsen ist [...]. Und dann tritt das Bedeutsame ein: Man hat vorbereitet, was hinter der Geschlechtsreife bei den gesund sich entwickelnden Menschen liegen muß, das Selbst-Begreifen dessen, was man schon hat. Alles, was man in Bildern begriffen hat, lebt aus dem eigenen inneren Hervorquellen verständnisvoll jetzt auf. Der Mensch schaut in sich, indem er zum Intellekt übergehen will. Das ist ein Ergreifen des Menschenwesens in sich selber durch sich selber. [...] | Das Größte, was man vorbereiten kann in dem werdenden Menschen, in dem Kinde, das ist, daß es im rechten Momente des Lebens durch das Verstehen seiner selbst zu dem Erleben der Freiheit kommt. Wahre Freiheit ist inneres Erleben, und wahre Freiheit kann nur dadurch im Menschen entwickelt werden, daß man als Erzieher und Unterrichter so auf den Menschen hinschaut. Da sagt man sich: Freiheit kann ich dem Menschen nicht geben, er muß sie an sich selbst erleben. Dann muß ich aber etwas in ihn verpflanzen, zu dem sein eigenes Wesen, das ich unangetastet lasse, nachher einen Zug verspürt, so daß es untertaucht in das Verpflanzte. Und ich habe das Schöne erreicht, daß ich im Menschen erzogen habe, was zu erziehen ist, und unangetastet habe ich gelassen in scheuer Ehrfurcht vor der göttlichen Wesenheit in jedem einzelnen individuellen Menschen, was dann selber zum Begreifen seiner selbst kommen muß.

Das Gleiche geschieht im *Willen*, weil im zweiten Jahrsiebt vor allem *Bilder* des Guten und Bösen gegeben wurden, die in die Empfindung aufgenommen wurden – und jetzt zu freien moralischen Impulsen werden:[378]

Es ist ein Großes, wenn der Mensch es erleben kann, wie er Gefallen und Mißfallen, Durchdringung seines ganzen Gefühlslebens mit dem moralisch Guten und Bösen durch sein zweites Lebensalter erfahren hat. Dann quillt in ihm der Impuls auf: Das, was dir gefallen hat als gut, das mußt du tun, was dir mißfallen hat, mußt du unterlassen. – Dann quillt das Moralprinzip

---

[377] Vortrag vom 10.4.1924, GA 308, S. 58-74, hier S. 73f.
[378] Vortrag vom 11.4.1924, GA 308, S. 75-89, hier S. 81f.

heraus aus demjenigen, was nun schon im Selbst des Menschen ist; dann ersteht die religiöse Hingabe im Geiste an die Welt, nachdem sie zuerst naturhaft in der ersten Epoche, seelenhaft in der zweiten Epoche da war.

Die Freiheitsfrage ist um so wesentlicher, als der Mensch heute aus allen bisherigen sozialen Bindungen herauswächst, wie Steiner in einem grundlegenden Vortrag formuliert:[224] 379

> Was gegenwärtig, wenn man überhaupt in das soziale Leben hineinsehen will, anzuschauen notwendig ist, das ist, daß der Mensch aus alten Bildungen überall herausstrebt und lediglich Mensch sein will, freier Mensch sein will.
> Daher brauchen wir heute vor allen Dingen eine Weltanschauung [...] der Freiheit, hier muß man sagen, weil das Wort Freiheit hier[380] eine andere Bedeutung hat: Eine Weltanschauung der spirituellen Aktivität, des Handelns, des Denkens, des Fühlens, aus der menschlichen geistigen Individualität heraus.

Heute muss der Mensch die Antriebe und Impulse, die ihm früher sein Stand, sein Beruf etc. gegeben haben, in sich selber finden. Und jetzt schlägt Steiner unmittelbar die Brücke zur Pädagogik, die ganz im Sinne der ‚Philosophie der Freiheit' wirken muss – den Weg dafür bereiten, dass der junge Mensch zu moralischen Intuitionen kommen kann:[225]

> Deshalb bezeichnete ich in meiner „Philosophie der Freiheit" den sittlichen Impuls, der zu gleicher Zeit der tiefste soziale Impuls ist, das moralisch Impulsierende im Menschen, das bezeichnete ich als moralische Intuition. Es muß etwas aufgehen in dem Menschen drinnen, was ihm sagen soll im konkretesten Falle des Lebens: So sollst du handeln.
> Sehen Sie, da ist alles auf die menschliche Individualität gestellt. Da muß man den einzelnen Menschen, die Individualität anschauen und muß voraussetzen: In diesem Herzen, in dieser Seele sind moralische Intuitionen. Darauf muß alle Erziehung hinauslaufen, diese moralischen Intuitionen zu wecken, so daß jeder Mensch fühlt von sich: Ich bin nicht von dieser Erde allein, ich bin nicht bloß ein Produkt der physischen Vererbung, ich bin aus den geistigen Welten heruntergestiegen auf die Erde und habe etwas zu tun auf dieser Erde als dieser einzelne individuelle Mensch.
> Aber da muß man wissen nicht bloß, daß man etwas zu tun hat, sondern was man zu tun hat. [...] Das muß einem die Seele sagen. Das unbestimmte Gewissen muß zur moralischen individuellen Intuition werden. Das heißt: Frei werden als Mensch, das heißt: Nur bauen auf dasjenige, was in dem Menschen selber drinnen ist.

Erziehung zur Freiheit ist also Erziehung zu Intuitionen, die die Seele in Liebe ergreifen kann, auch aus allgemeiner Menschenliebe heraus, im Vertrauen gegenüber dem Mitmenschen:[227]

---

379 ● Vortrag vom 29.8.1924, GA 305, S. 223-243.
380 Rudolf Steiner hielt diesen Vortrag in Oxford. ● Es ist faszinierend, wie Steiner den Bedeutungsunterschied verdeutlicht. Seine ‚Philosophie der Freiheit' *ist* nichts anderes als eine Philosophie spiritueller Aktivität – aber im Deutschen *enthält* der Begriff ‚Freiheit' diese urinnerste Aktivität, im Englischen muss dies in den direkten Begriff gebracht werden, um zu erleben, *welche* Freiheit gemeint ist!

Vertrauen ist das eine goldene Wort, das in der Zukunft das soziale Leben beherrschen muß. Liebe zu dem, was man zu tun hat, ist das andere goldene Wort. Und in der Zukunft werden diejenigen Handlungen sozial gut sein, die aus allgemeiner Menschenliebe gemacht werden. Aber man muß diese allgemeine Menschenliebe erst verstehen lernen. Man muß sich nicht in bequemer Weise einreden, sie ist schon da. Sie ist eben nicht da. Und je mehr man sich sagt: sie ist nicht da, desto besser ist es. Denn diese allgemeine Menschenliebe, die muß eben die Liebe zu Taten sein, die muß aktiv werden, die muß sich in Freiheit ausleben können.

Die Staatsschulpädagogik erzieht zu nichts dergleichen – weder zu einem echten, lebendigen Vertrauen, das ein sozialer *Impuls* wäre, noch zu ebenso lebendiger Menschenliebe, noch zu einer Liebe zu Taten und erst recht nicht zu der Fähigkeit, moralische Intuitionen zu haben, aus einem freien, unabhängigen Denken und einem wahrhaft sozialen Empfinden heraus.

Nur eine solche Gesinnung kann aber die sozialen Missstände und Verwerfungen wieder heilen, indem sie Impulse setzt und Einrichtungen schafft, die wiederum ein heilsameres Denken fördern und hervorbringen, sodass allmählich eine soziale Gesundung einsetzen kann:[229]

Wir müssen uns klar sein, daß jedes Ursache und Wirkung ist, daß alles ineinanderwirkt, und daß wir vor allen Dingen heute die Frage aufwerfen müssen: Was für Einrichtungen müssen da sein, damit die Menschen die richtigen Gedanken haben können in sozialer Beziehung? Und was für Gedanken müssen da sein, damit im Denken auch diese richtigen sozialen Einrichtungen entstehen?

Und erneut verweist Steiner auf die Dreigliederung, auf die Notwendigkeit eines freien Geisteslebens, das als *echtes* Geistesleben erst die Kluft zwischen Theorie und Praxis überwinden würde – wie die Waldorfpädagogik, weil sie nicht von der Theorie ausgeht, sondern von dem lebendigen, realen Kind:[234]

Wir brauchen ein Geistesleben, das wiederum ganz in der Welt drinnensteht, wir brauchen ein Geistesleben, wo die Bücher aus dem Leben heraus geschrieben sind, ins Leben hinein wirken und nur Anregungen sind für das Leben, nur Mittel und Wege sein wollen für das Leben. [...] Und wir müssen ein Erziehungswesen haben, das nicht nach Regeln verfährt, das nach den Kindern verfährt, die real da sind, nach Menschenkenntnis; aus Menschenkenntnis heraus die Kinder kennenlernt und aus dem Kinde selbst herausliest, was zu tun ist jeden Tag, jede Woche, jedes Jahr.

Kehren wir zur Oberstufe zurück. Hier wird die Seele des jungen Menschen wirklich *erweckt*. Bringt man bereits in früheren Jahren das Urteilen an die Kinder heran, so wird dieses Urteilen nicht nur unselbstständig, sondern auch *lieblos* – denn es kann sich noch nicht mit dem Astralleib verbinden, der im umfassenden Sinne Träger der *Liebe* ist und erst mit der Geschlechtsreife frei wird.[381] Nun aber kann mit dieser allgemeinen Liebesfähigkeit auch die *Werkliebe* erwachen, die Liebe zum sozialen Tätigsein:[382]

> [...] wir müssen den jungen Menschen dahin gebracht haben, daß er jetzt über die Geschlechts-reife hinaus in voller Besonnenheit sich entwickelt, so daß er gewissermaßen zu sich selbst ge-kommen ist: dann entwickelt sich die Werkliebe. Und die muß gewissermaßen als etwas frei aus dem Menschen heraus Entstehendes sich auf der Grundlage von allem übrigen entwickeln: die Werkliebe, die Arbeitsliebe, die Liebe zu dem, was man auch selber tut.

Dies alles ist nur in einer nicht-materialistischen, einer spirituellen Erziehung möglich. Alles andere wird die anti-sozialen Impulse nur immer weiter verstärken. Rudolf Steiner beschreibt diese Tendenz schonungslos, und es wäre an der Zeit, sie zu *verstehen*, bevor es zu spät ist:[383]

> Wie will man eine Seele erziehen, wenn man sie erst durch materialistische Gesinnung aus-löscht? [...] Die Menschen haben sich ihr Selbst verschrieben an den Stoff. Damit aber ist wirk-liche lebendige Methodik des Lehrens, sind die wirklichen Lebensbedingungen der Erziehung mit eingefroren, denn nur äußerlich Technisches kann leben in einer Zivilisation, die sich selbst, die das Selbst dem Stoff verschreibt. [...] Jeder Mensch wird mehr oder weniger dadurch, daß der Stoff ihn in der Körperlichkeit abschließt, auch eine verschlossene Seele. Man wird eine verschlossene Seele, wenn man den anderen Menschen nicht im Geiste findet, denn im Körper kann man ihn nicht in Wahrheit finden! So hat die materialistische Zivilisationsgesinnung ein Zeitalter heraufgebracht, wo die Menschen aneinander vorbeigehen, weil alle Empfindung an Körperlichkeit verschrieben ist. Sie schreien nach dem sozialen Leben mit dem Verstand, ent-wickeln aber aus der Empfindung heraus das unsoziale Nebeneinander-Vorbeigehen, das Sich-nicht-Verstehen.[384] Die Seelen, die in die einzelnen Körper eingeschlossen werden, sie gehen aneinander vorbei; die Seelen, die den Geist in sich erwecken, die den Geist selber finden, die finden sich als Menschen mit den anderen Menschen zusammen. Ein soziales Leben wird aus dem Chaos nur aufkeimen, wenn die Menschen den Geist finden werden und dadurch, durch den Geist, der eine Mensch den anderen im Nebeneinanderleben findet.

In anderem Zusammenhang sprach Rudolf Steiner davon, dass der Pädagoge *prophetisch* er-ziehen müsse. Dies hat eine zweifache Bedeutung: Zum einen geht es darum, was nicht so sehr die Gegenwart, sondern die nahe *Zukunft* brauchen wird (und selbstverständlich ist hier nicht IT-Genie gemeint, sondern vor allem *soziale* Weisheit, die auf die *wirklichen* Mensch-heitsfragen zielt) – und zum anderen geht es um diejenigen Impulse, die die sich inkarnieren-den Seelen ja selbst *mitbringen*. Und letztlich ist beides ein und dasselbe, denn die jungen

---

[381] Vortrag vom 19.4.1923, GA 306, S. 95-114, hier 108. • Das Urteil wird also in den Ätherleib ‚hineinge-stopft', der nicht wohlwollend, sondern nur aufsaugend und so eigentlich übelwollend ist. Ebd. • Bevor die seelische Liebe im eigentlichen Sinne *erwacht*, wächst sie bereits in verschiedener Gestalt im Kind heran. Aus dem Gefühl der Dankbarkeit kann die Gottesliebe hervorgehen, weiter die Naturliebe, und zu dem Lehrer entfaltet das Kind eine ausgeprägte Liebe zur ‚geliebten Autorität'. Ebd., S. 117-120.

[382] Vortrag vom 20.4.1923, GA 306, S. 115-134, hier 130.

[383] Vortrag vom 11.4.1924, GA 308, S. 75-89, hier S. 86.

[384] Dieses Nichtverstehen ist in den letzten Jahren bereits extrem eskaliert, man denke an die Corona-Krise und ihre völlig mangelnde Aufarbeitung, die Gender-Diskussion, den Ukrainekrieg und anderes mehr.

Menschen *sind* die Zukunft. Es pädagogisch zu ermöglichen, dass gerade diese mitgebrachten, tief in der Seele getragenen Impulse sich später entfalten und verwirklichen können – das ist ,prophetische Erziehung', die dann auch im Einklang mit den geistigen Welten steht:[385]

> Doch etwas anderes ist wichtig: daß wir in den Menschen, die heute als Kinder geboren werden, die Neigungen haben, welche in der nächsten und in der zweitnächsten Generation heranwachsen sollen, daß wir also prophetisch erziehen. Ob wir die Menschen materiell oder humanistisch erziehen, ist eine Phrase. Aber daß wir prophetisch erziehen müssen, daß wir voraussehen müssen, was die nächste Generation als Aufgaben hat, das ist ernst. Das steht in der Welt drinnen. | Die Menschen nennen so etwas heute noch schwer verständlich. Sie werden sich bequemen müssen, es zu verstehen, sonst werden sie immer mehr und mehr herausfallen aus der Zeitentwickelung. Das ist wichtig, das ist außerordentlich wichtig. Bewußt müssen wir werden im ernstesten Sinne des Wortes, sowohl weil wir den Anschluß finden müssen an die Tätigkeit der Wesen der höheren Hierarchien, als auch, weil ein neues Verhältnis von Mensch zu Mensch selbst auf dem Gebiete des Erziehungswesens notwendig ist, weil wir in dem Menschen, der vor uns steht, anregen müssen nicht die Seele, die jetzt vor uns steht, sondern die Seele, die aus früheren Erdenverhältnissen herüberkommt.

Auch die ,humanistische' Erziehung ist eine Phrase, denn sie wird nie die Kraft entwickeln, den vorgeburtlichen Impulsen der jungen Menschen den Weg zu ebnen, weil sie den heutigen Gegebenheiten machtlos gegenübersteht und so tut, als könne beides nebeneinanderherlaufen. Die gegenwärtigen Verhältnisse schlagen aber jedem Humanismus ins Gesicht, sie sind das *Gegenteil*.[386]

Der ,Pädagogische Jugendkurs' ●

Im Oktober 1922 hielt Rudolf Steiner einen sehr besonderen Vortragszyklus für junge Menschen,[387] die mit der Anthroposophie wenig vertraut waren. Dieser Zyklus wurde später als ,Pädagogischer Jugendkurs' bekannt. Reinste Jugend ist aber auch bereits die Sprache. Der einundsechzigjährige Steiner spricht hier mit einem Feuer, das unmittelbar tiefe Begeisterung und Verantwortungsernst auslösen kann. Zugleich ist der ganze Zyklus ein einziger Aufruf zu einer grundlegenden kulturellen Erneuerung.

Den ersten Vortrag[388] beginnt Steiner mit einem Verweis auf die Kluft zwischen alter und junger Generation:[15]

---

[385] Vortrag vom 12.9.1919, GA 193, S. 103-121, hier 116.

[386] Man könnte sagen: Will der ,Humanismus' mehr sein als mehr und mehr nur noch der *reaktionäre Lack* auf der hässlichen Fratze des real existierenden Kapitalismus, müsste er sich heute in einen wahrhaft spirituellen Impuls verwandeln – um den wahren Impulsen der jungen Seelen zum Erwachen zu verhelfen.

[387] ● GA 217, Geistige Wirkenskräfte im Zusammenleben von alter und junger Generation. Pädagogischer Jugendkurs.

[388] ● Erster Vortrag vom 3.10.1922, GA 217, S. 15-26.

Ich denke, Sie alle verspüren, daß Sie sich mit dem, was eine ältere Generation der Welt heute zu sagen hat, nicht mehr zusammenfinden können.

Wenig später weist er darauf hin, wie seit dem letzten Drittel des 19. Jahrhunderts immer mehr etwas Verlogenes, Unmenschliches aufkam: ‚Was dazumal so furchtbar einzog in alles Geistesleben, das ist, was ich, symbolisch charakterisiert, die Phrase nennen möchte.‘[18] Dieses Phrasenhafte aber führt zu Gedanken-, Gesinnungs- und Willenlosigkeit – und verliert den Mitmenschen:[19]

Und wo die Phrase zu herrschen beginnt, da erstirbt die innerlich seelisch erlebte Wahrheit. Und mit der Phrase geht einher ein anderes: Der Mensch kann den Menschen nicht mehr finden im sozialen Leben.

Stattdessen kam immer mehr das Beharren auf dem eigenen ‚Standpunkt‘ auf, was nur die seelische Erstarrung beweist:[20]

Einen Satz hören Sie heute immer wieder die Leute sagen: Das ist mein Standpunkt. – Jeder hat einen Standpunkt. Als ob es darauf ankäme, was man für einen Standpunkt hat! Der Standpunkt im geistigen Leben ist nämlich ebenso vorübergehend wie der Standpunkt im physischen Leben. Gestern stand ich in Dornach, heute stehe ich hier. Das sind zwei verschiedene Standpunkte im physischen Leben. Es kommt darauf an, daß man einen gesunden Willen und ein gesundes Herz hat, um die Welt von jedem Standpunkte aus betrachten zu können. [...] Eine gemeinsame Welt für den Menschen findet sich nur im Geiste. Und der fehlt.

Zusammen mit der Phrase übernahmen auch Konvention und Routine die Herrschaft – das lebendige Denken, Fühlen und Wollen verdrängend. Damit aber konnte man sich nur so lange halten, wie man noch von der Erbschaft der Generation zuvor zehren konnte, die aber etwa zum Jahrhundertende aufgebraucht war – und nun lebt in der jungen Generation die Sehnsucht nach dem *Ganzmenschlichen*, was überall nicht mehr vorhanden ist.[21] Und gegen Ende dieses Vortrags formuliert Steiner dann:[24f]

Die Menschen müssen wiederum dazu kommen, stark fühlen zu können: schön – häßlich, gut – böse, wahrhaftig – verlogen. Sie müssen dazu kommen, das nicht schwächlich zu fühlen, sondern stark zu fühlen, so daß sie mit ihrem ganzen Menschen darin stehen, daß wiederum Herzblut in den Worten ist. Dann zerstiebt die Phrase und man fühlt wieder den anderen Menschen in sich, nicht bloß sich selbst; dann zerstiebt die Konvention, und man kann wiederum das, was man im Kopfe hat, durchpulsen lassen von seinem Herzblut. Dann zerstiebt das bloße Routineleben, und das Leben wird wieder menschlich.

Im zweiten Vortrag[389] macht Steiner zunächst in einem eindrücklichen Bild erlebbar, wie die materialistische Naturwissenschaft gar nichts *Menschliches* ist, was die Jugend noch deutlich empfindet:[27f]

---

[389] ● Zweiter Vortrag vom 4.10.1922, GA 217, S. 27-42.

Die Universitäten und Hochschulen etablierten sich als Forscheranstalten. Sie waren gar nicht mehr für die Menschen da. Sie waren nur für die Wissenschaft da, und die Wissenschaft führte ein Dasein unter den Menschen, das sie als objektiv bezeichnete. Sie bleute den Menschen [...] ein, daß sie zu respektieren sei als objektive Wissenschaft. Man muß solche Dinge manchmal etwas bildlich aussprechen. Die objektive Wissenschaft ging also jetzt unter den Menschen herum; aber die objektive Wissenschaft war ganz sicher kein Mensch, sondern es ging etwas Unmenschliches unter den Menschen herum und nannte sich objektive Wissenschaft.
Das konnte man in den Einzelheiten immer wieder erleben. Wie oft heißt es: Das ist schon gefunden, das gehört schon der Wissenschaft an. – Ein anderes wird zur Wissenschaft hinzugefunden, und diese sogenannten Schätze der Wissenschaft sind dann ein Aufgespeichertes, das sich allmählich dieses schreckliche, objektive Dasein in der Menschheit errungen hat. Aber die Menschen passen nicht zu dieser objektiven unter ihnen herumstolzierenden Wesenheit, denn es gibt kein eigentliches Verhältnis des wahren, echten Menschen zu dieser objektiv-kalten Wesenheit [...]. Wir haben nach und nach zwar die Bibliotheken und wissenschaftlichen Forschungsinstitute bekommen. Aber insbesondere der junge Mensch sucht doch nicht die Bibliotheken, auch nicht die wissenschaftlichen Forschungsinstitute, sondern er sucht in den Bibliotheken – man bringt das Wort fast gar nicht heraus – die Menschen und er findet dort: Bibliothekare! Er sucht in den wissenschaftlichen Forschungsinstituten die für die Weisheit, für die wirkliche Erkenntnis begeisterten Menschen und findet diejenigen, die man halt in den Laboratorien, in den wissenschaftlichen Forschungsinstituten, Kliniken und so weiter findet.

Fortfahrend mit diesem Bild macht Steiner erlebbar, wie hierdurch alles *Wahre* wirklich verlorengeht:[29]

Wenn die Alten über die Natur sprechen, so ist das so, als ob sie dadurch die Natur verdunkelten, als ob die Namen, die sie den Pflanzen geben, nicht mehr zu den Pflanzen paßten. Es stimmte nichts mehr. Man hatte auf der einen Seite das Rätsel „Pflanze" vor sich; dann hörte man den Namen von den Alten, aber das stimmte nicht, weil eben der Mensch ausgeschaltet war, weil die objektive Wesenheit „Wissenschaft" auf der Erde herumwandelte. [...]
[...] Und wenn man diese Bekanntschaft gemacht hatte, wenn einem immer wieder diese objektive Wissenschaft vorgestellt worden war, dann hatte man die Einsicht, daß sich eine andere Wesenheit verschämt seitwärts hinwegschlich, weil sie sich nicht mehr geduldet fühlte. Die sagte einem dann doch, wenn man aufgestachelt wurde, hinten im Verborgenen mit ihr zu reden: Ich habe einen Namen, der sich vor der objektiven Wissenschaft nicht mehr nennen darf. Ich heiße Philosophie, heiße Sophia, Weisheit. Ich habe halt den schändlichen Vornamen von der Liebe und habe etwas, das schon durch seinen Namen angenagelt ist, daß es etwas zu tun hat mit menschlicher Innerlichkeit, mit der Liebe. Ich kann mich nicht mehr sehen lassen, ich muß verschämt herumgehen.

So etwas muss man tief auf seine Seele wirken lassen! Für das kalte, unmenschliche Wesen der ‚Wissenschaft' ist die Philosophia, die Liebe zur Weisheit, eine *Aussätzige* geworden. Verachtet und vertrieben muss sie sich verstecken, während die Menschen der ‚objektiven Wissenschaft' nachlaufen und ihren reduktionistischen, materialistischen Entdeckungen in geradezu unterwürfigem Gehorsam Glauben schenken, sie als ‚die Wirklichkeit' anerkennen.

Das *menschliche* Erkennen aber, das zu heiliger, liebedurchdrungener Weisheit führen würde, ist verbannt...

Nun schildert Steiner, dass die Menschheit bis zum fünfzehnten Jahrhundert innerlich noch von alten Erbschaften gelebt habe – und erst seitdem eigentlich die Seelen ,unbeschriebene Blätter' seien. Damit aber stehe der Mensch seitdem vor dem *Nichts* – und hat es noch nicht wirklich gemerkt:[32f]

> Seit dem fünfzehnten Jahrhundert steht der Mensch vis-á-vis dem Nichts. Seine Seele ist ein unbeschriebenes Blatt. Und wie lebt man seit dem fünfzehnten Jahrhundert? Zunächst hat man vom Vater auf den Sohn durch Tradition fortgeerbt, was man früher auf andere Weise fortgeerbt hat, so daß vom fünfzehnten Jahrhundert bis in das neunzehnte Jahrhundert hinein immer noch Tradition da war. Aber es ist allmählich immer schlimmer geworden mit der Tradition. Sie können das an Einzelheiten sehen.
> Nehmen Sie das Recht. So über Recht zu sprechen wie die heutige Menschheit über Recht spricht, wäre zum Beispiel einem Scotus Erigena nicht eingefallen, weil man damals noch etwas in der Seele hatte, was einen anleitete, dazu führte, von Mensch zu Mensch zu sprechen. Das gibt es nicht mehr, weil nichts mehr in der Seele da ist, das zum Menschen führt, weil man noch nichts gefunden hat, was aus dem Nichts herausführt. Damals konnte es wenigstens der Vater noch dem Sohne sagen. Am Ende des achtzehnten Jahrhunderts ist es aber so weit gekommen, daß der Vater dem Sohne nichts Ordentliches mehr zu sagen hatte. Dann haben die Menschen zunächst krampfhaft nach dem sogenannten Vernunftrecht gesucht. Aus der Vernunft sollte herausgepreßt werden, wie man zu Vorstellungen und Empfindungen über das Recht kommt. Und dann haben andere, zum Beispiel Savigny, gefunden, daß man aus der Vernunft nichts mehr herauspressen könne. So kam man zu dem historischen Recht. Man hat sich hingesetzt und studiert, was früher war, sich vollgepfropft mit den Gefühlen, die die längst Gestorbenen gehabt haben, weil man selber nichts mehr hatte. Das Vernunftrecht war ein krampfhaftes Festhalten an dem, was man schon verloren hatte. Das historische Recht war ein Eingeständnis, daß man aus dem Menschen der Gegenwart überhaupt nichts mehr herausbekommt. So trat man ins zwanzigste Jahrhundert hinein, und da wurde das Gefühl immer ärger: Man steht gegenüber dem Nichts, und man muß aus dem Menschen heraus etwas finden.

Der Mensch, so Steiner weiter, ,fühlt sich wie abgekoppelt von dem Strome des Weltgeschehens', wie eine abgehackte, verdorrte Hand. Dies reicht inzwischen so weit, dass die Menschen das Heilende oder Rettende gar nicht mehr *verstehen* können – wie Steiner nun anhand der Waldorfpädagogik erlebbar macht:[35-37]

> Versucht man dann, aus den Impulsen heraus zu sprechen, die wieder Leben bringen können, dann verstehen die Menschen, die im Sinne des alten Geisteslebens so weiterhudeln wollen, das gar nicht. Wie wenig wird eigentlich verstanden, was aus dem Leben heraus gesprochen wird über so etwas wie die Begründung der Waldorfschule! [...] Und wenn einer andere Worte gebrauchen wollte oder nicht einmal andere Worte, sondern nur andere Satzfügungen, so sagen die Leute, es sei eine schlechte Sprache. Sie haben keine Ahnung von dem, was jetzt geschehen muß, wo die Menschheit, die noch Seele im Leibe hat, dem Nichts gegenübersteht.

Was über Waldorfschul-Pädagogik gesprochen wird, muß man mit anderen Ohren anhören, als was man sonst über Erziehung hört, auch über Reform-Erziehung. Denn auf die Fragen, die die Menschen jetzt beantwortet haben wollen und die in den anderen Erziehungssystemen gestellt und scheinbar beantwortet werden, gibt die Waldorfschul-Pädagogik überhaupt keine Antwort! Worauf zielen diese Fragen? Gewöhnlich auf recht viel Vernunft, und Vernunft hat die Gegenwart unermeßlich viel. Vernunft, Intellekt und Gescheitheit sind ganz ungeheuer verbreitete Artikel in der Gegenwart. Fragen wie die: Was man aus dem Kinde machen soll? Wie man das oder jenes ins Kind hineinbringen soll? – werden furchtbar vernünftig beantwortet. Und das läuft alles darauf hinaus: Was gefällt einem am Kinde und wie kriegt man es zurecht, daß es so wird, wie man es haben möchte? Aber das hat für den tieferen Entwickelungsgang der Menschheit keine Bedeutung mehr! Auf solche Fragen gibt die Waldorfschul-Pädagogik überhaupt keine Antwort.

[...] Die Waldorfschul-Pädagogik ist überhaupt kein pädagogisches System, sondern eine Kunst, um dasjenige, was da ist im Menschen, aufzuwecken. Im Grunde genommen will die Waldorfschul-Pädagogik gar nicht erziehen, sondern aufwecken. Denn heute handelt es sich um das Aufwecken. Erst müssen die Lehrer aufgeweckt werden, dann müssen die Lehrer wieder die Kinder und jungen Menschen aufwecken. Es handelt sich tatsächlich um ein Aufwecken, nachdem die Menschheit abgekoppelt, abgeschnürt worden ist von dem fortlaufenden Strome der Weltentwickelung. Wie eine Hand einschläft, wenn sie abgeschnürt wird, so schlief die Menschheit seelisch-geistig ein.

Der Grund für all dies liegt im *Wesen des Intellekts*:[37]

Es ist ja richtig: im Intellekt sind die Menschen seit dem fünfzehnten Jahrhundert furchtbar weit gekommen. Dieser Intellekt hat etwas schauderhaft Verführerisches, denn im Intellekt halten sich alle Menschen für wach. Aber der Intellekt lehrt uns gar nichts über die Welt. [...] Man steht durch den Intellekt in keiner objektiven Verbindung mehr mit der Welt. Der Intellekt ist das automatische Fortdenken, nachdem man von der Welt längst abgeschnürt ist.

Es ist der Intellekt, der nur noch Totes begreift, der keinerlei Zugang mehr zur Natur, zum Wesen des anderen Menschen, zum Göttlichen, zur Realität des *Christus-Impulses* hat:[38f]

Der Intellekt wurde überschätzt, und ein Bewußtsein, eine Empfindung vom Ereignis von Golgatha ist verlorengegangen. Das religiöse Empfinden ist im Bewußtsein verlorengegangen. Im tiefsten Innern hat aber die Seele dieses Empfinden nicht verloren, und die Jugend will wissen: Wie war es mit dem Mysterium von Golgatha? [...]
Wenn man das, was sich chaotisch in den Tiefen der Seelen abspielt, in klare Worte faßt, so ist es so: Im Innern der Seelen ist ein Streben, das Mysterium von Golgatha wieder zu verstehen. Es wird ein neues Christus-Erlebnis gesucht. Wir stehen notwendigerweise vor dem neuen Erleben des Christus-Ereignisses. In seiner ersten Gestalt ist es noch erlebt worden mit den Resten der alten Seelenerbschaften, und da diese seit dem fünfzehnten Jahrhundert verbraucht sind, pflanzte es sich durch Tradition fort. Erst im letzten Drittel des neunzehnten Jahrhunderts war die Verfinsterung vollständig. Keine alten Erbschaften waren mehr da. Es muß aus der menschlichen Seelenverfinsterung heraus wieder ein Licht gesucht werden. Es muß schon die geistige Welt neu erlebt werden.

Das ist das bedeutsame Erlebnis, das den tieferen Naturen der gegenwärtigen Jugendbewegung in der Seele steckt. Es ist durchaus nicht in einem oberflächlichen, sondern in einem tieferen Sinne klar, daß zum ersten Male in der weltgeschichtlichen Entwickelung der Menschheit jetzt etwas erlebt werden muß, was ganz und gar aus den Menschen selber heraus kommt. So lange man das nicht weiß, kann man auch nicht über Pädagogik reden. Man muß sich klar sein darüber, daß aus der tiefsten Wurzel heraus gefragt werden muß: Wie kommt man zum ursprünglichsten geistigen Erleben in der Menschenseele? | [...] Wie bringt der Mensch sein Tiefstes, das er in sich hat, zum Aufwachen, wie kann der Mensch sich erwecken?

Hier liegt der innerste Impuls der Waldorfpädagogik: ‚Das ist es auch, was von Anfang an durch alles das, was in der Waldorfschul-Pädagogik lebt, durchgeleuchtet hat. Sie sollte nicht ein System von Grundsätzen, sondern ein Impuls zum Aufwecken sein. Sie sollte Leben sein, nicht Wissen; nicht Geschicklichkeit, sondern Kunst sollte sie sein, lebensvolles Tun, weckende Tat.'[40] Und das einzigartig *Notwendige* in dieser Zeit ist das Erwachen im Geiste:[40f]

Wenn es sich um ein Aufwecken handelt, geht es wirklich nicht, daß man den Intellektualismus weitertreibt. Diese objektive Wissenschaft, die da herumgeht und alle alten Kleider abgelegt hat, weil sie sich fürchtet, daß man durch irgendein altes Kleid noch etwas Menschliches finden könnte, hat sich umgeben mit der dichtesten Nebelhülle: mit der Hülle der Objektivität; und so merkt man eigentlich gar nichts von dem, was in dieser Objektivität der Wissenschaft herumgeht. Man braucht wieder etwas Menschliches, man muß aufgeweckt werden.
Ja, meine lieben Freunde, wenn aufgeweckt werden soll, dann muß eben das Mysterium von Golgatha noch einmal erlebt werden. Aber bei dem Mysterium von Golgatha ist [...] eine Geistwesenheit in die Erde hereingekommen. Das hat man früher noch erfaßt, mit alten Kräften. Vom zwanzigsten Jahrhundert wird gefordert, daß man es mit neuen Kräften erfaßt. Die heutige Jugend verlangt, wenn sie sich richtig versteht, im Bewußtsein [...] erweckt zu werden. Und das kann nur geschehen durch den Geist, kann nur geschehen, wenn in die Gemeinschaften, die gesucht werden, tatsächlich der Geist seinen Funken hereinschlägt. Der Geist muß der Wecker sein, der Auferweckende. Nur dann kommen wir weiter, wenn wir uns diese tragische Gestalt des Weltgeschehens in unserer Zeit klarmachen: daß wir eigentlich gegenüber dem Nichts stehen, an das wir in der Erdenentwickelung notwendigerweise einmal herankommen mußten zur Begründung der menschlichen Freiheit. Und gegenüber dem Nichts brauchen wir das Aufwecken im Geiste.

Mit diesem tiefernsten Aufruf endet der zweite Vortrag.

Im dritten Vortrag[390] beschreibt Steiner, wie Menschen früherer Jahrhunderte aus dem Grunde noch mehr wahrnehmen konnten, weil in ihren Seelen noch das im Schlaf in der geistigen Welt Erlebte in das Wachbewusstsein hinüberreichte.[44f] Und frühere naturwissenschaftliche Bücher, die heute naiv erscheinen, lösten aus den Tiefen der Seele etwas *Reales* heraus, produktive Kräfte – die heutigen Inhalte dagegen sprechen in ihrem Intellektualismus nur noch zum physischen Kopf und bleiben ‚für das wahre Menschentum unfruchtbar'.[46] Damit aber hat sich der Materialismus selbst *verwirklicht:*[47]

---

[390] • Dritter Vortrag vom 5.10.1922, GA 217, S. 43-56.

Man kämpft heute gegen den Materialismus. Meine lieben Freunde, es wäre fast gescheiter, gar nicht gegen den Materialismus zu kämpfen. Denn was behauptet der Materialismus? Er behauptet, daß das Denken ein Produkt des Gehirns ist. Das heutige Denken ist ein Produkt des Gehirns! Das ist gerade das Geheimnis, daß das heutige Denken ein Produkt des Gehirns ist. In bezug auf das heutige Denken hat der Materialismus ganz recht. Nicht recht hat er für das Denken vor der Mitte des fünfzehnten Jahrhunderts. Da dachte man nicht nur mit dem Gehirn, sondern mit dem, was im Gehirn lebte. Man hatte lebendige Begriffe. Die Begriffe jener Zeit machten eigentlich, weil sie lebten, den Eindruck, als wenn man einen Ameisenhaufen sieht. Die heutigen Begriffe sind tot. Das Denken ist heute gescheit, aber furchtbar bequem. Man spürt ja das Denken nicht und liebt es umso mehr, je weniger man es spürt. Früher kribbelte es, wenn man dachte,[391] weil das eine Realität der Seele war. Heute will man der Menschheit weismachen, daß das Denken immer so war wie heute. Aber das heutige Denken ist ein Gehirnprodukt, das frühere Denken war kein Gehirnprodukt.

Man sollte den Materialisten dankbar sein, daß sie darauf aufmerksam gemacht haben, daß das heutige Denken vom Gehirn abhängig ist. Denn so ist es; die Sache ist viel ernster als man denkt. Man hält den Materialismus für eine falsche Weltanschauung. Das ist gar nicht richtig. Er ist ein Produkt der Weltentwickelung, aber ein totes, ein Produkt, das das Leben in einem Zustande charakterisiert, wo es schon abgestorben ist.

Das frühere Denken, das noch seelisch lebendig war, konnte noch in den Schlaf, in die geistige Welt, mitgenommen werden. Heute steht der Mensch in dieser geistigen Welt hilflos wie ein Gerippe da, kann dort daher auch nichts mehr empfangen: ‚Der Intellekt nährt den Geist nicht. Er bläst ihn nur auf. Daher nimmt der Mensch nichts von Geistigkeit in den Schlaf hinein mit, und er wird fast aufgesogen, wenn er zwischen dem Einschlafen und dem Aufwachen als ein ganz dünnes Seelengerippe in die geistige Natur hineinragt.‘[50]

Nicht auf theoretische Widerlegungen des Materialismus komme es an, sondern darauf, ‚daß man in der ganzen Art, wie man die Welt betrachtet, wiederum Geist hat‘.[51] Es kommt nicht darauf an, *vom* Geist zu reden, sondern darum, ‚aus dem Geiste heraus zu reden, im Reden selber den Geist zu entwickeln‘. Das müsse ‚der Blitz werden, der in unser totes Kulturleben hereinschlagen muß, um es wiederum zum Leben zu entzünden‘.[53]

Im vierten Vortrag[392] knüpft Steiner an seine ‚Philosophie der Freiheit‘ an, die auf die zentrale Bedeutung der *moralischen Intuitionen* hinwies. Immer notwendiger wird es werden, den einzelnen Menschen dahin zu bringen, ‚sich bewußt zu werden, was in seiner Seele an moralischen Intuitionen ersprießen kann‘.[59] Und *wirkliches* Geist-Erleben erweist sich geradezu daran, dass es individuell wird – und nur so kann man heute einem anderen Menschen noch wahrhaft gegenübertreten, alles andere ist unwahr:[62]

---

[391] Wer diese bildhafte Sprache für unmittelbar sinnliche Realität nähme, unterläge selbst wiederum dem Materialismus. Steiner will auf das intensive *seelisch-reale Erleben* hinweisen, das der Mensch früher noch hatte, wenn er denkend in etwas eintauchte und sich einem Inhalt hingab. Man erlebte sich dann noch in seiner *ganzen Seele regsam* – und das Bild hierfür ist der Ameisenhaufen. • Siehe auch Fußnote Seite 165.

[392] • Vierter Vortrag vom 6.10.1922, GA 217, S. 57-72.

Sehen Sie, das wirkliche Erleben des Geistigen wird überall, wo man dieses Geistige trifft, Individualismus. Das Definieren wird überall Allgemeines. Wenn man durchs Leben geht, einzelnen Menschen gegenübertritt, muß man ein offenes Herz, einen offenen Sinn haben für diese einzelnen Menschen. Man muß sozusagen jedem einzelnen individuellen Menschen gegenüber in der Lage sein, ein ganz neues Menschengefühl zu entwickeln. Man wird nur dadurch dem Menschen gerecht, daß man in jedem einzelnen einen neuen Menschen sieht. Aus dem Grunde hat jeder Mensch uns gegenüber das Recht, daß wir ihm gegenüber ein neues Menschengefühl entwickeln. Denn wenn wir mit einem allgemeinen Begriffe kommen und sagen, so sollte der Mensch sein in dieser oder jener Hinsicht, dann tun wir ihm unrecht. Mit jeder Definition des Menschen setzen wir uns eigentlich eine Brille auf, um den individuellen Menschen nicht sehen zu können.

Der Intellekt ist nur die tote *Form* des Geistes – so, wie der Leichnam die bloße Form des Menschen ist. Noch so viele experimentelle Resultate einer toten Wissenschaft ändern nichts daran – sie konservieren gleichsam nur das Tote, wie die Ingredienzien einer Mumie. Es sind großartige Leistungen, aber sie haben *nichts* mit der Seele zu tun: ‚In dem Augenblick, wo der Mensch sich selber die Aufgabe setzen muß, sich im Tiefsten seiner Seele nur mit dem, was sein Geist sich innerlich selber vorhält, zu verbinden, in dem Augenblicke gibt es keine Verbindung zwischen dem Intellektualismus und der Menschenseele.'[70f] Der Geist wird nur gefunden werden, wenn man sich das überall dominierende Tote in tiefer Wahrhaftigkeit gesteht:[72]

Wir müssen im Tiefsten, im Innersten der Seele suchen nach Licht, vor allen Dingen müssen wir zu dem tiefinnersten Ehrlichkeits- und [...] Wahrheitsgefühl zu kommen suchen. Wenn wir auf Ehrlichkeit und Wahrhaftigkeit bauen, dann werden wir weiterkommen, und weiterkommen muß die Menschheit. Dann werden wir dahin kommen, daß man wieder von Geist reden darf, der der menschlichen Natur doch am ähnlichsten ist. Die Seele ist am ähnlichsten dem Geiste, daher kann sie ihn finden, wenn sie will. In unserer Zeit aber muß sie hinausstreben über Phrase, Konvention und Routine; hinaus über die Phrase – zu der Erfassung der Wahrheit, hinaus über die Konvention – zu dem unmittelbaren, elementaren herzlichen Verhältnis von Mensch zu Mensch, und hinaus über die Routine – zu dem, wodurch in jeder einzelnen Handlung des Lebens wieder Geist liegt [...].

Im fünften Vortrag[393] kommt Steiner auf die ‚Philosophie der Freiheit' zurück. Er weist daraufhin, dass eine frühere Menschheit noch göttlich-geistige Impulse wie von außen in ihrer Seele erlebte (‚Gebote'), später dann noch das seelische ‚Gewissen', während zunehmend auch dies immer abstrakter und vager wurde.[73-76] Demgegenüber kann das, was in der ‚Philosophie der Freiheit' als moralische Intuitionen beschrieben ist, nur in einem ganz und gar zu einer geistigen *Wirklichkeit* gewordenen reinen Denken gefunden werden – das sich in das absolut sinnlichkeitsfreie Element erhebt und darum auch nicht mehr leibgebunden ist:[78]

---

[393] ● Fünfter Vortrag vom 7.10.1922, GA 217, S. 73-86.

Denn beim reinen Denken geht das Denken unmittelbar in den Willen über. [...] Da muß der Blitz des Willens unmittelbar in das Denken selber einschlagen. Da muß der Blitz des Willens aber auch aus der ganz singulären menschlichen Individualität herauskommen. Und da mußte man schon einmal den Mut haben, an dieses reine Denken zu appellieren, das auch zum reinen Willen wird. Dieser wird aber zu einer neuen Fähigkeit: der Fähigkeit, aus der unmittelbaren menschlichen Individualität heraus moralische Impulse zu gewinnen, die nun erarbeitet werden müssen, die nicht mehr wie die alten gegeben sind.

Die Kluft zwischen alter und junger Generation liegt darin begründet, dass die Jugend im Denken noch nicht in den toten Intellekt erstarrt ist, sodass sie alles, was aus diesem heraus gestaltet ist, etwa auch alle Erziehungsgrundsätze, wie einen Pfahl ins Herz empfindet: ‚Man stieß ihr einen Pfahl ins Herz, den Tod, und sie soll sich aus dem Herzen das Lebendige herausreißen.'[82]

Der sechste Vortrag[394] beginnt mit der Prophezeiung, dass schon die nächste Generation nicht einmal mehr die Begeisterungskräfte in ihrer Seele finden wird:[87]

Die kommende Generation wird nicht einmal dasjenige in sich haben, was die Gegenwart der jüngsten Generation, aus einer gewissen Oppositionsstellung gegen das Ältere, gegeben hat: die Begeisterung, allerdings nach einem mehr oder weniger Unbestimmten, aber doch wenigstens eine Begeisterung. Was sich weiter in der Menschheit entwickelt, wird viel mehr den Charakter eines Verlangens, einer Sehnsucht von unbestimmter Art haben, als das der Fall war bei jenen, die sich aus einer gewissen Oppositionsstellung gegenüber dem Herkömmlichen heraus Begeisterung holen konnten.

Diese Gefahr ist ungeheuerlich. Denn wo die Begeisterung fehlt, da wird jeder Weg zum Geist unweigerlich zugeschüttet. Eine unbestimmte Sehnsucht wird in der Regel nicht mehr genügen, die Brücke zum Geist wieder zu finden. Blicken wir in das letzte Jahrhundert, so können wir eine Art ‚Begeisterung' noch in der Studentenbewegung der Achtundsechziger-Generation finden, aber diese war bereits sehr begrenzt – sie wandte sich gegen Autoritäten, aber nicht mehr so sehr *zu* etwas Neuem hin, das auch geistig gewesen wäre. Ganz anders eben noch die Wandervogel-Bewegung zu Zeiten Steiners! Hier spürte man wirklich noch die Sehnsucht nach dem Geist, die Begeisterung für alles, was in diese Richtung weisen konnte. Und heute? Heute droht selbst die bloße *Sehnsucht* in absolute Untergründe der Seele zu verschwinden, wird zu bloßer Lebenstraurigkeit, Depression, letztlich einer Empfindung der Leere – aber nicht mehr zu etwas, was wieder aus dem Innersten heraus eine ganz neue *Aktivität*, eine innige *Suche* nach dem Geist entwickeln könnte.

Demgegenüber appelliert nun Steiner an seine Zuhörer, sich darüber klarzuwerden, welche Impulse *gefunden* werden können, die das ganze menschliche Zusammenleben wieder neu mit Leben durchdringen können. Impulse, die gleichsam, aus der geistigen Welt kommend, der Menschheit ganz nahe sind, ja in den menschlichen Seelen regelrecht heraufziehen:[91f]

---

394 ● Sechster Vortrag vom 8.10.1922, GA 217, S. 87-99.

Wir sehen heute, nur verkannt und mißverstanden [...], zwei der allerwichtigsten sittlichen Impulse heraufziehen. Sie ziehen herauf in den Untergründen des Seelischen. Will man sie interpretieren, so kommt man gewöhnlich auf die verkehrtesten Ideen. Will man sie praktisch machen, so weiß man gewöhnlich nicht viel mit ihnen anzufangen; aber sie ziehen herauf. Es sind, in bezug auf das Innere des Menschen: der Impuls der sittlichen Liebe, und in bezug auf den Verkehr unter den Menschen: der sittliche Impuls des Vertrauens von Mensch zu Mensch. So, wie sittliche Liebe schon in der allernächsten Zukunft für alles sittliche Leben notwendig sein wird, war sie weder in der Stärke noch in der Art in der Vergangenheit notwendig. [...] In Zukunft wird die reine große Liebe von innen heraus den Menschen beflügeln müssen zu dem, was Ausführung seiner sittlichen Intuitionen wird sein müssen; und diejenigen Menschen werden sich schwach und willenlos fühlen gegenüber den sittlichen Intuitionen, die nicht aus den Tiefen ihrer Seele heraus das Feuer der Liebe für das Sittliche entzünden, wenn ihnen durch ihre moralische Intuition die Tat, die geschehen soll, vor Augen steht.

Man kann moralische Intuitionen haben und dann doch nicht die *Liebe* zur Welt, zum Mitmenschen, um sie auch nur ansatzweise in die Tat umzusetzen, ins Handeln zu kommen. Und diese ungeheure Willensschwäche ist heute überall mit Händen zu greifen – sie entspricht eigentlich proportional jener Energie, mit der sich die Seelen stattdessen in ihr Privatleben und den persönlichen Genuss zurückziehen. Aber Rudolf Steiner sprach damals zu einer Jugend, die sich noch nach einem neuen Zusammenleben, auch einer neuen Geist-Erkenntnis *sehnte.*

Steiner kommt dann auf Kant zu sprechen, diesen großen Apostel der ‚Pflicht‘, und macht deutlich, und macht deutlich, dass dies ein letzter Nachklang des *Alten* war, das für die Zukunft überhaupt keine Bedeutung mehr hat, weil es nicht die geringste Kraft mehr in den Seelen entfaltet – und in der Gegenwart und Zukunft nur noch das Handeln aus *Liebe zur Tat* den Impuls zum Handeln geben können wird.[93]

Und die andere Kraft ist die des *Vertrauens* von Mensch zu Mensch, die Steiner nun mit innigsten Worten zu beschreiben beginnt:[94f]

Gerade so, wie wir appellieren müssen für die ethische Zukunft, wenn wir in unser eigenes Innere hineinsehen, an die Liebe, so müssen wir appellieren, wenn wir auf den Verkehr der Menschen untereinander sehen, an das Vertrauen. Wir müssen dem Menschen so begegnen, daß wir ihn als das Weltenrätsel selber empfinden, als das wandelnde Weltenrätsel.395 Dann werden wir schon vor jedem Menschen die Gefühle entwickeln lernen, die aus den allertiefsten Untergründen unserer Seele heraus das Vertrauen holen. Vertrauen in ganz konkretem Sinn, individuell, einzelgestaltet, ist das Schwerste, was aus der Menschenseele sich herausringt. Aber ohne eine Pädagogik, eine Kulturpädagogik, die auf Vertrauen hin orientiert ist, kommt die Zivilisation der Menschheit nicht weiter. Die Menschheit wird gegen die Zukunft hin auf der einen Seite die Notwendigkeit empfinden müssen, alles soziale Leben auf das Vertrauen aufzubauen, aber sich auf der anderen Seite auch bekannt machen müssen mit jener Tragik, die darinnen liegt,

---

395 Steiner meint die Empfindung des *Mysteriums*, ein heiliges Staunen, eine Ehrfurcht vor dem unbekannten Wesen des Anderen oder überhaupt vor dem heiligen Wesen *Mensch* an sich und vor seinem Menschentum.

wenn in der Menschenseele gerade das Vertrauen nicht in der entsprechenden Weise Platz greifen kann.

O meine lieben Freunde, was Menschen jemals auf dem Grunde ihrer Seele gefühlt haben, wenn sie enttäuscht worden sind von einem Menschen, auf den sie viel gebaut haben, alles das, was an solchen Gefühlen jemals im Laufe der Menschheitsentwickelung entfaltet worden ist, wird in Zukunft an Tragik noch überboten werden, wenn die Menschen, nachdem gerade das Vertrauensgefühl unendlich vertieft worden ist, in tragischer Weise Enttäuschungen an Menschen erleben werden. Das wird in der Zukunft das Bitterste im Leben werden, wenn man von Menschen wird enttäuscht werden. Es wird das Bitterste werden, [...] weil in Zukunft die Empfindung der Menschen für Vertrauen und Enttäuschung sich in einer unermeßlichen Weise vertiefen wird, weil die Menschen unendlich viel bauen werden auf das, was in der Seele bewirkt wird aus dem Glück des Vertrauens auf der einen Seite und aus dem Schmerz des notwendigen Mißtrauens auf der anderen Seite. Ethische Impulse werden [...] bis zu jenen Untergründen der Seele vordringen, wo sie unmittelbar aufsprießen aus dem Vertrauen von Mensch zu Mensch.

So wie die Liebe [...] den menschlichen Arm befeuern wird, damit er aus dem Inneren heraus die Kraft zur Tat hat, so wird von außen die Atmosphäre des Vertrauens in uns strömen müssen, damit die Tat den Weg von einem Menschen zum andern hin finde. Urständen wird müssen die Sittlichkeit der Zukunft in der aus den tiefsten Tiefen der Menschenseele frei gewordenen sittlichen Liebe, und das soziale Handeln der Zukunft wird eingetaucht sein müssen in das Vertrauen. [...]

So blicken wir auf eine Ethik, auf eine Moralanschauung der Zukunft, die wenig reden wird von demjenigen, was man immer als ethische Intuitionen alter Art charakterisiert hat, die aber stark reden wird davon, wie ein Mensch sich entwickeln muß von der Kindheit an, damit geweckt werde in ihm die Kraft der sittlichen Liebe. Und viel wird in der Zukunftspädagogik von Lehrenden und Erziehenden an die aufwachsende Generation überliefert werden müssen durch dasjenige, was in unausgesprochener Weise erzieherisch wirkt. [...]

Menschenkenntnis, aber nicht Menschenkenntnis, die uns den Mitmenschen gegenüber kalt macht, sondern die uns vertrauensvoll macht, muß der Grundnerv auch der Zukunftspädagogik werden. Denn es wird notwendig sein, auf eine neue Art ernst zu machen mit demjenigen, womit es einmal in der Menschheitsentwickelung ernst war, was aber nicht mehr ernst genommen wird im Zeitalter des Intellektualismus.

Es ist kein Zufall, dass diese Zukunftspädagogik, wie alles Leben, wieder von einem religiösen Zug durchdrungen sein wird und sein muss, denn das, was Rudolf Steiner schildert, ist nichts anderes als der lebendig gewordene Christus-Impuls – und das tiefe *Vertrauen* in den Mitmenschen ist nichts anderes als der *Glaube* an diesen; und die *Liebe* zur sozialen Tat wird nur da möglich sein, wo der Mitmensch, ja das soziale Zusammenleben schlechthin der Seele *heilig* zu werden beginnt.

Gegenüber dem Kind, das der *geistigen Welt* noch so nahe ist, aus dieser erst ‚heruntergesandt' wurde und das Wirken des Göttlich-Geistigen geradezu unmittelbar offenbart, wird die religiöse Empfindung sogar besonders stark sein – und dies wird erst jene wahre Erziehung ermöglichen, die auch dem Kind die Entfaltung tiefster seelischer, wahrhaft *menschlicher* Kräfte ermöglichen wird.

Im siebten Vortrag beschreibt Steiner den Bankrott des Intellektualismus, der darin besteht, dass der Lehrer in der Schule die Jugend aus gedruckten Büchern unterrichtet: ‚Dabei setzt man nun wirklich voraus, daß es keine übersinnliche Welt gibt.' Der Lehrer kann die Dinge nicht einmal *in sich* lebendig machen – und aus seiner eigenen Seele heraus unterrichten! Das merkt jedes einzelne Kind in seinem höheren Wesen unbewusst und revoltiert mit Recht, und sei es, dass es an der Schule völlig resigniert...[396]

Der nächste Vortrag schildert die geschichtliche Entwicklung, in der das Geistige immer mehr verlorenging, etwa auch im Nominalismus-Streit der Scholastik, und am Ende verweist Steiner erneut darauf, dass für ein Verständnis der ‚Philosophie der Freiheit', überhaupt der gesamten anthroposophischen Literatur das Denken *aktiv* werden muss.[397]

Im neunten Vortrag[398] macht Steiner ausführlich erlebbar, wie tiefgreifend anders in früheren Zeiten die Erziehung der Jugend war und was die Gegenwart *verloren* hat. Er beschreibt, dass das wahrhaft geistige *Wissen* vor dem achtzehnten Jahr gar nicht möglich ist, auch kein wahrhaftes eigenes Urteilen.[130] Und die älteren Zeiten wussten dies noch als etwas Reales:[131]

> [...] zum Wissen heranziehen kann man die Jugend nicht. Man muß sich die Möglichkeit erwerben, die Jugend zum Glauben an dasjenige heranzuziehen, was man selber nach seinem Wissen für wahr hält. Und das war einem etwas Heiliges, die Jugend zum Glauben heranzuziehen. |
> [...] Man hätte sich den Vorwurf gemacht, seine heiligste Menschenpflicht zu versäumen, wenn man es als Lehrer oder als Erzieher nicht dahin gebracht hätte, daß die Jugend aus der Frische und Überzeugungskraft der Menschennatur heraus an einen glaubt und so die Wahrheit übernimmt. Diese Gefühlsnuance lag in aller Erziehung, in allem Unterricht.

Das bedeutete gleichzeitig, dass der ältere Mensch eine echte Weisheit zu entwickeln *hatte* – denn sehr wohl konnte der junge Mensch spüren, zu wem er vertrauensvoll aufblicken *konnte* und zu wem nicht. Steiner fährt fort, sich auf die bis ins Mittelalter wesentlichen sieben freien Künste beziehend:[132]

> Aber dazumal war es fast selbstverständlich, daß man die Jugend erst anschauen, empfinden ließ, daß man selbst etwas kann, bevor man ihr ein Wissen überlieferte. Erst von einem gewissen Alter an sagte man der Jugend, was man wußte. Zuerst zeigte man ihr, was man kann, und so war der Inhalt des Unterrichts zunächst die Dreiheit von Grammatik, Dialektik und Rhetorik. Das waren keine Wissenschaften. [...] In jenen alten Zeiten war die Grammatik [...] die Kunst,

---

[396] Siebenter Vortrag vom 9.10.1922, GA 217, S. 100-113, hier 106.

[397] ‚Es ist oft zum Verzweifeln in dieser Beziehung.' Steiner unterstreicht die *Passivität* der Gegenwart in Bezug auf das Denken durch das eindrückliche Bild eines Mannes, der im Straßengraben liegt, weil er *nichts* tun möchte, und noch immer unglücklich ist. Auf die Frage eines anderen, warum, da er doch bereits nur daliege, erwidert jener, er müsse ja leider noch immer die Erdumdrehung mitmachen! Achter Vortrag vom 10.10.1922, S. 114-127, hier 126. • Hier ist zu spüren, wie die Passivität eigentlich stärkster *Unwille* ist, irgendeine innere Aktivität zu entfalten. Im Grunde wird der Wille hier dazu genutzt, stärkster Wider-Wille gegen jede echte Aktivität zu werden.

[398] • Neunter Vortrag vom 11.10.1922, GA 217, S. 128-140.

Gedanken und Worte zu verbinden, zu trennen und so weiter. Grammatikunterricht war in gewissem Sinne ein künstlerischer Unterricht, und erst recht war das der Fall bei der Kunst der Dialektik und der Rhetorik. Alles war darauf berechnet, an die Jugend zunächst so heranzukommen, daß sie empfinden mußte: Man kann etwas; man kann sprechen und denken und Schönheit walten lassen im Sprechen. – Grammatik, Dialektik und Rhetorik, das war ein Unterricht im Können und zwar in einem solchen Können, das sich eng anschloß an die menschliche Regsamkeit des Unterrichtenden und Erziehenden.

Die entscheidende Frage ist nur: ,Wie müssen diese Dinge sein, wenn in der Menschenordnung die Bewußtseinsseele der Bewußtseinsseele gegenübersteht?'[134] Die Seelen haben sich weiterentwickelt, sind viel bewusster geworden. Dennoch ist die *Grundwahrheit* noch immer die gleiche, und Steiner fährt fort: ,Aber kein Lehrer kann irgendeinem Jungen oder Mädchen in Wahrheit ein Wissen überliefern, wenn nicht in diesem jungen Menschen die empfindende Überzeugung gereift ist: Der kann etwas. – Es ist einfach der Menschheit gegenüber ein unverantwortliches Beginnen, als Pädagoge anders wirken zu wollen als dadurch, daß die Jugend zuerst die selbstverständliche Meinung bekommt: Der kann etwas.'[135] Ohne dieses Empfinden werden schon die jüngsten Kinder revoltieren und nur noch mit *Druck* ,unterrichtet' (mit intellektuellem Wissen beimpft) werden können.

Es ist also die allerwichtigste Frage, von der ,Fortschritt, Rückschritt oder sogar Niedergang der menschlichen Entwickelung in der Zukunft abhängt': Was ist in jenen Jahren (des zweiten Jahrsiebts) zu tun, wo nicht mehr nachgeahmt wird, aber noch kein wahres Wissen gegeben werden kann? Und im Grunde ist die Jugendbewegung gerade ein ,Lechzen nach einer Antwort auf diese Frage'. Und nun führt Steiner aus, was die *Metamorphose* der freien Künste ist – die *Erziehungskunst* der Waldorfpädagogik:[136]

> Wer heute in das Leben hineinschaut, der findet: Damit die Menschheit nicht verkümmere, muß die Zeit zwischen dem Nachahmungsalter und dem Alter, wo der Mensch die Erkenntnis in der Form der Wahrheit übernehmen kann, ausgefüllt werden dadurch, daß dem Menschen das, was er für Kopf, Herz und Willen haben muß, in künstlerischer Schönheit überliefert wird. Aus einer alten Kulturordnung war die Siebenheit von Grammatik, Dialektik, Rhetorik, Arithmetik, Geometrie, Astronomie und Musik als etwas Künstlerisches herausgewachsen. Heute brauchen wir auch ein Künstlerisches, nur muß es gemäß den Forderungen der Bewußtseinsseele nicht in dieser Weise spezialisiert sein, daß sieben freie Künste walten. Es muß [...] der ganze Unterricht durchfeuert und durchglüht sein von dem künstlerischen Elemente. Die Schönheit muß für das Volksschulalter und für das spätere Alter des Menschen walten, die Schönheit als die Dolmetscherin der Wahrheit.

Und Steiner fährt fort, für diese Tatsache ein Empfinden und *Erleben* zu erwecken:[137]

> Diejenigen, die nicht gelernt haben, durch die Schönheit sich die Wahrheit zu erobern, werden niemals ein Vollmenschliches in sich aufnehmen, das sie wappnet gegenüber den Anforderungen des Lebens. Die deutschen Klassiker haben das vorausgeahnt, wenn auch nicht in voller Tragweite betont. Aber sie haben damit kein Verständnis gefunden. Sehen Sie doch, wie Goethe

die Wahrheit durch die Schönheit sucht. Hören Sie, wie Goethe sagt: Die Kunst ist eine Manifestation geheimer Naturkräfte, – was ja nichts anderes besagen will, als daß man durch die künstlerische Erfassung der Welt erst zu der lebendigen Wahrheit gelangt, während man sonst nur zur toten Wahrheit kommt. Und Schillers schönes Wort lautet: Nur durch das Morgentor des Schönen dringst du in der Erkenntnis Land![399] – Bevor nicht der Sinn dieses Weges: durch das Künstlerische [...] in das Wahrheitsgebiet hineinzugehen, im allertiefsten Sinne durchdrungen wird, kann auch nicht die Rede sein davon, daß die Menschheit sich ein wirkliches Verständnis für die übersinnliche Welt im Sinne des Zeitalters der Bewußtseinsseele aneigne.

Durch den überall *Schönheit* atmenden Unterricht des zweiten Jahrsiebts der Klassenlehrerzeit erlebt die Seele des Kindes unbewusst tief die *Wahrheit* und verbindet sich innig *empfindend* mit allem, bevor es lernt, auch selbst Begriffe zu bilden, wie Steiner es für das tiefe Erwachen des dritten Jahrsiebts beschreibt. Der Lehrstoff der Staatsschulen ist dagegen ein Leichnam, mit dem sich nichts in der kindlichen Seele verbindet.

Die materialistische Wissenschaft kann nur das Tote erfassen. Schon an den Ätherleib kann man erkennend nur aus einem künstlerischen Seelenerleben heraus herankommen. Je intellektueller die Wissenschaft also ist, desto mehr führt sie vom Menschen weg – und dasselbe gilt für die Pädagogik. Im Intellekt wird der Mensch *verloren*. Weder bekommt der Lehrer eine echte Beziehung zum Kind – noch das Kind zu ihm.[139]

Im zehnten Vortrag[400] führt Steiner aus, wie der Mensch ohne innere Entwicklung im Laufe der Menschheitsentwicklung immer früher stehenbleibt, regelrecht ‚einrostet‘, heute bereits vor Ende des vierten Jahrsiebts: ‚[...] die menschliche Organisation ist heute so geworden, daß der Mensch von seiner natürlichen Entwickelung eigentlich nur bis zu seinem sechsundzwanzigsten, siebenundzwanzigsten Jahre getragen wird, und diese Grenze wird immer mehr nach unten verschoben werden‘.[146] Umgekehrt wird dadurch in tieferem Sinne Freiheit möglich, weil früher das Geistige mit zunehmendem Alter ‚naturgemäß hervorsproß‘.[146]

Die Folge aber ist, dass heute die ältere Generation, insofern sie *stehenbleibt*, der jüngeren nicht mehr das Geringste voraus hat. Der Intellekt kann allenfalls zu größerer Übungen, nicht aber zu qualitativem Fortschritt kommen, und was man intelltektualistisch mit sechzig kann, das kann man auch schon mit neunzehn, da ist keine Kunst, da ist keine Weisheit.[147] Und dann sagt Steiner ganz deutlich:[147]

Wenn der Mensch heute nicht aus innerer Aktivität heraus eine Entwickelung anstrebt und diese Entwickelung wach erhält, so rostet er mit dem bloßen Intellektualismus von den zwanziger Jahren an ein. Dann erhält er sich nur noch künstlich durch Anregungen von außen. Wenn die Sache nicht so wäre, glauben Sie, daß die Leute so viel ins Kino laufen würden? Diese Sehn-

---

[399] ‚Das Schöne ist eine Manifestation geheimer Naturgesetze, die uns ohne dessen Erscheinung ewig wären verborgen geblieben.‘ Maximen und Reflexionen, Kunst und Altertum IV, 2. • ‚Nur durch das Morgentor des Schönen / Drangst du in der Erkenntnis Land.‘ Die Künstler (Gedicht).

[400] • Zehnter Vortrag vom 12.10.1922, GA 217, S. 141-155.

sucht nach dem Kino, überhaupt diese Sehnsucht, alles auf eine äußerliche Weise zu sehen, beruht ja darauf, daß der Mensch innerlich inaktiv, untätig geworden ist, daß er gar keine innere Aktivität will.

Geisteswissenschaft kann nur mit dieser inneren Aktivität arbeiten und verstanden werden, muss appellieren ‚an das im Menschen, was noch tätig sein kann, wenn alle Sinne schweigen, und nur die Denktätigkeit dann in Regsamkeit ist‘.[148] Und nun beschreibt Steiner sehr deutlich, was eigentlich *reines Denken* ist:[148f]

> Nehmen Sie also an, Sie könnten Gedanken [ohne äußere Anschauung, H.N.] im reinen Gedankenflusse haben. Dann beginnt für Sie der Moment, wo Sie das Denken bis zu einem Punkte geführt haben, an dem es gar nicht mehr Denken genannt zu werden braucht. Es ist im Handumdrehen – sagen wir im Denkumdrehen – etwas anderes geworden. Es ist nämlich dieses mit Recht „reines Denken" genannte Denken reiner Wille geworden; es ist durch und durch Wollen. Sind Sie im Seelischen so weit gekommen, daß Sie das Denken befreit haben von der äußeren Anschauung, dann ist es damit zugleich reiner Wille geworden. Sie schweben, wenn ich so sagen darf, mit Ihrem Seelischen im reinen Gedankenverlauf. Dieser reine Gedankenverlauf ist ein Willensverlauf. Damit aber beginnt das reine Denken, ja sogar die Anstrengung nach seiner Ausübung, nicht nur eine Denkübung zu sein, sondern eine Willensübung, und zwar eine solche, die bis in das Zentrum des Menschen eingreift.

Damit aber wird ein neuer Mensch in einem geboren, der vorher einfach nicht da war: ‚[...] fühlen Sie, daß ein neuer innerer Mensch in Ihnen geboren ist, der aus dem Geiste heraus Willensentfaltung bringen kann. | Woher weiß denn der Mensch sonst, daß er einen Willen hat? Er „hat" ihn ja nicht!'[149] Erst jetzt wird erlebt, was eigentlich *Wille* ist. Erst in dieser innersten, größten Aktivität.

Jetzt erst ist der Wille zutiefst lebendig, regsam und beweglich – und *nur so* ist auch eine Erziehungskunst möglich:[151]

> In dem Augenblick, wo das reine Denken als Wille erlebt wird, ist der Mensch in künstlerischer Verfassung. Und diese künstlerische Verfassung ist es auch, die der heutige Pädagoge braucht, um die Jugend zu leiten vom Zahnwechsel bis zur Geschlechtsreife, oder sogar darüber hinaus. Es ist dies die Stimmung, die man hat, wenn man aus dem Innerlich-Seelischen heraus zu einem zweiten Menschen gekommen ist, der [...] erlebt werden muß, daher er mit Recht „Lebensleib" oder „Ätherleib" genannt werden kann, wenn man die Ausdrücke nur nicht wieder im alten Sprachgebrauche nimmt. [...] Erst aus dieser freien Betätigung aber kann man die Pädagogik als Kunst erleben, und der Lehrer kann dadurch zum pädagogischen Künstler werden, daß er sich in diese Stimmung hineinfindet. Dann wird in diesem unserem Zeitalter der Bewußtseinsseele der ganze Unterricht wirklich darauf angelegt, eine künstlerische Atmosphäre [...] zu schaffen. Und innerhalb dieser [...] kann sich jenes Verhältnis [...] ausbilden, das ein Anlehnen, ein Hinneigen ist, weil man weiß: Der kann etwas, was er einem künstlerisch zeigen kann, und was er kann – das fühlt man – möchte man auch können.

Das Kind spürt und erlebt den *ganzen* Menschen – und so möchte es auch werden. Das ist die Wahrheit der Erziehungskunst. An einen *solchen* erwachsenen Menschen kann das Kind auch nach dem neunten, zehnten Lebensjahr (‚Rubikon') glauben, und solche Menschen braucht die Jugend.

Im elften Vortrag[401] knüpft Steiner daran an und führt aus, dass nur so das Kind etwas von der *Seele* des Lehrers erlebt. Nur durch die innere künstlerische Aktivität des Lehrers kann ein individuelles Verhältnis des Kindes zu ihm zustandekommen. Die Erziehung selbst muss *Seele* haben: ‚Da muß der ganze Unterricht von Kunst, von menschlicher Individualität durchdrungen sein.'[160]

Die wahre Beziehung zwischen Lehrer und Kind entsteht aber durch dasjenige, was jener aus dem Vorgeburtlichen mitbringt und was *durch* diese innerste Aktivität in ihm lebendig wird: ‚Lediglich dasjenige bindet die beiden aneinander, was der Mensch aus übersinnlichen geistigen Welten, aus seinem vorirdischen Dasein in das irdische mitbringt.'[160] Von dem, was aus dem Vorgeburtlichen stammt, begreift der Kopf nichts, aber das innere Band zwischen Kind und Lehrer lebt auf einer ganz anderen Ebene. In der künstlerischen Verfassung ‚west und webt dasjenige, was der Mensch aus dem vorirdischen Dasein heruntergebracht hat', und im zweiten Jahrsiebt ist das Kind ganz besonders dazu veranlagt, ‚in seinem Herzen das zu empfinden, was ihm im Lehrer als aus diesem vorirdischen Dasein stammend gegenübersteht'.[161] Für den Lehrer ist dies nur durch ernste Selbsterziehung möglich:[161f]

> Daher müssen wir aus diesem [abstrakten, H.N.] Denken durch die Entwickelung, die ich gestern angedeutet habe, heraus, indem wir das Denken ganz reinigen und es zum Willen machen, zum Willen gestalten. Wir müssen uns dazu durchringen, unsere Individualität immer kräftiger zu machen, und das erreichen wir nur, wenn wir uns zu diesem reinen Denken durcharbeiten. [...] Wer sich zu einem solchen reinen Denken durcharbeitet, wie ich es in meiner „Philosophie der Freiheit" angedeutet habe, wird finden, daß man es da ganz und gar nicht bringt zu einem Haben von einigen Begriffen, die ein philosophisches System ausmachen, sondern daß es sich um ein Ergreifen der menschlichen Individualität und ihres vorirdischen Daseins handelt. [...] Es ist wirklich das Hereinziehen des vorirdischen Daseins in das Leben des Menschen, was dadurch bewirkt werden kann, und so ist es die Vorbereitung zu dem Berufe des [...] Erziehers. [...] In jedem Menschen ist ein Erzieher; aber dieser Erzieher schläft, er muß aufgeweckt werden, und das Künstlerische ist das Mittel zum Aufwecken.

Und erst dieser in einem erwachende Erzieher greift nicht in die Freiheit des Kindes ein, das geheimnisvolle übersinnliche Geschehen kehrt die Verhältnisse wirklich um:[163]

> [...] weil es nicht auf die Übermittlung von Wissen ankommt, sondern auf die Individualität, auf das Lebendigmachen des vorirdischen Daseins. Dann erzieht sich eigentlich das Kind selber an uns, und das ist auch richtig; denn in Wirklichkeit sind nicht wir es, die erziehen. Wir stören nur die Erziehung, wenn wir unmittelbar zu stark in sie eingreifen. [...] Aber wir können

---

[401] • Elfter Vortrag vom 13.10.1922, GA 217, S. 156-169.

uns so verhalten, daß der Mensch dazu kommt, als Aufwachsender die in ihm vorhandenen Anlagen hervorzuholen. Das können wir aber nicht durch das, was wir wissen, sondern nur durch das, was auf künstlerische Art in uns regsam ist.

Dieses Vorirdische, so Steiner, schimmert als Timbre durch ‚jede Handbewegung, jeden Blick, durch die Betonung der Worte' hindurch,[164] aber eben nur, wenn die *ganze* Individualität unterrichtet.

Und jenseits der Geschlechtsreife ist das Wirkende noch geheimnisvoller, denn was jetzt ‚in einem Menschen andere abstößt oder anzieht', das ist dasjenige, was aus früheren Erdenleben in das jetzige Leben der Seele hineinragt.[164] Hierfür ist die heutige Kultur aber vollständig blind. Steiner fährt fort:[165]

Die Menschen gehen aneinander vorbei, weil von Mensch zu Mensch nur dasjenige wirken kann, was aus den wiederholten Erdenleben herüberspielt, die heutige Kultur aber nichts tut, um einen Sinn für dieses Herüberspielende zu entwickeln. Das muß in unsere Erziehung, in unseren Unterricht aufgenommen werden: daß wir als erwachsene Menschen den Sinn haben, jenes Tiefere im Menschen zu erfühlen, zu empfinden, was aus früheren Erdenleben herüberspielt. Das wird nicht erreicht, wenn wir in die Erziehung nicht einbeziehen lernen das ganze menschliche Leben, so wie es sich auf der Erde abspielt.

Selbstverständlich meint Steiner kein klar bewusstes Wissen und Erleben. Aber er meint feine Nuancen, ein feines Spüren in der Begegnung von Mensch zu Mensch, sozusagen eine Empathiefähigkeit für die *Fülle* der Nuancen, die in jeder einzelnen Begegnung spielen. Denn hier erst würde ein Mensch dem anderen wahrhaft begegnen. Ohne dieses feine Spüren gehen alle Menschen nach wir vor aneinander vorbei, *sehen* einander eigentlich gar nicht. Der Grund für diese Blindheit wird aber bereits durch die gesamte intellektuelle, geistlos-tote Erziehung gelegt. Diese mauert eigentlich alles feinere Fühlen regelrecht zu, von Anfang an:[166f]

Es ist herzzerbrechend, wenn ein Kind so erzogen wird, daß es einen Begriff definieren und ihn dann in einer Definition besitzen soll. Das ist wirklich, wie wenn man seine Glieder in einen Apparat einschnüren wollte. Das Kind muß wachstumsfähige Bilder bekommen, die ganz etwas anderes werden nach zehn bis zwanzig Jahren. Nur wenn man ihm solche wachstumsfähigen Bilder überliefert, regt man es an, sich empfindend einzuleben in das, was in den Tiefen einer anderen menschlichen Individualität oft verborgen ist. Sie sehen, wie kompliziert die Zusammenhänge sind: Wir lernen zu den Menschen ein tieferes Verhältnis dadurch gewinnen, daß uns in der Jugend das seelische Wachsen möglich gemacht wird.
Was heißt denn: den anderen Menschen erleben? Einen anderen Menschen kann man nicht erleben mit toten Begriffen. Man kann einen anderen Menschen nur begreifen, wenn man ihm gegenübertritt und einem dies zum Erlebnis wird, was einen selber innerlich ergreift. Dazu braucht man aber innere Regsamkeit.

Im Weiteren schildert Steiner, dass dies aber nie geschieht, weil die Menschen absolut flach aneinander vorübergehen, immer bei *sich* bleiben, sogar in der Begegnung – sodass sie immer nur sich selbst finden und bestätigen. Eigentlich beschreibt er hier den extremen *Selbstbezug* des modernen Intellekts, der nur deshalb nicht bemerkt wird, weil er schlicht flächendeckend ist und so als absoluter Normalzustand der blinde Fleck unserer gesamten Kultur ist. Was Steiner dagegen als ‚innere Regsamkeit' bezeichnet, ist zugleich größte *Hingabe*. Eine Hingabe, die sich aus dem Grunde nicht verliert, weil sie gleichzeitig größte Aktivität ist. Es ist aktive Hingabe und hingebungsvolle Aktivität. Das *Erleben des anderen Menschen* in der eigenen Seele bzw. das tiefe Eintauchen der eigenen Seele in das Wesen des anderen.[402]

Im zwölften Vortrag[403] führt Steiner diese Frage weiter und führt aus, dass, nachdem alles Alte verschwunden ist, eigentlich erst mit dem 20. Jahrhundert der Mensch dem Menschen wirklich ‚hüllenlos' gegenübersteht, nur noch von Ich zu Ich:[176]

> In unserer Zeit geht die Menschheit über von einem hüllenhaften Erleben des anderen Menschen zu einem wirklichen Erleben des Ich des anderen Menschen. Und das ist die Schwierigkeit des menschlichen Seelenlebens, daß wir uns in dieses ganz neue Verhältnis von Mensch zu Mensch hineinleben müssen.

Steiner beschreibt, wie man etwa im Mittelalter noch den ‚Ratsherrn' erlebte, also Lebens-Rollen wirklich noch tief in der Empfindung trug.[176] Dies schwand dann im Laufe der Jahrhunderte immer mehr, und Steiner schildert bereits für die Goethe-Zeit ein ‚Erschrecken' in Bezug auf die ‚hüllenlose' Wahrnehmung des anderen Menschen.[177] Der heraufziehende Intellekt bzw. dessen *Kultivierung* sei regelrecht auch ein Sich-Abstumpfen gegen dieses oft unbewusste Erschrecken gewesen.[178f] Man kann hier beispielsweise auch an den preußischen Staat denken, die Vorläufer heutigen *Behördentums*. Aber das Abstrakte, das die Wahrnehmung des anderen Menschen regelrecht *ausschaltet*, steckt eben auch sonst überall – in der ‚Wissenschaft', in den sachlichen ‚Nachrichten', überhaupt in der allumfassenden ‚Informationssprache', die heute alles dominiert.

All das ist eine Kultivierung der *Blindmachung* für das Wesen des einzelnen Menschen, für das Ich des Anderen und überhaupt für diese Qualität des Individuellen, das Geheimnis des Ich. Unsere Kultur hat noch nicht ansatzweise gelernt, als Ich dem anderen Ich gegenüberzustehen, erlebend und mit realem Bewusstsein. Deshalb ist die Erziehungsfrage eine so alles entscheidende – und nun schlägt Rudolf Steiner erneut die Brücke: Alles theoretische Reden über ‚Erziehung', alle Theorien gehört ebenfalls dieser Sphäre der Blindheit an, weil es nichts zu tun hat mit echter *Menschenerkenntnis*, das reale Erleben des Menschen gerade verbirgt und verhindert.[179f] Der Pädagogikstudent aber *verlernt* gerade die echte Pädagogik:[181]

---

[402] Dies aber wird fortwährend zart in der Seele genährt, indem dem Kind nicht toter Lehrstoff und intellektuelle Definitionen in lieblosen Stundenplan-Dreiviertelstunden und gedruckten Büchern gegeben werden, sondern indem es tief und ausführlich in seelenvolle Darstellungen, Bilder und Geschehnisse sowie eigenes und gemeinsames Tun eintauchen kann – und alles Einzelne umfassend das hingebungsvolle Fühlen und Wollen aufruft.

[403] ● Zwölfter Vortrag vom 14.10.1922, GA 217, S. 170-183.

Die Erziehungswissenschaft kam erst herauf, als man nicht mehr aus den elementarischen Menschenkräften heraus erziehen konnte. Die Sache ist viel wichtiger als man meint! Der Junge oder das Mädchen, die den Lehrer in die Klasse kommen sehen, dürfen nicht das Gefühl haben: Der erzieht nach theoretischen Grundsätzen, weil er das Unterbewußte nicht begreift. Sie wollen ein menschliches Verhältnis zu dem Lehrer haben. Das wird aber gestört, wenn Erziehungsgrundsätze vorhanden sind.

Es wird regelrecht *abgeschafft* – und dies umso mehr, als der Lehrer sich erneut hinter seiner ‚Rolle' versteckt und nach ganzen Haufen theoretischer *Grundsätze* unterrichtet. Mögen diese noch so modern sein (Arbeitsgruppen, Projekttage etc. etc.) – die Verbindung zwischen Lehrer und Kind ist niemals wirklich da, wo der Lehrer nach *Schema* unterrichtet, und sei es noch so ‚innovativ'. Das Kind braucht keine Innovationen, es braucht die *Lehrer-Individualität* – und die verbirgt sich gerade, auch da, wo man das Gegenteil glaubt.

Im dreizehnten und letzten Vortrag[404] fasst Steiner das bisher Ausgeführte in ein eindrückliches Bild – das des verschlingenden *Drachen*. Mit dem Intellekt, wie er sich exemplarisch in der Naturwissenschaft offenbart, ist etwas Wesenhaftes verbunden, das ganz real gegen das wahre Menschenwesen gerichtet ist: [186f]

> Wenn wir uns in unserer Seele erfüllen mit dem, was unser Denken an der Natur geworden ist, dann erscheint uns in dem Bilde des den Menschen verschlingenden Drachens dasjenige, was heute gerade das Intensivste in unserer Zivilisation ist. Wir fühlen uns als Mensch einem Wesen gegenüber, das uns verschlingt.
> Sehen Sie nur einmal, wie dieses Verschlingen Platz gegriffen hat. Indem seit dem fünfzehnten Jahrhundert die Naturwissenschaft sich immer weiter und weiter auf geradezu triumphale Art ausgebildet hat, ist die Menschenkunde immer mehr in Verfall geraten. Die Menschen konnten sich nur mit Mühe gegenüber dem ihr innerstes Leben verschlingenden Drachen halten, indem sie die alten, aber nicht mehr lebendigen Traditionen aufbewahrten und fortpflanzten. [...]
> In älteren Zeiten war der Mensch an dem Hervorbringen des Drachens noch beteiligt, doch hatte er die nötige Dosis von Todeskraft mitbekommen, so daß er ihn noch bezwingen konnte. Der Mensch hat damals dem Erleben nur soviel Intellektualität mitgegeben, daß er sie noch durch die Herzenskräfte überwinden konnte. Jetzt ist der Drache streng objektiv geworden, jetzt lebt er so, daß er uns von außen begegnet und uns als seelisches Wesen verschlingt.

Selbst jede Tradition enthielt noch etwas von Seele – und erst recht in jener Zeit, als diese noch *lebendig* waren. Heute erscheint alles sehr individuell, aber gleichzeitig bewegen wir uns in einer Welt, die alles Individuelle verneint. Alles wird *verwaltet*, immer mehr toten, abstrakten, anonymen Regularien und Vorschriften unterworfen. Längst besteht sogar die klare Tendenz, abweichende Meinungen zu diffamieren, also die jeweilige ‚Wahrheit' zu definieren und alles andere als ‚Fake News' abzustempeln. Und über allem thront die Weltanschauung des *Materialismus*. Die Überzeugung, dass im menschlichen Leib keine anderen Vorgänge stattfänden als solche, die dem Gesetz vom ‚Erhalt der Materie' unterlägen, und dass einst sowieso alles

---

[404] ● Dreizehnter Vortrag vom 15.10.1922, GA 217, S. 184-197.

dem ‚Wärmetod' verfallen wird, die Seele, das Moralische etc. spätestens so gesehen eine völlige Illusion seien, vergänglich wie der ganze Rest.

Und gegen diese spirituelle *Lüge* führt Rudolf Steiner das Bild Michaels an, hinter dem aber ein reales geistiges Engelwesen steht, wie er in vielen anderen Vorträgen erlebbar macht:[188f]

> Aber der Drache muß besiegt werden, und deshalb muß die Erkenntnis Platz greifen, daß das Bild von dem Michael, der den Drachen besiegt, nicht nur ein altes Bild ist, sondern ein Bild, das in unserer Zeit den höchsten Grad seiner Realität erreicht hat. Ältere Zeiten haben es ausgebildet, weil die Menschen in sich noch den Michael fühlten als etwas, was sie unbewußt durchdrang und unbewußt das überwindet, was aus der bloßen Intellektualität kommt. Jetzt ist der Drache ganz äußerlich geworden. Jetzt begegnet uns der Drache von außen und droht fortwährend, den Menschen zu ertöten. Aber der Drache muß besiegt werden [...]. [...] | Daß man immer zurückgeschreckt ist vor dieser Konsequenz, das ist das Unwahre, das bis in das menschliche Herz, bis in die menschliche Seele gedrungen ist, alles am Menschen ergriffen und ihn zu einem unwahren Menschen [...] gemacht hat.

Erst, wenn eine geistige Erkenntnis das ‚Gesetz von der Erhaltung der Energie' als für den Menschen überhaupt nicht gültig erkennt, weil im Menschen das Geistig-Moralische die eigentlich entscheidende Realität ist, werden ‚die Menschen bis in die Erkenntnis hinein wieder Menschen sein können'.[189] Das heutige Erkennen ist nicht *menschlich*, entspricht nicht dem Wesen und der Stufe des Menschen, es ist noch einer fremden Macht unterworfen. Und Steiner fährt fort:[190]

> Im intensivsten Grade real ist der Kampf des Michael mit dem Drachen erst in unserem Zeitalter geworden. Und wenn man in das geistige Gefüge der Welt eindringt, so findet man, daß gleichzeitig mit der Kulmination der Macht des Drachens auch das Eingreifen des Michael, mit dem wir uns verbinden können, um die Wende des neunzehnten, zwanzigsten Jahrhunderts eingetreten ist. Der Mensch kann, wenn er will, Geisteswissenschaft haben, das heißt, Michael dringt wirklich aus den geistigen Reichen bis in unser Erdenreich herein, doch drängt er sich uns nicht auf, denn heute muß alles aus der Freiheit des Menschen entspringen. Der Drache aber drängt sich vor, er fordert die höchste Autorität. Es hat niemals in der Welt eine so mächtig auftretende Autorität gegeben wie diejenige, die heute von der Wissenschaft ausgeübt wird. Vergleichen Sie sie mit der päpstlichen Autorität [...].

Gegen diese, das wahrhaft Menschliche gerade *unterdrückende* Macht hilft nur jene andere Geistigkeit, die bis ins Spirituelle vordringen kann:[191]

> Es gibt kein anderes Mittel dagegen, als sich mit Michael zu verbinden, das heißt, sich mit dem geistigen Weben und Wesen der Welt in wirklicher Erkenntnis zu durchdringen. Erst jetzt steht dieses Bild des Michael so recht vor uns, und erst jetzt ist es unsere ureigenste Menschenangelegenheit geworden. In alten Zeiten hat man dieses Bild noch im Imaginativen gesehen. Heute ist das für das äußere Bewußtsein nicht möglich. Daher kann jeder Tor sagen, es sei eine Unwahrheit, wenn man die äußere Wissenschaft als den Drachen bezeichne. Aber sie ist der Drache.

Man kann diesem Drachen auch nicht entfliehen, seine Macht reicht heute letztlich überallhin: ‚Und wenn es ihm nicht gelingt, direkt durch Ideen, durch den Intellektualismus den Menschen zu ertöten, dann gelingt es ihm dadurch, daß er überall in der Welt die Luft so dünn gemacht hat, daß man in ihr nicht mehr atmen kann.'[191] So oder so wird das Menschliche vertilgt. Das heißt, man *muss* sich mit dem Drachen auseinandersetzen. Und Steiner fährt fort, erlebbar zu machen, was dies konkret heißt. Die Michaelkräfte können nur auf bestimmten Wegen in die Zivilisation hereinkommen – Steiner spricht bildlich von einem ‚Wagen' –, und diese haben erneut mit der Sphäre des Vorgeburtlichen zu tun, mit der realen *Verbindung* zur geistigen Welt:[192f]

> [...] Michael braucht gewissermaßen einen Wagen, durch den er in unsere Zivilisation hereinkommt. Und dieser Wagen ist dasjenige, was sich dem wirklichen Erzieher enthüllt, wenn es aus dem jugendlichen, werdenden Menschen hervortritt, ja schon aus dem Kinde. Da arbeitet noch das, was Kraft des vorirdischen Lebens ist. Da ist es real vorhanden, was, wenn wir es pflegen, für Michael der Wagen wird [...]. Erziehen wir in der richtigen Weise, so bereiten wir Michael das Fahrzeug, damit er hereinkommen kann in unsere Zivilisation. | Wir dürfen nicht weiterhin den Drachen pflegen, indem wir eine Wissenschaft mit Gedankenformen ausbilden, bei denen wir gar nicht daran denken, daß sie eindringen wollen in eine Menschenseele, in den Menschenkörper, in den Menschen selber und den Menschen heranbilden wollen. Wir müssen Michael den Wagen, das Fahrzeug bauen. Dazu brauchen wir lebendige Menschlichkeit, wie sie aus übersinnlichen Welten in das irdische Menschenleben sich hineinlebt und darinnen sich manifestiert, gerade in den ersten Zeiten des Menschenlebens. Aber wir müssen ein Herz haben für eine solche Erziehung. Wir müssen gewissermaßen lernen – wenn wir im Bilde sprechen –, uns zum Bundesgenossen des hereinziehenden Michael zu machen, wenn wir richtige Erzieher werden wollen. Mehr als mit allen theoretischen Grundsätzen ist für die Erziehungskunst getan, wenn dasjenige, was wir in uns aufnehmen, so wirkt, daß wir uns als Bundesgenossen Michaels fühlen, des auf die Erde hereinfahrenden Geisteswesens, dem wir das Fahrzeug bereiten durch eine lebendige, künstlerisch geführte Erziehung der Jugend.

Man kann Rudolf Steiner nur dann verstehen, wenn man *erlebt*, was er als das Ertötende des Intellekts beschreibt – und immer tiefer erlebt. Wenn es einem mit dem *wahrhaft* Menschlichen immer ernster wird, weil man auch dieses immer tiefer erlebt. Nur darf dies nicht im Seelisch-Unverbindlichen bleiben, es muss eine geistige *Erkenntnis* werden, ein reales Geschehen, ein Erleben im rein Geistigen.

Und Steiner endet:[196]

> Kurz, wir müssen ernst nehmen das Einziehen in das Michaelszeitalter. Erst wenn mit den Mitteln der Gegenwart erreicht wird, daß den Menschen wiederum das Bild umschwebt des von Lichtglanz umflossenen starken Michael, der den die Menschheit aussaugenden Drachen zu besiegen vermag durch die Kraft des zu lebendigem Seelenleben sich entwickelnden Menschen – erst wenn man dieses Bild viel lebendiger, als man es früher vor Augen hatte, in seine Seele wieder aufnehmen kann, werden einem die Kräfte kommen, innere Regsamkeit zu entwickeln, weil man sich in der Genossenschaft des Michael weiß. Dann erst wird man teilnehmen an al-

lem, was Fortschritt und zwischen den Generationen Frieden bringen kann, was die Jugend dahin bringt, auf das Alter hinzuhören, was macht, daß die Alten etwas zu sagen haben, was die Jugend wissen und aufnehmen will. | [...] Das wird sich darin offenbaren, daß die Generationen sich etwas zu sagen haben, daß die Generationen etwas voneinander aufnehmen können. Denn in Wahrheit nimmt der Erzieher, wenn er nur ein ganzer Mensch ist, für sich ebensoviel von dem Kinde, als er dem Kinde gibt. Wer nicht vom Kinde lernen kann, was es ihm als Botschaft herunterbringt aus der geistigen Welt, kann dem Kinde auch nichts beibringen über die Geheimnisse des Erdendaseins. Nur wenn das Kind unser Erzieher wird, indem es Botschaften aus der geistigen Welt herunterbringt, wird es sich bereitfinden, die Botschaften, die wir ihm aus dem Erdenleben entgegenbringen, aufzunehmen. | [...] Aber damit das Nehmen und das Geben in einen richtigen Rhythmus komme, dazu ist notwendig, daß wir in das Michaelzeitalter eintreten.

Damit hat der ‚Pädagogische Jugendkurs' die größte Menschheitsfrage berührt: Was ist das *Menschentum* des Menschen? Und wo stehen wir heute in Wahrheit?

Tief erlebbar hat Rudolf Steiner in diesen Vorträgen gemacht, was der Mensch in Wirklichkeit ist, und wie dies in unserer Gegenwart völlig *untergeht*, weil der Intellekt regiert – der alles abtötet, was sich seelisch-geistig auf die Stufe des Menschen erheben wollen würde. Und die Frage der ‚Erziehung' steht wie ein antikes Drama im Zentrum dieses Ganzen: *Können* die Pädagogen das Kind als Boten der geistigen Welt erleben – und haben sie ein heiliges Bewusstsein von der wahren Aufgabe des Erdenlebens?

Denn *ohne* ein solches spirituelles Bewusstsein wird die Menschheit weiter schlafen – und der Drache wird weiter siegen ... dann aber wird die Menschheit immer weiter in eine immer unrettbarere Dekadenz hineingeraten.

Die Waldorfpädagogik aber sollte ein Heilmittel gegen diese inzwischen bereits weit fortgeschrittene Krankheit sein. Eine Erziehung des Menschen zur *Freiheit* ... zur Freiheit seines eigenen Menschentums, das die Kraft haben wird, den Drachen zu erkennen und zu besiegen.

Das Menschenbild ●

Das Menschenbild der Anthroposophie ist ein *heiliges*. Die Anthroposophie sagt oder zeigt: Man kann nicht groß genug vom Menschen denken, gegenüber dem Menschen empfinden, gerade auch gegenüber dem sich inkarnierenden Menschen, dem *Kind*. Und so sei das ganze Ideal der Waldorfpädagogik noch einmal in zwei Passagen erlebbar gemacht, die einem Vortrag von 1923 entstammen.[405] Die erste Stelle beschreibt, was der Erzieher erleben kann:[257f]

Steht man vor dem werdenden Menschen so, daß man mit aller inneren Inbrunst, wie sie an übersinnlicher Erkenntnis haften kann, sagt: In diesem Kinde offenbart sich das, was im vorir-

---

[405] ● Die Anthroposophie und die ethisch-religiöse Lebenshaltung des Menschen. Vortrag vom 29.9.1923 (Michaeli), GA 84, S. 237-267.

dischen Dasein geistig-seelisch in übersinnlicher Schöne gelebt hat, was gewissermaßen seine übersinnliche Schöne[406] verlassen hat, untergetaucht ist in denjenigen Leib, der ihm in der physischen Vererbung gegeben werden konnte; du aber, als Erzieher, du hast herauszulösen, was gottgegeben im menschlichen Leibe ruht, daß es ergreifen kann von Jahr zu Jahr, von Monat zu Monat, von Woche zu Woche den physischen Leib, ihn durchdringen kann, ihn plastisch der Seele ähnlich machen kann; du hast im Menschen weiter zu erwecken, was sich in diesem Menschen offenbart – dann steht man nicht nur mit verstandesmäßigen Grundsätzen vor der Erziehung des Kindes, sondern dann steht man mit seinem ganzen Menschen, mit seinem ganzen menschlichen Gemüt, mit seiner umfassenden menschlichen Verantwortlichkeit vor dem Erziehungsproblem. Dann lernt man allmählich wissen, daß man nicht nur das Kind zu beobachten hat, wenn man wissen will, was man zu irgendeiner Zeit mit dem Kinde zu tun hat, sondern daß man den ganzen Menschen überschauen muß.

Und über die Atmosphäre der Waldorfschule und die Entwicklungsstufen des Kindes und des heranwachsenden jungen Menschen heißt es dann weiter:[259-261]

Aber es ist wirklich die Erziehungsaufgabe etwas geworden, was mit aller seiner erzieherischen Technik, mit aller Erzieherpraxis und allem Methodischen zugleich eine ethisch-religiöse Atmosphäre auf das Kind ausstrahlt. Erzieherhandlungen werden zu ethisch-religiösen Handlungen, weil das, was getan wird, aus den tiefsten sittlichen Impulsen heraus getan wird. Weil erzieherische Praxis aus Erzieher-Gewissen fließt, weil in dem werdenden Menschen geschaut wird das gottgegebene Seelenwesen, deshalb wird die erzieherische Handlung zugleich zu einer religiösen. [...] Weil wir durch übersinnliche Erkenntnis nicht zu Abstraktionen, sondern zu menschlichen Kräften kommen, wenn diejenigen Erkenntnisse, die im übersinnlichen Erkennen gewonnen werden, unmittelbar eben Lebenskräfte werden: deshalb können sie auch überfließen in unsere ganze Lebenshaltung, können sie durchdringen mit dem, was den Menschen über den Menschen hinausführt, aus dem Sinnlichen zum Übersinnlichen, was ihn zu einem sittlichen Wesen erhebt; können ihn dazu bringen, daß er wirklich in hingebungsvoller Liebe eins wird mit dem Geist der Welt und dadurch zum wahrhaft religiösen Frommsein kommt.
[...] Wenn wir das Kind bis zu seinem siebenten Lebensjahr beobachten, so ist es ganz hingegeben, physisch hingegeben an die Umgebung; es ist ein Nachahmer, bis in die Sprache hinein ein nachahmendes Wesen. Und wenn wir diese physische Hingabe ansehen, wenn wir das beobachten, was Naturumgebung des Kindes ist, was für das Kind auch, weil die Seele noch nicht erwacht ist, Naturumgebung bleibt, dann möchten wir sagen: Es ist die naturhafte Ausgestaltung des religiösen Hingegebenseins an die Welt, was uns im Kinde naturhaft entgegentritt. Das Kind lernt deshalb so viel, weil es naturhaft-religiös an die Welt hingegeben ist. Dann sondert sich der Mensch aus der Welt heraus; und vom siebenten Jahre ab wird schon seine erzieherische Umgebung das, was seiner Seele eine andere, ahnende Richtung gibt. Dann kommt er mit der Geschlechtsreife zum selbständigen Urteil, dann wird er das, was sich aus sich selbst heraus Richtung und Ziel gibt. Wohl ihm, wenn er jetzt, da er auch aus seinem sinnlichen Organismus losgelöst wird, dem Gedanken, dem Geist folgen kann und hineinwächst in das Geistige, wie er als Kind naturhaft in der Welt gelebt hat, wenn er als Erwachsener für den Geist zurückkehren

---

[406] Welch ein lebendiger Ausdruck, der nur an dieser Stelle vorkommt! Es wird erlebbar, welche *Vollkommenheit* die geistige Welt ist, die die Seele *verlassen* muss, um sich zu inkarnieren...

kann zu der Nahrhaftigkeit des kindlichen Welt-Erfühlens! Wenn unser Geist, nachdem wir geschlechtsreif geworden sind, so in dem Geist der Welt leben kann, wie der Leib des Kindes in der Welt der Natur lebt, dann dringen wir mit dem Innersten unseres Menschenwesens in wahrer religiöser Hingabe in den Geist der Welt hinein, dann werden wir religiöse Menschen!

Das Kind verlässt die geistige Welt, die ‚übersinnliche Schöne', den Ort einer leuchten Vollkommenheit, und inkarniert sich. Welch ein Segen, wenn es auf Erden eine Umgebung antrifft, die die Erinnerung an diese leuchtende Heimat *lebendig* hält, indem sie sich selbst zu Trägern des lebendigen Geistes macht, die das Geheimnis des heiligen *Menschentums* tief in sich tragen.

Das Kind selbst ist in heiliger Weisheit die ersten sieben Jahre an die Welt *hingegeben*, in gleichsam naturhafter Religiosität. Dann gibt es sich im zweiten Jahrsiebt des *Fühlens* in Liebe der Führung eines Menschen hin – und im dritten Jahrsiebt lernt es, sich im erwachenden freien *Denken* und im Ergreifen seines eigenen Seelisch-Geistigen immer mehr selbst die Führung zu geben. Erlebt man in aller Tiefe diesen heiligen Weg in seiner ganzen Verwandlung, so kann nichts Profanes in dieser Anschauung mehr bleiben. Es wird etwas, was man in jeder profaneren Anschauung nur zutiefst *verraten* kann.

Und die entscheidende Frage ist: Kann man der sich inkarnierenden Seele helfen, die Wahrheit der geistigen Welten und auch ihres eigenen Wesens nicht zu vergessen? Kann man so erziehen und unterrichten, dass diese Seele überall das Geistige *hindurchschimmern* sieht, ahnt, fühlt, auch älter werdend noch immer? Wenn vielleicht nicht im Religiösen, dann zumindest in der *Schönheit* der Welt – und wenn auch dort zunächst nicht, dann zumindest im selbstlosen Erleben der Sphäre der *Wahrheit*...?

Es ist ein Kampf mit den Gegenmächten. Die sich offenbaren in Profanität, in der Lüge des Materialismus, in bloßer Genusssucht, in Coolness, in Unterhaltungs-Abhängigkeit und tiefem Selbstbezug... All dies sind die Mauern, die die sich inkarnierende Seele von ihrer wahren Heimat und auch ihrem eigenen wahren Wesen *abschneiden*. Sie zielen auf den Verrat des Menschlichen.

Die Waldorfpädagogik zielt auf dessen Schutz und hingebungsvolle Nährung. Es ist eine Verantwortungspädagogik der Liebe.

Die ‚Leitsätze' und Michael   •

Die ‚Anthroposophischen Leitsätze'   •

In seinem letzten Lebensjahr, beginnend im Februar 1924, fasste Rudolf Steiner wesentliche Wahrheiten seiner Geist-Erkenntnis oder Anthroposophie wie in einer Essenz in sogenannten ‚Leitsätzen' zusammen.[407] Auch hier können wir nur einige der wichtigsten Passagen versuchen mitzuerleben.

Der erste Leitsatz lautet:[14]

1. Anthroposophie ist ein Erkenntnisweg, der das Geistige im Menschenwesen zum Geistigen im Weltenall führen möchte. Sie tritt im Menschen als Herzens- und Gefühlsbedürfnis auf. Sie muß ihre Rechtfertigung dadurch finden, daß sie diesem Bedürfnisse Befriedigung gewähren kann. Anerkennen kann Anthroposophie nur derjenige, der in ihr findet, was er aus seinem Gemüte heraus suchen muß. Anthroposophen können daher nur Menschen sein, die gewisse Fragen über das Wesen des Menschen und die Welt so als Lebensnotwendigkeit empfinden, wie man Hunger und Durst empfindet.

Anthroposophie ist Herzensbedürfnis des Menschen, der menschlichen Seele! Denn:[15]

4. Der Mensch braucht zur Sicherheit in seinem Fühlen, zur kraftvollen Entfaltung seines Willens eine Erkenntnis der geistigen Welt. Denn er kann die Größe, Schönheit, Weisheit der natürlichen Welt im größten Umfange empfinden: *diese* gibt ihm keine Antwort auf die Frage nach seinem eigenen Wesen. Dieses eigene Wesen hält die Stoffe und Kräfte der natürlichen Welt so lange in der lebend-regsamen Menschengestalt zusammen, bis der Mensch durch die Pforte des Todes schreitet. Dann übernimmt die Natur diese Gestalt. Sie kann dieselbe nicht zusammenhalten, sondern nur auseinandertreiben. Die große, schöne, weisheitsvolle Natur gibt wohl Antwort auf die Frage: wie wird die Menschengestalt aufgelöst, nicht aber, wie wird sie zusammengehalten. Kein theoretischer Einwand kann *diese* Frage aus der empfindenden Menschenseele, wenn diese sich nicht selbst betäuben will, auslöschen. *Ihr* Vorhandensein muß die Sehnsucht nach geistigen Wegen der Welterkenntnis unablässig in jeder Menschenseele, die wirklich wach ist, regsam erhalten.

Im Weiteren entfaltet Steiner die Wesensglieder des Menschen, dann das nachtodliche Erleben und Weben in der geistigen Welt:[26]

26. Erst nach Ablegung des Astralleibes [...] tritt der Mensch in die geistige Welt ein. In dieser steht er zu Wesenheiten rein geistiger Art in einer solchen Beziehung wie auf der Erde zu den Wesenheiten und Vorgängen der Naturreiche. Es wird im geistigen Erleben dann alles, was im

---

[407] • GA 26, Anthroposophische Leitsätze. • Angabe der Leitsätze ggf. nach der Seitenzahl.

Erdenleben Außenwelt war, zur Innenwelt. Der Mensch nimmt dann nicht bloß diese Außenwelt wahr, sondern er erlebt sie in ihrer Geistigkeit, die ihm auf Erden verborgen war, als seine Innenwelt.

27. Der Mensch, wie er auf Erden ist, wird im Geistgebiet Außenwelt. Man schaut auf diesen Menschen, wie man auf Erden auf Sterne, Wolken, Berge, Flüsse schaut. Und diese Außenwelt ist nicht weniger inhaltreich, wie die Erscheinung des Kosmos dem irdischen Leben erscheint.

28. Die im Geistgebiet vom Geiste des Menschen erbildeten *Kräfte* wirken in der Gestaltung des Erdenmenschen fort, so wie die im physischen Menschen vollbrachten *Taten* in dem Leben nach dem Tode als Seeleninhalt fortwirken.

Man spürt überall, wie dies *Essenz* ist. Nichts davon soll einfach ‚mitgeteiltes Faktum' sein, sondern dahinter stehen ganze Vortragszyklen, die dies alles lebendig ausführen und entfalten. Später formuliert Steiner ganz ausdrücklich, dass Anthroposophie:[57]

[...] nicht graue Theorie, sondern wahres Leben sein soll. Wahres Leben, das ist ihr Wesen; und wird sie zur grauen Theorie *gemacht*, dann ist sie oft gar nicht eine *bessere*, sondern eine *schlechtere* Theorie als andere. Aber sie wird eben erst Theorie, wenn man sie dazu *macht*, wenn man sie tötet. *Das* wird noch viel zu wenig gesehen, daß Anthroposophie nicht nur eine andere Weltanschauung ist als andere, sondern daß sie auch *anders aufgenommen werden muß*. Man erkennt und erlebt ihr Wesen erst in dieser anderen Art des Aufnehmens.[408]

Über die höheren Erkenntnisstufen heißt es:[27]

29. In der entwickelten imaginativen Erkenntnis wirkt, was im Innern des Menschen seelisch-geistig lebt und in seinem Leben am physischen Leib gestaltet und auf dessen Grundlage das Menschendasein in der physischen Welt entfaltet. Dem sich im Stoffwechsel immer wieder erneuernden physischen Leib steht da die in ihrem Wesen von der Geburt (bzw. Empfängnis) bis zum Tode *dauernd* sich entfaltende innere Menschenwesenheit gegenüber, dem physischen Raumesleib ein Zeitenleib.

30. In der inspirierten Erkenntnis lebt im Bilde, was das Menschenwesen in der Zeit zwischen dem Tode und einer neuen Geburt innerhalb einer geistigen Umgebung erfährt. Da ist anschaulich, was der Mensch ohne seinen physischen und Ätherleib, durch die er das irdische Dasein durchmacht, seinem Wesen nach im Weltenzusammenhange ist.

---

[408] Zu dieser Art des Aufnehmens gehört neben tiefer innerer Wahrhaftigkeit auch die von Steiner immer wieder erwähnte innere Regsamkeit, die sowohl einer aktiven *Hingabe* als auch einem höchst aktiven *Mit-Denken* entspricht. • Zu dieser Regsamkeit und Hingabe gehört auch das sehr feine Empfinden des Betontwerdens bestimmter Worte. In dem kurzen obigen Zitat sind sechs Stellen von Steiner kursiv gesetzt. Auch ich komme nicht umhin, in meinen Büchern, auch in der direkten Rede von Romanen immer wieder einzelne Worte kursiv zu setzen – was einem immer wieder als ‚schlechter Stil' oder ‚schlechtes Layout' vorgeworfen wird. Dieser Vorwurf kann nur von Menschen kommen, die nicht bereit sind, selbstlos und wahrhaftig in einen Text *einzutauchen* und wirklich mit dem Geschriebenen *mitzuleben*. • Die Kursivsetzungen sind kein ‚Hinweis mit dem Zaunpfahl', sie sind schlicht Offenbarungen dessen, was zum Beispiel in den ProtagonistInnen *lebt* – und genau so sollten sie empfunden werden, alles andere ist von einem wahren Eintauchen noch weit entfernt...

31. In der intuitiven Erkenntnis kommt das Herüberwirken früherer Erdenleben in das gegenwärtige zum Bewußtsein. Diese früheren Erdenleben haben in ihrer Weiterentwickelung die Zusammenhänge abgestreift, in denen sie mit der physischen Welt gestanden haben. Sie sind zum rein geistigen Wesenskern des Menschen geworden und wirken als solcher im gegenwärtigen Leben. Sie sind dadurch auch Gegenstand der Erkenntnis, die als die Entfaltung der imaginierenden und inspirierten sich ergibt.

In Bezug auf den menschlichen Leib sind die Sinnesorgane des Hauptes in sich abgeschlossene, fertige Bildungen und vermitteln die Wahrnehmungen der Außenwelt ebenfalls als fertiges Bild (Imagination). Das rhythmische System dagegen ist in einem fortwährenden Entstehen und Vergehen begriffen.[32] Ein Erleben, das dies zu erfassen vermag, ist Inspiration. Und das Stoffwechsel-Gliedmaßen-System wiederum ist nur mit Intuition zu begreifen – wie wenn man ein Bild erfassen müsste, das noch überhaupt gemalt ist.[33] Genau hier kann der Wille, kann das geistige Wesen des Menschen unmittelbar eingreifen und *offenbart* sich dann in den Stoffen und Vorgängen, die mit ihm selbst aber nicht mehr zu tun haben als der Maler mit dem fertigen Bild.[34]

Für die Geist-Erkenntnis durchdringt sich alles fortwährend. Das Geschehen der scheinbaren ‚Außenwelt' ist zugleich innigst von dem eigenen höheren Wesen mitgestaltet (‚Karma'), und die seelische Innenwelt steht mitten in einer geistlebendigen Wirklichkeit.[46] Diese Wirklichkeit aber sind geistige Wesenheiten, die Steiner in Übereinstimmung mit der jahrhundertealten Lehre der geistigen Hierarchien beschreibt:[409]

Seraphim: Geister der All-Liebe
Cherubim: Geister der Harmonien
Throne: Geister des Willens

Kyriotetes: Geister der Weisheit, ‚Herrschaften' (lat. dominationes)
Dynamis: Geister der Bewegung, ‚Mächte' (virtutes)
Exusiai: Geister der Form, ‚Gewalten' (potestates), Elohim

---

[409] Wikipedia: Neun Chöre der Engel. • Der Tradition nach geht diese Engellehre auf den von Paulus bekehrten (Apg 17,34) Dionysios Areopagites zurück. Die seinen Namen tragenden Schriften stammen jedoch erst aus der Zeit um 500 n. Chr., ihre Echtheit wurde bereits 531 durch Bischof Hypatios von Ephesos bezweifelt. Ihr Autor wird heute Pseudo-Dionysius Areopagita genannt. Eine lateinische Übersetzung durch Johannes Scotus Eriugena am Hof Karls des Kahlen um 855 machte die Engellehre weit bekannt. Wikipedia: Pseudo-Dionysius Areopagita. • Steiner war dies alles natürlich bekannt, dennoch verweist er darauf, dass hier eine heilige mündliche Tradition vorliege, die in weit ältere Zeiten zurückreiche. Vortrag vom 19.10.1904, GA 51, S. 200. • Engel finden sich überall im Alten Testament, die Cherubim ebenfalls, die Seraphim bei Jesaja. Paulus wiederum schreibt über Christus, er sei zur Rechten Gottes eingesetzt ‚über alles Fürstentum, Gewalt, Macht, Herrschaft und jeden Namen, der angerufen wird' (Eph 1,21) und ‚in ihm wurde alles geschaffen, [...] das Sichtbare und das Unsichtbare, es seien Throne oder Herrschaften oder Mächte oder Gewalten [...].' (Kol 1,16). Wikipedia: Neun Chöre der Engel. • Die erste Stelle erwähnt vier Hierarchien aus Sicht der Anrufung im Singular von unten aufsteigend, die zweite aus Sicht der Christus-Herrschaft im Plural von oben absteigend! • Der Erzengel Michael wird Jud 1,9 erwähnt.

Archai: Geister der Persönlichkeit, ‚Fürstentümer' (principatus), Zeitgeister
Archangeloi: Erzengel
Angeloi: Engel

Ohne diese geistigen Wesenheiten würden die Seelenkräfte des Denkens, Fühlens und Wollens überhaupt nicht *existieren* – Steiner formuliert ihr Wirken mit folgenden Worten:[46f] [410]

66. Die Wesenheiten der dritten Hierarchie offenbaren sich in dem Leben, das im menschlichen Denken als Geist-Hintergrund zur Entfaltung gelangt. Dieses Leben verbirgt sich in der menschlichen Denktätigkeit. Wirkte sie in dieser als Eigensein fort, so könnte der Mensch nicht zur Freiheit gelangen. Wo kosmische Denktätigkeit aufhört, beginnt menschliche Denktätigkeit.[411]

67. Die Wesenheiten der zweiten Hierarchie offenbaren sich in einem außermenschlichen Seelischen, das dem menschlichen Fühlen als kosmisch-seelisches Geschehen verborgen ist. Dieses Kosmisch-Seelische schafft im Hintergrunde des menschlichen Fühlens. Es gestaltet das Menschlich-Wesenhafte zum Gefühls-Organismus, bevor in diesem selbst das Fühlen leben kann.[412]

68. Die Wesenheiten der ersten Hierarchie offenbaren sich in einem außermenschlichen Geistschaffen, das dem menschlichen Wollen als kosmisch-geistige Wesenswelt innewohnt. Dieses Kosmisch-Geistige erlebt sich selbst schaffend, indem der Mensch will. Es gestaltet den Zusammenhang des Menschlich-Wesenhaften mit der außermenschlichen Welt, bevor der Mensch durch seinen Willens-Organismus zum frei wollenden Wesen wird.[413]

---

[410] Das ist auch der Grund, warum ein *Mädchen mit einem reinen Herzen* nicht nur gleichsam, sondern ganz real die ganze geistige Welt in diesem Herzen trägt. • In den Leitsätzen 26 und 27, aber auch an anderer Stelle beschreibt Steiner, wie die geistige Welt überhaupt der umgestülpte Mensch ist und der Mensch sich nachtodlich im Umkreis, die geistige Welt aber dort erlebt, wo zuvor gerade sein Inneres war, etwa Vortrag vom 4.12.1922, GA 218, S. 265-281, hier 267f. • Und in einem Vortrag beschreibt er die Entsprechung zwischen der geistigen Welt und einem ‚umgestülpten' Herzen: ‚Wenn wir hier den Menschen so umstülpen könnten, daß wir sein Inneres nach außen wenden würden, daß also zum Beispiel das Innere, das Herz dann die Oberfläche des Menschen wäre [...], dann vergrößerte er sich zu einem Universum. Denn wenn man sich in einem Punkt ins Herz hinein konzentriert und dann die Fähigkeit hat, im Geiste sich selber umzustülpen, dann wird man diese Welt, die man sonst erlebt zwischen dem Tode und einer neuen Geburt. [...] Wir müssen uns gewöhnen an dieses Umstülpen. Wenn wir uns nicht daran gewöhnen, so bekommen wir nie eine richtige Vorstellung von dem, wie sich eigentlich die hiesige physische Welt zu der geistigen Welt verhält.' Vortrag vom 22.8.1922, GA 214, S. 143-157, hier 157. • Mieke Mosmuller hat dieses Geheimnis in der Kathedrale von Chartres wiedererkannt: ‚Chartres. Ein anderer Blick auf die Kathedrale' (2015).

[411] So wirken die Engel in den reinen, sinnlichkeitsfreien Gedanken, die Erzengel in der *Kraft* des vom Willen durchdrungenen reinen Denkens, die Archai als Träger der Erinnerung. Siehe die zwölfte Klassenstunde, GA 270b, S. 45-61, hier 49-53. • Siehe vertiefend das Meditationsseminar von Mieke Mosmuller: Über die Hierarchien der Engel. Die dritte Hierarchie. Baarle-Nassau 2017.

[412] In ‚des Fühlens Feld' beschreiben die Mantren derselben Klassenstunde, dass unser Ich von einem Wesen der Exusiai *gedacht* wird, ein Wesen der Dynamis schenkt uns das Geistesdasein, ein Wesen der Kyriotetes unseren Willen, insofern er gefühlt wird. Ebd., S. 56. • Siehe vertiefend Mieke Mosmuller: Über die Hierarchien der Engel. Die zweite Hierarchie. Baarle-Nassau 2018.

[413] In ‚des Willens Feld' beschreiben die Mantren der dreizehnten Klassenstunde, dass die Throne den Willen schenken, die Cherubim das Gewissen, die Seraphim aber wirken das Schicksal. Ebd., S. 63-79, hier 70-74.

Zugleich offenbart sich die dritte, unterste Hierarchie *nur* als ein Geistig-Seelisches,[414] die zweite Hierarchie auch im Ätherischen und die erste Hierarchie als das im Physischen geistig Wirksame.[52 | 69-71]

Im weiteren Verlauf der Leitsätze nimmt dann die Wesenheit Michaels einen bedeutsamen Raum ein, denn Steiner sprach immer wieder darum, dass mit dem Ende des ‚dunklen Zeitalters' im Jahre 1879 das Michael-Zeitalter angebrochen ist – eine Epoche, die unter der Führung dieses Erzengels steht, der nun zum *Zeitgeist* aufgestiegen ist. Und was ist seine Führung? Dieses geistige Wesen will die Menschheit zum Ergreifen des Geistigen inspirieren – also zu genau dem, was auch der Impuls der Anthroposophie ist. Michael will, das hatte der ‚Pädagogische Jugendkurs' bereits erlebbar gemacht, die Seelen der Herrschaft des *Intellekts* und damit der Gegenmächte entreißen. Mit dem ‚Michael-Zeitalter' ist aber auch endgültig das Zeitalter der Freiheit angebrochen. Michael wirkt niemals *direkt* auf die Seelen – sondern kann nur solchen Seelen entgegenkommen, die sich selbst auf den Weg machen und nach dem Geistigen streben.

Steiner führt aus, wie Michael der ‚Verwalter' der kosmischen Intelligenz ist, die aber mehr und mehr als irdische Intelligenz in die Verfügung des Menschen kam – und dort in den Einflussbereich der Gegenmächte kam. Das Ersterben in Gestalt des Intellekts war *zunächst* die Voraussetzung für die volle Freiheit des Menschen, aber dies ist gleichbedeutend damit, dass er sich nun im Herrschaftsbereich der Gegenmächte bewegt – es sich also um eine bloße *Scheinfreiheit* handelt, wenn er diesen Zustand nicht nutzt, um von sich aus wieder den Zusammenhang mit der geistigen Welt und ihren *guten* Wesenheiten zu gewinnen. Steiner beschreibt die bewusstseinsgeschichtliche Entwicklung wie folgt:[59f]

Bis zum neunten Jahrhundert nach dem Mysterium von Golgatha stand der Mensch anders zu seinen Gedanken als später. Er hatte nicht die Empfindung, daß er die in seiner Seele lebenden Gedanken selbst hervorbringe. Er betrachtete sie als Eingebungen einer geistigen Welt. Auch wenn er über das Gedanken hatte, was er mit seinen Sinnen wahrnahm, waren ihm die Gedanken Offenbarungen des Göttlichen, das aus den Sinnesdingen zu ihm sprach.
Wer geistige Schauungen hat, begreift diese Empfindung. Denn, wenn ein geistig Wirkliches sich der Seele mitteilt, so hat man niemals das Gefühl, da ist die geistige Wahrnehmung, und man formt selber den Gedanken, um die Wahrnehmung zu begreifen; sondern man *schaut* den Gedanken, der in der Wahrnehmung enthalten und mit ihr gegeben ist, so objektiv wie sie selbst.
Mit dem neunten Jahrhundert [...] leuchtete in den Menschenseelen die persönlich-individuelle Intelligenz auf. Der Mensch bekam das Gefühl: *ich bilde* die Gedanken. Und dieses Bilden der Gedanken wurde das Überragende im Seelenleben, so daß die Denkenden das Wesen der Menschenseele im intelligenten Verhalten sahen. Vorher hatte man von der Seele eine imaginative Vorstellung. Man sah ihr Wesen nicht im Gedankenbilden, sondern in ihrem Teilhaben an dem

---

• Siehe vertiefend Mieke Mosmuller: Über die Hierarchien der Engel. Die erste Hierarchie. Baarle-Nassau 2019.

[414] Mit Hilfe der zweiten Hierarchie leuchten die Engel im Licht des Denkens, leben die Erzengel in der Seelenwärme des Fühlens und wirken die Archai in der Kraft des Wollens. Achtzehnte Klassenstunde, GA 270b, S. 147-162, hier 152-156.

geistigen Inhalt der Welt. Die übersinnlichen geistigen Wesen dachte man denkend; und sie wirken in den Menschen hinein; sie denken auch in ihn hinein. Was so von der übersinnlichen geistigen Welt im Menschen lebt, das empfand man als Seele.

Sobald man in die geistige Welt mit seiner Anschauung hinaufdringt, kommt man an konkrete geistige Wesensmächte heran. In alten Lehren hat man die Macht, aus der die Gedanken der Dinge erfließen, mit dem Namen *Michael* bezeichnet. [...] Michael verwaltete die kosmische Intelligenz. Vom neunten Jahrhundert an verspürten die Menschen nicht mehr, daß ihnen Michael die Gedanken inspiriert.

Der sogenannte Nominalismus-Streit offenbarte den Verlust eines Erleben des *Geistigen* als etwas vollkommen Eigenständiges. Die Nominalisten waren die ersten, die Gedanken und Begriffe nur noch als etwas vom Menschen Hervorgebrachtes ansahen und erlebten.

Eindrücklich beschreibt Steiner nun aber, wie Michael ‚dem Strom des intellektuellen Lebens nachgezogen war', wie auch er in der Seele der Menschen leben will, damit die Intelligenz gerade *nicht* zum völlig Abstrakten und Toten erstirbt:[61f]

> [...] vom letzten Drittel des neunzehnten Jahrhunderts an will er *in* den Menschenseelen leben, in denen die Gedanken gebildet werden. Vorher sahen die Michael verwandten Menschen Michael im Geistbereich seine Tätigkeit entfalten; jetzt erkennen sie, daß sie Michael im Herzen wohnen lassen sollen; jetzt weihen sie ihm ihr gedankengetragenes geistiges Leben; jetzt lassen sie sich im freien, individuellen Gedankenleben von Michael darüber belehren, welches die rechten Wege der Seele sind. [...]
>
> Wer auf solche Dinge zu achten versteht, der konnte wissen, welch ein Umschwung im letzten Drittel des neunzehnten Jahrhunderts sich mit Bezug auf das Gedankenleben der Menschen vollzogen hat. Vorher konnte der Mensch nur fühlen, wie aus seinem Wesen heraus die Gedanken sich formten; von dem angedeuteten Zeitabschnitt an kann er sich über sein Wesen erheben; er kann den Sinn ins Geistige lenken; da tritt ihm Michael entgegen, und der erweist sich als altverwandt mit allem Gedankenweben. Der befreit die Gedanken aus dem Bereich des Kopfes; er macht ihnen den Weg zum Herzen frei; er löst die Begeisterung aus dem Gemüte los, so daß der Mensch in seelischer Hingabe leben kann an alles, was sich im Gedanken*licht* erfahren läßt. Das Michaelzeitalter ist angebrochen. Die Herzen beginnen, Gedanken zu haben; die Begeisterung entströmt nicht mehr bloß mystischem Dunkel, sondern gedankengetragener Seelenklarheit. Dies verstehen, heißt, Michael in sein Gemüt aufnehmen. Gedanken, die heute nach dem Erfassen des Geistigen trachten, müssen Herzen entstammen, die für Michael als den feurigen Gedankenfürsten des Weltalls schlagen.

Anthroposophie ist Geist-Erkenntnis, die überhaupt nur mit dem *ganzen* Menschen möglich ist – damit aber immer schon Be-geist-erung. Diese Erkenntnis ist nicht tot, sie ist lebendig, und die ganze Seele *ist* beteiligt. Damit aber *kann* sie nicht abstrakt und kalt sein, was gerade das Wesen der rein intellektuellen Erkenntnis unbeteiligten Gegenüberstehens ist, mit der *nichts* Höheres jemals erkannt werden kann.

Seit jeher war das Phänomen der ‚Begeisterung' suspekt und verdächtig, *weil* es stets von außen kam und als etwas den Menschen Erfassendes erlebt wurde. Erst recht gilt dieser Argwohn gegenüber jeder Begeisterung seit den Phänomenen der Massenpropaganda des Nationalsozialismus, die ‚nach allen Regeln der Kunst' Menschenseelen aufpeitschte und *verführte.* Das Geistige ist in jedem *Fall* wirksam – die Frage ist nur, welches Geistige. Jede Massenpropaganda ist in einer Zeit, in der die Seele zur Freiheit gelangen soll, eben eine gewissermaßen ‚schwarzmagische Kunst'. Die ungeheure Verstärkung bloß einzelner Empfindungen im Rahmen von Massenveranstaltungen offenbart sich aber auch bei jedem Fußballspiel und in jedem Popkonzert – und ist hier als a-politisch akzeptiert, obwohl es *derselbe,* höchst zweifelhafte Mechanismus ist.

Davon völlig zu trennen ist jedoch die *echte* Be-geisterung, nämlich ein En-thusiasmus (wörtlich: Einwohnung des Göttlichen), den immer nur die individuelle *Einzelseele* empfinden kann, die nichts zu tun hat mit einem bloßen Aufpeitschen von Gefühlen, sondern mit einem zutiefst individuellen *Erleben im Geiste.* Und um genau diese Wirklichkeit geht es Rudolf Steiner. Es geht um absolute Bewusstseinsklarheit, die gleichsam schon *als solche* immun ist gegen jede Verführung, die aber, mehr noch, dem Geistigen überhaupt keine subjektiv-*eigenen* Gefühle entgegenträgt, sondern nur solche, die dem Geistigen entsprechen und es erwidern; die einer reinen Aufrichtigkeit der Seele entspringen, einer geläuterten Sphäre – allein schon deshalb, weil nur eine solche innere Haltung überhaupt zum Geistigen kommen kann.

Die Herzen beginnen nicht, ‚irgendetwas zu fühlen', sondern sie beginnen, *Gedanken* zu haben, selbst Quelle von etwas *nicht mehr Verführbarem* zu werden. Indem die Herzen ‚für Michael schlagen', schlagen sie für das Wesen der Wahrhaftigkeit und der reinen, lauteren Geistigkeit selbst, für das geistige Licht, das reale Sehen.

Kehren wir zu den ‚Leitsätzen' und den weiteren Erläuterungen Steiners zu diesen zurück. Er beschreibt den Übergang der kosmischen zur irdisch-menschlichen Intelligenz so, dass auch der Kosmos selbst nicht mehr lebendige göttliche Geistigkeit ist, sondern zunächst nur noch deren Offenbarung, später sogar nur noch deren Werk, sodass die Sterne nur noch ‚nach der in der Vergangenheit ihnen eingepflanzten Ideenordnung' laufen, während die eigentliche, die *gegenwärtige* Intelligenz nun in der menschlichen Entwicklungsströmung lebt.[90] Hier aber ist sie umkämpft zwischen Michael und Ahriman, der die Intelligenz zum bloßen Intellekt machen und so ganz in *sein* totes Reich hereinziehen will.

Steiner knüpft an das Bild der Johannes-Offenbarung an, das bereits schildert, wie der Drache in der geistigen Welt besiegt wird, die so rein bleibt, und auf die *Erde* gestoßen wird.[415] Mi-

---

[415] ‚Und es erschien ein großes Zeichen im Himmel: eine Frau, mit der Sonne bekleidet, und der Mond unter ihren Füßen und auf ihrem Haupt eine Krone von zwölf Sternen. Und sie war schwanger und [...] bei der Geburt. Und es erschien ein anderes Zeichen im Himmel, und siehe, ein großer, roter Drache [...] und sein Schwanz fegte den dritten Teil der Sterne des Himmels hinweg und warf sie auf die Erde. Und der Drache trat vor die Frau, die gebären sollte, damit er, wenn sie geboren hätte, ihr Kind fräße. Und sie gebar einen Sohn, einen Knaben, der alle Völker weiden sollte mit eisernem Stabe. Und ihr Kind wurde entrückt zu

chael kann also für die geistige Welt den Drachen ‚unter seine Füße‘ treten – aber was nun weiter auf *Erden* geschieht, das ist ganz offen. Aber während die kosmische Intelligenz im Laufe der Jahrhunderte den Menschen immer näher kommt, geschieht zugleich auch das Christus-Ereignis:[90-92]

Michael sieht, wie immer mehr, was er im Kosmos verwaltet hat, die kosmische Intellektualität, den Weg zur Erdenmenschheit nimmt. | Michael sieht aber auch, wie die Gefahr, daß die Menschheit den ahrimanischen Mächten verfällt, immer größer wird. Er weiß: *für sich* wird er Ahriman immer unter seinen Füßen haben; ob aber auch für den Menschen?

Das größte Erden-Ereignis sieht Michael eintreten. Aus dem Reiche, dem Michael selbst diente, steigt die Christus-Wesenheit hinunter in den Erdbereich, um da zu sein, wenn die Intelligenz völlig bei der menschlichen Individualität sein wird. Denn dann wird der Mensch den Drang am stärksten empfinden, sich an die Macht hinzugeben, die restlos in aller Vollkommenheit[416] sich zum Träger der Intellektualität gemacht hat. Aber Christus wird da sein; er wird in derselben Sphäre durch sein großes Opfer leben, in der auch Ahriman lebt. Der Mensch wird wählen können zwischen Christus und Ahriman. Die Welt wird in der Menschheits-Entwickelung den Christus-Weg finden können.

Das ist Michaels kosmische Erfahrung mit dem, was er im Kosmos zu verwalten hat. Er tritt, um bei dem Gegenstande seiner Verwaltung zu bleiben,[417] den Weg vom Kosmos zu der Menschheit an. Er ist auf diesem Wege seit dem achten nachchristlichen Jahrhunderte, ist aber eigentlich angekommen bei seinem Erdenamte, in das sich sein kosmisches Amt verwandelt hat, erst im letzten Drittel des neunzehnten Jahrhunderts.

Zwingen kann Michael die Menschen zu nichts. Denn der Zwang hat ja eben dadurch aufgehört, daß die Intelligenz ganz in den Bereich der menschlichen Individualität getreten ist. – Aber als eine majestätische vorbildliche Handlung, in der an die sichtbare zunächst angrenzenden übersinnlichen Welt, kann Michael entfalten, was er entfalten will. Mit einer Licht-Aura, mit einer Geistwesen-Geste kann da Michael sich zeigen, in der sich aller Glanz und alle Herrlichkeit der vergangenen Götter-Intelligenz offenbart. Zur Erscheinung kann er da bringen, wie die Wirkung dieser Vergangenheits-Intelligenz in der Gegenwart noch wahrer, schöner und tugendhafter ist als alles in unmittelbarer Gegenwarts-Intelligenz, das in trugvollem, verführerischem Glanz von Ahriman herströmt. Er kann bemerklich machen, wie *für ihn* Ahriman immer der niedrige Geist unter seinen Füßen sein wird.

Es handelt sich um eine wahre, reale *Imagination*, die jene Seelen haben können, die wahre Geistessucher sind. Der lebendige Geist wird immer das Wahrere und unendlich Umfassendere sein als alles, was Ahriman aus der kosmischen Intelligenz machen will und schon gemacht

---

Gott und seinem Thron. [...] Und es entbrannte ein Kampf im Himmel: Michael und seine Engel kämpften gegen den Drachen. Und der Drache kämpfte und seine Engel [...]. Und es wurde hinausgeworfen der große Drache [...], der die ganze Welt verführt. Er wurde auf die Erde geworfen, und seine Engel wurden mit ihm dahin geworfen.‘ (Off 12,1-9).

[416] Diese *Vollkommenheit* offenbart sich etwa auch in der KI, der ‚künstlichen Intelligenz‘, wie aber auch in jedem Computer. Diese Intelligenz als reine, gigantische Berechnungsfähigkeit, ist dem Menschen mehr und mehr haushoch überlegen. Aber sie hat keine *Seele*. Es ist eine tote Intelligenz...

[417] Und natürlich bei dem Christuswesen, dem er von Anbeginn an gedient hat. Man darf Michaels Weg unmittelbar als *Auftrag* Christi empfinden.

hat. Michael offenbart die *wahre* Gestalt des Geistes, auch wenn diese zunächst Vergangenheitscharakter hat, und der Mensch den *gegenwärtigen* Geist, der in seiner Verfügung ist, erst wieder – ihn, indem er seine *Freiheit* verwirklicht,[418] dem Griff Ahrimans entreißend – in seine wahre Zukunftsgestalt führen muss, die wieder ein lebendiges Zusammenwirken mit den geistigen Welten sein wird.

Und Rudolf Steiner fährt fort, diese Zukunft erlebbar zu machen:[96-98]

> Der Mensch ist während seines Lebens im Physischen zwischen Geburt und Tod von einer Welt umgeben, die unmittelbar auch nicht mehr die Wirksamkeit des Göttlich-Geistigen zeigt, sondern nur etwas, das von dieser Wirksamkeit geblieben ist; man kann sagen, nur noch das *Werk* des Göttlich-Geistigen. [...]
> In dieser sonnenhaft göttlichen, aber nicht lebendig göttlichen Welt lebt der Mensch. Er aber hat, als Ergebnis des Wirkens Michaels an ihm, als Mensch den Zusammenhang mit dem Wesen des Göttlich-Geistigen bewahrt. Er lebt als Gott-durchdrungenes Wesen in einer nicht Gott-durchdrungenen Welt.
> In diese Gott-leergewordene Welt wird der Mensch hineintragen, was in ihm ist, das, zu dem *seine* Wesenheit in diesem Zeitalter geworden ist.
> Menschheit wird sich hineinentfalten in eine Welt-Entwickelung. Das Göttlich-Geistige, dem der Mensch entstammt, kann als kosmisch sich ausbreitende Menschenwesenheit durchleuchten den Kosmos, der nur noch in dem Abbild des Göttlich-Geistigen vorhanden ist.
> Nicht mehr dieselbe Wesenheit, die einst als Kosmos war, wird da durch die Menschheit aufleuchten. Das Göttlich-Geistige wird im Durchgang durch das Menschentum ein Wesen erleben, das es vorher nicht offenbarte.
> Daß die Entwickelung diesen Fortgang nehme, dagegen wenden sich die ahrimanischen Mächte. Sie wollen nicht, daß die ursprünglichen göttlich-geistigen Mächte das Weltall in seinem weiteren Fortgang erleuchten; sie wollen, daß die von ihnen aufgesogene kosmische Intellektualität den ganzen neuen Kosmos durchstrahle und daß der Mensch in diesem intellektualisierten und ahrimanisierten Kosmos weiterlebe.
> Bei einem solchen Leben würde der Mensch den Christus verlieren. Denn dieser ist mit einer Intellektualität in die Welt hereingetreten, die ganz so ist, wie sie einst in dem Göttlich-Geistigen gelebt hat, da dies noch in seiner *Wesenheit* den Kosmos bildete. Sprechen wir heute so, daß unsere Gedanken auch die des Christus sein können, so setzen wir den ahrimanischen Mächten etwas entgegen, das uns behütet, ihnen zu verfallen.
> Den Sinn der Michael-Mission im Kosmos verstehen, heißt, so sprechen können. Man muß heute über die Natur so sprechen können, wie es die Entwickelungsetappe der Bewußtheitsseele fordert. Man muß die rein naturwissenschaftliche Denkungsart in sich aufnehmen können. Aber man sollte auch so *über die Natur* sprechen – das heißt *empfinden* – lernen, wie es Christus gemäß ist. Nicht bloß über [...] Seele und Göttliches sollen wir die Christus-Sprache lernen, sondern über den Kosmos.

---

[418] ‚In meiner „Philosophie der Freiheit" findet man die „Freiheit" des Menschenwesens in der gegenwärtigen Weltzeit als Inhalt des Bewußtseins nachgewiesen; in den Darstellungen der Michael-Mission, die hier gegeben werden, findet man das „Werden dieser Freiheit" kosmisch begründet.'[93 | 111]

Daß unser menschlicher Zusammenhang mit dem ursprünglich Göttlich-Geistigen so gewahrt bleibe, daß wir über den Kosmos die Christus-Sprache zu pflegen verstehen, dazu werden wir kommen, wenn wir uns in innerlichem herzlichen Erfühlen ganz in das einleben, was Michael und die Seinen mit ihren Taten, mit ihrer Mission unter uns sind. Denn Michael verstehen, heißt heute den Weg finden zu dem Logos, den Christus unter Menschen auf der Erde lebt.

Gerade das Erleben des Christus wird der Seele auch das Bewusstsein ihres eigenen Wesens geben: ‚Es wird das Leben dadurch durchchristet werden können, daß in Christus das Wesen empfunden wird, welches der Menschenseele die Anschauung ihrer eigenen Übersinnlichkeit gibt.'[104] Diese Anschauung und das mit ihr verbundene Mysterium der *Freiheit* sind dabei für eine spirituelle Menschenkunde etwas höchst Konkretes, ein reales Sich-Herausheben aus der bloßen Naturordnung, wobei dann etwas anderes an ihre Stelle tritt:[109-111]

Der Mensch muß [...], um die Impulse der Freiheit darleben zu können, imstande sein, gewisse Naturwirkungen, die aus dem Kosmos herein die Wirkung auf sein Wesen nehmen, von diesem Wesen fernzuhalten. Diese Fernhaltung spielt sich im Unterbewußtsein dann ab, wenn im Bewußtsein die Kräfte walten, die eben das Leben des Ich in Freiheit darstellen. [...]
Michael [...] widmet sich der Aufgabe, dem Menschen aus dem geistigen Teil des Kosmos [...] Kräfte zuzuführen, die die aus dem Naturdasein unterdrückten ersetzen können. | Das erreicht er, indem er seine Wirksamkeit in den vollkommensten Einklang mit dem Mysterium von Golgatha bringt.
In der Wirksamkeit des Christus innerhalb der Erdenentwickelung liegen die Kräfte, die der Mensch im Wirken durch Freiheit zum Ausgleich unterdrückter Natur-Impulse braucht. – Nur muß der Mensch dann wirklich seine Seele in das innere Zusammenleben mit Christus bringen [...]. | Der Mensch weiß sich in einer Wirklichkeit, wenn er der physischen Sonne gegenübersteht und durch sie Wärme und Licht empfängt. | So muß er der geistigen Sonne, Christus, die ihr Dasein mit dem Erdendasein vereint hat, gegenüber leben und von ihr in der Seele das lebendig empfangen, was in der geistigen Welt der Wärme und dem Licht entspricht. [...]
Und in diesem Erfühlen wird im Menschen in inniger Seelenwärme zusammenwachsen das Erleben in und mit dem Christus und das Erleben echten und wahren Menschentums. „Christus gibt mir mein Menschenwesen", das wird als Grundgefühl die Seele durchwehen und durchwellen. Und ist erst *dieses* Gefühl vorhanden, so kommt auch das andere, in dem der Mensch durch Christus sich hinausgehoben fühlt über das bloße Erdensein, indem er sich mit der Sternen-Umgebung der Erde eins fühlt und mit allem, was in dieser Sternen-Umgebung zu erkennen ist als Göttlich-Geistiges.
Und so mit dem geistigen Lichte. Der Mensch kann sich in seiner Menschenwesenheit voll erfühlen, indem er sich als freie Individualität gewahr wird. Aber eine Verfinsterung ist damit doch verbunden. Das Göttlich-Geistige der Urzeit leuchtet nicht mehr. Im Lichte, das der Christus dem Menschen-Ich bringt, ist das Urlicht wieder da. Es kann in solchem Zusammenleben mit dem Christus der beseligende Gedanke sonnenhaft die ganze Seele durchglänzen: Das uralt-herrliche göttliche Licht ist wieder da; es leuchtet, obwohl sein Leuchten kein naturhaftes ist. Und der Mensch vereinigt sich in der Gegenwart mit den geistigen kosmischen Leuchtekräften der Vergangenheit, in der er noch nicht eine freie Individualität war. Und er kann in diesem Lichte die Wege finden, die seine Menschenwesenheit recht führen, wenn er sich verständnisvoll in seiner Seele mit der Michael-Mission verbindet.

Dann wird der Mensch in der Geist-Wärme den Impuls fühlen, der ihn in seine kosmische Zukunft so hinüberträgt, daß er in dieser treu bleiben kann den Ur-Gaben seiner göttlich-geistigen Wesenheiten, trotzdem er sich in deren Welten zur freien Individualität entwickelt hat. Und er wird in dem Geistes-Lichte die Kraft empfinden, die ihn wahrnehmend mit immer höherem und weiterem Bewußtsein der Welt zuführt, in der er sich als freier Mensch mit den Göttern seines Ursprungs wiederfindet.

Vielleicht kann man zunächst nur *erahnen*, was mit alledem gesagt ist. Es geht unter anderem darum, dass die gesamte geistige Welt ein ungeheures Opfer brachte, indem sie einen zutiefst *lebendigen Kosmos*, der ihr unmittelbares Wesenwirken war, um der menschlichen Freiheit willen erstarren ließ zu einer bloßen Offenbarung und schließlich zu einer bloßen Werk-Welt, während die lebendig-*gegenwärtige*, einst kosmische Intelligenz nun als Geisteskraft im Menschen lebt – und gleichsam die ganze weitere Entwicklung des Kosmos und seiner Wesenheiten nun davon abhängt, was der Mensch mit diesen Kräften der *Freiheit* tun wird. Die weitere kosmische Entwicklung wird davon abhängen, was der Mensch an moralischen, an Liebeskräften entwickeln wird – deren Ausmaß man sich jetzt noch gar nicht vorstellen kann. Aber diese Kräfte und die Innigkeit, mit der der Mensch aus *seinem* Innersten heraus wieder ein Zusammenwirken mit den geistigen Wesen sucht, sie sind die lebendigen Keime aller weiteren kosmischen Entwicklung...

Später beschreibt Steiner das grundsätzliche gegensätzliche Wesen von Ahriman und Michael wie folgt:[115f]

Nun hat Ahriman sich die Intellektualität in einer Zeit angeeignet, als er sie nicht in sich verinnerlichen konnte. Sie blieb eine Kraft in seinem Wesen, die mit Herz und Seele nichts zu tun hat. Als kalt-frostiger, seelenloser kosmischer Impuls strömt von Ahriman die Intellektualität aus. Und die Menschen, die von diesem Impuls ergriffen werden, entwickeln eine Logik, die in erbarmungs- und liebeloser Art für sich selbst zu sprechen scheint – in Wahrheit spricht eben Ahriman in ihr –, bei der sich nichts zeigt, was rechtes, inneres, herzlich-seelisches Verbundensein des Menschen ist mit dem, was er denkt, spricht, tut. –
Michael hat sich die Intellektualität aber nie angeeignet. Er verwaltet sie als göttlich-geistige Kraft, indem er sich verbunden fühlt mit den göttlich-geistigen Mächten. Dadurch zeigt sich auch, indem er die Intellektualität durchdringt, in dieser die Möglichkeit, ein Ausdruck des Herzens, der Seele ebenso gut zu sein wie ein solcher des Kopfes, des Geistes. Denn Michael trägt in sich alle die Ursprungskräfte seiner Götter und der des Menschen. Dadurch überträgt er auf die Intellektualität nichts Kalt-Frostiges, Seelenloses, sondern er steht bei ihr in warm-inniger, seelenvoller Art.
Und hierinnen liegt auch der Grund, warum Michael mit ernster Miene und Geste durch den Kosmos wallet. Im Innern so verbunden sein mit dem intelligenten Inhalte, wie Michael es ist, bedeutet zugleich, [...] nichts von subjektiver Willkür, von Wunsch oder Begehren in diesen Inhalt hineinzubringen. Sonst wird ja Logik Willkür *eines* Wesens statt Ausdruck des Kosmos. Streng sein Wesen als Ausdruck des Weltwesens zu halten; alles, was sich im Innern als Eigenwesen regen will, auch in diesem Innern zu lassen: das betrachtet Michael als seine Tugend. [...] Michael ist in allem ernst, denn Ernst als Offenbarung eines Wesens ist der Spiegel des Kosmos aus diesem Wesen [...].

Michael verbindet sich mit der kosmischen Intelligenz *selbstlos*, Ahriman verbindet sich mit ihr *kalt* – und eignet sie sich gleichzeitig an.

Der Naturwissenschaftler scheint nun auch einem selbstlosen Impuls zu folgen, was auch durchaus wahr ist, aber er verschreibt sich einem Denken, das *unmenschlich* ist, von Ahriman geprägt – denn das menschliche Denken *sollte* Herz und Wärme haben. Nicht, um die ‚objektive' Naturerkenntnis zu verfälschen, sondern um sie in *warmer* Selbstlosigkeit überhaupt erst wahrzumachen, nicht schon an der äußersten, noch ganz geistlosen Ebene zu stranden.

Und dann heißt es:[117f]

> Indem sich der Mensch als freies Wesen in Michaels Nähe fühlt, ist er auf dem Wege, die Kraft der Intellektualität in seinen „ganzen Menschen" zu tragen; er denkt zwar mit dem Kopfe, aber das Herz fühlt des Denkens Hell oder Dunkel; der Wille strahlt des Menschen Wesen aus, indem er die Gedanken als Absichten in sich strömen hat. Der Mensch wird immer mehr Mensch, indem er Ausdruck der Welt wird; er findet sich, indem er sich nicht *sucht*, sondern in Liebe sich wollend der Welt verbindet. [...] | Es ist aus dem Geschilderten wohl anschaulich, wie Michael der Führer zu Christus ist. Michael geht mit allem Ernste seines Wesens, seiner Haltung, seines Handelns in Liebe durch die Welt. Wer sich an ihn hält, der pfleget *im Verhältnis zur Außenwelt der Liebe*. [...] | [...] Und auf den Wegen solcher Liebe ist Christus durch die Menschenseele zu finden.

Ganz anders die Gegenmacht: ‚Indem der Mensch seine Freiheit entfaltend in Ahrimans Verlockungen fällt, wird er in die Intellektualität hineingezogen, wie in einen geistigen Automatismus, in dem er ein Glied ist, nicht mehr *er* selbst. All sein Denken wird Erlebnis des Kopfes [...]. Der Mensch verliert immer mehr von seinem innerlich wesenhaft-menschlichen Ausdruck, indem er Ausdruck seines Eigenseins wird; er verliert sich; indem er sich *sucht*; er entzieht sich der Welt, der er die Liebe verweigert; aber der Mensch erlebt *sich* nur wahrhaft, wenn er die Welt liebt.'[117f]

Die Intellektualität der Gegenmacht ist also vom *Selbstgefühl* geprägt. In diesem aber hat der Mensch sich bereits *verloren*. Gerade da, wo er meint, sich selbst zu fühlen, ist er es schon nicht mehr! Er *hat* zwar ein Selbstgefühl, aber dieses Selbst ist gerade nicht sein wahres Wesen, sondern das, was er fühlt, wenn er der Gegenmacht bereits *unterlegen* ist. Erst da, wo sich ein ‚selbstloser', liebender Impuls geltend macht, tritt das wahre Selbst in die Wirklichkeit – ein Selbst, das nicht *sich* lieben muss, um ein Gefühl von sich zu haben, und das sein ganzes Wesen auf anderes richten kann. Deswegen *erscheint* es für die bereits korrumpierte Begrifflichkeit ‚selbst-los', aber das Gegenteil liegt vor! Die Seele dagegen, die fortwährend *sich* fühlen muss, hat zwar ein Selbst, aber nicht ihr eigenes, wahres, sondern nur ein Surrogat.

Und der ‚selbstlose' Naturwissenschaftler? Er sucht zwar nicht sich, aber auch er verfällt der Gegenmacht, indem er sich gegenüber dem übersinnlichen Menschenwesen blindmacht und die *wahre* Selbstlosigkeit gerade in die Karikatur einer spirituellen Selbstvergessenheit, eines Verrates überführt. Seine ‚Selbstlosigkeit' besteht gerade in Selbstauslöschung, während sie in Wahrheit Hingabe sein sollte, aber diese Hingabe *benötigt* das spirituelle Wesen der Seele gerade! Es darf nicht vergessen werden, es muss in eine heilige Aktivität gebracht werden. Die materialistische Naturwissenschaft steht immer schon vor einer Unwahrheit:[119f]

> Denn *die* Welt, die sich der Mensch im Anblicke *dieser* physischen Welt als die Natur ausmalt, ist auch nicht die, in der er unmittelbar lebt, sondern eine solche, die so weit *unter* der wahrhaft menschlichen liegt wie die michaelische *über* dieser. Nur merkt der Mensch nicht, daß unbewußt, indem er sich ein Bild seiner Welt macht, eigentlich das einer andern entsteht. Er ist, indem er dieses Bild malt, schon dabei, sich auszuschalten und dem geistigen Automatismus zu verfallen.

> Denn es ist *alles* Automatismus, wo der Mensch nicht zuinnerlichst dabei ist – er *kann* aber nicht dabei sein, wenn er sich nicht verwirklicht, das Erlebnis der 'Philosophie der Freiheit' nicht wahrmacht. Bleibt er spirituell passiv, leugnet er sich selbst und ist bereits in einem geistigen Automatismus, den die *Gegenmacht* dominiert, die gar kein Interesse daran hat, dass sich der Mensch jemals selbst findet...

Die Leitsätze enden nach vielen weiteren Ausführungen schließlich mit dem Hinweis darauf, dass das Zeitalter der Technik in die *Unter-Natur* hineinführte – die Elektrizität, von der die gesamte moderne Technik abhängt, ebenso auch sämtliche Bildschirme, ist eine vollkommen von Ahriman beherrschte Sphäre. Und nicht etwa will Steiner zu früheren Zuständen zurückkehren – er ruft die Menschheit jedoch mit aller Kraft dazu auf, demgegenüber das Eigene, die spirituelle Realität umso stärker zu suchen, weil die Seele sonst jener anderen Sphäre völlig verfallen müsste:[259]

> 183. Im naturwissenschaftlichen Zeitalter, das um die Mitte des neunzehnten Jahrhunderts beginnt, gleitet die Kulturbetätigung der Menschen allmählich nicht nur in die untersten Gebiete der Natur, sondern *unter* die Natur hinunter. Die Technik wird Unter-Natur.

> 184. Das erfordert, daß der Mensch erlebend eine Geist-Erkenntnis finde, in der er sich eben so hoch in die Über-Natur erhebt, wie mit der unternatürlichen technischen Betätigung unter die Natur hinuntersinkt. Er schafft dadurch in seinem Innern die Kraft, *nicht* unterzusinken.

Von einer Erkenntnis dieser Zusammenhänge ist die Menschheit heute jedoch weiter entfernt denn je. Man muss sich nur an das Spektakel der Eröffnungsfeier der 'Olympischen Spiele' im Juli 2024 erinnern – eine absolute *Gigantomanie*, die nichts Menschliches mehr hatte. Dies offenbarte sich dann sogar darin, dass ein *Maschinenpferd* mit ebensolcher Reiterfigur auf der Seine entlanggeführt wurde,[419] dass ein *gesichtsloser* Fackelläufer auftrat, das Motiv des ,Letz-

---

[419] Diese Figur sollte offenbar Jeanne d'Arc (Johanna von Orleans) vorstellen – welch eine tiefe Schändung dieses Mädchens! Und wenn man sich vergegenwärtigt, dass sie die Stimme des Erzengels Michael wahrnahm, so wird es noch viel erschütternder – denn *dies* nimmt man heute erst recht nicht mehr ernst! Ein lebendiges Mädchen wird zu bloßem Metall, und eine heilige Wahrheit wird gleich ganz begraben... Zwar leuchteten abstrakt und sinnfrei irgendwo sogar auch zwei große Lampen-Flügel auf, aber jeder Hinweis auf ein *Engelwesen* fehlte.

ten Abendmahls' durch sogenannte ‚Drag Queens' völlig entstellt wurde[420] und anderes mehr. Nicht eine *winzige Spur* von heiligem Geistesernst war in dieser ganzen Veranstaltung zu empfinden, nur eine tiefe Dekadenz – während sich die Sportreporter in den Übertragungssendungen vor Huldigungen überschlugen von wegen ‚Bildern für die Ewigkeit' und ähnlichen Sinnlosigkeiten.[421] Es ist unfassbar, auf welchem Niveau die Menschheit inzwischen angekommen ist. Es geht eigentlich nur noch um immer sensationellere Sinnesreize. Mehr ist es nicht mehr. Und damit wird der Fall der Seele grenzenlos. Es ist der völlige Verlust...

Unmittelbar kann man auch spüren, wie sich hier alles sofort verwandelt, die ganze Seelenstimmung – alles wird herabgezogen. Nichtigkeit, die sich nur noch retten kann, indem sie ständig neue Eindrücke produziert oder rezipiert.

Und wenn wir zu Rudolf Steiner zurückkehren: Heiliger Ernst, der in jedem Moment auf das wahrhaft *Menschliche* zielt, das gerade verlorenzugehen droht; dem die Seele sich wirklich zuwenden muss, wenn sie es bewahren und in neuer Form überhaupt erst entwickeln will. Bei Steiner lebt man in einer reinen Sphäre, in der man, ist man aufrichtig, fortwährend spüren kann: Hier *beginnt* das eigentlich Menschliche überhaupt erst. In dieser Richtung, auf diesem Wege muss ich streben, wenn mir der Begriff ‚Mensch' mehr ist als ein Wortschall, wenn er mir wirklich etwas Heiliges wird.

Dann kann man nicht mehr so tun, als stünde die Menschheit nicht vor tiefsten Fragen – die nichts *Äußerliches* betreffen, trotz Klimakatastrophe, trotz Kriegen und anderer akuter und schleichender Katastrophen, sondern die in erster und vorderster Linie etwas *Inneres* betreffen, nämlich die Frage nach dem *Wesen* des Menschen. Ist hier die Antwort unwahrhaftig und unheilig, so werden auch alle anderen Katastrophen weiter ihren Lauf nehmen...

---

[420] Nachgestellt wurde offenbar das Gemälde ‚Le Festin des Dieux' (Fest der Götter) eines holländischen Malers, aber die Parallele ist einfach sehr stark, und die Proteste reichten bis hin zum Papst persönlich. Dass man wiederum mythische Götterbilder darstellt, offenbart das *Unchristliche* nur in anderer Weise – ebenso die geschmacklose Darstellung des Gottes Dionysos durch einen fast nackten, blau angemalten Mann. Es ist ein einziges Schwelgen in *Sinnlosigkeiten*... • Der künstlerische Leiter Thomas Jolly hatte schon 2016 das Shakespeare-Stück ‚Richard III' in eine Art Gruftie-Punk verwandelt und war nicht vor einer blasphemischen Kreuzigungsszene zurückgeschreckt. • Später sagte Jolly zur Olympia-Szene: ‚Ich wollte einfach zeigen, dass es ein großes ‚Wir' gibt.' Es sei um die ‚Botschaft der Liebe und der Inklusion' gegangen. Der blaue Dionysos dagegen sagte: ‚Es würde keinen Spaß machen, wenn es keine Kontroversen gäbe.' Ein großes ‚Wir', das die halbe Welt abstößt? Und auf der anderen Seite die ‚Lust' an Kontroverse, weil sonst das Leben bereits ‚langweilig' wäre? Die Wahrheit offenbart sich hier einfach ganz von selbst...

[421] YouTube: Die Eröffnungsfeier Von Olympia 2024 Im Livestream | Eurosport. Zum Maschinenpferd: ‚Ist ja *unfassbar* geil, diese Konstruktion!' (2:49:00). • YouTube: Olympische Spiele 2024 in Paris Highlights der Eröffnungsfeier | Sportschau. Am Ende: ‚für immer Maßstäbe gesetzt' (19:30). ‚So viele Momente für die Ewigkeit.' (20:15).

Die Leitsätze verweisen auf das Wesen Michaels – als treuer Diener des Christuswesens und als neuer (wahrer) Zeitgeist des 1879 angebrochenen *Michael-Zeitalters*, in dem die Verbindung mit der geistigen Welt wieder möglich geworden ist.

Das Mutvoll-Kämpferische, ganz und gar Wahrhaftige, das bis ins Innerste dieses Wesen Michaels erlebbar machte, hatte sich schon im ‚Pädagogischen Jugendkurs' offenbart. Noch einmal geschah dies in einer Jugendansprache Rudolf Steiners während einer anthroposophisch-pädagogischen Tagung im holländischen Arnheim 1924, wenige Monate, bevor Steiner sein irdisches Wirken weitgehend aufgeben musste. Noch einmal spricht Steiner in feurigen Worten zu den jungen Menschen:[177f] [422]

> Von vornherein stößt man leicht auf ein Mißverständnis, wenn man den Aufgang des lichten Zeitalters gerade in unsere Zeit hereinsetzt. Zu bemerken ist nicht viel von Lichter-Werden. Man kann sogar durchaus sagen: Die Verhältnisse sind seit der Jahrhundertwende verworrener und dunkler geworden. [...] Wir können sehen, wie [genau wie bei einem trägen physikalischen Körper, H.N.] das Beibehalten geschieht, wie die meisten Menschen heute keine Menschen des 20. Jahrhunderts sind. [...] Sie sind [...] man möchte sagen [...] stehengeblieben [...]. [...]
>
> [...] Aber die Jugend hat tief im Unterbewußten gerade seit der Jahrhundertwende eine innere Erlebnisart, durch die sie zeigt, daß sie fühlt: da rüttelt etwas erdbebenartig an der Entwickelung der Menschheit. Nun kommen die Menschen und sagen: Es war doch immer so. [...] Die Jugend lehnt sich auf gegen das Alter.
>
> [...] Was aber heute in der Jugend – zum Teil ganz unbewußt – lebt, war eben noch nicht da. Und man kann sagen, es war niemals [...] ein so großer Gegensatz da zwischen dem, wie das innere Erleben der Jugend äußerlich zum Ausdruck kommt, und dem, was das innere Erleben der Jugend eigentlich ist. [...] Von Anfang an schien es mir ganz deutlich, daß durch einen Großteil der gegenwärtigen Jugend im tiefsten Unterbewußtsein eigentlich ein Zug lebt von einem merkwürdig gründlichen Verständnis dafür, daß ein großer erdbebenartiger Umschwung in der ganzen Entwickelung der Menschheit sich vollziehen muß. [...]

Und etwas später heißt es:[181]

> Aber das, was wir insbesondere in der Jugendbewegung brauchen, das ist ein Wollen, menschlich den Menschen zu verstehen, sonst kommen wir nicht über das fruchtlose Diskutieren hinaus. [...] Es ist schrecklich gleichgültig, was der Inhalt dessen ist, was wir miteinander reden, wovon wir reden. Das Wesentliche ist, daß wir ein Herz haben für das, was der andere fühlt. Da werden wir einig sein, da kann man immer wieder einig sein. [...]

---

[422] ● Das Leben der Welt muss in seinen Fundamenten neu gegründet werden. Ansprache vom 20.7.1924, GA 217a, S. 177-187.

Das ist der *Grundimpuls* – der Mensch selbst. Und nun knüpft Steiner an den Pädagogischen Jugendkurs an – die Herrschaft des im Denken, Fühlen und Wollen Erstarrten, das überwunden werden muss:[183f]

> Wir leben heute in der Phrase, wir leben in der Konvention, wir leben in der Routine. [...]
> [...] Wenn dann eine anthroposophische Bewegung ehrlich ist und die Jugend nötig hat, ehrlich zu sein, was ist dazu vor allen Dingen nötig? Mut! Den lernt man sehr schnell oder gar nicht. Wirklich Mut! Mut, sich zu sagen: Das Leben der Welt muß in seinen Fundamenten neu gegründet werden.
> Ich habe niemals etwas anderes im Unterbewußtsein der jugendlichen Menschen eingeschrieben gesehen. Das ist es wirklich: Die Welt muß aus dem Fundament neu begründet werden. Nun kommen alle die Widerlegungsgründe. Man diskutiert über alles mögliche, man deckt jenes gerne zu. Da verfälscht man das, was im Unterbewußtsein ganz ehrlich sein will und was Mut braucht. Anthroposophische Bewegung kann die hohe Schule des Mutes sein. Allerdings, es ist schwierig [...], weil sie von vielen heute nicht als das Erste ins Leben hineingestellt wird, sondern als das, was nebenherläuft. [...] Es ist ein Symptom [...] dafür, daß der durchgreifende Mut nicht da ist, sich [...] mit dem Geistigen der Anthroposophie in Wirklichkeit zu verbinden, nicht mit dem Schatten der Anthroposophie. [...]
> [...] Kein Philister versteht das, wenn man ihm sagt, Michael hat die kosmische Intelligenz verloren, er ist oben geblieben. Jetzt, nachdem Michael ohne dasjenige erscheint, was er verwaltet hat, handelt es sich darum, daß der Mensch auf Erden aufersteht, um es mit ihm, für ihn zurückzuerobern. Die Jugend wird so etwas verstehen, wenn sie sich selbst versteht. [...] Darum handelt es sich, daß das Geistige wesenhaft ist, daß wir lernen müssen mit dem Geistigen verkehren. [...]

Und sogar die mit der Waldorfpädagogik verbundenen Menschen mahnt er innigst, ganz in den michaelischen *Willen* einzutauchen: ‚Wir reden hier viel von Waldorfschul-Prinzip, von neuer Pädagogik. Das Wichtigste ist, daß man im Wachstum bleibt. Jeden Tag ist die Gefahr vorhanden, daß die Dinge sauer werden. Das ist es, worauf es ankommt, daß man nicht vom Kleben an den Gewohnheiten einschläft, wenn man etwas tun soll, wenn man etwas bereiten soll.‘[184f]
Und dann heißt es:[186]

> Es kommt darauf an, daß man eine neue Begeisterung wirklich aufbringt. [...] | Innerlich zusammenwachsen mit der Flamme, die sich heute entzündet, auf daß die Michael-Impulse verwirklicht werden!

Der Mensch *kann* mit den (guten) geistigen Wesen zusammenwirken – aber er braucht die selbstlose Begeisterung, die Hingabe. Er muss den *Geistesernst wahrmachen.*

Diesen *Ernst* hat Rudolf Steiner immer wieder betont. Er ist das Gegenteil aller *Halbheiten.* Und was Andere als ‚Schärfe‘ oder gar ‚Polemik‘ wahrnehmen, ist nur die volle Wahrhaftigkeit, deren Klarheit einfach die Geister scheidet – die Unwahrhaftigkeit muss zurückbleiben und tritt so zutage. In einem Vortrag sagt Steiner:[423]

---

[423] Vortrag vom 22.11.1920, GA 197, S. 189-211, hier 205, 207, 209, 210.

Es ist aber dann Geisteswissenschaft genötigt, dem Leben gegenüber wirklich den größten Ernst zu entfalten. Denn es würde dem wahren Geisteswissenschafter als eine innerliche Frivolität vorkommen, wenn er nicht den größten Ernst entfaltete, wenn er stehenbliebe dabei, schöne abstrakte Begriffe zu drechseln, welche der Seele wohltun, welche aber nicht geeignet sind, ins Leben durchzubrechen. [...]

Diese Dinge brauchen nicht so aufgenommen zu werden, als ob sie mit irgendeinem Affekt gesprochen würden, wenn sie scharf gesprochen werden. Sie werden scharf gesprochen, weil es leider eben durchaus so ist, daß sich manche zur Anthroposophie zählen möchten, die eigentlich innerlich doch nicht dabei sind, weil sie nicht den nötigen Ernst entfalten können, weil sie nicht den nötigen Ernst entfalten wollen, weil sie nicht ganz dabei sein wollen. [...]

[...] Und wer sagt, wir polemisierten zuviel, wenn wir die Wahrheit richtig bezeichnen, der hat keinen Sinn für Wahrheit und liebt die Lüge. [...] Gefühlt muß werden das ganze Gewicht dieser Worte: die Wahrheit lieben und nicht die Lüge lieben um der Konvention willen, um des angenehmen gesellschaftlichen Lebens willen. Denn nachsichtig sein mit der Lüge, ist gerade so viel schon, wie die Lüge lieben. [...]

[...] Und weiterkommen wird die Welt nur durch diesen Enthusiasmus für die Wahrheit.

Und an anderer Stelle heißt es: ‚Dasjenige, worauf es ankommt, ist, aufmerksam zu machen, welcher Geist oder Ungeist in der modernen Wissenschaftlichkeit, in dem modernen Religionsbetrieb und so weiter drinnensteckt und den Leuten ihre eigene Gestalt im Spiegel einer wirklichen geistigen Charakteristik, die man geben kann vom Gesichtspunkte der Geisteswissenschaft aus, vorzuhalten. So daß wirklich endlich eine Diskussion entsteht über dasjenige, was in der Gegenwart besprochen werden muß. [...] Das Wichtige ist, daß wir uns bekanntmachen mit dem Ungeist, der herrscht, und daß wir diesen Ungeist überall [...] charakterisieren. Das ist es, worauf es ankommt.'[424]

Michael •

Michael ist mit dem Herbst verbunden – Michaeli ist der 29. September. Rudolf Steiner hat auch den christlichen Jahreslauf offenbart. Dieser beginnt gleichsam mit dem *Mut Michaels* im Herbst, setzt sich über die Adventszeit in das Mysterium der heiligen Nächte der Weihnacht fort, erhebt sich dann zum Wunder der Auferstehung zu Ostern – und in der Hochsommerzeit liegt Johanni, benannt nach dem Täufer, das Fest des *Menschen*, noch zukünftiger als das ebenfalls noch nicht existierende Michael-Fest, denn der Mensch hat sich noch überhaupt nicht offenbart. Er wird dies erst können, wenn er sich mit der *Erkenntnis* seines eigenen Wesen immer mehr verbindet – mit Anthropo-Sophia.

Durch Michael aber kann er den dafür notwendigen Geistesernst finden. Dieser kann tief erlebbar werden, wenn man sich in den Herbst versenkt. Alles Äußere vergeht. Etwas aber kann hier zurückbleiben. Unsichtbar. Während alles Sichtbare vergeht, wird das Unsichtbare immer stärker. Ein Gedicht von Susanne von Bonin drückt dies einzigartig tief aus:

---

[424] Vortrag vom 6.2.1921, GA 203, S. 178-199 hier 196f.

Immer düstrer die Gräser,
immer dunkler das Laub.
Ein großer Verweser
entzaubert den Staub.
Ringsum stehet Stille
mit weisendem Blick.
Es fordert ihr Wille
das Wahre zurück.

Was fruchtlos verglommen,
verfällt dem Gericht.
Aus Särgen des Sommers
erhebt sich ein Licht. –
Kein Geist mehr, der blühend
den Sinn inspiriert;
doch einer, der glühend
die Folgenden führt
durch Stille und Starre
zum freien Entschluß.
Du Seele: erharre
den schweigenden Gruß.

Stiller, prüfender, ernster Blick. Schon immer wurde Michael auch mit der Waage dargestellt – er wiegt das *Wahre*. Und er führt im *Geistigen* jene, die ihm folgen wollen – als ebensolche Hüter des Wahren. Und auf den Wegen des Christus, den Wegen der aus Liebe zum *Menschen* entspringenden freien Taten.

1923 sprach Rudolf Steiner von der Notwendigkeit, aus tiefer Wahrheit heraus zu einem Michael-Fest zu kommen. Ebenso sei der Dreigliederungsimpuls ein Michael-Impuls gewesen, aber die Zeit hatte sich als noch nicht reif erwiesen.[425] Die Michael-Imagination aber schilderte er unter anderem mit folgenden Worten:[426]

Es war so, daß Michael immer selber eingriff in die menschliche Natur, damit die Menschen nicht gar zu sehr herabkamen. Aber im letzten Drittel des 19. Jahrhunderts war es so, daß das Michael-Bild im Menschen so stark wurde, daß es nur sozusagen von dem guten Willen des

---

[425] ‚Man möchte sagen, als von dem Dreigliederungsimpuls im sozialen Leben gesprochen worden ist, da war das gewissermaßen eine Prüfung, ob der Michael-Gedanke schon so stark ist, daß gefühlt werden kann, wie ein solcher Impuls unmittelbar aus den zeitgestaltenden Kräften herausquillt. Es war eine Prüfung der Menschenseele, ob der Michael-Gedanke in einer Anzahl von Menschen stark genug ist. Nun, die Prüfung hat ein negatives Resultat ergeben. Der Michael-Gedanke ist noch nicht stark genug in auch nur einer kleinen Anzahl von Menschen, um wirklich in seiner ganzen zeitgestaltenden Kraft und Kräftigkeit empfunden zu werden. Und es wird ja kaum möglich sein, die Menschenseelen für neue Aufgangskräfte so mit den urgestaltenden Weltenkräften zu verbinden, wie es notwendig ist, wenn nicht ein solch Inspirierendes wie eine Michael-Festlichkeit durchdringen kann, wenn also nicht aus den Tiefen des esoterischen Lebens heraus ein neugestaltender Impuls kommen kann.' Vortrag vom 2.4.1923, GA 223, S. 41-55, hier 50.

[426] Vortrag vom 27.9.1923, GA 223, S. 89-105, hier 103-105.

Menschen abhing, um nach oben fühlend, bewußt sich zum Michael-Bilde zu erheben, damit ihm auf der einen Seite wie im unerleuchteten Gefühlserlebnis sich das Drachenbild darstelle, und dann auf der andern Seite, in geistiger Schau und doch schon für das gewöhnliche Bewußtsein, die Leuchtgestalt des Michael vor dem Seelenauge stehen kann. So kann dann vor dem Menschen der Gemütsinhalt stehen: Da wirkt in mir die Drachenkraft, die mich herunterziehen will; ich schaue sie nicht, ich fühle sie als das, was mich unter mich bringen will. Aber ich schaue im Geiste den leuchtenden Engel, dessen kosmische Aufgabe es immer war, den Drachen zu besiegen. Ich konzentriere mein Gemüt auf diese Leuchtgestalt, ich lasse ihr Licht in mein Gemüt hereinstrahlen. – Dann wird das so erleuchtete und erwärmte Gemüt die Michael-Kraft in sich tragen, und im freien Entschlusse wird der Mensch in der Lage sein, durch sein Bündnis mit Michael die Drachenkraft in seinem Untermenschen zu besiegen.

Würde der gute Wille in den weitesten Kreisen aufgebracht, eine solche Vorstellung zu einer religiösen Kraft zu erheben und in jedes Gemüt einzuschreiben, dann würden wir nicht matte Ideen haben in unserem Leben der Gegenwart, wie wir sie heute überall finden können, wie sie als Reformgedanken und dergleichen auftreten, sondern dann würden wir etwas haben, was wieder innerlich den ganzen Menschen erfassen kann, weil solches sich einschreiben kann in das lebendige Gemüt, in jenes lebendige Gemüt, das in dem Augenblick, wo es nur wirklich lebendig wird, auch in eine lebendige Beziehung zum ganzen Kosmos kommen wird. Und es würden dann jene Leuchtgedanken des Michael die ersten Ankündiger sein des Wiederhineindringens des Menschen in die übersinnliche Welt. Es würde das erkenntnismäßige Schauen sich religiös verinnerlichen, sich religiös vertiefen können. Der Mensch würde dadurch vorbereitet sein [...], um jenes Fest mit vollem Bewußtsein zu begehen, das im Kalender am Ende des September, im Beginne des Herbstes steht: das Michael-Fest. | [...] Und indem wir in der Lage sind, es in lebendiger Weise zu empfinden und es zu dem instinktiven sozialen Impuls der Gegenwart zu machen, könnte dieses Michael-Fest, weil hier die Impulse unmittelbar aus dem Geistigen kommen, als die Krönung, ja als der eigentliche Anfang der Impulse angesehen werden, die wir brauchen, wenn wir aus dem heutigen Niedergange herauskommen wollen, wenn wir zu allem Reden über Ideale etwas hinzufügten, was nicht aus dem Menschenkopfe oder der Menschenbrust wäre, sondern was ein Ideal wäre, herausgesprochen aus dem Kosmos. Und indem dann die Bäume ihr Laub verlieren, die Blüten zu Früchten reifen, indem die Natur uns ihren ersten Frost schickt [...], könnten wir dann [...] das Aufgehen des Geistigen, mit dem sich der Mensch verbinden soll, fühlen. Und dann würden wir als Bürger des Kosmos Impulse hineinbringen können in das Leben, die, weil sie keine abstrakten Gedanken sind, nicht so unwirksam bleiben werden, wie sonst abstrakte Impulse unwirksam sind, sondern die ihre Wirksamkeit unmittelbar erweisen werden. Seeleninhalt wird das Leben erst wieder bekommen, wenn wir Impulse in unserem Gemüte aus dem Kosmos heraus entwickeln können.

Und im darauf folgenden Vortrag fasst Rudolf Steiner es in die Worte: ‚Und gerade dieses Zurückfinden zum Geistigen muß durch diejenige Kraft erreicht werden, die dem Menschen werden kann, wenn er die Michael-Idee in ihrer wahren Gestalt und in derjenigen Gestalt, die sie für unsere Zeit annehmen muß, im rechten Sinne ergreifen kann. | Wir brauchen für das Denkerische, wir brauchen für das Gemütsleben, wir brauchen auch für das Tatenleben das Durchdrungensein mit dem Michael-Impuls.'[427]

---

[427] Vortrag vom 28.9.1923, GA 223, S. 106-122, hier 107.

Das Menschentum   ●

In diesem Kapitel soll unmittelbar erlebbar gemacht werden, welch tiefes *Menschentum* Rudolf Steiner vertrat – unmittelbar zusammenhängend mit der Anthroposophie und aus ihr hervorgehend. Dabei soll auch hier zunächst der große Bogen geschlagen werden – der Mensch in seinem ganzen Zusammenhang mit dem Kosmos. Denn erst dies gibt auch die heilige, *reale* Grundlage für die tiefste Begegnung zwischen Mensch und Mensch.[428]

Mensch und Kosmos   ●

In einem Vortrag in Zürich 1919 lenkte er den Blick der Zuhörer auf die kosmische Bedeutung des Menschen und sagte:[429]

> Bedenken Sie nur, wie verschieden von der gewöhnlichen Weltbetrachtung gerade mit Bezug auf den Menschen unsere anthroposophische Weltbetrachtung ist. [...] Der ganze Kosmos wird so betrachtet, daß alle seine Kräfte, alles dasjenige, was in ihm geschieht, hingeordnet ist auf den Menschen. Der Mensch ist gegenüber der Weltenbetrachtung Mittelpunkt dieser Betrachtung. [...]
> Ich habe bemerklich gemacht, wie sehr es notwendig ist, gerade gegenüber dieser durch und durch wahren Idee die Notwendigkeit der menschlichen Bescheidenheit geltend zu machen, wie notwendig es ist, sich immer wieder und wieder zu sagen: Ja, wenn wir unser ganzes Wesen [...] erkennend erleben, [...] in der Tat zur Offenbarung bringen könnten, es wäre mikrokosmisch die ganze übrige Welt. [...] Wir können im Grunde niemals hoch genug über dasjenige denken, was wir sein sollten. Wir können niemals genug das tiefere kosmische Verantwortungsgefühl des Menschen würdigen, das ihn überkommen muß, wenn er die Hingeordnetheit des ganzen Universums auf sein Wesen ins Auge faßt.
> Dieses sollte allerdings aus anthroposophisch orientierter Geisteswissenschaft heraus weniger theoretische Idee werden, [...] sollte eine Empfindung werden, die Empfindung einer heiligen Scheu gegenüber dem, was wir als Mensch sein sollten und doch in den wenigsten Fällen sein können. Es sollte aber auch oftmals die Empfindung da sein, wenn wir einem einzelnen Menschen gegenübertreten: Da stehst du, manches bringst du in dir zum Ausdruck in dieser gegenwärtigen Inkarnation. Doch du gehst von Leben zu Leben, von Inkarnation zu Inkarnation; in der Stufenfolge deiner Leben prägt sich ein Unendliches aus. – Und noch nach manchen anderen Richtungen hin könnten wir diese Empfindungen erweitern, könnten sie vertiefen. Aus dieser Empfindung heraus kommt man auf geisteswissenschaftlichem Boden erst zur rechten Menschenschätzung, kommt man zu einer Empfindung von der menschlichen Würde in der Welt.

---

[428] Ein tiefes Verständnis dieser ganzen Sphäre hat Dieter Brüll erarbeitet. Sein Werk ist auch heute unverändert uneingeschränkt zu empfehlen und wahrhaft augenöffnend für die historische Entwicklung und heutige Realität sozialer Prozesse und Wirklichkeiten und für das Wesen des Dreigliederungsimpulses: Der Anthroposophische Sozialimpuls. Ein Versuch seiner Erfassung. Schaffhausen 1984.

[429] Vortrag vom 4.2.1919, GA 193, S. 9-22, hier 9-11.

Und während also die Anthroposophie die gesamte Erdenentwicklung mit verschiedenen aufeinanderfolgenden Zuständen aufrufen muss, um einen Begriff vom *Menschen* zu bekommen, ist für das gewöhnliche moderne Bewusstsein *nichts* davon vorhanden – was eine ganz wesentliche Ursache für alle sozialen Verwerfungen ist, die immer wieder auf dem Egoismus und dem Materialismus beruhen:[430]

> Wie schwindet vor diesem modernen Bewußtsein das wahrhaft Menschliche dahin, das uns aus anthroposophisch orientierter Geisteswissenschaft erst das rechte Gefühl, die rechte Empfindung von wahrer Menschenwürde gibt, so daß wir ein rechtes Verhältnis finden, wenn wir als menschliches Individuum dem anderen menschlichen Individuum gegenüberstehen. Ist es denn denkbar, daß im heutigen Chaos des menschlichen Zusammenlebens ein rechtes Verhältnis von Mensch zu Mensch gefunden werde, das doch einer wirklichen Lösung des sozialen Rätsels zugrunde liegen muß?

*

In einem Vortragszyklus über die Mysterienstätten des Mittelalters beschreibt Steiner, wie bis in das dreizehnte Jahrhundert hinein noch ein Wissen um die eigentliche Würde und Aufgabe des Menschen in Zusammenhang mit der ganzen Weltengeistigkeit vorhanden gewesen war – die er aber durch den Sündenfall in die Materie und den bloßen Verstand gerade verraten hatte:[56f] [431]

> Es ist heute ja außerordentlich schwer, überhaupt von diesen Dingen noch zu reden, weil die Vorstellungen der Menschen so weit weggegangen sind von dem, was in der damaligen Zeit wie etwas Selbstverständliches galt für die einsichtigen Menschen. Die Intelligenz des Erdengestirns war der Mensch als solcher. Man sah den Menschen an als dasjenige Wesen, welches von der Weltengeistigkeit die Aufgabe erhalten hat, nicht etwa bloß, wie der heutige Mensch meint, auf der Erde herumzugehen oder mit der Eisenbahn herumzufahren [...] und dergleichen, sondern man faßte den Menschen so auf, daß er von der Weltengeistigkeit die Aufgabe erhalten hat, in alles das, was sich bezieht auf die Stellung der Erde im Kosmos, regelnd, ordnend, gesetzmäßig einzugreifen. [...] | Man hatte damals noch ein Gefühl dafür, daß das dem Menschen einstmals zugeteilt war, daß der Mensch wirklich zu dem Herrn der Erde von der Weltengeistigkeit gemacht war, daß er aber dieser Aufgabe sich nicht gewachsen gezeigt hat im Verlaufe seiner Entwickelung, daß er von seiner Höhe heruntergestürzt sei.

Der Mensch hätte die *vierte Hierarchie*[432] im Kosmos sein sollen – aber stattdessen stürzte er in die Materie, verband sich mit dieser und wurde nur die höchste Stufe der irdischen Reiche. Damit aber hatte die Erde überhaupt nicht mehr ihre Stellung im Kosmos, denn ihr eigentlicher, heilig-geistiger Regent fehlte:[60f]

---

[430] Ebd., S. 13f.
[431] ● Vortrag vom 11.1.1924, GA 233a, S. 55-67.
[432] Oder, wenn man die ‚neun Chöre' geistiger Wesenheiten jeweils als eigene Hierarchie zählt, die *zehnte* Hierarchie, wie es oft heißt, jedoch bei Steiner nur einmal. Vortrag vom 18.4.1909, GA 110, S. 155-175, hier 174.

Und jetzt bedenken Sie, meine lieben Freunde, wie unendlich vertieft für diesen mittelalterlichen Menschen gerade durch solche Vorstellungen der Christus-Impuls wurde. [...] Damit war für den mittelalterlichen Menschen der Christus die einzige Wesenheit, die im Kosmos die Aufgabe des Menschen auf Erden gerettet hat. Und nun haben Sie den Zusammenhang. Denn nun können Sie wissen, warum in der Rosenkreuzer-Zeit dem Schüler immer wieder eingeschärft wurde: O Mensch, du bist ja nicht das, was du bist. Der Christus mußte kommen, um dir deine Aufgabe abzunehmen, um für dich deine Aufgabe zu verrichten.

Und während also der Mensch zur heiligen Intelligenz des Planeten Erde berufen war, tief verantwortlich für diesen ganzen Himmelskörper, fiel er in etwas ganz Flaches, Nichtiges, sich selbst völlig verlierend:[63f]

Und mit dem Hinuntersinken dieses lebendigen Zusammenhanges des Menschen mit sich selbst, mit diesem Entfremden des Menschen von sich selbst kam dann das Anklammern des Menschen an den äußeren Verstand, der heute alles beherrscht. Denn dieser äußere Verstand, ist er denn menschliches Erlebnis? Er ist nicht menschliches Erlebnis. Denn wäre er menschliches Erlebnis, so könnte er nicht in so äußerlicher Weise innerhalb der Menschheit leben, wie er lebt. Der Verstand ist ja im Grunde genommen gar nicht verbunden mit dem einzelnen Persönlichen, mit dem einzelnen individuellen Menschen, der Verstand ist ja fast etwas Konventionelles. Er sprudelt nicht hervor aus innerem menschlichem Erlebnis. Er tritt eigentlich als etwas Äußerliches an den Menschen heran.

Nicht ansatzweise macht sich der Mensch heute mehr klar, wozu die Vernunft, die heilige Fähigkeit, *denken* zu können, berufen ist. Dies wird einem erst in der Imagination Michaels erlebbar. Oder, weniger ausdrücklich kosmisch, in der Realität der moralischen Intuitionen, wie sie die ‚Philosophie der Freiheit' beschreibt – als bereits rein geistiges Reich. Demgegenüber liegt das *Konventionelle* des heutigen Verstandes darin, dass man sich mit ihm ohne jede echte Eigenaktivität bewegt. Man übernimmt Formulierungen, Ausdrucksweisen, Meinungen, ganze Anschauungen, ohne sich groß Rechenschaft darüber zu geben. Dazu kommt die ganze Art des Denkens – nüchtern, völlig unbeteiligt in Bezug auf den eigentlichen Denkprozess, man ‚hat eben einfach Gedanken', wie jeder andere auch.

Man bedient sich dieses ‚zur Verfügung stehenden' Intellektes wie selbstverständlich – und ist so in Wirklichkeit dessen passives *Opfer*. Nichts ist hier echte Freiheit. Nichts ist hier wahrhaft individuell. Man plätschert in diesem Verstand, den auch alle anderen auf nahezu dieselbe Weise handhaben, herum und dahin, während man in tieferem Sinne völlig *passiv* bleibt und sein Menschentum nicht im Geringsten ergreift. Man ist gleichsam *Mitläufer*, wie alle anderen auch, aber der Verstand ist etwas ganz und gar Äußerliches, das schlicht ‚hingenommene' Element, in dem man sich eben bewegt.

Anthroposophie aber ist das Sich-Erheben zu dem *wirklichen Menschen*. Und im Februar 1923 formuliert Steiner:[433]

---

[433] Vortrag vom 13.2.1923, S. 70-86, hier 76.

Im Grunde genommen soll ja Anthroposophie nichts anderes sein als jene Sophia, das heißt jener Bewußtseinsinhalt, jenes innerlich Erlebte in der menschlichen Seelenverfassung, die den Menschen zum vollen Menschen macht. Nicht „Weisheit vom Menschen" ist die richtige Interpretation des Wortes Anthroposophie, sondern „Bewußtsein seines Menschentums" [...].

Von dem Augenblick an ist *nichts* mehr trivial, denn man ist zu einer heiligen Wirklichkeit erwacht...

Die Verführer   •

In einem Vortrag geht Steiner auf die Gegenmächte, zunächst die luziferischen Mächte, die den Menschen viel zu stark *in sich selbst* hineinführen, wie folgt ein:[202-204] 434

Der Mensch würde niemals veranlaßt sein, ein anderes Denken zu entwickeln als ein solches, welches ich Ihnen als das Ideal der Goetheschen Weltanschauung[435] neulich charakterisiert habe, wenn nicht luziferische Mächte hereinspielten. Durch die luziferischen Mächte bildet der Mensch Hypothesen, durch die luziferischen Mächte bildet der Mensch Phantasien über die Wirklichkeit. [...]
Aber diese ganze luziferische Regsamkeit, sie verursacht zu gleicher Zeit, daß der Mensch in einer gewissen Weise, man kann sagen, die Welt aus der [abstrakten, H.N.] Vogelperspektive zu betrachten geneigt ist. Alles das, was im Laufe der Zeit auftritt als Programme, als sehr schöne Ideen, mit denen man immer glaubt, das goldene Zeitalter in der einen oder in der andern Weise herbeiführen zu können, alles das rührt von den in den Menschen einströmenden luziferischen Neigungen her. [...] Luziferisch in der Menschennatur ist derjenige Trieb, der uns immerfort veranlaßt, unser Interesse gegenüber unseren Mitmenschen zu verringern. Wenn wir unserer ureigenen Menschennatur folgen würden, also denjenigen Entwickelungskräften, die in des Menschen eigener Strömung liegen, würden wir ein weit über das Maß dessen hinausgehendes Interesse für unsere Mitmenschen haben, als wir es in Wirklichkeit haben. Die luziferische Wesenheit in der Natur des Menschen, die bewirkt eine gewisse Interesselosigkeit gegenüber den andern Menschen. [...]
Vieles in der Welt würde anders sein, wenn wir seiner Realität nach anerkennen würden diesen unseren Drang, ein viel zu großes Interesse für dasjenige zu haben, was wir selber auskochen, und ein viel zu geringes Interesse für dasjenige, was andere Menschen denken und fühlen und wollen. Menschenkenntnis in rechtem Sinne erlangt man nur, wenn man seine Menschenanschauung durchstrahlt mit der Frage: Was treibt mich hinweg von dem Interesse, das ich an andern Menschen entwickeln kann? [...] Und aus der Natur der menschlichen Erdenentwickelung war eigentlich keine Zeit weiter entfernt von dem wirklichen, echten Interesse an der unmittelbaren Menschennatur als die heutige Zeit. Man verwechsle dasjenige, was hier gemeint ist, nicht mit einer Kritiklosigkeit gegenüber dem Menschen. Wer freilich wiederum von der Idee ausgeht: Alle Menschen mußt du als gut ansehen und alle Menschen gleich lieben –, der

---

434 • Vortrag vom 4.10.1918, S. 196-218.
435 Die selbstlose Hingabe an die Phänomene, um sich von diesen selbst ‚belehren' zu lassen. Diese Selbstlosigkeit entspricht wiederum ganz dem Wesen Michaels.

macht sich die Sache ja allerdings recht luziferisch bequem, denn er geht erst recht von seinen Phantasien aus. Alle Menschen gleich zu betrachten, das ist erst recht eine luziferische Phantasie. Es handelt sich nicht darum, eine allgemeine Idee zu pflegen, sondern gerade darum, auf das Konkrete jedes einzelnen Menschen einzugehen und dafür ein liebevolles, vielleicht besser gesagt, interessevolles Verständnis zu entwickeln.

Der luziferische Impuls muss sehr wohl auch da sein, um nicht im Anderen regelrecht zu ‚ertrinken‘, aber er ist heute viel zu stark – so stark, dass der Andere überhaupt nicht gesehen wird, nur in der alleräußersten Oberfläche.

Während die luziferischen Impulse, die Steiner hier als etwas ‚Überbewußtes‘ charakterisiert, den Menschen ‚nur‘ zu sehr zu sich führen, steigen die ahrimanischen Impulse aus allerlei *unterbewussten* Trieben auf und sind zusätzlich auf ein *Machtgefühl* gerichtet, wie subtil auch immer:[205]

> Der ahrimanische Einschlag ergreift zunächst hauptsächlich das Unterbewußte im menschlichen Leben. In all dasjenige, was die unterbewußten, oftmals so raffinierten Triebe der Menschennatur sind, da hinein mischen sich die ahrimanischen Kräfte. [...] Die Menschen glauben dann, daß sie aus ihrem Bewußtsein urteilen, während sie nur aus ihren unterbewußten Trieben und aus ihren unterbewußten, raffinierten Impulsen oftmals das Urteil heraufzaubern, oder auch heraufzaubern lassen eben durch die ahrimanischen Kräfte.

Dieses Machtgefühl beginnt bereits bei der letztlich seelisch kalten Befriedigung, *Recht* zu haben, setzt sich fort in jedem Versuch der *Manipulation* von Menschen – und reicht bis zu noch viel offeneren Formen der Herrschaft. Und man kann unmittelbar erleben, wie die heutige Welt *durchsetzt* ist von diesen Impulsen der Gegenmächte. Sie sind allgegenwärtig.

Und erneut wäre es viel zu kurz gegriffen, einfach zu sagen: solche Impulse sind nun einmal Teil des menschlichen Wesens. Eine derart *anti*-spirituelle, simple ‚Küchenpsychologie‘ ist natürlich unglaublich bequem. Sie wird nie etwas ändern und mit ihr kann man stets alles entschuldigen. Sie *untermauert* einfach nur den Status quo. Erst, wenn die Gegenmächte *erkannt* werden, wird auch erkannt, dass diese Impulse in tiefster Hinsicht eben gerade *nicht* zum Menschenwesen gehören, dass sie ihm eigentlich fremd sind und dass sich dieses Menschenwesen gegen sie wehren kann – um eines Tages nicht mehr ihr *Opfer* zu werden. Welch ein armseliges Menschenbild ist es, zu sagen: ‚Der Mensch *ist* eben zum Teil egoistisch, man kann es nicht ändern.‘ Ein solches Menschenbild ist allzu oft nur Ausflucht dafür, dass man ganz persönlich sich gar nicht ändern will...

Jede spirituelle Anschauung weiß, dass man sich *grenzenlos* ändern kann und dies nur eine Frage der inneren Kraft und des inneren Willens ist. Wer dagegen behauptet, man könne es nicht, ist nur zu faul und zu unwillig, den Beweis anzutreten.

Die tiefe *Moralität* Rudolf Steiners konnten wir schon in der ‚Philosophie der Freiheit‘ und dann in ‚Wie erlangt man...?‘[436] begegnen. Wir wollen uns hier etwa an die *Ehrfurcht* als erste Bedingung jeder Esoterik erinnern:[23]

> Begegne ich einem Menschen und tadle ich seine Schwächen, so raube ich mir höhere Erkenntniskraft; suche ich liebevoll mich in seine Vorzüge zu vertiefen, so sammle ich solche Kraft. [...] Aber dies darf nicht eine äußerliche Lebensregel bleiben. Sondern es muß von dem Innersten unsrer Seele Besitz ergreifen. Der Mensch hat es in seiner Hand, sich selbst zu vervollkommnen, sich mit der Zeit ganz zu verwandeln. Aber es muß sich diese Umwandlung in seinem Innersten, in seinem Gedankenleben vollziehen.

Diese Selbstlosigkeit kann sich immer mehr vertiefen, etwa in dem Bemühen, ‚des anderen Meinung, Gefühl, ja Vorurteil mehr zu beachten, als was ich im Augenblicke selbst zu der in Rede stehenden Sache zu sagen habe‘,[96] und in der Gesinnung, ‚sich als *ein* Glied des ganzen Lebens zu empfinden‘ – und noch gegenüber dem Verbrecher zu empfinden, ‚daß mir etwas zuteil geworden ist, was ihm entzogen war, daß ich mein Gutes gerade dem Umstand verdanke, daß es ihm entzogen worden ist [...], daß ich nur ein Glied in der ganzen Menschheit bin und *mitverantwortlich* für alles, was geschieht‘.[106]

Man kann sich nun fragen, *warum* ist das Böse, sind die Gegenmächte überhaupt in der Welt? Schon früh, in einem Vortrag von 1906, wies Rudolf Steiner darauf hin, dass erst dies es möglich macht, das sich ein noch höheres *Gutes* entwickelt, das ohne die Begegnung mit dem Bösen nie existieren würde. Dies sei gerade die wahre Lehre der Manichäer,[437] die gleichzeitig auch die letztendliche *Erlösung* dieses Bösen lehrten:[438]

> Man meint, die Manichäer hätten die [dualistische, H.N.] Lehre aufgestellt, daß es von Natur aus ein Gutes und ein Böses gäbe, die miteinander im Kampfe liegen; das sei so von der Schöpfung her bestimmt gewesen. Das ist ein zum Unsinn verzerrter Schimmer der wirklichen Aufgabe dieses Ordens. [...] Der Manichäerorden belehrt [...] seine Mitglieder in solcher Weise, daß sie Umwandler des Bösen werden in späteren Geschlechtern. [...] Und dieses dann umgeschmolzene Böse wird nach gelungener Arbeit ein ganz besonders Gutes. Ein Zustand der Heiligkeit

---

[436] ● GA 10, Wie erlangt man Erkenntnisse der höheren Welten?

[437] Mani, der sich als Nachfolger von Zarathustra, Buddha und Jesus verstand, konnte seine Lehre unter dem Sassanidenkönig Schapur I. (240-270) im Perserreich, zunächst in Babylonien und im Südwest-Iran, verbreiten. Rund ein Jahrhundert nach Manis Tod war der Manichäismus auch in vielen Teilen des Römischen Reiches präsent, rege Missionstätigkeit brachte ihn weiter bis nach Spanien, in die Rheinebene und nach Holland. Trotz heftiger Verfolgung hielt er sich bis ins fünfte Jahrhundert. Im Osten ging die Ausbreitung bis nach China, 762 wurde der Manichäismus Staatsreligion der Uiguren, in China selbst ging er erst etwa im 14. Jahrhundert unter. Wikipedia: Manichäismus.

[438] Vortrag vom 29.8.1906, GA 95, S. 73-82, hier 77f.

wird der sittliche Zustand auf Erden sein, und die Kraft der Umwandlung wird den Zustand der Heiligkeit bewirken. Aber das kann nicht anders erzielt werden, als wenn erst dieses Böse sich bildet; und in der Kraft nun, die angewandt werden muß, um dieses Böse zu überwinden, entwickelt sich die Kraft zur höchsten Heiligkeit.

Man kann dies kaum denken, weil die gewöhnliche Seele auf das Böse in der Regel *selbst* mit einem Bösewerden reagiert. Es ist noch überhaupt kein Bewusstsein dafür vorhanden, dass das Böse einen stattdessen immer *friedvoller* und *liebe*-voller machen könnte, indem man selbst diese Kräfte in sich immer stärker und stärker macht, um sogar das Böse schließlich *gutzulieben*, anstatt sich von ihm auf dessen Seite ziehen zu lassen. Es ist dies der eigentliche Christus-Impuls: die Verwandlung der Welt durch Liebe, ja *in* einen Stern der Liebe, in einen im gesamten Kosmos ganz neuen Stern.

Rudolf Steiner wollte *diesem* manichäischen Christentum einen Boden bereiten.[439]

*

Jegliche menschliche Zukunft wird nur möglich sein, wenn die Menschen lernen, ihre unmittelbaren Sympathien, vor allem aber Antipathien und Urteile zurückzuhalten und zu verwandeln. Dieses Urteilen ist regelrecht das Krebsgeschwür alles Sozialen. In einem Vortrag des Herbstes 1918 sagte Steiner:[96] [440]

> Dasjenige, was der Menschheit einzig und allein Heil bringen kann gegen die Zukunft hin [...], muss sein ein ehrliches Interesse des einen Menschen an dem anderen. Dasjenige, was dem Bewusstseinsseelen-Zeitalter besonders eigen ist, ist Absonderung des einen Menschen vom anderen. Das bedingt ja die Individualität, das bedingt die Persönlichkeit, dass sich innerlich ein Mensch von dem anderen absondert. Aber diese Absonderung muss einen Gegenpol haben, und

---

[439] Und einen besonders tiefen manichäischen Geist trug einer seiner treuesten Schüler in seiner Seele, der Dichter Christian Morgenstern. Sein Gedicht „Brüder!" ist reinste Gesinnung dieses Geistes: „Brüder!" – Hört das Wort! / Soll's ein Wort nur bleiben! / Soll's nicht Früchte treiben / fort und fort? // Oft erscholl der Schwur! / Ward auch oft gehalten – / doch in engem, alten / Sinne nur. // O sein neuer Sinn! / Lernt ihn doch erkennen! / Laßt doch heiß ihn brennen / durch euch hin! // Allen Bruder sein! / Allen helfen, dienen! / Ist, seit ER erschienen, / Ziel allein! // Auch dem Bösewicht, / der uns widerstrebt! / Er auch ward gewebet / einst aus Licht. // „Liebt das Böse – gut!" / lehren tiefe Seelen. / Lernt am Hasse stählen – / Liebesmut. // „Brüder!" – Hört das Wort! / Daß es Wahrheit werde – / und dereinst die Erde / Gottes Ort.' Wir fanden einen Pfad. Zeno.org. • Eine erste *Ahnung* von dem durch die Begegnung mit dem Bösen möglichen *höheren* Guten kann man vielleicht bekommen, wenn man einmal das Böse in sich selbst erlebt hat, und sei es nur in einem bösen Wort – und dann die aufkeimende Scham und Reue, weil das Leiden der anderen Seele eine Realität ist, die man zunächst nicht mehr ändern kann, aber die tiefe Reue erzeugt in der eigenen Seele eine ebenso tiefe *Demut*, die man bis dahin nicht kannte, die nun aber die Grundlage, der nährende Boden für eine tiefer sich entfaltende Liebe gegenüber anderen Menschen wird... Und dieses kann man sich grenzenlos fortgesetzt und vertieft denken. • Essenziell ist aber auch das seeleninnerste Aufwachelement, dass das Böse *nicht sein soll*, ein heißer Wunsch nach einer Welt des rein Guten. Hier begegnet der Mensch seinem innersten Wesen – aber dies geschieht nur in der Begegnung *mit* der Realität des Bösen.

[440] • Vortrag vom 25.10.1918, GA 185, S. 83-104.

dieser Gegenpol muss in dem Heranzüchten eines regen Interesses von Mensch zu Mensch bestehen.

[...] Sie finden unter den elementarsten Impulsen, die angegeben werden [zur Geistesschulung, etwa in ,Wie erlangt man...?', H.N.], [...] die Entwicklung einer Gesinnung zur Positivität. Die meisten Menschen der Gegenwart werden geradezu mit ihrer Seele umkehren müssen von ihren Wegen, wenn sie diese Positivität entwickeln wollen, denn die meisten Menschen haben noch nicht einmal einen Begriff von dieser Positivität. Sie stehen von Mensch zu Mensch so, dass sie, wenn sie an anderen Menschen etwas bemerken, das ihnen nur nicht passt – [...] das ihnen von oben her betrachtet, ganz äußerlich betrachtet, nicht passt –, so fangen sie an abzuurteilen, aber ohne Interesse dafür zu entwickeln. Es ist im höchsten Grade antisozial [...] für die zukünftige Menschheitsentwicklung, solche Eigenschaften an sich zu haben, in unmittelbarer Sympathie und Antipathie an den anderen Menschen heranzugehen.

Eine tiefgehende Seelenumwandlung ist es demgegenüber, sich unbefangen gerade in die *Fehler* eines anderen Menschen zu vertiefen, was letztlich dazu führen wird, an die Stelle alles Urteilens immer mehr einen liebevollen Blick zu setzen:[96f]

Dagegen wird die schönste, bedeutendste soziale Eigenschaft der Zukunftsentwicklung sein, wenn man gerade ein naturwissenschaftliches, objektives Interesse für Fehler anderer Menschen entwickelt, wenn einen die Fehler anderer Menschen viel mehr interessieren, als daß man sie versucht zu kritisieren. Denn nach und nach [...] wird sich der eine Mensch ganz besonders immer mehr und mehr mit den Fehlern des anderen Menschen liebevoll zu befassen haben.

*

Immer wieder findet sich bei Rudolf Steiner dieser Aufruf zur inneren Verwandlung der Seele. Die Tendenz, sich durch die jeweiligen Schwächen des Einzelnen auch schnell wieder auseinandertreiben zu lassen, fand sich natürlich auch unter Anthroposophen. Und so schrieb Steiner im Februar 1924 an die Mitglieder der Allgemeinen Anthroposophischen Gesellschaft:[441]

Hat man den andern genau kennen gelernt, weil er sich voll aufgeschlossen hat, so bemerkt man auch bald seine Schwächen. Und dann kann die – negative Schwärmerei auftreten [schnelles gegenseitiges Meiden, H.N.]. Und diese Gefahr ist in der Anthroposophischen Gesellschaft eine überall herumschleichende. Gegen sie zu wirken, gehört zu den Aufgaben der Gesellschaft. Innere Toleranz gegen den andern sollte daher jeder im Tiefsten seiner Seele anstreben, der rechtes Mitglied der Gesellschaft sein will. Den andern verstehen lernen auch da, wo er Dinge denkt und tut, die man nicht selber denken und tun möchte, das sollte ein Ideal darstellen.
Es braucht dies nicht gleichbedeutend zu sein mit der Urteilslosigkeit gegenüber Schwächen und Fehlern. Verstehen ist etwas anderes als Sich-blind-machen. Man kann zu einem Menschen, den man liebt, von dessen Verfehlungen reden: er wird in vielen Fällen darin den schönsten Freundschaftsdienst sehen. Man kann aber auch mit der Empfindung des gleichgültigen Richters den andern abkanzeln: er prallt zurück vor der Verständnislosigkeit und tröstet sich mit dem Haßgefühle, das in ihm gegenüber dem Kritiker aufdämmert.

---

441 Brief an die Mitglieder vom 24.2.1924, GA 260a, S. 52-54.

Es kann in vieler Beziehung in der Anthroposophischen Gesellschaft verhängnisvoll werden, wenn die Intoleranz und Verständnislosigkeit gegenüber andern Menschen in sie in der Form hineingetragen werden, in der sie gegenwärtig in weitem Umfange das Leben beherrschen. Denn durch das Nahe-Stehen der Menschen steigern sie sich innerhalb der Gesellschaft.

Das sind Dinge, die stark darauf hinweisen, wie das lebendigere Erkenntnisstreben in der Anthroposophischen Gesellschaft notwendig begleitet sein muß von dem Ringen nach einer Veredelung des Gefühls- und Empfindungslebens. Das verstärkte Erkenntnisstreben vertieft das Seelenleben nach der Region hin, wo Hochmut, Selbstüberschätzung, Teilnahmslosigkeit mit andern Menschen und noch vieles andere lauern.[442] [...] Wer aber sein Erkenntnisstreben deshalb schlummern läßt, weil durch dessen Pflege seine häßlichen Gefühle aufgerührt werden, der verzichtet auch darauf, den vollen Umfang des wahren Menschen in sich zu entwickeln. Es ist menschenunwürdig, die Einsicht zu lähmen, weil man sich vor der Charakterschwäche fürchtet. Es kann allein menschenwürdig sein, mit dem Erkenntnisstreben auch das nach dem Willen zur Selbstzucht zu verbinden.

Und durch die Anthroposophie kann man das. Man muß nur auf die Lebendigkeit ihrer Gedanken kommen. Diese Lebendigkeit macht, daß sie auch Kraft im Willen, Wärme in Gefühl und Empfindung erzeugen können. Es liegt durchaus an dem Menschen, ob er die Anthroposophie bloß *vorstellt*, oder ob er sie *erlebt*.

*

In einem Vortrag hatte Steiner diese Fragen bereits ein Jahr zuvor berührt, als er den Hörern sagte:[126] [443]

Es ist ein in einem gewissen Sinne berechtigter Vorwurf, den die Außenwelt den Anthroposophen macht, daß ja in der anthroposophischen Bewegung viel gesprochen wird vom geistigen Vorwärtskommen, daß man aber wenig sehe von diesem geistigen Vorwärtskommen der einzelnen Anthroposophen. Dieses Vorwärtskommen wäre durchaus möglich. Das richtige Lesen jedes einzelnen Buches gibt die Möglichkeit eines wirklichen Vorwärtskommens in geistiger Beziehung. Aber dazu ist nötig, daß diejenigen Dinge, von denen gestern gesprochen worden ist, wirklich real werden, ernsthaft genommen werden: daß der physische Leib in richtiger Weise konstituiert wird durch die Wahrhaftigkeit, der ätherische Leib durch den Schönheitssinn, der astralische Leib durch den Sinn für Güte.

Es geht also um eine tiefe Läuterung des ganzen Menschenwesens bis in die Leibesglieder hinein durch Liebe zum *Guten* (Astralleib), zum *Schönen* (Ätherleib) und zur *Wahrheit* (physischer Leib).[444]

---

[442] Dieses Phänomen ist in allen spirituellen Bewegungen zu beobachten. Es ist eben eine Tatsache, dass die Gegenmächte einen spirituell strebenden Menschen nicht freiwillig ‚verlieren' – er wird im Gegenteil *erst recht* mit ihnen konfrontiert. • Gerade *weil* die innere Kraft erstarkt, liegt auch der Hochmut näher, sich über die anderen Menschen erhaben zu dünken, und anderes mehr. Übersinnliche Erkenntnis ist viel leichter zu gewinnen, als seinen Willen mit dem *Liebesimpuls* zu durchdringen. Und genau dies ist das ‚Einfallstor' für die Gegenmächte.

[443] • Vortrag vom 20.1.1923, GA 220, S. 117-134.

Die Liebe zum Guten ist aber ganz real aufrichtiges Interesse und Hingabe an den anderen Menschen in der Begegnung:[129]

> Denn der Mensch muß die Fähigkeit haben, für den andern Menschen Interesse, Hingebung zu haben: das, was ich gestern so charakterisiert habe, daß eigentlich die Moral erst damit beginnt, wenn man in seinem astralischen Leibe die Sorgenfalten des andern selber als eine astralische Sorgenfalte ausbildet. Da beginnt die Moral, sonst wird die Moral nur Nachahmung von konventionellen Vorschriften oder Gewöhnungen sein. Was ich in meiner „Philosophie der Freiheit" als moralische Tat geschildert habe, das hängt zusammen mit diesem Miterleben im eigenen astralischen Leibe der Sorgenfalte oder der Falten, welche durch das Lächeln des andern entstehen und so weiter. Ohne daß im menschlichen Zusammenleben dieses Untertauchen der Seele des einen in dem Wesen des andern stattfindet, kann nicht der Sinn für das wirklich reale Leben von Geistigkeit sich ausbilden.

Diese tiefe *Empathiekraft*, dieses wirkliche Mitleben mit den seelischen Offenbarungen des anderen Menschen, die Steiner hier sehr bildhaft beschreibt, hat auch Rilke in seinem fast letzten Gedicht, das mit den Zeilen ‚Nicht Geist, nicht Inbrunst wollen wir entbehren' beginnt, eindrücklich erlebbar gemacht. Dort heißt es, dass jene, die in diesem Ringen ‚ein Reinstes' erreichen, ein grenzenloses Einfühlungsvermögen in sich wahrmachen: ‚Das Leiseste darf ihnen nicht entgehen, / sie müssen jenen Ausschlagswinkel sehen, / zu dem der Zeiger sich kaum merklich rührt, / und müssen gleichsam mit den Augenlidern / des leichten Falters Flügelschlag erwidern, / und müssen spüren, was die Blume spürt.'[445] Es ist wirklich ein sich hingebendes *Untertauchen*, wie Steiner sehr exakt formuliert.

Und es ist das Gegenteil des abstrakten Intellekts, der, wie Steiner im ‚Pädagogischen Jugendkurs' formulierte, von der Wirklichkeit längst *abgeschnitten* ist. Vier Jahre vorher, Ende 1918, formuliert er:[446]

> Das ist aber das Neue an der anthroposophisch orientierten Geisteswissenschaft, daß man nicht nur Neues in ihr denkt, sondern daß man auf neue Art denkt. Und darum können so viele Menschen nicht heran an dieses Denken in neuer Art. Auf dieses Denken in neuer Art aber kommt es an, auf dieses Denken, von dem man sagen kann, daß der Gedanke untertaucht in die Wirklichkeit und man mit der Wirklichkeit lebt. Mit der Abstraktion können Sie alles beweisen. Mit einer Abstraktion, sei es selbst die eines Gottes, da können Sie sagen als ein braver, monarchis-

---

[444] In dem vorherigen Vortrag schilderte Steiner, wie die Wahrhaftigkeit ein gesundes geistiges Seinsgefühl bis in den physischen Leib hinein bewirkt, während Unwahrhaftigkeit dies gerade untergräbt, weil es auch die ‚Fäden mit dem vorirdischen Dasein zerreißt'. Vortrag vom 19.1.1923, GA 220, S. 105-116, hier 107. • Zugleich hängen das Wahre, Schöne und Gute mit Vergangenheit (Vorgeburtliches), Gegenwart und Zukunft (Nachtodliches) zusammen: ‚Wahr sein, heißt beim Menschen, recht zusammenhängen mit seiner geistigen Vergangenheit. Für Schönheit einen Sinn haben, heißt beim Menschen, nicht verleugnen in der physischen Welt den Zusammenhang mit der Geistigkeit. Gut sein, heißt beim Menschen, einen Keim bilden für eine geistige Welt in der Zukunft.' Ebd., S. 115.

[445] Geschrieben für Karl Graf Lanckoronski. Rainer Maria Rilke: Ausgewählte Werke, Erster Band: Gedichte. Leipzig 1938, S. 365f. Archive.org.

[446] Vortrag vom 20.12.1918, GA 186, S. 268 bis 293, hier 293.

tischer Untertan: Der König ist von Gottes Gnaden eingesetzt. – Die heutige Zeit kann ihm die Lehre geben: Er ist nun auch wieder von Gottes Gnaden abgesetzt! Man kann, wenn man Abstraktionen hat, das Schwarze und das Weiße unter diese Abstraktionen bringen. Mit Abstraktionen kann man sagen, daß der Gott die Heere anführt des einen und des andern. Darauf eben kommt es an bei jenem Streben nach wahrer Wirklichkeit, das gerade der anthroposophisch orientierten Geisteswissenschaft zugrundeliegt, daß solches abstrakte Leben, respektive solches abstrakte Reden, das ruinös ist für die Wirklichkeit, ersetzt wird durch wirklichkeitsgemäßes Denken, durch ein Reden, das liebevoll untertaucht in die Wirklichkeit und aus der Wirklichkeit selber heraus redet.

*

Bereits 1905 stellte Steiner in einem Vortrag ‚Bruderschaft und Daseinskampf‘[447] der damals verbreiteten sozialdarwinistischen Vorstellung vom ‚Daseinskampf‘[448] das theosophische Ideal der Brüderlichkeit gegenüber. Schon im Mittelalter unterstützten in den Schwurbruderschaften, aus denen sich dann die Gilden entwickelten, die Menschen einander, etwa wenn jemand krank wurde oder Witwen und Waisen versorgt werden mussten.[185]

In einer echten Gemeinschaft entsteht etwas ganz Neues, in ihr können dann höhere geistige Wesenheiten wirken, wie schon das Christus-Wort ‚Wo zwei oder drei in meinem Namen vereinigt sind, da bin ich mitten unter ihnen‘ offenbart. ‚Aber es entsteht nur, wenn der einzelne in dem andern lebt, wenn der einzelne seine Kraft nicht bloß aus sich selbst, sondern auch aus den andern schöpft.‘[192] Eine solche Gemeinschaft hat dann ganz real ein Engelwesen, das sie beseelt. Dieser Impuls der Brüderlichkeit ist die Zukunft: ‚Das ist das Geheimnis des Fortschritts der zukünftigen Menschheit, aus Gemeinschaften heraus zu wirken.‘[193]

‚Derjenige wirkt am besten, der nicht seine Meinung durchsetzen will, sondern das, was er seinen Mitbrüdern an den Augen ansieht; der in den Gedanken und Gefühlen der Mitmenschen forscht und sich zu deren Diener macht.‘[195] Steiner macht vollkommen Ernst mit der seelisch-geistigen Realität:[195]

Man nennt heute noch die Theosophen unpraktische Idealisten. Es wird nicht lange dauern, so werden sie sich als die Praktischsten erweisen, weil sie mit den Kräften des Lebens rechnen. Niemand wird daran zweifeln, daß man einen Menschen verletzt, wenn man ihm einen Stein an den Kopf wirft. Daß es aber viel schlimmer ist, dem Menschen ein Haßgefühl zuzusenden, das die Seele des Menschen viel mehr verletzt als der Stein den Körper, das wird nicht bedacht. Es kommt ganz darauf an, in welcher Gesinnung wir den Mitmenschen gegenüberstehen.

---

[447] Bruderschaft und Daseinskampf. Vortrag vom 23.11.1905, GA 54, S. 179-199.
[448] Was ein generelles Missverstehen Darwins war, denn die ‚natürliche Selektion‘ führte nicht zum ‚Überleben der Stärksten‘, sondern der an ihre Umwelt am besten *angepassten* Individuen. In dem von Herbert Spencer geprägten Begriff ‚Survival of the fittest‘, bedeutet das Adjektiv ‚fit‘ nicht körperliche Stärke, wie eine vom Physischen geradezu hypnotisierte ‚Fitness‘-Kultur schon damals meinen konnte, sondern es kommt von ‚to fit‘ = passen, anpassen. Siehe auch Wikipedia englisch: Survival of the fittest.

Aber diese Erkenntnis ist eben erst der Beginn. Sodann geht es um den umgekehrten, gegenteiligen Impuls:[196f]

Wir müssen aber lernen, mit der Seele zuzuhören, wir müssen verstehen, die intimsten Dinge mit der Seele zu erfassen. [...] Unterdrücken müssen wir also unsere Meinung, um den andern ganz zu hören, nicht bloß das Wort, sondern sogar das Gefühl, auch dann, wenn sich in uns das Gefühl regen sollte, daß es falsch ist, was der andere sagt. [...] Sie fühlen dann, wie wenn die Seele des andern Sie durchwärmte, durchleuchtete, wenn Sie ihr in dieser Weise mit absoluter Toleranz entgegentreten. Nicht bloß Freiheit der Person sollen wir gewähren, sondern völlige Freiheit, ja sogar die Freiheit der fremden Meinung sollen wir schätzen. Das ist nur ein Beispiel für vieles. Derjenige, der dem andern ins Wort fällt, der tut von einer geistigen Weltanschauung aus betrachtet etwas Ähnliches wie der, welcher dem andern physisch einen Fußtritt gibt. Bringt man es dazu, zu begreifen, daß es eine viel stärkere Beeinflussung ist, einem andern ins Wort zu fallen, als ihm einen Fußtritt zu geben, dann erst kommt man dazu, die Bruderschaft bis in die Seele hinein zu verstehen, dann wird sie eine Tatsache.

*

Dieses bedingungslose Geltenlassen der Meinung des Anderen ist regelrecht der *Gedankenweg zu Christus*, wie Steiner 1919 beschreibt. Rudolf Steiner knüpft hier an das an, was er auch andernorts ausgeführt hat, nämlich dass jede Seele das Göttliche als solches von Natur aus finden kann, dass es aber in Bezug auf das Finden des Christus nicht so ist:[449]

Das Ex deo nascimur ist etwas, was im sozialen Leben dem gesund entwickelten Menschen sich von selbst ergibt. Denn erkennt er das nicht an: Aus dem Göttlichen bin ich geboren – so muß er irgendwie einen Defekt haben, der sich eben in der Weise ausdrückt, daß er Atheist wird. Aber da kommen wir zu dem Göttlichen im allgemeinen, das aus einer inneren Lüge heraus moderne Pastoren Christus nennen, das aber nicht der Christus ist. [...] Denn wir wissen, daß das Mysterium von Golgatha deshalb auf die Erde gekommen ist, weil fernerhin der Mensch nicht das Menschenwürdige ohne dieses Mysterium von Golgatha, das heißt, ohne den Christus-Impuls hätte finden können. Und so müssen wir gewissermaßen unseren Menschen zwischen Geburt und Tod nicht nur finden, sondern wir müssen ihn wiederfinden, wenn wir Christen sein wollen im rechten Sinne, wenn wir dem Christus nahekommen wollen. Wir müssen ihn in der folgenden Weise wiederfinden, diesen unseren Menschen. Wir müssen die innere Ehrlichkeit suchen, müssen uns aufraffen zu der inneren Ehrlichkeit, uns zu sagen: Wir werden mit Bezug auf unsere Gedankenwelt nach dem Mysterium von Golgatha nicht vorurteilslos geboren, wir werden alle mit gewissen Vorurteilen geboren.
In dem Augenblicke, wenn man in Rousseauscher oder in anderer Weise den Menschen von vornherein für vollkommen hält, kann man überhaupt nicht den Christus finden, sondern nur wenn man weiß, daß der Mensch in gewisser Weise als ein nach dem Mysterium von Golgatha Lebender einen Defekt hat, den er durch seine eigene Tätigkeit im Leben hier ausgleichen muß. Ich bin als ein vorurteilsvoller Mensch geboren und muß mir die Gedankenvorurteilslosigkeit im Leben erst erwerben. Und wodurch kann ich sie hier erwerben? Einzig und allein dadurch, daß ich nicht nur Interesse entwickele für dasjenige, was ich selber denke, was ich selber für

---

449 Vortrag vom 11.2.1919, GA 193, S. 46-65, hier 59f.

richtig halte, sondern daß ich selbstloses Interesse entwickele für alles, was Menschen meinen und was an mich herantritt, und wenn ich es noch so sehr für Irrtum halte. Je mehr der Mensch auf seine eigenen eigensinnigen Meinungen pocht und sich nur für diese interessiert, desto mehr entfernt er sich in diesem Augenblicke der Weltentwickelung von dem Christus. Je mehr der Mensch soziales Interesse entwickelt für des anderen Menschen Meinungen, auch wenn er sie für Irrtümer hält, je mehr der Mensch seine eigenen Gedanken beleuchtet durch die Meinungen der anderen, je mehr er hinstellt neben seine eigenen Gedanken, die er vielleicht für Wahrheit hält, jene, welche andere entwickeln, die er für Irrtümer hält, aber sich dennoch dafür interessiert, desto mehr erfüllt er im Innersten seiner Seele ein Christus-Wort, das heute im Sinne der neuen Christus-Sprache gedeutet werden muß. Der Christus hat gesagt: „Was ihr einem der geringsten meiner Brüder tut, das habt ihr mir getan." Der Christus hört nicht auf, immer wieder und wieder sich den Menschen zu offenbaren, bis ans Ende der Erdentage. Und so spricht er heute zu denjenigen, die ihn hören wollen: Was einer der geringsten eurer Brüder denkt, das habt ihr so anzusehen, daß ich in ihm denke, und daß ich mit euch fühle, indem ihr des anderen Gedanken an euren Gedanken abmesset, soziales Interesse habt für dasjenige, was in der anderen Seele vorgeht. Was ihr findet als Meinung, als Lebensanschauung in einem der geringsten eurer Brüder, darin suchet ihr mich selber.

Würde man dies auch nur *versuchen*, wahrzumachen – wieviele furchtbare soziale Verwerfungen würden sich heute auflösen können!

Verwerfungen, die nur dadurch entstehen, dass von zwei oder mehreren Seiten jede Seite der anderen vorwirft, nicht das Geringste zu verstehen, ihr reine Bösartigkeit unterstellt, sie als ‚Schwurbler' diffamiert und vieles andere mehr. Die jeweils mächtigere Seite kann der anderen sogar Versammlungen ‚canceln', man kann sich in jeder Weise *blind* für die Argumente und Sichtweisen des Anderen machen – und ist doch gerade selbst der Kranke, den Christus heilen wollte. Nicht, weil die Sicht des Anderen nun unbedingt richtig wäre – aber das Gleiche gilt für die eigene, und das Einzige, worauf es ankommt, ist, einander *sehen* zu lernen, denn ohne das *Miteinander* ist auch jede andere Wahrheit wertlos. Wo die Liebe fehlt, da fehlt alles...

In demselben Vortrag beschreibt Steiner den *Willensweg* zu Christus als die Entwicklung echter Ideale, die auch nach der Jugend lebendig bleiben, eine ‚Selbsterziehung zum Idealismus'.[62] Und man denke hier auch an den früher zitierten Vortrag, in dem Steiner schildert, wie durch die Verbindung mit dem Christuswesen die Ideale so *lebendig* werden, dass sie durch und durch individuell werden, nichts Abstraktes mehr haben. Aber auch die Brüderlichkeit selbst ist ja ein Ideal! Der Gedankenweg ist also ein spezieller Fall des Willenweges zu Christus. Es ist die Hingabe an die Gedanken des Anderen – dafür braucht man in tiefstem *Maße* den Willen und die Liebe!

Gerade deshalb wird man sich insbesondere gegen diesen Gedankenweg zu Christus am allermeisten wehren...

*

Rudolf Steiner hat jedoch immer weiter in konkretester Weise von diesem Christus-Impuls gesprochen. Zwei Monate vorher, Ende 1918, beschrieb er, wie es darauf ankommt, das Bild des anderen Menschen in der eigenen Seele zu erwecken:[450]

Wie können wir überhaupt den sich auf naturgemäße Weise entwickelnden antisozialen Trieben die sozialen Triebe entgegenstellen, bewußt entgegenstellen? Wie können wir sie so kultivieren, daß sich wirklich in uns anspinnt, und immer weiter- und weitergeht und uns keine Ruhe läßt, wenn es nicht weitergeht, das Interesse von Mensch zu Mensch, das gerade in unserem Zeitalter der Bewußtseinsseele furchtbar geschwunden ist? Es sind ja Abgründe in unserem Zeitalter schon aufgerissen zwischen Mensch und Mensch! In einer Weise, wie es die Menschen gar nicht ahnen, gehen sie heute aneinander vorbei, ohne sich im geringsten zu verstehen. [...] Wie blind heute die Menschen aneinander vorbeigehen, das sieht man dann, wenn diese Menschen in den mannigfaltigsten Gesellschaften [...] sich vereinigen. Die sind heute oftmals für die Menschen durchaus nicht eine Gelegenheit, Menschenkenntnis sich zu erwerben. Die Menschen können heute jahrelang mit anderen Menschen zusammensein und sie nicht genauer kennen als sie sie kannten, als sie mit ihnen bekannt geworden sind.
Gerade das ist notwendig, daß man, ich möchte sagen, in systematischer Weise in Zukunft zu dem Antisozialen das Soziale bringt. Innerlich-seelisch gibt es dafür verschiedene Mittel, unter anderem, wenn wir versuchen, öfter einmal im Leben auf unser eigenes diesmaliges Leben, auf die diesmalige Inkarnation zurückzublicken, wenn wir zu überschauen versuchen dasjenige, was sich abgespielt hat in unserem Leben zwischen uns und anderen Menschen, die in dieses Leben hereingetreten sind. [...] Wir sollten versuchen, im Bilde auftauchen zu lassen vor unserer Seele die Personen, die als Lehrer, Freunde, sonstige Förderer in unser Leben eingriffen, oder solche Personen, die uns geschädigt haben und denen wir von gewissen Gesichtspunkten aus manchmal mehr verdanken als jenen, die uns genützt haben. Diese Bilder sollten wir vor unserer Seele vorüberziehen lassen, uns ganz lebendig vorzustellen, was jeder an unserer Seite für uns getan hat, und wir werden sehen, wenn wir auf diese Weise verfahren, daß wir allmählich uns selber vergessen lernen, daß wir finden, wie eigentlich fast alles, was an uns ist, gar nicht da sein könnte, wenn nicht diese oder jene Personen fördernd oder lehrend, oder sonst irgendwie in unser Leben eingegriffen hätten. [...] Wenn wir versuchen, Sinn dafür zu entwickeln, wieviel wir zu danken haben der einen oder der anderen Person, versuchen, in dieser Weise uns selber im Spiegel derjenigen zu sehen, die im Laufe der Zeit auf uns gewirkt haben und mit uns zusammen waren, dann löst sich allmählich – wir werden das erfahren können – ein Sinn von uns los [...], nun auch dem Menschen gegenüber zu einem Bilde zu kommen, dem wir in der Gegenwart gegenübertreten, dem wir dann von Angesicht zu Angesicht in der Gegenwart gegenüberstehen.
Und das ist das ungeheuer Wichtige, daß in uns der Trieb erwacht, nicht bloß den Menschen, wenn wir ihm gegenüberstehen, nach Sympathien und Antipathien zu empfinden [...], sondern ein liebe- und haßfreies Bild, wie der Mensch ist, in uns zu erwecken. Sie werden vielleicht nicht empfinden, daß das, was ich jetzt sage, etwas ungeheuer Wichtiges ist. Es ist etwas Wichtiges. Denn diese Fähigkeit, ohne Haß und Liebe ein Bild des anderen Menschen in sich gegenwärtig zu machen, den anderen Menschen seelisch in sich auferstehen zu lassen, das ist eine Eigenschaft, die mit jeder Woche in der Entwickelung der Menschen, ich möchte sagen, mehr

[450] Vortrag vom 12.12.1918, GA 186, S. 158-187, hier 170-172.

oder weniger dahinschwindet, das ist etwas, was die Menschen nach und nach ganz verlieren. Sie gehen aneinander vorbei, ohne daß der Trieb in ihnen erwacht, den anderen Menschen in sich auferwachen zu lassen. Das ist aber etwas, was bewußt gepflegt werden muß. Das ist etwas, was auch in die Kinder- und Schulpädagogik einziehen muß: diese Fähigkeit, am Menschen das imaginative Vermögen zu entwickeln.

Ein Zeitalter des Friedens und der Geschwisterlichkeit wird eben nicht *kommen*, wenn man nicht in ernstester Weise bei sich selbst anfängt und mit einer Selbsterziehung im Sinne des Christus-Impulses ernst macht! In konkretester Weise ernst macht, mit seelischen ‚Mitteln‘, wie Steiner hier fast nüchtern formuliert, die aber allein bewirken können, dass neben den sich *von selbst* verstärkenden antisozialen Impulsen auch der *soziale* Impuls wird leben können. Die immer weiter zunehmende Individualisierung und damit auch Sonderung der Menschen voneinander wird von selbst kommen[451] – nicht aber von selbst kommen wird das, was die Menschen zugleich wieder zueinander führen kann, denn diese Impulse müssen in der Seele vom Menschenwesen selbst *erweckt* werden, wenn sie da sein sollen: als lebendiges Interesse, als Bereitschaft, Fähigkeit und Wille zur Hingabe; als Eintauchen in den anderen Menschen, als Auferstehenlassen des Bildes des anderen Menschen in der eigenen Seele.

*

Und dann beschreibt Rudolf Steiner im Februar 1923 in einem Vortrag für die Mitglieder, dass ein wirkliches Verständnis für die Anthroposophie ohne ein *Erwachen am anderen Menschen* gar nicht möglich sei:[116] [452]

Genau so, wie man in der rechten Weise für das alltägliche Erdenleben aufwacht durch die äußere Natur, gibt es ein höherstufiges Aufwachen, wenn wir in der richtigen Weise an dem Seelisch-Geistigen unseres Mitmenschen aufwachen, wenn wir ebenso in uns fühlen lernen das Geistig-Seelische des Mitmenschen, wie wir fühlen in unserem Seelenleben beim gewöhnlichen Aufwachen das Licht und den Ton. [...] Nun, wir mögen noch so schöne Ideen aufnehmen aus der Anthroposophie, aus dieser Kunde von einer geistigen Welt, wir mögen theoretisch durchdringen alles dasjenige, was von uns vom Äther-, Astralleib und so weiter gesagt werden kann, wir verstehen dadurch noch nicht die geistige Welt. Wir beginnen das erste Verständnis

---

[451] In demselben Vortrag bezeichnet es Steiner geradezu als das ‚Urphänomen der Sozialwissenschaft‘, dass ‚wenn Mensch dem Menschen gegenübersteht, der eine Mensch immer einzuschläfern bemüht ist, und der andere Mensch sich immerfort aufrecht erhalten will‘. Ebd., S. 175. • An anderer Stelle beschreibt Steiner, wie die gewöhnlichen, oberflächlichen Sym- und Antipathiegefühle zunehmen werden und die Bewusstseinsseele nur in deren *Bekämpfung* und Überwindung ‚richtig geboren werden‘ könne, das heißt, in einer echten Selbsterziehung zu aufrichtiger Unbefangenheit. Wie kann die seelische Not der Gegenwart überwunden werden? Vortrag vom 10.10.1916, GA 168, S. 91-120, hier S. 101. • In diesem Vortrag schildert er aber auch, dass mit der Zeit der Bewusstseinsseele viel ausgeprägter dasjenige unterbewusst-gefühlsmäßig aufsteigt, was Menschen in früheren Inkarnationen miteinander durchlebt haben: ‚Das gegenseitige Verständnis wird immer schwieriger und schwieriger, weil immer mehr und mehr es notwendig wird, daß die Menschen dasjenige, was karmisch in ihnen sitzt, erst wirklich aus dem Inneren aufsteigen lassen.‘ Ebd., S. 97.

[452] • Vortrag vom 27.2.1923, GA 257, S. 104-124, hier 116-120.

für die geistige Welt erst zu entwickeln, wenn wir am Seelisch-Geistigen des andern Menschen erwachen. Dann beginnt erst das wirkliche Verständnis für die Anthroposophie.

Dies ist möglich durch einen *spirituellen Idealismus*, den er im Weiteren beschreibt:[116f]

Die Kraft zu diesem Erwachen, sie kann dadurch erzeugt werden, daß in einer Menschengemeinschaft spiritueller Idealismus gepflanzt wird. Man redet ja heute viel von Idealismus. Aber Idealismus ist heute innerhalb unserer Gegenwartskultur und Zivilisation etwas ziemlich Fadenscheiniges. Denn der wirkliche Idealismus ist nur vorhanden, wenn der Mensch sich bewußt werden kann, daß er [...] etwas, das er im Irdischen erschaut, im Irdischen erkennen und verstehen gelernt hat, in das Übersinnlich-Geistige hinaufhebt, indem er es ins Ideal erhebt. [...] wenn wir so empfinden lernen, daß wir uns sagen: Dasjenige, was du hier in der Welt der Sinne wahrgenommen hast, wird plötzlich lebendig, wenn du es zum Ideal erhebst. Es wird lebendig, wenn du es in der richtigen Weise durchdringst mit Gemüt und Willensimpuls. Wenn du dein ganzes Inneres vom Willen durchstrahlst, Begeisterung auf es wendest [...]. [...] wenn wir tatsächlich imstande sind, durch die lebendige Kraft, die wir hineinlegen in die Gestaltung der Ideen vom Geistigen, etwas von einem Erweckenden zu erleben, etwas von dem, was nicht bloß das sinnlich Erlebte so idealisiert, daß das Ideal ein abstrakter Gedanke ist, sondern so, daß das Ideal ein höheres Leben gewinnt, indem wir uns in es hineinleben, daß es das Gegenbild des Kultus wird, nämlich das Sinnliche ins Übersinnliche hinauferhoben.

Und dann beschreibt er es noch konkreter:[117f]

Das können wir auf gefühlsmäßige Weise erreichen, wenn wir uns angelegen sein lassen, überall dort, wo wir Anthroposophisches pflegen, diese Pflege von durchgeistigter Empfindung zu durchdringen, wenn wir verstehen, schon die Türe, schon die Pforte zu dem Raum – und mag er sonst ein noch so profaner sein, er wird geheiligt durch gemeinsame anthroposophische Lektüre – als etwas zu empfinden, was wir mit Ehrerbietung übertreten. Und die Empfindung müssen wir hervorrufen können, daß das in jedem einzelnen der Fall ist, der sich mit uns vereinigt zu gemeinsamem Aufnehmen anthroposophischen Lebens. Und das müssen wir nicht nur zu innerster abstrakter Überzeugung bringen können, sondern zu innerem Erleben, so daß in einem Raume, wo wir Anthroposophie treiben, wir nicht nur dasitzen als so und so viele Menschen, die aufnehmen das Gehörte, oder aufnehmen das Gelesene und es in ihre Gedanken verwandeln, sondern daß durch den ganzen Prozeß des Aufnehmens anthroposophischer Ideen ein wirkliches real-geistiges Wesen anwesend wird in dem Raume, in dem wir Anthroposophie treiben. [...] und unsere Rede, unser Empfinden, unser Denken, unsere Willensimpulse müssen wir einrichten können im spirituellen Sinne, das heißt nicht in irgendeinem abstrakten Sinne, sondern in dem Sinne, daß wir uns so fühlen, als schaute herunter auf uns und hörte uns an ein Wesen, das über uns schwebt, das real-geistig da ist. Geistige Gegenwart, übersinnliche Gegenwart müssen wir empfinden, die dadurch da ist, daß wir Anthroposophie treiben. Dann fängt die einzelne anthroposophische Wirksamkeit an, ein Realisieren des Übersinnlichen selbst zu werden.

Die Seelen heute haben die Fähigkeit sehr weitgehend verloren, etwas willentlich zu einem *Ideal* zu erheben. Eine Begegnung, eine gemeinsame Arbeit zu *heiligen*.

Und warum geht diese Fähigkeit verloren? Weil der Wille nicht da ist! Man ist nicht selbstlos genug, die Seele ist nicht rein und aufrichtig genug. Man empfindet es heute bereits als *peinlich*, Empfindungen des Heiligen(s) in sich zu erwecken – weil man dann ja etwas Höheres anerkennt, etwas über sich, und das will, ja kann die moderne Seele nicht mehr. Sie empfände sich dann als gering, als komisch, seltsam – all dies, weil sie in sich selbst nichts darstellt, wenn sie nicht ganz in ihrem Selbstsein bleiben und sich in diesem erfühlen kann. Wie frühere Generationen sich *hingeben* konnten, das versteht sie gar nicht mehr. Und auch nicht, dass sich die Seele dabei nicht verlor – oder dass *dieses* Sich-Verlieren gar nichts Schlimmes ist, weil man gleichzeitig etwas Unendliches empfängt.

Und was? Nun – das können nur jene Seelen verstehen, die das Idealisieren *kennen*. Denn man empfängt das Ideale. Es ist eben nicht etwas, was man sich nur suggeriert. Ein Ideal ‚macht‘ man sich nicht – man kann sich nur in die Sphäre des Ideals *erheben*. Das Ideal existiert. Aber man muss diese Sphäre erreichen. Vermag man dies, ist man in einem völlig anderen Zustand. Die Seele ist *lebendiger* als je zuvor – und sie wird grenzenlos beschenkt. Denn sie ist im Grunde jetzt erst eins mit ihrem wahren Wesen, aber auch mit einer geistigen Welt, ganz real, ob sie es weiß oder nicht. Sie ist eins mit jener Sphäre, in der *überhaupt* das Wahre, Schöne und Gute lebt – und aus der heraus auch alles Irdische verwandelt werden kann. Jedes wirkliche Sich-Erheben in die Sphäre des Ideals ist der völlige Gegensatz zu aller Suggestion, denn es verwandelt die Welt *tatsächlich*. Es ist eine wirksame Tatsache. Und die Wirkung beschreibt Rudolf Steiner gerade.

Durch spirituellen Idealismus kann eine Gemeinschaft etwas *völlig Neues* werden, etwas, dessen Existenz man zuvor gar nicht für möglich gehalten hätte. Nur, weil Menschen plötzlich das Beste ineinander sehen und dieses auch wirklich in sich selbst wahrzumachen beginnen? Nein, es geht sogar darüber noch hinaus. Die Wesen der geistigen Welt *selbst* können in einer solchen geistigen Gemeinschaft beginnen, mitten in dieser Gemeinschaft anwesend zu sein, mitzuwirken, Menschen und Engel vereinigen sich zu einem gemeinsamen Wirken...

Und Rudolf Steiner beharrt darauf, dass dies zum innersten Wesen der Anthroposophie gehört – dass dies nicht etwa nur etwas für ‚Fortgeschrittene‘ wäre, sondern dass Anthroposophie hier überhaupt erst beginnt:[119]

> Wir müssen einfach Anthroposophie wahr machen, wahr machen dadurch, daß wir ein Bewußtsein hervorzurufen verstehen in unseren anthroposophischen Gemeinschaften, daß, indem die Menschen sich finden zu gemeinsamer anthroposophischer Arbeit, der Mensch am Geistig-Seelischen des andern Menschen erst erwacht. Die Menschen erwachen aneinander, und indem sie sich immer wieder und wiederum finden, erwachen sie, indem jeder in der Zwischenzeit ein anderes durchgemacht hat und etwas weitergekommen ist, in einem gewandelten Zustand aneinander. [...] Ist es denn Wahrheit, wenn wir von der übersinnlichen Welt reden und nicht imstande sind, uns aufzuschwingen zum Erfassen solcher realen Geistigkeit, solches umgekehrten Kultus? Erst dann stehen wir wirklich im Ergreifen, im Erfassen des Spirituellen drinnen, wenn wir nicht nur die Idee dieses Spirituellen abstrakt haben [...], sondern wenn wir glauben können, aber glauben auf Grundlage eines beweisenden Glaubens, daß Geister im geistigen Erfassen

geistige Gemeinschaft mit uns haben. Sie können nicht durch äußere Einrichtungen die anthroposophische Gemeinschaftsbildung hervorrufen. Sie müssen sie hervorrufen aus den tiefsten Quellen des menschlichen Bewußtseins selbst.[453]

Die Illusion überwinden ●

Für jeden Menschen aber wäre es notwendig, zunächst einmal schlicht die materialistische *Illusion* zu durchbrechen, die darin besteht, das, was vor einem steht, für ,den Menschen' zu halten:[454]

> Wir müssen lernen auf den Zukunftsmenschen schauen. Das heißt michaelisch denken. Ich will Ihnen genauer charakterisieren, was michaelisch denken heißt.
> Wenn Sie heute Ihrem Nebenmenschen gegenübertreten, so treten Sie ihm eigentlich mit einem ganz materialistischen Bewußtsein gegenüber. Sie sagen sich [...] eigentlich in den intimeren Gründen Ihres Bewußtseins: Das ist ein Mensch aus Fleisch und Blut, das ist ein Mensch aus Erdenstoffen. Sie sagen sich das auch beim Tiere, Sie sagen sich das auch bei der Pflanze. Aber das, was Sie sich da Mensch, Tier, Pflanze gegenüber sagen, sagen Sie sich mit Recht nur dem Mineral gegenüber, nur der mineralischen Wesenheit gegenüber. Fassen wir gleich den extremsten Fall, den Menschen, auf. Nehmen wir, so wie er durch die äußere Erscheinung formiert ist, den Menschen zunächst in bezug auf seine äußere Gestalt. Das, was er so als seine äußere Gestalt ist, das sehen Sie gar nicht in Wirklichkeit [...]. Was der Mensch von der äußeren mineralischen Welt mit sich vereinigt, das sehen Sie. Den Menschen, der das vereinigt, den sehen Sie nicht. Sie reden nur richtig, wenn Sie sich sagen: Dasjenige, was da vor mir steht, das sind die Stoffpartikelchen, die die menschliche Geistgestalt in sich aufspeichert, das macht mir das Unsichtbare, was da vor mir steht, sichtbar. – Der Mensch ist unsichtbar, richtig unsichtbar. [...] Daß man sich dessen bewußt wird: Wir wandeln unter unsichtbaren Menschen – das heißt michaelisch denken.

●

Niemals aber wird man zu dem wahrhaft *Menschlichen* finden, den Menschen, sein eigenes Ich-Wesen, innerlich ergreifen, wenn man nicht aus dem allzu nüchternen Intellekt – oder aber auch einem Allzu-*Persönlichen* – eintaucht in eine tiefere *Verbindung* mit allem, die gleich-

---

[453] Vier Tage später beschreibt Steiner diesen ,umgekehrten Kultus' wie folgt: ,Durch den Kultus wird das Übersinnliche in Wort und Handlung heruntergeholt in die physische Welt. Durch den anthroposophischen Zweig werden die Gedanken und Empfindungen [...] hinaufgehoben in die übersinnliche Welt. Und wenn in der richtigen Gesinnung erlebt wird der anthroposophische Inhalt von einer Menschengruppe, wobei Menschenseele an Menschenseele erwacht, wird tatsächlich diese Menschenseele erhoben zur Geistgemeinschaft. Nur handelt es sich darum, daß dieses Bewußtsein wirklich vorhanden ist. [...] Man möchte sagen, wenn man bildlich sprechen will: Die Kultgemeinde versucht die Engel des Himmels zu veranlassen, herunterzugehen in den Kultraum, damit sie unter den Menschen seien. Die anthroposophische Gemeinde versucht, die Menschenseelen zu erheben in die übersinnliche Welt, damit sie unter die Engel kommen.' Vortrag vom 3.3.1923, GA 257, S. 164-183, hier 179f.

[454] Vortrag vom 23.11.1919, GA 194, S. 45-63, hier 47f.

bedeutend ist mit einer Wärme, ja einer Art Begeisterung, die dieses innere Eintauchen in die Dinge dann auch wirklich bis ins Einzelne offenbart. Dem Geistesforscher ist gleichsam gar nichts anderes mehr möglich, weil alles andere eigentlich unwahr wäre:[455]

> Und da zeigt sich, daß man anfangen muß, ganz anders zu reden über die Welt, als man im gewöhnlichen [...] Bewußtsein redet. Man muß anfangen, das, was man sonst in der Wissenschaft gewöhnt ist, mit trockenen Ideen, mit Naturgesetzen, die uns theoretisch wohl interessieren, aber innerlich doch teilnahmslos lassen, darzustellen, zu durchdringen mit gewissen Wortnuancen, die in anderer Weise charakterisieren, als man die äußere Welt im gewöhnlichen Leben zu charakterisieren versucht ist. Durch diese übersinnliche Erkenntnis wird das innere Erleben wesentlich intensiver. Man lebt mehr als sonst die äußere Welt mit. Man ist gar nicht imstande, im Erkennen teilnahmslos und kalt sich den inneren Ideen hinzugeben. Freilich ist man dadurch ausgesetzt dem Vorwurf, daß eine gewisse innere Wärme, daß das Gefühl erwacht, und daß man dadurch, daß der subjektive Sinn erwacht, die Objektivität fälschen würde. Allein diesen Vorwurf erheben nur diejenigen, die die Verhältnisse nicht kennen.
> Was man in der übersinnlichen Erkenntnis schaut, das macht, daß man anders spricht von den übersinnlichen Erkenntnisobjekten. Anders werden diese nicht, weniger objektiv werden diese nicht, denn sie sind eben objektiv. Und wenn ich ein kunstvoll gemaltes Bild ansehe, so wird das dadurch nicht anders, daß ich voll Feuer und Enthusiasmus vor ihm stehe. Aber ich müßte ein kalter Nüchternling sein, wenn ich mit Kunstverständnis etwa vor einer Raffaelschen Madonna oder vor einem Leonardo-Bild kalt und nüchtern stehen würde. Ebenso ist es, wenn in der übersinnlichen Erkenntnis die geistigen Welten auftauchen. Was sie enthalten, das wird nicht anders dadurch, daß man mit stärkerem inneren Anteil mit diesen Welten verbunden sein muß, als man gewöhnlich in der äußeren Welt mit seinen Objekten verbunden ist. Daher wird manches eben anders gesprochen sein, was aus der Erkenntnis dieser höheren Welten heraus gesprochen ist, als man im gewöhnlichen Leben zu hören gewöhnt ist. Aber weniger objektiv wird dadurch diese Welt nicht. Man könnte im Gegenteil sagen: Das Subjektive, das da jetzt herausdringt aus dem physischen und aus dem ätherischen Leib, das wird selbst in seinem ganzen Erleben objektiver, selbstloser.

Man kann sein Persönliches völlig schweigen lassen und dennoch – ja gerade deshalb – eine tiefe Hingabe, Wärme und Begeisterung entfalten, die dann in keiner Weise ‚subjektiv' im herkömmlichen Sinne ist. Umgekehrt aber ist das Abstrakte, Nüchterne und Unbeteiligte gerade *höchst* subjektiv, weil es eigentlich das Sich-Einlassen und Eintauchen in das Andere *verweigert*. Es ist sozusagen höchst subjektiver Unwille, sich tiefer einzulassen und sich mit etwas zu verbinden – und dass man es ‚Objektivität' *nennt*, macht es nicht besser...

Diese ‚objektive' Haltung mag verhindern, dass man Persönliches hineinmischt – aber es verhindert gleichzeitig, dass man *überhaupt* mehr von einer Sache erfasst als die äußerste, dieser nüchtern-unbeteiligten Sichtweise eben zugängliche Schicht. Das objektiv-liebevolle (!) Eintauchen dagegen kann *sehr wohl* alles Persönliche heraushalten, dringt aber notwendigerweise viel tiefer in alles ein, als der nüchterne Blick, der seinen Standpunkt gar nicht verlassen kann und auch überhaupt nicht will.

---

[455] Vortrag vom 1.12.1921, GA 79, S. 139-170, hier 143f.

Um es in ein treffendes Bild zu bringen, ähnelt diese Nüchternkeit einem Erwachsenen, der einem Kind, das einem aufgeregt und begeistert eine Entdeckung zeigt, nur entgegnet: ‚Ja, ja, das ist ein ..., schön...' Es ist sozusagen fast nur noch das konventionelle *Abspulen* einer Antwort, ohne jede Beteiligung. In der Regel wissen die Erwachsenen trotz allem sogar recht gut, wieviel Unendliches sie gegenüber der Erlebnisweise des Kindes verloren haben, und trauern diesem Verlust sehr oft auch nach. Dass sie allerdings selbst *schuld* an ihrer Nüchternheit sind und dass dies kein irreversibler Zustand ist, ist den Wenigsten klar.

Und selbstverständlich geht es hier nicht um eine Rückkehr in die kindliche Naivität. Aber die Fähigkeit der Begeisterung an sich ist natürlich *keineswegs* naiv, nur das kindliche unmittelbare Verhältnis zu ihr. Alles, was sich der Mensch nach einem Verlust wieder *erringt*, hat einen völlig anderen Charakter, weil es gar nicht mehr naiv sein *kann* – denn es ist bewusst erworben und bleibt von Bewusstsein durchdrungen, aber eben nicht von Abstraktheit und liebloser innerer Distanz. Zu *dieser* Seelenlosigkeit will der Mensch, der einmal das wahre Leben der Seele erkannt hat, auch nie wieder zurück...[456]

*

In Wirklichkeit *geht* es aber um heilige Kindheitskräfte. Immer wieder beschrieb Steiner, wie die ersten drei Jahre des Kindes noch tief mit den Christus- und Engel-Kräften verbunden sind. Und im Februar 1911 führt er ausdrücklich aus, dass diese Kindheitskräfte auch die entscheidenden für das ganze spätere Leben sind, weil es die Kräfte des *reinen Ich* sind. Rudolf Steiner spricht hier auch vom ‚Gottessohn', weil diese heiligen Kräfte in ihrem ganzen Umfang in dem Christus leben, und, nach dem Verlust, vom ‚Menschensohn':[457]

> Wir haben uns also eine Kluft zu denken zwischen dem Gottessohn und dem Menschensohn. Der Gottessohn, der vorzugsweise tätig ist bis zu dreieinhalb Jahren, enthält alle belebenden Kräfte, das was dem Menschen den Ansporn gibt, immer mehr und mehr Lebenskräfte in seinen Organismus hineinzugießen. Diese Kräfte enthalten auch etwas Aufbauendes, Gesundendes, Belebendes im Verhältnis zum späteren Menschen. Wenn wir im späteren Lebensalter nicht bloß den Menschen haben wollen, der auf seine Sinne angewiesen ist und auf die Werkzeuge seines physischen Leibes [...], sondern wenn wir auch im späteren Leben in die geistige Welt hinauffragen wollen, dann müssen wir [...] appellieren an die Kräfte, die in uns sind im ersten Kindesalter, nur [...] daß wir sie jetzt bewußt wachrufen, während das Kind sie unbewußt wachruft. So sehen wir denn, daß der Mensch in dieser Beziehung eine Zweiheit ist. [...]
> [...] Wir sinken unter in unseren Menschensohn; der Gottessohn kann nicht mehr aufkommen gegen unseren Menschensohn nach drei Jahren. Aber wir tragen dennoch diesen Gottessohn in uns; es wirken diese Kräfte innerhalb des physischen Leibes das ganze Leben hindurch, nur können sie sich nicht mehr direkt am Aufbau beteiligen. [...]

---

[456] Insofern ist die seelenarme *Nüchternheit* gerade der – jetzt wirklich negativ gemeinte – ‚Kindheitszustand' eines Menschen. Und die heutige ‚moderne' Menschheit glaubt *sehr* naiv, dass ihr Begeisterungslosigkeit so etwas wie ‚Objektivität' garantiere. Sie garantiert aber nur ... Geistlosigkeit.

[457] Die Arbeit des Ich am Kinde. Vortrag vom 25.2.1911, GA 127, S. 86-100, hier 89-91.

Die besten Kräfte sind in diesen ersten drei bis dreieinhalb Jahren enthalten; wir zehren das ganze Leben davon. Sie werden verdunkelt, aber sie sind in den späteren Jahren doch in der verschiedensten Art vorhanden. Es ist so, wie wenn wir von diesen Kräften durchsetzt würden und sie nur nicht unmittelbar ausleben lassen könnten. Wenn wir durch die Geisteswissenschaft Begriffe von den höheren Welten aufnehmen wollen, so können wir dies um so besser, je mehr wir von dem in uns haben, was in den ersten drei Jahren in uns war, wo das Ich selbstlos in uns war. Je frischer, je biegsamer diese Kräfte sind, je weniger greisenhaft sie bis ins hohe Alter geworden sind, desto mehr eignen wir uns dazu, uns durch diese Kräfte des Geistes umzugestalten. Es ist der Menschheit bestes Teil, was wir in diesen drei Jahren um uns haben. [...]
Das Ziel der Erdenentwickelung ist, diese besten Kräfte in uns nach und nach zur Geltung zu bringen. [...]

‚...wo das Ich selbstlos in uns war'. Es ist unmittelbar einsichtig, dass dieses Ich mit dem Christuswesen und mit *allen* nur denkbaren Lebenskräften verbunden sein kann – und ist. Dieses Ich ist ein Mysterium, ein Wunder – und es ist das wahre Ich.

*

Dieses Ich ist aus sich heraus von gutem Willen erfüllt. Aber auch der erwachsene Mensch kann diesen guten Willen in sich aufnehmen, wenn er bis ins Innerste *erkennt*, dass alles andere sinnlos und zerstörerisch ist.

Für den Geistesforscher ist es eine Realität, dass jede Beleidigung, jedes harte Urteil *genauso real* ist wie nur irgendeine physische Tatsache. Aber die innere Verantwortung für alles geht noch viel weiter, wie Steiner bei vielen Gelegenheiten ausgeführt hat. Sie ist allumfassend. Der Mensch war bei der Erdenentwicklung von Anfang an dabei, er steht notwendigerweise in einem absoluten Zusammenhang mit allem anderen. Alles, was also nicht mit einem guten Willen übereinstimmt, wird früher oder später Krankheitssymptome für das große Ganze offenbaren. Den guten Willen aber kann *jede* Seele finden – allerdings wird sie dafür eine Beziehung zum Christuswesen finden müsen.

Rudolf Steiner schildert diese großen Zusammenhänge 1911 wie folgt:[127-132] 458

Eines wird nämlich immer mehr und mehr klar werden für alle Menschen, wenn Theosophie in sie eindringen wird, daß es im Sinne der höheren Ursachen gar nicht ganz gesonderte menschliche Individualitäten gibt, sondern daß neben den gesonderten Individualitäten das ganze Menschengeschlecht eine Einheit darstellt. [...]
[...] Wir gehören unbedingt zu diesem Erdenorganismus dazu [...], und wir betrachten uns nur richtig, wenn wir sagen: [...] wir sind erst vollständig, wenn wir uns hineindenken in den Erdenleib, von dem wir nur das Knochengerüst, die mineralische Schale betrachten, solange wir nicht die geistigen Glieder dieses Erdenorganismus anerkennen.
Wenn nun im menschlichen Organismus sich ein Entzündungsprozeß bildet, wird der ganze Organismus [...] von Krankheit ergriffen. Übertragen wir dies auf den Erdenorganismus, dann kön-

---

458 ● Vortrag vom 6.3.1911, GA 127, S. 126-137.

nen wir sagen, daß es wahr ist, was der Okkultismus zu behaupten hat: daß, wenn irgendwo auf der Erde eine unsittliche Handlung begangen wird, das für den ganzen Erden-Organismus dasselbe ist, wie für den Menschen eine kleine Eiterbeule am menschlichen Körper, der den ganzen Organismus krank macht. So daß, wenn ein Diebstahl auf der Erde begangen wird, die Wirkung davon ist, daß die ganze Erde eine Art von Fieber bekommt [...], und wir können als einzelne Menschen nichts tun an Nichtmoralischem, ohne daß der ganze Erdenorganismus in Mitleidenschaft gezogen wird. [...]

So ungefähr wird sich das moralische Bewußtsein der Menschen in der Zukunft gestalten. Derjenige, der einen moralischen Antrieb aus der Theosophie heraus hat, wird sich sagen: Es ist eine Illusion, wenn man sich durch eine unmoralische Handlung einen Vorteil verschaffen will. Du bist, wenn du das tust, wie ein Tintenfisch, der eine dunkle Flüssigkeit ausspritzt: eine dunkle Aura von unmoralischen Antrieben spritzest du aus. Lügen und Stehlen ist ein Keim von einer Aura, in die du dich hineinsetzest und durch welche du die ganze Welt unglücklich machst. [...]

Wodurch kann der Mensch wissen: du bist ein Glied des ganzen Erdenorganismus? Die Theosophie bringt den Menschen dazu. Sie zeigt dem Menschen: erst war ein Saturnzustand da, dann ein Sonnenzustand, dann ein Mondenzustand, überall war schon der Mensch dabei, wenn auch in ganz anderer Weise, als er heute ist. [...] Und dann zeigt die Theosophie hin auf das Mittelpunktwesen der gesamten Erdenentwickelung, auf den Christus als auf das große Menschenurbild. Und aus all diesen Lehren der Theosophie soll dem Menschen das Bewußtsein ersprießen: So sollst du handeln!

[...] Und Theosophie zeigt dem Menschen, daß in der Zukunft der Erdenentwickelung es eine Torheit wäre, nicht die Idee vom Christus aufzunehmen, denn was das Herz für den Organismus ist, ist der Christus für den Erdenleib. Und so wie das Blut durch das Herz den ganzen Organismus mit Leben und mit Kraft versorgt, so muß dasjenige, was die Wesenheit des Christus ist, sich durch alle einzelnen Erdenseelen gezogen haben und es muß für sie Wahrheit werden das Pauluswort: Nicht ich, sondern der Christus in mir! – Hineingeflossen sein muß der Christus in alle menschlichen Herzen. Und wer sagen wollte: Man kann ohne den Christus bestehen – der würde so töricht sein, wie Augen und Ohren, wenn sie sagen wollten, sie könnten ohne Herz bestehen.

Rudolf Steiner beschreibt dann, wie künftig jene Seelen, die sich nicht mit dem Christus vereinigen werden, ‚verdorren‘ werden, wobei er auf eine ferne Zukunft verweist, in der die ganze Erde erneut andere Daseinszustände annehmen wird, basierend auf der seelisch-geistigen Moralität der jetzigen Erdenzeit: ‚Der Erdenleichnam wird abfallen, und dasjenige, was Christusdurchdrungen geistig-seelisch da ist, bildet sich zu neuem Dasein fort‘.[133] Wer aber in seiner Entwicklung stehengeblieben und innerlich verhärtet ist, wird Teil eines verdüsternden, verpestenden Umkreises sein.[134f] Und dann heißt es:[135]

Denn niemand, der die Folgen der Unmoral wirklich kennt, kann in Wahrheit unmoralisch sein. Die wahren Wirkungen der Ursachen soll man lehren. Schon die Kinder sollen darauf hingewiesen werden. Es gibt nur Unmoralisches deshalb, weil die Menschen keine Erkenntnis haben. Nur die Finsternis der Unwahrheit macht Unmoralisches möglich.

Allerdings soll das, was so gesagt werden kann [...], kein Verstandeswissen sein, sondern Weisheit. Das Wissen allein macht mit Unmoral, kann sogar, wenn es zur raffinierten Klugheit wird,

Schurkerei sein. Während Weisheit so wirken wird auf des Menschen Seele, daß von ihr Wahrheit ausstrahlt, innerste Moralität. [...]

[...] Theosophie zeigt uns, was wir in der Welt vollbringen, wenn wir nicht moralisch handeln; sie gibt Weisheit, von der selber Moral ausstrahlt. Es gibt keinen höheren Hochmut, als zu sagen, man brauche nur ein guter Mensch zu sein, dann wäre alles in Ordnung. Man muß aber erst wissen, wie man das macht, wirklich ein guter Mensch zu sein. [...] Die wahre Erkenntnis des Guten erfordert, daß wir tief hineindringen in die Geheimnisse der Weisheit, und das ist unbequem, denn da muß man viel lernen.

*

Das Zeitalter der Freiheit ist angebrochen. Die Seelen müssen der geistigen Welt entgegengehen. Aber sie *können* es auch. Nicht nur lebt in jeder Seele das Menschentum. Die Engel senken auch wirklich Bilder eines heiligen Menschentums in die Seele, genauer in den Astralleib, Imaginationen dessen, was es in höchstem Sinne heißt, Mensch zu sein.

Dieses Wirken der Engel wirkt nie unfrei machend, wie das viel unmittelbarere Wirken der Gegenmächte, sondern es schafft umgekehrt gerade die *Möglichkeit* der Befreiung, ist ein zartes, unbewusst aufsteigendes Gegengewicht gegen den Selbstbezug, das Verharren im Alten, das bloße Genießen und anderes mehr. Man könnte es abstrakt ,Gewissen' nennen, aber es ist wesentlich konkreter. Es sind Imaginationen, und diese haben einen ganz konkreten Inhalt.

In dem Vortrag, in dem Rudolf Steiner davon spricht, schildert er, dass diesen Imaginationen, neben dem Ziel, es den Menschen zu ermöglichen, durch das Denken zum Geist zu gelangen, noch zwei weitere Impulse, Zukunftsideale zugrundeliegen. Der eine Impuls ist:[145] 459

> [...] daß in der Zukunft kein Mensch Ruhe haben soll im Genusse von Glück, wenn andere neben ihm unglücklich sind. Es herrscht ein gewisser Impuls absolutester Brüderlichkeit, absolutester Vereinheitlichung des Menschengeschlechtes, richtig verstandener Brüderlichkeit mit Bezug auf die sozialen Zustände im physischen Leben.

Brüderlichkeit, Geschwisterlichkeit im Willen, in der ganzen Empfindung. Und der zweite Impuls berührt noch stärker die Seite der Wahrnehmung und des Denkens:[145f]

> [...] daß in der Zukunft jeder Mensch in jedem Menschen ein verborgenes Göttliches sehen soll. | Also [...] daß wir jedem Menschen entgegentreten mit dem voll ausgebildeten Gefühl: In dem Menschen erscheint etwas, was aus den göttlichen Weltengründen heraus sich offenbart, durch Fleisch und Blut sich offenbart. – Den Menschen zu erfassen als Bild, das sich aus der geistigen Welt heraus offenbart, so ernst als möglich, so stark als möglich, so verständnisvoll als möglich [...]. | Das wird einmal, wenn es verwirklicht wird, eine ganz bestimmte Folge haben. Alle freie Religiosität, die sich in der Zukunft innerhalb der Menschheit entwickeln wird, wird darauf beruhen, daß in jedem Menschen das Ebenbild der Gottheit wirklich in unmittelbarer Lebenspra-

---

459 Was tut der Engel in unserem Astralleib? Vortrag vom 9.10.1918, GA 182, S. 138-160.

xis, nicht bloß in der Theorie, anerkannt werde. Dann wird [...] die Begegnung jedes Menschen mit jedem Menschen von vornherein eine religiöse Handlung, ein Sakrament sein [...].

Die Begegnung mit einem anderen Menschen als Sakrament...

Dies ist die heilige Perspektive der Anthroposophie – die da möglich wird, wo der Mensch lernt, in tiefster Aufrichtigkeit immer mehr sein wahres Wesen wahrzumachen, Seele und Geist, beides unendlicher, heiliger Vertiefung fähig...

Eine *menschliche* Welt   •

Die Gegenmächte erkennen   •

Es möge nicht nur offenbar, sondern auch tief erlebbar geworden sein, dass die Geisteswissenschaft den Menschen aus seiner absoluten *Selbstentfremdung* führen möchte.

Heute heißt es überall vielfach ‚der Mensch im Mittelpunkt' – aber die moderne Lebenslüge aller heutigen Gesellschaften besteht darin, dass dies gar nicht *wahr* ist, nirgendwo. Es beginnt schon bei der alles prägenden ‚Wirtschaftsform' unserer Gesellschaften, die noch nicht einmal ansatzweise die Menschenstufe erreicht hat – die vielmehr den Egoismus fördert und belohnt, kontinuierlich die Ungleichheit verstärkt und schon von ihrem Dogma her *anonymen* Kräften das Geschehen überlässt (die ‚unsichtbare Hand des Marktes').

Menschlich wäre allein eine vielfältige Verbindung der Menschen untereinander, ein Schaffen lebendiger Einrichtungen und Strukturen, in denen genau dies geschehen würde – Austausch, Begegnung, gemeinsames Beraten und Finden *sozialer Urteile* darüber, was notwendig ist, um die Bedürfnisse aller zu erfüllen.

Aber es geht noch viel weiter. Menschlich wäre eine Gesellschaft, die den Menschen nicht auf Schritt und Tritt *normiert*, beginnend bei Behörden, in denen Menschen auch heute noch andere Menschen oft als Bittsteller oder bloßen ‚Fall' behandeln. Ähnliches gilt für die heutige Medizin, die gerade unter dem Druck einer immer weiter fortschreitenden Ökonomisierung, einem Profitzwang, den Menschen erst recht normiert, oft nur auf einen ‚Durchlaufposten' reduziert. Aber die Normierung setzt in der Medizin bereits viel früher ein. Sie beginnt bei der Vorstellung, man könne definieren, welche Behandlung in welchem Fall ganz allgemein die beste sei, sodass man im Grunde nur noch *Standardprotokolle* brauche.

Und hinter diesem immer mehr um sich greifenden Ansatz steht eine *Wissenschaft*, die der Mensch selbst zu einem ‚objektiven Moloch' gemacht hat, dem er sich unterwirft – eine Wissenschaft, in der der Mensch gar keinen Platz hat, in der er selbst auf ein materialistisches Etwas mit psychischen Funktionen reduziert ist und selbst in den Sozialwissenschaften die Frage der *Individualität* nirgendwo ernsthaft, geschweige denn spirituell, aufgeworfen wird. Erst recht wird geleugnet, dass es eine *spirituelle* Wissenschaft geben könne – indem das Gebiet der Wissenschaft selbst dogmatisch normiert wird:[460]

> Die Dinge haben es mit sich gebracht, daß wissenschaftlich dasjenige anerkannt wird, wovon man glaubt, daß es jeder Mensch, so wie er nun einmal nach der gewöhnlichen Menschenerziehung, der gebräuchlichen Menschenerziehung bis zu einer gewissen Stufe hin sich entwickelt

---

[460] Die geistige Signatur der Gegenwart. Vortrag vom 25.2.1911, GA 77a, S. 53-85, hier 57.

hat, begreift. Wissenschaft soll im Grunde genommen nichts anderes feststellen, als wozu jeder Mensch, wenn er eben nur die nötigen Vorbedingungen dazu hat, Ja sagen kann. Wissenschaft soll etwas ganz Allgemeines sein. Wissenschaft soll in jedem Menschen auf ein und dieselbe Art leben. Denn man weiß ja, wie es von denen, die vor allen Dingen an der Autorität der Wissenschaft hängen, aufgenommen wird, wenn von einer einzelnen Persönlichkeit irgendwo ein Aufbäumen gegen diese allgemeine Gültigkeit des wissenschaftlichen Urteils stattfindet. So daß man sagen könnte: Das Ideal wissenschaftlicher Weltanschauung ist das, daß sie eine Summe von Urteilen über Welt- und Menschheitsangelegenheiten gibt, die mit vollständigem Nivellement in jedem Menschen auf die gleiche Art gelten. Eine Uniformierung gigantischer Art, möchte man sagen, ist das Ideal dieser wissenschaftlichen Überzeugung.

Und diese Entwicklung wird sich sogar noch verschärfen. Wir sahen bereits in der Corona-Krise, wie mehr und mehr *nichts* mehr gedacht und gesagt werden durfte, was nicht offiziell abgesegnet wurde. Und wer den Streit um die Homöopathie verfolgt, erlebt gleichermaßen, wie eine bestimmte Fraktion, die dem materialistischen Mehrheitslager angehört, bestimmte Anschauungen *ganz* unterdrücken möchte. Steiner sah bereits die letzte Konsequenz dieser Tendenzen klar voraus:[461]

Denn, geht die Welt so fort in ihrer Entwickelung, wie sie es im Sinne dieser materialistischen Impulse anstrebt, dann laufen wir allmählich in eine Entwickelung ein, in der man nicht nur demjenigen, der nicht patentiert ist, verbietet, irgend etwas für die menschliche Gesundheit zu tun, sondern in der man verbieten wird jedes Wort, das gesprochen wird über irgend etwas der Wissenschaft Angehörige, von einem andern als von einem solchen, der eine Art Gelübde getan hat, nichts anderes zu sagen als dasjenige, was im Sinne der materialistischen Weltenordnung patentiert ist. Heute verbietet man bloß noch vieles, wovon die Menschen den Zwang des Verbietens nicht empfinden. Aber wir gehen Zeiten entgegen, in denen ebenso wie etwa jedes unpatentierte Sorgen für die Heilung der Menschen, auch jedes Wort verboten werden wird, das gesprochen wird, außer auf einer Anstalt, die von den materialistisch entwickelten Mächten garantiert und patentiert ist. Empfindet man den ganzen Gang dieses Geschehens nicht, dann wird man mit vollen Segeln in die künftige „Freiheit" hineinsegeln, die darin bestehen wird, daß Gesetze gegeben werden, wonach niemand irgend etwas lehren darf, der dies nicht innerhalb eines patentierten Lehrsaales tut; wonach alles verboten sein wird, was nur im entferntesten erinnern kann an so etwas, wie zum Beispiel das, was hier geschieht. Weil man nicht sieht, wie die Entwickelungstendenz geht, hält man sich das heute nicht vor Augen.

Nivellement, Normierung und Unterdrückung. An anderer Stelle nennt Steiner diese Tendenzen ‚jesuitisch' – der Impuls, Menschen autoritativ unter *Kontrolle* zu bringen: ‚Dies wird immer stärker und stärker werden. Die Menschen werden immer mehr und mehr eingeschnürt werden in das, was die Autorität über sie verhängt. Und das Heil des fünften nachatlantischen Zeitraums wird darin bestehen, gegen diese ahrimanischen Widerstände – denn solche sind es – geltend zu machen das Recht der Bewußtseinsseele, die sich entwickeln will.'[106] [462]

---

461 Vortrag vom 2.1.1916, GA 165, S. 125-139, hier 136.
462 ● Vortrag vom 10.10.1916, GA 168, S. 91-120.

Das einzige Gegenmittel ist die Entwicklung eigener *Urteilsfähigkeit*. Und dies bezieht sich eben zum Beispiel auf die ganze *Geistesart* bestimmter Anschauungen, es bezieht sich auf das Wesentliche:[109f]

> Wir müssen in die Lage kommen, zwar die Autorität schaffen zu lassen, aber die Autorität beurteilen zu können. Das lernen wir nicht, das eignen wir uns nicht an dadurch, daß wir auf alle einzelnen Spezialitäten wirklich eingehen, sondern dadurch, daß wir uns aus etwas, was umfassend unseren Verstand, unsere Urteilskraft bilden kann, heraus die Möglichkeit eines Urteils aneignen. Das kann aber nie geschehen aus dem materiellen Erkennen der einzelnen Spezialitäten heraus, sondern aus dem umfassenden Geist-Erkennen. | Geisteswissenschaft muß das zentrale Erkennen sein. Denn diese Geisteswissenschaft wird nicht nur aufklären über die Zusammenhänge in der Entwickelung des Menschen, sondern durch die Art von Gedanken, die sie hat, wird sie uns gesunden Verstand entwickeln, der heute aus größeren Tiefen hervorgeholt werden muß [...]. Die [...] Art des Begriffebildens, des Vorstellungbildens, die notwendig ist für die Geisteswissenschaft, die befähigt uns nicht, eine Autorität auf diesem oder jenem Gebiete zu werden, aber urteilsfähig zu werden.

Und kurz darauf heißt es, dass die Geisteswissenschaft die Menschen eben nicht nur ‚belehrt‘, sondern ‚urteilsfähig macht, das heißt, ihnen erst die Möglichkeit der Gedankenfreiheit gibt, die Gedankenunabhängigkeit erst in ihnen fördert‘.[110] Letztlich ist es die Verbindung mit der geistigen Welt und ihren Wesen selbst, die der Seele hilft, den *Zwang* verordneter ‚Wahrheiten‘ zu durchbrechen. Erst wer die höheren Wesen *denken* kann, dem können sie auch wahrhaft helfen:[112f]

> Es sind nicht bloß die Dinge, die wir lernen, die Erkenntnisse, sondern es sind die Wesen der höheren Hierarchien selber, die uns helfen, wenn wir von ihnen wissen. Stehen wir also den Autoritäten fernerhin gegenüber [...], dann ist es für uns heilsam, wenn wir hinter uns haben nicht bloß unseren eigenen menschlichen Verstand, sondern das, was die geistigen Wesen in unserem Verstande zu wirken vermögen, wenn wir von ihnen wissen. Die befähigen uns zum Urteilen gegenüber der Autorität. Die geistige Welt hilft uns. Wir brauchen sie, wir müssen von ihr wissen, wir müssen sie wissentlich aufnehmen.

Demgegenüber wirken überall da, wo man auf äußere Autorität und bloße *Gewohnheit* etwas hinnimmt, auch an sogenannter ‚Information‘ – man denke an die ganz normalen ‚Nachrichten‘! –, die Gegenmächte mit hinein. In unserer Zeit ist es unumgänglich, selbst wache Urteile entwickeln zu können:[463]

> Das Hereinragen alles Luziferischen und Ahrimanischen in unsere Welt beruht darauf, daß aus andern Graden des Bewußtseins irgend etwas in unsere Welt hereinfließt, als die normalen[464] Grade des Bewußtseins sind. [...] Wenn wir daher nicht tiefer begründet, als es begründet ist,

---

463 • Vortrag vom 31.1.1920, GA 196, S. 120-134, hier 128f.

464 Steiner drückt sich hier etwas unglücklich aus, gemeint ist jener Bewusstseinsgrad, der dem Zeitalter der Bewusstseinsseele entsprechen würde. ‚Normal‘ im Sinne von üblich und weitverbreitet ist oft etwas ganz anderes.

wenn uns etwas träumt, öffentliche Urteile annehmen, dann öffnen wir dadurch Luzifer fortwährend die Tore. Wenn wir zum Beispiel von irgendwelcher Seite her befohlen bekommen, daß wir den oder jenen für einen „großen Staatsmann" oder [...] für „unschuldig am Kriege" [...] anzusehen haben, ohne daß wir das prüfen, so ist das, warum wir ein solches Urteil bilden, gar nicht verschieden von den Gründen, warum wir irgend etwas träumen.

Die menschliche Realität kann niemals in einem Nivellement bestehen, nicht im Bereich der Medizin – der Heilkunde![465] – und auch nirgendwo sonst. Wer das *reine Denken* im Sinne der ‚Philosophie der Freiheit' findet, für den ist offensichtlich, das nicht *ein* Mensch wie der andere behandelt werden kann – denn man ist zu einer Wirklichkeit vorgedrungen, die Steiner mit folgenden Worten beschreibt:[466]

Was hier das Denken vollzieht, es wird selber ein Akt der Befreiung. Es hebt sich das Denken, indem es nicht inhaltlos wird, sondern gerade indem es angefüllt ist mit dem intimsten Fließen des Menschenwesens selbst, herauf zu einem freien Flusse, der das eine aus dem andern hervorströmen läßt. Es erfüllt sich der Seeleninhalt mit etwas, das er selber erzeugt und das in seiner Erzeugung zu gleicher Zeit objektiv ist. Der Geist naturwissenschaftlicher Denkungsweise ist heraufgetragen in das Aufsuchen der dem Menschen wichtigsten Seelenresultate.

Wer *dies* erlebt hat, das innerste Leben seines seelisch-geistigen *Seins*, kann im Grunde auch einen anderen Menschen niemals wieder auf irgendetwas Abstraktes reduzieren – nicht, ohne gleichzeitig zu wissen, dass dies ein Verrat ist, eine objektive Unwahrheit.

Wiederfinden des Menschen   ●

Um zu einer menschlichen Welt zu kommen, muss vor allem der bloße *Intellekt* verlassen werden – dann wird man überall wieder zu Wirklichkeiten kommen. In Bezug auf das Wirtschaftsleben beschreibt Steiner das Ausschalten und das notwendige Wiederfinden des Menschen etwa in dieser Passage:[467]

So ist unsere Auffassung, unsere Empfindung von der menschlichen Arbeit, durch die wir [...] mit unseren Mitmenschen zusammenwirken müssen, eine äußerliche geworden. Wir schauen nicht darauf hin, wie sich aus dem seelisch-sinnlich-geistigen Dasein des Menschen seine Leistung herausentwickelt, wie sich die Arbeit loslöst aus dem Menschen, dem wir gefühlsmäßig nahestehen, der ein Wesen ist, wie wir selber, wir blicken nicht fühlend hin, wie er die Arbeit für uns leistet. Nein, wir sehen heute im sozialen Leben das Produkt an, wir sehen, wie viel Menschenarbeit hineingeflossen ist und beurteilen die Menschenarbeit danach, inwieweit wir sie im Produkte finden. [...] Arbeit beurteilen wir in Absonderung von dem Menschen, wie wir uns vorzugsweise angeeignet haben die Fähigkeit, die Natur in Absonderung vom Menschen zu beobachten. [...]

---

[465] Siehe auch S. 132-134.
[466] Vortrag vom 1.9.1921, GA 78, S. 46-66, hier 50.
[467] Vortrag vom 2.12.1921, GA 79, S. 171-201, hier 189-191.

Aber auch wenn wir den Menschen in seiner Arbeit sehen, sehen wir nicht, wie diese Arbeit aus ihm hervorquillt, sondern wir warten, bis das Produkt, das Erzeugnis da ist, und suchen nur die Arbeit in dem, was sich abgesondert hat vom Menschen. Und da steht dann der Mensch als ein soziales Wesen mitten unter uns, wissend, daß er sein Menschenwesen, ja, oftmals seine Menschenwürde hineinlegen muß in die Arbeit, und er sieht, daß gewürdigt wird nicht diese Menschenwürde, nicht die Art, wie aus dem Menschen diese Arbeit hervorquillt, sondern daß gewürdigt wird diese Arbeit nur, indem sie hineingeronnen ist in die äußere Leistung, die dann auf den Markt kommt, wo die Arbeit als etwas, das in der Ware untergegangen ist, gewissermaßen käuflich geworden ist. So sehen wir, wie der Mensch auch in dieser Beziehung sich verloren hat, wie der Mensch gewissermaßen ein Stück von seinem Wesen, seine Arbeit, an dem Mechanismus der heutigen Kultur verliert. [...]

[...] Indem wir die Menschenseele im Verkehr als Mensch dem Menschen gegenüber sehen, sehen wir nicht, wie das Gefühl aufleuchtet und sich erwärmt, wenn der Mensch die Arbeit des anderen erblickt. Es quillt nicht die Wärme hervor für den arbeitenden Menschen. Wir sehen nicht am Menschen die sich entwickelnde Arbeit, nein, wir sehen das, worin das Mitgefühl sich nicht mehr erwärmen und entzünden kann, wir sehen die Arbeit, nachdem sie den Menschen verlassen hat und in das Produkt hereingeronnen ist. So verlieren wir auch auf diesem Gebiete, auf dem Gebiete des rechtlichen Zusammenlebens den Menschen.

Steiner spricht hier am Ende sogar von der *Rechtssphäre*, jener Sphäre, wo der Mensch zutiefst lebendig alle Menschen als *gleich* empfinden sollte. Man denke etwa an die Putzfrau. Wann empfindet man wieder lebendig, wie ihre Arbeit aus ihrem ganzen Wesen hervorquillt, wann erwärmt sich das Gefühl im Anblick dessen – und die Erkenntnis, dass es nicht um die Entlohnung von Arbeit geht, nicht um den Verkauf von Arbeitskraft, sondern um die Ermöglichung des Lebensunterhaltes für *jeden Menschen*? Heute muss jene Frau ihre Haut zu Markte tragen, sich innerhalb weniger Jahre kaputtarbeiten, kann von ihrem ‚Lohn‘ ihre Kinder nicht ernähren – und wird in all ihrer Arbeit für die Menschengemeinschaft nicht einmal gesehen... Wie absolut unmenschlich ist unser ganzes ‚System‘ bis heute!

Und diese Unmenschlichkeit wird durch eine aus dem amerikanischen Raum eindringende Sprache immer noch weiter verschärft – eine Sprache, die alle menschlichen Zusammenhänge zu emotionslos-technischen Fakten degenerieren will.

Ein neuer Mitarbeiter fängt in einem Betrieb an, ist neuer Kollege. Wie heißt dies heute? ‚Onboarding‘! Unpersönlich wird die neue ‚Arbeitskraft‘ ‚eingeschleust‘, sodass das anonyme Unternehmen eine ‚Humanressource‘ mehr hat. Regelmäßig werden dann ‚Meetings‘ abgehalten, in denen die ‚Performance‘ optimiert wird, in denen es um neue ‚Tasks‘ und ‚Tools‘ geht. Und wer weiß, was ein ‚Senior Human Ressources Business Partner‘ – oder vielleicht gleich nur noch ‚HRBP‘ – ist? Ein solcher *Funktionsträger* hat die richtigen Leute einzustellen, ist also für das ‚Einstellungsmanagement‘ zuständig.

Das englische Wort ‚Job‘ wiederum offenbart nur erneut die völlige *Bedeutungsentleerung* dieser ganzen Sphäre. Während das Wort ‚Beruf‘ sogar noch die heilige Berufung erahnen lässt, vertritt das Wort ‚Job‘ das völlig andere Extrem – nicht einmal seine Ethymologie ist irgendwie klar, es ist ein Wort ohne Ursprung, bezeichnet im Grunde die reine Sinnlosigkeit, Unverbindlichkeit, das Herausfallen aus jeglichem Zusammenhang – buchstäblich den reinen Verkauf der Arbeitskraft eines im Übrigen auch jederzeit *ersetzbaren* Individuums.

Es ist kein Wunder, dass in einer *solchen* Gesellschaft jeder Mensch nur noch zu ‚performen' hat – und dass nicht nur die Putzfrau, sondern eigentlich jeder Mensch ‚der letzte Dreck' ist, weil er einfach als Mensch keine Bedeutung mehr hat. Er ist nur noch Funktion – und wenn er nicht gut genug funktioniert, wird er eben ausgetauscht.

*

In einer *menschlichen* Gesellschaft wäre der Mensch von einer heiligen Bedeutung – nicht nur auf dem Papier, sondern mitten in der Realität.

Schon das Schulwesen würde nur darauf gerichtet sein, die Individualität eines jeden Menschen mit all ihren Anlagen und Fähigkeiten aufblühen zu lassen. Das Geheimnis des Menschen würde tief erlebt werden, weil es auch in der Schule nicht um ‚Performance' ginge, sondern um lebendiges Wachstum – um des Menschen selbst willen.

Und dann könnte jede Individualität diese liebevoll genährten Fähigkeiten später an einem für *sie* richtigen Ort wahrhaft entfalten – und es wird für jede Individualität viele Orte geben, wo sie gebraucht wird. In einer solchen Gesellschaft ist ‚Arbeitslosigkeit' schlicht undenkbar, weil sie der Gipfel der Sinnlosigkeit ist:[468]

> Arbeitslosigkeit! Menschen können nicht Arbeit finden! Sie muß aber doch da sein. Denn die Menschen sind da. Und es kann im gesunden sozialen Organismus die Arbeit, die nicht getan werden kann, nicht eine überflüssige sein, sondern sie *muß* irgendwo *fehlen.* Soviel Arbeitslosigkeit, soviel Mangel.

Welche Sinnlosigkeit einer Gesellschaft, die sich keine Struktur zu geben weiß, in der die Menschen sich mit all ihren Gaben und Fähigkeiten einbringen können!

Und gleichzeitig leben wir nach wie vor in einer *Klassengesellschaft,* in der die ‚betuchte' Klasse nach wie vor Mittel und Wege findet, ihre Sprösslinge an die richtigen Stellen zu befördern:[469]

> Diejenigen Menschen aber, die den bevorzugten, den leitenden, führenden Menschenkreisen angehörten, die stellten ja doch den Menschen ins Leben nicht durch die Schule, sondern durch die Familie, durch Verwandtschaft, durch Protektion und dergleichen. Man sorgte dafür, daß der junge Mensch in diese oder jene Lebensstellung hineinkam, eben durch die Zusammenhänge, in denen man selbst im Leben stand. Der einzige Mensch, der davon eine Ausnahme macht, bei dem das nicht gilt, ist der Proletarier.

---

[468] Arbeitslosigkeit, in: Goetheanum 1(8) vom 9.10.1921, GA 36, S. 30-33, hier 33.
[469] Vortrag vom 19.6.1919, GA 330, S. 294-330, hier 299.

Eine wahrhaft menschliche Gesellschaft würde Einrichtungen schaffen, die als ein lebendiges freies Geistesleben für *jeden* Menschen die richtigen Orte ermöglichen würde. Dieses freie Geistesleben würde aber auch die Produktionsmittel verwalten und einzelnen fähigen Individuen ihren bestmöglichen Einsatz übertragen. Starren *Besitz* und Profit auf dessen Grundlage würde es in einer solchen Gesellschaft nicht geben:[289] [470]

> Man kann in höchst einfacher Art den Schaden des radikalen Kapitalsystems ausdrücken. Gerechterweise wird im Grunde genommen jedes Kapital dadurch zustande gebracht, daß irgendeine geistige Arbeit etwas produziert, was den Mitmenschen dient [...]. Aber an die Stelle dieses Zusammenhanges der geistigen Kräfte des Menschen mit dem Kapital ist etwas anderes getreten, ist getreten der persönliche private Besitz an Grund und Boden, der persönliche private Besitz an den Produktionsmitteln. Niemals kann in einem wirklichen Rechtsstaat ein Recht bestehen auf Grund und Boden als Privatbesitz. Die Verteilung des Grundes und Bodens muß in der Demokratie erfolgen [...]. Dann wird das, was heute dem Kapital gegeben ist, wieder zurückgegeben an die geistige Arbeit.

Eine solche Gesellschaft wird nur dann möglich werden, wenn die Menschen ihr wahres Menschentum entfalten werden – die Frage beginnt also bereits mit freien Schulen, ist davon gar nicht zu trennen. Die obigen Worte setzen sich unmittelbar wie folgt fort:[289f]

> Das ist es, was wir anstreben müssen, was wir aber nur anstreben können, wenn wir verstehen werden, die Menschen auch so zu erziehen, daß sie mit freiem Geiste sich selber ihren Mitmenschen gegenüberzustellen wissen, daß sie sich, gleiches Recht, keine Vorrechte verlangend, in die Menschengemeinschaft hineinstellen, und daß sie für das Wirtschaftsleben, das sich nur richten soll nach Produktion und Konsumtion, Organisationen schaffen, die sich in freie Assoziationen, Körperschaften, Genossenschaften gliedern, die auf dem Prinzip wahrhafter Brüderlichkeit mit dem Verständnis für die Bedürfnisse [...] der Menschen aufgebaut sind.

Und dem für den *Intellekt* unmittelbar naheliegenden Vorwurf einer idealistischen Utopie entgegnet Steiner auch an dieser Stelle wiederum:[290f]

> Nun kann man sagen: Du behauptest, die Dinge, die du aussprichst, seien praktisch, während es doch idealistische sind! Ja, wer heute nicht einsieht, daß das Idealistische praktisch werden muß, und daß wir gerade deshalb zu den heutigen Zuständen gekommen sind, weil wir immer nur geglaubt haben, das Praktische bestehe in der Routine des Zusammenseins mit den äußeren Einrichtungen, wer nicht einsieht, daß dieser Glaube trügerisch war und die Ideen heute das Praktische sind, der kann nicht wirklich teilnehmen an dem, was für den Neuaufbau unserer Menschheitsentwickelung notwendig ist. Wir leben in einer Zeit, wo der Idealismus – wenn man das so nennen will, was hier aus der Lebenspraxis vorgebracht wird – das Allerpraktischste ist.

Und das, was *nicht* aus solchen Ideen geschöpft ist, führt eben immer nur weiter in das Nicht-Menschliche, in die wirkliche Dekadenz hinein.

---

[470] ● Vortrag vom 18.6.1919, GA 330, S. 272-293. ● Vergleiche das Langzitat S. 237.

Zurück zur Erziehungsfrage. Steiner weist daraufhin, wie heute die Individualität überall mit Recht mehr Mitsprache haben will (Demokratie im Staatlichen, Sozialisierung im Wirtschaftlichen) – und darauf, wie man dies *abstrakt* auch auf die Schulen überträgt, wo man dann von ‚Selbstverwaltung' der Schüler spricht, denen sich die Lehrer nur noch ‚kameradschaftlich' an die Seite stellen. Dem erwidert Steiner:[299] [471]

> Das heißt also, man will das, was als eine Entwickelungsforderung der Menschheit auftritt für die Verhältnisse der Gemeinschaft der Erwachsenen, eigentlich auch schon für die Kinder einrichten. Aber [...] gute Seelenforscher könnten niemals denken: Werden die Bande der Menschen unter den Erwachsenen schlaffer, dann mache man auch die Bande unter den aufwachsenden Kindern schlaffer. [...] Denn wenn sie als Kinder schon so erzogen werden, daß unter ihnen in der Organisation der Schule möglichst Demokratie und Sozialismus herrscht, dann werden sie ganz gewiß im späteren Leben zur Demokratie und zum Sozialismus nichts mehr taugen. | [...] Sie müßten sagen: Also um so mehr müssen in die Gemüter der Kinder die Keime hineingelegt werden, die dann nicht wieder ausgetrieben werden können durch Demokratie und Sozialismus im erwachsenen Zustande!

Was heißt das? Es heißt, dass Demokratie reale *Voraussetzungen* hat. Bewusstseinsgeschichtlich ist sie das Ergebnis eines Herauswachsen des Menschen aus allen alten Bindungen und Bezügen (Ständegesellschaft, Gilden etc.). Damit die menschliche Gesellschaft in einer solchen ‚Freiheit' nicht in eine absolute Bindungslosigkeit und Verantwortungslosigkeit gerät, also nicht schleichend *zerfällt*, muss der soziale Impuls nun unmittelbar im einzelnen Individuum aufblühen. Das heutige ‚Bildungssystem' spricht hier von ‚Demokratieerziehung' – aber man spürt sofort, wie *abstrakt* dies ist. Ist doch hier Demokratie längst selbst zu einem bloßen *System* verkommen, sodass also Menschen auf ein System hin erzogen werden sollen!

Wer in die menschliche Wirklichkeit eintaucht, dem muss klar sein, dass es nicht darum gehen kann, aufwachsende Seelen mehr oder weniger ‚demokratiefähig' (oder ‚-fest') zu machen – man sieht diesem abstrakten Unterfangen seine Eigenschaft als *Lehrplaninhalt* unmittelbar an –, sondern, die Keime *realen sozialen Empfindens* zu hüten und kraftvoll sich entfalten zu lassen. Und hier haben wir wieder den Zusammenhang mit der ‚geliebten Autorität', die vom Zahnwechsel bis zur Geschlechtsreife so entscheidend ist, ein tiefes Bedürfnis der wirklichen Kindesseele, sofern sie noch nicht von anderem indoktriniert wurde. Man muss wirklich tief den *Zusammenhang* verstehen:[308]

> Man lernt überhaupt niemals die Wahrheit im Leben suchen, wenn man sie nicht erst in einem Menschen gesucht hat, der für uns eine Autorität war. Es gibt keine Möglichkeit, gewisse Fähigkeiten in der Menschennatur auszubilden, wenn wir nicht das Kind in die Lage versetzen durch das, was wir als Lehrer und Erzieher sind, für das Kind die absolute Autorität zu sein. In

---

[471] ● Vortrag vom 19.6.1919, GA 330, S. 294-330.

dieser Beziehung muß eine Art heiliges Autoritätsgefühl in der Schule walten. Und wenn man glauben wird, daß etwas anderes als dieses heilige Autoritätsgefühl zu Demokratie und Sozialismus erziehen wird, wenn man glauben wird, daß eine demokratisch-sozialistische Schulgemeinschaft dazu erziehen wird, dann ist man ganz mächtig auf dem Holzwege. [...] Nur dann, wenn ein Mensch zwischen seinem siebenten und vierzehnten Lebensjahre so heranwächst, daß er an dem andern Menschen, der ihm Autorität ist, sich gewissermaßen hinaufrankt, dann entwickelt sich der Vollmensch, der sich entwickeln soll. Und dieser Vollmensch kann sich nur entwickeln, wenn wir in dieser Zeit manches in einer sehr gründlichen Weise pädagogisch anfassen.

Warum können sich an einer ‚demokratischen Schule‘ die Seelen niemals *vollmenschlich* entwickeln? Weil hier bereits junge Seelen ins *Urteilen* hineingestoßen werden – in die Illusion, man könne eine Beziehung zur Wahrheit entwickeln, wenn noch nicht einmal das menschliche Ich wirklich frei geworden ist. Wer bereits so früh gewohnt ist, urteilen zu dürfen, ja zu sollen, der wird immer auf dem Stadium der eigenen *Meinung* verbleiben – die man ihm ja von früh auf als ‚eigenes Urteil‘ einkonditioniert hat. Da unsere gegenwärtige Kultur das möglichst frühe Urteil inzwischen regelrecht vergöttert, ist dieses ‚Meinung-Haben‘ inzwischen auch universell verbreitet.

Inwieweit der Andere vielleicht (auch) Recht hat – oder was gar die Sphäre jener Wahrheit wäre, in der *sowohl* der Andere als auch ich selbst Unrecht haben ... welche Seele stellt sich solche Fragen noch? Welche Seele empfindet noch aufrichtig, dass die Wahrheit etwas ist, was ich mit einer schnellen ‚eigenen Meinung‘ nur verraten kann? Dass die Wahrheit einer Sphäre angehört, der ich mit einer grobklotzigen ‚eigenen Meinung‘ nur hohnspreche? Dass ich die eigene Seele überhaupt erst einmal *verwandeln* muss, um mich einer Empfindung für die *Wahrheit* auch nur würdig zu machen? Und hier ist der Schlüssel zum geliebten Lehrer. Denn wer als Kind zu einem Lehrer oder einer Lehrerin aufschauen konnte, der wird auch gegenüber der Wahrheit ein scheueres, ein heiligeres Verhältnis haben können – und dies wird das *wahre* Verhältnis sein, denn nun zählt nicht mehr die eigene Meinung, sondern, was wahr ist, und man glaubt nicht immer viel zu schnell, sie zu ‚besitzen‘.[472]

---

[472] Eindrücklich beschreibt Steiner diese ganze Frage einmal in folgender Passage: ‚Warum reden denn die Menschen doch von verschiedenen Meinungen? Weil sich zwischen die Wahrheit und zwischen dasjenige, was der Mensch vernimmt in seinem Inneren [die innerste Stimme des Gewissens und des Wahren, H.N.], sein Emotionelles schiebt, sein egoistisches Vorurteil schiebt und ihm die Sache verzerrt, karikiert. Wahrhaftig verschieden sind die Menschen nur mit Bezug auf ihre Emotionen, nicht mit Bezug auf ihre Begriffe und Ideen. [...] Und es ist die größte Frivolität der Seele, zu glauben, daß man ein gewisses Recht auf subjektive Meinungen habe. Dieses Recht auf subjektive Meinungen hat man nicht, sondern man hat als Mensch die Verpflichtung, hinauszudringen über seine Subjektivität zu dem Objektiven. Und in diesem Punkte das Richtige zu sehen, ist allerdings sehr notwendig, daß man alle die Fehlerquellen berücksichtigt, die aus den menschlichen Emotionen folgen. Ein Mensch glaubt, er kann von irgendeiner Sache überzeugt sein. Oftmals ist der Grund, warum er glaubt, daß er von irgendeiner Sache überzeugt ist, kein anderer, als daß er zu faul ist, den Begriff wirklich ins Auge zu fassen. [...] | Diese heutige Zeit ist ja vor allen Dingen voller Hochmut, voller Emotionen selbst in dem, was man objektive Wissenschaft nennt, und gar nicht geneigt, den Zugang zu suchen zu dem Urteil, das in wirklichen Ideen und in wirklichen Begriffen liegt.‘ Vortrag vom 1.2.1919, GA 188, S. 220-234, hier 232.

Und es kommt noch etwas hinzu. Die ‚geliebte Autorität' nährt Jahr für Jahr eines – eben genau die *Liebesfähigkeit*. Kinder, die sich in den Jahren bis zur Pubertät einer Liebe zu ihren Lehrern oder auch nur *einem* Lehrer hingeben konnten, werden auch mit der Geschlechtsreife und ins Erwachsenenalter hinein die Wege finden, ihre Mitmenschen zu lieben. Seelen dagegen, die schon so früh wie möglich in das Eigenurteil gezwungen werden, werden dem Mitmenschen fremd und unbeteiligt gegenüberstehen, denn nichts hat ihr Gefühl genährt, alles nur ihr Eigensein und ihren Eigen-Sinn... In Steiners Worten aus jenem Vortrag, den er für jungen Lehrerinnen und Lehrer hielt:[314]

> Denn Demokratie und Sozialismus sollen keine bloße menschliche Forderung sein, sie sollen auch ein System von menschlichen Pflichten und Verpflichtungen darstellen. | [...] Und wenn der Mensch entwickeln will wirkliche Einsicht in die Bedürfnisse und Fähigkeiten des anderen Menschen, wenn also sozialisiert werden soll, dann muß der Mensch durch das Prinzip der Nachahmung, durch das Prinzip der Autorität in sich erzogen haben jene Liebefähigkeit, die ihn zur wirklichen Brüderlichkeit im Leben bringt.

Und einen Tag vorher formulierte er in einem weiteren öffentlichen Vortrag, aus dem bereits zitiert wurde:[282f] 473

> Und das, was in dieser Zeit bei einem richtigen Heranerziehen [...] der allgemeinen Menschenliebe und Brüderlichkeit für den Boden des Rechtes, für den Boden der Demokratie erblüht, das ist das, was man nun die wirkliche, tätige Hingabe an Menschenwohl und Menschensein nennen kann. Denn die Demokratie wird sich auch nur dadurch entwickeln können, daß sie neben dem Gefühl für die Gleichheit aller Menschen auch das entwickelt, was man folgendermaßen charakterisieren kann. Man sieht jeden Menschen an als etwas, dem man sich hingeben soll, dem man dienen will.

Und weiter:[288f]

> Brüderlichkeit und wahrer Sozialismus werden sich nur ausleben können, wenn auf der Grundlage einer wirklichen sozialen Menschenerziehung solche Menschen da sein können, welche an die Stelle der antisozialen Triebe die sozialen Triebe setzen, denn die äußeren Einrichtungen werden keinen Sozialismus machen. Gerade auf dem Gebiete des Wirtschaftslebens wird sich sehr bald zeigen, daß alle äußeren Einrichtungen keinen Sozialismus hervorbringen können, wenn nicht die Menschen, die in diesem Wirtschaftsleben drinnen stehen, dasjenige nach Vernunft und Brüderlichkeit zu ordnen verstehen, was bisher nach den abstrakten Prinzipien der Kapital- und Lohngewinnung, des Angebotes und der Nachfrage auf diesem Boden besorgt worden ist. [...] Körperschaften von sozial zusammenwirkenden Menschen werden es sein, welche dasjenige hervorbringen, was ich [...] als Ablösung des Kapitals gezeichnet habe.
> Wenn wir sehen, wie das Kapital gewirkt hat, dann müssen wir uns vor allen Dingen darüber klar sein, daß dieses Kapital den Menschen loslöste von dem wirklichen sachlichen Interesse an der Produktion. Statt daß man sich hingab an das, was man hervorbringt, es so hervorbringt, daß man ihm die Gesinnung mitgibt: So, wie ich dich mache, dienst du den anderen Menschen,

---

473 ● Vortrag vom 18.6.1919, GA 330, S. 272-293.

meinen Mitmenschen, die ich brüderlich betrachte –, anstatt dies den menschlichen Erzeugnissen mitzugeben, sieht man heute auf das, was man als den Verkaufspreis des Erzeugnisses ins Hauptbuch schreiben kann. In dieser Loslösung des Menschen vom Interesse am Menschenwert liegt der eigentliche Schaden des Kapital- und Lohnverhältnisses.

Steiner verwies in diesem Vortrag darauf, dass selbst in Russland schon damals, nur zwei Jahre nach der Revolution, die Phrase bereits wieder regierte, und ‚der eine Arbeiter eine sechsmal höhere Entlohnung hat als der andere, und wo gewisse Geistesarbeiter [...] bis zu 200 000 Rubel beziehen'.[288] Eine wirkliche Schule des *Menschen* würde Seelen heranwachsen lassen, die es als *absurd* empfinden würden, dass ein Mensch auch nur sechsmal mehr ‚verdient' als ein anderer – vielleicht noch gar nur, weil er mächtigere Eltern hatte, an einer ‚reputableren' Universität studierte oder auf andere Weise an seine Privilegien kam.

Eine solche Schule würde Seelen heranwachsen lassen, die *aus* einer Liebe zum Mitmenschen heraus die richtigen Fragen empfinden werden. *Kann* Arbeit überhaupt ‚bezahlt' werden? Kann dies jemals der menschliche Weg sein? Wie muss eine Gesellschaft aussehen, die *allen* Menschen Arbeit gibt? Die jeden an den Ort seiner Fähigkeiten zu stellen vermag? Die ihm das Leben ermöglicht, ohne jene monströsen Ungerechtigkeiten aufzureißen, die darin bestehen, dass heute manche das *Tausendfache* von Anderen ‚verdienen' – in einem einzigen Monat so viel wie diese Anderen in ihrem ganzen Leben nicht. Diese Seelen werden empfinden, wie das alles *unwahr*, falsch, krankhaft, zerstörerisch ist – und sie werden neue Wege gehen, Wege, die eine neue Gesellschaft aus den Trümmern der alten wachsen lassen werden...

Die soziale Frage – auch heute •

Während heute alle Menschen auf *Funktionen* reduziert werden, lebt an einer Stelle derjenige Mensch oder diejenige Gruppe, auf die alles zuläuft – die *Spitze*. Jene Menschen, denen die Betriebe, die Unternehmen, die Konzerne *gehören*. Es geht nicht um Mittelstandbetriebe – es geht um das Phänomen eines sich immer weiter konzentrierenden *Reichtums*.

Es gibt Menschen, die *nicht* immer mehr entmenschlicht und versklavt werden – sondern die ‚ausgesorgt' haben. Die mit Privatjets und auf eigenen Yachten durch die Welt ‚tingeln' können. Es ist völlig offensichtlich, dass sich konzentrierender Reichtum dem sozialen Organismus *insgesamt* gerade entzogen wird. Jede egoistische Konzentration von Reichtum an *einem* Ort bedeutet automatisch Elend an anderen Orten – letztlich flächendeckend, weil die Gesamtheit fortwährend buchstäblich *ausgesaugt* wird. Der Kapitalismus trägt das Prinzip des ‚Vampirismus' regelrecht in seinem Wesen, er ist darauf angelegt – der Egoismus, auf dem er basiert, muss immer wieder zu demselben Phänomen führen.

Eine menschliche Gesellschaft *muss* den egoistischen Besitz abschaffen – um an seine Stelle die *Verantwortungsverwaltung* zu setzen. Die fähigsten, die sozialsten Menschen werden die Verwalter der Produktionsmittel, unter ihrer Führung wird produziert – für die Gemeinschaft!

Welch eine Selbstverständlichkeit – zu der schon jedes Kind kommen könnte! Wie lange soll der Egoismus und das auf ihn gebaute System noch wie ein Abgott angebetet werden?

Wann wird erkannt, dass die im Wirtschaftsleben erwirtschafteten Mittel immer wieder neu selbstlos in das Geistesleben zurückzufließen haben – um die Erziehung von Kindern zu ermöglichen, überhaupt Geistesleben zu ermöglichen. Selbstlos zurückzufließen haben diese Mittel überhaupt in alle Bereiche, die nicht im Ansatz ökonomisiert werden dürften, wie etwa die Pflege und Versorgung kranker und alter oder aus anderen Gründen hilfsbedürftiger Menschen.

Ein sich selbst verstehendes Wirtschaftsleben realer Menschen würde begreifen, dass man nicht erst den ‚Staat' brauchen darf, der mit ‚Zwangssteuern' all das versucht zu ermöglichen, was der Egoismus ihm am liebsten *auch* noch entziehen würde – sondern ein solches, sich in lebendige Assoziationen gliederndes Wirtschaftsleben würde es als seine *ureigene Aufgabe* betrachten, all dasjenige so verantwortlich zu ermöglichen, wie es einer zutiefst menschlichen Gesellschaft entspricht.[474]

Kein ‚Erlös' ist Selbstzweck. Er gehört einem nicht. Man verdankt ihn stets den lebendigen Kräften, die fortwährend aus dem Geistesleben jedem einzelnen Unternehmen zufließen – in gar nicht bezahlbarer Weise. Dass dies mit einem ‚Lohn' ‚abgegolten' werden könne, ist eine reine Illusion. Und wo sich Reichtum *konzentriert*, werden notwendigerweise auch die Quellen austrocknen. Das gesamte Wirtschaftsleben ist kein Selbstzweck. Es ist Teil eines heiligen *Kreislaufs*. Und wo dies nicht begriffen wird, kann nur schleichend zunehmendes Elend und Dysfunktionalität um sich greifen.

*

Die Menschheit steht mit all ihren offenen Fragen, die zu Katastrophen werden, an Abgründen. Der Kapitalismus wird hingenommen, wenn nicht sogar verherrlicht, und die Demokratie gilt als das Nonplusultra. Letztlich aber ist die Demokratie auch nur ein Kampf der Meinungen – und wo diese Meinungen und Standpunkte aus dem *toten Intellekt* kommen, da kann sich die Katastrophe immer nur weiter fortsetzen. So wird die Demokratie, die fortwährend die Aufmerksamkeit auf die Schein-Bühne eines bereits *in sich* falschen Ansatzes zieht, selbst zum Problem – und kann, wenn die Herrschaft des Intellekts nicht gebrochen wird, nur scheitern:[475]

---

[474] Der Rückfluss ‚philanthropischer' Vermögen in Stiftungen ist ein allererster, winziger Keim dessen, was sich *im Wirtschaftsleben insgesamt* als völlig neue Struktur assoziativen und schließlich brüderlich-geschwisterlichen Zusammenwirkens entwickeln muss. • Und jeder Philanthropismus, der nicht begreift, dass große Vermögen einem niemals wahrhaft *gehört* haben, nährt noch immer die Eigenliebe: ‚Gar mancher unterstützt von dem, was er erst, man kann sagen erbeutet, in patriarchalischer Weise seine Mitmenschen, um sich dadurch ein Objekt zu schaffen für seine Selbstliebe, weil er sich da recht innerlich wärmen kann in dem Gedanken: Du tust das, du tust das. Man kommt nicht darauf, wie ein großer Teil der sogenannten Wohltätigkeitsliebe maskierte Selbstliebe ist.' Vortrag vom 12.12.1918, GA 168, S. 158-187, hier 169.

[475] Vortrag vom 6.12.1918, GA 186, S. 88-110, hier 100f.

Man hört ja oft: Das Ideal eines staatlichen Zusammenlebens ist die Demokratie. – Gut, nehmen wir also an, das Ideal eines staatlichen Zusammenlebens sei die Demokratie. [...] Die Demokratie strebt notwendigerweise danach, wenn die Demokraten beisammen sind, daß immer einer den andern überwältigen will, immer will einer recht haben gegenüber dem andern. Das ist ganz selbstverständlich. Sie strebt nach ihrer eigenen Auflösung. [...] Demokratien werden immer nach einiger Zeit sterben an ihrer eigenen demokratischen Natur.

Genau wie auf kapitalistisch-wirtschaftlichem Felde geht es hier immer wieder um ein *Gegeneinander*. Man bleibt vielleicht nicht auf der Stufe des ‚Sandkastens', aber voll und ganz in den Fängen der *Gegenmächte* – die das Interesse am anderen Menschen ablähmen (Luzifer) und die Machtimpulse nähren (Ahriman). So ist der parlamentarische Tummelplatz im Grunde der direkte Triumph jener Wesen, die den Menschen von seinem *eigenen* Wesen abführen wollen.

Selbst die besten Gesetze helfen nichts, solange das *Denken* ein abstraktes bleibt. Man meint, ‚Probleme lösen' zu können, aber dieses letztlich mechanistische Denken bleibt eine fortwährende Verleugnung des Menschen. Anthroposophie ist not-wendig, weil alles andere *in sich* der Wirklichkeit widersprechen muss – und wo nicht der übrigen, so der Wirklichkeit des Menschen:[476]

Geisteswissenschaft muß sich entwickeln aus dem Grunde, weil der Mensch zum Menschen in ein Verhältnis treten muß. Aber der Mensch ist Geist. Man kann zum Menschen nur in ein Verhältnis treten, wenn man vom Geiste ausgeht. [...] Die Menschen würden sich ganz mit antisozialen Trieben anfüllen, wenn sie dabei stehenbleiben wollten, bloße abstrakte Gesetze zu verbreiten.

Das wahrhaft Menschliche! Würde es sich zur Realität erheben, könnte es alle Probleme lösen, weil es aus einer heiligen *Wirklichkeit* heraus die Welt menschlich gestalten und durchdringen würde. Es fehlt nicht die Demokratie – es fehlt der Mensch selbst:[477]

Es ist [...] in der Menschheit allmählich eingetreten ein, man könnte schon fast sagen, nahezu an das Absolute gehender Unglaube an sich selbst. Dieser Unglaube [...] macht sich geltend durch die mannigfaltigsten Finessen des Lebens hindurch. Er macht sich so geltend, daß zuweilen Menschen glauben, großes Vertrauen zu sich selber zu haben, aber sich das nur [...] einreden, während es bei ihnen zu einem rechten, wahren, tatkräftigen Selbstvertrauen einfach aus dem Grunde nicht kommt, weil [...] die Menschen in bezug auf ihr seelisches Leben, auf die Bloßlegung und Inkraftsetzung der seelischen Kräfte, unendlich bequem geworden sind. Und würde nur einmal das Bewußtsein Wurzel schlagen können, daß zu unendlich vielem, wovon man sagt, man könne es nicht, bloß in Wahrheit der Wille fehlt, so würde schon ungeheuer viel getan sein. Denn das Wichtigste, das Allerwichtigste, was für die Zukunft geschehen soll, wird nicht geschehen durch Institutionen [...], so sehr man heute an Institutionen und Einrichtungen wie an ein Alleinseligmachendes überall glaubt, sondern das Wichtigste für die Zukunft wird gesche-

---

476 Vortrag vom 7.12.1918, GA 186, S. 111-129, hier 124.
477 Vortrag vom 22.11.1918, GA 185a, S. 147-171, hier 147f.

hen durch die Tüchtigkeit des einzelnen menschlichen Individuums. Diese Tüchtigkeit des einzelnen menschlichen Individuums ergibt sich aber nur aus einem wahrhaften, wirklichen Vertrauen in einen unerschöpflichen Born von göttlicher Kraft in der menschlichen Seele. Aber weit, weit entfernt ist die gegenwärtige Menschheit von diesem Glauben an einen unerschöpflichen Quell in der menschlichen Seele. | Deshalb steht die heutige Menschheit so ratlos vor den großen Aufgaben, die, ich möchte sagen, heute gewissermaßen auf der Straße überall das Leben stellt. Ratlos steht die Menschheit vor den großen Aufgaben. Und die katastrophalen Ereignisse der letzten Jahre, sie haben diese Aufgaben ins Unermeßliche vergrößert, so sehr ins Unermeßliche vergrößert, daß die meisten Menschen, die ja schlafen heute, gar nicht ahnen, wie groß, wie umfassend diese Aufgaben sind, gar nicht sich beschäftigen wollen mit dem Umfassenden, mit dem Großen dieser Aufgaben, die heute im Grunde genommen alles, was um uns herum ist, stellt.

*

Kein Erlös ist Selbstzweck. Jedem Reichtum, der sich ansammelt, entspricht woanders zunehmende Armut. Besitz in großem Stil, der nicht sozial genutzt wird, sondern für individuelle Bereicherung, darf es nicht geben, weil ihm zwangsläufig Leid und Elend gegenüberstehen wird. Ganz abgesehen davon, dass Besitz überhaupt *das* antisoziale Betäubungs- und Schlafmittel schlechthin ist.[478]

Erst in einer Gesellschaft, die diese *Grundgedanken* begreift, die wirklich schon Kinder begreifen können, können auch die anderen großen Fragen gelöst werden – denn die Fragen gehen ja viel weiter, sind ja viel umfassender, und all dies wird heute verdeckt, weil nach wie vor um das Goldene Kalb des Kapitalismus getanzt wird.

Die Rechtssphäre, die Frage, welche Arbeit *menschenwürdig* ist, all dies wird heute noch immer mit Füßen getreten. Die sogenannte ‚geregelte Arbeitszeit' ist ja ein Hohn, wo sie umgangen wird – oder wo man in dieser Zeit für zwei arbeiten soll und anderes.

Und in anderen Ländern existiert gleichsam nicht einmal so etwas wie der *Begriff* ‚geregelt'. Die moderne Sklaverei wurde wunderbar ‚ausgelagert'. Jedes Mobiltelefon braucht Kobalt.

---

[478] ‚Die soziale Frage kann kaum anders besprochen werden, als [...] wirklich auf die intime Natur des Menschen einzugehen, darauf einzugehen, wie zum Beispiel die Bourgeoisie an sich ein Träger antisozialer Impulse ist. Einfach das Bourgeois-Sein entwickelt antisoziale Impulse, weil das Bourgeois-Sein im wesentlichen darin besteht, sich eine solche Sphäre des Lebens zu schaffen, wie es einem paßt, so daß man in ihr beruhigt sein kann. Wenn man dieses eigentümliche Streben des Bourgeois untersucht, so besteht es darin, daß er sich nach den Eigentümlichkeiten unseres gegenwärtigen Zeitraumes auf ökonomischer Grundlage eine Lebensinsel schaffen will, auf welcher er mit Bezug auf alle Verhältnisse schlafen kann, mit Ausnahme irgendeiner besonderen Lebensgewohnheit, die er je nach seinen subjektiven Antipathien oder Sympathien entwickelt. [...] Besitz schläfert ein; Notwendigkeit, im Leben zu kämpfen, weckt auf. Die Einschläferung durch den Besitz läßt einen antisoziale Impulse entwickeln [...].' Vortrag vom 6.12.1918, GA 186, S. 88-110, hier 102. • Die Passage folgt fast unmittelbar nach jener über die Demokratie. Und es ist auch eine Tatsache, dass die hervorragend bezahlten Parlamentarier fast nie irgendeine echte Verbindung zu den *ärmsten* Bevölkerungsschichten haben. Ihre sozialen Impulse schlafen schlichtweg.

Zwei Drittel der weltweiten Produktion kommen aus dem Kongo. Hier arbeiten in den Minen unter anderem auch Zehntausende von Kindern. Das ist die Wirklichkeit. Und dagegen hilft auch kein ‚Lieferkettensorgfaltspflichtengesetz' – sondern nur die reale Beseitigung der Armut, wo auch immer sie vorhanden ist!

Aber kehren wir zurück nach Europa. In der östlichen Mittelmeerregion offenbart sich die Klimakatastrophe doppelt so stark wie im globalen Durchschnitt. In Griechenland war der Juli 2024 um volle 2,9 °C heißer als der Durchschnitt der letzten drei Jahrzehnte, die wiederum heißer waren als die vorherigen. Fast jedes Jahr werden neue Spitzentemperaturen gemessen. Und nun denken wir an die LieferdienstfahrerInnen, die bei teilweise nahezu 40 °C Schattentemperatur in der vollen Sonne ganztags unterwegs sind!

Ihre Basisgewerkschaft forderte in jenem Juli ein Arbeitsverbot bei über 38 °C mit Lohnfortzahlung sowie gekühlte Pausenräume und kaltes Trinkwasser. Man kann unmittelbar empfinden, wie dies absolute *Mindestmaßnahmen* sind. Doch das Arbeitsministerium der konservativen Regierung konnte sich gerade einmal dazu herablassen, an drei kurzen Tagen ein Arbeitsverbot zu erlassen. In einer Erklärung der Gewerkschaft heißt es: ‚Wir arbeiten ohne Pause wie Kamele in der Wüste. Aber wir sind keine Kamele, sondern verfügen über Vernunft und Verstand.'[479]

Hier wird unmittelbar darauf verwiesen, dass es sich um reale *Menschen* handelt – um seelisch-geistige Wesen, die aber in diesem Moment ihre bloße Haut zu Markte tragen und ohne kühle Pausenräume und ohne kostenloses Trinkwasser regelrecht ihr Leben aufs Spiel setzen. Es ist offensichtlich, dass dies keine Frage der Wirtschaftssphäre, sondern eine *demokratisch* zu entscheidende Frage ist. Aber dafür muss man *empfinden*, dass Menschen keine Kamele sind – man muss wirklich zur Realität durchdringen! Und die *wahre* Realität ist, dass kein Mensch seine Arbeitskraft verkaufen müssen dürfte, und dies zu erkennen – nicht nur intellektuell einzusehen, sondern als erschütternde Erkenntnis zu haben –, wäre bereits gleichzeitig der real wirkende *Christus-Impuls* in der eigenen Seele, der diese Erkenntnis ermöglicht:[480]

> Das ist eigentlich das Punctum saliens der sozialen Frage, daß Arbeitskraft bezahlt werden kann. Es ist auch das, was auf dem Grunde unserer ganzen sozialen Gemeinschaft läßt den Charakter des Egoismus; denn Egoismus muß herrschen in der sozialen Ordnung, wenn der Mensch für das, was er für sich braucht, sich seine Arbeit bezahlen lassen muß. Er muß erwerben für sich. Was als nächste Etappe nach der Überwindung der Sklaverei überwunden werden muß, das ist, daß keines Menschen Arbeit Ware sein kann! Das ist das wirkliche Punctum saliens der sozialen Frage, die das neue Christentum lösen wird. Und ich habe Ihnen einiges vorgetragen von den

479 Klima-Hotspot Griechenland. www.rosalux.de, 12.8.2024.
480 Vortrag vom 21.12.1918, GA 186, S. 294-318, hier 312. • Das ‚Punctum saliens' ist ‚der springende Punkt', aber auch dieser hatte einst eine ganz konkrete Bedeutung, er war nämlich das erste Zeichen des sich regenden *Lebens* in einem befruchteten Hühnerei. Wikipedia: Springender Punkt. • Man könnte sagen, die *Erlösung* des Wirtschaftslebens von der ‚Lohn'-Frage wäre der Beginn des Lebens des *Menschen* im Wirtschaftsprozess – und dieser Keim würde unweigerlich auswachsen in eine immer weiter zunehmende reale Geschwisterlichkeit.

Lösungen der sozialen Frage, denn jene Dreigliederung [...], die löst die Ware von der Arbeitskraft ab, so daß die Menschen in der Zukunft nur Ware, nur äußeres Erzeugnis [...] kaufen und verkaufen werden, daß aber der Mensch [...] aus Bruderliebe für den anderen Menschen arbeiten wird. | Es mag ein weiter Weg sein, um das zu erreichen, doch nichts wird die soziale Frage lösen als einzig und allein dieses. Und wer heute nicht daran glaubt [...], der gleicht dem, der zur Zeit des entstehenden Christentums gesagt hätte: Sklaven muß es immer geben.

Wo man auch hinblickt – man steht vor der Frage, was überhaupt erst eine *menschliche* Gesellschaft sein würde. Es sind unzählige Fragen offen, sie stehen da, unbeantwortet, aber täglich von der Realität selbst gestellt. Und jedes *Klammern* am Kapitalismus und den gegenwärtigen Strukturen bedeutet täglich von neuem den Offenbarungseid, dass man nicht gewillt ist, die Realität dieses Planeten, dieser Menschheit, dieser Gesellschaft aus *rein menschlichen* Erwägungen, Erkenntnissen, Empfindungen heraus *völlig neu zu gestalten* – nicht an *einem* Punkt mehr zuzulassen, dass das Unmenschliche Gültigkeit behält.

Es gibt keine Sachzwänge. Es gibt nur die Blindheit gegenüber den eigentlichen Fragen. Wer mit dem Empfinden der Rechtssphäre ernst macht, der weiß, dass man die Frage jener Menschen, die Tag für Tag auf der Straße für uns alle arbeiten, nicht unbeantwortet lassen darf. Das Menschentum eines Menschen *besteht* darin, existierendes Unrecht lebendig zu empfinden. Und wir müssen wieder lernen, aus diesem Empfinden heraus zu leben – erst dann leben wir in unserem *Menschen*.

Auf die unzweifelhafte *Realität* dieses Menschen und seine ganze Tiefe hinzuweisen, auf den wirklichen *Kosmos* dieser Realität hinzuweisen und sie erlebbar zu machen – das war und das ist Rudolf Steiners Lebenswerk.

Von der Phrase zum Christus-Impuls   ●

Der Mensch wird erst wahrhaft zur Offenbarung kommen, wenn die *Hindernisse* beseitigt werden – dies war das Ziel der Waldorfpädagogik: eine prophetische Erziehung, die wirklich ernst nimmt, was die inkarnierenden Seelen aus der vorgeburtlichen Welt *mitbringen*. Und die wahre Offenbarung des Menschen wird sich erst da ereignen, wo dieser wahre Mensch auch seine Verhältnisse (das ‚Gesellschaftliche') wahrhaft menschlich gestalten wird – dies war der Impuls der Dreigliederung.

Steiner machte darauf aufmerksam, dass heute die Menschheit als Ganzes unbewusst jenen ‚Schwellenübertritt' durchmacht, den der ‚Geheimschüler' bewusst durchmacht. Dabei aber kommt es zu einer Trennung der Seelenkräfte des Denkens, Fühlens und Wollens:[481]

> Wir sind eben dabei, daß die Menschheit ein bedeutungsvolles Tor unbewußt durchschreitet, was die Seherkraft sehr gut wahrnehmen kann. Die Menschheit macht dieses Überschreiten der

---

481 Vortrag vom 12.9.1919, GA 193, S. 103-121, hier 118.

Schwelle so durch, daß die Gebiete des Denkens, Fühlens und Wollens auseinandergehen. Das aber legt uns Verpflichtungen auf, die Verpflichtung, das äußere Leben so zu gestalten, daß der Mensch diesen Umschwung seines Inneren auch im äußeren Leben durchmachen kann. Indem das Denken im Leben der Menschheit selbständiger wird, müssen wir einen Boden begründen, auf dem das Denken zu gesunderer Auswirkung kommen kann, müssen weiter einen Boden schaffen, auf dem das Fühlen selbständig zur Ausbildung kommen kann, und auch einen Boden, auf dem das Wollen zur besonderen Ausbildung kommen kann. Was bisher chaotisch im öffentlichen Leben durcheinanderwirkte, müssen wir jetzt in drei Gebiete gliedern. Diese drei Gebiete im öffentlichen Leben sind: das Wirtschaftsleben, das staatliche oder Rechtsleben und das Kulturleben oder geistige Leben. Diese Forderung der Dreigliederung hängt mit dem Geheimnis der Menschheitswerdung in diesem Zeitalter zusammen.

Wir sehen diese Trennung der Seelenkräfte heute in der Tatsache, dass sich vor allem der *Intellekt* immer mehr ablöst vom Fühlen und Wollen, teilweise völlig emotionslos seine Wege gehen kann – während das Fühlen seinerseits isoliert in Genuss-, Sinnes- und Ablenkungsbedürfnissen herumvagabundieren kann und der Wille sich bis hin zu Gewalttaten entladen kann. Eine Rückbindung an die Sphäre des *Wesentlichen* (des Wahren, Schönen und Guten) fällt völlig weg, wo die Seelen im Materialismus mehr oder weniger ertrinken.

Dann wird auch die Politik mehr und mehr zu einem ohnmächtigen Theater, zu einem Schlagabtausch falscher Alternativen, genauso wie das Wirtschaftliche dem entfesselten Kapitalismus und der obszönen Bereicherung einiger Weniger unterworfen, während die eigenen Handlungsspielräume immer mehr schwinden – und das Geistesleben? Dieses ist so gut wie gar nicht existent, wenn man einmal von einer staatlich alimentierten Kunstszene absieht, die in ihren hervorragendsten Geistern immerhin ihre Ohnmacht sogar selbst begreift.

Demgegenüber würde eine soziale Dreigliederung jener Trennung der Seelenkräfte *entsprechen* – und auch auf diese Weise ein tiefes Heilmittel für die Katastrophen unserer Zeit sein, denn mehr und mehr würden die Seelen fühlen, erkennen und bis in ihren Willen aufnehmen dasjenige, worum es geht – und was das Geheimnis des Menschen ist:

Das Politische hat nur (!) zu tun mit der Rechtssphäre, die die Seele zwischen Mensch und Mensch *fühlt*. Etwa mit der Frage: Ist es *recht*, dass ein Mensch zehnmal mehr für sein Leben hat als ein anderer, der mit *gleicher* Hingabe (oder sogar mehr Hingabe) dem Ganzen dient? Ist es *recht*, dass manche Menschen bei Wüstentemperaturen auf den Straßen herumhasten, um ohne kostenloses Trinkwasser einen Mindestlohn zu verdienen – während andere, buchstäblich die Beine hochgelegt, in gekühlten Büroräumen per Mausklick in ihrem eigenen Interesse Millionensummen hin- und herschieben und vermehren, ohne dass die dahinterstehende Ausbeutung sichtbar wird?

Das Wirtschaftliche hat nur (!) zu tun mit der Erfüllung menschlicher *Bedürfnisse*, und zwar in einer tief arbeitsteiligen Weise, in der längste alle Menschen vollkommen voneinander abhängig sind und in der nur noch der Geist der *Brüderlichkeit* (Verbindung, Austausch, Assoziationen, Vernetzung, Koordination) an die Stelle jenes obszönen Prinzips der Konkurrenz und des Gegeneinanders treten müsste, um diesen realen Kosmos der Abhängigkeit nicht zu einer Hölle für Viele zu machen, sondern diese Erde wirklich zu einem Planeten des *Menschen* zu machen, jenes Wesens, das, aus bewusster Freiheit heraus, das wahrhaft Gute verwirklicht.

Und das Geistesleben? Es wäre die *Quelle* von allem. Die Quelle wahrhaft moralischer Intuitionen bzw. ihr fruchtbarer Boden, die Quelle jeglicher Förderung von Fähigkeiten, die wiederum dem Ganzen zugute kommen können, in jeder nur denkbaren Weise. Ein Geistesleben, das sich von allen Dogmen, Phrasen, Schablonen und überkommenen Vorstellungen befreit (etwa, wie ‚Erziehung' oder ‚Studium' heute auszusehen habe, welche ‚Nachweise', ‚Zertifikate' etc. es braucht und unzähliges andere mehr) – und in dem der menschliche *Geist* zu sich selbst kommt, um erst *auf diese Weise* dann wirklich das gesamte Leben befruchten zu können:[482]

Geistesleben – lebendiges Denken – Quelle fortwährend neuer Impulse
Rechtsleben – lebendiges Fühlen – Quelle wahrer Mitmenschlichkeit
Wirtschaftsleben – lebendiges Wollen – Verwirklichungsboden täglicher Geschwisterlichkeit

Alles andere wird immer mehr *Phrase* sein – und durch die Realität hinweggewischt werden. Wir sehen dies etwa an der Idee des ‚Völkerbundes'. Was noch im Wort ‚edel, hilfreich und gut' klingt, ist längst eine Ansammlung nationaler Egoismen geworden – und zwar insbesondere durch den krassen Egoismus jener ‚Großmächte', die sich gleicher als gleich dünken und so entweder alles dominieren wollen – oder aber sich erst gar nicht an völkerrechtliche Verbindlichkeiten halten. Dies geht so weit, dass etwa die USA bis heute zahlreiche internationale Verträge gar nicht erst unterzeichnet oder ratifiziert haben, als *einziger* Staat weltweit sogar nicht einmal die UN-Kinderrechtskonvention![483]

Immer wieder hat Rudolf Steiner auf das *Phrasenhafte* bloßer Vereinbarungen hingewiesen, wenn das, worauf sie angeblich zielen, nicht von den konkreten Menschen mitten in ihrer Seele wahrgemacht wird. *Das* ist es, was allein entscheidet – nicht das, was oft kaum das Papier wert ist, auf dem es steht:[484]

> Denn das, was in der Menschheit begründet werden soll, muß aus den Tiefen des Menschenwesens an die Oberfläche fließen. [...] Man kann heute nicht äußerlich Politik treiben, kann nicht äußerlich einen Völkerbund aufrichten wollen. Diese Dinge verlangen, daß sie verinnerlicht

---

[482] Diese Dreigliederung ist nicht nur wegen des ‚Schwellenübertritts der Menschheit', sondern auch in anderer Hinsicht spirituell tief notwendig. Erst durch diese Gliederung kann der Mensch sich auch anderer Realitäten immer mehr bewusst werden. Denn alle Impulse des Geisteslebens stammen aus dem Vorgeburtlichen, alle Impulse der Liebe und Brüderlichkeit, die im Wirtschaftsleben walten, werden wieder als etwas Zukünftiges in die geistige Welt hineingetragen. Die reine Rechtssphäre des *Fühlens* zwischen Mensch und Mensch wiederum ist etwas, was gewissermaßen rein mit der gegenwärtigen Erde zu tun hat. Siehe zum Beispiel Vortrag vom 14.9.1919, GA 193, S. 142-159, hier 155.

[483] Vom ‚Radikal-Egoismus' eines Trump seit 2025 ganz zu schweigen (Austritt aus dem Pariser Klimaabkommen, Sanktionen gegen den Internationalen Strafgerichtshof, Streichung von Mitteln für UN-Gremien etc.).

[484] Ebd., S. 148.

werden durch den tiefsten, durch den Christus-Impuls der Menschheit. | Der anthroposophisch orientierten Geisteswissenschaft Verpflichtung ist es, in einer Art hinzuweisen auf das, was jeder einzelne Mensch nur als persönlich-individuelle Wesenheit in sich rege machen kann, was aber rege gemacht werden muß. Denn sobald diese Dinge berührt werden, muß der ganze Ernst unserer Zeit gefühlt werden. Das schmerzt so tief, daß dieser ganze Ernst der Zeit im Grunde genommen noch so wenig gefühlt wird, daß man es meidet, an die großen Erkenntnisse heranzutreten, die unbedingt dem Menschenbewußtsein einverleibt werden müssen.

Der Christus-Impuls ist im Grunde identisch mit einem Erwachen für das wahre Wesen des Menschen als einem geistigen – und wenn diese Erkenntnis bis in den Willen dringt. Heiliges Bewusstsein des Menschentums ... und Liebe zu diesem Menschen, jeder Mensch ein Bruder, eine Schwester:[485]

Die Not muß dem Menschen wahrmachen das Streben nach der Geistigkeit. Und der Christus wird erscheinen niemand anderen als denjenigen, die verlassen all das, was Verlogenheit über das irdische Leben ausbreitet. Und keine soziale Frage wird gelöst werden, die nicht verbunden gedacht wird mit diesem geisteswissensehaftlichen Streben, das den Menschen in Wahrheit wieder als ein überirdisches Wesen erscheinen läßt. Unsere sozialen Lösungen werden in demselben Maße sich ergeben, als die Menschen den Christus-Impuls in ihrer Seele werden empfinden können. Alle anderen sozialen Lösungen werden nur in Zerstörung, in Chaos hineinführen. Denn alle anderen Lösungen gehen darauf aus, den Menschen als ein irdisches Wesen zu beschreiben.

Im Empfinden die *Wahrheit* vom Menschen tragen. Die Menschheit als das, was immer als die ‚Eine Kirche' bezeichnet wurde – und was Novalis einmal in seinem magischen Idealismus das heilig-künftige Erwachen ‚einer jungen überraschten Kirche' nannte, einer heilig-jung werdenden Menschheit, die in jeder einzelnen Seele die Wirklichkeit und Gegenwart des Liebe-Wesens fühlt...[486] Dann wird die Menschheit einsgeworden sein mit ihrer eigenen Wahrheit. Anthropo-Sophia.

---

[485] Vortrag vom 31.10.1920, GA 200, S. 121-140, hier 134.

[486] ‚Noch sind alles nur Andeutungen, unzusammenhängend und roh, aber sie verrathen dem historischen Auge eine universelle Individualität, eine neue Geschichte, eine neue Menschheit, die süßeste Umarmung einer jungen überraschten Kirche und eines liebenden Gottes, und das innige Empfängniß eines neuen Messias in ihren tausend Gliedern zugleich.' Novalis, ‚Die Christenheit oder Europa' (1799). • Siehe hierzu auch mein Werk ‚Der Deutsche Idealismus und das Schicksal der Menschheit' (2024), S. 484-492.

Steiners Lebenswerk – ein Überblick ●

1881 Leben mit dem Thema einer ‚Freiheitsphilosophie‘.
1883 ‚Goethes Naturwissenschaftliche Schriften‘ (GA 1).
1888 ‚Grundlinien einer Erkenntnistheorie der Goetheschen Weltanschauung‘ (GA 2).
1892 ‚Wahrheit und Wissenschaft‘ (GA 3).
1893 ‚Die Philosophie der Freiheit‘ (GA 4).
1895 ‚Friedrich Nietzsche, ein Kämpfer gegen seine Zeit‘ (GA 5).
1897 ‚Goethes Weltanschauung‘ (GA 6).
1898 Aufsätze im ‚Magazin für Literatur‘.
1899 Steiner unterrichtet an der von Liebknecht begründeten Arbeiterbildungsschule.

1900 Erster anthroposophischer Vortrag: ‚Goethes geheime Offenbarung‘.
1901 ‚Die Mystik...‘ (GA 7).
1902 Steiner wird Vorsitzender der Deutschen Sektion der Theosophischen Gesellschaft. ‚Das Christentum als mystische Tatsache...‘ (GA 8).
1903 Ca. 300 Vorträge und Kursstunden, fast die Hälfte vor Nicht-Theosophen.
1904 ‚Theosophie‘ (GA 9) • ‚Wie erlangt man Erkenntnis der höheren Welten?‘ (GA 10).
1905 Vortragsreisen in 25 Städte.
1906 245 Vorträge.
1907 ‚Die Erziehung des Kindes...‘.
1908 Wachsen der Bewegung, Vortragende auch Adolf Arenson, Michael Bauer, Carl Unger und andere. ‚Das Johannesevangelium‘ (GA 103).
1909 ‚Die Geheimwissenschaft im Umriß‘ (GA 13).
1910 Erstes Mysteriendrama • Steiner spricht vom ‚ätherischen Christus‘.
1911 Bologna-Vortrag • ‚Von Jesus zu Christus‘ (GA 131).
1912 ‚Seelenkalender‘ • Entwicklung der Eurythmie.

1913 Gründung der Anthroposophischen Gesellschaft • Grundsteinlegung des ersten Goetheanums (Johannisbau).
1914 Ausbruch des Ersten Weltkrieges • Am Goetheanum bauen Arbeiter aus 17 Ländern.
1917 ‚Bausteine zu einer Erkenntnis des Mysteriums von Golgatha‘ (GA 175). Regierungskrise • Memoranden, Soziale Dreigliederung.
1918 ‚Wie kann die Menschheit den Christus wiederfinden?‘ (GA 187).
1919 ‚Die Kernpunkte der sozialen Frage‘ (GA 23) • ‚Aufruf an das deutsche Volk‘ • Dreigliederungsbewegung • ‚Allgemeine Menschenkunde‘ (GA 293) • Freie Waldorfschule.
1920 Eröffnung des Goetheanums: Hochschulkurs, ‚Grenzen der Naturerkenntnis‘ (GA 322).
1921 ‚Das Wesen der Farben‘ (GA 291).
1922 ‚Nationalökonomischer Kurs‘ (GA 340) • Gründung der Christengemeinschaft • ‚Pädagogischer Jugendkurs‘ (GA 217) • Brand des ersten Goetheanums.
1923 Weihnachtagung.
1924 Ärztekurs • Klassenstunden • Leitsätze • Landwirtschaftlicher Kurs • Heilpädagogischer Kurs • Eurythmie-Kurs • Krankenlager.
1925 Tod Steiners • Baubeginn des zweiten Goetheanums.

Register

Ein * bezeichnet eine übertragene Begriffsbedeutung, ein • vor einer Seitenzahl einen hier beginnenden ganzen Abschnitt.

Sachbegriffe

414

Namen

Texte

Grundlagen

Die Gegenwart

425

Seele und Zukunft

                                                            ●